中国交通教育研究会（港口）职工分会组织编写

港口主体工种职业培训教材

GANGKOU ZHUANGXIE JIXIE DIANQI KONGZHI JISHU

港口装卸机械电气控制技术

● 主编　陈淑珍

● 主审　蔡丰文

人民交通出版社

内 容 提 要

本书根据《港口装卸机械电器修理工技师、高级技师的培训教学计划》及《港口装卸机械电气控制技术》教学大纲的要求编写。内容共分七章，具体为：大型电动装卸机械主要结构、大型电动装卸机械上的电气驱动、大型电动装卸机械上的吊具、大型电动装卸机械上的自动控制装置、岸边集装箱起重机电气设备、轮胎式集装箱龙门起重机电气设备、故障诊断。

本书作为港口电动装卸机械电器修理工技师、高级技师的培训教材，学生可以根据书后附录中的教学大纲对本书有选择地学习；同时本书也可供其他相关专业教学以及工程技术人员参考。

图书在版编目（CIP）数据

港口装卸机械电气控制技术 / 陈淑珍主编．—北京：人民交通出版社，2010.10

ISBN 978-7-114-08596-3

Ⅰ.①港…　Ⅱ.①陈…　Ⅲ.①港口装卸设备－电气控制　Ⅳ.①U653.92

中国版本图书馆 CIP 数据核字（2010）第 156037 号

书　　名：港口装卸机械电气控制技术
著 作 者：陈淑珍
责任编辑：钱悦良
出版发行：人民交通出版社
地　　址：（100011）北京市朝阳区安定门外外馆斜街 3 号
网　　址：http://www.chinasybook.com
销售电话：（010）64981400，59757915
总 经 销：北京交实文化发展有限公司
印　　刷：北京鑫正大印刷有限公司
开　　本：787 × 1092　1/16
印　　张：32.75
字　　数：784 千
版　　次：2010 年 10 月　第 1 版
印　　次：2013 年 7 月　第 2 次印刷
书　　号：ISBN 978-7-114-08596-3
印　　数：4001 – 6000 册
定　　价：66.00 元

前　言

为适应港口建设和发展的需要，促进港口高技能人才的培养，2006 年中国交通教育研究会（港口）职工分会教材编审委员会依据《交通行业职业技能标准》的要求，编写了《港口主体工种技师、高级技师培训教学计划及教学大纲》。

2007 年，中国交通教育研究会（港口）职工分会教材编审委员会按照《港口主体工种技师、高级技师培训教学计划及教学大纲》的要求，组织编写了《港口内燃装卸机械检测》、《港口内燃装卸机械控制技术》、《港口电动装卸机械检测》、《港口电动装卸机械控制技术》、《港口装卸机械电气设备基础》、《港口装卸机械电气控制技术》、《港口机械英语》七册教材，并对 2004 年出版的《港口机械设备管理》一书作了修订。

本套教材从港口高技能人才培训的实际需要出发，除《港口机械英语》、《港口机械设备管理》为通用培训教材外，其余六册均采用了技师与高级技师合编的编写方法，并在教材后附有相关主体工种培训的教学计划和教学大纲。教材在编写过程中，参考了各港口有关教材及培训资料，注重理论知识与港口生产实际相结合，引入了新知识、新技术、新工艺。因此，本套教材具有较高的针对性、通用性、实用性和先进性，适应了港口生产的发展变化，以求满足技术工人成长及港口主体工种技师、高级技师职业技能鉴定考核的需要。

由于港口主体工种所涉及机械、电气设备种类繁多，结构各异，在使用中，教学培训负责人和教师应按学员工种和级别的不同，以及各港使用和维修设备的不同，在给定课时范围内，有针对性地选择书中有关章节进行讲授。

本书根据《港口装卸机械电器修理工技师、高级技师的培训教学计划》及《港口装卸机械电气控制技术》教学大纲的要求编写。内容共分七章，具体为：大型电动装卸机械主要结构、大型电动装卸机械上的电气驱动、大型电动装卸机械上的吊具、大型电动装卸机械上的自动控制装置、岸边集装箱起重机电气设备、轮胎式集装箱龙门起重机电气设备、故障诊断。

本书作为港口电动装卸机械电器修理工技师、高级技师的培训教材，学生可以根据书后附录中的教学大纲对本书有选择地学习；同时本书也可供其他相关专业教学以及工程技术人员参考。

本书由上海港教育培训中心陈淑珍主编；湛江港务集团有限公司蔡丰文主审。第一章的 3、4 节由上海罗泾矿石码头公司提供资料；第三章由上港集团振东分公司的陈斌编写；第四章由上海盛东国际集装箱码头有限公司的贡军民编写；

第五章由上海沪东集装箱码头有限公司的许力编写；第六章由上海明东集装箱码头有限公司的施晓风编写；其余章节由上海港教培中心陈淑珍编写。

另外，本套教材在编写过程中，得到了秦皇岛港、上海港、广州港、天津港、大连港、宁波港、青岛港湾职业技术学院、湛江港、南京港有关部门领导及专家们的热情支持与帮助，原中国交通教育研究会（港口）职工分会理事长林洁敏同志、副理事长王棣海同志，原中国交通教育研究会（港口）职工分会秘书长杨振翔同志在任职期间，现任秘书冯丽同志都对本套教材的编写进行了积极有效的工作，在此，一并表示感谢。

由于编者能力和时间所限，教材中存在的问题和缺陷在所难免，敬请各位专家和读者批评指正。

中国交通教育研究会（港口）职工分会
教材编审委员会
2010 年 5 月

目　录

第一章　大型电动装卸机械主要结构

第一节　岸边集装箱起重机的主要结构

岸边集装箱起重机(简称岸桥)是集装箱码头前沿装卸集装箱船舶的专用起重机。它由海陆两片门框、左右两侧斜撑杆、水平联系梁、梯形架和拉杆等组成门架,前后大梁悬挂在门架的上横梁下,整机沿着与岸线平行的轨道行走,桥架支承在门架上,运行小车沿着桥架上的轨道行走吊运集装箱,进行装船和卸船作业。

为了便于船舶靠离码头,伸出码头前沿的前大梁可以作俯仰动作避让船舶。(图 1-1-1)。

图 1-1-1　岸边集装箱起重机

起重机装有集装箱专用吊具,对于高速型岸边集装箱起重机,还装有吊具防摇装置。

岸边集装箱起重机的工作机构由起升机构、俯仰机构、大车行走机构、小车行走机构组成。除大车运行机构以外,其他机构的驱动与传动装置均安装在机器房内。

岸桥的安全保护装置主要有防风装置、消防保护、防碰保护、限位保护等。

一、小车运行机构

岸边集装箱起重机的运行小车,按其牵引形式不同可分为下列几种:

1. 起重自行式小车

这种小车是将起升机构和小车运行机构都装设在小车车架上,结构较为简单,没有复杂的钢丝绳卷缠绕系统。

2. 全绳索牵引式小车

这种小车是将起升机构的驱动装置和小车驱动装置设在机器房内,而不装设在小车车架上,小车运行依靠钢丝绳牵引。

3. 半绳索牵引式小车

这种小车是将起升驱动装置设在机器房内,而小车运行驱动装置仍装设在小车车架上。半绳索牵引式小车是目前岸边集装箱起重机中用得最多的一种运行小车结构形式。

半绳索牵引式自行小车运行机构,通常由两组或四组独立的运行驱动装置组成。图 1-1-2 所示小车行走机构是由四组驱动装置组成的,各组驱动装置又由电动机、减速器、制动器及车轮等组成。布置在对角线上的两台电动机串接在同一回路中,以保证小车直线运行不跑偏。在小车运行到大梁两端极限位置前,装设有减速限位开关、终点限位开关和极限限位开关。当小车行至行程两端时先自动减速,后自动停车,以保证小车安全可靠地工作。

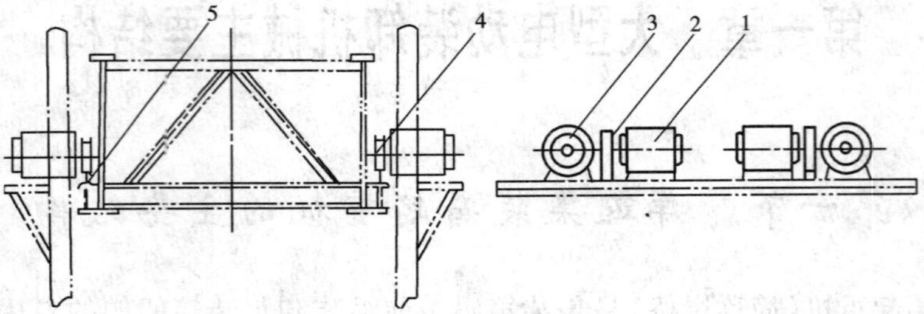

图 1-1-2　小车行走机构传动简图

1-电动机;2-联轴器、制动器;3-减速器;4-行走轮;5-小车行走轨道

当大梁处于俯仰状态或处于非生产状态时,为保证小车不至于继续前进,除考虑电气联锁外,还设有与前大梁俯仰动作联锁的机械保护装置,以阻止小车向前运行。

在小车架上装设有防风锚定销,防止小车在大风中被吹动造成事故。防风锚定锁与小车运行机构实行电气机械联锁,以防在锁住的情况下强行启动,造成机构损坏。

为了防止小车跑偏,通常设置水平滚轮,强制小车沿着轨道运行。水平滚轮系由支座、偏心轴和水平轮等组成,共计四套。安装在相应的水平轮支架上。水平滚轮与轨道侧面接触,以确保小车在运行过程中不至于过度跑偏和晃动。

二、起升机构

全绳索牵引式小车和半绳索牵引式小车的起升机构装设在机器房内,通常由两组驱动装置左右对称布置(图 1-1-3)。驱动装置是由电动机、减速器、卷筒和制动器等组成的。两组电动机轴之间采用同步轴刚性连接,以保持两个卷筒转速同步,各组驱动装置均装有各自的制动器,起升高度限制器经由卷筒轴取出传动信号,并在起升高度的上限或下限时,自动断开起升或下降回路。除此之外,起升机构还装设有重量传感器、起重重量显示和超负荷限制器。

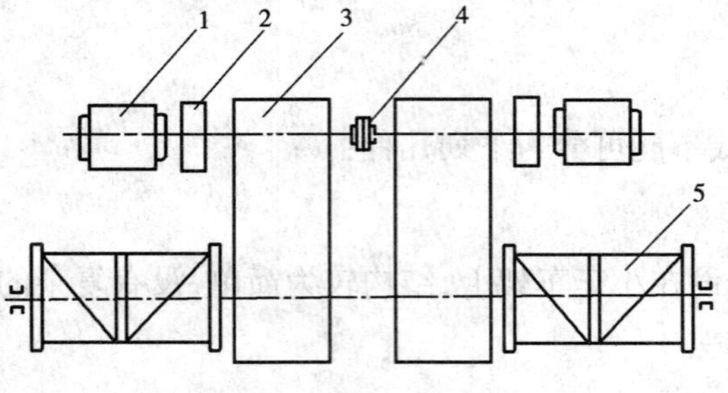

图 1-1-3　起升机构传动简图

1-电动机;2-联轴器、制动器;3-减速器;4-离合器;5-起升卷筒

起升机构的钢丝绳绕系统如图 1-1-4 所示。左右两侧双联卷筒同时卷绕的 4 根钢丝绳,分为两组绕经后大梁端部导向滑轮、小车滑轮、吊具起升滑轮,再经小车滑轮到前大梁端部固定。

为了调节起升钢丝绳的长度,可将两组钢丝绳的末端通过导向滑轮并用长度调节器连接在一起。另外。由于起升钢丝绳长度大,为便于更换钢丝绳,还应装有换绳装置。

三、大车运行机构

岸边集装箱起重机在装卸船作业过程中,换船作业对箱位需要经常移动大车,因而要求大车行走机构具有较好的微动和制动性能。图 1-1-5 所示为大车行走机构布置简图。

起重机每条腿上的车轮数根据自重和码头承载能力来确定，起重机每个腿下有若干个行走轮，其中分为驱动轮和从动轮。每条腿的负荷通过平衡梁台车均匀地分配到各个车轮上。大车行走机构的驱动装置由电动机、联轴器、制动器、减速器、开式齿轮及行走轮组成。电动机经过联轴器驱动减速器，减速器低速轴将动力通过开式齿轮传递给主动轮车轴，驱动车轮转动。行走车轮通常为双缘锻造车轮。

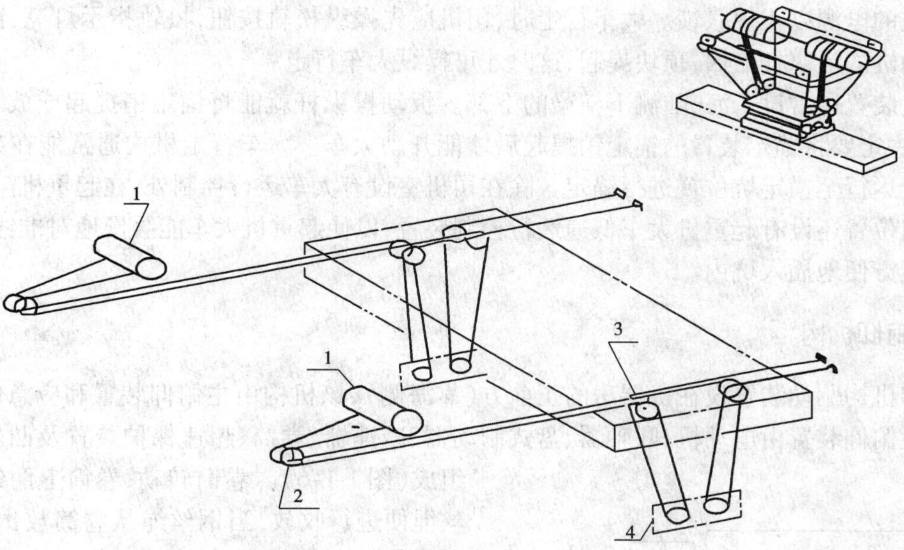

图 1-1-4　起升钢丝绳缠绕系统图

1-起升卷筒；2-后大梁端部滑轮；3-小车滑轮；4-吊具起升滑轮

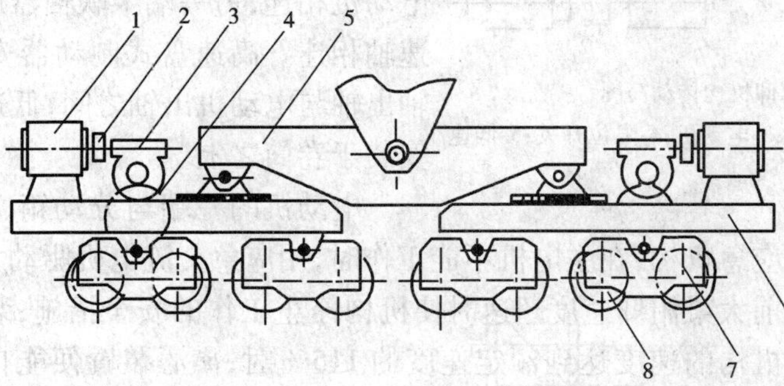

图 1-1-5　大车行走机构布置图

1-电动机；2-联轴器、制动器；3-蜗轮减速器；4-开式齿轮；5-上平衡梁；6-中平衡梁；7-车架；8-行走轮

在起重机两侧的平衡梁外端装设有防撞缓冲器，当相邻两台起重机发生碰撞时，起到缓冲保护作用。

此外，大车行走机构还装设各种安全装置，如车轮防爬楔（塞铁）、顶轨器（或夹轨器、夹轮器）、锚定销、防风紧固装置等。

防爬楔是最简单易行的安全装置。将防爬楔楔入车轮踏面和轨道顶面之间，以防止在阵风情况下起重机沿轨道滑移。

在风速大于 16m/s，小于 35m/s 的情况下，应使用顶轨器。在风速大于 35m/s，小于 55m/s

的情况下，还应使用锚定装置和防风系固装置，防止起重机在大风情况下被吹移动和倾覆。

顶(夹)轨器(或夹轮器)是岸边集装箱起重机常用的一种防大车水平移动的安全装置。为了防止起重机在正常作业时被突然的阵风吹动发生意外事故，通常在每组大车行走台车下均装设一套顶轨器。顶轨器的设计能力一般为可抗风速35m/s。当作业完毕后，大车停止时，自动延时几十秒，顶轨器液压油缸的活塞杆伸出，顶块落下顶住轨面，顶块与轨面之间产生的摩擦力阻止了起重机被风吹沿轨道方向水平移动。顶轨器放下后，限位开关动作，切断大车行走电动机的电源以实现联锁。大车行走时，司机应先操纵松轨按钮，松轨指示灯亮，此时顶轨器液压油缸的活塞杆缩回，顶块提起，这时才可操纵大车行走。

锚定装置通常设于海、陆侧下横梁的下部。扳动操纵杆就能将锚定销提起或放下。大车工作时，一定要将锚定装置的锚定销提起后才能开动大车。大车行走机构通常能在25m/s风速下安全运行至锚定坑位置进行锚定。除在司机室设有大车运行控制外，在起重机门腿的海、陆侧适当位置还设有起重机大车低速运行控制装置，以使起重机大车能缓慢地对准锚定坑，使锚定销能方便地插入坑内。

四、俯仰机构

俯仰机构驱动装置设在机器房的正前方(靠海侧)，该机构由主俯仰装置和应急俯仰机构组成。主俯仰装置由电动机、联轴器、盘式制动器、减速器、卷筒、超速保护装置及凸轮限位等组成(图1-1-6)。卷筒转动，卷筒上两组俯仰钢丝绳便进行收放，当钢丝绳从卷筒放出时，前大梁便朝下放，反之前大梁收起。

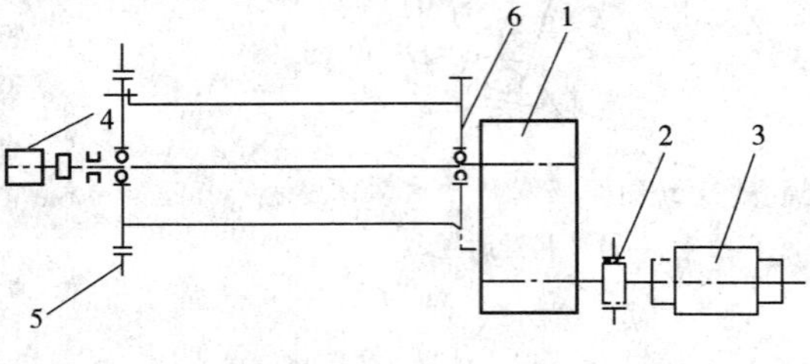

图1-1-6　俯仰机构传动简图

1-减速器；2-高速端制动器；3-电动机；4-限位开关；5-低速端制动器；6-俯仰卷筒

带自动盘的联轴器，一端半联轴器通过键与电动机相连；另一端半联轴器通过键与减速器高速轴相连。高速盘式制动器安装于减速器高速轴出轴与电动机出轴之间，低速轴盘式制动器则安装于卷筒之上。

电动机的一端与分动箱、摆线针轮减速箱、交流电动机相连构成应急机构，在主电机不能工作时，用应急交流电机驱动大梁收起或放下。

俯仰超速保护是前大梁俯仰速度超速时使机构停止工作的安全措施；装在卷筒轴支承座上，速比1∶1，当俯仰机构的速度达到额定速度的115%时，离心装置便能自动地切断控制回路，使电机停止工作，并使高速盘式制动器和低速制动器同时制动，保证前大梁的俯仰安全。

为了保证前大梁在俯仰时工作安全可靠，机构设置了两级制动：高速端液压盘式制动器和低速端液压盘式制动器。当前大梁拉起一个小角度，人工释放任何一个制动器，另一个均能制动。俯仰机构启动时，这两个制动器应同时启动。

正常工作时，高速端液压盘式制动器首先制动，延迟0.5～1s后，在机构动作接近停止前，低速端液压盘式制动器才制动。在紧急情况下，前大梁俯仰超速时，速度达到额定速度的1.15倍时，通过紧急按钮或超速马达动作，使得两个制动器同时制动，确保安全。

安全钩装置设在梯形架的顶部，该装置由两组单独动作的安全构组成。每组由钩体、液压推杆、支座、支架及各种限位开关保护组成。安全钩的作用是：当起重机不工作时或船舶靠离码头,超重机移舱作业等各种需要将前大梁拉起时,安全构将前大梁钩住,以利安全。安全钩钩住销轴后,俯仰机构应停车,此时钢丝绳应松紧合适。

为使前大梁提升终点保护更可靠,在安全钩平面处还设有减速限位开关、终点限位开关和极限限位开关。

另外,司机在司机室内操纵前大梁俯仰的范围为0°~60°;在俯仰操纵室内操纵前大梁俯仰的范围为0°~80°。

五、岸边集装箱起重机的主要技术参数

岸边集装箱起重机的主要技术参数有额定起重量、尺寸参数、工作速度、生产率、轮压等。

(1)额定起重量:起吊的集装箱最大重量。

(2)最大起重量:额定起重量加吊具自重。

(3)起升高度:轨面以上起升高度与轨面以下最大下降深度总和。

(4)外伸距:指海侧轨道中心线向外至吊具铅垂中心线之间的最大水平距离。

(5)内伸距:指陆侧轨道中心线向内至吊具铅垂中心线之间的最大水平距离。

(6)轨距:两条轨道中心线之间的水平距离。

(7)小车行走距离:外伸距+内伸距+轨距。

(8)门架净空高度:轨道线到门架顶部之间的净空高度。

(9)基距:同一轨道上两个主支承中心线之间的距离。

(10)起升速度:

①起吊额定负荷量时的起升(或下降)速度,一般在40~50m/min;

②空载起升(或下降)速度,一般在80~120m/min。

通常空载起升速度应高于满载速度的2倍以上。

(11)小车行走速度:通常小车行走时间约占整个工作循环时间的25%左右,因此,提高小车行走速度对缩短工作循环时间,提高生产效率是有意义的。但小车行走速度的提高,将会增加吊具的摇摆和司机的疲劳。小车行走速度一般在50~150m/min。

(12)大车行走速度:在装卸集装箱船舶换舱作业时,需要移动大车。在装卸作业结束后,需挪动到指定的位置。因此,对大车行走速度并不要求很快,一般在25~45m/min。

(13)前大梁俯仰时间:前大梁俯仰属于非工作性操作,当船舶靠离码头时,岸边集装箱起重机需将前大梁仰起,通常以一个俯仰工作循环时间计,即前大梁仰起和放平的时间之和,一般取8~12min。

(14)生产率:单位时间内所能装卸的集装箱数量,单位为箱/h。

(15)轮压:包括最大工作轮压和最大非工作轮压。

第二节　轮胎式集装箱龙门起重机的主要结构

一、概述

轮胎式集装箱龙门起重机是专门用于集装箱专业码头、堆场进行堆码作业或从集装箱底

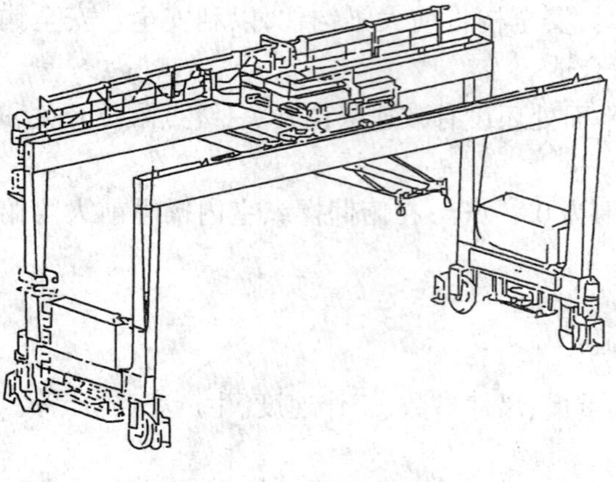

图 1-2-1　轮胎式集装箱龙门起重机

盘车(俗称集装箱半挂车)上装卸集装箱的专用机械,其外形见图 1-2-1。

轮胎式集装箱龙门起重机的金属结构是由两条箱形主梁和两个 II 形(箱形断面)支腿构成的龙门架,支承在橡胶充气轮胎上,在货场上行走。装有集装箱吊具的起重小车沿主梁行走,起重机运行机构安装在支腿的下横梁上。采用机械液压装置或无线电感应装置,保持在货场上直线行走,并可作 90°直角转向,实现从一个货场转移到另一个货场。

与轨道式集装箱龙门起重机相比较,轮胎式集装箱龙门起重机具有机动性能好、不受轨道限制的优点,因此,用于堆场码垛的轮胎式集装箱龙门起重机发挥了巨大的作用。

轮胎式集装箱龙门起重机的驱动方式有两种:第一种是柴油机—电动驱动方式,由一台柴油机带动两台直流发电机,由直流发电机供电带动直流电动机,再驱动各个机构。其特点为:操作性能好,受气温影响小,出现故障比较容易发现,维修保养较容易,但动力装置重量较大。第二种是柴油机—液压驱动方式,由柴油机带动液压泵,由液压泵带动液压马达,再驱动各个机构。其特点为:加速性能好,运转平稳,动力装置重量较轻,但出现故障难以发现,由于液压部件多,容易漏油,维修保养较为复杂,操作性能受气温影响大。

目前,在轮胎式集装箱龙门起重机上采用第一种驱动方式的较多。

轮胎式集装箱龙门起重机的工作机构由起升机构、大车行走机构、小车行走机构等组成。

二、起升机构

轮胎式集装箱龙门起重机的起升机构是主要的工作机构,采用柴油机—电动驱动方式的轮胎式集装箱龙门起重机,其起升机构一般由电动机、减速器、制动器、卷扬筒组成,由电动机通过减速器减速,带动起升卷筒卷绕钢丝绳,实现起升、下降。其布置方式因其具体结构不同而有所不同,一般有两种:

1. 电动机与卷筒平行布置(图 1-2-2)。

这种方式的电动机与起升卷筒呈平行布置,由电动机 3 通过减速器 1 驱动起升卷筒 6。当电动机驱动卷筒逆时针方向回转时,起升卷筒即卷绕钢丝绳,将吊具起吊上架升起;而当电动机驱动卷筒顺时针方向回转时,则吊具起吊上架下降。在卷筒一端装有限位开关 5,以控制其起升最高位置和下降最低位置。

电动机与起升卷筒通过卧式平衡轴式减速器联结,这种布置的特点是结构紧凑,减速器传动效率高且寿命长,缺点是减速器本身结构较大且自重大。

2. 电动机与卷筒呈 90°布置(图 1-2-3)

这种方式将起升电动机与钢丝绳卷筒呈 90°布置,减速器由螺旋伞齿轮和圆柱齿轮组成。螺旋伞齿轮传动可以将旋转轴线回转 90°,卷筒比较长,达 3500mm 以上。

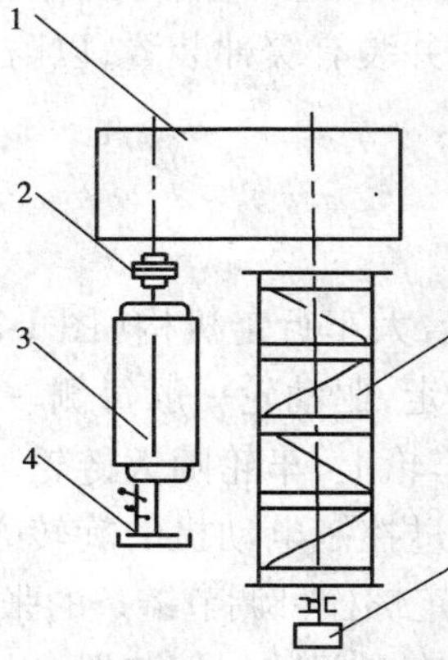

图 1-2-2　起升机构传动简图(1)

1-减速器;2-联轴器;3-电动机;4-电磁制动器;5-限位开关;6-钢丝绳卷筒

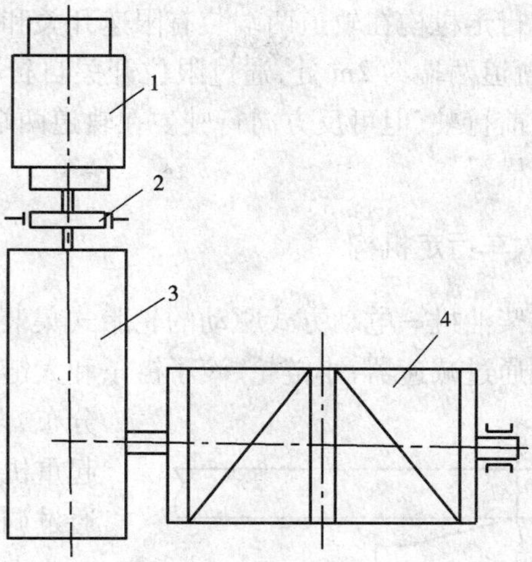

图 1-2-3　起升机构传动简图(2)

1-电动机;2-制动器;3-减速器;4-卷筒

三、小车行走机构

小车的行走机构(图 1-2-4)一般由电动机、减速器、联轴器、行走轮组成。电动机通过联轴节与减速器联结,减速器通过传动轴驱动行走轮沿着大梁上的轨道行走。如是双电动机驱动,则每台电动机分别驱动小车一侧的行走轮;如是单电动机驱动,则电动机的动力通过减速器的双端输出同时驱动小车两边的行走轮。

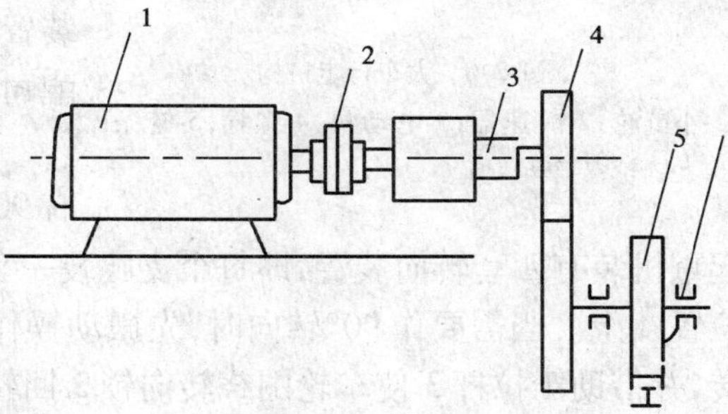

图 1-2-4　小车行走机构示意图

1-电动机;2-联轴器;3-行星齿轮减速器;4-开式齿轮;5-行走轮;6-轨道

另一种小车行走机构是采用齿轮齿条传动的驱动形式(图 1-2-5),在大梁内侧铺设两根与轨道平行的齿条,电动机通过联轴器、减速器、联轴器驱动两根半轴,在半轴的末端装有驱动齿轮,齿轮在齿条上运行,从而驱动小车行走,小车上的行走轮均是被动轮,主要起承载载重小车作用。这种驱动方式的优点是小车行走定位比较准确,在雨雪天或高速运行状态下不会打滑,也不会跑偏,目前这种驱动方式应用较普遍。

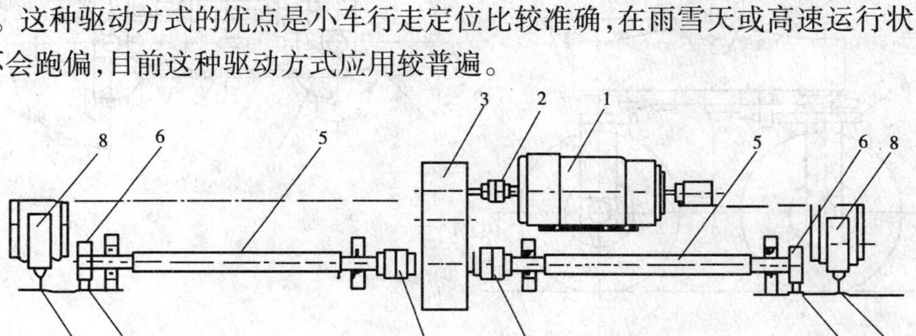

图 1-2-5　采用齿轮齿条传动的小车行走机构示意图

1-电动机;2-联轴器;3-减速器;4-联轴器;5-驱动半轴;6-驱动齿轮;7-齿条;8-小车行走轮;9-小车行走轨道

小车行走机构在轨道两端装有限速开关和限位停止开关，小车在轨道中间段可以全速运行，而至轨道两端约 2m 处，通过限位开关自行减速，此区域称为减速区域，行至停止开关处，即停止向前行驶，但可反方向行驶。在轨道两端还装有车挡，并装有缓冲装置，以防止小车因故冲出上横梁。

四、大车行走机构

采用柴油机—电动方式驱动的轮胎式集装箱龙门起重机，大车行走机构（图 1-2-6）一般由电动机通过减速器、小链轮、滚子链条和大链轮驱动车轮行走，驱动轮一般每侧一只并对角分布，大链轮固定在车轮上，车轮随大链轮一起转动，起重机的行走方向通过控制电动机的旋转方向而定。通过调整减速器的固定螺栓可调节链条的张紧程度。

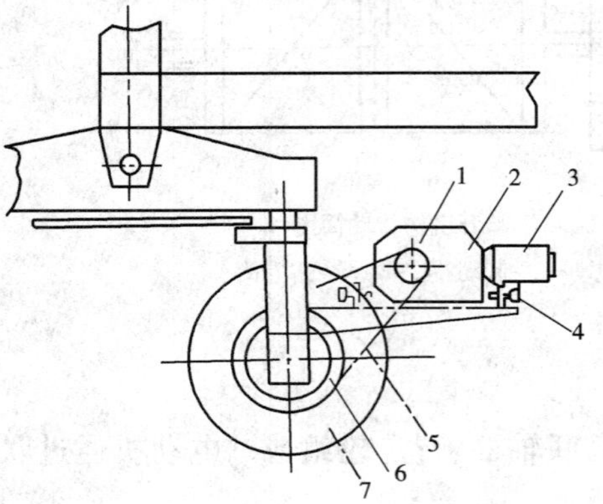

图 1-2-6　大车行走机构

1-小链轮；2 减速器；3-电动机；4-螺栓；5-链条；6-大链轮；7-车轮

大车行走机构装有专门的纠偏装置，以纠正行驶时走偏或行驶时产生的蛇行，司机可在司机室内扳动控制手柄，通过调整两边电动机的转速，即调整两个驱动轮的速度，保证轮胎式集装箱龙门起重机行驶在正确的直线轨道上。

另外，起重机四角装有行走限位警报装置，当警报装置的探测杆接触到障碍物时，会向司机发出警报，提醒司机调整行走位置。

为了能使起重机从一个堆场转向另一个堆场，设有 90°直角转向装置（图 1-2-7）。轮胎式集装箱龙门起重机装有四套转向装置，即每个支腿装一套。当直线行走时，锁销 8 锁在转向板 10 的锁口位置 *A* 上。当需要作 90°转向时，先搬动操作杆将锁销 8 退出，转向液压缸推动转向板 10 回转，并借助于拉杆 3 使车轮围绕转向锁 2 回转 90°，此时车轮处于虚线位置，锁口 *B* 转向到原来锁口 *A* 的位置，再用锁销液压缸 9 将锁销 8 锁在锁口 *B* 中，整个操作过程是在司机室内完成的。

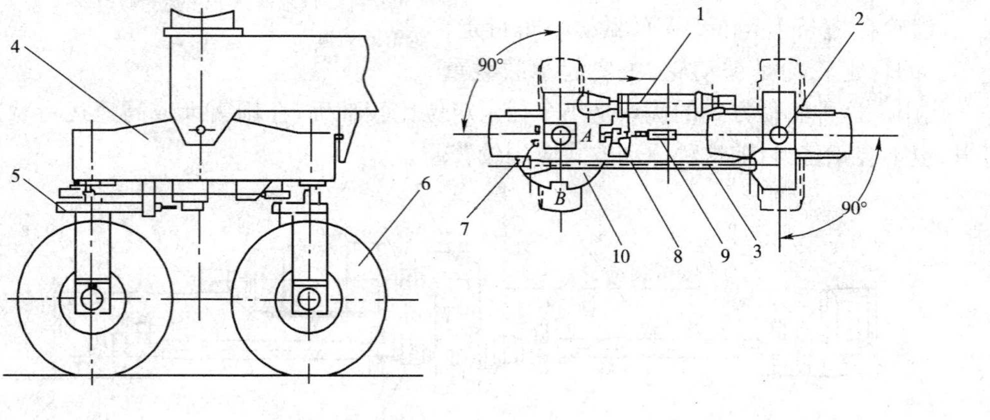

图 1-2-7　90°直角转向装置

1-转向液压缸；2-转向销；3-拉杆；4-平衡梁；5-转向架；6-车轮；7-限位开关；8-锁销；9-锁销液压缸；10-转向板

五、吊具

轮胎式集装箱龙门起重机基本上都采用伸缩式吊具,以适应20ft和40ft集装箱交替装卸作业。吊具与上架一般采用旋锁机构连接,更换方便。吊具上的旋锁锁孔的规格与集装箱相同。吊具的旋锁动作、伸缩运作均由液压系统驱动,司机在司机室内操纵完成。

六、轮胎式集装箱龙门起重机主要技术参数

(1)起重量:起重量等于最大集装箱总重量和吊具重量之和。最大集装箱总重量也称为额定起重量。

一般轮胎式集装箱龙门起重机的额定起重量为30.5t,伸缩式吊具重量一般控制在9.5t,因此,目前轮胎式龙门起重机的起重量为40t。

(2)跨距:轮胎式集装箱龙门起重机的跨距是指两侧行走轮对称中心线之间的距离。跨距的大小是由起重机所需跨越的集装箱的列数和集装箱卡车的通道宽度来决定的。

如按6列集装箱和1条集装箱卡车通道布置,跨距一般为23.128m。按3列集装箱和1条集装箱卡车通道布置,跨距一般为14.064m。

(3)基距:基距是指两片门框主柱中心线之间的距离,即同一侧支腿的轮距。考虑整机的稳定性及大车驱动机构的尺寸要求,一般取6.4 m。

(4)起升高度:轮胎式集装箱龙门起重机的起升高度是指吊具底面(极限高度)至地面的垂直距离,它取决于起重机门架下所堆放的集装箱的层数和高度。

(5)起升速度:指起重机工作时,吊具的上升或下降的速度,单位为m/min。有满载和空载之分,通常空载速度是满载速度的2倍左右。该参数与起重机的生产效率直接有关。

①起吊额定负荷量时的起升(或下降)速度,一般在9~13.5m/min;

②空载起升(或下降)速度,一般在16~27m/min。

(6)小车行走速度:指起重小车行走时的最大行驶速度,一般在35~70m/min。

(7)大车行走速度:指起重大车行走时的最大行驶速度。

①满载行走速度,一般在25m/min;

②空载行走速度,一般在90~134m/min。

第三节 斗轮堆取料机的主要结构

一、概述

斗轮堆取料机安装在全长约843m的轨道上,用于堆、取矿石作业,行走距离约790m。

斗轮堆取料机(图1-3-1)由尾车、中继皮带机、臂架皮带机、大车行走机构臂架俯仰机构、回转机构、斗轮机构、尾车升降机构、料斗、司机室、电气室、电气控制系统、监视及报警系统、防风装置、臂架固定装置、供电、通讯、照明、除尘装置、金属结构等主要部件组成。

(1)斗轮堆取料机尾车下部用水平铰连接,上部通过尾车皮带机架与门架相连,尾车的行走由斗轮堆取料机主机行走机构牵引,同步运行。

(2)斗轮堆取料机主机由臂架、旋转架、门架等部分组成。臂架通过后上端铰点与L架连接,通过俯仰液压系统油缸支撑。臂架部分由前端桁架,后段L架、配重装置、臂架皮带机构组成。旋转架部分由A字支承座,旋转支承架,旋转机构等组成。门架部分由行走机构、液压夹轨器等构成。

(3)斗轮堆取料机的电缆卷筒设于尾车上。喷雾降尘供水由轨道两侧定点水栓供水,加压水泵系统设于尾车上。斗轮堆取料机设有声光信号及各机构相应的动作行程开关等安全保护装置。

(4)斗轮堆取料机的上机电压为10.5kV、50Hz进线、经电缆卷筒经高压房开关柜至变压器。司机室和堆场控制室之间的联锁控制讯号和指令,通过光缆通讯传递。

二、斗轮机构

斗轮驱动机构启、制动运转平稳,作业中对物料工况适应性好、过载能力强、质量轻(减少臂架回转负荷)、使用安全可靠、维修方便、经济。出于检查或修理的目的,斗轮另外设有保护制动器,它能在任意位置将斗轮停住。在正常取料工作时,制动器延时制动。

斗轮驱动装置与斗轮同侧布置(图1-3-2),采用短轴式布置形式,斗轮与驱动轴联接安全可靠、耐用,便于维修和更换。

图1-3-1 斗轮堆取料机外形图

图1-3-2 斗轮驱动装置和斗轮

斗轮驱动机构由电动机、液力偶合器、大速比减速器(型式为行星减速器)等组成。电动机、液力偶合器、减速器固定在同一机座上,机座为摇臂式结构,并设置扭矩传感报警系统。

减速器设有一个强制润滑系统,通过一个内循环的强制润滑系统,齿轮箱中的所有齿轮啮合处及轴承点处供油充足。油路中设置有可以切换使用的双过滤器,过滤器设置有受污染显示,用以及时提醒清洗过滤器。油路的压力和流量受到监控。

1.斗轮结构

斗轮体为无格式、单腹板加幅条式结构或单腹板结构。斗轮要具有有效的防积料和防磨损措施;轮斗的拆卸调整便捷。斗的形状及切入角的设计使挖掘阻力最小。斗用销轴和螺栓与斗轮体联接。

斗轮的弧形导料挡板和斗环的侧板可调整，其间隙在5mm以内。

2. 斗轮导料溜槽

导料溜槽的作用是使堆料作业时的物料畅通。导料溜槽内物流方向与臂架皮带机运行方向应一致，导料板与水平面夹角 $\alpha > 55°$，确保物料落入臂架皮带机的中心。

三、臂架俯仰系统

臂架俯仰机构采用液压传动，臂架的俯仰动作由液压油缸驱动，驱动油缸有两个。油缸为双作用式，在油缸的活塞上靠近活塞杆侧，设有防破断阀。堆料机液压系统主要包括臂架俯仰液压系统、夹轮器液压系统、皮带机张紧推力装置液压系统及司机室阻尼液压系统。

液压油缸铰接于堆料机钢结构上，在铰点处设免于维修的球面滑动轴承。

俯仰系统主要由集成式液压泵站、管道及两只俯仰油缸组成。而泵站主要包括2个电机(37kW、11kW)、2台油泵(1台恒压变量柱塞泵，1台定量齿轮泵)、油箱(750L)、各种控制阀、油箱加温器、高压及回油滤油器、空气滤清器等液压附件。2只俯仰油缸为单活塞杆双作用油缸，油缸上装有防软管爆破阀件，起安全作用。

1. 工况介绍

(1)臂架停止：操作手柄处于零位，油缸由液控单向阀锁定在 $-12° \sim +8°$ 范围内任意位置。

(2)臂架仰起：操作手柄后拉，此时电磁块S1、S3得电，主泵输出的压力油通过各控制阀进入油缸无杆腔，油缸有杆腔的油通过液控单向阀、调速阀等回油箱，油缸的速度由调速阀调定，速度为0.67m/min。

(3)臂架俯下：操作手柄向前推，此时电磁块S2、S4得电。油泵输出压力油进入油缸有杆腔，油缸无杆腔回油通过另一液控单向阀和调速回油箱，速度也为0.67m/min。

2. 系统安全保护

(1)油缸上装有防爆破阀：万一高压软管裂，该阀立刻关闭，油缸立即停止运动。

(2)油箱液位控制：设油位低液位保护，当油箱中油液低于低油位，自动停止油泵电机，液压系统停止工作。

(3)油温控制：当油箱内温度低于5℃，加热器自动加热，当油温达到10℃，停止加热。如果油温达到70℃，发出油温过高报警信号。

(4)滤油器堵塞报警：如果系统中滤油器堵塞，将发出报警信号，提醒操作者清洗或更换滤芯。

(5)如果系统中压力超过正常的工作压力，系统将发出压力过高报警信号。

四、大车行走机构

大车行走驱动机构外形见图1-3-3，由交流电动机、减速器、内制式制动器等组成，为“三合一”立体套装式，每一套驱动一个车轮，采用交流电动机变频调速，实现连续无级调速，并能满足频繁启制动要求。

为适应轨道基础不均匀沉降，采用三点四支承型式，支腿由平衡梁和台车支承组成，以保证载荷通过平衡梁和台车均匀地分配在每个车轮上。每个支腿都有驱动轮，其驱动轮数不少于整个支腿行走轮数的1/2。

图1-3-3　大车行走驱动机构外形图

大车行走机还设置有清轨器、行走限位开关、缓冲器、轨端车挡、限位开关、撞块等。

斗轮堆取料机在高速行走时，大车驱动装置和臂架位置（臂架与轨道方向平行）联锁。

为了便于防风系缆和锚定时准确定位，大车行走具有就地点动功能。

另外，门腿下方适当位置设有顶升座，以供更换行走车轮和进行其他维修时使用。

行走机构具有足够的驱动功率，保证在25m/ min风速及1/100坡度轨道上能逆向行驶至锚定位置。当风速小于20m/s时，臂架处于任何位置，在全程范围内斗轮堆取料机能正常运行；当臂架平行于轨道时，在全程范围内，斗轮堆取料机能以30m/min的高速往复运行。斗轮堆取料机在顺风（风速25m/s）、下坡（1/100）的情况下行走时，制动器能安全制动。

斗轮堆取料机在大车运行方向两端设有缓冲器。当斗轮堆取料机以全速运行时，大车缓冲器能吸收足够的撞击能量而不使斗轮堆取料机损坏。缓冲器中心高度和撞击力与地面上的车挡相适应。

五、回转机构

回转机构采用一个带外齿圈的大型三排滚柱轴承，回转驱动用三套驱动装置，对称布置在回转平台上，制动器采用闸瓦液力推杆式。每个回转驱动机构包括电动机、联轴器、制动器以及行星减速器（图1-3-4）。减速器采用立式传动，并设有力矩限制器。

图1-3-4　回转机构外形图

回转机构采用变频闭环驱动，具有无级调速性能，达到均衡取料目的。回转机构中设有防止臂架回转时斗轮与地面皮带机和料堆相碰撞的安全装置，还设有臂架锚定装置，并设有电气联锁。

堆取料机的取料方式为阶梯式回转取料，为实现定量取料，臂架变速旋转，即可以根据臂架旋转角度，自动增、减旋转速度，保证均衡取料，并输出物料流均匀连续。堆料时臂架可匀速旋转。

回转的两级限位设置双重（减速、停止）限位开关、终端缓冲器、止挡器。臂架旋转角度采用绝对编码器，旋转角度可及时被检测，并可在司机室内的显示屏上显示角度位置。当臂架需跨越地面皮带机时，旋转驱动装置与臂架安全高度联锁，防止臂架与地面皮带机碰撞。

六、臂架皮带机

1. 臂架皮带机驱动机构的组成

臂架皮带机按直线皮带机进行设计，具有足够的输送能力。臂架皮带机为可逆式皮带机，驱动装置由电动机、液力偶合器、减速器、制动器等组成，要求启动、运行和制动平稳可靠。

臂架皮带机的驱动装置布置在臂架上。斗轮向皮带机卸料处设溜槽、活动导料槽，活动导料槽上方设可翻转的电动格栅。驱动装置布置于旋转平台上，臂架绞点处皮带机设防皮带折曲装置。

臂架皮带机采用手动液压式张紧装置，用螺杆螺母丝杠锁定方式，使调整简单方便。

另个，在头部和尾部滚筒处设容易调节的多刀片式硬质合金清扫器，头、尾部的回程皮带上和张紧改向滚筒前的回程皮带上各设置一道"一字"型清扫器。

2. 臂架皮带机安全装置

(1)皮带打滑检测。

(2)皮带跑偏检测。

(3)旋转中心的中心溜槽堵塞检测。

(4)尾车卸料溜槽堵塞检测。

(5)皮带机两侧设有拉线式紧急停车开关。

(6)臂架皮带机与地面皮带机实行联锁，并设有紧急停车开关。

采取可靠的防跑偏措施，防止可逆皮带机跑偏。

3. 臂架皮带机导料槽

臂架皮带机向地面皮带机转载，设溜槽和活动导料槽。溜槽要具有良好的排料性能，侧面角大于60°，棱线角大于55°，里面装有易于更换的耐磨衬板，由螺栓固定在底板上。

4. 中心漏斗

中心漏斗设检查孔，中心漏斗下方设电力驱动可提起式导料槽，导料槽可以上下活动。导料槽要能保证卸下的物料对中，高速行走或直取作业时，导料槽能被提起。活动导料槽的位置在司机室内显示。

七、中继、尾车皮带机系统

地面皮带机经过尾车头部滚筒和改向滚筒返回到地面。中继皮带尾部装压带辊，尾车头部卸料处设密闭溜槽。尾车向中继皮带机卸料处设密闭活动导料槽，中继皮带机的两侧设挡风板。

中继皮带机设置跑偏、速度检测、紧急停车、防滑、溜槽堵塞检测、逆止器等安全保护装置，斗轮堆取料机的中心料斗向地面皮带机供料点下方设胶带防纵向撕裂装置。

八、电缆卷筒

堆料机电缆卷筒将地面10.5kV，50Hz电源送上机，同时还附有光缆，传递堆料机与系统的信号联系。

九、降尘系统

斗轮堆取料机上转接点的导料槽处、料斗和臂架端部落料处四周均设置洒水除尘装置。洒水除尘装置能防锈蚀、防堵塞，便于清理积垢，冬季能将系统中的水排空。

十、俯仰机构

臂架俯仰机构为液压俯仰，由液压油缸、一套液压驱动装置及连接管子组成，并设有控制臂架下俯的阻尼阀。能确保臂架在任何位置时启、制动平稳，匀速升降，准确定位，安全可靠。即使在出现突然失压的情况时，比如，管子破裂时，也能及时地使油缸停留在原位置。

十一、操作

斗轮堆取料机具备如下基本操作方式：

1. 手动操作

由司机在司机室对各机构进行单独操作，机构运行的速度与主令控制器手柄偏移的角度相对，主令控制器具有零位保护。

2. 半自动操作

由司机手动确定作业条件，控制系统实现部分工序的自动作业，根据需要司机可随时中断半自动操作，方便地更新堆取点和作业条件。半自动取料时，保证恒量取料。

3. 就地操作

在斗轮、臂架皮带机、大车行走、臂架俯仰、回转等机构附近设置就地操作箱，以便在维修或调整时，可对这些机构进行单独控制。箱体由厚度不小于2mm的不锈钢板制作。急停按钮设置在箱面，其余的操作开关或按钮均设置在箱内。

第四节　装船机的主要结构

装船机（图1-4-1）是为大型港口散货码头设计制造的，适用于煤、矿石、水泥、粮食等散状货物的装船作业，是一种具有整机移动、臂架伸缩、俯仰、回转等功能的大型、高效率的连续装船机械。由地面皮带机供料，按装船工艺要求，为直爬式尾车；其臂架能伸缩、俯仰，臂架头部悬挂溜筒；具有满足载1000～5000DWT船型能力；由主机部分和尾车部分组成。码头后方的矿石经过地面皮带机和尾车皮带机供给装船机的臂架伸缩皮带机，至臂架头部伸缩溜筒进行装船作业。装船机尾车下部用水平铰连接，上部通过尾车皮带机架与门架相连，尾车的行走由装船机主机行走机构牵引，同步运行。装船机主机由臂架和机架两部分组成。臂架通过后上端铰点与门架连接，前端通过俯仰缠绕系统支撑。臂架部分由外臂架、内臂架、臂架伸缩机构、臂架伸缩皮带机、溜筒构成。机架部分由门架、人字架、行走机构、俯仰机构、锚定装置、滑轮组、卷筒支架等构成。电缆卷筒设于尾车上。喷雾降尘供水由码头提供。加压水泵系统设于尾车上。装船机设有声光信号及各机构相应的动作行程开关等安全保护 装置。装船机的上机电压为10500V、50Hz进线、经电缆卷筒经高压房开关柜至变压器。司机室和码头控制室之间的联锁控制信号和指令,通过光缆通讯传递。

图1-4-1　装船机外形图

装船机主要由俯仰机构、行走机构、回转机构、臂架伸缩机构、溜筒伸缩机构、臂架皮带机等部件组成。

一、俯仰机构

俯仰系统是实现臂架俯仰动作的驱动装置,由俯仰机构、钢绳缠绕系统组成。悬臂俯仰驱动系统的控制采用交流变频调速。悬臂俯仰采用钢丝绳缠绕牵引。驱动系统使悬臂可以安全地停在俯仰范围内地任何位置,并可以随时启动。俯仰范围最高和最低位置设有限位开关,并考虑工作与非工作状态及与伸缩臂工作位置同伸缩驱动释放。俯仰机构的驱动装置由电动机、减速器、制动器和卷筒组成。

驱动装置设有两套制动器,一套设在高速轴上,另一套设在低速轴上。

设置钢丝绳平衡装置,使两根钢丝绳受力均等,并使其能承受由于一根钢丝绳突然拉断而引起的冲击。钢丝绳平衡装置采用平衡梁方式。

设置一套应急系统。在码头电源发生故障时以慢速将悬臂抬起退出舱口,其速度为正常速度的1/10,正常工作时,应急系统与主驱动装置断开。应急驱动装置由电动机,减速器构成。整个俯仰范围内悬臂动作平缓。悬臂俯仰位置及应急系统的使用在司机室内显示。

二、行走机构

装船机门架四支腿由四个行走台车支持。每套台车有六只走轮,其中三只为驱动轮,三只为被动轮。车架采用平衡梁结构,各轮轮压均等。

车轮为双轮缘,各车轮直径相等,踏面淬火处理。为了防止机与机或机与车挡的碰撞造成机损,装船机两端均装有缓冲器,为避免碰撞,装船机运行方向两端均装有行程限位开关。海陆侧门腿皆设有锚定插板装置。行走驱动装置为“三合一”形式,齿轮箱、制动器、电动机为一个整体,采用交流电动机变频调速,实现连续无级调速。一套驱动装置单独驱动一只走轮。

行走机构与锚定装置、电缆卷筒、锚定装置、夹轮器联锁,保证行走安全工作。

三、回转机构

回转机构有两套驱动机构,每套驱动机构包括:固定在回转部分的减速器和电机与减速器输出轴相连行星齿、高速轴装有带力矩限制器的联轴器、电力液压推杆制动器等。回转支承采用的是三排滚珠回转支承,回转支承以上部分可以作115°水平回转。

四、臂架伸缩机构

臂架伸缩机构是为实现伸缩臂伸缩运动的机构。伸缩机构由伸缩驱动装置、伸缩支撑结构和伸缩保护装置构成。其中,伸缩驱动装置由电动机、制动器、减速器、齿轮、齿条组成。伸缩速度调整采用双速电机。

伸缩臂支撑采用上下支撑轮方式。伸缩臂两侧工字梁上下皆设轨道,由支撑轮支撑轨道。支撑轮设在外臂架上的支撑横梁上。伸缩安全保护装置由行程限位和极限缓冲挡块构成,并联锁。

五、溜筒伸缩机构

溜筒装置由溜筒伸缩机构和伸缩筒体组成,伸缩机构位于臂架端部,有维修通道可供出入,驱动装置结构紧凑,维修方便。驱动机构由电动机、减速器、卷筒、钢丝绳组成。俯仰与臂架的联接采用铰接,当臂架俯仰至不同角度时,溜筒均与地面保持垂直。溜筒的长度应满足1000~5000DWT散货船在各种潮位下顺利装载。

六、伸缩皮带机系统

为应对不同的船型,在装船作业时,要求臂架有相应的幅度位置,因此,皮带机设计成伸缩皮带机形式,就是为了适应臂架不同幅度的需要。伸缩皮带机的作用,是接受从供料尾车送来的物料再输送到臂架头部的溜筒进行装船作业。伸缩皮带机系统包括驱动装置、改向滚筒、上托辊、下托辊、弹簧清扫器、张紧装置、输送胶带、漏斗、导料槽、调节板等。驱动装置采用电动机通过液力偶合器、减速器、驱动滚筒运行。

臂架皮带负载段的托辊为重叠式布置,即固定臂架的托辊架为倒挂形式。当臂架伸缩时,活动臂架的托辊在固定臂架的倒挂托辊下重叠移动,实现皮带机工作长度的改变。皮带机上设有打滑检测装置、皮带跑偏检测装置;皮带机两侧设有紧急拉线开关,用于紧急制动。

伸缩皮带机的工作角度范围在$-12° \sim +12°$之间。

七、电缆卷筒

装船机电缆卷筒将地面10500V,50Hz电源送上机,同时还附有光缆,传递装船机与系统的信号联系。具体说明见卷筒说明书。

八、降尘系统

散货(矿石)在输送过程中的各处供、接料点及溜筒出料口均为扬尘点,扬起的尘埃将使周围环境受到严重污染。为了改善这种状况,装船机设置了喷雾防尘装置。在作业中,对各扬尘点进行喷雾。水雾形成一封闭的水帘,迅速将灰尘罩住,使尘埃颗粒粗化沉降,从而达到防尘的目的。

各喷水的喷雾动作的操纵设在司机室内,由开关分别控制各处的电磁阀来完成。喷雾防尘装置由压水泵、水箱、过滤器、减压阀、电磁阀、喷嘴、压力管路等组成。

另外,在臂架头部和下平台上,配置有水枪,以供装船机平时作清洁冲洗之用。喷雾降尘的用水取自码头栈桥。

九、尾车系统

装船机采用直爬式尾车。

尾车架采用双车架形式,车架由台车支撑。皮带机架端支持在尾车架上。

直爬式尾车无驱动装置,直爬式尾车皮带与地面皮带是一个整体,由地面驱动装置驱动。地面来料通过尾车头部卸料斗卸至臂架伸缩皮带机。

十、司机室、电气房和机器房

司机室位于人字架前上方。司机室三面配有长玻璃窗,具有造型美观、视野开阔、室内布置舒适等特点。司机座椅为航空椅,另设副司机座椅。司机室内设空调,保持室内的合适温度。

电气房和机器房同设于上转台上,电气房设于前部,机器房设于后部。电气房为封闭结构,内设空调。机器房中设有俯仰机构,为方便维护机房设有电动葫芦。

第二章 大型电动装卸机械的电气驱动

第一节 大型电动装卸机械电气驱动的基本特点

近年来,随着我国经济的迅速发展,港口码头的运输作业也越加繁忙。为适应新的形势,大型电动装卸机械也随之发展,开始向大型化、专业化方向发展。特别是集装箱机械的迅猛发展(本书主要介绍岸边集装箱起重机和轮胎式集装箱龙门起重机),使得起重机的高度越来越高,载重量越来越大,速度越来越快。上海港已有载重量为 80t、双起升的岸边集装箱起重机。港口码头上的起重机要求在不同的场合、用不同的速度进行工作,其目的在于使起重机在各种合理的速度下有效的工作,以提高生产率和确保安全生产,而这种调速过程又需要在运行过程中进行,且变换次数较多,因此机械变速一般不合适,绝大多数情况下需采用电气调速。为应对起重机向高、重、快的方向发展,要求大型电动装卸机械的电气驱动系统具有非常高的性能,即必须具有宽广的调速范围、较高的稳速精度、快速的动态响应和较大的功率等性能,以保证在进行起重作业时平稳、可靠, 有良好的低速就位性能。

大型电动装卸机械的电气驱动系统必须根据起重机所带的负载的特点而设计,因此先要了解起重机负载的特点。

1. 实现恒转矩调速和恒功率调速

起重机的起升机构所带负载有两个特点,一个特点是所带负载是位能性负载,当负载一定时,在任何转速下负载转矩总是保持恒定,而且负载转矩的方向也不随电机转速方向的改变而改变。另一个特点是起重机的负载有效率是 50%,即有一半时间是空载运行的。即使是在带负载的时候,也不都是满负载达到起吊额定负载。为了提高生产效率,希望在空载或轻载时能提高速度。由于负载转矩与转速成反比,即形成恒功率控制。负载的恒功率性质是就一定的速度范围而言的,即使当负载很低时,受机械强度和电气系统特殊性的限制,转速也不可能无限增大,一般恒功率调速范围为额定速度的 2~2.5 倍。而在重载情况下,起重机则工作在额定转速下,即恒转矩控制。

基频以下实现恒转矩调速, 空载或轻载时可运行在基频以上, 速度提高 1 倍以上,实现恒功率调速。若调速系统采用 PLC 与变频器通讯控制,则起升速度控制可随负载自动升速或降速。PLC 通过检测吊重物启动时的电流值进行控制,也可通过超负荷限制器的重量信号来控制恒功率升速,提高生产率。

为避免低频时满负载工况下发生带不动负载的现象,应采用闭环控制方式。闭环控制的速度反馈采用增量式脉冲编码器,使系统具有足够的调速硬度和良好的低频转矩特性,即使在 0Hz 下电机也能以 150% 额定转矩输出,不会发生带不动负载的现象。

2. 防下坠功能

起重机属于位能性负载，当起升上升时必须克服地球引力，当起升下降时又有重力加速度加快下降速度。当货物吊在半空中，若此时需要向上，首先须打开制动器，同时电动机输出向上转矩，这个输出的转矩若小于重物重量产生的转矩，那么重物就会因制动器的释放而下坠一点，随后因电动机输出转矩的逐渐加大，超过了重物产生的转矩后，重物才会被向上提升。在装卸过程中出现这种下坠现象是很危险的，比如，当岸边集装箱起重机吊着重箱对准集装箱卡车的时候，这种下坠现象就会把集装箱卡车砸坏，必须绝对避免。所以大型电动装卸机械电控系统中都应具有起升防下坠功能。其基本的原理是在每次制动器抱闸时，记录下此时的电动机输出转矩，当下一次制动器再打开时，电动机就会输出上一次记忆着的转矩值。即若上一次是空吊具重量，则提供空吊具的输出转矩；若上一次是额定重量，则提供额定重量电动机转矩，这样就不会出现重箱下坠的现象了。此外，起升机构有机械制动器，当变频器作为调速手段时，在起升机构上升或下降以及在空中停止的瞬间，机械制动回路与变频器加、减速时间的匹配是一个非常关键的方面。在工作过程中，既要防止重物下坠现象的产生，又必须防止由于时间匹配不当而引起松闸太慢或抱闸太快现象。若匹配不当可能引起电机的堵转导致变频器保护跳闸，致使工作中断。通过在启动时控制起升制动器延时松闸，停止时控制变频器零速信号进行抱闸能较好地控制下坠现象。

3. 防摇系统

随着起重机的起升高度越来越大，速度越来越快，吊着的货物会跟着晃动，造成司机跟钩对位操作越来越困难，对防摇系统的要求也越来越迫切。例如在集装箱桥吊上，一般都用电子防摇系统来克服吊具随小车运行时引起的摇摆。电子防摇的方法有两种：一种是在小车架下安装一个发射装置（有的用激光发射器，有的用一摄像头）和一个接收装置，在吊具上架安装一个反射器。当吊具前后摆动时，接收装置检测到吊具前后摆动的角度，从而控制小车的运行方向和速度，将这个摆动角度限制到最小，达到防摇的目的。另一种是全电子防摇，它把小车的加速分成两个阶段，第一阶段加速到一半速度后，保持这个速度运行一段时间，其目的是等吊具的摆动跟上这个速度，然后再进行第二阶段加速，达到最高转速，此时吊具也能跟上这个速度了；停止也分两个阶段，先减到一半速度，保持一段时间，让吊具的速度也慢下来，然后再进行第二阶段的减速，跟着吊具的摆动直到速度为零。这种方法的突出优点是在不需要任何附加硬件设备就能实现小车摇摆，故障率很低。

4. 制动能量的释放

电动机减速或重载下放时的过程是一个能量转换的过程，此时的电动机处于发电状态。如何吸收这部分机械能量，是大型电动装卸机械的电气驱动系统必须解决的问题。

对再生制动能量的处理方式有两种，一种是用制动单元和制动电阻来吸收，另一种是通过在直流侧设置公共母线的逆变桥使之回馈到电网。采用能耗电阻的方式，在制动单元和制动电阻的选择上应考虑到起升机构属位能性负载特性，电阻的阻值决定着制动电流，也就是决定着制动时间的长短，在起重机电气驱动系统中长时间的制动转矩特性决定需要考虑的并不是它的阻值，而是它的功率，这样才能保证再生制动能量迅速释放。

采用公共直流母线下的多逆变器驱动方式，使系统电路形式简洁、紧凑。再生制动能量采用回馈到电网的方式，这是因为考虑到起升机构重载下放时长时间的制动转矩必须由大量的制动电阻来吸收。另外，当任意两个以上的机构同时运行时，若某一机构传动电机处于再生制动状态，其再生制动能量可经直流母线直接供给处于电动状态的电机，可大大提高能量的再生利用率。系统由一个整流/回馈单元加多个逆变器组成，逆变器的数量取决于整个电气传动系统所需的逆变器个数，整流/回馈单元为各逆变器提供公共直流母线(COMMON DC BUS)，它除了设有整流桥外还设有逆变桥，当电机处于减速或重载下放工况使直流母线电压升高时，其逆变桥开始工作并将再生制动能量回馈至电网，从而使系统实现四象限可逆运行。

第二节　大型电动装卸机械电气调速系统

大型电动装卸机械要求能实现转速调节与相应的自动控制，并且对电力传动装置的拖动性能要求也越来越高。港口大型电动装卸机械上使用的电力拖动有直流调速系统和交流调速系统两种。所谓调速系统，就是以电动机作为电能—机械能的转换装置，并对其进行控制以产生所需要的转速。交、直流两大调速系统虽然由于各个时期科学技术的发展使得它们所处的地位有所不同，但它们始终是随着工业技术的发展，特别是随着电力电子元器件的发展而相互竞争。随着交流变频技术的发展，交流变频调速在大型电动装卸机械的应用也越来越多。

一、直流调速系统与交流调速系统的分析比较

1. 直流调速系统的特点

(1)直流调速系统的调速性能好，很容易实现基速以下的改变电枢电压的调压调速，即恒转矩调速，以及基速以上的弱磁恒功率调速。

(2)直流调速系统的启动转矩大，动态响应好，有很好的启制动特性。

(3)重物在快速下放过程中，电动机处于发电状态，产生大量的电能，直流调速系统能很容易把这些能量反馈回电网，系统效率高。

(4)调速系统所使用的直流电机结构复杂，价格高；有炭刷，整流子，维护困难，工作量大。

(5)为改善换向器的换向条件，要求直流电动机电枢漏感小，电机转子短粗，因而造成飞轮力矩大，限制了其速度响应时间和最高弱磁转速。

(6)谐波分量大，功率因数较低，在高要求场合需要增加谐波吸收及功率因数补偿装置。

以上前三点是直流调速系统的优点，后三点是直流调速系统的缺点，主要是由直流电动机的特性引起的。

2. 交流调速系统的特点

(1)交流调速系统使用正弦波脉宽调制(PWM)控制方式，功率因数基本上接近1。

(2)谐波分量小，可以不增加谐波滤波装置。

(3)交流电动机无炭刷，无整流子，维护保养简单方便，且结构简单，制造成本低，坚固耐用，运行可靠，节能经济。

(4)转子的转动惯量较小，因此电动机的速度响应好，最高速度比直流电机高。

（5）电机可制成全封闭型（外扇冷却型），耐恶劣环境性能好。

（6）要把交流电动机发的电反馈回电网，必须用另一套逆变装置才能实现。一个电动机要两套逆变器，造成交流变频装置的一次性投资大。

（7）易于向高压、高速和大功率方向发展。

从上面的比较可以很清楚地看出，交流调速系统比直流调速系统具有更多优点。

随着电力电子器件、大规模集成电路和计算机控制技术的迅速发展，以及现代控制理论向交流电气传动领域的渗透，为交流调速系统的开发研究进一步创造了有利的条件。各种类型的变频调速，特别是矢量控制技术和直接转矩控制技术的应用，使得交流调速系统逐步具备了更宽的调速范围、较高的稳速精度、快速的动态响应以及在四象限作可逆运行等良好的技术性能。交流调速传动的客观发展趋势已表明，它完全可以和直流调速传动相媲美、抗衡，并有取代后者的趋势。

二、直流调速系统

1. 发电机—电动机（G-M）系统

直流发电机—电动机系统，是大型电动装卸机械上最早采用的电气驱动形式。从 20 世纪 50 年代开始一直到 80 年代前期，这种驱动系统被广泛采用。图 2-2-1 所示为直流发电机—直流电动机系统原理图。

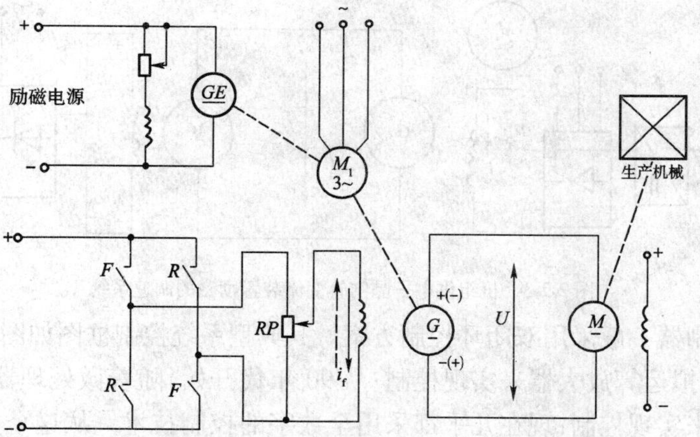

图 2-2-1　发电机—电动机（G-M）系统

交流电动机 M_1 拖动直流发电机 G 实现变流，由发电机 G 给需要调速的电动机 M 直接供电。调节电位器 RP 改变 G 的励磁电流 i_f 即可改变其输出电压 U 的大小，从而实现调压调速，即实现基速下的恒转矩调速。通过接触器触点 R、F 可改变 G 的励磁电流方向，也就可改变 G 输出电压 U 的极性，实现电动机的正、反转可逆运行。若在电动机达到了基速的条件下，减小电动机的磁场电流 i_f，那么电动机转速就会增高，这就实现了基速以上的恒功率调速。直流发电机 G 和直流电动机 M 的励磁电压由一台功率较小的直流发电机 GE 提供。GE 直流发电机也由 M_1 同轴拖动。

这种系统有效率低、运行噪声大、安装维护不方便等缺点，因而到了 60 年代被晶闸管变流装置取代。

2. 晶闸管—电动机(V-M)系统

由晶闸管变流装置直接给直流电动机供电的调速系统,称为晶闸管电动机调速系统,如图2-2-2所示。晶闸管整流装置 V 输出的直流脉动电压 U_d 直接加在电抗器 L 和电动机电枢两端,L 起滤波作用以及保持电流连续。改变晶闸管触发电路 GT 的移相控制电压 U_g,就可改变触发脉冲的控制角 α,从而改变输出平均电压 U_d 的大小,实现平滑的调压调速。

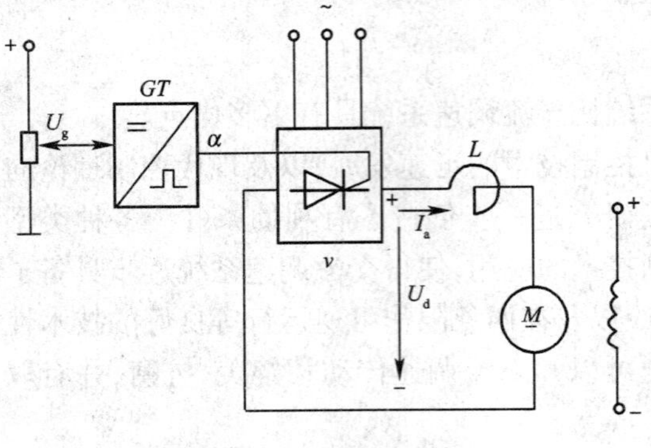

图 2-2-2　晶闸管—电动机(V-M)调速系统

晶闸管变流装置除了体积小、无噪声、无污染、重量轻和实现静止变流等优点外,在技术性能上也大大优于发电机—电动机(G-M)系统。其功率放大倍数在 10^4 以上,而发电机—电动机(G-M)系统为 10^2;其控制作用的响应快速性为毫秒级,而发电机—电动机(G-M)系统为秒级。因此,很快得到普遍应用。在一些大容量的直流电机拖动系统中还可采用机组供电、可控硅励磁的调速控制系统,如图2-2-3所示。

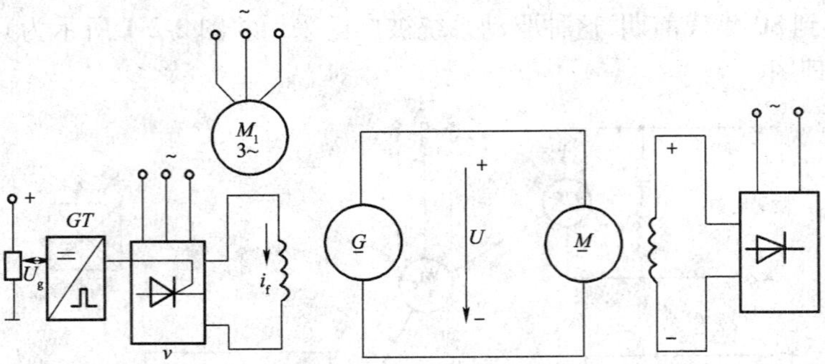

图 2-2-3　机组供电—晶闸管变流装置励磁的调速系统

直流调速控制器一般采用双闭环控制方案。其典型系统控制框图如图2-2-4所示。20世纪80年代采用模拟运算放大器来实现控制;从90年代开始,随着微处理器的日趋完善,逐渐用全数字化方案来实现控制;现在几乎都采用全数字的控制技术。从这个典型系统控制图中可看出,内环是电流环,外环则有两种选择,速度环或电压环(CEMF),这取决于对调速精度的要求。在大型电动装卸机械上,主要机构都采用带有测速发电机或测速编码器的速度反馈闭环线路。现代大型电动装卸机械对自动定位的要求越来越高,其他各大机构也越来越多地采用速度反馈来替代电压反馈。图2-2-4所示的电动机磁场控制线路是一个能提供磁场恒流源的框图。电动机不运转时处于经济磁场方式,即电机磁场电流只有额定磁场电流的70%。当电动机运转时,控制线路向它提供额定磁场电流,并根据负载的轻重,从处理器上得到控制信号来实现弱磁的恒功率控制。

三、交流调速系统

近十几年来,随着现代控制理论、新型大功率电力电子器件、新型变频技术以及微型计算机数字控制技术等在实际应用中相继取得了重大进展,使得交流调速技术有了很大发展,现代大型设备上越来越多地使用了交流变频技术。

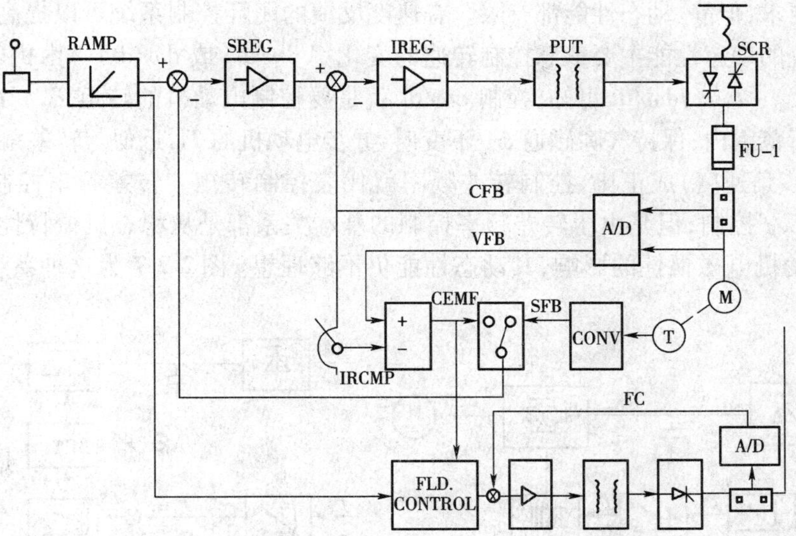

图 2-2-4 双闭环系统控制框图

RAMP-给定积分器;SREG-速度调节器;IREG-电流调节器;PUT-脉冲变压器;CONV-转换器;FLD. CONTROL-磁场控制器;SCR-晶闸管整流器件;IRCMP-内阻补偿

交流变频技术发展到现在经历了三代。

第一代:普通功能型 U/f 控制(无转矩控制功能,仅用电压补偿法提升转矩,易跳闸)

第二代:高功能型 U/f 控制(具有初步的转矩控制功能,可以实现转矩限制,具有"无跳闸"能力)

第三代:高动态性能型矢量控制及直接转矩控制(采用矢量控制方式或直接转矩控制,具有较好的动态性能,可替代高精度直流调速系统)

1. 交流变频调速系统组成

交流变频调速系统的组成可用简单框图表示,如图 2-2-5 所示。

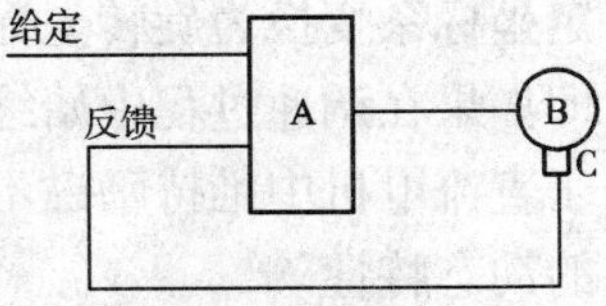

图 2-2-5 交流变频调速系统图

A-变频器;B-异步电动机;C-速度传感器(也可不用)

2. 交流变频调速的控制方式

要实现交流电动机的变频调速,除了需要有一个合适的变频器之外,还需要有一套能按一定控制规律对变频器实行控制的控制环节,从而由控制线路和变频器一起,组成一个变频调速系统。典型的交流变频调速系统的控制方式主要有以下几种:

(1)无速度传感器的 U/f 控制(即频率开环控制),又名 VVVF 控制。早期变频器多采用无速度传感器的 U/f 控制,逆变器控制输出交流频率,并同时保证输出电压的幅值与频率成一定的比例关系(为了保持电机磁场恒定),转子转速将随负载转矩变化而略有变化。但由于异步电机特性较硬,所以这种控制方式适用于速度精度要求不高,且不需要进行频繁的启动、制动或反转的场合。它的优点是开环控制,不需要速度传感器,稳定性好。缺点是低频时难以保证电机磁场恒定不变。这种控制系统结构最简单,成本最低。图 2-2-6 为这种系统的结构原理框图。

(2)有速度传感器的 U/f 控制(即转差频率控制)。转速开环变频调速系统可以满足一般平滑调速的要求,但静、动态性能都有限。有速度反馈的闭环控制系统可以提高静态性能,而提高调速系统的动态性能主要依靠控制转速的变化率 dn/dt(或 $d\omega/dt$)。由机电传动系统的运动方程式 $T_M - T_L = Jd\omega/dt$ 可知,控制 $d\omega/dt$ 就是要控制电动机的转矩 T_M。在转差率 S 很小的稳态运行范围内,保持气隙磁通 ϕ_m 不变时,异步电动机的 T_M 近似与转差角频率 ω_s($\omega_s = S\omega_0$,ω_0 为同步角速度)成正比,控制转差频率就代表控制转矩。转差频率控制系统其性能优于开环的 U/f 控制,但是由于转差频率控制的基本关系都是从稳态机械特性推导出来的,没有考虑电动机电磁惯性的影响,其动态性能仍不够理想。图 2-2-7 为这种系统的结构原理框图。

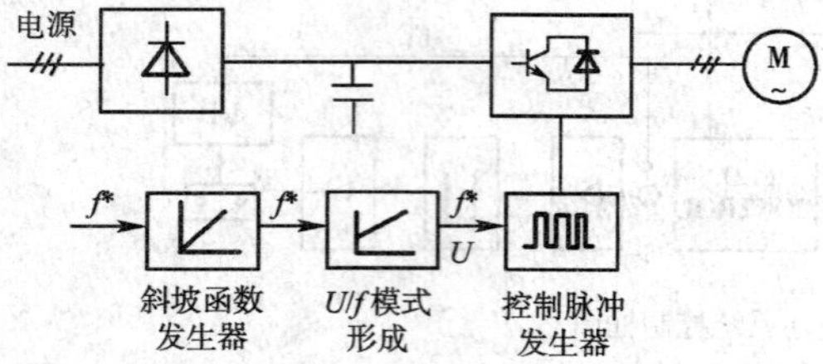

图 2-2-6　无速度反馈的 U/f 控制方式

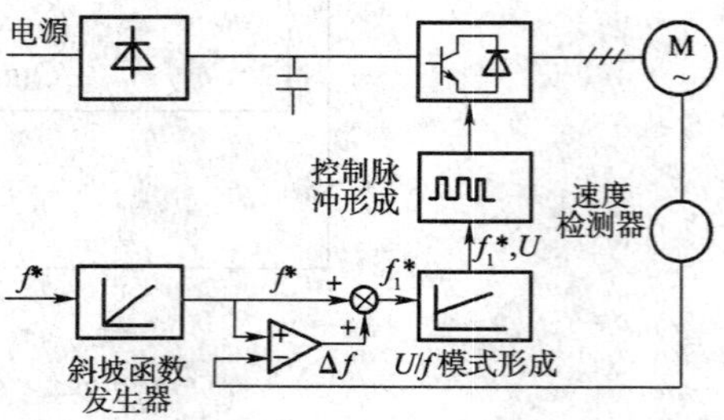

图 2-2-7　转差频率控制方式

(3)无速度传感器的矢量控制。对转矩要求高、响应快的控制系统而言,矢量控制方式是较好的选择。矢量变换控制是一种新的控制理论和控制技术,它的想法是设法模拟直流电动机的控制特点来进行交流电动机的控制。调速的关键问题是转矩控制问题,直流电动机调速性能好的根本原因就在于它的转矩控制容易,而交流电动机的转矩则难于控制。为使交流电动机得到和直流电动机一样的控制性能,必须通过电机统一理论和坐标变换理论,把交流电动机的定子电流分解成磁场定向坐标的磁场电流分量和与之相垂直的坐标转矩电流分量,把固定坐标系变换为旋转坐标系解耦后,交流量的控制变为直流量的控制便等同于直流电动机。即如果在调速过程中始终维持定子电流的磁场电流分量不变,而控制转矩电流分量,它就相当于直流电机中维持励磁不变,而通过控制电枢电流来控制电机的转矩一样,能使系统具有很好的动态特性。

目前,在变频器中得到实际应用的矢量控制方式有无速度传感器的矢量控制方式和基于转差频率控制的矢量控制方式两种。

无速度传感器的矢量控制方式的基本控制思想是:分别对作为基本控制量的励磁电流(或者磁通)和转矩电流进行检测,并通过控制电动机定子绕组上的电压的频率使励磁电流(或者磁通)和转矩电流的指令和检测值达到一致,从而实现矢量控制。而这个检测不需要在异步电动机内部安装磁通检测装置,可以在变频器内部通过对某些变量进行计算得到与磁通相应的量。图 2-2-8 为这种系统的控制原理框图。

(4)有速度传感器的矢量控制。有速度传感器的矢量控制方式是在转差频率控制系统基础上发展起来的,所以也叫基于转差频率控制的矢量控制方式。具体的方法是利用矢量变换控制方程,根据电动机转子磁链和转矩电流的给定值算出转差角速度 ω_s,加上电动机转子角

速度 ω 就可得到旋转磁场的角速度 ω_1，对 ω_1 进行积分，可得转子磁链的瞬时相位 φ，加上定子电流在同步旋转坐标系上的相位角 δ，就得到了电动机定子电流的瞬时相位角 θ。根据设定的定子电流幅值 $|I_1|$ 和瞬时相位 θ 去控制变频器，就能实现矢量变换控制。图 2-2-9 为这种系统的控制原理框图。

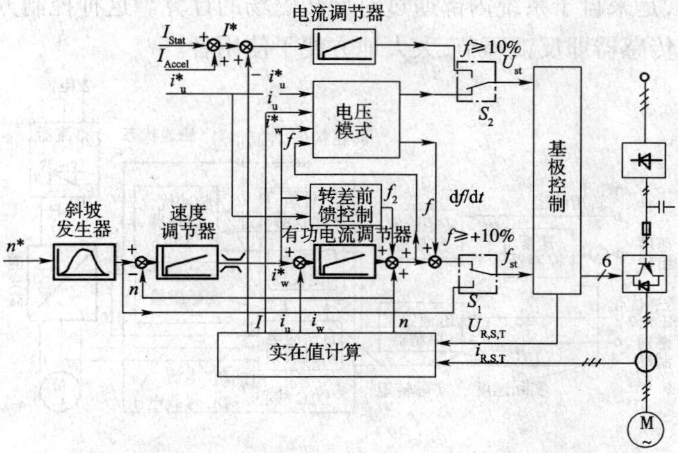

图 2-2-8　无速度传感器的矢量控制原理框图

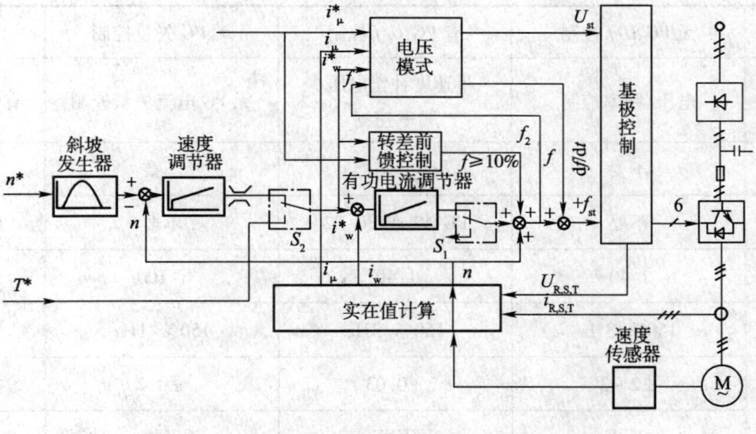

图 2-2-9　有速度传感器的矢量控制原理框图

（5）直接转矩控制。矢量控制方法的提出使交流传动系统的动态特性得到了显著的改善，但是经典的矢量控制方法比较复杂，它要进行坐标变换，且需精确测算出转子磁链的大小和方向，比较麻烦，且其精度受转子参数变化的影响很大。近年来又出现了一种对交流电动机实现直接转矩控制的新方法，它避开了矢量控制中的两次坐标变换及求矢量的模与相角的复杂计算工作量，而直接在定子坐标系上计算电动机的转矩与磁通，通过转矩的 Bang-Bang 控制，使转矩响应时间控制在一拍以内，且无超调，控制性能比矢量控制还好。直接转矩控制的基本思想是在准确观测定子磁链的空间位置和大小并保持其幅值基本恒定以及准确计算负载转矩的条件下，通过控制电机的瞬时输入电压来控制电机定子磁链的瞬时旋转速度，来改变它对转子的瞬时转差率，达到直接控制电机输出的目的。这种控制方式的优点是有优越的动态性能、结构简单、转矩响应快、低频时对力矩的响应更好。图 2-2-10 为这种系统的控制原理框图。

以上介绍了典型的交流变频调速系统的五种控制方式,现将前四种控制方式的性能与应用列于表2-2-1中。

表中PG是脉冲发生器英文词Pulse Generator的缩写,它是指光电码盘等转速传感器。这里的无速度传感器的矢量控制方式并不表明系统无速度反馈,而是指系统的速度反馈信号非来自于速度传感器,是来自于系统内部通过对旋转磁场的计算。这种控制方式,无需用户在变频器外部另设速度传感器即反馈环节,大大地方便了使用者。

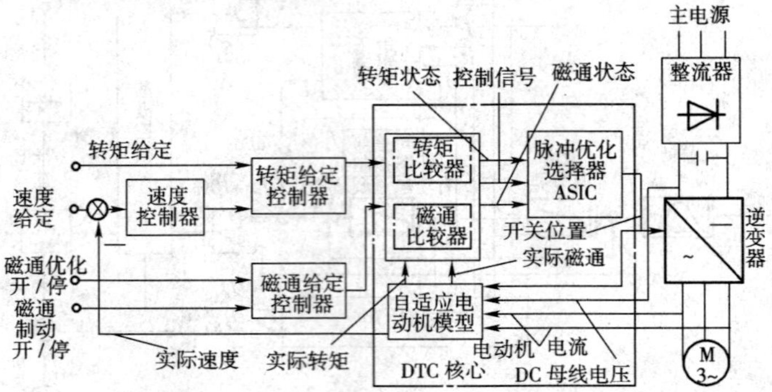

图2-2-10　直接转矩控制原理框图

四种控制方式的性能与应用　　表2-2-1

	无PG U/f控制	有PG U/f控制	无PG矢量控制	有PG矢量控制
基本控制	电压/频率控制	带速度补偿电压/频率控制	无PG电流矢量控制	有PG电流矢量控制
速度检测器	不要	要(编码器)	不要	要(编码器)
速度检测用可选件	不要	PG-A2或PG-D2	不要	PG-B2或PG-X2
速度控制范围	1:40	1:40	1:100	1:1000
起动转矩	150%/3Hz	150%/3Hz	150%/1Hz	150%/0Hz
速度控制精度(%)	±2~3	±0.03	±0.2	±0.02
转矩限制	不可	不可	可能	可能
转矩控制	不可	不可	不可	可能
应用实例	·多电动机传动 ·不能自学习的场合	·简单速度反馈控制 ·机械附有PG场合	·变速传动	·简易伺服驱动 ·高精度速度控制 ·转矩控制

不同型号的变频器所采用的控制方式是不同的,所以在确定大型电动装卸机械中不同机构所选用的变频器时,必须了解该变频器的控制方式及其适用范围。一台性能较全的变频器通常可以选择几种控制方式,在使用时必须加以合理的运用。

大型电动装卸机械的起升机构对可靠性的要求非常高,要求变频器在零速运行时有较大的转矩输出,所以,大型电动装卸机械在主要运行机构中必须使用矢量控制或直接转矩控制的方式。

3. 变频调速技术在港口机械上的应用特点

变频调速技术在港口大型电动装卸机械上的应用具有以下特点。

(1)变频系统与直流传动方案相比，可以不选用制造复杂、价格昂贵、维护麻烦的直流电动机，而选用方便、节能、经济的交流电动机。

(2)变频系统与常规电气控制方案相比，省去了电动机转子侧的大功率电阻、加速接触器和电动机正反转交流接触器。

(3)电机加减速时间可调整，可实现系统的软启动、软停止，速度变化平滑，运行平稳，低速性能稳定。

(4)能满足起升机构对调速硬度、低频转矩特性及四象限运行的要求；可以长时期低速运行；能有效地防止重载空中溜钩现象。

(5)采用矢量控制闭环方式，0Hz 时起升电机也能以额定转矩输出，实现零速抱闸，可以全速受控，减少抱闸闭合时的振动及抱闸磨损。

(6)无需采用机械变速装置，利用变频调速 50Hz 以上恒功率调速方式即可将空钩及轻载工况的起升速度提高 1 倍，类似于直流电机的弱磁升速方式，可大大提高生产率。

(7)配用 PLC 后，控制柜体积大为减少，元件少。

4. 变流调速系统的发展趋势

随着科学技术的迅猛发展，今后的交流调速技术将在以下几个方面得到进一步的发展。

(1)交流调速系统的高性能化。交流电动机是个多变量、强耦合、非线性被控对象，仅用电压/频率 U/f 恒定控制，不能满足对调速系统的要求。今后的产品将普遍采用矢量控制技术和直接转矩控制技术，提高调速性能，达到和超过直流调速水平。

交流电动机调速控制理论，从 U/f 恒定控制法到矢量控制法是一个飞跃，从矢量控制法到直接转矩控制法是第二个飞跃。

(2)全控型大功率新型电力器件。交流电动机调速技术的发展是和电力电子技术的发展分不开的，20 世纪 50 年代世界上出现了电力半导体器件的晶闸管，但是作为第一代电力半导体器件的晶闸管没有自关断能力，需要利用电源或负载的外界条件来实现换相，因此用晶闸管来实现的交—直—交变频装置的核心的逆变器，必须配以大功率的强迫换相线路才能实现可靠的逆变。所以，人们一直在致力于研制出一种大功率、正反向均可用较小的功率进行导通与关断控制的全控型器件，以便用较简单的手段即可实现复杂的逆变工作。经过 10 多年的研制，场效应晶体管(MOSFET)、巨型晶体管(GTR)和门极可关断晶闸管(GTO)等全控型器件问世，接着又出现了绝缘栅极双极型晶体管(IGBT)和绝缘栅门极可关断晶闸管(IGTO)等，即具有电压型控制、输入阻抗大、驱动功率小、控制电路简单、开关损耗小、通断速度快、工作频率高、器件容量大及热稳定性好的特点，又具有通态电压低、耐压高和承受电流大等优点。从半控型器件向全控型器件的过渡标志着变频装置进入了可以与直流调速装置在性能/价格比上相比美，这是交流调速技术产生飞跃的又一个重要的突破。

目前，全控型电力电子器件正沿着大电流、高电压、快通断、低损耗、易触发、好保护、小体积、集成化等方向继续发展。电力电子器件发展的更进一步的目标将是把控制、触发、保护等功能再集成化进来，从而形成电力电子与微电子技术相结合的产物，构成最新一代的功率集成器件(PIC)。它将为最新一代高可靠、小型化、电机与电控装置可能合而为一的未来型交流电动机调速系统提供新的发展基础。

(3)脉宽调制技术。在交流电动机的调速过程中,通常要求调频和调压同时进行,早期调压多用相控技术,用相控方式生成的变频电压电源含有大量的谐波分量,功率因数低,动态响应慢,线路复杂,无法满足高性能调速系统的要求。近年在广泛采用自关断元器件的情况下,逆变器普遍采用了脉宽调制技术,成功地解决了电源侧功率因数低的问题,同时也减少了谐波分量对电网的影响。为了限制开关损耗,脉宽调制的频率通常选在300~1000Hz之间,但这个频率正好在人耳的敏感区,所以电机运行时的噪声是一个新问题。为解决这个问题现在有两种不同的发展趋势,一种是采用新型的谐振式逆变器,可以把开关频率提高到20kHz以上的超声区,从而清除噪声;另一种是在现有的元器件基础上,优选调制策略,降低脉宽调制的频率至人耳不敏感区,从而降低噪声。总之,研究开关损耗小、功率因数高、谐波分量小、噪声低、运转平稳的逆变器是今后发展的方向。脉宽调制技术的发展与应用使变频装置性能优化,可以适用于各类交流电动机,为交流调速的普及创造了条件。

(4)数字技术的应用。随着计算机技术突飞猛进的发展,16位乃至32位微处理机的应用越来越普及,且由于微处理机的运算速度提高、价格下降等新因素的出现,在电气传动中控制系统硬件由模拟技术转向数字技术,全部采用数字控制,充分发挥微机控制的综合优点。数字调速技术不仅使传动系统获得高精度、高可靠性,还为新的控制理论与方法提供了物质基础。微型计算机在性能、速度、价格、体积等方面的不断发展与交流电动机调速理论的现实化提供了最重要的保证。

从发展趋势看,交流数字调速有以下两个发展方向:一是采用专用的硬件、大规模集成电路(IC);专用硬件可以降低设备的投资,提高装置的可靠性。研制交流调速系统专用的IC芯片,可使控制系统硬件小型化、简单化。二是采用通用计算机硬件、软件模块化、可编程化、通用硬件可编程序控制,应用范围广。从国际上采用数字调速的情况来看,前者一般多用于中小容量的标准系列产品,后者多用于大型工程大容量的传动系统。

第三节　大型电动装卸机械用电动机

一、大型电动装卸机械用电动机的性能要求

大型电动装卸机械各工作机构的特点是频繁的启制动,重复的正反向运行,周期性的启停或加减速,间隔很短。在整个运行过程中的机械冲击、振动和电气冲击对电控系统的影响较大,这一点在高效的港口大型电动装卸机械中更加突出。因此,不仅要选用合适的变频器的控制方式,还要选好电动机。除了要求电动机有足够的热功率和起制动转矩外,还要考虑过载能力的迅速反应和电动机的良好通风散热。选择大型电动装卸机械用电动机应具备如下性能:

(1)快速响应性好,尽量减少启制动时间以减少起制动期间加减速过程中的能量损耗,提高生产效率。

(2)结构设计和制造工艺上要保证其有足够的高转速时的机械强度和抗电流冲击的能力。

(3)有较好的抗恶劣环境的能力,对潮气、盐雾等都有较好的防护作用。

(4)要有较强的短期过载能力和散热能力,以适应各种工况的短时冲击和持续工作条件下的温升。

(5)在同等功率条件下,要求尽量减小转子的转动惯量和自重。

二、大型电动装卸机械用电动机的容量选择

大型电动装卸机械用电动机的选择主要是容量的选择,如果电动机的容量选小了,那么,一方面不能充分发挥机械设备的能力,生产效率降低;另一方面电动机经常在过载下运行会过早损坏,同时还可能出现启动困难、经受不起冲击负载等故障。如果电动机的容量选大了,则设备投资费用增加,而且电动机经常在轻载下运行,运行效率和功率因数(对异步电动机而言)都会下降。

选择电动机容量应根据以下三项基本情况进行:

1. 发热

电动机在运行时,必须保证电动机的实际最高工作温度 θ_{max} 等于或略小于电动机绝缘的允许最高工作温度 θ_a,即 $\theta_{max} \leqslant \theta_a$。

2. 过载能力

电动机在运行时必须具有一定的过载能力。特别是在短期工作时,由于电动机的热惯性很大,电动机在短期内承受高于额定功率的负载功率时仍可保证 $\theta_{max} \leqslant \theta_a$,故决定电动机容量的主要因素不是发热而是电动机的过载能力。所选电动机的最大转矩 T_{max}(对于异步电动机)或最大允许电流 I_{max}(对于直流电动机)必须大于运行过程中可能出现的最大负载转矩 T_{Lmax} 或最大负载电流 I_{Lmax}。

3. 启动能力

由于鼠笼式异步电动机的启动转矩一般较小,所以,为使电动机能可靠启动,必须保证负载转矩 T_L 小于 λ_{st} 倍的电动机额定转矩 T_N,即 $T_L \leqslant \lambda_{st} T_N$($\lambda_{st}$ 为电动机的启动能力系数)。

电动机运行时不断地把电能转变成机械能,在能量的变换过程中必然有能量损耗,损耗包括铜耗、铁耗和机械损耗,这些损耗都变成了热能而使电动机发热,温度升高。温升上升的快慢与散热条件有关。在切断电源或负载减小时,电动机温度要下降而逐渐冷却。

电动机运行时,温度若超过一定数值,首先损坏的是绕组的绝缘层,因为电动机中的绝缘材料是耐热能力最弱的部分。目前常用的绝缘等级有 E、B、F、H 四级,各级绝缘所用材料的允许最高工作温度分别为 120℃、130℃、155℃、180℃。如果电动机的工作温度 θ_M 超过了绝缘材料允许的最高工作温度 θ_a,轻则加速绝缘老化过程,缩短电动机寿命,重则使绝缘材料碳化变质,也就损坏了电动机。据此,规定了电动机的额定容量,电动机长期在此容量下运行时,应不超过绝缘材料所允许的最高温度。

三、大型电动装卸机械用电动机的工作制

由于电动机的发热和冷却都有一个过程,其温升不仅取决于负载的大小,而且也和负载的持续时间有关,也就是与电动机的运行方式有关。我国将起重机用电动机的运行方式(亦称

工作制)按发热的情况分为三类,即连续工作制、短时工作制和重复短时(断续)工作制,并分别按上述原则规定出电动机的额定功率和额定电流。

1. 连续工作制

连续工作制,又叫长期工作制,指生产机械设备带额定负荷无定期长时间连续运转。对于负载功率恒定不变的生产机械,拖动这类机械的电动机在连续运行时的负载图及温升曲线如图 2-3-1 所示。但在多数生产机械中,电动机的负载大小是变动的。例如,带式运输机、轧机等负载是连续的,但其大小是变动的,变动负载连续工作的负载图及温升曲线如图 2-3-2 所示。连续工作制的电动机运行时间持续到足以使电动机各部分温升达到稳定值。绝缘等级不同的电机,其温升稳定值是不同的。连续工作制的电动机代号为 S1。起重机用电动机的绝缘等级一般应为 F 级。

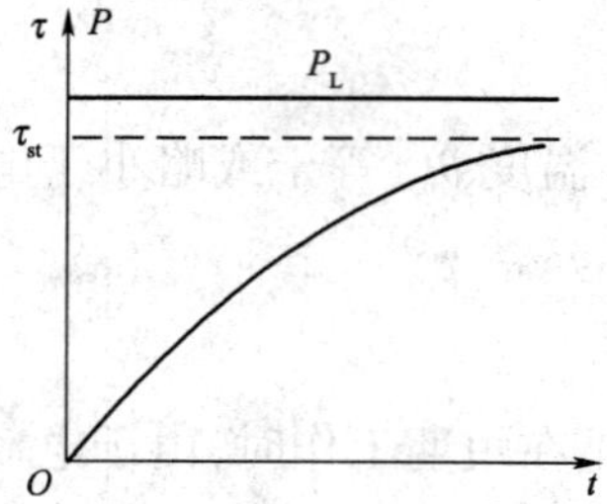

图 2-3-1　恒定负载长期连续工作的负载图及温升曲线

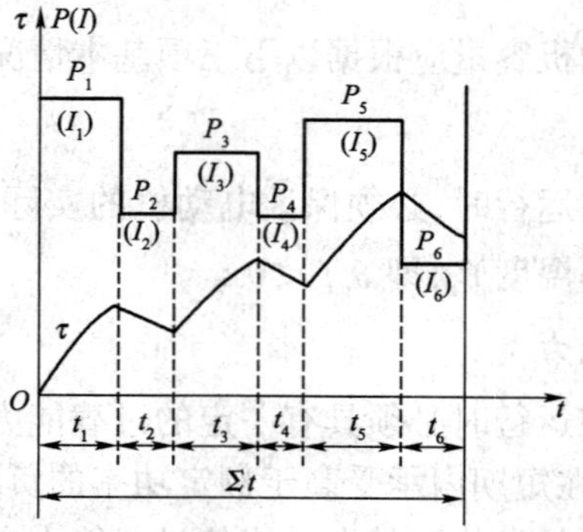

图 2-3-2　变动负载长期连续工作的负载图及温升曲线

2. 短时工作制

有些生产机械工作时间较短,而停车时间却很长,拖动这类机械的电动机的工作特点是:工作时温升达不到稳定值,而断电停车时足可完全冷却到周围环境温度。短时工作制时的负载图及温升曲线如图 2-3-3 所示。标准的短时运行时间分 10 min、30 min、60 min、90 min 四种。通常只取 30 min、60 min 两种标准定额供用户选用。短时工作制的电动机代号为 S2。

3. 重复短时工作制

有些生产机械工作一段时间后即停歇一段时间,工作、停歇交替进行,且时间都比较短,如起重机、电梯中的主传动电动机等就属这类。拖动这类生产机械的电动机的工作特点是:工作时间 $t_p < (3 \sim 4)T_h$,停车(或空载)时间 $t_0 < (3 \sim 4)T'_h$,工作时间内电动机的温升不可能达到稳定温升,停车时间内温升还没有下降到零时,下一个周期又已开始,其典型负载图与温升曲线如图 2-3-4 所示。重复性与短时性就是重复短时工作制的两个特点。通常用暂载率(或持续率)ε 来表征重复短时工作制的工作情况,暂载率是指在一个工作周期中额定负荷下,电动机的通电时间跟整个周期时间之比的百分比,一般以 10 min 作为一个工作周期。我国生产的专供重复短时工作制的电动机,规定的标准暂载率 ε_s 为 15%、25%、40% 和 60% 四种,并以 25% 为额定负载暂载率 ε_s,同时规定一个周期的总时同 $t_p + t_0$ 不超过 10min。重复短时工作制的电动机代号为 S3。

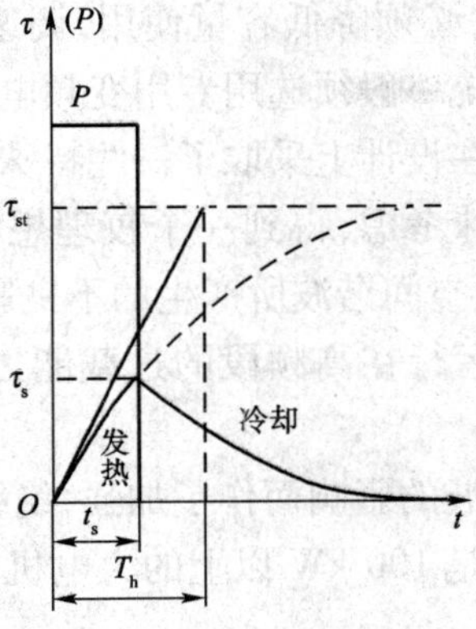

图 2-3-3　短时工作制下电动机的负载图与温升曲线

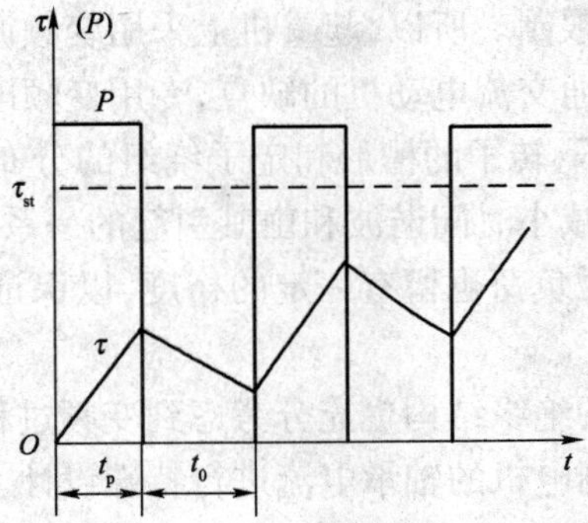

图 2-3-4　重复短时工作制下电动机的典型负载图与温升曲线

四、大型电动装卸机械用直流电动机

大型电动装卸机械用电动机宜选用起重、冶金行业专用系列的电动机，这些电动机的特点是：

(1)电动机设计成转子直径细长，从而大大减小转动惯量，提高快速响应能力。

(2)整流子的换向片采用整体式，电枢绕组与换向器升高片之间采用惰性气体保护焊(TIG)连接，以达到高的机械强度和电气性能，以承受频繁的可逆运行和起制动期间的机械和电气冲击。

(3)电动机的全部绕组采用先进的真空压力浸渍工艺，使绝缘漆能渗透到绕组的每个间隙，使线圈和铁芯形成一个整体，从而确保绝缘高度稳定和良好的散热性能，同时具有极强的抗潮湿、耐盐雾和耐冲击性能。

(4)带有补偿绕组的电机，具有较强的过载能力，其电流和力矩的过载能力均可达 2.5 倍额定值。

(5)为适应使用晶闸管供电电源，电动机均采用叠片式结构的铁芯，使得磁极和磁轭中减少了涡流效应对换向磁通的不良作用。同时也改善了整流子的换向条件，减少了涡流引起的附加损耗及轴电流。当采用 6 脉冲晶闸管整流系统时，不用平波电抗器，其谐波量也不会对电机本身造成损害。

(6)电机的防护等级可以根据起重机不同安装位置的需要确定，一般室内为 IP23，室外为 IP54 或 IP55。

(7)电机内部均可以根据需要设置过热保护测温元件和防冷凝加热器。

五、大型电动装卸机械用交流电动机

交流调速系统在大型电动装卸机械上的应用日益广泛，交流变频电动机用得越来越多。这种交流鼠笼结构的电动机结构简单，维护保养比直流电机简单得多，可靠性也高于直流电动机。

普通交流鼠笼电动机由于其结构方面的原因，当用于变频调速系统时，会引起较大的噪声，耐振性能差，用于高频段会产生附加发热，能耗高，必须降低容量使用，调速范围也因为特性较差而受到限制。所以，起重机上采用变频调速系统一般须选用专用变频电动机。

为克服普通交流电动机的缺点，专用变频电动机在设计上采取了一些特殊措施：

(1)对定子、转子的槽形和定子绕组的分布作特殊考虑，得到一个较理想的电感值，以便运行中抑制和减小时间谐波和由其引起的一系列机电空间谐波所产生的不良影响。

(2)对电磁负荷也留有一定的裕度，以保证电机运行在高频段的过载能力和低频段的恒转矩输出能力。

(3)电机的绝缘结构也充分考虑到变频过程中谐波的影响而作了加强，绝缘更可靠。

(4)对限制电机的轴承电流进行特殊设计。特别是 100 kW 以上的大电机，对轴承都进行特殊绝缘处理，防止轴电流损伤轴承。

(5)电机在冷却结构上采用了单独的轴流风机强迫通风，以适应电机在低频段低速恒转矩长期运行期间的散热需要，保证电机温升不超过允许范围。

(6)在防护等级方面，除可以做到 IP23、IP44 和 IP55 外，特殊需要的场合还可以做到 IP56。内部也可以设防冷凝加热器和过热保护温控元件。

六、其他电动机

在大型电动装卸机械上，除了以上介绍的具有起重机特性的直流电动机和交流电动机外，还有许多辅助机构用的一般电动机，有的还需要电动机具有特殊的机械特性，以满足卷绕、导辊、堵转和调速等过程，这就需要采用力矩电动机。集装箱桥吊上的吊具电缆卷筒装置就采用了力矩电动机，它是利用力矩电动机的堵转特性来驱动电缆卷筒的。

力矩电动机是从使用角度而定的名称。由于这种电动机的规格是用轴上输出的转矩(N·m)的大小来标志的，因此称为力矩电动机。力矩电动机是一种能和负载直接连接产生较大转矩、能带动负载在堵转或大大低于空载转速下运转的电动机。

力矩电动机分交流和直流两大类。其中，交流力矩电动机可分为异步型和同步型两种类型。

1. 三相力矩异步电动机

三相力矩异步电动机和普通异步电动机的不同点，在于具有软的机械特性。当负载增大时能自动降低转速，增加转矩。为了获得软的机械特性，采用增加转子电阻的办法。因此笼型转子的导杆常采用电阻较高的黄铜制成，或转子采用实体钢制成，使转子堵转时的转矩为最大值。按电动机的机械特性可分为卷绕特性(恒功率)和导辊特性(恒转矩)两类，分别如图 2-3-5a)和 b)中的曲线 1 和曲线 3 所示。

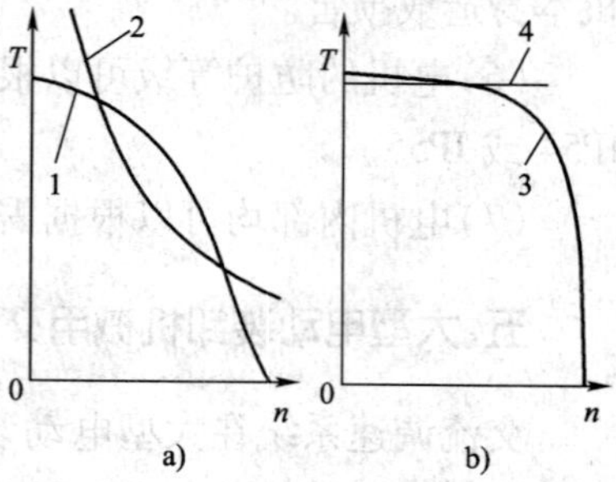

图 2-3-5　三相力矩异步电动机的两种机械特性曲线

a)恒功率特性；b)恒转矩特性

卷绕传动是恒张力线速传动。当卷筒直径从 D_1 逐步增大到 D_2 时，要求转速相应降低，而转矩相应增大。转速—转矩曲线应为双曲线，如图 2-3-5a)中的曲线 2 所示，该曲线 2 与曲线 1 相接近，因此曲线 1 可基本适应这种要求。

导辊传动是传送产品而不作卷绕的传动，要求有恒定的张力。由于导辊的直径为恒定，因此是恒转矩传动，负载的转速—转矩曲线应为一水平直线，如图 2-3-5b）中曲线 4 所示。

三相力矩异步电动机的工作原理与交流伺服电动机相同，但为了产生低转速和大转矩，电动机做成径向尺寸大、轴向尺寸小的多极扁平形，结构简单，工作可靠。

三相力矩异步电动机具有较高的制动转矩和堵转转矩。另外当三相力矩异步电动机的负载转矩为一定值时，调节电压的高低可获得明显不同的转速，可作为调压调速电动机运行。

2. 直流力矩电动机

直流力矩电动机是低转速大转矩直流电动机，能长期运行于堵转状态，一般做成永磁多极式，呈扁平状。其结构型式有分装式和内装式两种。

图 2-3-6 是分装式直流力矩电动机的结构图。它由定子、转子和刷架三个部件组成，定子 1 由永磁钢嵌在定子磁极上构成；转子铁心 2 由导磁冲片叠压而成；槽中嵌有电枢绕组 3；槽楔 4 是由铜板制成，槽楔伸出槽口的两端，一端作为绕组的联接线，另一端作为换向片；电刷 6 装在刷架上，并可根据需要调节电刷的位置。

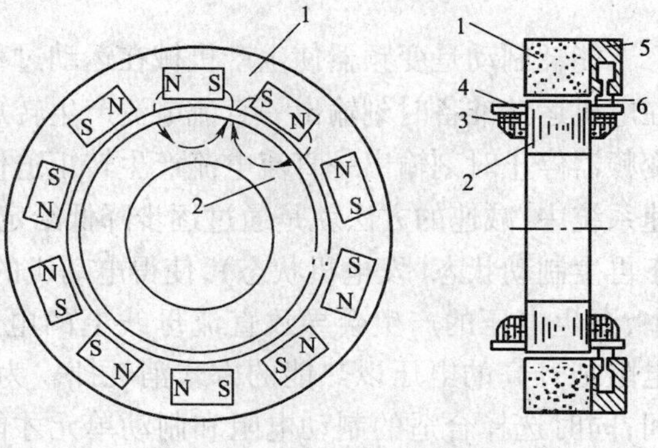

图 2-3-6　分装式直流力矩电动机的结构图

1-定子；2- 转子铁心；3-电枢绕组；4-槽楔；5-刷架；6-电刷

直流力矩电动机的工作原理和传统型直流伺服电动机相同，只是在结构和外形尺寸上有所不同。直流力矩电动机能在低速或堵转下运行，特别是在堵转情况下能产生足够大的力矩而不损坏，再加上它有精度高、反应速度快、线性度好等优点，因此，它常用在低速、需要转矩调节和需要一定张力的随动系统中作为执行元件。

第四节　变频器的制动

在变频器、异步电动机和机械负载所组成的变频调速传动系统中，当电动机减速或者所拖动的位能负载下放时，异步电动机将处于再生发电制动状态。电机的减速、位能负载下放和停机是通过逐渐减小频率来实现的，在频率减小的瞬间，电机的同步转速随之下降，而由于机械惯性的原因，电机的转子转速未变。当同步转速 n_1 小于转子转速 n 时，转子电流的相位几乎改变了 180°，电机从电动状态变为发电状态；与此同时，电机轴上的转矩变成了制动转矩，使电机的转速迅速下降，电机处于再生制动状态。传动系统中所储存的机械能经异步电动机转换成电能，电机再生的电能经逆变器的六个回馈二极管将这种电能回馈到直流侧。由于直流电路的电能无法通过整流桥（网侧变流器为不可控的二极管整流桥）回馈到电网，仅靠变频器本身的电容吸收，虽然其他部分能消耗电能，但电容仍有短时间的电荷堆积，形成“泵升电压”，泵生电压的产生会导致直流母线上的电压 U_d 升高。如果电动机的制动并不太快，电容器电压升高的值并不十分明显，一旦电动机恢复到电动状态，这部分能量又被负载所重新利用。如果电动机制动过快或机械负载为提升机时，电容器电压升高就会过大，则将使各部分器件受到损害。因此，对于负载处于发电制动状态中必须采取必需的措施处理这部分再生能量。

在变频器中，对再生能量的处理方式有三种：能耗制动，直流制动，回馈（再生）制动。

(1)能耗制动:耗散到直流回路中人为设置的与电容器并联的"制动电阻"中,变频器通过制动单元(分外置、内置两种)将再生制动能量消耗在制动电阻上;

(2)直流制动:由并联在直流回路上的其他传动系统吸收;

(3)回馈(再生)制动:使之回馈到交流电网。

如果属于前两种工作状态,称为动力制动状态;如果属于后一种工作状态,则称为再生制动状态。应该注意,这是从整个系统角度视再生电能是否能回馈到交流电网而定义的两种工作状态。在这两种状态下,异步电动机自身均处于再生发电制动状态。

一、能耗制动工作方式

能耗制动是变频器使生产机械在运动过程中快速地减速或停车的主要形式;直流制动则在电机运转准备时刻输出一直流电流产生转矩迫使电机停止,以得到平稳的启动特性,或者当变频器停止时刻输出一直流电流产生转矩迫使电机停止,以确保电机已准确停车。在变频调速系统中,减速的方法就是通过逐步降低给定频率来实现的。在频率下降过程中,电动机将处于再生制动状态(发电机状态),使得电动机的转速迅速地随频率的下降而下降。在制动过程中,泵生电压的产生会导致直流母线上的电压升高,此时变频器会控制刹车单元通过刹车电阻把升高的电压以热能的方式消耗掉。为了使得系统平稳降速,需要设置适当的减速时间,同时选择合适的制动电阻和制动单元才能满足需要。目前关于制动电阻的计算方法有很多种,从工程的角度来讲要精确的计算制动电阻的阻值和功率在实际应用过程中不是很实际,主要是部分参数无法精确测量。由于每个厂家的计算方法各不相同,目前常用的方法是估算方法。

如果采用将再生制动能量消耗在制动电阻上则称能耗制动。能耗制动采用的方法是在变频器直流侧加放电电阻单元组件,将再生电能消耗在功率电阻上来实现制动。这是一种处理再生能量的最直接的办法,它是将再生能量通过专门的能耗制动电路消耗在电阻上,转化为热能,因此又被称为"电阻制动",包括制动单元和制动电阻两部分。

1. 制动单元

制动单元的功能是当直流回路的电压 U_d 超过规定的限值时(如660V或710V),接通耗能电路,使直流回路通过制动电阻后以热能方式释放能量。制动单元可分内置式和外置式两种,前者是适用于小功率的通用变频器,后者则是适用于大功率变频器或是对制动有特殊要求的工况中。从原理上讲,两者并无区别,都是作为接通制动电阻的"开关",它包括功率管、电压采样比较电路和驱动电路。

2. 制动电阻

制动电阻是用于将电机的再生能量以热能方式消耗的载体,它包括电阻阻值和功率容量两个重要的参数。通常在工程上选用较多的是波纹电阻和铝合金电阻,前者采用表面立式波纹有利于散热减低寄生电感量,并选用高阻燃无机涂层,有效保护电阻丝不被老化,延长使用寿命;后者铝合金电阻,采用高散热性的铝合金外盒全包封结构,具有极强耐气候性、耐振动性,优于传统瓷骨架电阻器,易紧密安装、易附加散热器,体积小、功率大,安装方便稳固,外形美观,广泛应用于高要求恶劣工控环境使用。

3. 制动过程

能耗制动的过程如下：

(1)当电机在外力作用下减速、反转时(包括被拖动)，电机即以发电状态运行，能量反馈回直流回路，使母线电压升高。

(2)当直流电压到达制动单元开的状态时，制动单元的功率管导通，电流流过制动电阻。

(3)制动电阻消耗电能为热能，电机的转速降低，母线电压也降低。

(4)母线电压降至制动单元要关断的值，制动单元的功率管截止，制动电阻无电流流过。

(5)采样母线电压值，制动单元重复 ON/OFF 过程，平衡母线电压，使系统正常运行。

制动单元与变频器之间，以及制动单元与电阻之间的配线距离要尽可能短(线长在 2m 以下)，导线要足够粗；制动单元在工作时，电阻将大量发热，因此要充分散热，并使用耐热导线，导线不要触及电阻器；放电功率电阻应使用绝缘挡片固定牢固，安装位置要确保良好散热。

4. 制动电阻的阻值和功率计算

异步电动机在减速或停车时，中间直流回路的滤波电容器的电压会因吸收回馈能量而提高。如果回馈能量较大，变频器的过压保护功能就会动作，即制动单元动作，接通制动电阻。利用制动电阻可以耗散这部分能量，使电动机的制动能力提高。为了使得系统平稳降速，需要设置适当的减速时间，同时选择合适的制动电阻和制动单元才能满足需要。制动电阻的选择，包括制动电阻的阻值和功率的计算。目前关于制动电阻的计算方法有很多种，从工程的角度来讲要精确地计算制动电阻的阻值和功率在实际应用过程中不是很实际，主要是部分参数无法精确测量，所以通常采用估算方法。下面介绍一下简单估算方法。

(1)制动使用率 $ED\%$。制动使用率 $ED\%$，也就是刹车使用率。制动使用率定义为减速时间 T_1 除以减速的周期 T_2(图 2-4-1)。制动使用率主要是为了能让制动单元和制动电阻有充分的时间来散除因制动而产生的热量；当制动电阻发热时，电阻值将会随温度的上升而变高，制动转矩亦随之减少。

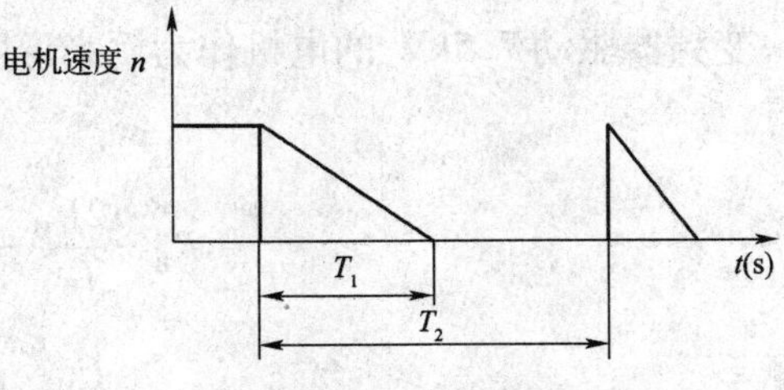

图 2-4-1　制动使用率 $ED\%$ 定义

$$\text{制动使用率 } ED\% = \text{制动时间}/\text{制动周期} = T_1/T_2 \times 100\%$$

例如，10% 的制动使用率可以这样理解，如果制动电阻在 10s 能够消耗掉 100% 的功率，那么制动电阻至少需要 90s 才能把产生的热量散掉。

(2)制动电阻设计。实践证明，当放电电流等于电动机额定电流的 1/2 时，就可以得到与电动机的额定转矩相同的制动转矩了，因此制动电阻的粗略计算是：

$$R_B = \frac{2U_D}{I_{MN}}$$

式中：U_D——制动电压准位；

I_{MN}——电机的额定电流。

为了保证变频器不受损坏，强制限定当流过制动电阻的电流为额定电流时的电阻数值为制动电阻的最小数值。选择制动电阻的阻值时，不能小于该阻值。

$$R_{\mathrm{Bmin}}=\frac{U_{\mathrm{D}}}{I_{\mathrm{MN}}}$$

根据以上所述，制动电阻的阻值的选择范围为：

$$\frac{U_{\mathrm{D}}}{I'_{\mathrm{MN}}}<R\leqslant\frac{2U_{\mathrm{D}}}{I_{\mathrm{MN}}}$$

(3)制动电阻的耗用功率，当制动电阻在直流电压为制动电压的电路工作时，其消耗的功率为：

$$P_0=\frac{U_{\mathrm{D}}^2}{R}$$

耗用功率的含义：如果电阻的功率按照此数值选择的话，该电阻可以长时间的接入在电路里工作。

现场中使用的电阻功率主要取决于制动使用率。因为系统的进行制动时间比较短，在短时间内，制动电阻的温升不足以达到稳定温升。因此，决定制动电阻容量的原则是，在制动电阻的温升不超过其允许数值(即额定温升)的前提下，应尽量减小容量，粗略算法如下：

$$\lambda=1-\frac{|R-R_{\mathrm{B}}|}{R_{\mathrm{B}}}$$

式中：λ——制动电阻的降额系数；

R——实际的选用电阻阻值；

R_{B}——制动电阻的功率。

设计举例：根据以上的公式我们可以大致地推算出来需要的制动电阻的阻值和功率。以某一变频器驱动7.5kW的电机作为例来说明，7.5kW电机额定电流是18A，输入电压AC460，则有：

$$R_{\mathrm{B}}=\frac{2U_{\mathrm{D}}}{I_{\mathrm{MN}}}=\frac{2\times800}{18}=88.9\Omega$$

$$R_{\mathrm{Bmin}}=\frac{U_{\mathrm{D}}}{I_{\mathrm{MN}}}=\frac{800}{18}=44.4\Omega$$

因此制动电阻的阻值取值范围：$44.4<R\leqslant88.9$

选择电阻阻值要选择市场上能够买到的型号和功率段为宜，选择阻值75Ω。

$$P_0=\lambda\cdot\frac{U_{\mathrm{D}}^2}{R}\times ED\%=0.84\times\frac{800^2}{75}\times0.1=716\mathrm{W}$$

根据实际的情况可以在计算的数值功率上适当地扩大。制动电阻的阻值和功率的计算都是从工程的角度来考虑的，

5.制动特点

能耗制动(电阻制动)的优点是构造简单，缺点是运行效率较低，特别是在频繁制动时将要消耗大量的能量，且制动电阻的容量将增大。

二、直流制动工作方式

对于频繁启动、制动，或是四象限运行的电机而言，如何处理制动过程不仅影响系统的动态响应，而且还有经济效益的问题。然而在目前，大部分的通用变频器还不能通过单独的一台变频器来实现再生能量回馈，如何用最简单的办法来实现回馈制动呢？

直流制动工作方式能解决这个问题，但它必须是在多传动方式系统中采用，才能实现共用直流母线方式的回馈制动。此种方式的再生能量回馈系统，可以将制动产生的再生能量进行充分利用，从而起到既节约电能又处理再生电能的功效。

1. 工作原理

异步电动机多传动系统包括整流桥、直流母线供电回路、若干个逆变器，其中电动机需要的能量是以直流方式通过 PWM 逆变器获得。在多传动方式下，制动时感生能量就反馈到直流回路。通过直流回路，这部分反馈能量就可以消耗在其他处在电动状态的电动机上，制动要求特别高时，只需要在共用母线上并上一个共用制动单元即可。

2. 制动特点

采用共用直流母线的制动方式，具有以下显著的特点：

(1)共用直流母线和共用制动单元，可以大大减少整流器和制动单元的重复配置，结构简单合理，经济可靠。

(2)共用直流母线的中间直流电压恒定，电容并联储能容量大。

(3)各电动机工作在不同状态下，能量回馈互补，优化了系统的动态特性。

(4)提高系统功率因数，降低电网谐波电流，提高系统用电效率。

三、回馈到交流电网的制动方式

在生产工况中，如何真正实现从电机到直流母线、再从直流母线到交流电网的能量回馈呢？由于通用变频器一般采用不可控整流桥，因此必须采取回馈到交流电网的制动方式来实现。

1. 工作原理

要实现直流回路与电源间的双向能量传递，一种最有效的办法就是采用有源逆变技术：即将再生电能逆变为与电网同频率同相位的交流电回送电网，从而实现制动。一般采用电流追踪型 PWM 整流器，这样就容易实现功率的双向流动，且具有很快的动态响应速度。同时，这样的拓扑结构使得我们能够完全控制交流侧和直流侧之间的无功和有功的交换。

2. 制动特点

(1)广泛应用于 PWM 交流传动的能量回馈制动场合，节能运行效率高。

(2)不产生任何异常的高次谐波电流成分，绿色环保。

(3)功率因数≈1。

(4)多电机传动系统中，每一单机的再生能量可以得到充分利用。

(5)节省投资，易于控制网侧谐波和无功分量。

在生产现场，常用的负载有：电机拖动大惯量负载（如离心机、龙门刨、巷道车、行车的大小车等)并要求急剧减速或停车;电机拖动位能负载(如电梯、起重机、矿井提升机等);电机经常处于被拖动状态(如离心机副机、造纸机导纸辊电机、化纤机械牵伸机等)。这几类负载的共同特点是要求电机不仅运行于电动状态(一、三象限),而且要运行于发电制动状态(二、四象限)。为使系统在发电制动状态能正常工作,必须采取适当的制动方式。

第五节　大型电动装卸机械上的通讯

一、大型电动装卸机械电控系统上的通讯网络

现代大型电动装卸机械的电控系统无一不采用计算机 + PLC(可编程逻辑控制器)+ 驱动器的形式,实际上一台大型电动装卸机械的电控系统就是一个局域网。在电控系统中可编程逻辑控制器是整台设备的控制中心,具有非常重要的作用;驱动器是对电动机转速进行控制的设备;此外,还需要起重机管理系统(CMS),其功能有:实时监视现场生产运行情况,实时故障分析,故障自动报警,设备维护管理,对主要控制设备(PLC 、驱动器)进行在线监视等。起重机管理系统(CMS)包括本地起重机管理系统(LCMS)及远程起重机管理系统(RCMS)。PLC、CMS、驱动器之间都需要交流信息即通讯。

一般大型电动装卸机械电控系统有三个层次不同的通讯方式。

第一层:各个输入/输出模块与 PLC 之间的通讯。

第二层:PLC 与各个驱动器之间的通讯。

第三层:PLC、LCMS、RCMS 之间的通讯。

三层通讯网络的结构如图 2-5-1 所示。

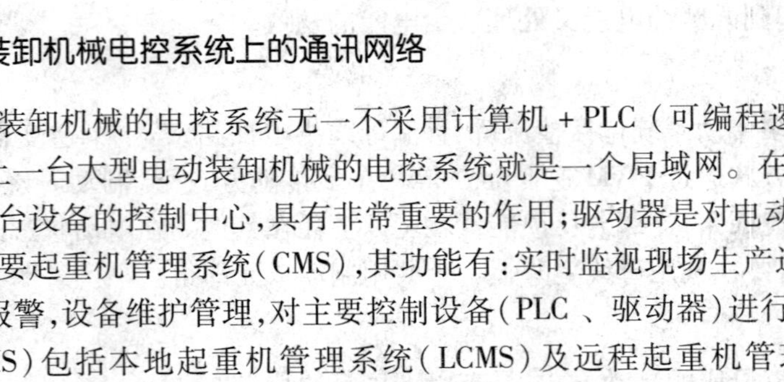

图 2-5-1　三层通讯网络结构示意图

三层通讯网络第一层和第二层中 PLC 和各个驱动器及各个输入输出模块之间采用现场总线通讯,第三层中 PLC 和本地起重机管理系统(LCMS)及远程起重机管理系统(RCMS)采用以太网(Ethernet)通讯。

IEC(国际电工委员会)对现场总线(Fieldbus)的定义是:"安装在制造和过程区域的现场装置与控制室内的自动控制装置之间的数字式、串行、多点通讯的数据总线称为现场总线。"要在第一层和第二层中实现不同厂家生产的智能设备之间的通讯,没有一套通用的通讯标准是不行的,这就产生了现场总线。

现场总线以开放的、独立的、全数字化的双向多变量通讯代替 0 ~ 10mA 或 4 ~ 20mA 现场电动仪表信号。现场总线 I/O 集检测、数据处理、通讯为一体,可以代替变送器、调节器、记录

仪等模拟仪表,它不需要框架、机柜,可以直接安装在现场导轨槽上。现场总线 I/O 的接线极为简单,只需一根电缆,从主机开始,沿数据链从一个现场总线 I/O 连接到下一个现场总线 I/O。

以太网(Ethernet)通讯是 PLC 和本地起重机管理系统(LCMS)及远程起重机管理系统(RCMS)之间的通讯。RCMS 系统的主要功能是:

(1)远程实时监视岸吊或轮胎吊的生产运行情况。

(2)实时故障自动报警及历史故障查询。

(3)故障分析与在线帮助,提高排除故障的速度。

(4)设备维护管理。

(5)生产数据自动存储。

(6)对主要控制设备(PLC 、驱动器)进行远程编程和在线监视。

(7)对不同级别的用户,规定不同的访问权限。

(8)实时和召唤打印功能。

(9)通过 Internet 实现远程访问。

这三个层次的通讯在同时进行着不同内容的信息交流,互不干扰。PLC 与 CMS 之间的以太网通讯则是大批量的数据通讯。

二、大型电动装卸机械和码头管理系统之间的通讯方式

现代集装箱码头或散货码头上的大型电动装卸机械和码头管理系统之间采用先进的通讯联系方式。目前世界各国港口码头通常采用的通讯方式有以下几种:

1. 一般通讯电缆方式

采用这种方式,当要求线芯数量较少时(6 ~ 8 芯),可以将通讯线芯包含在高压供电电缆内部,在高压电缆卷筒滑环箱上附带一通讯电缆卷筒滑环装置。这种方式仅能实现一些通讯和少量联锁保护的简单功能。

当需要实现监控及数据传送且锁定信号较多时,芯线数量就会大大增加。这就需要设专门的通讯电缆卷筒,并配置专门的通讯电缆。

在这个系统中,电话通讯线可以用单独的线芯,而监控和数据交换则必须根据专门的通讯协议:采用通讯传送方式。因此,在大型电动装卸机械电控系统上 PLC 的输出部分设有专用模块(调制器),而在码头控制中心接收端也有解调器模块。

2. 采用光纤通讯方式

这是目前应用较广泛的一种方式。由于光纤的抗干扰能力强,传送速度快,载波量大,所以,这是几种方法中可靠性较高的一种方式。

这种方式要求大型电动装卸机械电控系统上的 PLC 上设有光端机(光调制器)并由一根 6 芯光纤电缆先联接到大型电动装卸机械的电缆卷筒滑环箱,滑环箱内要增加一光缆耦合器,通过该耦合器将光信号由机上传输到码头。中控室接收端也设有解调器(光端机),解出传输信号用于监控和统计等。

由于光纤线芯一般有 6 芯即足够(一般用 2 芯,另 4 芯备用),所以,最简便的办法是在高

压电缆内部带一根6芯光缆,其线芯在电缆卷筒滑环箱上通过光纤电缆耦合器与大型电动装卸机械内部光缆相连接。

同理,在码头高压电缆接电坑内,要设置一光纤电缆接头箱,使码头中控室到接电坑的电缆与高压电缆内带的光纤电缆在这个接头箱内联接。

由于码头一般传输距离均在1~2km之间,故大型电动装卸机械内及码头通讯光纤电缆习惯上都采用多模光导纤维制成。

采用这种方法的关键点是光纤接头的制作,其衰减系数必须达到标准。因为大型电动装卸机械电控系统中从电气房的PLC到码头中控室之间要经过几次接头插接。如果接头制作质量不过关,将影响通讯的可靠性,常常会造成信号丢失。所以,这种接头必须由专业人员制作,并经专门仪器测试通过。

3. 无线电通讯以太网(Rfe thernet)

这种通讯方式正在日益推广应用,其信号的调制过程跟前两种方式是相似的。大型电动装卸机械上的输出信号调制成相应的无线电信号后,是通过机上的发射无线装置发送到空中,经由无线电通讯以太网(Rfe thernet)传送到码头中控的接收天线,再经过解调后成为监控和数据信号。图2-5-2为集装箱桥吊通讯示意图。

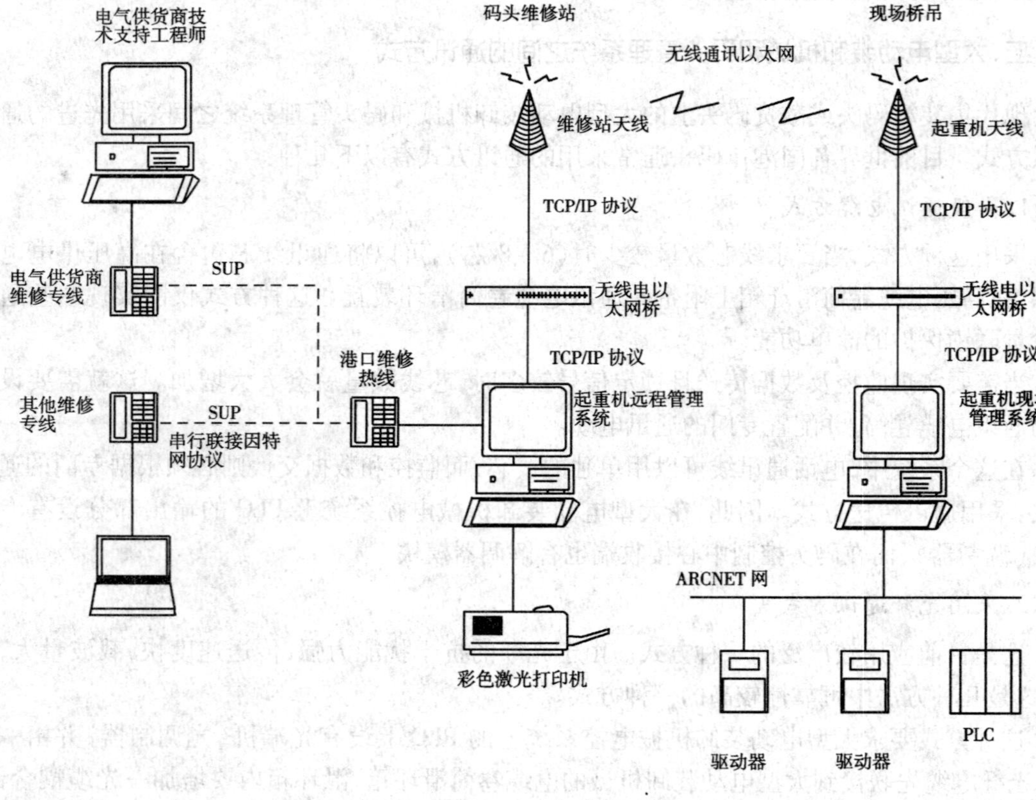

图2-5-2 以太网通讯示意图

这种通讯方式的优点是不需要在码头建设时预设光缆或通讯电缆,对老码头改造具有优选性,但价格要比前两种方式高一些。

通讯的可靠性方面，只要在通讯频段设置上考虑到不重叠原则，抗干扰方面也不会有问题。随着通讯技术的发展，这种方式将会得到越来越广泛的应用。

4.采用微波通讯方式(Settled Microwave Guide System，简称SMG系统)

这种方式预先要在码头滑线地沟内设有微波导向滑槽，大型电动装卸机械上经调制的微波信号，经插入式微波导向滑架传送到滑槽，将微波信号传送到码头中控室。

此外，为了加强对大型电动装卸机械某些特殊运动部位的监视和对一些大型电动装卸机械工作周边环境的观察，闭路电视系统正在得到广泛的应用。

第三章　大型电动装卸机械上的吊具

第一节　吊具概述

一、吊具的定义

本书中描述的吊具定义为:在货物装卸过程中,用于大型装卸机械上,直接与装卸对象接触,达到与装卸对象可靠连接的器具,协助装卸机械完成货物装卸过程。如:抓斗、各类集装箱吊具等。

集装箱吊具是装卸集装箱的专用索具,它通过其上面四角的旋锁与集装箱的顶角配件连接,由司机操作或自动控制旋锁的开闭作业。集装箱吊具的品质与可靠性,直接影响着岸桥的整机性能。

集装箱吊具按照ISO标准设计和制造。设计时,充分考虑了集装箱岸桥吊具作业的恶劣工况,采用了特殊的防震、防松、防潮和防高温措施,从而保证了集装箱作业安全。

二、集装箱吊具的主要型式

集装箱吊具按其结构特点,可分为4种型式。

1. 固定式吊具

固定式吊具也称整体式吊具,它只能装卸一种规格的集装箱。无专用动力装置,是通过钢丝绳的升降带动棘轮机构驱动旋锁转动,从而以钢丝绳机械运动的方式实现自动开闭旋锁。这种吊具结构简单、重量轻,但使用不便,一般用于多用途门机和一般门机上(图3-1-1)。

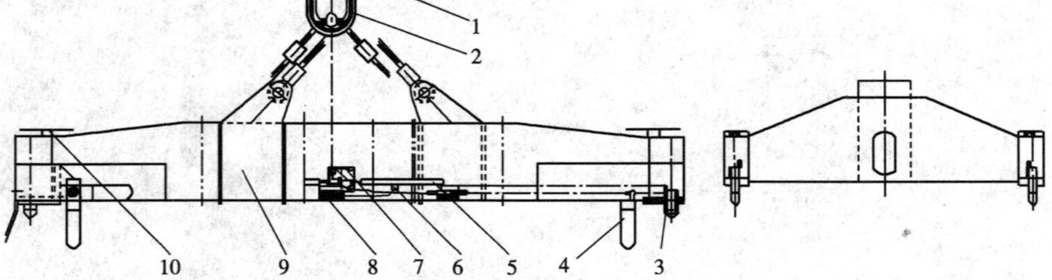

图3-1-1　固定式吊具

1-吊索;2-吊环;3-旋锁箱总成;4-导板装置;5-联杆总成;6-托辊总成;7-牵引系统;8-驱动机构;9-吊架;10-旋锁指示器

2. 主从式吊具

主从式吊具也称组合式吊具。这种吊具由上下两个吊具组合而成。一般上吊具为20 ft

集装箱作业，下吊具为 40 ft 集装箱作业。在上吊具上装有动力装置。当起吊不同规格的集装箱时，只要装上或卸下下吊具即可。主从式吊具与固定式吊具相比，它使用方便，但重量较大（图 3-1-2）。

3. 子母式吊具

子母式吊具也称换装式吊具。这种吊具在其专用吊梁上装有动力系统，用来驱动下面吊具上的各种机构。在吊梁下可换装 20 ft、40 ft 等多种规格集装箱固定吊具，与主从式吊具比较，它自重较轻，但更换吊具花费的时间较长（图 3-1-3）。

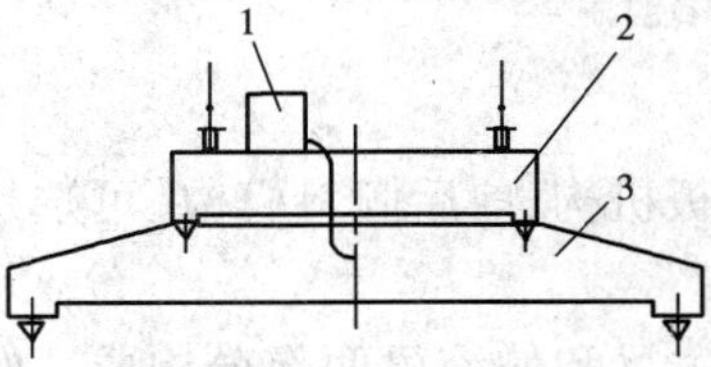

图 3-1-2　主从式吊具

1-液压动力站；2-20ft 吊具；3-40ft 吊具

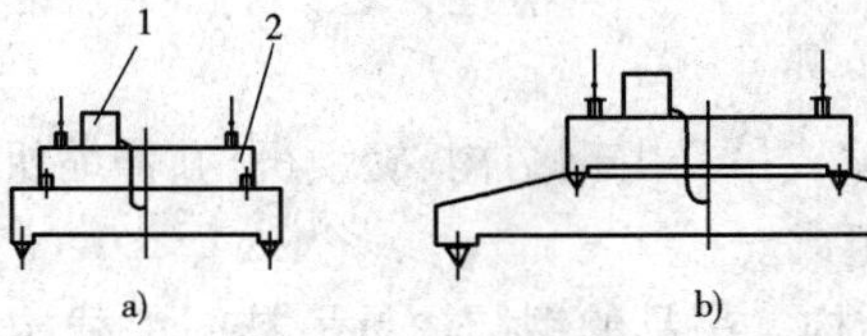

图 3-1-3　子母式吊具

a）20ft 用；b）40ft 用

1-液压动力站；2-吊梁

4. 伸缩式吊具

伸缩式吊具是通过液压传动驱动伸缩链条或油缸（目前也有不使用液压而是用电机直接驱动），使吊具通过自动伸缩改变其长度，以适应装卸不同规格的集装箱。伸缩式吊具虽然重量较大，但长度调节方便、操作灵活、通用性强、生产效率高，因此目前世界上的集装箱专用机械大多采用这种吊具（图 3-1-4）。

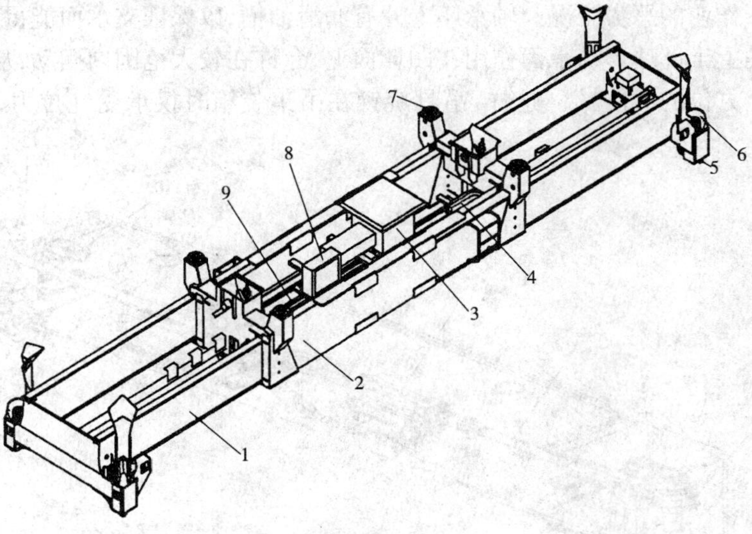

图 3-1-4　伸缩式吊具

1-伸缩梁结构；2-底梁主结构；3-液压系统；4-输缆（管）装置；5-旋锁机构；6-导板机构；7-前后倾装置；8-电气系统；9-伸缩机构

三、伸缩式吊具构成

目前，在集装箱码头作业的集装箱主要有 ISO 集装箱 20ft、40ft 和 45ft APL 集装箱，为了使一台设备能对这三种尺寸的集装箱进行快速装卸,故要求该设备的吊具必须能够在装卸这三种尺寸的集装箱时进行方便、快速、安全的转换,所以伸缩式吊具被广泛采用。我们把能快速满足以上三种主要尺寸集装箱装卸,一次只能装卸其中一个集装箱的基本吊具形式叫做标准吊具。在标准吊具的基础上,还有为了满足一些特殊要求而设计的吊具并被较广泛采用,主要有:在标准吊具的上面增加使吊具平面实现大于180°旋转并可调节重心的旋转调心吊具;为了提高作业效率,实现一次吊装2个20ft集装箱的吊具称为双箱吊具,双箱吊具根据中间锁销是否可移动分为固定式双20ft箱吊具和可移式双20ft箱吊具。下面以ZPMC生产的以上四种伸缩式吊具为例,对吊具的基本结构和主要功能进行介绍。

1. 标准吊具

标准伸缩式吊具由钢结构、旋锁机构、伸缩机构、导板机构、前后倾斜机构(可选是否装在吊具上)等组成。

(1)钢结构。吊具的钢结构是吊具的承载构件,由主梁和伸缩梁两部分构成。伸缩梁结构被嵌套在主梁的两根Ⅲ形梁中。在伸缩驱动力的作用下,它可以在Ⅲ形梁中滑动。伸缩梁与端部横梁用焊接方式替代传统的螺栓联接方式,这样就可避免因螺栓松动而引起的螺栓断裂现象。Ⅲ形梁和端部横梁采用薄板冷弯成两个[形后再对接拼焊,这种结构能大大减少焊缝。由于结构件被固定在工装胎架上焊接成形,所以焊后无需校正就能保证加工形位公差要求。另外,为了提高起重量和减轻吊具的自重,吊具的结构件广泛采用国际先进的特高强度钢板制造。

(2)旋锁机构(图3-1-5)。吊具的4个旋锁,采用悬挂方式支承,通过旋锁螺母支承在推力关节轴承上。该轴承由轴承钢制造,能承受较大的轴向冲击力,完全适应于集装箱吊具大负荷、高冲击、露天作业的恶劣工况。轴承座上开有润滑油槽,以保证支承面能得到良好的润滑。推力关节轴承的上半部球形支承面作用在凹球面上,允许在较大范围内摆动,从而使吊具旋锁在空间实现了全方位的"浮动"。这样,吊具旋锁在吊集装箱时仅承受纯拉力,而且使旋锁更

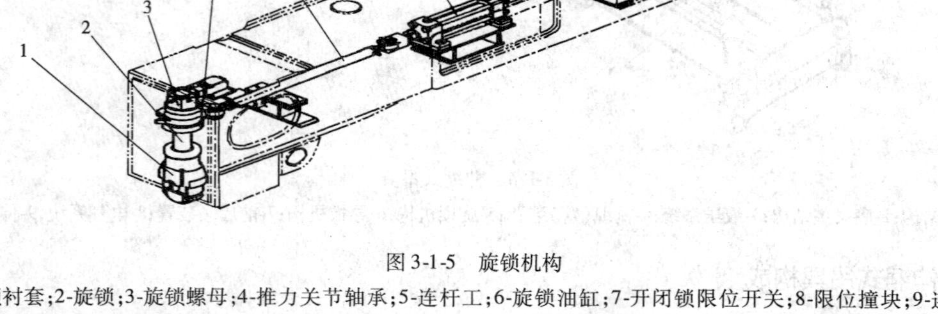

图3-1-5　旋锁机构

1-旋锁衬套;2-旋锁;3-旋锁螺母;4-推力关节轴承;5-连杆工;6-旋锁油缸;7-开闭锁限位开关;8-限位撞块;9-连杆U;10-顶销;11-顶销限位开关;12-转柄

容易被插入集装箱上的角配件孔中。这种“浮动”旋锁也能装卸略有变形的集装箱。位于吊具四角的顶销被用来检测吊具是否完全着箱,或吊具在空中是否吊着集装箱。

为了确保作业安全,吊具旋锁除了电气联锁外,还装有机械联锁装置(图 3-1-6)。当吊具将集装箱吊至空中时,若电气联锁失灵或司机误操作,机械联锁装置保证旋锁机构绝对不发生转动。其原理如下:在旋锁机构的转柄上开有两个半圆形缺口,当吊具与集装箱脱离或吊着集装箱时,顶销上部的顶销撞块正好卡在转柄的缺口处,阻止转柄的转动,防止吊具的旋锁在吊着集装箱时的误转动;当吊具落在集装箱上时,顶销上的顶销撞块在高度方向上离开了转柄的缺口,转柄可转动,实现开闭锁动作。

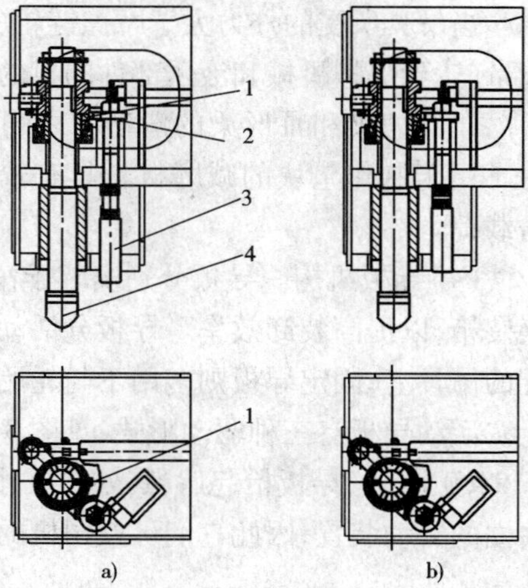

图 3-1-6　机械联锁装置

a)吊具吊着集装箱;b)吊具完全落在集装箱上

1-转柄;2-顶锁撞块;3-顶销;4-旋锁

吊具两端的端梁内各有一套由油缸推动的曲柄连杆机构,每套机构驱动两个旋锁动作。它们被安装在箱形端部横梁内,不会受到外力破坏,具有很高的可靠性。

开(闭)锁限位开关也被安装在端部横梁里面,通过检测连杆上感应块的两个位置来检测开(闭)锁状态。箱形端梁的内侧开有安装检修孔,并用耐油橡胶板遮盖,以防水、防尘。另外,利用装在旋锁系统液压回路中的减压阀减小工作压力,以减小油缸的推力。

在正常工作状况下,由吊具下的空载集装箱所产生的摩擦阻力大于油缸的驱动力,从而保证空中吊箱时不会出现开锁现象。

(3)伸缩驱动机构和减磨装置。吊具伸缩动作靠油马达和减速箱驱动链轮链条传动实现。当伸缩梁在伸缩运动过程中接触到限位开关时,即发出信号并切断伸(缩)电磁阀电源,使油马达停止转动,吊具定位于设定的 20 ft、40ft 或 45 ft 位置,并在司机室的显示屏上显示吊具的伸(缩)长度。在伸缩链条的两边各有一套张紧和缓冲装置(图 3-1-7)。该装置中装有专

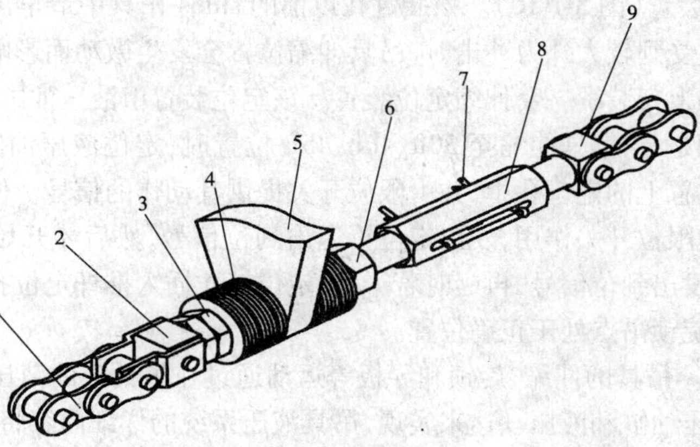

图 3-1-7　张紧装置

1-伸缩链条;2-螺杆Ⅰ;3-螺母;4-碟形弹簧;5-推杆耳板;6-锁紧螺母;7-开口销;8-调节螺母;9-螺杆Ⅱ

用碟形弹簧,用以吸收一部分来自伸(缩)方向的冲击能量。除了在液压系统中有过压卸荷保护外,还可采用摩擦式驱动链轮来保护吊具的伸缩机构。

当吊具所受的外力大于摩擦链轮(图3-1-8)的设计力矩时,该链轮产生滑转,以吸收冲击能量,达到保护机械和液压部件的目的。

在伸缩梁和Ⅲ形梁的滑动面之间装有特制的减磨垫块,以减小伸缩梁动作时的摩擦阻力。用于制作垫块的减磨材料具有较高的强度,能够承受伸缩梁传递到Ⅲ形梁的挤压和冲击载荷。

(4)导板机构。导板分别安装于吊具的4个角上。导板工作可靠,能帮助司机快速对位集装箱,以提高装卸效率。导板分活动导板和固定导板两大类。活动导板主要用于与岸桥相配的吊具上;固定导板则多用于与轮胎式龙门起重机或轨道式龙门集装箱起重机相配的吊具上。活动导板有三种驱动形式,见图3-1-9。导板的摆动幅度为180°,导板下压时的扭矩不小于2400N·m,导板抬起后,其外形尺寸不得超出转销箱的边界尺寸。由于4个角的导板具有独立的驱动装置,因此它们可按司机的操纵指令,随意组合导板的动作。

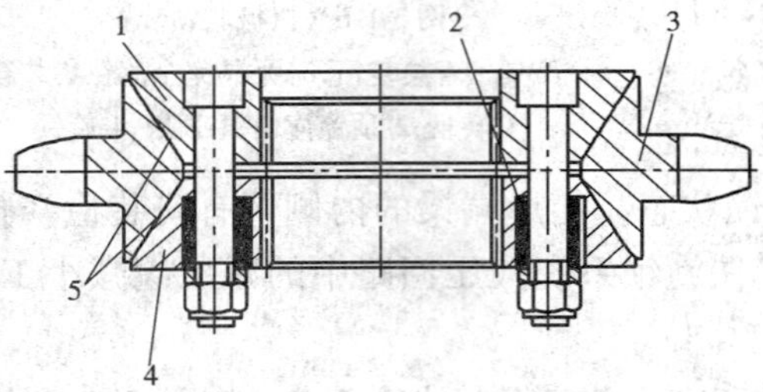

图3-1-8　摩擦链轮

1-右花键锥形导向体;2-碟形弹簧;3-链轮;4-左花键锥形导向体;5-摩擦面

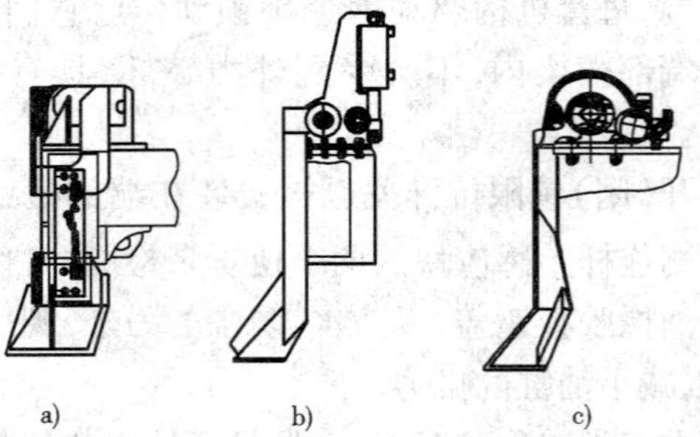

图3-1-9　活动导板的三种驱动形式

a)用摆动油缸实现导板的摆动;b)往复式油缸推动扇形齿轮;c)液压油马达驱动扇形齿轮

(5)前后倾装置。前后倾装置可安装在集装箱吊具上的4个前后倾油缸或通过安装在起重机起升钢丝绳的一端的倾转机构,来实现吊具前后倾范围为±5°。

(6)伸缩定位装置(图3-1-10)。该装置在以前的stinis吊具中最早出现,现在ZPMC吊具改进使用。当吊具受到较大外力冲击时,吊具伸缩位置会发生微动而影响正常装卸作业,因此在吊具底梁主结构上安装了一套伸缩定位装置。该定位装置由液压油缸、定位销、限位开关等组成。其工作原理是:当吊具伸缩至20ft、40ft、45ft位置时,定位液压油缸推动定位销插入焊于伸缩推杆相应位置上的定位孔中,并由限位开关提供其动作的信号。伸缩动作开始前,首先将定位销退出并使限位开关作用,发出定位销退出到位信号,然后才开始伸缩动作;伸缩到位后,伸缩位置限位发出到位信号,再延时若干秒,定位销才插入推杆定位孔中,以锁定吊具伸缩梁,从而确保4个旋锁吊点处于正确位置。

(7)液压系统。吊具的伸缩、旋锁和导板等运动通过在吊具上的液压动力站、各类液压控制阀,控制各类液压油缸和液压马达来实现,吊具液压系统的详细内容将在下面一节叙述。

(8)电气系统。吊具上所有的用电设备和受控元件均通过一个密封的电控箱,采用专用多芯插头/插座与吊具电缆相接,吊具上所有的电气接线箱均由耐酸不锈钢制成,为防止箱子中电气元件的松动，在接线箱的固定位置上加装了减振垫。由于吊具在作业时要经受10倍重力加速度（10g）以上的冲击，对于吊具控制使用的器件必须具有非常强的抗震性能，具体控制的内容将在以后的章节专门的论述。

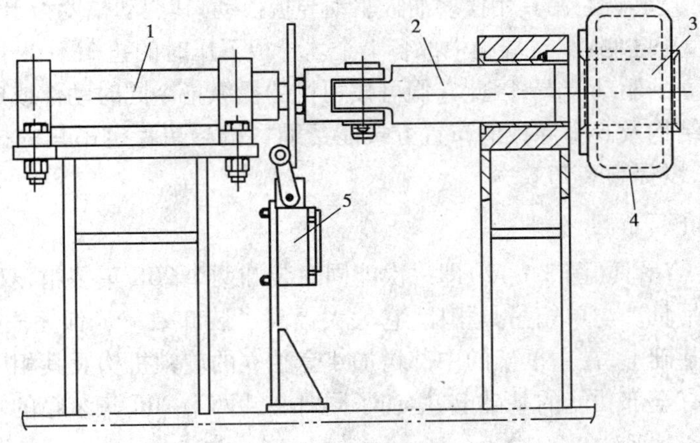

图3-1-10　伸缩定位装置

1-定位销油缸；2-定位销；3-定位孔；4-伸缩推杆；5-限位开关

2. 旋转调心吊具

可实现平面旋转运动的吊具称为旋转吊具。有些岸桥、轨道龙门起重机和多用途门机需用旋转吊具（一般回转角度±200°就可满足要求，不需大于360°）。旋转调心吊具的下部为一个伸缩式吊具，在其上部配置了一个调心装置和旋转装置（图3-1-11）。

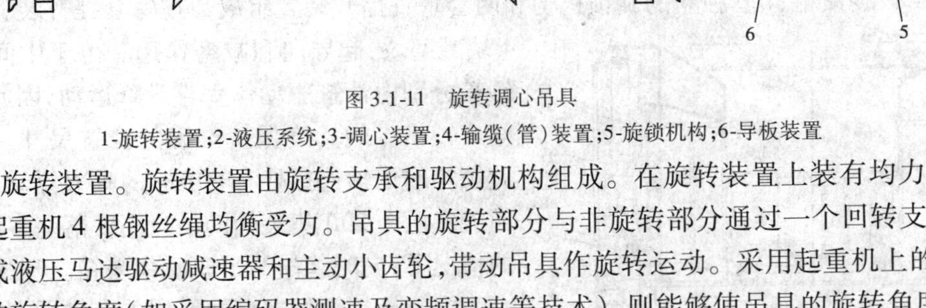

图3-1-11　旋转调心吊具

1-旋转装置；2-液压系统；3-调心装置；4-输缆（管）装置；5-旋锁机构；6-导板装置

（1）旋转装置。旋转装置由旋转支承和驱动机构组成。在旋转装置上装有均力平衡梁，以保证起重机4根钢丝绳均衡受力。吊具的旋转部分与非旋转部分通过一个回转支承相连。电动机或液压马达驱动减速器和主动小齿轮，带动吊具作旋转运动。采用起重机上的PLC控制吊具的旋转角度（如采用编码器测速及变频调速等技术），则能够使吊具的旋转角度严格跟随起重机的旋转角度，从而保证集装箱始终作平行移动，以提高装卸效率。限位开关可发出左右零位、左右终点位置信号，以提示司机吊具的旋转方向和位置。

（2）调心装置。当吊具由于旋转运动而发生重心偏移时，调心装置能够自动或按司机操纵指令进行行程±800 mm的调心运动，以保持吊具的水平状态。这个运动由一个液压油缸驱动调心小车的移动来实现。调心小车上的4个车轮(也可用4块抗磨板)支承住吊具底梁结构,承受来自吊具的拉力。4个限位开关发出左右零位和左右终点位置信号,以提示司机吊具的移动方向和位置。旋转部分的电缆和液压软管通过输缆链与吊具相联。

(3)导板机构。旋转调心吊具用摆动油缸驱动导板摆动,其摆动幅度为180°。6个导板中,2个位于海侧,2个位于陆侧,左右端梁中部各1个。导板下压时的扭矩不小于2 400 N·m。由于6组导板具有独立的驱动装置,因此它们可按司机的操纵指令同时动作或成对及单独动作。同时加长型的导板结构及6个导板的布置方式能帮助司机尽快稳定吊具的扭摆,快速将旋锁插入集装箱角孔中,以提高装卸效率。

3. 固定式双20ft箱吊具

固定式双20 ft箱吊具(图3-1-12)即一次能同时装卸两个20ft集装箱,双箱吊点装置不可水平移动的伸缩式吊具。与单箱吊具相比,它大大提高了装卸效率。伸缩固定式双20ft箱吊具是在标准吊具的基础上,在主框架的中部增加4套独立的旋锁机构及其相应的结构件,从而在保留标准吊具原有全部功能的基础上,增加了同时装卸两个20ft集装箱的功能。

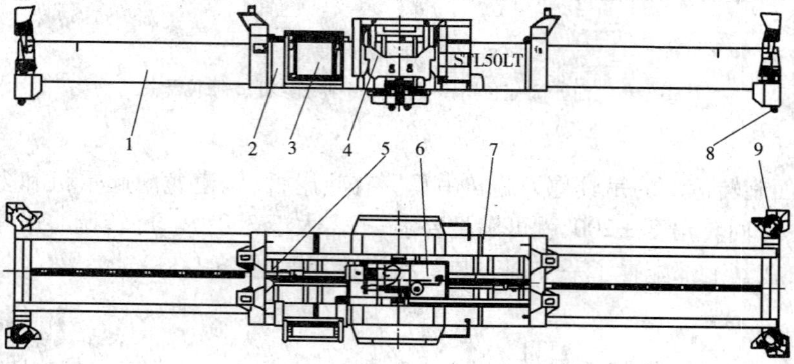

图3-1-12 固足式双20ft箱吊具

1-伸缩梁结构;2-底梁主结构;3-电气系统;4-双箱吊点装置;5-输缆(管)装置;6-液压系统;7-伸缩驱动;8-转销驱动;9-导板装置

(1)双20 ft箱吊具中部吊点装置(图3-1-13)。双20ft箱吊具中部吊点装置也称中间旋锁装置,由4只旋锁箱、4套独立的旋锁机构和两套垂直提升装置组成。在每套提升装置上装有4块减磨块,起导向和减磨作用。由于中间4只旋锁箱分别由油缸驱动作垂直升降运动,因此4个中间旋锁吊点能始终保持准确的位置尺寸。在中间旋锁箱的销轴连接处有60mm的垂直浮动间隙,从而能在两个20ft集装箱的吊点高度落差多达60mm的情况下,同时起吊两个20ft集装箱。

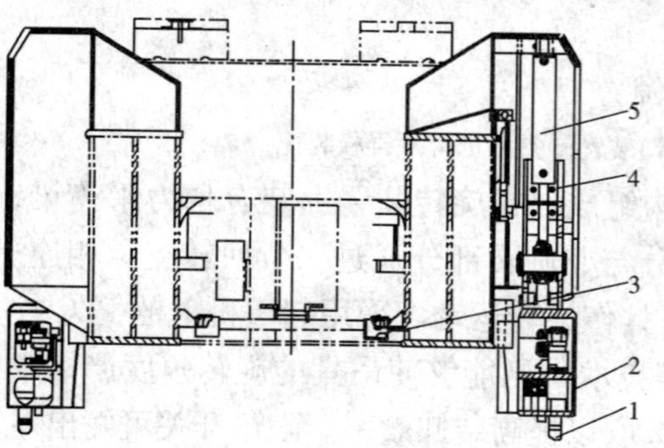

图3-1-13 双箱吊点装置

1-旋锁机构;2-中间旋锁箱;3-误吊感应装置;4-减磨块;5-中间提升机构

中间旋锁箱的支点处采用关节轴承,从而提供了其自由浮动的条件。即使这两个20ft集装箱中间四个角配件相对平面位置有偏差时,也能有效地保证中间4只旋锁准确地插入集装箱的角配件孔中。另外,中间旋锁箱的垂直提升高度达420mm,

当提升至最高处时，可以使中间旋锁装置处于底梁主结构的上部，保证吊具在吊单只超高箱时避免与中间旋锁装置发生干涉，从而更好地保护中部旋锁机构和集装箱。只有当中间4只旋锁箱全部下降到位时，吊具才能同时装卸两个20ft的集装箱；只有当中间4只旋锁箱全部被提起到位时，才能装卸单个20ft或40ft集装箱。为了正确区分吊具下是两个20ft还是1个40ft集装箱，吊具上还装有一套由红外线光电感应开关组成的双20ft箱检测装置（称为"误吊感应装置"）。该装置发出的信号除使司机能正确判断即将起吊的集装箱是双20ft箱还是单箱外，同时还与起重机的控制系统一起组成了一套电气安全联锁保护程序：当吊具下是40ft单箱而吊具的中间4只旋锁箱全部处于下降位置（吊2个20ft集装箱状态）时，吊具起升到安全高度时会自动停止下降，以防止损坏集装箱和旋锁；反之，当吊具下是两个20ft集装箱而中间的4只旋锁未下降到位（吊1个40ft集装箱状态）时，除了停机外，还发出讯号告诉司机发生了误动作，从而能有效地避免事故的发生。还可根据用户的要求，采用机械联锁装置，它与电气联锁一起，确保中间4只旋锁的可靠动作。而且装卸双20 ft箱时，中间4只旋锁与两端的4只旋锁动作是联锁的，即只有当8只旋锁全部插入集装箱的角配件孔后，8只顶销限位开关发讯号，才允许做开闭锁动作。

（2）液压系统。吊具上的液压系统是在原有标准吊具的基础上，增加了操作中间旋锁装置和中间旋锁箱的功能，即能控制吊具的伸缩、旋锁、导板动作和中间旋锁箱的升降动作。

（3）电气控制系统。在标准吊具的基础上，固定式双20ft箱吊具增加了用于中间旋锁开/闭锁检测、中间顶销着箱检测和中间旋锁箱升降位置检测的限位开关，以及误吊感应装置（该装置只有在2个20ft集装箱之间有间隙时才起作用）。

除了标准吊具的限位开关外，固定式双20ft箱吊具上的专用限位开关分别用于中间旋锁箱升降位置检测。检测双20ft箱吊具的中间4只旋锁箱及旋锁机构是否处于上升/下降位置，它们与伸缩位置信号及起升机构联锁，确保只有在40ft位置时才能吊载双20ft箱。

双20ft集装箱误吊检测装置（TTDS）：多个红外线光电感应开关被安装于吊具的中锁附近，为了检测吊具的单、双箱状态与吊具直接连接的集装箱是2个20ft还是40ft，达到防止在40 ft位置时，误吊2个20ft集装箱，发生安全事故。该装置有一定的局限性，若2个20ft箱靠在一起，中间无间隙或间隙很小的特殊情况时，光电难以鉴别；同时由于用于检测的特殊开关的抗震动能力较差，较难经受长期高震动和全天候港口的环境，一般在实际使用中较难发挥其安全检测和保护作用。

4. 可移动式双20 ft箱吊具

可移动式双20 ft箱吊具（图3-1-14）的结构形式与固定式双20 ft箱吊具基本相同，只是在其基础上增加了一套中间吊点装置的平移机构。该平移机构简称中锁平移机构，在吊箱或不吊箱情况下均可平移中锁间的距离；同时对液压系统作了相应的改进，电气上增加了中锁平移机构的控制系统等。它既能装卸单个集装箱（20 ft，40 ft，45 ft集装箱），又能装卸2个在一定范围内不同间距的20ft集装箱。

（1）机械部分。可移动式双20ft箱吊具是一个全焊接的结构装配件，一对伸缩梁被嵌套在中部底梁内，并可在特制的抗磨块上滑动。为了减小带载伸缩摩擦力，在伸缩梁的尾端上部装有支承滚轮，在吊具的主梁滑道上装有4个中间移动架，且每个中间移动架内装有一套可上下运动的中间旋锁箱，每个中间旋锁箱均与一个液压升降油缸相联。当中间旋锁箱处于上升位置时，可进行单箱作业；当中间旋锁箱处于下降位置时，则可进行双 20 ft 箱作业。为了实现中间旋锁箱与一侧边锁的位置保持一定，设计了一对中间旋锁移动的液压油缸，分别与左右两个下推杆相连，而该两个下推杆通过连接板与左右两对中间移动架分别连接。在中间旋锁移动液压油缸的推动下，中间移动架同中间旋锁箱可作向外和向内的平移运动，并保证外伸梁进行同步伸缩，这样吊具就能装卸在设计范围内的任意位置的两个 20ft 集装箱，同时也实现了吊具下 2 个 20ft 集装箱的平移运动。

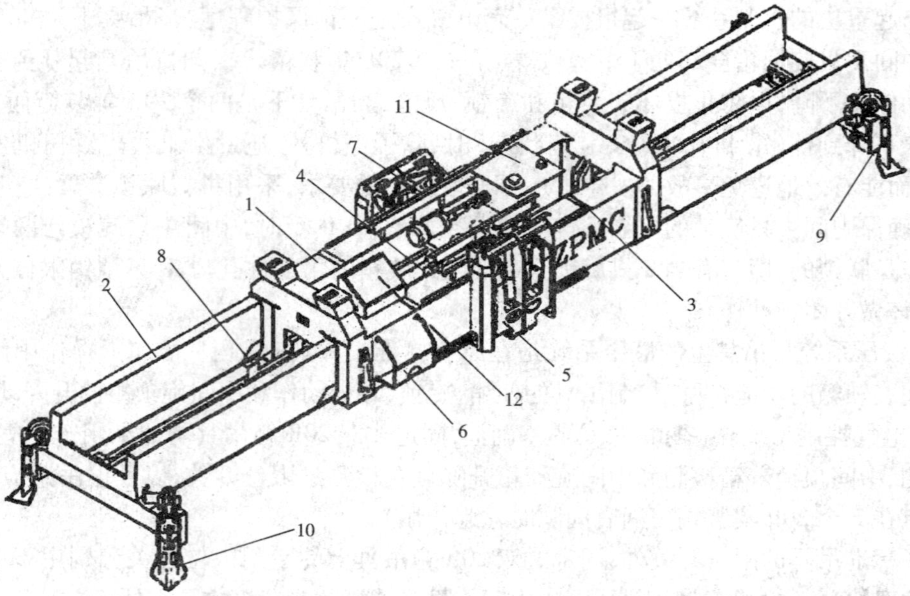

图 3-1-14　可移动式双 20ft 箱吊具

1-底梁主结构；2-伸缩梁结构；3-输缆（管）装置 1；4-双箱移动机构；5-中间吊点装置；6-梯子；7-输缆（管）装置 2；8-伸缩机构；9-旋锁机构；10-导板机构；11-液压系统；12-电气系统

可移动式双 20ft 箱吊具与固定式双 20ft 箱吊具的主要区别在于其特殊的伸缩机构。该吊具的伸缩驱动系统由双中锁移动和常规伸缩驱动两套机构组成，常规伸缩驱动机构与标准吊具基本相同；中锁移动机构由中锁移动油缸、下推杆、联接板、减磨块、40ft 零位置及标准位置限位开关、45ft 极限位置限位开关等组成。

当吊具在作正常的伸缩运动时，上下推杆处于脱钩状态。液压马达驱动减速器及链轮链条，与上推杆相连接的链条推动伸缩梁作伸缩运动。这时的伸缩运动相当于普通吊具的伸缩运动。当吊具在作带载的双 20ft 箱伸缩运动时，其运动过程如下：

①司机将吊具转至双 20 ft 箱作业状态，双 20 ft 箱控制程序自动将伸缩梁定位至 40ft 位置。

②自动将液压系统由正常压力转至高压。

③控制两个伸缩油缸将下部的移动架，置于 40 ft 标准位置。

④上下推杆对位正确，限位发出信号，挂钩油缸动作。

⑤锁定上下推杆，允许中锁升降油缸动作，中锁放下。

⑥双箱指示灯点亮，司机可进行双 20 ft 箱作业。

⑦司机发出中锁分离或合拢的指令，吊具中锁可按指令实现中锁分离或合拢的动作。当

吊具在做带载的双 20ft 箱伸缩运动时,双 20ft 箱吊具控制程序自动将液压系统由正常压力转至高压。

⑧司机将吊具转至单箱作业状态时,则作相反顺序的动作。

(2)电气部分。可移动式双 20ft 箱吊具的电气控制部分,一般情况下是在吊具上建立一个 PLC 的控制器或与桥吊的 PLC 建立通讯,在吊具上配置 PLC 的远程模块。主要是为了正确实现吊具中锁的定位、连锁和移动等功能,具体描述将在后续的相关章节中进行。

第二节　吊具的液压系统

一、液压的基本常识

1. 液压泵和液压马达

液压传动是以液体为工作介质,以压力和流量为特性参量实现能量的转换、传递和分配的传动方式。

在液压传动系统中,液压泵是将动力机械(如电动机、内燃机等)传输的机械能转换成流动液体压力能的能量转换装置,其功用是给液压系统提供足够的压力油以驱动系统工作。因此,液压泵的输入参量为机械参量(转矩 T 和转速 n),输出参量为液压参量(压力 p 和流量 q)。

液压马达是将输入的液体压力能转换成机械能的能量转换装置,常置于液压系统的输出端,直接或间接驱动负载连续回转而作功。因此,液压马达的输入参量为液压参量(压力 p 和流量 q),输出参量为机械参量(转矩 T 和转速 n)。

(1)容积式液压泵与液压马达的工作原理。图 3-2-1 所示为单柱塞液压泵的工作原理,柱塞 2 装于缸体 3 内形成密封工作腔 a,柱塞在弹簧 4 的作用下始终压紧在偏心轴 1 上,当原动机带动偏心轴旋转时,柱塞便在缸体内作往复运动,使得密封腔的容积随之发生周期性的变化。当柱塞外伸时,密封腔的容积由小增大,使 a 腔中形成一定的真空度,于是,油箱中的液压油在大气压的作用下经吸油管顶开吸油单向阀 5 进 a 腔而实现吸油过程;反之,当柱塞被偏心轴压进缸内时,密封腔容积由大变小,于是,a 腔中的油液受压后便顶开排油单向阀 6 排向系统而实现排油过程。由此可见,容积式液压泵靠密封腔容积的变化实现吸油和排油,从而将原动机输入的机械能转换成液压功率;单向阀 5、6 组成配油机构,使吸、排油过程相互隔开,从而使系统随负载建立起相应的压力。

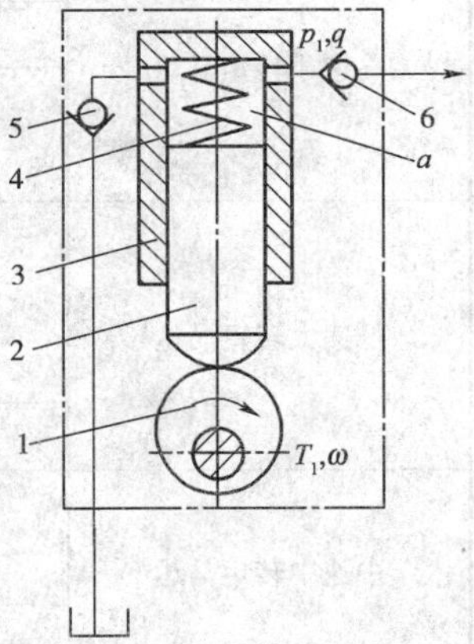

图 3-2-1　液压泵的工作原理

1-偏心轴;2-柱塞;3-缸体;4-弹簧;5、6-单向阀

由上可见,组成容积式液压泵必须具备的三个条件如下:

①具有密封工作腔;

②密封工作腔的容积能产生由小增大和由大减小的变化,以形成吸、排油的过程;

③具有相应的配流机构以使吸、排油过程能各自独立完成。

以上所述的各种液压泵虽然组成密封腔的零件结构各异,配流机构形式也各不相同,但它们都满足上述三个条件,都属于容积式液压泵。

从原理和能量转换的角度来说,液压泵和液压马达是可逆工作的液压元件,即向液压马达输入液体便可使其变成液压马达而带动负载工作。因此,液压马达同样需具有液压泵的上述三个条件。

(2)液压泵与液压马达的分类:

①液压泵按结构形式的分类见表3-2-1。

液 压 泵 分 类 表3-2-1

<table>
<tr><td rowspan="3">齿轮泵</td><td colspan="2">外啮合齿轮泵</td></tr>
<tr><td rowspan="2">内啮合齿轮泵</td><td>渐开线内啮合齿轮泵</td></tr>
<tr><td>摆线内啮合齿轮泵</td></tr>
<tr><td rowspan="2">叶片泵</td><td colspan="2">单作用叶片泵(可变量)</td></tr>
<tr><td colspan="2">双作用叶片泵</td></tr>
<tr><td rowspan="4">柱塞泵</td><td rowspan="2">轴向柱塞泵</td><td>斜盘式轴向柱塞泵(可变量)</td></tr>
<tr><td>斜轴式轴向柱塞泵(可变量)</td></tr>
<tr><td rowspan="2">径向柱塞泵</td><td>回转式径向柱塞泵(可变量)</td></tr>
<tr><td>卧式径向柱塞泵(可变量)</td></tr>
<tr><td>螺杆泵</td><td></td><td></td></tr>
</table>

②液压马达按转速和结构形式的分类见表3-2-2 。

液压马达的分类 表3-2-2

<table>
<tr><td rowspan="4">高速小转矩马达</td><td colspan="2">齿轮马达</td></tr>
<tr><td colspan="2">叶片马达</td></tr>
<tr><td rowspan="2">轴向柱塞马达</td><td>斜盘式轴向柱塞马达(可变速)</td></tr>
<tr><td>斜轴式轴向柱塞马达(可变速)</td></tr>
<tr><td rowspan="4">低速大转矩马达</td><td rowspan="3">径向柱塞马达</td><td>内曲线马达(可变速)</td></tr>
<tr><td>曲轴连杆式马达(可变速)</td></tr>
<tr><td>静力平衡式马达(可变速)</td></tr>
<tr><td colspan="2">径向钢球—内曲线马达(可变速)</td></tr>
<tr><td rowspan="3">中速中转矩马达</td><td rowspan="2">轴向马达</td><td>柱塞—斜盘式马达(可变速)</td></tr>
<tr><td>钢球—双凸轮盘马达(可变速)</td></tr>
<tr><td>摆线转子马达</td><td></td></tr>
</table>

目前在吊具上使用的液压泵主要是斜盘式轴向柱塞泵,导板使用的马达主要为中速中转矩的摆线转子液压马达。

(3)摆线转子液压马达的工作原理和主要特点(中速中转矩)。摆线式转子液压马达是一种利用行星减速原理的内啮合多点接触的齿轮马达,属中转速中转矩液压马达。按配流方式的不同,摆线马达可分为轴配流式和端面配流式两种类型。根据吊具的实际使用工况,一般设计时选用端面配流式摆线转子马达,其典型结构如下:

图 3-2-2 所示为端面配流摆线式液压马达的典型结构。这种马达的配流盘利用静压支承原理,采用端面间隙自动补偿的平面密封,密封性能好,容积效率高;配流盘采用专用短花键轴带动,消除了整体花键轴因磨损而产生的误差;使得装配精度高,提高了机械效率;输出轴采用了圆锥滚柱轴承,刚性好,能承受较大的轴向力和径向力;另外,配流盘上还施加了一定的预压紧力,使得启动可靠。

该类液压马达的优点为,能承受较大的轴向和径向力,工作压力高,输出轴刚性好,启动可靠;缺点是结构复杂,制造精度要求高。

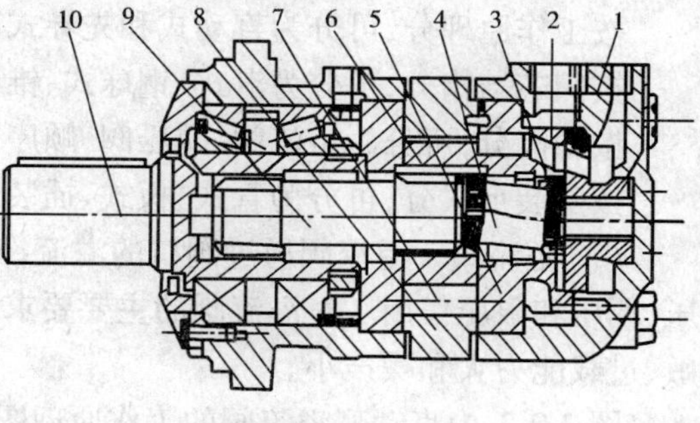

图 3-2-2　端面配流式摆线马达

1-后壳体;2-配流盘;3-支承盘;4-鼓形花键;5-后侧板;6-转子;7-针柱;8-定子;9-长鼓型花键销;10-输出轴

2. 液压阀

液压阀是液压系统中控制油液流动方向、压力和流量的元件。压力阀和流量阀利用通流截面的节流作用控制系统的压力和流量,方向阀利用通流通道的变换控制油液的流动方向。尽管液压阀存在着各种类型,但它们之间也有一些基本共同之处,例如:

(1)在结构上,所有阀都由阀体、阀芯和驱动阀芯的元部件(如弹簧、电磁铁)组成。

(2)在工作原理上,所有阀的开口大小、阀进出口之间的压力差以及流过阀的流量之间的关系都符合流体力学原理,仅各种阀控制的参数有所不同。

1)液压阀的分类

液压阀可按不同的特征进行分类,如表 3-2-3 所示。

液压阀的分类　　表 3-2-3

分类方法	种类	详细分类
按机能分类	压力控制阀	溢流阀、顺序阀、卸荷阀、减压阀、平衡阀、压力继电器、缓冲阀
	流量控制阀	节流阀、调速阀、分流阀、集流阀
	方向控制阀	单向阀、液控单向阀、换向阀、行程阀、充液阀
按操作方式分类	手动阀	手把和手轮、踏板、杠杆
	机动阀	挡块和碰块、弹簧、液压、气动
	电动阀	电磁铁控制,伺服电动机、步进电动机、力马达、力矩马达控制
按连接方式分类	管式连接	管螺纹式连接、法兰式连接
	板式连接	单层连接板式、双层连接板式、整体连接板式、叠加阀
	插装式连接	螺纹式插装(二、三、四通插装阀)、法兰式插装(二通插装阀)

2)流量阀的介绍

流量阀的作用是通过改变节流口的开口面积来控制流量,从而控制执行元件的运动速度。流量阀的分类主要有节流阀、单向节流阀、行程节流阀、调 速 阀 、行程调速阀、单向调速阀、溢流节流阀、延时阀、分流阀、集流阀等许多品种。其中以节流阀为最基本的,其他大多是为克服节流阀的某一方面的不足而发展起来的。

3)压力控制阀

压力控制阀是利用阀芯上的液压作用力和弹簧力保持平衡来进行工作的，一旦此平衡被破坏，阀口的开度或通断就要改变。常见的压力控制阀的类型如下：

按工作原理分，可分为直动式和先导式。

按阀芯结构分，可分为滑式、钢球式、锥阀。

按功能分，可分为溢流阀、减压阀、顺序阀、平衡阀和压力继电器。

按安装形式分，可分为管式、板式、插装式和叠加阀。

(1)溢流阀。溢流阀通过阀口的溢流，使被控制系统或回路的压力维持恒定，从而实现稳压、调压和限压作用。对溢流阀的主要要求是：调压范围大、调压偏差小、压力振摆小、动作灵敏、过载能力大和噪声小。

图 3-2-3 为直动型溢流阀的工作原理图，压力油从 P 口进入，经阻尼孔 1 作用在阀芯底部。当作用在阀芯 3 上的液压力大于弹簧力时，阀口打开，使油液溢流。通过溢流阀的流量变化时，阀芯位置也随之变化，但因阀芯移动量极小，作用在阀芯上的弹簧力变化甚小，因此可以认为，只要阀口打开，有油溢流经溢流阀，溢流阀入口处的压力基本上就是恒定的，调节弹簧 7 的预压力，改变刚度，便可改变调压范围。

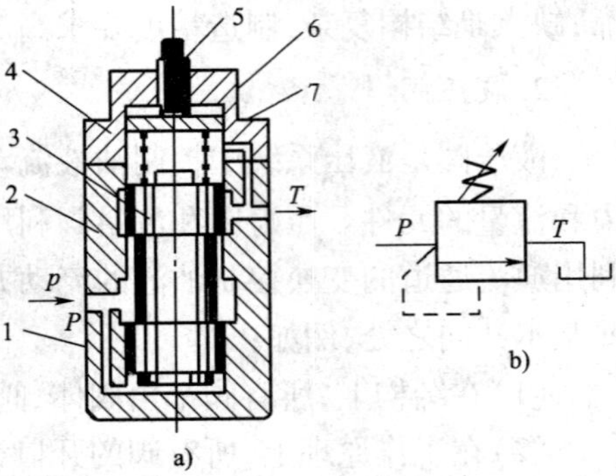

图 3-2-3　直动型溢流阀的工作原理和图形符号

1-阻尼孔；2-阀体；3-阀芯；4-阀盖；5-调压弹簧；6-弹簧座；7-弹簧

实际上，阀工作时，开口量是变化的，开口量的变化引起溢流量变化，亦必然引起压力的变化，压力越高，所需弹簧刚度便越大。因而，溢流量变化时，压力的变化便越大。

(2)减压阀。当液压系统的某一部分需要获得一个比液压泵供油压力低些的稳定压力时，可使用减压阀。使其出口压力降低且恒定的减压阀称为定值减压阀，简称减压阀。使其出口压力与某一负载压力之差恒定的减压阀称为定差减压阀，使其入口压力与出口压力比值一定的减压阀称为定比减压阀。

对定值减压阀的要求是：不管入口压力如何变化，出口压力应能维持恒定，且不受通过阀的流量变化的影响。对于定差或定比减压阀，则要求不管入口的压力或出口压力如何变化，应使压差恒定或比值恒定。

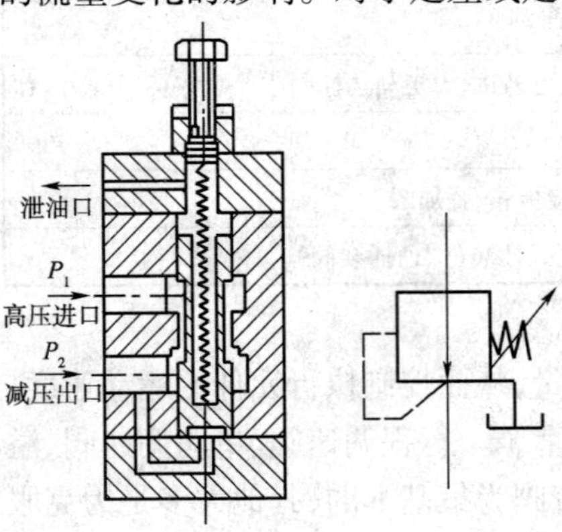

图 3-2-4　直动减压阀的原理图

定值减压阀最常用，按其结构和工作原理分为直动式和先导式两种。

图 3-2-4 为直动减压阀的原理图。它与直动型溢流阀的结构相似，差别在于减压阀的控制压力来自出口压力侧，且阀口为常开式。当出口压力未达到阀的设定压力时，弹簧力大于阀芯端部的液压作用力，阀芯处于最下方，阀口全开。当出口压力达到阀的设定压力时，阀芯上移，开口量减小乃至完全关闭，实现减压以维持出口压力恒定，不随入口压力的变化而变化，减压阀的泄油口需单独接油箱。

(3)压力继电器：

①功能和种类。压力继电器是一种将油液的压力信号转换成电信号的电液控制元件。当油液压力达到压力继电器的调定压力时，就发出电信号，以控制电磁铁、电磁离合器、继电器等电气元件动作，使油路卸压、换向，执行机构实现顺序动作，或关闭电动机，使系统停止工作，起到安全保护作用。

压力继电器由压力—位移转换部件和微动开关两部分组成，按压力—位移转换部件结构，压力继电器有柱塞式、弹簧管式、膜片式和波纹管式等类型。其中柱塞式压力器最常用，按发出电信号功能分，压力继电器有单触点式、双触点式等类型。

②结构和工作原理。图 3-2-5 为柱塞式压力继电器的结构图，当系统压力达到预定压力时，作用于柱塞上的压力克服弹簧力，顶杆上推，使微动开关的触点动作，发出电信号。

图 3-2-6 为弹簧管式压力继电器结构图，弹簧管既是压力感受元件，又是弹性元件。压力增大时，弹簧管伸长，与其相连的杠杆产生位移，从而推动微动开关，发出电信号。

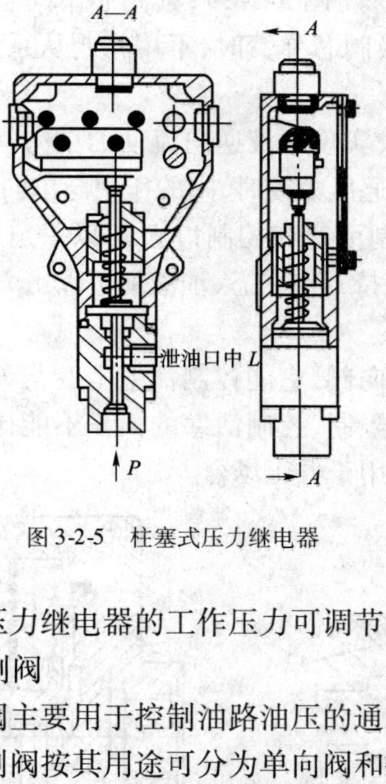

图 3-2-5　柱塞式压力继电器

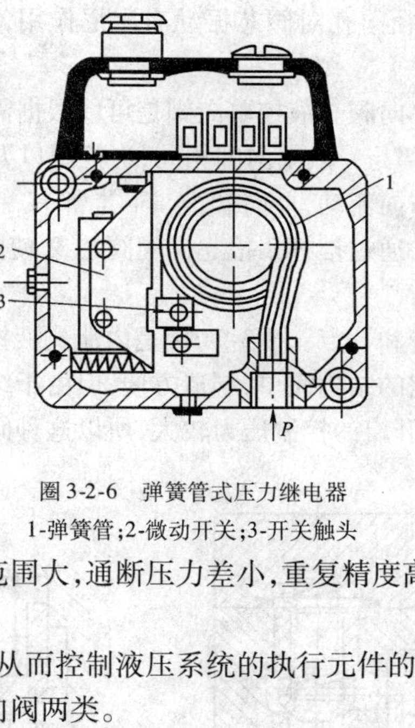

圈 3-2-6　弹簧管式压力继电器

1-弹簧管；2-微动开关；3-开关触头

弹簧管式压力继电器的工作压力可调节的范围大，通断压力差小，重复精度高。

4)方向控制阀

方向控制阀主要用于控制油路油压的通断，从而控制液压系统的执行元件的换向、起动和停止。方向控制阀按其用途可分为单向阀和换向阀两类。

(1)单向阀。单向阀分为普通单向阀和液控单向阀。普通单向阀只允许油液往一个方向流动，反向截止，液控单向阀在外控油作用下，反方向也可流动。

①普通单向阀。一般称为单向阀，其结构简图见图 3-2-7。压力油从 P_1 腔进入时，克服弹簧力推动阀芯，使油路接通，压力油从 P_2 腔流出，称为正向流动。当压力油从 P_1 腔进入时，油液压力和弹簧力将阀芯紧压在阀座上，油液不能通过，称为反向截止。

典型结构和特点：单向阀按阀芯结构分为球阀和锥阀。图 3-2-7a)为球阀式单向阀，球阀结构简单，制造方便，但由于钢球有圆度误差，而且没有导向，密封性差，一般在小流量场合使用。图 3-2-7b)为锥阀单向阀，其特点是当油液正向通过时，阻力可以设计得较小，而且密封性较好，但工艺要求严格，阀体孔与阀座孔必须有较高的同轴度，且阀芯锥面必须进行精磨加工。

在高压大流量场合下一般都使用锥阀式结构。

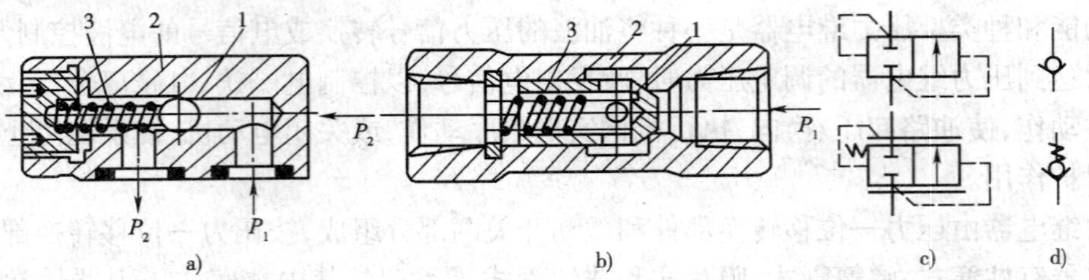

图 3-2-7　单向阀的结构和图形符号

a）板式；b）管式；c）详细符号；d）简化符号

1-阀芯（锥阀或球阀）；2-阀体；3-弹簧

单向阀按进出口油流的方向可分为直通式和直角式。直通式单向阀的进出口在同一轴线上（即管式结构），结构简单，体积小，但容易产生自振和噪声，而且装于系统更换弹簧很不方便。直角式单向阀的进出口油液方向成为直角布置（图 3-2-8），其阀芯中间容积是半封闭状态，阀芯上的径向孔对阀芯振动有阻尼作用，更换阀芯弹簧时，不用将阀从系统中拆下，性能良好。

②液控单向阀。液控单向阀是可以根据需要，实现油液逆向流动的单向阀（图 3-2-9），图 3-2-9 中上半部与一般单向阀相同，当控制口 K 不通压力油时，阀的作用与单向阀相同，只允许油液向一个方向流动，反向截止。下半部有一控制活塞和控制口 K 通以一定压力的油液，推动控制活塞并通过推杆 2 抬起锥阀阀芯 3，使阀保持开启状态，油液就可以由 P_2 流向 P_1，即反向流动。

典型结构和特点：图 3-2-10 是内泄式液控单向阀，它能控制活塞上腔与 P_1 腔相通，所以叫内泄式。它的结构简单，制造方便，但由于结构限制，控制活塞的面积不能比阀芯面积大很多，因此反向开启的控制压力较大，所以这种阀只用于低压场合。

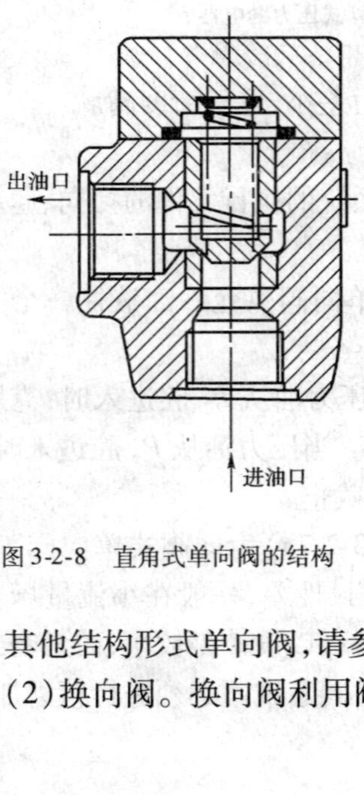

图 3-2-8　直角式单向阀的结构

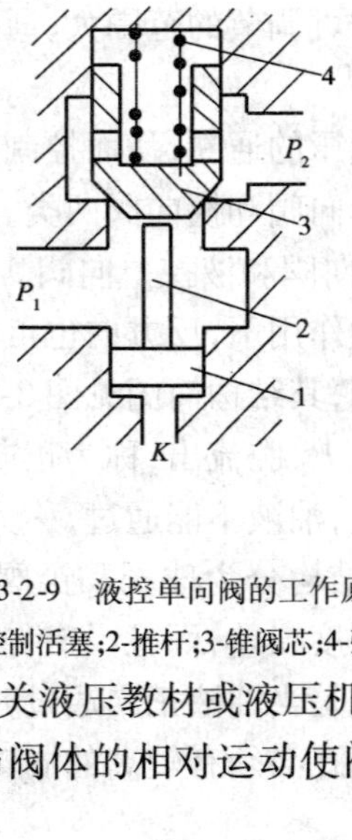

图 3-2-9　液控单向阀的工作原理

1-控制活塞；2-推杆；3-锥阀芯；4-弹簧

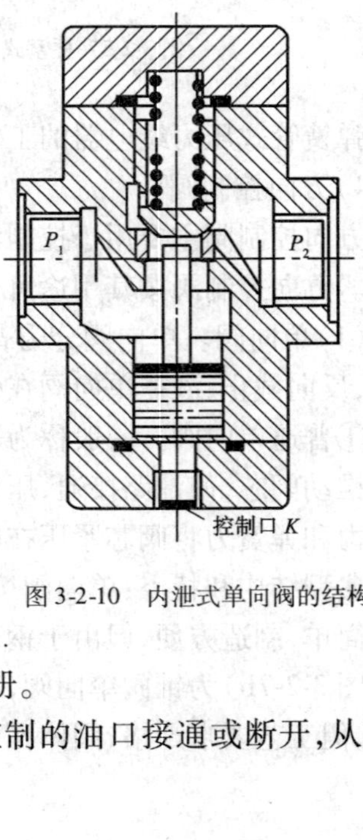

图 3-2-10　内泄式单向阀的结构

其他结构形式单向阀，请参照有关液压教材或液压机械手册。

（2）换向阀。换向阀利用阀芯与阀体的相对运动使阀所控制的油口接通或断开，从而控制执行元件的换向、启动、停止等动作。换向阀有很多种类，分类方法见表3-2-4。

换向阀的分类　　表3-2-4

分类方法	类　　型	
接阀的结构方式	滑阀式、转阀式、球阀式	
按工作通路数	二通、三通 四通、五通	二位二通、二位三通 二位四通、二位五通 三位四通、三位五通
按工作位置	二位、三位	
按阀的操作方式	手动、机动、电动、液动、电液、气动	
接安装方式	管式、板式、叠加式、插装式	

滑阀式换向阀的工作原理见图3-2-11。滑阀式换向阀是控制阀芯在阀体内作轴向运动，使相应的油路接通或断开的换向阀。滑阀是一个具有多段环形槽的圆柱体，阀芯有若干个台肩，而阀体孔内有若干条沉割槽。每条沉割槽都通过相应的孔道与外都相连，与外部连接的孔道数称为通数。

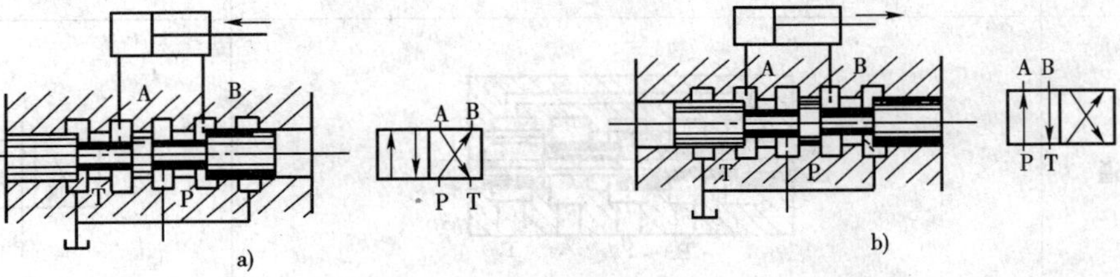

图3-2-11　换向阀的换向原理

换向阀的功能主要由它控制的通路数和阀的工作位置来决定。表3-2-5给出了几种滑阀式换向阀的结构原理图和表示阀的工作位置数、通路数和在各个位置上油口连通关系的图形符号。

3. 液压油缸

液压缸的分类见表3-2-6。液压缸是将液压能转换为机械能的一种执行元件，主要用于要求实现往复直线运动或往复摆动运动的场合。液压缸按其结构形式，可分为活塞缸、柱塞缸和摆动缸三类。活塞缸、柱塞缸实现往复运动，输出力和速度；摆动缸实现小于360°的往复摆动，输出转矩和角速度。液压缸除单个使用外，还可以几个组合起来或与其他机构组合起来，以完成特殊的功用。

二、吊具的液压系统介绍

现代集装箱吊具上，液压技术得到广泛的应用。吊具上的所有动作的执行均有液压系统来实现，对液压系统设计必须考虑到下列要求：

(1)满足功能要求。

(2)减少热量产生和有利于散热。

(3)保证液压系统和油的清洁度。

(4)无泄漏和尽可能降低噪声。

(5)防锈蚀，耐振动，外形美观。

换向阀机构原理和图形符号　　表 3-2-5

位和通	结构原理图	图形符号
二位二通	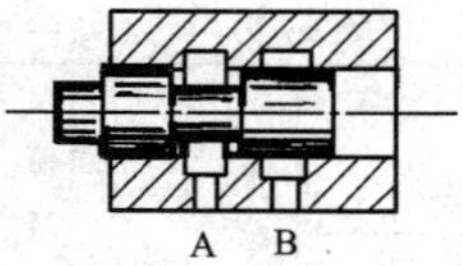	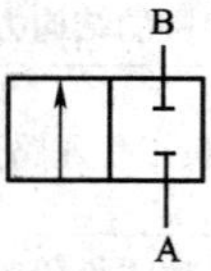
二位三通	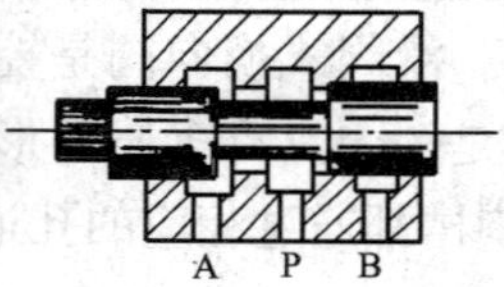	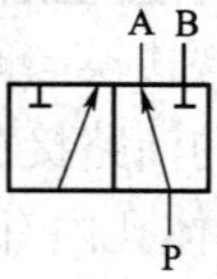
二位四通	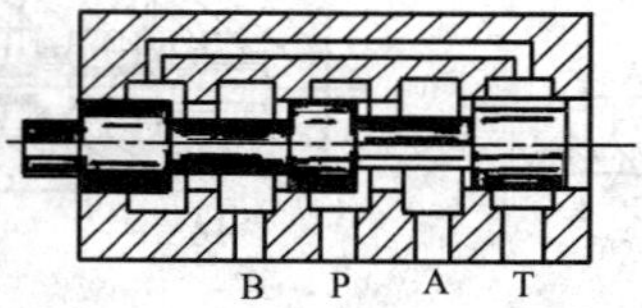	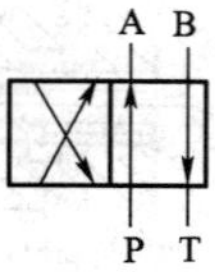
二位五通	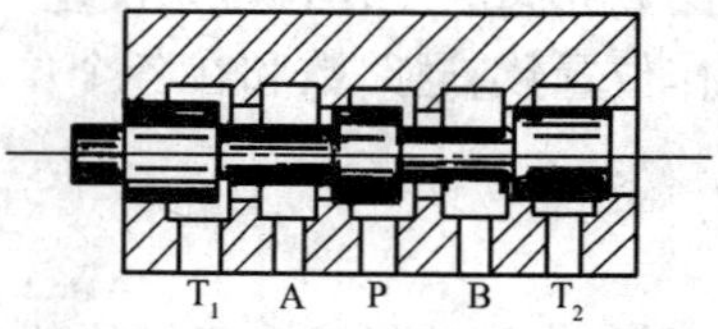	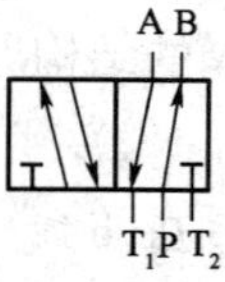
三位四通	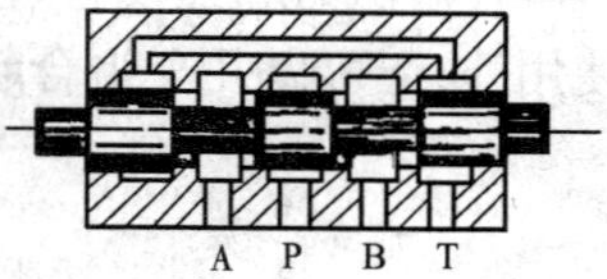	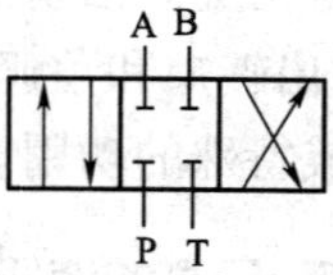
三位五通	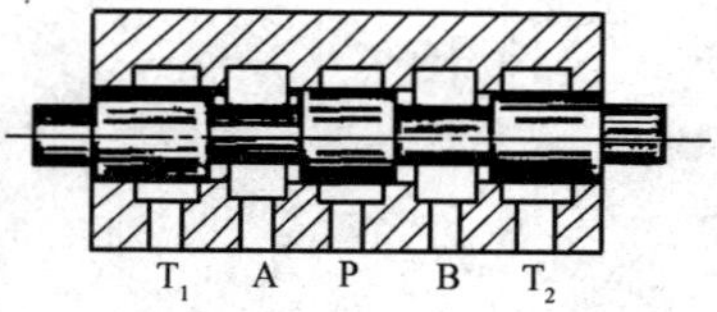	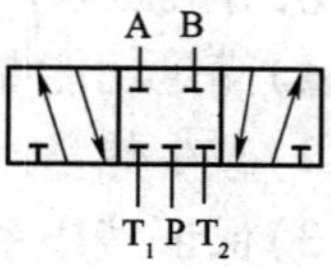

液压缸的分类　　表 3-2-6

类别	名　称	简化符号	说　明
单作用	活塞式	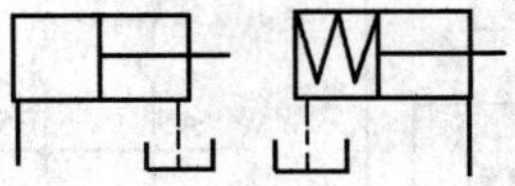	仅能实现单向输出,反向靠外力或弹簧力复位
	柱塞式	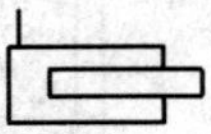	同上,但一般行程较活塞式大
双作用	单活塞杆式	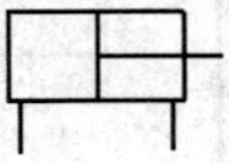	实现双向运动,差动联接可实现快速
	双活塞杆式	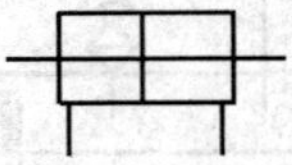	实现双向速度一致的运动
缓冲型	不可调缓冲式	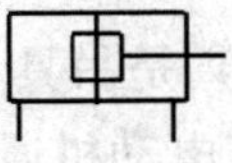	实现行程终端减速运动,减速值不变
	可调缓冲式	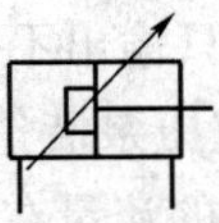	实现行程终端变减速运动
伸缩缸	单作用多级式	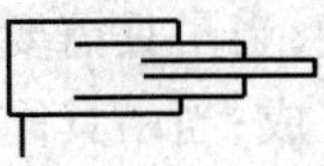	有多个依次运动的活塞套筒组成,输出运动按有效工作截面积大小依次进行
	双作用多级式	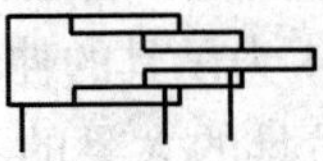	

吊具是集装箱装卸设备中最为重要的部件之一,它直接关系到岸桥的装卸效率和可靠性。岸桥吊具形式较多,常用的有标准吊具、双 20 ft 箱吊具、双 40 ft 箱吊具、旋转吊具、带前后倾的吊具、带防摇功能的吊具等。吊具液压系统须 24h 连续工作,对防止发热、防振动有很高要求。

1. 标准型吊具液压系统

标准吊具应包含液压动力站,可以实现吊具的伸缩、旋锁、导板三大动作能力,标准型吊具液压系统如图 3-2-12 所示。

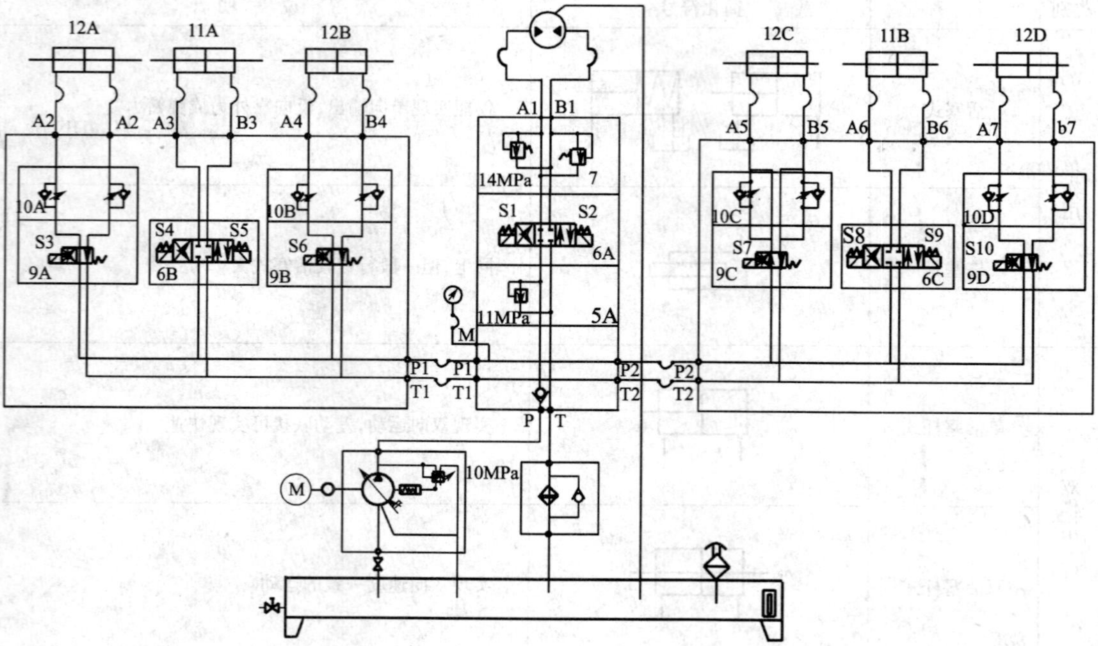

图 3-2-12　标准型吊具液压系统

(1)液压动力站。标准吊具液压动力站(图 3-2-13),是吊具动力中心,所有吊具动作的动力均来于此,是电能转换液压能的装置。该装置主要有电动机通过和液压泵的机械连接(02)而成,液压泵多采用恒压控制轴向柱塞变量泵(03)。该泵具有性能好、效率高、噪声低,在该液压动力站的压力出口设置一个单向阀(04)保证油液只输出不回流,这样可以防止当吊具受较大外力时会对液压系统产生瞬间的高压油液,回冲液压泵装造成液压泵的损坏。当吊具不动作时,系统压力为油泵调定压力(9～10MPa),而油泵的流量在系统不工作时,油泵会自动调节到输出接近于零排量的状态,所以,此时电机(01)处于空载运转状态;通过钳型电流表观察马达的空载时的电流,可以判断吊具液压系统的性能;当吊具需要实现某个动作时,变量泵会自动输出恒压和一定排量的油液,实现吊具动作的完成;当吊具同时需要进行多个动作时,会出现流量达到变量泵的最大,系统压力较低,多个动作运行较慢的情况,主要是因司机操作不合理和泵站设计功率不足所致,应尽量避免,其解决方法是在后续的控制逻辑中予以防止。

(2)伸缩动作。标准型吊具液压系统中,图 3-2-14 为吊具的伸缩动作的液压图,是由一台齿轮油马达(7)通过减速器驱动链轮链条来实现的吊具的大梁的不同长度,来方便地实现对 20ft、40ft、45ft 三种规格的集装箱的吊装,吊具大梁的伸长、缩回和停止动作,是通过控制一个三维四通的电磁阀(6A)的位置切换,来控制油液的不同流向,驱动齿轮泵的不同旋转方向。当吊具在作业时,因司机操作等原因对吊具的大梁会产生较大的冲击,该冲击力最后会传递到齿轮泵中,此时齿轮泵因外力的冲击,会把外界的冲力力产生的机械能转换成液压能,该液压能的产生对液压系统和齿轮泵均是非常有害的,必须释放,系统就设计了图 3-2-14 中元件 8 和 9 组成的有害液压能的释放组件,起到了对齿轮泵和液压系统的保护。

(3)旋锁动作。标准吊具有 4 个旋锁,分别位于吊具的四个顶角处,四个旋锁在对集装箱作业过程中,会产生 0°～90°的旋转,来实现吊具的开锁和闭锁,推动旋锁水平旋转 0°～90°的动力来自开闭锁油缸,因设计思路的不同,推动四个旋锁作开闭锁旋转动作的油缸分为:有两个双活塞双出杆油缸驱动或四个单活塞油缸驱动两种,现在大多数岸吊的吊具均采用四个油缸驱动的形式,而轮胎吊的吊具采用两个油缸驱动的方式。图 3-2-15 为四油缸驱动的液压图,该驱动装置分别设置在两端梁箱体内,旋锁油缸由 2 个三位四通电磁阀 6B 和 6C 控制。为了保证开锁和闭锁状态时油缸的动作位置保持不变,设计时选用中位机能为 0 型的三位四通电磁换向阀,保证在电磁铁失电时,旋锁油缸不会产生误动作。

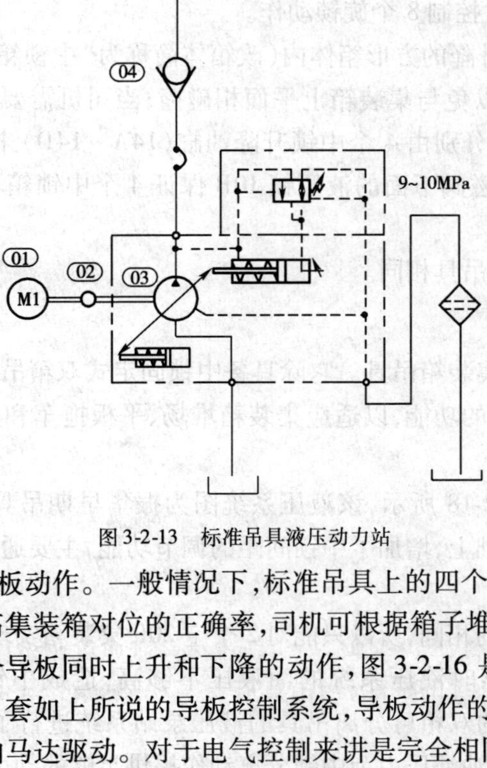

图 3-2-13　标准吊具液压动力站

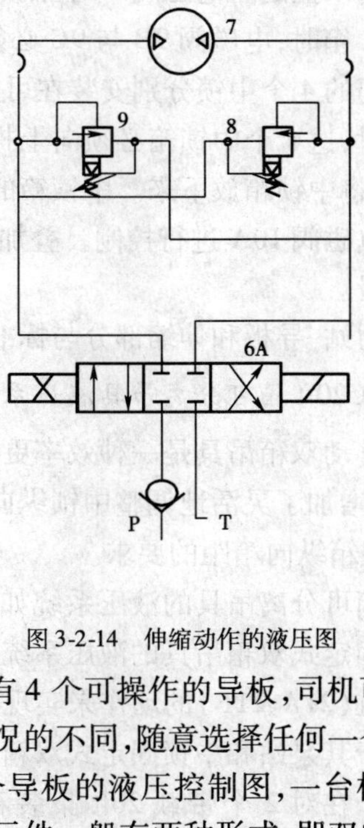

图 3-2-14　伸缩动作的液压图

(4)导板动作。一般情况下,标准吊具上的四个角上有 4 个可操作的导板,司机可以利用它们来提高集装箱对位的正确率,司机可根据箱子堆放情况的不同,随意选择任何一个、二个、三个或四个导板同时上升和下降的动作,图 3-2-16 是一个导板的液压控制图,一台标准吊具应该具有 4 套如上所说的导板控制系统,导板动作的驱动元件一般有两种形式,即双向油缸驱动和双向油马达驱动。对于电气控制来讲是完全相同。

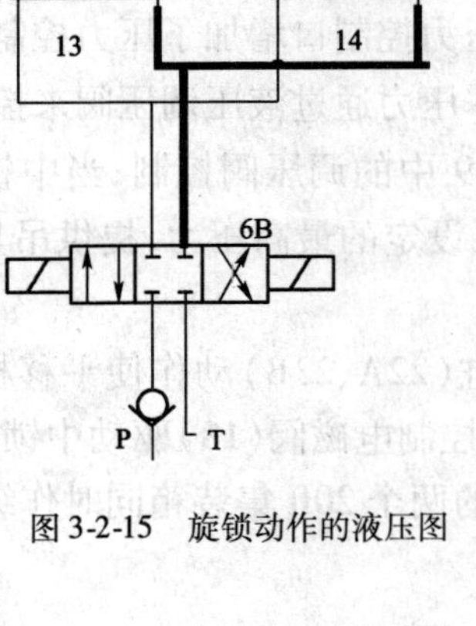

图 3-2-15　旋锁动作的液压图

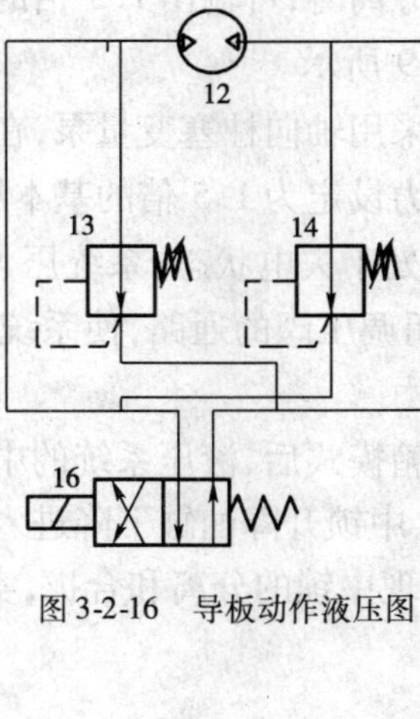

图 3-2-16　导板动作液压图

总之,吊具液压系统有一个将电能转变成液压能的动力装置,为吊具的各个动作提供流量可变压力恒定的油液;四个旋锁通过动力装置提供的油液驱动油缸推动旋锁的0°~90°来回动作和停止,其来回动作和停止的控制由二个三位四通的电磁阀的油液通过的位置决定;每个导板的上升和下降由一个二位四通的电磁阀控制油液进入导板油缸或油马达的不同入口,实现导板的动作。

2. 中锁固定式双20ft箱吊具液压系统

双20ft箱吊具液压系统如图3-2-17所示,可以同时装卸两个20ft标准箱,为此,必须在吊具基架的中间部位增加4个中锁,分别由4个单活塞杆油缸驱动(15A~15D),由1个三位四通电磁阀来控制。电磁阀9C控制两端梁上的两个双出杆油缸,以驱动另4个边锁。所以当吊装双20ft箱时,电磁阀9B与9C必须同时控制8个旋锁动作。

中间的4个中锁分别安装在可上下升降的方形箱体内(改箱体简称为"中锁箱"),在不吊装双箱时,这4个中锁箱必须向上提起,以免与集装箱上平面相碰撞;当司机需要吊装双20ft箱时,才将中锁箱放下来。中锁箱的上下分别由4个中锁升降油缸(14A~14D)来驱动,由三位四通电磁阀10A进行控制。叠加在电磁阀下面的液压锁10B保证4个中锁箱不会因内泄漏而下滑。

动力站、导板和伸缩部分与标准基本吊具相同。

3. 双20ft箱可分离吊具液压系统

可移动双箱吊具是一种效率更高的集装箱吊具。它除具备中锁固定式双箱吊具的全部功能外,还增加了灵活地调整中锁纵向距离的功能,以适应集装箱堆场、平板拖车和集装箱船对20ft集装箱纵向箱距的要求。

双箱可分离吊具的液压系统如图3-2-18所示,该液压系统图为振华早期吊具产品使用。在中锁固定式双箱吊具的液压系统的基础上,增加了中锁间距的调节功能,主要通过控制中锁平移油缸(21A、21B)的动作来实现。

由于其泵站和中锁固定式双箱吊具的相同,所以只能对2个空20ft集装箱实现中锁分离,主要由于在对2个带载20ft集装箱分离时液压系统的油液压不够高,造成中锁平移油缸(21A、21B)动作无力。在现在投入使用的双箱可分离吊具的液压泵站系统进行了改进,在吊具需要进行中锁分离时,可输出1.5倍的油液压力为中锁分离动作提供足够的动力,其泵站液压原理如图3-2-19所示。

吊具油泵仍采用轴向柱塞变量泵,在柱塞泵的压力控制口增加了压力控制的液压回路,把柱塞泵的最高压力设定为1.5倍的基本压力,而基本压力通过液压调压阀来控制,当中锁不工作时电磁阀Y14处于失电状态,系统压力由图3-2-19中的调压阀控制;当中锁需动作时电磁阀Y14得电,关闭调压阀的通路,使系统输出柱塞泵设定的最高压力,提供吊具重箱具分离动作需求的油液压力。

吊具进入双箱模式后,液压系统的中锁挂钩油缸(22A、22B)动作使平移机构和吊具推杆可靠地连为一体,中锁升降油缸下降进入双箱状态,控制电磁阀(18)驱动中锁平移油缸(21A、21B)的动作来实现中锁的分离和合拢,实现吊具下的两个20ft集装箱同时作纵向分开或合拢

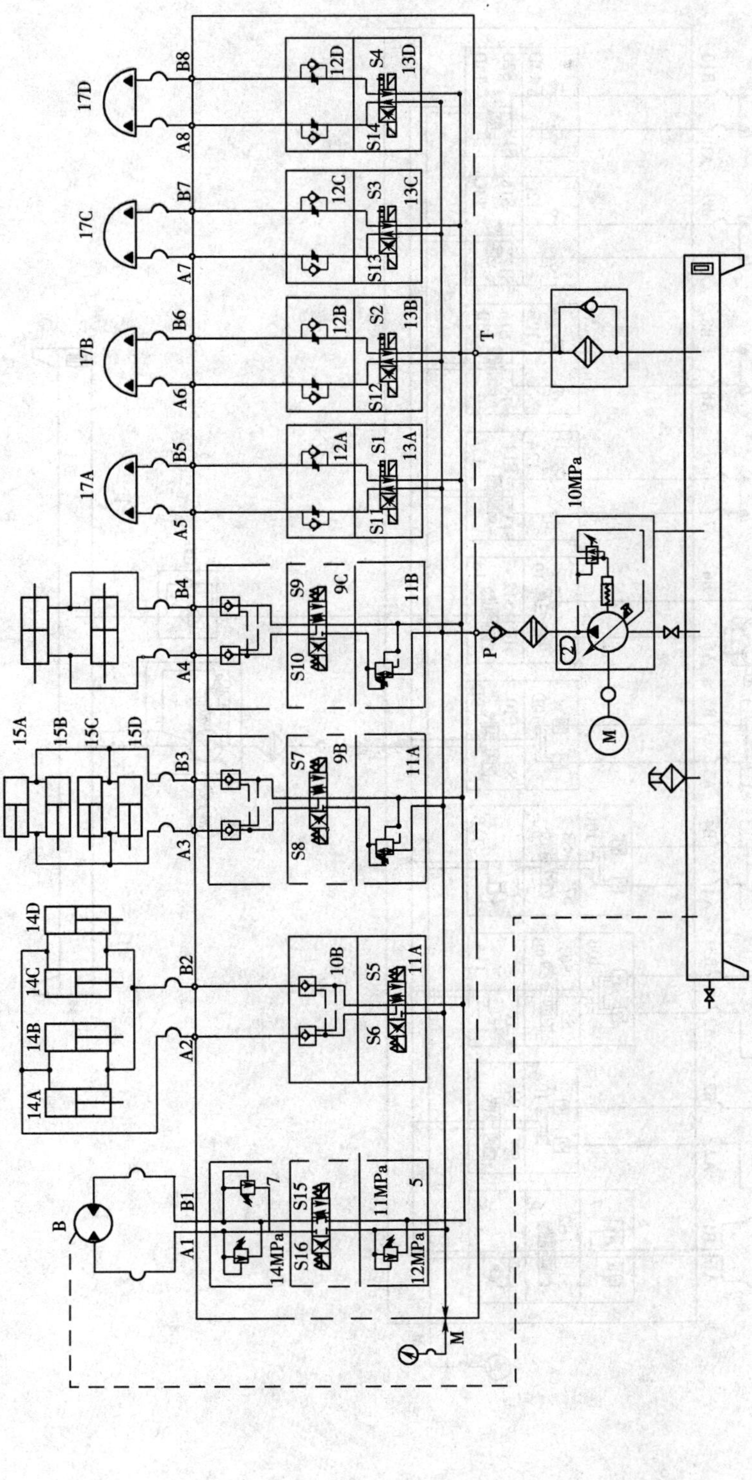

图3-2-17　双20ft箱吊具液压系统

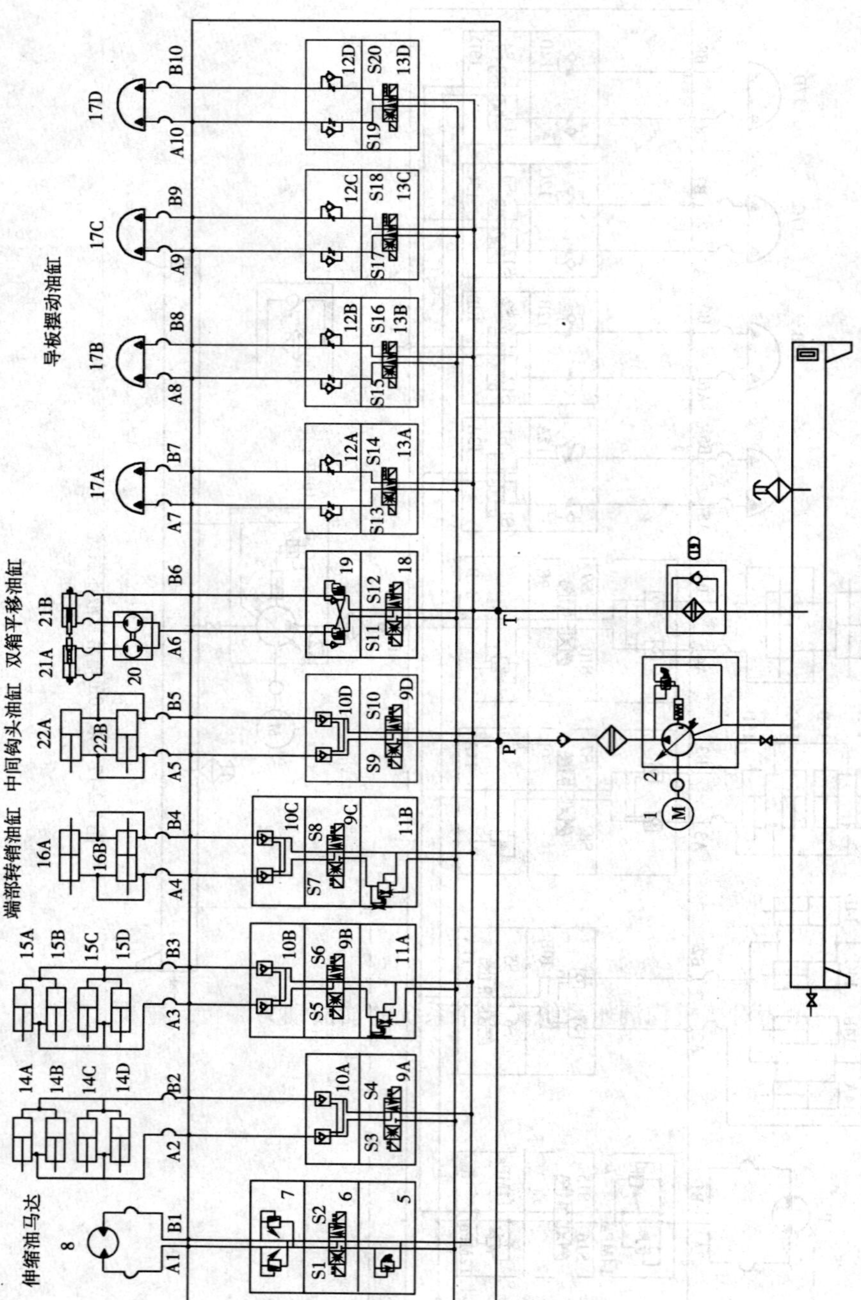

图 3-2-18 双箱可分离吊具的液压系统图

运动。平移油缸内置位移传感器,实现中锁分离位置的连续反馈,一般情况下该类吊具可实现两个集装箱之间的分离,箱距可达1600mm。

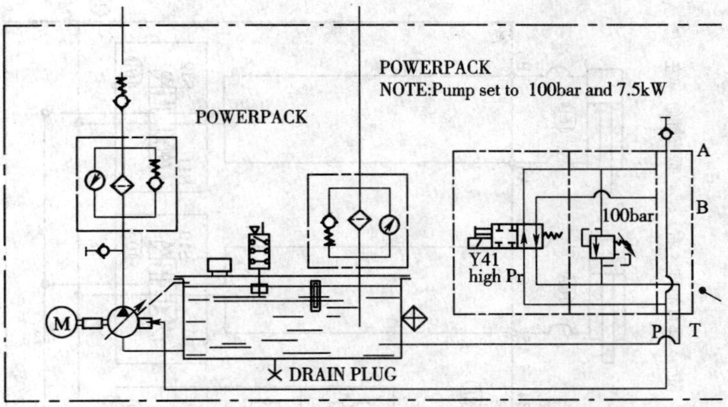

图3-2-19　泵站液压原理图

4. 双40ft箱吊具的液压系统

40ft箱吊具是由两个各自具有独立功能的平移吊具,通过上架之间分离油缸进行纵向联接组合而成的。它能同时实现起吊2个40 ft箱或4个20 ft箱,是一种目前世界上装卸理念最新、装卸效率最高的集装箱吊具。

这种组合吊具除了吊具的一般功能外,它的上架连接机构及液压控制系统还必须具备以下一些基本功能才能实现灵活自如的快速操作:

(1)两个上架之间的快慢速平行分离。

(2)两个上架之间的前后成夹角摆动(成内外八字形)。

(3)两个上架之间的平行左右错动。

(4)两个吊具在有限高低落差内可以不同时离地或着箱,并且互不影响各自的原水平位置。

图3-2-20所示为对接机构液压系统。这个系统的油液动力源可以根据需要,直接利用吊具上的动力站,也可以在上架另设一个液压动力站专供。如图1、2是连接吊具动力站的快速接头,使油液动力源进入液压系统。电磁阀4A、4B与13A、13B组合应用可以控制分离油缸14A、14B以快速或慢速作相同或相反方向运动,满足了上架的平行分离和成角度摆动;电磁阀4C、4D控制差动油缸15A、15B左右运动,使两吊具之间能产生左右相对平移差动;当电磁阀7A、7B、7C、7D得电时,使分离油缸和差动油缸的活塞两端都直通T口,油缸处于浮动状态,因外力作用的方向和大小而随动,保证了两个吊具在作不同时离地或着箱运动中互不干涉。电磁阀10A、10B控制垂直油缸的升降,用于帮助上架分离油缸准确与连接机构对接。

双40ft箱吊具已在多个港口开始应用,实践证明这种组合式吊具具有提高作业效率的良好前景,但在目前使用中还存在操控性较差的问题,有待于进一步提高和完善。

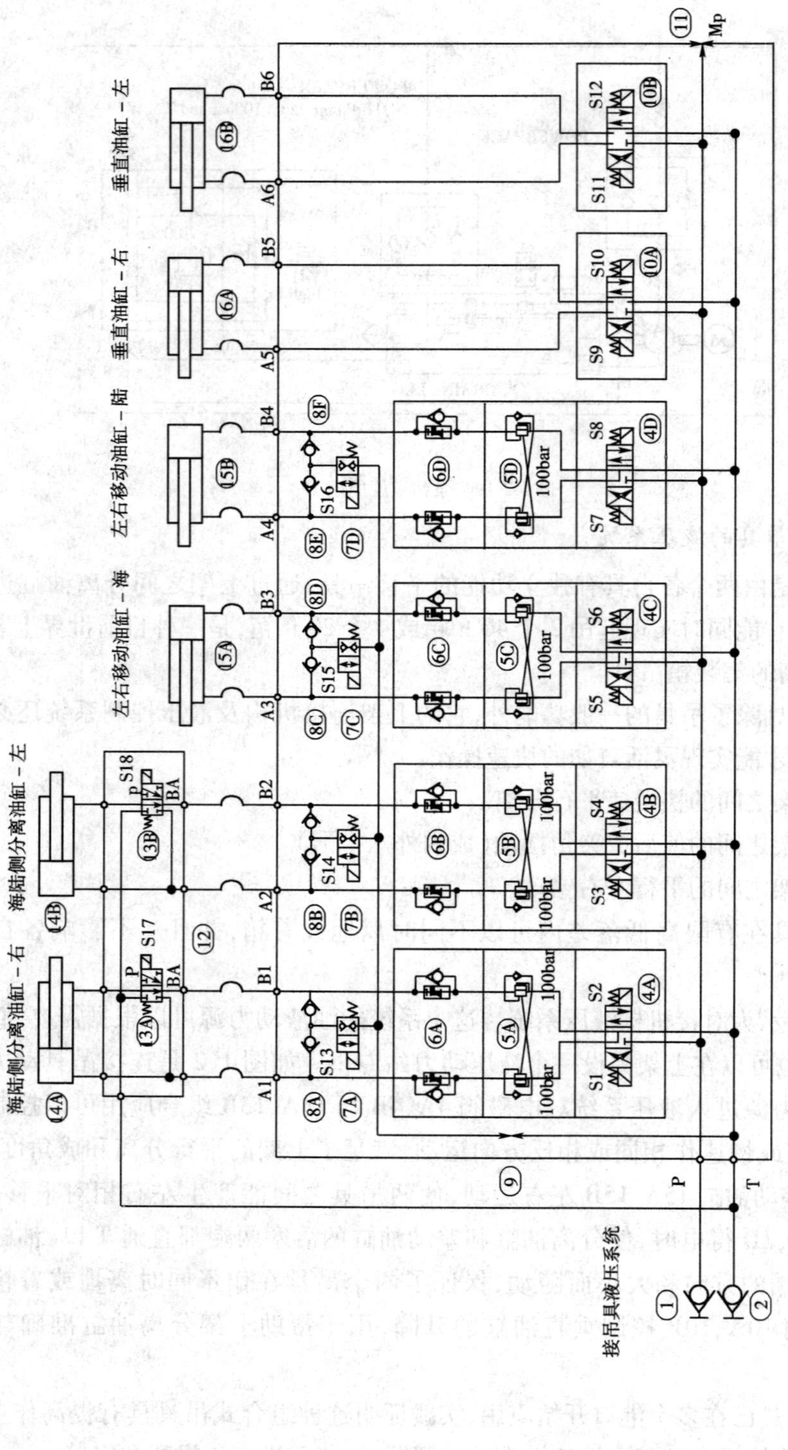

图 3-2-20　对接机构液压系统

第三节　吊具的电气控制系统

一、吊具控制系统的概述

现代集装箱桥吊所配备的吊具根据制造的年代和起重量的不同,其控制的手段也不同,对于一些早期的桥吊(大概2002年以前),基本采用PLC逻辑控制器安装在桥吊上,吊具上的控制系统只是执行桥吊发出的指令,并将执行结果反馈给桥吊PLC,就吊具本身的控制系统来讲几乎没有逻辑处理能力;当中锁可移式的双20ft吊具出现后,出现了PLC安装在吊具上,吊具才有了自己处理问题的能力,特别是中锁功能的处理。由于PLC安装在吊具上,给吊具的制造、调试、维护等工作带来了更高的要求,特别随着吊具使用年限的增加,吊具的电气故障也会越来越高。对吊具电气系统的元件的选用,必须满足吊具运行时震动极高、全天候等恶劣环境。

二、吊具动作描述

吊具的动作基本由表3-3-1所示的八个部分组成,每个部分的动作相对独立又互相联系,下面就以上动作的控制、反馈和逻辑连锁等方面进行分析。

吊具动作一览表　　表3-3-1

序号	动作名称	命　令	反　馈	适用吊具	备　注
1	动力站	泵ON/OFF	接触器ON和热继电器ON	所有液压吊具	
2	着床动作	自动执行	着床限位四个/单箱八个/双箱吊具	所有标准吊具	
3	边锁开闭锁动作	LOCK/UNLOCK 命令(CMD)	开、闭锁限位各四个或二个	所有标准吊具	通常桥吊吊具4个、轮胎吊2个
4	吊具伸缩	20/40/45ft 命令(CMD)	20/40/45ft 限位各一个	所有标准吊具	位置检测使用编码器的很少见
5	导板动作	四个导板独立控制 UP/DOW命令(CMD)	无	标准吊具	通常轮胎吊吊具采用固定导板
6	中锁开闭锁动作	中锁(TWIN)LOCK/UNLOCK 命令(CMD)	开、闭锁限位各四个	双箱吊具	
7	中锁箱上下动作	中锁(TWIN)UP/DOWN 命令(CMD)	中锁(TWIN)UP位置检测限位四个	双箱吊具	部分吊具设置中锁DOWN限位四个
8	中锁箱水平动作	中锁(TWIN)分离/合拢命令(CMD) 标准位置CALL 位置MEMO1/CALL1 位置MEMO2/CALL2	中锁间距位置检测、挂钩限位2个 平移起点、终点限位各2个	中锁可移式双箱吊具	中锁间距检测通常读取平移油缸内的磁尺位置数据

三、吊具动作控制逻辑分析

1. 动力站

吊具动力站是液压吊具动力源,所有吊具动作的动力来源于此。通常该系统由马达将电能转化为机械能,由变量柱塞泵将机械能转变为液压能,通过变量柱塞泵提供位于吊具各个动作驱动的油缸和油马达,实现吊具的各个动作功能。吊具动力的源为普通的鼠笼式交流马达,一般为380V、50Hz、5.5~7.5kW,其基本回路如图3-3-1所示。

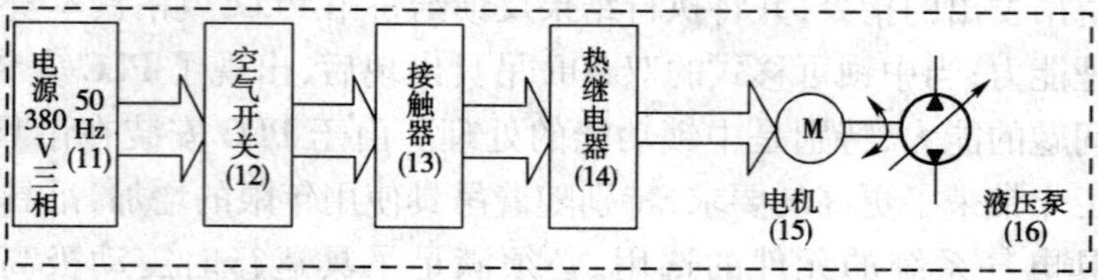

图3-3-1　吊具动力源基本回路

通常在司机室的控制台上设置启动和关闭吊具油泵的控制按钮,来开启(PUMP ON)和关闭(PUMP OFF)吊具泵,其控制逻辑非常简单,即司机按下PUMP ON吊具泵就运转,按下PUMP OFF吊具泵就停止运转。但是在社会大力提倡节能的今天,在工作效率不是很高的桥吊或轮胎吊上,通常设置的节能控制自动逻辑如图3-3-2和图3-3-3所示。

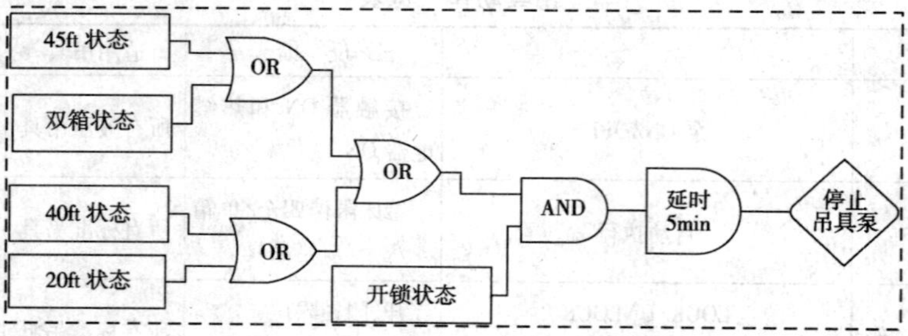

图3-3-2　节能型油泵控制泵自动停止

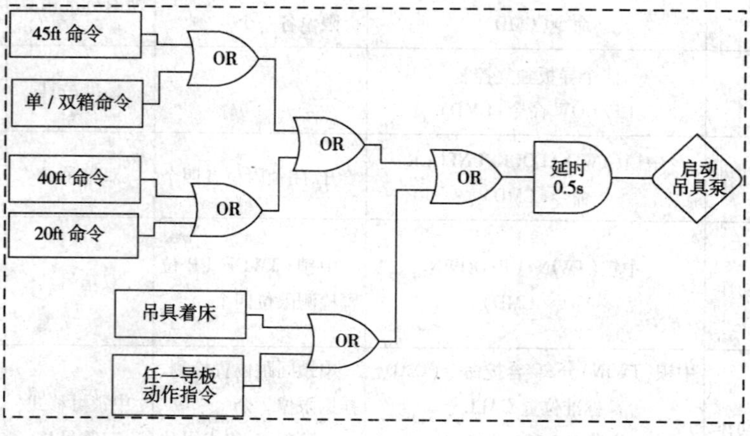

图3-3-3　节能型油泵控制泵自动启动

该项吊具节能控制逻辑在油改电的轮胎吊上运用效果比较明显。

2. 着床动作

吊具的着床销位于吊具锁销箱的开闭锁销旁，是吊具开闭锁动作的准备，是吊具锁销是否进入集装箱锁孔的直接证明，如图3-3-4所示，当要装卸集装箱时，吊具必须在起重机起升机构和小车机构联合动作下，使吊具正确着落在集装箱上，吊具的四个锁销（单箱状态）或八个锁销（双箱状态）正确进入集装箱的对应锁孔中，着床销受吊具重力的作用产生一个向上的动作，使安装在着床销旁的着床限位动作，告诉司机锁销已经正确进入集装箱的锁孔，允许发出开锁和闭锁动作的指令。

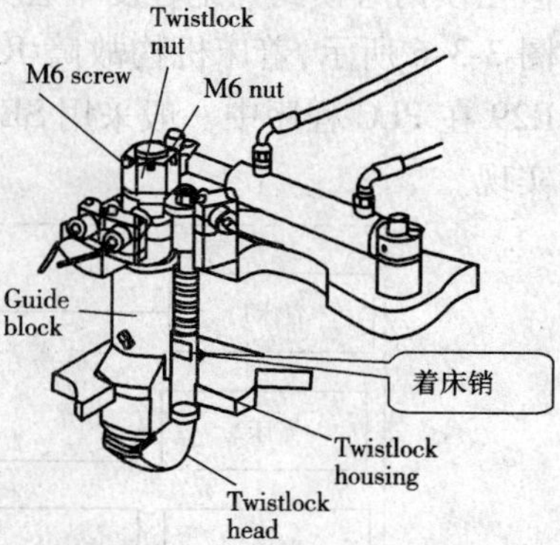

图3-3-4　吊具的着床销

通常着床机构在每个着床销的适当位置安装一个限位，检测着床销是否正确到达集装箱表面，使着床销上升运动到设定位置，着床限位的电器状态由“0”转变为“1”，着床动作状态的检测如图3-3-5所示。当逻辑图中“已着床R20”为真时，司机室的吊具着床灯会点亮；双箱状态时，中锁的四个着床逻辑与边着床基本相同，当“中锁已着床证明”也为真时，司机室的吊具着床灯也会点亮。证明吊具的锁销正确进入集装箱的锁销孔中，是开闭锁动作的必要条件之一，其中0.5～1s的延时是为了防止吊具的振动引起误信号的发生。

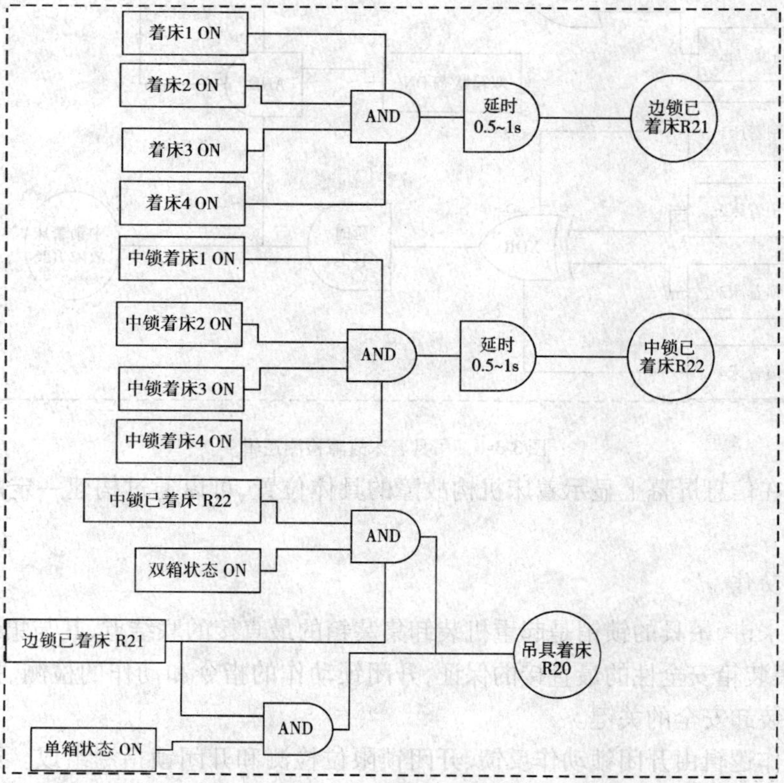

图3-3-5　吊具的着床逻辑

吊具动作检测现一般采用接近感应式限位,采用该类限位一般情况下寿命较长,但其损坏的大多数情况下为短路损坏,会造成着床的误证明,从而使开闭锁销在集装箱锁孔外进行,给集装箱装卸带来危险。为了防止该类危险的发生,集装箱吊具在设计时由机械连锁进行防止,但在锁销磨损到一定程度下会失效,所以在吊具控制逻辑中设计了吊具着床故障检测逻辑,如图 3-3-6 所示,着床机构故障 R29,当 R29 为真时必须进行吊具的着床机构检修,R25、R26、R29 在 PLC 程序中一般采用 SET/RESET 继电器,RESET 控制采用四个着床限位全 OFF 状态实现。

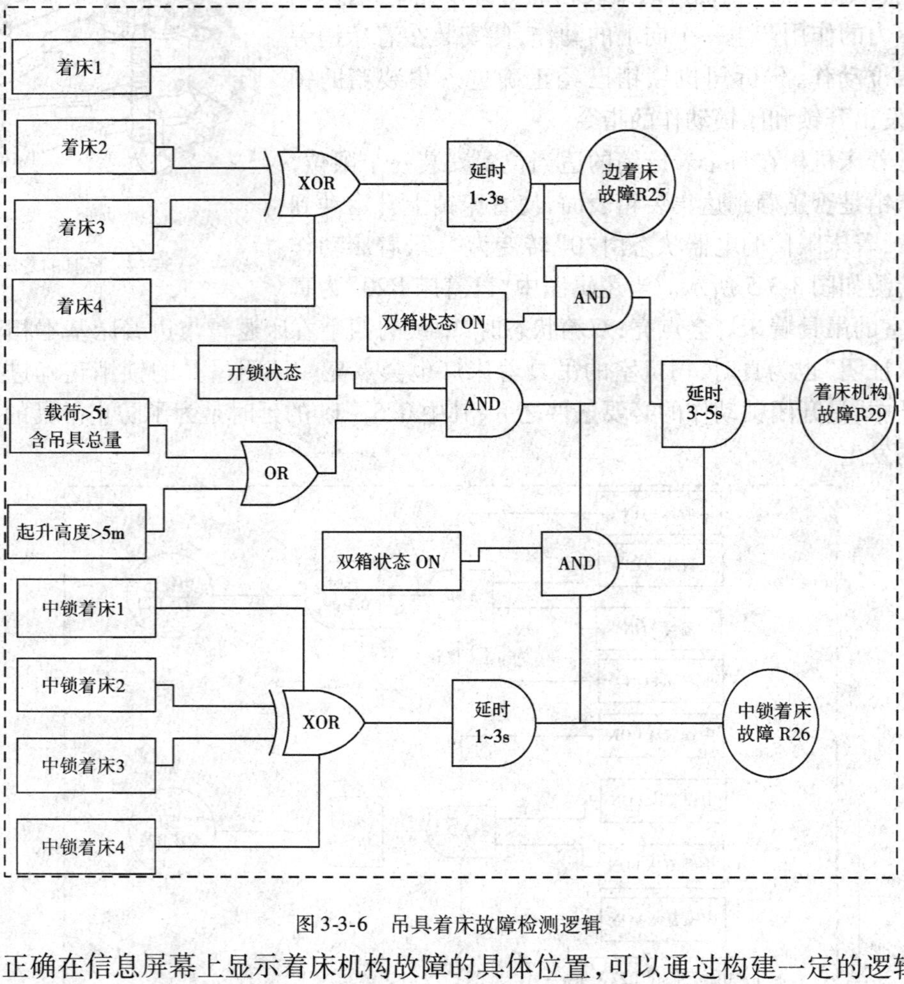

图 3-3-6　吊具着床故障检测逻辑

若需正确在信息屏幕上显示着床机构故障的具体位置,可以通过构建一定的逻辑判断组合来实现。

3. 开闭锁动作

对于吊具来讲,吊具的锁销是起重机装卸集装箱的最直接的联结点,其与集装箱联结的可靠性,是吊装集装箱安全性的最直接的保证,开闭锁动作的指令和动作的检测、控制逻辑的周密性是起重机装卸安全的关键。

开闭锁动作逻辑由开闭锁动作反馈、开闭锁限位检测和开闭锁指令组成。开闭锁动作反馈由闭锁动作反馈逻辑和开锁反馈逻辑组成;开闭锁限位故障检测由闭锁限位检测逻辑和开锁限位检测逻辑组成。对于双20ft箱吊具在双箱状态作业时，中锁的开闭锁动作的反馈和限位的故障检测在逻辑中会随着双箱状态指令的发出，吊具进入双箱状态后自动进行。

假设吊具的四个边锁的开闭锁限位依次分别为 BLS1、BLS2、BLS3、BLS4 和 KLS1、KLS2、KLS3、KLS4，且 BLS1 和 KLS1 在同一个锁销箱内检测同一根锁销的动作，其他类同；中锁的开闭锁限位依次分别为 TBLS1、TBLS2、TBLS3、TBLS4 和 TKLS1、TKLS2、TKLS3、TKLS4，且 TBLS1 和 TKLS1 在同一个锁销箱内检测同一根锁销的动作，其他类同。

图 3-3-7 是闭锁动作反馈逻辑，对集装箱起重机来讲为了适应各类非集装箱的装卸，在起重机逻辑中设置了自动识别集装箱吊具和其他吊具的功能，只有在起重机识别其作业采用的标准集装箱吊具时，吊具的逻辑被激活，否则会被自动旁路掉。所以在吊具逻辑中多次引用吊具状态 ON 的逻辑条件，如果吊具的控制逻辑被建立在吊具上 PLC 的 CPU 中，该条件可以取消。对于单箱状态和双箱状态的条件，一般来讲单箱状态为默认状态，双箱状态有司机发出的双箱指令和中锁锁销箱下降等状态组成，在下述的双箱逻辑中会详细地给出。闭锁动作的检测主要是通过安装在锁销旁的闭锁限位来实现，其检测的关键是在锁销旋转到 80°以上时，闭锁限位的状态由 OFF 翻转为 ON，为了防止由干扰和震动引起的误信号而影响检测精度，在逻辑中采用延时来过滤。同样在着床逻辑中提到由于在当今吊具中普遍采用接近限位，因此限位断路损坏可能引起的安全隐患，在逻辑中应充分考虑。下面的闭锁限位检测逻辑(图3-3-8)避免了接近限位的不足，同时也可以进行因吊具开闭锁油缸和锁销连接脱落时的监测。闭锁(unlocked)限位检测逻辑中的 AUNLKED R96 ON 条件，是吊具锁销处于完全开锁状态的逻辑组合，AUNLKED 是 all unlocked 的缩写。

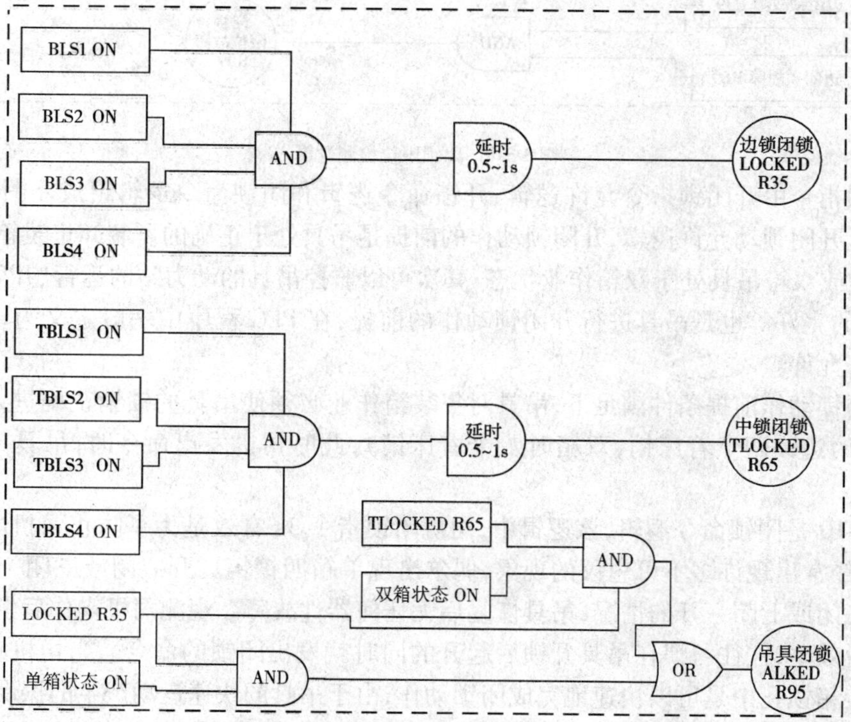

图 3-3-7　闭锁动作反馈逻辑

对于开闭锁动作反馈中开锁反馈逻辑和开锁限位检测逻辑,类似于闭锁的动作反馈和闭锁限位检测逻辑,我们完全可以通过闭锁逻辑的理解自己给出。

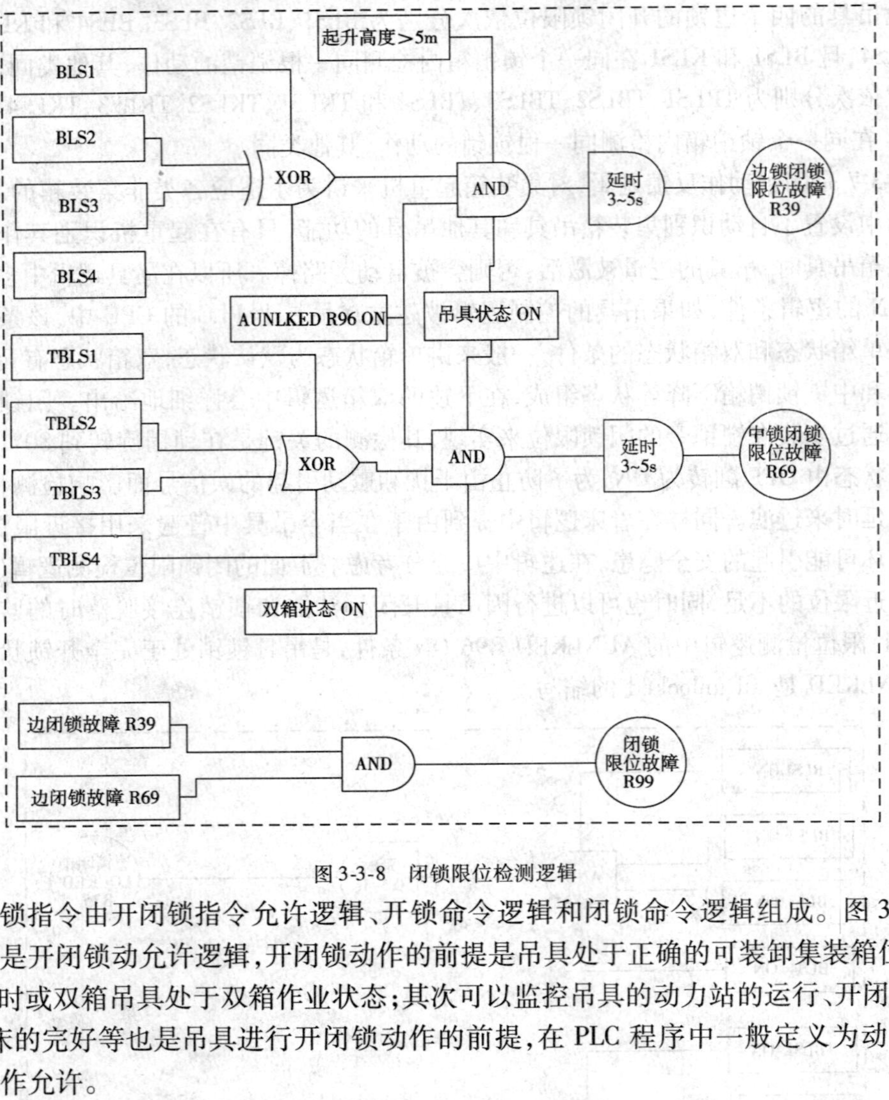

图 3-3-8　闭锁限位检测逻辑

开闭锁指令由开闭锁指令允许逻辑、开锁命令逻辑和闭锁命令逻辑组成。图 3-3-9 所示的逻辑图是开闭锁动允许逻辑,开闭锁动作的前提是吊具处于正确的可装卸集装箱位置,必须 R11 位真时或双箱吊具处于双箱作业状态;其次可以监控吊具的动力站的运行、开闭锁限位的状态、着床的完好等也是吊具进行开闭锁动作的前提,在 PLC 程序中一般定义为动作的前提条件即动作允许。

在开闭锁动作前提条件满足下,吊具对集装箱作业必须使吊具的锁销正确进入集装箱的锁孔(单箱时边锁四个着床销,双箱时八个着床销),此时司机发出命令时,吊具可执行相关命令。

图 3-3-10 是闭锁命令逻辑,该逻辑中,司机闭锁指令 3s 有效是为了防止司机的一种坏习惯,在以前经常出现许多不可思议的现象,偶尔出现单箱四锁销三开一闭或三闭一开,双箱八锁销七开一闭或七闭一开的情况,吊具恢复后无任何器件故障。观测司机操作后发现,司机为了提高作业效率,往往习惯在吊具开锁后起升的同时就发出闭锁的命令。当司机将吊具放入第二个集装箱锁孔中是可以快速地完成闭锁动作,由于吊具的快速运动产生的振动,可能使某个锁销再次跳出集装箱锁孔引发了上述现象,所以在吊具的程序中现在一般加入着床的延时和开闭锁指令的即时有效的逻辑。当然进行上述的逻辑后仍会极小概率地出现上述现象,这

是我们未来需要研究的一个课题。上述逻辑中吊具开闭锁旁路是为了出现因着床故障、集装箱箱角变形等现象，引起的吊具锁销确实进入集装箱锁孔而着床条件不满足等问题的装卸和维修应急，一般需在起重机系统中对该类操作进行记录。

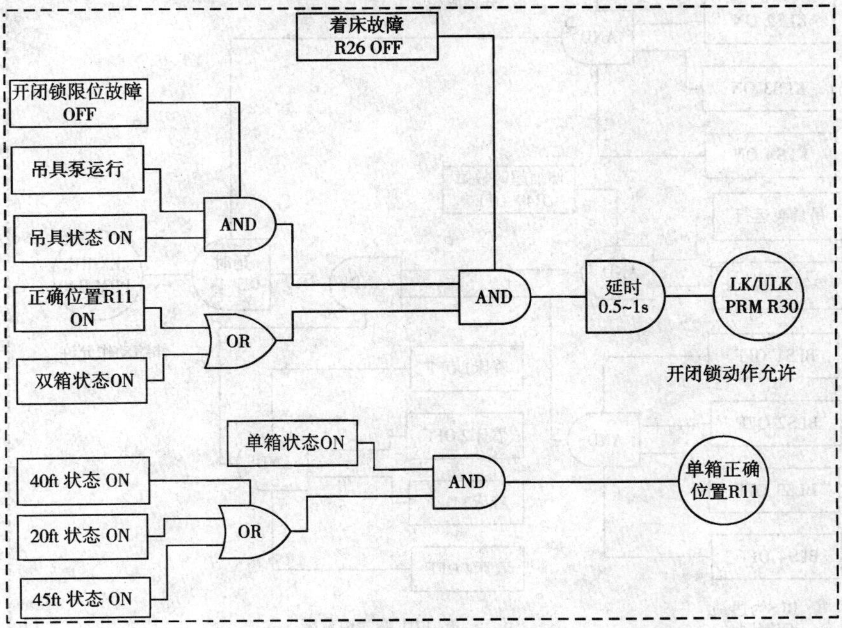

图 3-3-9　开闭锁动作允许逻辑

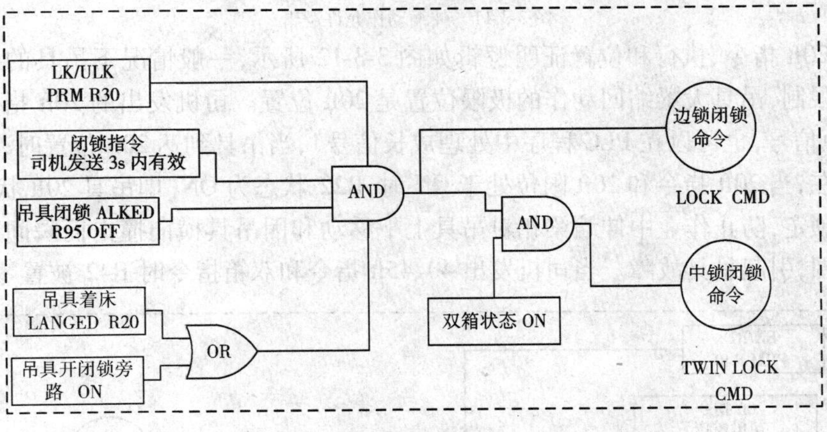

图 3-3-10　闭锁命令逻辑

吊具的开锁命令逻辑和闭锁逻辑基本类同，在此不再给出。

4. 吊具的伸缩动作

现在集装箱起重机安装的吊具几乎都是伸缩式液压吊具，国际通用的集装箱的宽度基本一致为 8ft，长度通常为 20、40 和 45ft，为了快速满足不同长度的集装箱装卸，在集装箱吊具中设计了吊具的伸缩机构，并通过一定的逻辑控制，液压马达驱动来实现。吊具的伸缩控制逻辑由伸缩允许和动作逻辑组成。

伸缩动作允许逻辑如图 3-3-11 所示，伸缩机构动作时必须吊具要离开集装箱，锁销处于开锁状态,保证吊具伸缩自如。

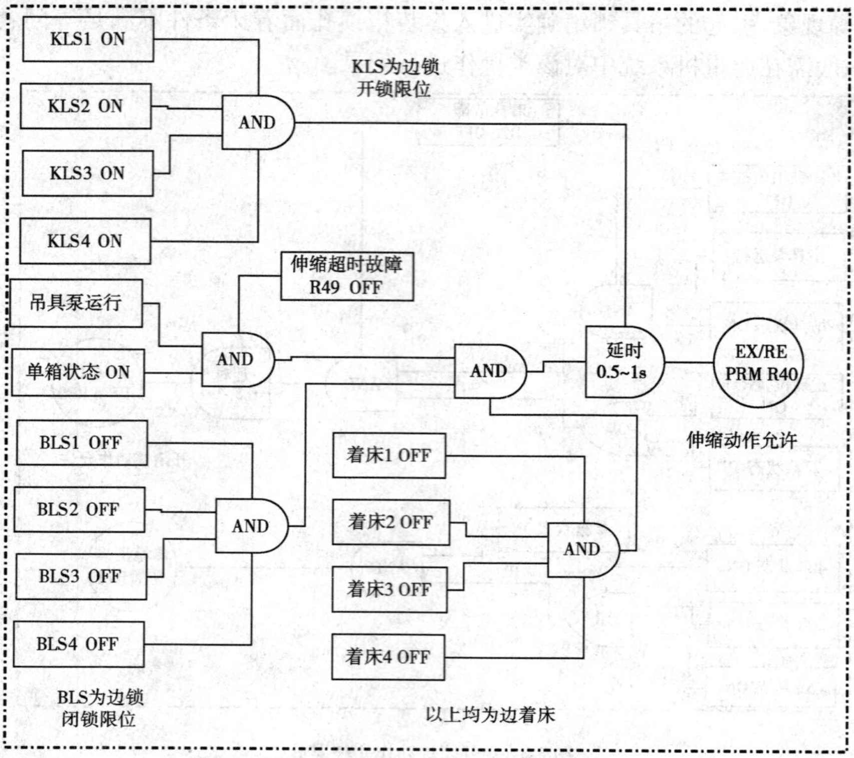

图 3-3-11 伸缩动作允许逻辑

吊具的 20ft 指令、执行和位置证明逻辑如图 3-3-12 所示,一般情况下吊具的 20ft 位置都设置了机械限制,吊具大梁缩回动作的极限位置是 20ft 位置。司机发出的 20ft 指令为长信号(若指令位短信号,也可以在 PLC 程序中处理成长信号),当吊具到达 20ft 位置时,吊具 20ft 的指令仍然存在,当 20ft 指令和 20ft 限位处于 ON 时,R22 状态为 ON(即吊具 20ft 状态 ON),此时该状态被锁定,防止作业中伸缩梁相对吊具上下移动和因吊具横向撞击而瞬间超出 20ft 限位的检测范围,引起吊具故障。当司机发出 40、45ft 指令和双箱指令时 R42 被置零,即 R42 处

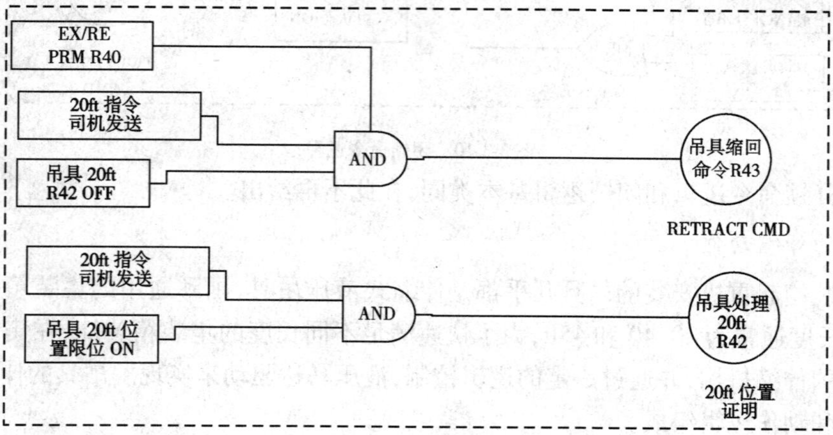

图 3-3-12 20ft 逻辑

于 OFF 状态。

吊具的 40ft 指令、执行和位置证明逻辑如图 3-3-13 所示。其 40ft 位置证明 R44 ON 后就被锁定，当司机发出 20、45ft 指令和双箱指令时 R44 被置零，即 R44 处于 OFF 状态。其吊具的动作方向取决于吊具 40ft 指令发出时的吊具位置。

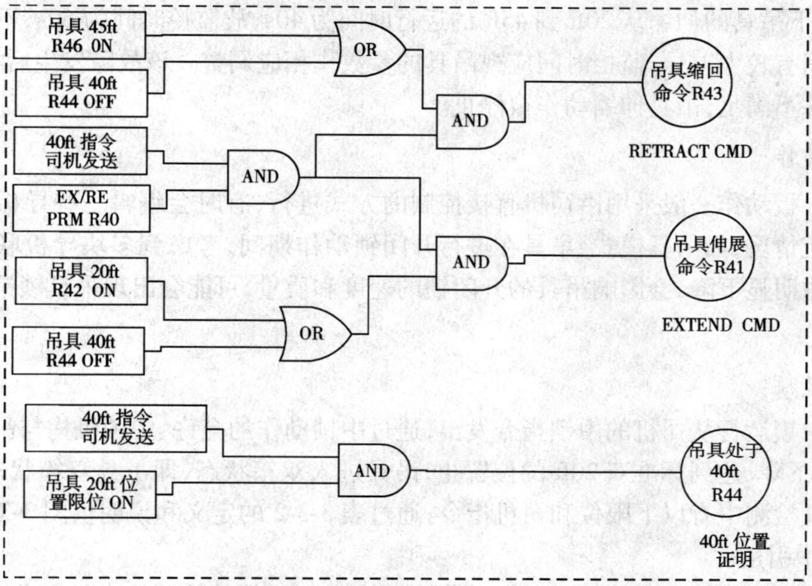

图 3-3-13　40ft 逻辑

吊具的 45ft 指令、执行和位置证明和伸缩时间监控逻辑如图 3-3-14 所示，一般情况下非双箱吊具的 45ft 位置多设置了机械限制，吊具大梁伸展的极限位置是 45ft 位置。司机发出的 45ft 指令为长信号，当吊具到达 45ft 位置时，45ft 限位的状态由 OFF 转换位 ON。当 45ft 指令

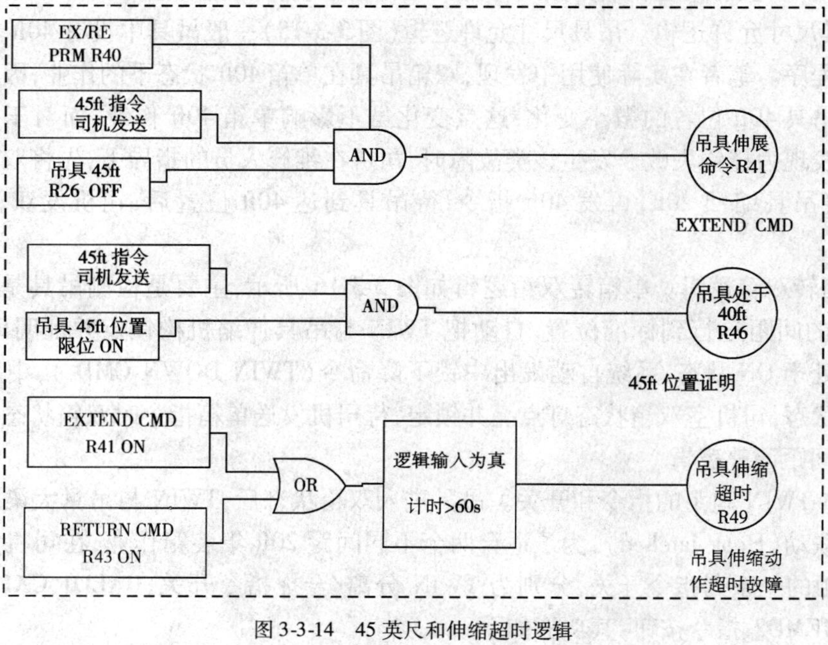

图 3-3-14　45 英尺和伸缩超时逻辑

和 45ft 限位处于 ON 时，R46 状态为 ON（即吊具 45ft 状态 ON），此时该状态被锁定，防止作业中伸缩梁相对吊具上下移动和因吊具横向撞击而瞬间超出 45ft 限位的检测范围，引起吊具故障。当司机发出 20、45ft 指令和双箱指令时 R46 被置零，即 R46 处于 OFF 状态。伸缩时间监控逻辑是为了防止伸缩位置的限位故障时，吊具液压马达始终处于运转，带来液压系统的损害，一般情况下吊具的伸缩从 20ft 到 45ft 的运行时间为 40s，故监控时间为 60s，不同厂家的吊具的伸缩时间有较大差异，监控时间应视吊具的参数作相应调整。该故障发生后，吊具伸缩动作的运行条件不满足，吊具伸缩动作被停止。

5. 导板动作

吊具的导板动作一般采用由司机直接控制的方式进行，有时会编辑一些导板运行逻辑来限制一些特定情况，如吊具模式、吊具在进行开闭锁动作期间，考虑到多块导板联动时吊具的液压系统压力明显下降，会影响吊具的开闭锁的速度和质量，可能会出现吊具锁销不能完全闭锁和开锁。

6. 中锁动作

吊具的中锁运行从司机的中锁指令发出，通过中锁动作的允许、中锁机构与吊具伸缩连接锁定、中锁箱下降、达到标准双 20ft 的位置止，吊具进入双箱状态，即吊具双箱状态 ON。在中锁动作的位置检测中有以下限位和司机指令，通过表 3-3-2 的定义和说明供图 3-3-15 ~ 图 3-3-19 给出逻辑中引用。

双箱吊具的中锁箱简称“TWIN”，其动作主要有 TWIN 的单箱转换双箱动作、双箱转换单箱动作和 TWIN 分离动作，其中 TWIN 的开闭锁动作和着床检测逻辑在吊具的开闭锁动作和着床检测逻辑已经叙述。

1）TWIN 单箱转换双箱逻辑

TWIN 单箱转换双箱逻辑由吊具尺寸允许逻辑和单箱转换双箱逻辑组成。

（1）吊具尺寸允许逻辑。吊具尺寸允许逻辑（图 3-3-15）一般吊具中没有 40ft 状态下的作业数量判别程序。笔者在实际使用中发现，双箱吊具在单箱 40ft 状态下的作业，因受外力的冲击经常出现吊具 40ft 位置的微小变化，这点变化虽不影响单箱 40ft 作业，而对于 TWIN 挂钩的影响时常表现为挂钩失败。发生该类故障时，司机在维修人员的指导下，先将双箱指令转到单箱指令，将吊具缩回 20ft，再发 40ft 指令，待吊具到达 40ft 位置后，司机发双箱指令故障消除。

（2）单箱转双箱逻辑。单箱转双箱逻辑如图 3-3-16 所示，主要是检测吊具是否处于 40ft 状态、TWIN 的间距运行到标准位置，自动把 TWIN 与吊具伸缩机构锁定并证明即 HLLS1 和 HLLS2 限位处于 ON 状态，系统自动发出中锁下降命令（TWIN DOWN CMD），中锁下降系统就输出双箱状态，司机室双箱状态灯点亮并锁定，待司机发送单箱指令时双箱状态被复位。

2）中锁间距调整逻辑

（1）调整 TWIN 间距的指令和开关。吊具进入双箱状态后，TWIN 与吊具大梁的伸缩动作被机械强制联动（Hook latched），为了适合两个不同间距 20ft 集装箱作业，在司机室设置了调整 TWIN 间距的一系列指令开关，分别为 TWIN 分离/合拢指令开关；CALL0、CALL1、CALL2、MEMO1 和 MEMO2 指令按钮，其功能如下：

中锁动作的位置检测中的限位和指令　　表 3-3-2

序号	限位和指令名称	符　号	数量	备　　注
610	中锁(TWIN)零位	TZLS1-2	2	中锁箱完全合拢检测,TZLS:TWIN Zero position LS
612	中锁(TWIN)标准	TSLS1	1	标准双 20ft 位置,TSLS:TWIN standard position LS
620	中锁(TWIN)最大行程限位	TMLS1	1	中锁平移到最大位置,TMLS:TWIN maximal position LS
630	中锁(TWIN)上升限位	TUPLS1-4	4	中锁箱处于上升位置,TUPLS:TWIN up position LS
640	中锁(TWIN)位置检测	TCPV1-2	1-2 路	中锁分离油缸位置检测一般在油缸中预埋磁尺或直线电位器,使用编码器的很少见:TCPV:TWIN current position value
650	中锁(TWIN)与伸缩大梁锁定	HkLLS 1-2	2	中锁机构与吊具伸缩动作机构机械锁定检测限位。HkLLS :Hook latch LS
655	中锁(TWIN)与伸缩大梁释放	HkULLS 1-2	2	中锁机构与吊具伸缩动作机构机械锁定释放检测限位。HkLLS :Hook unlatch LS
660	(TWIN)零位指令	CALL 0 request		返回标准双 20ft 位置请求,司机发出
661	(TWIN)间距设定 1	MEMO1		当前中锁位置记忆请求 1,司机发出
662	(TWIN)间距设定 2	MEMO2		当前中锁位置记忆请求 2,司机发出
671	(TWIN)返回记忆位置 1	CALL 1		返回中锁记忆位置 1 请求,司机发出
672	(TWIN)返回记忆位置 2	CALL 2		返回中锁记忆位置 2 请求,司机发出
680	中锁油缸合拢命令	TRE CMD		执行 TWIN 合拢动作,TWIN retract command
681	中锁油缸分离命令	TEX CMD		执行 TWIN 分离动作,TWIN extent command
685	Hook Lock CMD	HKL CMD		TWIN 与大梁锁定命令
686	Hook Unlock CMD	HKUL CMD		TWIN 与大梁锁定释放命令
690	中锁上升命令	TUP CMD		吊具执行 TWIN 上升命令
691	中锁下降命令	TDOWN CMD		吊具执行 TWIN 下降命令

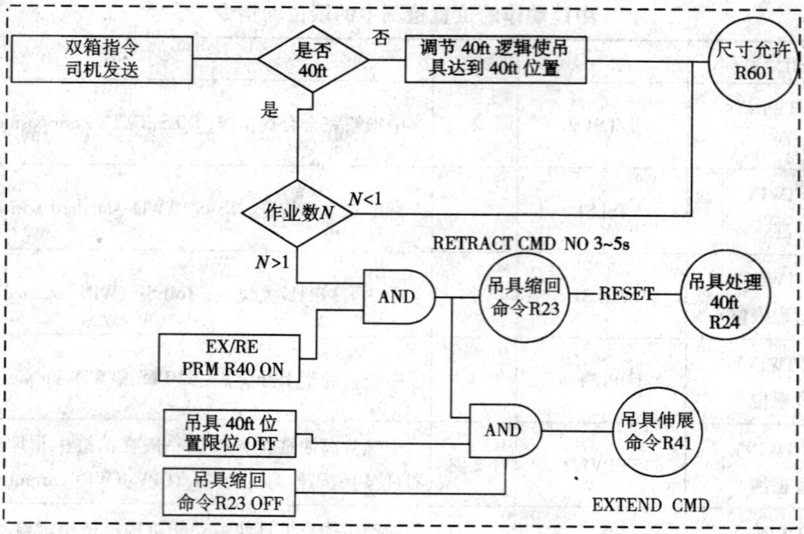

图3-3-15　吊具尺寸允许

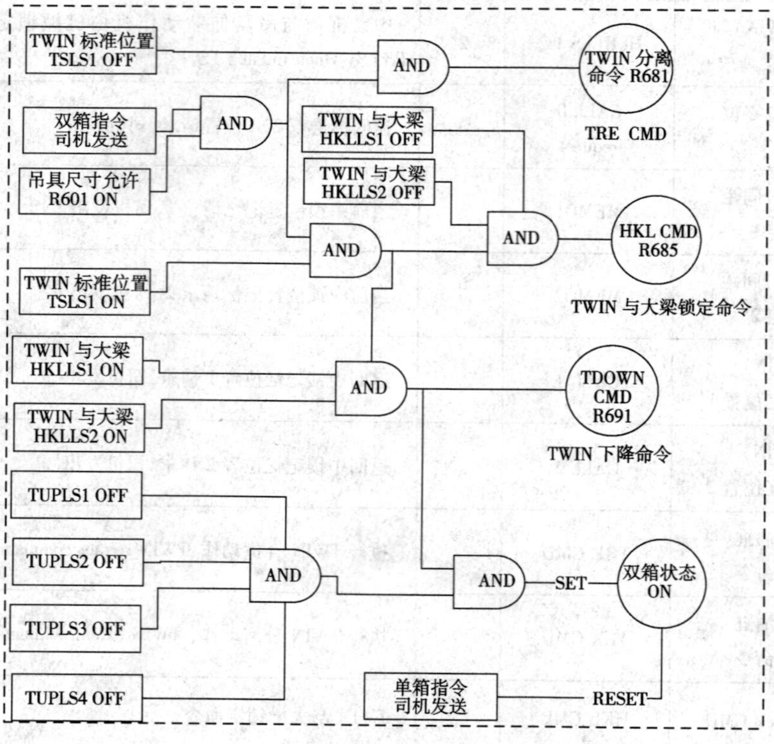

图3-3-16　单箱转双箱逻辑

①TWIN分离/合拢指令开关，可在吊具中锁TSLS1限位和TMLS1限位间任意分离和合拢中锁箱；

②CALL0 吊具中锁箱自动调整到标准的双20ft位置；

③MEMO1 司机在需要记忆中锁当前位置时按下，此时位置的TCPV值被PLC记录，待司机按下CALL1时，系统自动将中锁位置调整到MEMO1的位置，当司机再次按下MEMO1时，

在 PLC 系统中新的位置值覆盖上次值；

④CALL1 系统自动将吊具中锁间距调整到 MEMO1 的记忆位置；

⑤MEMO2 和 CALL2 的功能与 MEMO1 和 CALL1 类同。

(2)TWIN 分离/合拢逻辑。图 3-3-17 所示是 TWIN 分离/合拢逻辑，逻辑比较简单，其中 TWIN 分离/合拢允许 R601 是边锁和中锁所有着床限位和闭锁限位必需处于 OFF 状态。

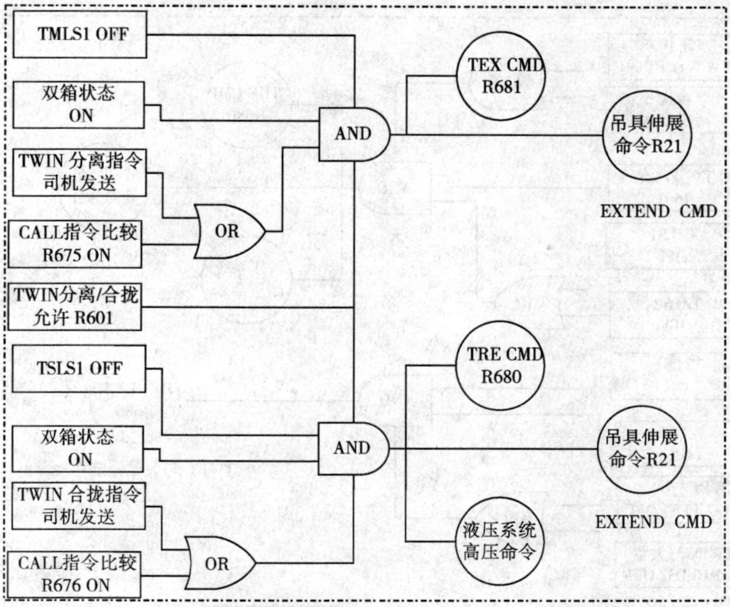

图 3-3-17　TWIN 分离/合拢逻辑

(3)CALL/MEMO 逻辑。图 3-3-18 所示是 CALL/MEMO 逻辑，其中 MEPVn 是 PLC 内部存储器，一般具有掉电保护功能，其中 MEPVn 是记录吊具中锁标准位置的位置传感器的转换值，由生产厂家在编程时设定，或通过初始化程序写入，同时通过 TSLI 限位来有条件地刷新，TCPV 为位置传感器输入 PLC 系统当前值的转换值。

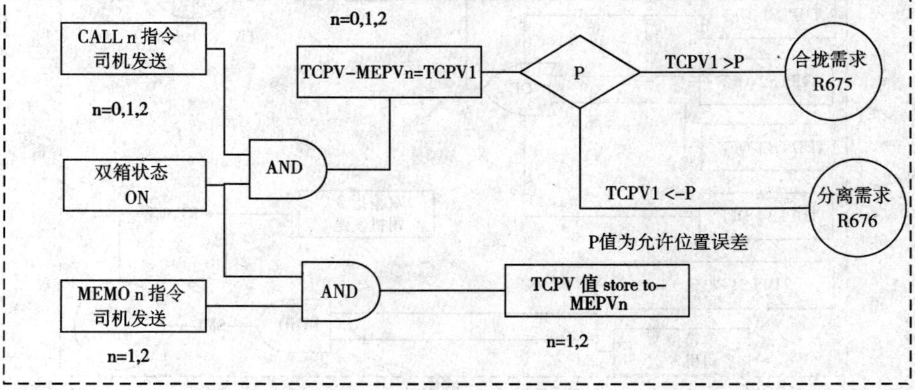

图 3-3-18　CALL/MEMO 逻辑

3)双箱转换单箱逻辑

双箱转换单箱逻辑如图 3-3-19 所示，与单箱转双箱逻辑基本相反执行，其首要条件是吊具必须处于开锁不作业状态，即 TWIN 分离/合拢允许 R601 处于 NO 的状态和司机发出单箱指令。吊具 TWIN 自动执行合拢程序到达中锁零位，即 TZLS1 和 TZLS2 全 ON，吊具自动执行 hook latch release 系统检测到 HKULLS1 和 HKULLS2 全 ON 时，系统自动发出 TWIN up command 执行 TWIN 上升程序，使四个中锁上升限为 TUPLS1-4 全 ON，接着吊具执行大梁伸展到达单箱标准 40ft 位置，把吊具置位成单箱状态即单箱状态 ON。

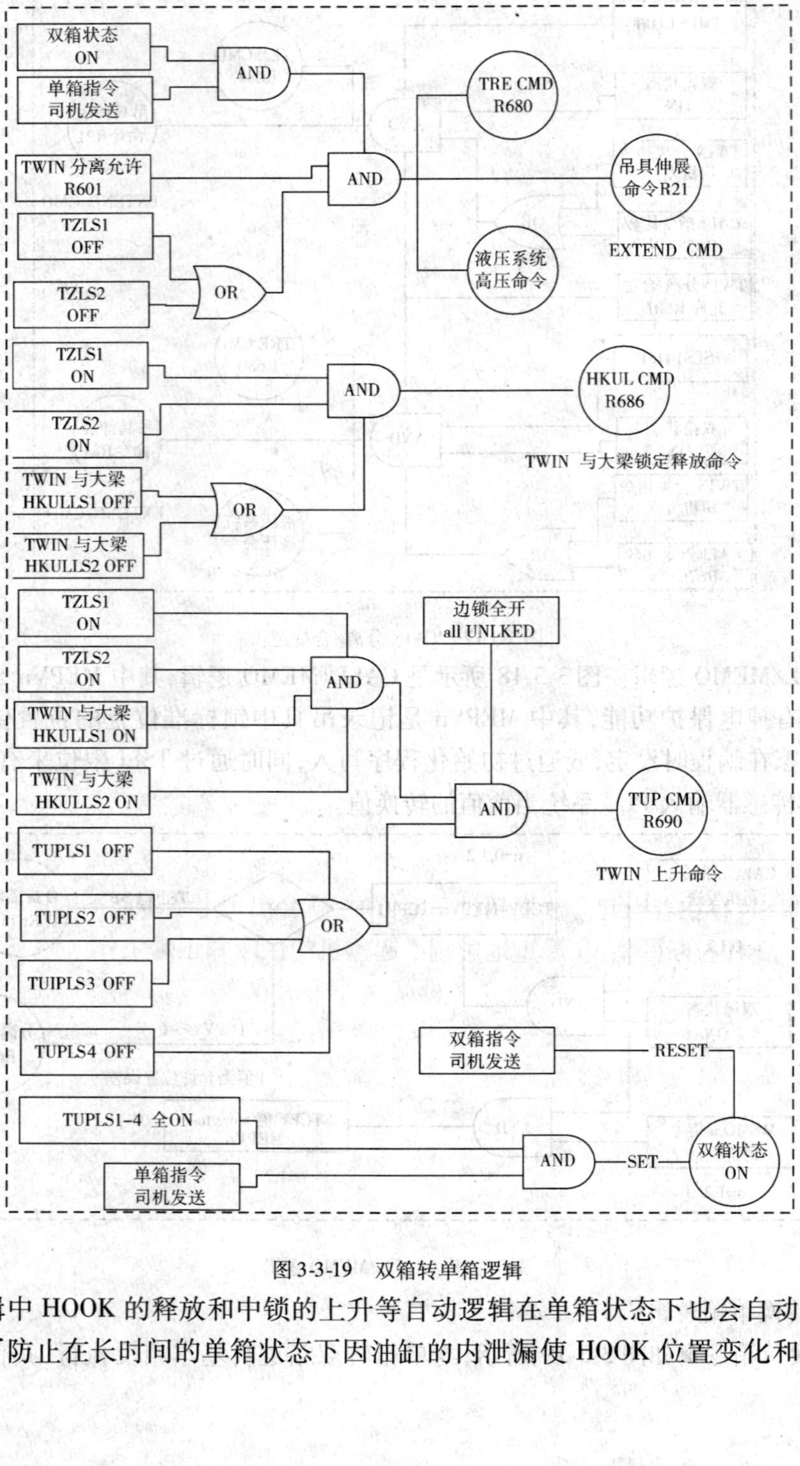

图 3-3-19　双箱转单箱逻辑

上述逻辑中 HOOK 的释放和中锁的上升等自动逻辑在单箱状态下也会自动执行，逻辑这样设计是为了防止在长时间的单箱状态下因油缸的内泄漏使 HOOK 位置变化和中锁下降，确保单箱状态下中锁挂钩完全打开和中锁完全上升。也可根据不同的实际情况增加一定的监控逻辑，如吊具中锁上升 TUP CMD 命令中加入一个计时器当 TUP CMD 命令连续 ON30s 时发出故障信号，提醒维护等。

7. 双箱吊具安全检测(TTDS)

在码头作业中，由于司机会将 2 个 20ft 的集装箱当作一个 40ft 集装箱来作业，而引起吊具、集装箱和货物损坏的事故。为了防止该类事故的发生，吊具厂家设计了双箱检测系统(TTDS，TWIN twenty detection system)。该系统主要的吊具底部的几何中心轴线上或两侧安装多个红外线传感器，来检测正在装卸的集装箱中间的间隙，当发现间隙时吊具处于单箱状态时封锁吊具的闭锁动作，发出 TTDS 检测故障信息，以提醒司机注意吊具状态与作业对象的相同。

由于码头装卸中时常出现对开顶箱、框架箱和大件的作业，会引起 TTDS 经常误报的不便；因采用的红外线传感器抗振能力不足，经常被损坏和误报。一般在吊具投入使用 1 ~ 2 年后均无法正常检测该系统，故目前保持完好的吊具较少，有待于厂商和大家的进一步探讨和研究。

第四节　吊具与起重机的信息交换

吊具的各种状态、动作、指令等信息必须与起重机进行交换，才能和起重机进行安全、连续、可靠的联合动作，以便作业对象快速、安全进行。目前起重机与吊具间的信息交换的方式主要有两种，即点对点信息交换方式和总线通讯信息交换方式。通讯方式又分为无线和有线，无线方式根据通讯频率的不同进行不同分类，有线通讯根据其选择现场总线的类型不同进行不同分类。本节对点对点方式和现场总线式的有线通讯方式进行简单的介绍，要进行较深的通讯协议方面分析不属于本章的内容，请大家参阅有关 PLC 通讯章节的内容。

一、点对点信息交换方式

目前在岸桥上其吊具与起重机之间的动力和信息交换都是通过一根垂缆来实现的。垂缆本身价格昂贵，且存在着当起升速度超过一定值时，就会出现电缆不能平顺地入框从而发生电缆出框甚至被钩住拉断的情况，严重地影响了起重机的性能和正常工作，特别是在风力大于 6 级以上的阵风下。而现代制作的起重机其吊具电缆通过在小车架上安装有动力收放电缆的卷筒来实现，以及安装收放电缆的机械装置旁交换信息的多芯滑环，在点对点交换信息方式中一般需 40 ~ 50 芯的滑环才能满足双箱平移吊具的有效控制。

表 3-4-1 给出在许多老码头为了实现多种吊具间互换，采取的点对点信息交换的安排表。一般情况下吊具与起重机通讯和控制采用 220V 电压，主要是为了实现同一电缆中命令和信号的电压等级相同、电流较小、长距离传送的抗干扰能力强等优点。

1. 点对点信息交换方式的优点

(1)对于在吊具上的检修过程中信号、命令的检查方便。

(2)有一定的冗余能力，当双箱功能出现问题时，单箱功能可满足应急作业。

(3)易实现不同型号 PLC 控制的起重机和吊具间信息交换。

2. 点对点信息交换方式的缺点

(1)逻辑不严密,特别对于吊具上不带 PLC 的早期吊具,如表 3-4-1 中的开锁、闭锁等信号仅通过多个限位的简单串联或并联完成,造成控制的不足。

吊具与起重机基本信息交换表 表 3-4-1

线号	中锁可移式双 20ft 吊具	固定式双 20ft 吊具	单箱吊具
1	MOTOR PHASE 1 L1	MOTOR PHASE 1 L1	MOTOR PHASE 1 L1
2	MOTOR PHASE 2 L2	MOTOR PHASE 2 L2	MOTOR PHASE 2 L2
3	MOTOR PHASE 3 L3	MOTOR PHASE 3 L3	MOTOR PHASE 3 L3
4	MOTOR PHASE 1 L1	MOTOR PHASE 1 L1	MOTOR PHASE 1 L1
5	MOTOR PHASE 2 L2	MOTOR PHASE 2 L2	MOTOR PHASE 2 L2
6	MOTOR PHASE 3 L3	MOTOR PHASE 3 L3	MOTOR PHASE 3 L3
7	NEUTRAL 220VAC N	NEUTRAL 220VAC N	NEUTRAL 220VAC N
8	220VAC N	220VAC N	220VAC N
9	CONTROL VOLTAGE 220VAC L	CONTROL VOLTAGE 220VAC L	CONTROL VOLTAGE 220VAC L
10	CONTROL VOLTAGE 220VAC L	CONTROL VOLTAGE 220VAC L	CONTROL VOLTAGE 220VAC L
11	TWL LOCKED COMMAND	TWL LOCKED COMMAND	TWL LOCKED COMMAND
12	SPARE 2	SPARE 2	SPARE 2
13	45′SIGNAL	45′SIGNAL	45′SIGNAL
14	LANDED SIGNAL	LANDED SIGNAL	LANDED SIGNAL
15	20′SIGNAL	20′SIGNAL	20′SIGNAL
16	40′SIGNAL	40′SIGNAL	40′SIGNAL
17	45′SIGNAL	45′SIGNAL	45′SIGNAL
18	EXTEND COMMAND	EXTEND COMMAND	EXTEND COMMAND
19	RETRACT COMMAND	RETRACT COMMAND	RETRACT COMMAND
20	TWL LOCKED SIGNAL	TWL LOCKED SIGNAL	TWL LOCKED SIGNAL
21	TWL UNLOCKED SIGNAL	TWL UNLOCKED SIGNAL	TWL UNLOCKED SIGNAL
22	FLIPPER DOWN SEASIDE LEFT	FLIPPER DOWN SEASIDE LEFT	FLIPPER DOWN SEASIDE LEFT
23	FLIPPER DOWN LANDSIDE LEFT	FLIPPER DOWN LANDSIDE LEFT	FLIPPER DOWN LANDSIDE LEFT
24	TTDS	TTDS	
25	PLUG CONNECTED	PLUG CONNECTED	PLUG CONNECTED
26	TWIN DOWN COMMAND	TWIN DOWN COMMAND	
27	TWIN UP COMMAND	TWIN UP COMMAND	
28	FLIPPER DOWN SEASIDE RIGHT	FLIPPER DOWN SEASIDE RIGHT	FLIPPER DOWN SEASIDE RIGHT
29	FLIPPER DOWN LANDSIDE RIGHT	FLIPPER DOWN LANDSIDE RIGHT	FLIPPER DOWN LANDSIDE RIGHT
30	TWIN UNLOCK COMMAND	TWIN UNLOCK COMMAND	
31	TWIN LOCK COMMAND	TWIN LOCK COMMAND	

续上表

线号	中锁可移式双 20ft 吊具	固定式双 20ft 吊具	单箱吊具
32	TWIN EXTEND CMD		
33	TWIN RETRACT CMD		
34	TWIN POSITION MEMORY 1		
35	TWIN POSITION CALL 1		
36	TWIN POSITION MEMORY 2		
37	TWIN POSITION CALL 2		
38	TWL UNLOCKED COMMAND	TWL UNLOCKED COMMAND	
39	TWIN POSITION CALL 0		
40	TWIN UNLOCKED	TWIN UNLOCKED	
41	TWIN LOCKED	TWIN LOCKED	
42	HEAD BLOCK LOCK SIGNAL 2	HEAD BLOCK LOCK SIGNAL 2	HEAD BLOCK LOCK SIGNAL 2
43	TWIN DOWN	TWIN DOWN SIGNAL	
44	HEAD BLOCK LOCK SIGNAL 1	HEAD BLOCK LOCK SIGNAL 1	HEAD BLOCK LOCK SIGNAL 1
45	TWIN LANDED	TWINLEGS LANDED	
46	GND PE	GND PE	GND PE

(2)对双箱吊具(一般双箱吊具自带 PLC 系统)的控制带来控制逻辑的重复,造成逻辑因重复而复杂。

(3)无法实现较好自动故障判断,对现代桥吊 CMS 系统的信号采集带来不足,特别对于吊具故障高发生率的今天非常不利。

(4)对于现代桥吊的单起升双 40 吊具的控制来讲几乎无法实现,不适合现代化的码头发展。

二、总线通讯信息交换方式

由于点对点信息交换方式的不足,随着现场总线通讯协议的统一趋势,总线通讯对载体要求的不断下降,在一般的滑环能可靠满足的今天,吊具总线通讯的信息交换方式近几年被越来越多的专业集装箱码头的采用。

在 2000 年前后,有部分的码头开始采用了总线通讯信息交换方式和点对点信息交换方式并存的方式,经过大概 4 ~ 5 年的试用和改进,大家慢慢认识了其较高的性价比,2005 年后被大家认可,出现了仅有通讯方式的吊具信息交换系统,特别是双 40ft 的起重机的出现进一步推动了吊具通讯方式的广泛应用。近年来 ZPMC 的吊具上已经不提供点对点的接口,吊具系统不配置 PLC 的 CPU,只配置远程 I/O。通过远程 I/O 将所有吊具信息进行快速采集,通过通讯总线传送到起重机的 PLC 进行处理,起重机的 PLC 将处理好的信号通过通讯发送到位于吊具上远程 I/O 进行执行。通过通讯方式的吊具才能实现较完整的吊具逻辑和起重机与吊具逻辑的无缝连接,使吊具的运用更加安全可靠。

更进一步,ZPMC 研发、设计出一种无电缆的吊具,解决了由吊具电缆带来的问题,采用无线通讯的方式来实现与起重机间的信息交换。无电缆吊具利用了集装箱机械在起升和小车运动时,吊具上架上的两组滑轮的旋转动能,并将其转化为液压能和电能。从而使吊具上建立起一个蓄能式动力源。该蓄能式动力源除了驱动吊具上的所有动作外,还可为遥控装置、电磁阀、信号灯等提供电源。

吊具上架的滑轮上装有一套机械传动装置和一个双向柱塞式液压油泵。这样当起重机在作起升下降或小车运动时,起升钢丝绳通过摩擦力驱动滑轮旋转,并通过上述机构来驱动双向液压油泵工作,给吊具的动作提供动力。

无线遥控技术最大的问题就是抗干扰和可靠性,集装箱岸桥最重要的也是安全性和可靠性。ZPMC 集成的这个无线系统的传输距离可达 500m,远大于岸桥的起升高度,而且实际操作上与吊具电缆没有什么区别,其通讯的可靠性和安全性在无线技术高度发达的今天也是不容置疑的。

无电缆吊具的成功设计和制造具有深远的意义,这是因为省去了吊具垂缆后,使集装箱岸桥能适应全天候的作业工况,该系统的先进性是显而易见的,但吊具整体可靠性如何和经济性如何还有待于未来的考验,被大家的接受程度也有待于大家对其的认识加深和厂家对其的推广力度。

第四章　大型电动装卸机械上的自动控制装置

大型电动装卸机械上的自动控制装置,其核心部分主要是由可编程序控制器(Programmable Logic Controller,PLC)、传动驱动系统两部分组成,另外还包括可编程序控制器的站与站、站与分站,以及可编程控制器与传动驱动系统之间的通讯网络。传动驱动系统在大型电动装卸机械上常见的有直流驱动器和变频器两种。下面介绍几种在大型电动装卸机械上常用的PLC、变频器及通讯网络。

第一节　大型电动装卸机械上的可编程序控制器

一、安川公司的 PLC

目前大型电动装卸机械上常用的安川 PLC 主要有 CP317、CP316 和 MEMOCON GL120。CP317 系统配置参见图 4-1-1,CP317 作为 PLC 主站,CP316 作为分站,CP317 和 CP316 通过通讯进行数据的交换。CP317 比 CP316 具有更强的数据处理能力、速度等,功能更强大。GL120 属于小型的 CPU,其各方面性能在三者中属最弱,一般作为 CP317、CP316 的远程分站,内部程序比较简单,主要是一些与主站进行数据交换的控制。下面主要以 CP317 为例对安川 PLC 进行介绍。

1. CP317

1)CP317 的配置

图 4-1-1 中,CP317 的配置主要包括以下几个方面:

(1)机架:机架根据插槽的多少分为短的和长的;

(2)电源模块:电源模块一般安装在机架的第 1 个插槽,可以连接 100V AC、200V AC、24V DC 和 100V DC 多种电压源;

(3)CPU 模块:CPU 有两种类型的模块,一个机架最多能同时安装两块 CPU 模块;

(4)通讯模块:根据不同的需要可以选择安装不同的通讯模块,如 CP-215IF、CP-216IF 或 CP-217IF 等;

(5)输入输出(I/O)模块;

(6)其他可安装的选件模块。

2)CP-317 模块

(1)CPU-01 模块(图 4-1-2)。CPU-01 模块是 CP-317 的主要控制单元。它具有单个和多个 CPU 功能,并且可以安装在 MB-01 或 MB-03 机架上。内存由小型备用锂电池供电,所以即使电源切断,用户程序和数据都予保留。CPU-01 具有程序执行和控制功能。

①CPU-01 的指示灯(表 4-1-1)。当 CP-317 在线且正常运转时,RDYLED 和 RUNLED 灯

亮,并且 ALMLED 和 ERRLED 灯灭。如果 CP-317 出现报警或故障,则 ALMLED 和 ERRLED 变亮(闪烁)。当电池电压下降时 BAT ALMLED 灯亮。

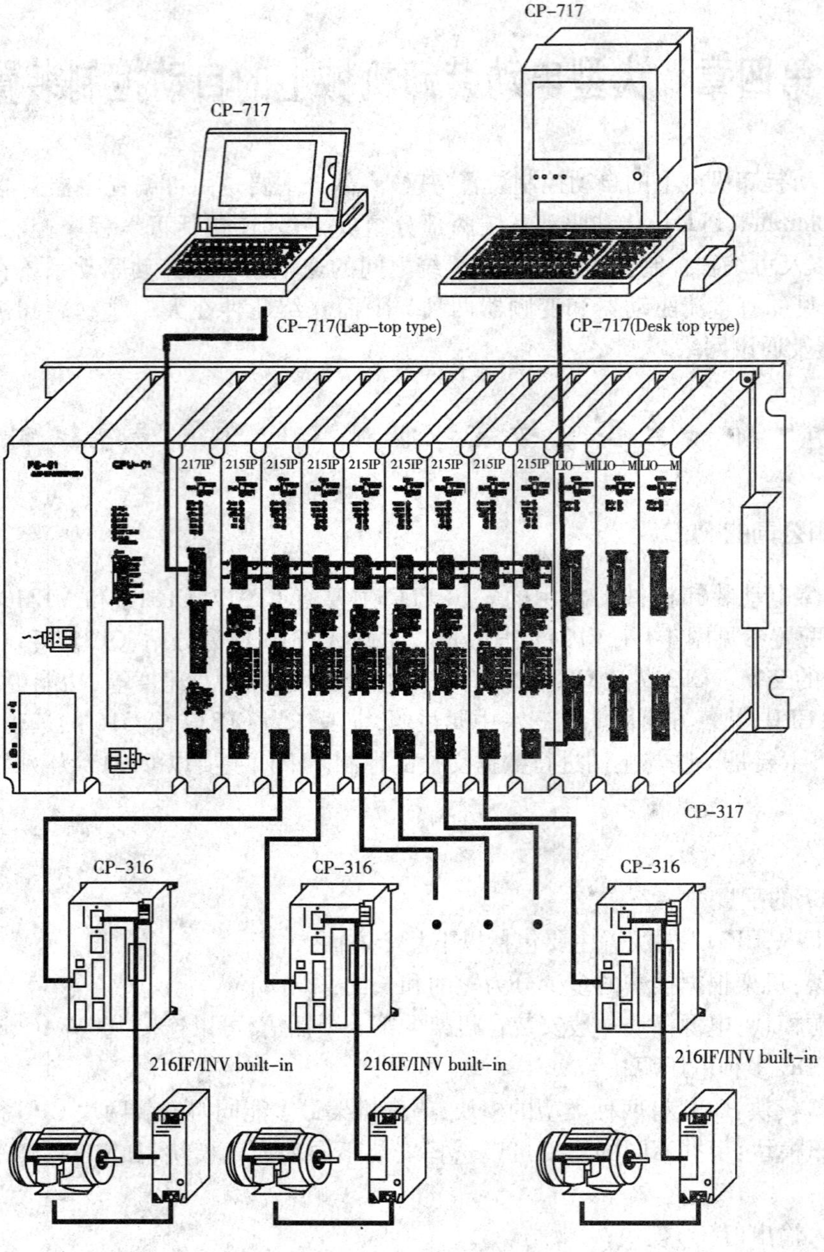

图 4-1-1 CP317 系统配置

②CPU-01 的设置开关(表 4-1-2)。嵌入式开关(SW1):当所有嵌入式开关设定为 OFF(左边),这种状态下供电时,CP-317 进入离线停车模式。在离线停车模式下,将不执行用户程序。在线运行模式下运行 CP317,需要先装载程序。设置 RUN 开关到 ON(右面)并且重新开始供电。除了 L. RST 和 M. RST 外,所有其他开关只有在电源 ON 或重启时才有效。改变模式后,应再次开启电源。

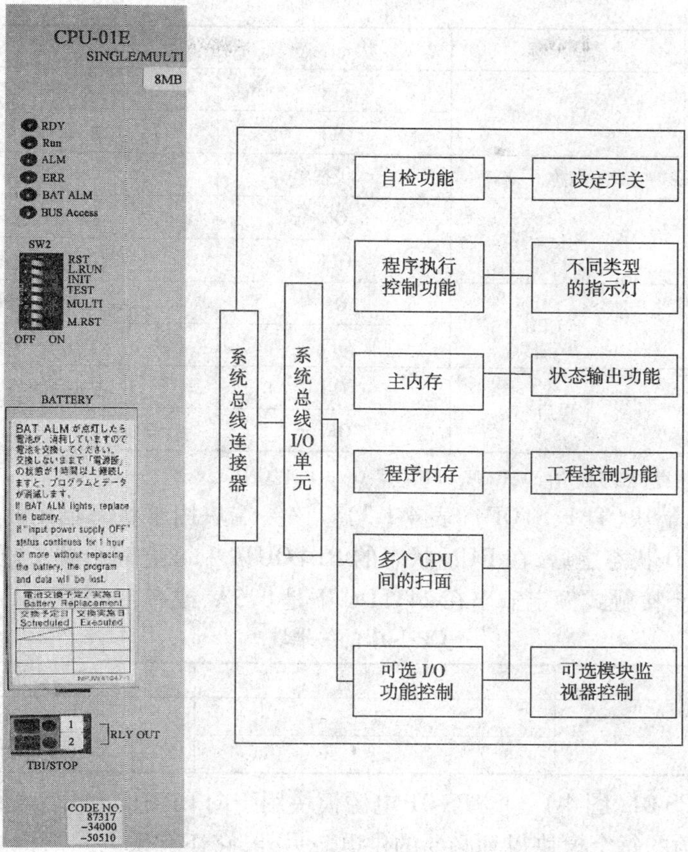

图 4-1-2　CPU-01 的视图和结构

CPU-01 的指示灯　　　表 4-1-1

指　示	名　称	指示灯颜色	点亮时状态
RDY	准备就绪	绿色	控制微处理器正常运行时亮
RUN	运行	绿色	程序运行时亮
ALM	报警	红色	解除报警时亮或闪烁(严重问题)
ERR	错误	红色	出现错误时亮或闪烁(小闪烁)
BAT ALM	电池报警	红色	电池电压变低时亮
BUS ACCESS	总线接入	绿色	CPU 接入系统总线时亮

CPU-01 的设置开关　　　表 4-1-2

指　示	名　称	状　态	运　行
L. RST	局部重启	ON	手动重启(CPU 独立)
		OFF	在线
RUN	运行	ON	运行用户程序
		OFF	停止用户程序

续上表

指　示	名　称	状　态	运　行
INTT	启动	ON	在开机时启动内存
		OFF	在开机时不启动内存
指示	名称	状态	运行
TEST	测试	ON	离线测试状态
		OFF	在线
MULTI	多个 CPU	ON	多个 CPU 模式
		OFF	单个 CPU 模式
M. RST	主重启	ON	手动重启(CPU + 可选模块)
		OFF	在线

注:设置如下时启动内存(程序被清除):RUN:OFF,INT:ON,TEST:ON。

③CPU-01 的终端块(TB1/STOP)(表 4-1-3)。该终端块用于状态输出。它是非接触式继电输出。在 RUNLED 状态之后,在 RUN 状态的 RLYOUT1 和 2 之间出现了短路,并且在 STOP 状态下出现了解除。接触式额定输出在 24V DC 下是 0.5A,或者在 125V AC 下是 0.5A。

CPU-01 的终端块　　表 4-1-3

指　示	名　称	指示灯颜色
RLY OUT	1	运行中的短路 停车时的接触
	2	

(2)电源模块 PS-01(图 4-1-3)。PS-01 电源模块用于向 CP-317 供电。通过输入 100V AC 或 100V DC,CP-317 的每个模块得到必要的供电。另外,它还有供电间断检测功能,以便在输入电压下降时输出 AVFAIL 信号。在接到 ACFAIL 信号后,系统会重启。

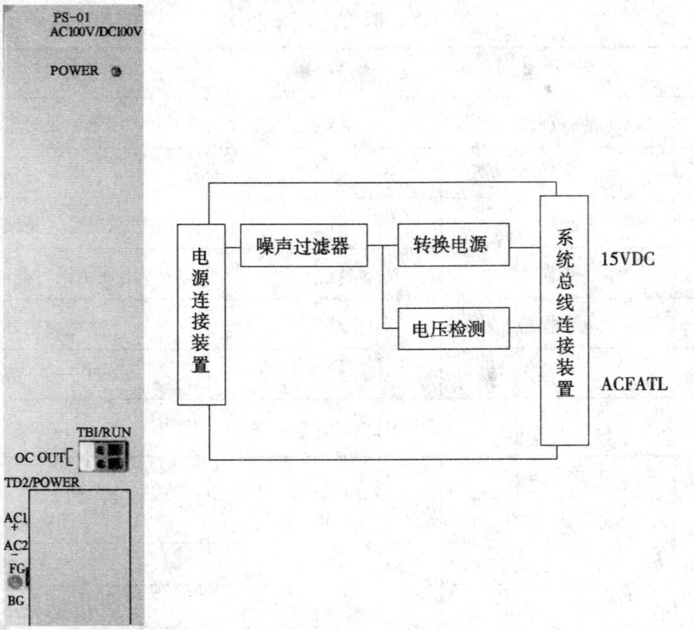

图 4-1-3　电源模块 PS-01 的视图和结构

①电源模块 PS-01 的指示灯(表 4-1-4)。在向 PS-01 电源模块输入 100V AC 或 100V DC 时,前面板上的 POWER LED 亮。

电源模块 PS-01 的指示灯　　表 4-1-4

指示	名称	指示灯颜色	点亮时状态
POWER	电源	绿色	在 5VDC 输出过程中

②电源模块 PS-01 的终端块(TB1/RUN)(表 4-1-5)。终端块用于报警输出。它是开放集电器输出。在输入正常 5V DC 时出现短路。

电源模块 PS-01 的终端块　　表 4-1-5

指示	名称	运行	规　格	
OC OUT	1	0V	输入电压	24VDC
	2	状态输出(正常输出中的短路)	电流值	50mA(最大)

2. PLC 软件的应用(CP-717)

1)CP-717 软件的安装

(1)找到光盘中 DISK1 文件夹内的 SETUP. EXE 文件,双击后显示见图 4-1-4,点击 NEXT 进行安装。

(2)图 4-1-5,输入名字/公司/系列号,Next 继续安装,Back 返回上一步。

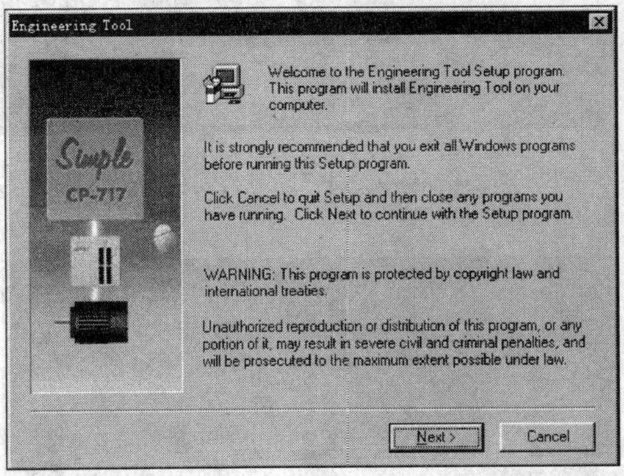

图 4-1-4　CP-717 软件安装 1

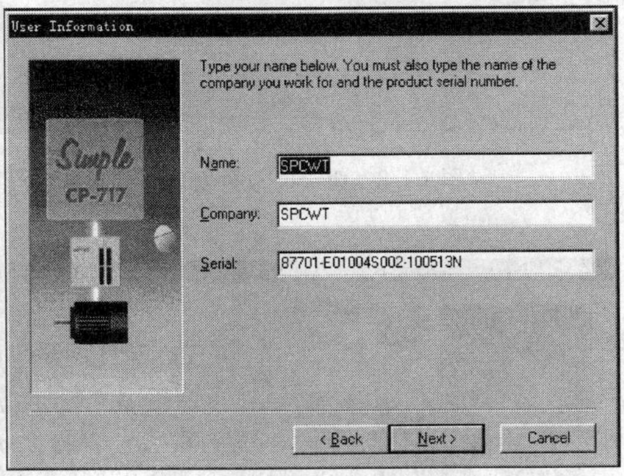

图 4-1-5　CP-717 软件安装 2

(3)图 4-1-6,输入安装位置路径,点击 Next 继续,Back 回到上一步。

(4)图 4-1-7,输入安装的程序文件夹名称,点击 Next 继续,Back 回到上一步。

(5)图 4-1-8,确认目前的设置内容, 点击 Next 继续,Back 回到上一步。

(6)图 4-1-9,安装在进行中,显示安装进度。

(7)图 4-1-10,安装结束确认信息,点击 Finish。

(8)图 4-1-11,显示安装后在桌面上增加 YE-APPLICATION 文件夹。

2)通讯端口的设置

展示如何在 CP-717 与 PLC 之间建立通讯。对于新的 PLC,首次必须使用串口进行通讯,其他方式只能在 PLC 进行配置后才能使用。

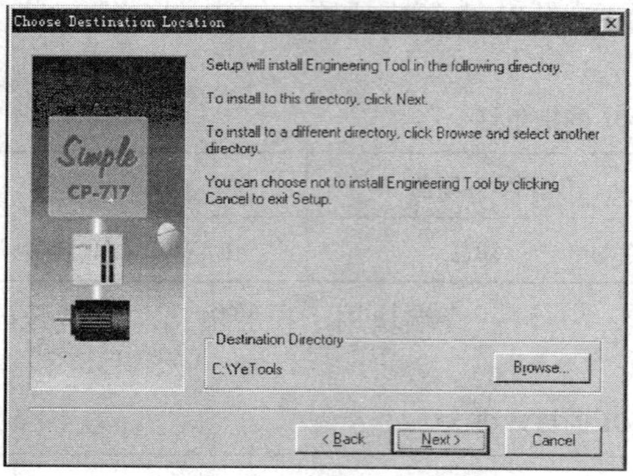

图 4-1-6　CP-717 软件安装 3

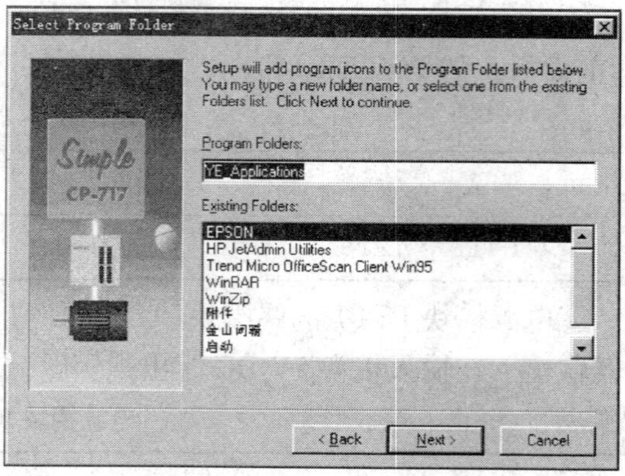

图 4-1-7　CP-717 软件安装 4

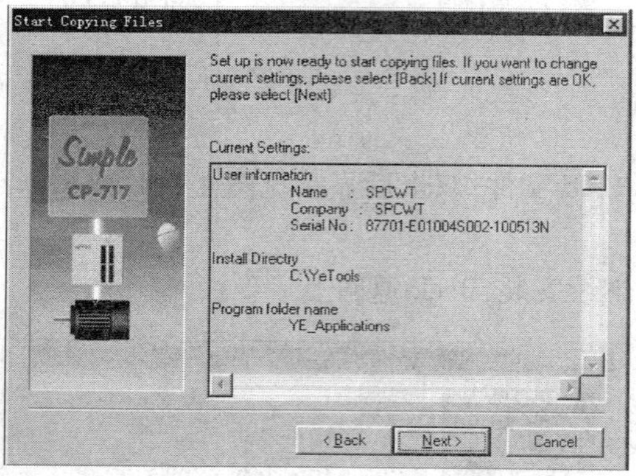

图 4-1-8　CP-717 软件安装 5

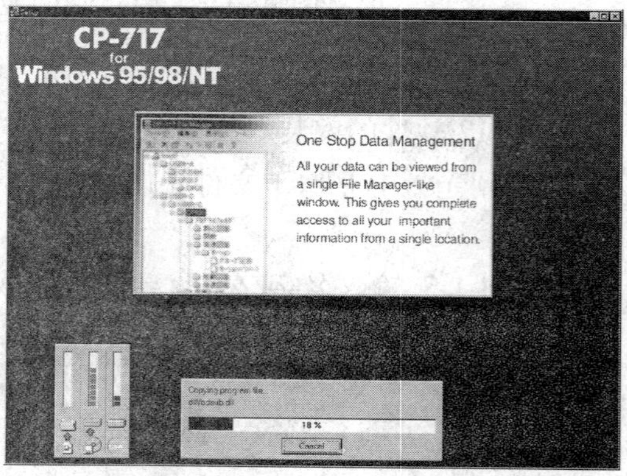

图 4-1-9　CP-717 软件安装 6

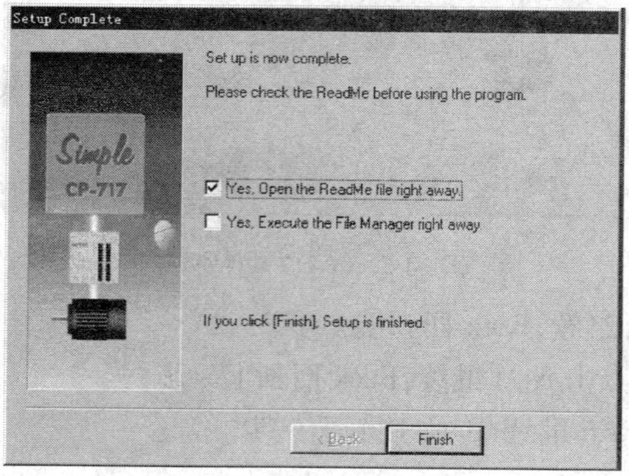

图 4-1-10　CP-717 软件安装 7

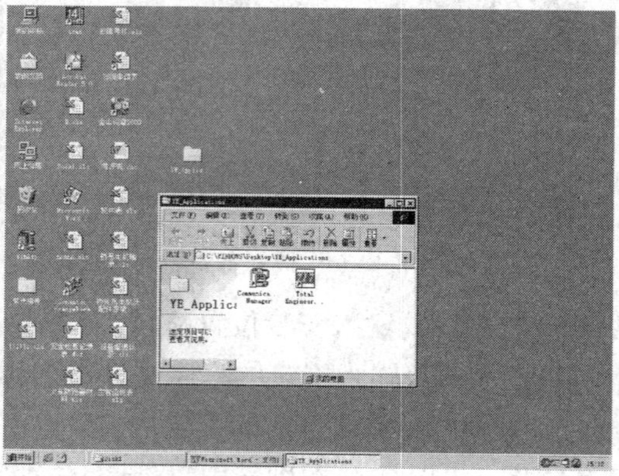

图 4-1-11　CP-717 软件安装 8

(1)通讯窗口的打开：

①双击桌面上"YE-APPLICATION"图标，然后双击"COMMUNICATION-MANAGER"图标，打开通讯窗口(图 4-1-12)。

②打开的通讯窗口(图 4-1-13)。

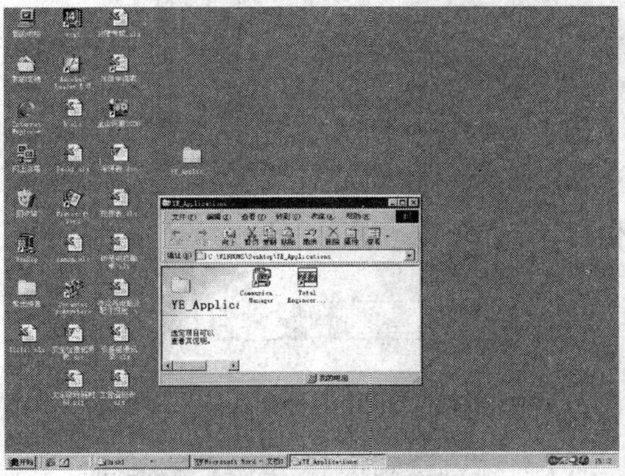

图 4-1-12　通讯窗口打开 1

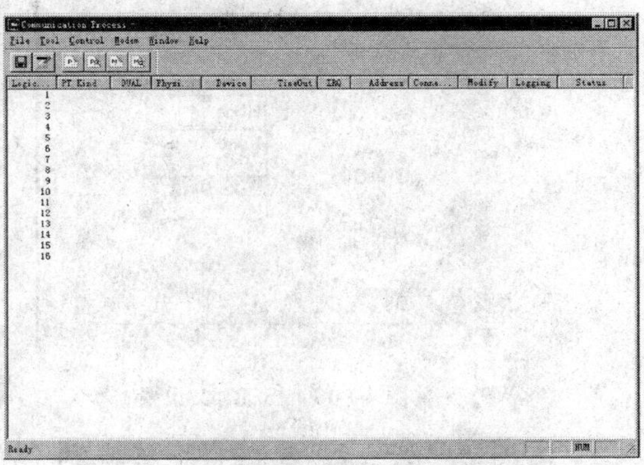

图 4-1-13　通讯窗口打开 2

(2)通讯的有关设置:

①选中 Logic 端口:可选 1 ~ 16(图 4-1-14)。

②选择“FILE—SETTING”(图 4-1-15)。

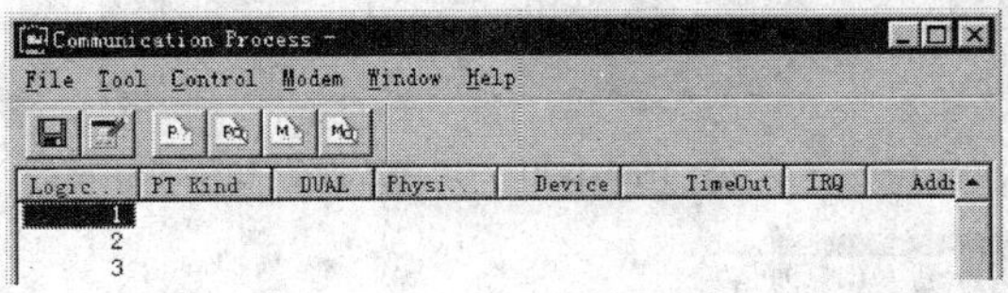

图 4-1-14　通讯设置 1

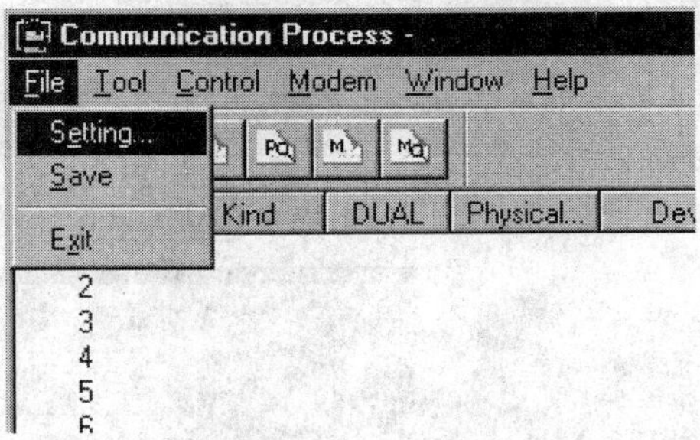

图 4-1-15　通讯设置 2

③在端口类型设置窗口(图 4-1-16)选择正确的端口类型。

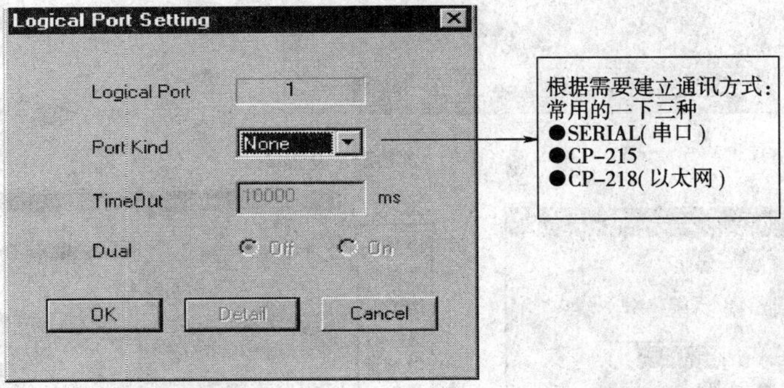

图 4-1-16　端口类型设置

(3)三种通讯方式参数的设置:

①SERIAL 设置见图 4-1-17 ~ 图 4-1-19。

②CP-215 设置见图 4-1-20、图 4-1-21。

③CP-218 设置见图 4-1-22、图 4-1-23。

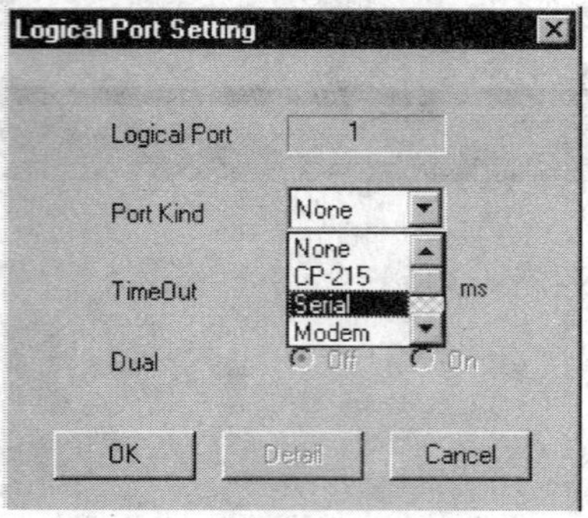

图 4-1-17　SERIAL 设置 1

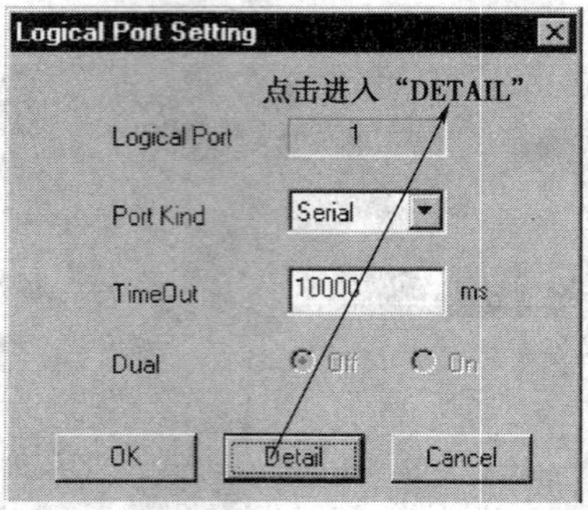

图 4-1-18　SERIAL 设置 2

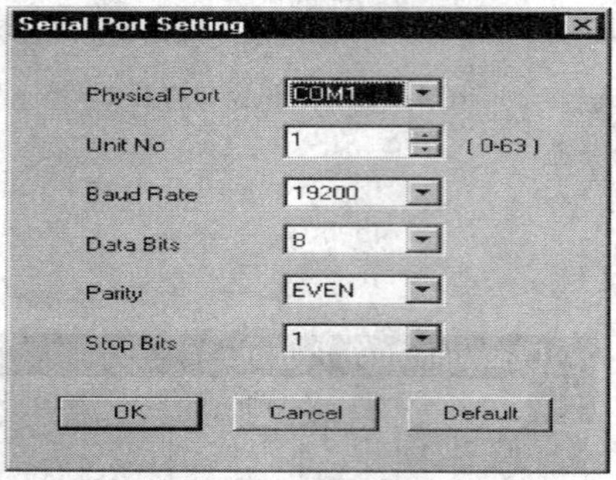

根据实际情况进行设置，完成后选择保存（OK）

图 4-1-19　SERIAL 设置 3

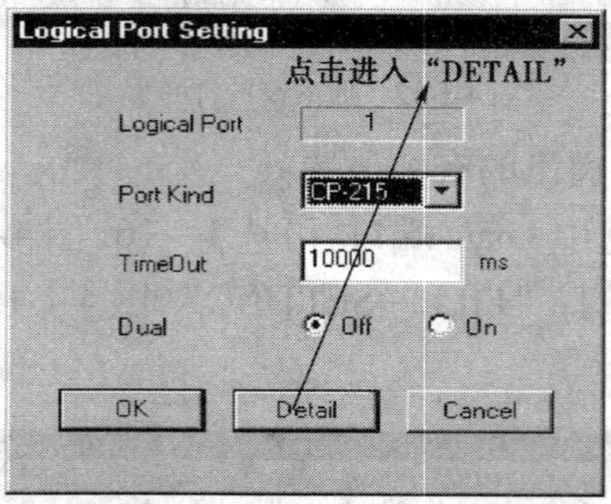

图 4-1-20　CP-215 设置 1

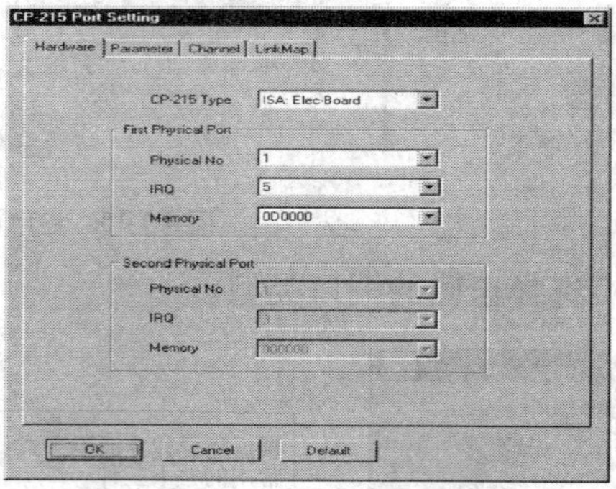

根据实际情况 Hardware、Parameter、Channel 及 LinkMap 设置，完成后选择保存（OK）

图 4-1-21　CP-215 设置 2

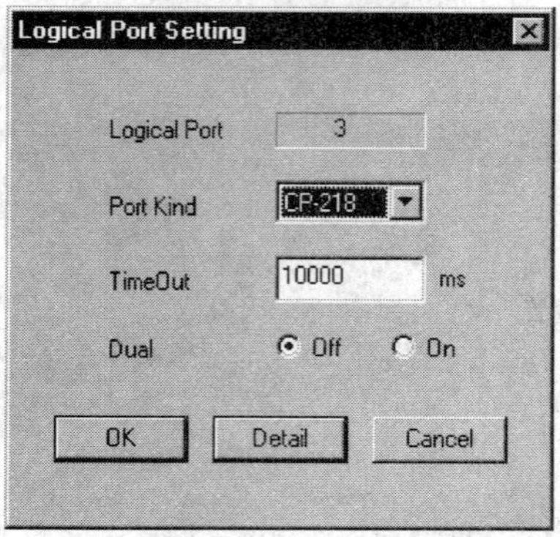

图 4-1-22　CP-218 设置 1

IP 地址选择所用编程电脑的 IP 地址其他参数可以不作修改，完成后保存

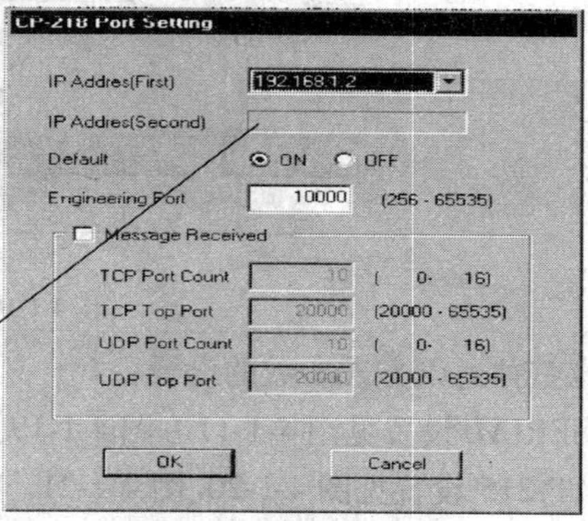

图 4-1-23　CP-218 设置 2

(4)设置完成后的通讯窗口见图 4-1-24。

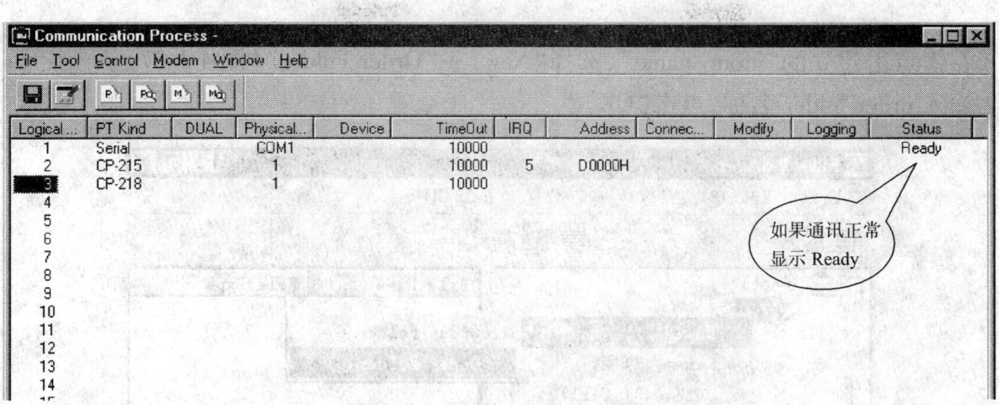

图 4-1-24　设置完成后的通讯窗口

注:通讯设置内可以设置多种方式,如图 4-1-24 所示,但设置好后需要保存并重新启动才能生效。

3)CP-717 项目的创建

(1)CP-717 的启动。双击桌面"Ye-Application"文件夹,然后双击"Total Engineering Work Station"图标(图 4-1-25)。

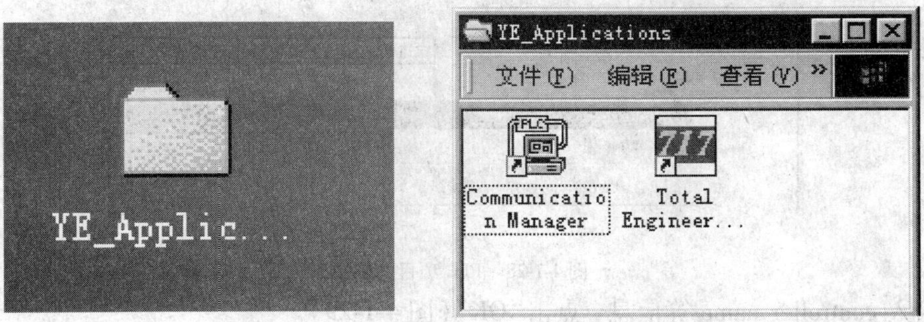

图 4-1-25　CP-717 的启动

注:也可以从[开始]—[程序]—[YE-application]进入或通过资源管理器进入。

(2)PLC 项目的创建:

①CP-717 管理窗口中右键点击"root",在弹出菜单中选择"New "—"Group Folder(G)"(图 4-1-26)。

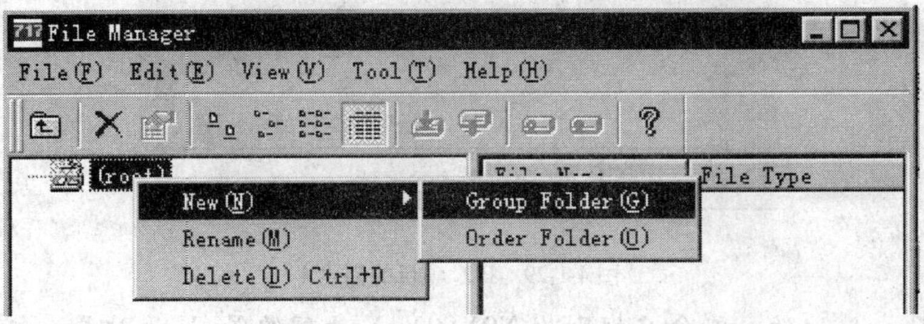

图 4-1-26　PLC 项目创建 1

②在出现的对话框内输入 GROUP 文件夹名称，点击 “OK” （GROUP FOLDER 可以不建）。

③右键点击建立的“group name”，选择“New”—“Order Folder”（图 4-1-27）。

④输入 order folder 名称，点击“OK”。

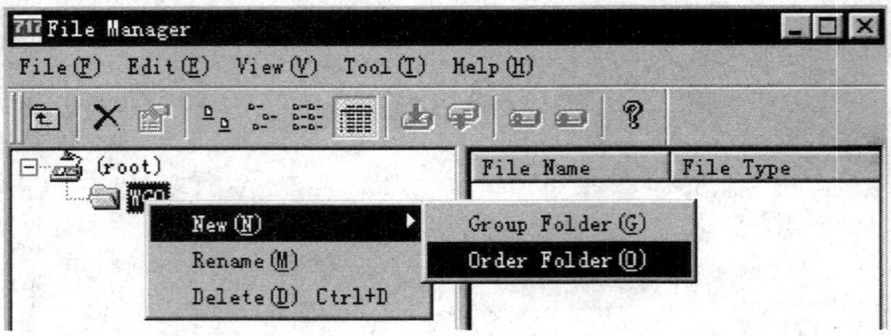

图 4-1-27 PLC 项目的创建 2

⑤右键点击建立的“order folder”，选择“Make New Folder(N)”—“Controller Folder”（图 4-1-28）。

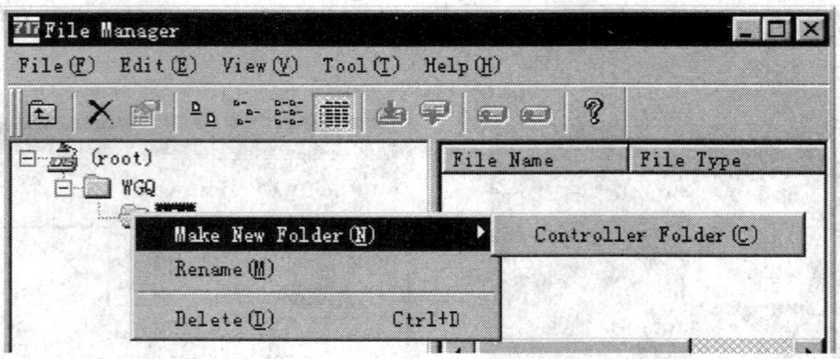

图 4-1-28 PLC 项目的创建 3

⑥输入 controller name 等信息，点击“OK”（图 4-1-29）。

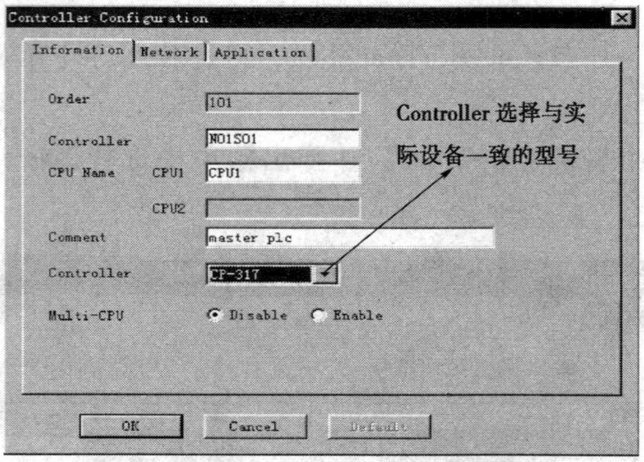

图 4-1-29 PLC 项目的创建 4

注：controller name 的一般命名规则为 N0XS0Y，X 为网络号，Y 为站号。

⑦选择“Network”有关项目（图 4-1-30）。

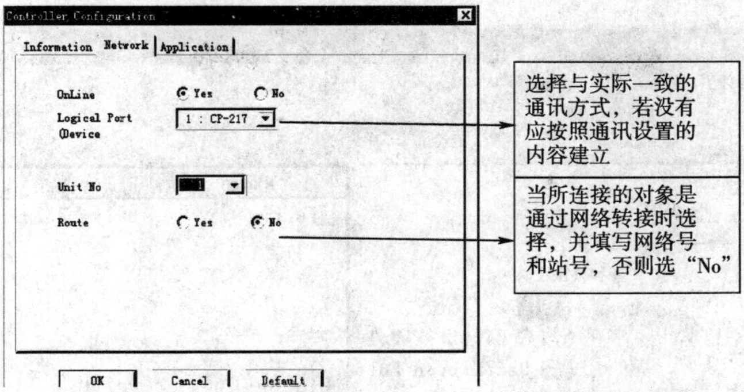

图 4-1-30 PLC 项目的创建 5

注:未连接通讯电缆时, ONLINE 不能选“Yes”状态,否则无法打开程序,只有当各选项设置正确时才能使编程电脑与 PLC 连上。当需要脱机浏览或修改程序时,Online 应选“No”。

⑧输入“Application”有关信息(图 4-1-31)。

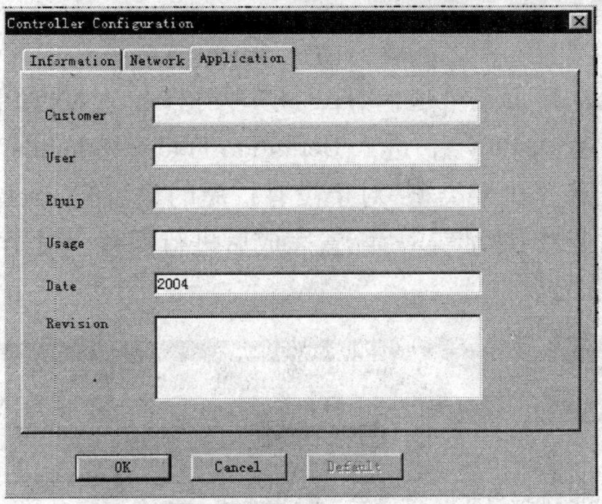

图 4-1-31 PLC 项目的创建 6

⑨PLC 项目创建完成(图 4-1-32)。

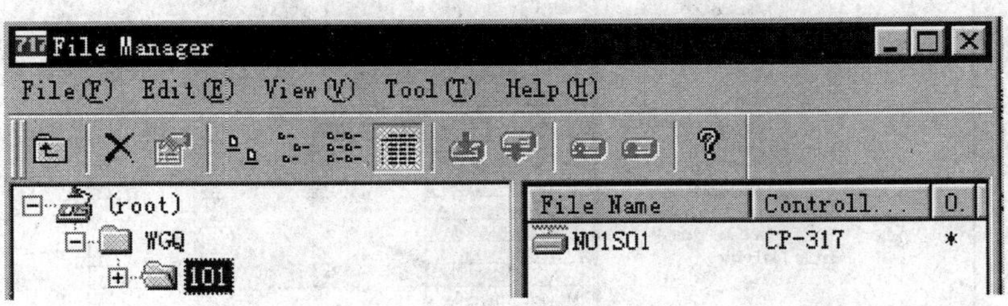

图 4-1-32 PLC 项目的创建 7

(3)PLC 项目的登入(图 4-1-33):

①双击 order 名称。

②双击 PLC 名称。

③在对话框内输入用户名及密码,点击“OK”(用户名、密码一般为 USER-A)。

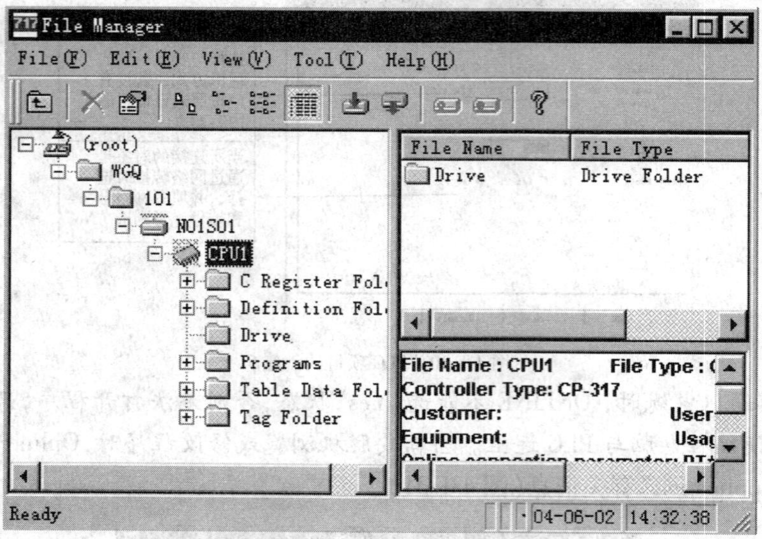

图 4-1-33　PLC 项目的登入

注:通过点击 CUP1,从弹出菜单选择"Log off"即可注销登入的 PLC 项目。

(4)建立硬件配置。登入 PLC 后,进入 Definition Folder—Module Configuration 打开硬件配置窗口(图 4-1-34),首先选择机架类型,对于没有扩展的只需配 Rack 1,然后根据实际情况对每个插槽进行配置,包括型号、地址等等,配置完成后进行保存。对于已有的程序,进入后则可以查看或修改硬件配置情况。

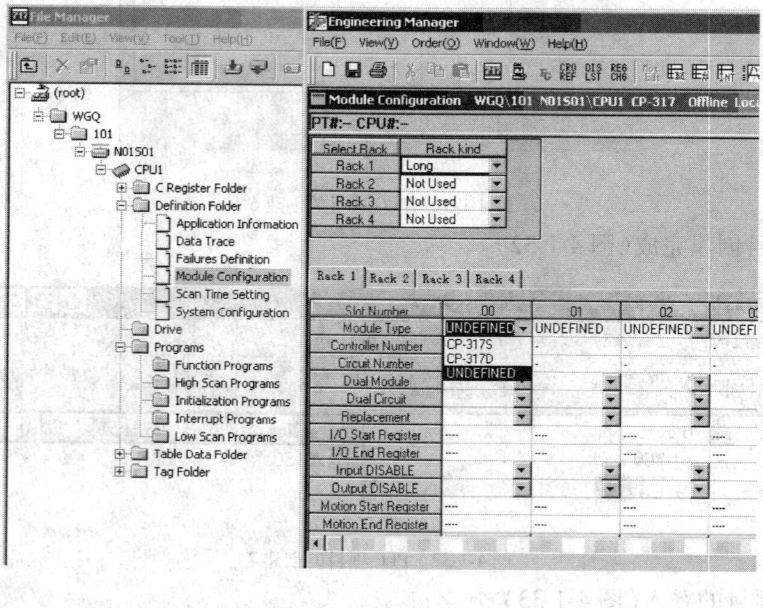

图 4-1-34　硬件配置

(5)建立程序段。登入 PLC 后,打开 Programs 文件夹,选择所要建立的程序类型,如高速扫描(High Scan Programs),右键点击选择 Make New Dwg,填写程序段名称等(图 4-1-35)打开程序段窗口,编写程序后保存。对于已有的程序,进入后可以查看后修改程序。

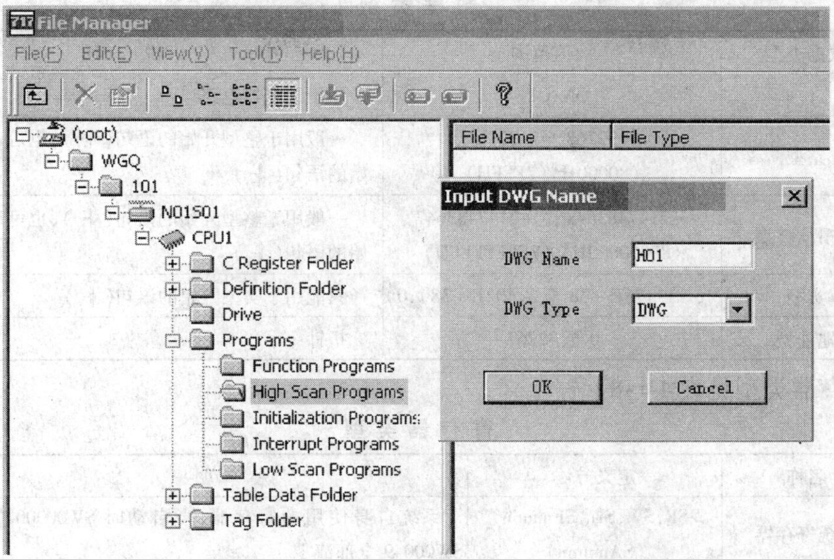

图 4-1-35　新建程序段

(6)CP-717 的退出。选择主菜单内 FILE—EXIT,即可退出。

4)CP-717 的编程的基础知识

(1)程序段的类型及优先级别见表 4-1-6。

程序段的类型及优先级别　　表 4-1-6

类　型	功　能	优先级	执　行　条　件
DWG-A	启动程序	1	当上电时执行一次
DWG-I	中断程序	2	当中断信号触发时执行
DWG-H	高速扫描程序	3	在每个高速扫描时间段内执行
DWG-L	低速扫描程序	4	在每个低速扫描时间段内执行

(2)程序的控制执行。每个程序基于图 4-1-36 的优先顺序执行。

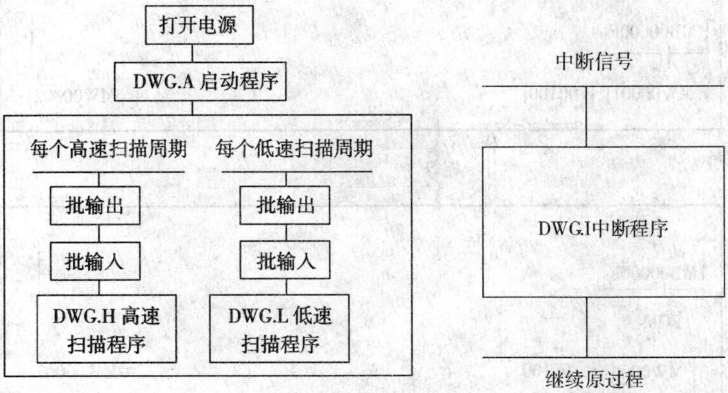

图 4-1-36　程序的执行顺序

(3)数据类型见表 4-1-7。

数据类型 表 4-1-7

类型	数据类型	数值范围	说明
B	位	ON/OFF	用于继电器电路
W	整型	-32768 至 +32767 (80000H)(7FFFH)	一般用于整型开始的语句(├),也可以用于实型开始的语句(╟)
L	双精度整型	-2147483648 至 +2147483647 (80000000H)(7FFFFFFFH)	一般用于整型开始的语句(├),也可以用于实型开始的语句(╟)
F	实型	±(1.175E-38 至 3.402E+38),0	只能用于实型开始的语句(╟)
A	地址型	0 至 32767	指针

(4)寄存器类型见表 4-1-8。

寄存器类型 表 4-1-8

类型	名称	定义方法	说明	特征
S	系统寄存器	SB,SW,SL, SFnnnnn (SAnnnnn)	系统自身使用的寄存器,当启动时 SW00000-SW00049 全部清零	全局寄存器
M	数据寄存器	MB,MW,ML, MFnnnnn (MAnnnnn)	程序通用寄存器	
I	输入寄存器	IB,IW,IL, IFhhhh (IAhhhh)	数字量、模拟量及脉冲输入寄存器 I/O 接口模块或通讯模块用寄存器	
O	输出寄存器	OB,OW,OL, OFhhhh (OAhhhh)	I/O 接口模块或通讯模块用寄存器	
C	常数寄存器	CB,CW,CL, CFhhhh (CAhhhh)		
#	#寄存器	#B,#W,#L, #Fnnnnn (#Annnnn)		局部寄存器
D	D 寄存器	DB,DW,DL, DFnnnnn (DAnnnnn)		

5)常用编程指令

(1)【 】指令(图 4-1-37)。

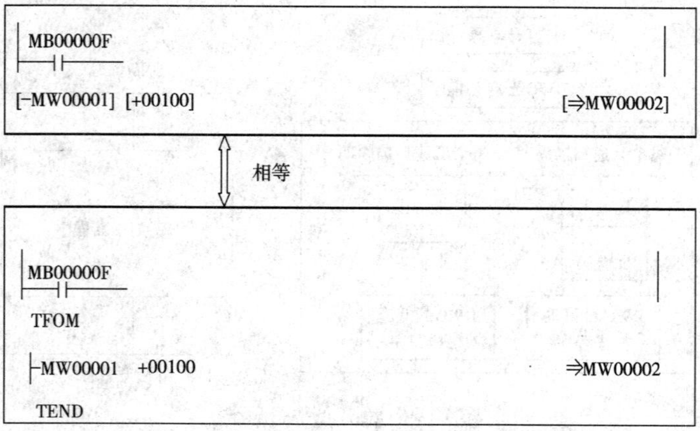

图 4-1-37 【 】指令

(2)SEE 指令:

格式　SEE <《子程序 NO. 或子子程序 NO.》

(3)FOR 指令(图 4-1-38):

格式
FOR　V = A to B by C　　　处理程序集
FEND

```
⊢ 00000                                                  ⇒MW00200
FOR                  -00000    to    00099    by    00001
⊢MW00200    +MW00100j
FEND                                                     ⇒MW00200
```

图 4-1-38　FOR 指令

(4)WHILE 指令(图 4-1-39):

格式
WHILE　　　逻辑判断指令
ON/OFF　　　处理程序集
WEND

```
⊢ 00000                                            ⇒    I
                                                   ⇒MW00200
WHILE
⊢    I        <00100
ON
⊢MW00200   +MW00100i                               ⇒MW00200
⊢    T     +  00001                                ⇒    I
WEND
```

图 4-1-39　WHILE 指令

(5) IF 指令(图 4-1-40):

格式
IFON/IFOFF
处理程序集
IEND

或

IFON/IFOFF　处理程序集 1
ELSE　　　处理程序集 2
IEND

```
⊢MW00010   ≥00000
IFON
⊢ 00000                                            ⇒MW00011
ELSE
⊢ 00001                                            ⇒MW00011
IEND
```

图 4-1-40　IF 指令

(6)Comment 指令(图 4-1-41):

格式　　　"说明字符串"

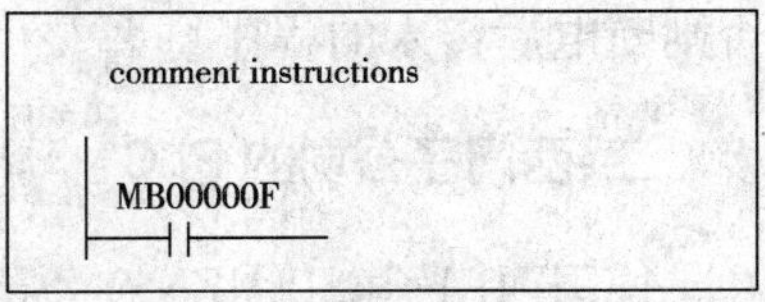

图 4-1-41　Comment 指令

(7)其他编程指令(图 4-1-42)。常开触点、常闭触点、线圈等各类指令均可以在"Command"菜单下找到。很多指令也可以从快捷菜单内找到。

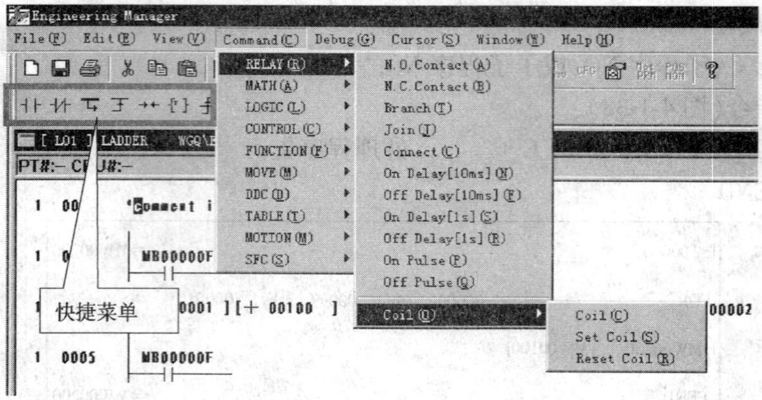

图 4-1-42　其他编程指令

6)CP-717 软件常用功能的介绍

(1)程序内线圈的强制与恢复。将光标移到所要强制的线圈上,进入菜单"DEBUG",选择相关菜单,图 4-1-43 显示了强制的操作流程。

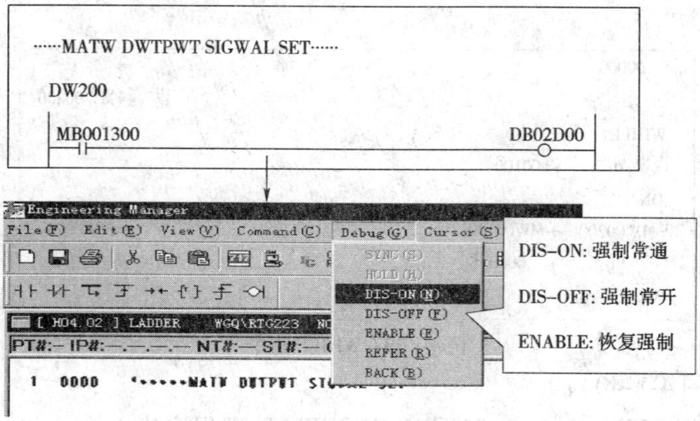

图 4-1-43　线圈的强制与恢复

(2)说明的开启。选择菜单"View"—"Comment Bar",见图 4-1-44,说明窗口内显示的为当前光标所在点的注释。

(3)查看程序的强制情况。选择工具栏内的 DIS LST,在 Ref. DWG 窗口内填入"＊"后回车或点击 Search execute,程序内的所有强制情况将全部显示出来(图 4-1-45)。

(4)寄存器内数据状态的查看。选择工具栏内的 REG,在弹出窗口填入有关信息。如显示从 MW100 开始的 8 个字的数据(图 4-1-46)。

(5)PLC 程序的上传下载。如图 4-1-47 所示,在 ONLINE 且 LOG　ON 的状态下,右键点击 CPU1 选择,从中选择所需的操作(对于 GL120 程序上传到 PLC 后,还需进行闪存的保存,否则断电后传入的程序将丢失)。

二、西门子公司的 PLC

德国西门子(SIEMENS)公司生产的可编程序控制器在我国的冶金、化工、印刷生产线等领域应用相当广泛。西门子(SIEMENS)公司 S7 系列 PLC 产品可分为微型 PLC(如 S7-200),

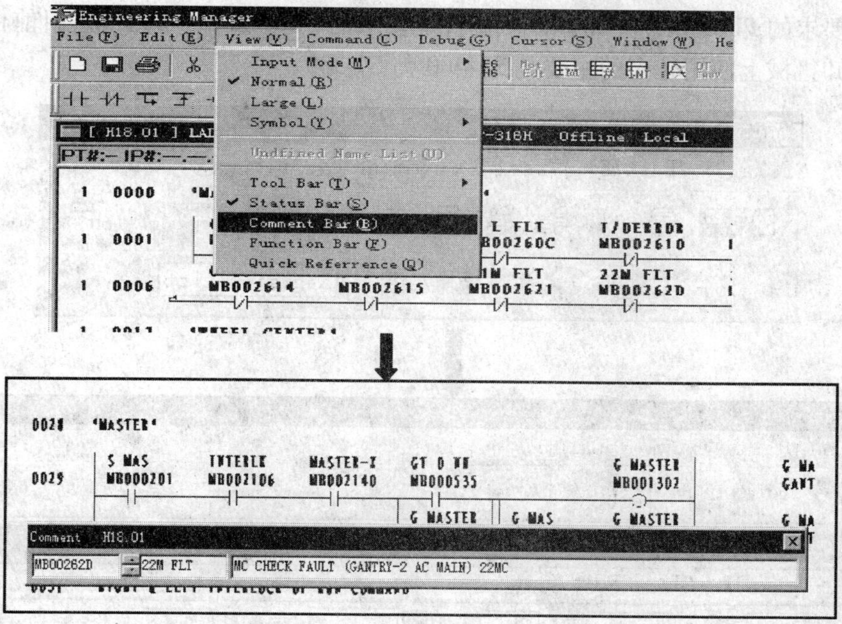

图 4-1-44　说明的开启

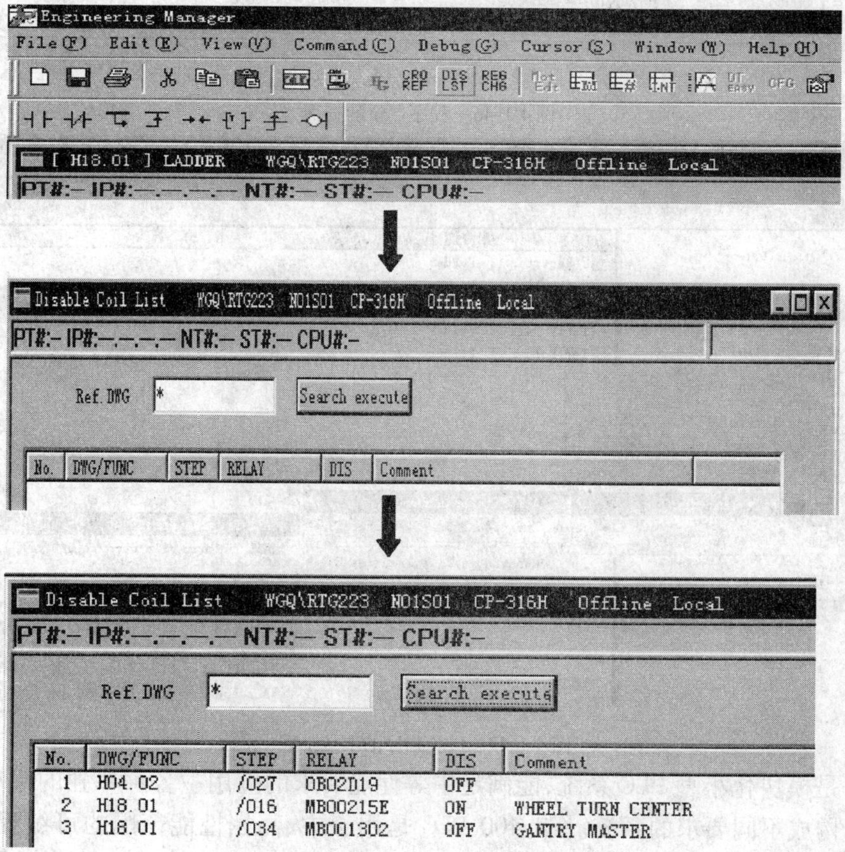

图 4-1-45　查看程序的强制

小规模性能要求的 PLC(如 S7-300)和中、高性能要求的 PLC(如 S7-400)等。目前在港口设备大型电动装卸机械上使用较多的主要是 S7-400 与 S7-300。

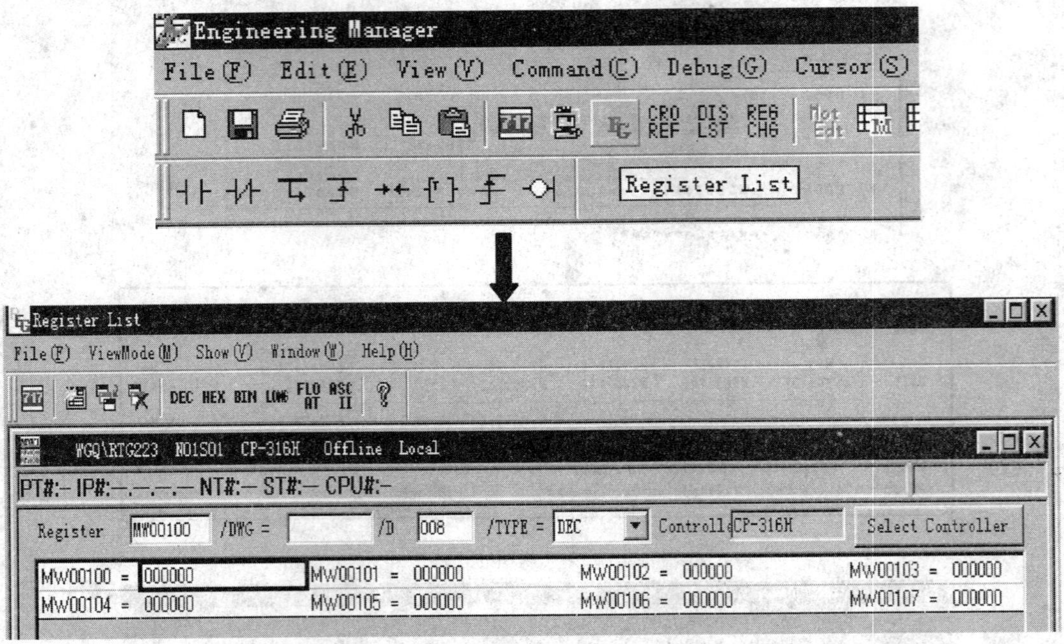

图 4-1-46 程序点位的查询

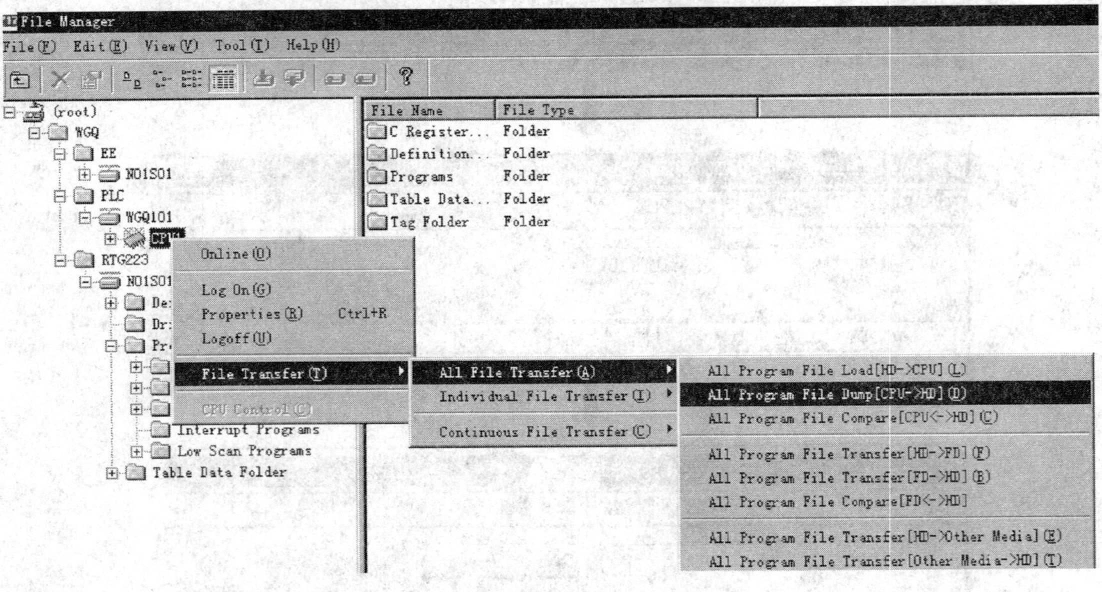

图 4-1-47 PLC 程序的上传下载

S7-300 是模块化小型 PLC 系统,能满足中等性能要求的应用。各种单独的模块之间可进行广泛组合构成不同要求的系统。S7-400 PLC 是用于中、高档性能范围的可编程序控制器。当控制系统规模扩大或升级时,只要适当地增加一些模板,便能使系统升级和充分满足需要。下面以 S7-400 为例,对 PLC 的硬件进行介绍说明。

1. S7-400

1)S7-400 的配置(图 4-1-48)

(1)机架:机架分为中央机架(CR)和扩展机架(ER),带有 CPU 的为 CR。机架按长短有 4 槽、9 槽、18 槽等几种。

(2)电源模块:电源模块根据电压电流等不同有多种型号,如 5A、10A 等。

(3)CPU 模块: S7-400 的 CPU 模块根据性能、功能等不同,有 CPU412、CPU414、CPU416、CPU417 等多种模块可供选择。

(4)通讯模块:用于主站与分站、主站与从站等 PLC 系统各设备之间的数据交换,根据其不同的通讯协议、使用场合等有多种模块类型。

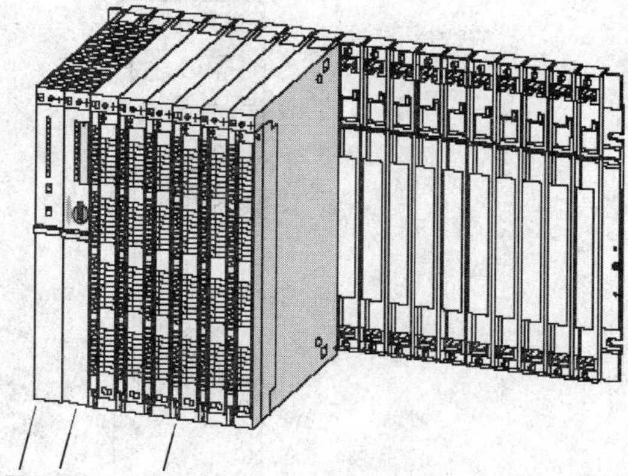

图 4-1-48　S7-400 的配置

(5)I/O 模块:I/O 模块(输入输出模块),根据模拟量、数字量、电压等级、点位数量等不同分为多种不同的模块。

(6)其他可安装的选件模块。

2)S7-400 的功能和性能规范

下面以 CPU 416-2 和电源模块 PS 407 10A 为例对 S7-400 进行介绍。

(1)CPU416-2 模块。CPU 的控制和显示元件如图 4-1-49 所示。

①LED 指示灯:表 4-1-9 列出了各类 CPU 指示灯的情况。

CPU 的 LED　　表 4-1-9

LED	颜色	含　义	所在 CPU			
			412-1	412-2 414-2 416-2	414-3 416-3	417-4
INTF	红色	内部错误	×	×	×	×
EXTF	红色	外部故障	×	×	×	×
FRCE	黄色	强制作业激活	×	×	×	×
RUN	绿色	RUN 模式	×	×	×	×
STOP	黄色	STOP 模式	×	×	×	×
BUS1F	红色	MPI/PROFIBUS DP 接口 1 上的总线故障	×	×	×	×
BUS2F	红色	PROFIBUS DP 接口 2 上的总线故障	—	×	×	×
IFM1F	红色	接口模块 1 上的故障	—	—	×	×
IFM2F	红色	接口模块 2 上的故障	—	—	—	×

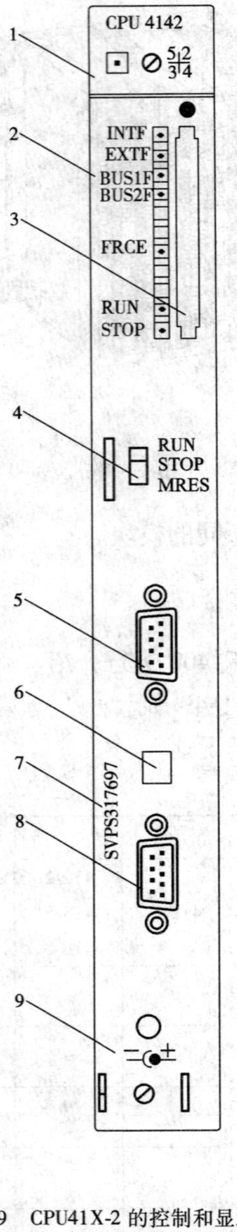

图 4-1-49　CPU41X-2 的控制和显示元件布局

1-模块名称、产品版本、短订货号以及固件版本印记；2-LED：INTF、EXTF、BUS1F、FRCE、RUN、STOP；3-存储卡槽；4-模式选择器开关在盖下；5-MPI/PROFIBUS DP 接口；6-条形码；7-序列号；8-PROFIBUS DP 接口；9-电源、外部备用电压

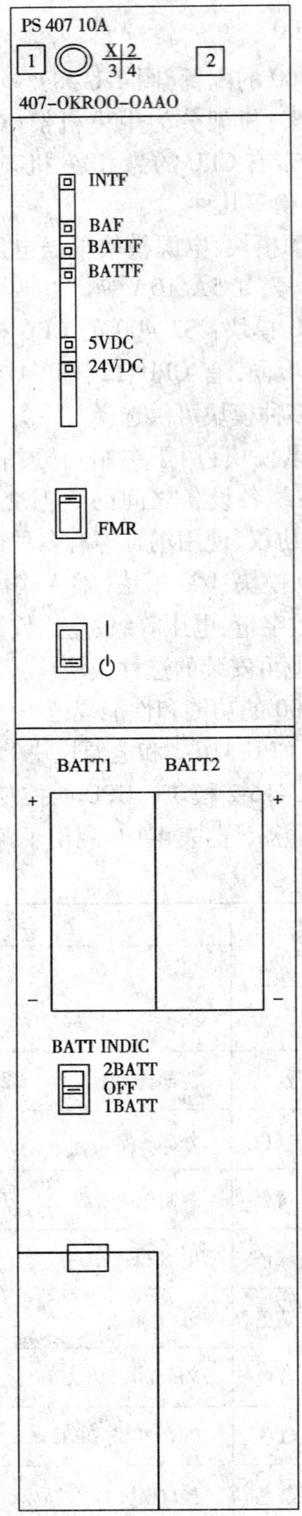

图 4-1-50　PS407 10A 控制和显示元件布局

②模式选择开关:用于选择 CPU 当前的模式,有 RUN、STOP、MRES 三档可选择。

③存储卡槽:可插入存储卡,存储卡有两种。

RAM 卡:可扩展 CPU 的装载存储器。

闪存卡:可扩展 CPU 的装载存储器,用于存储用户程序和数据的非易失性存储器(不需备用电池),可在编程设备和 CPU 中对该卡进行编程。

④MPI/DP 接口和 PROFIBUS DP 接口:可将相应的设备连接到接口上。

⑤电源、"EXT.-BATT."插孔处的外部备用电压:可在 S7-400 电源模块中装入一块或两块备用电池(取决于模块型号)以确保 RAM 中的用户程序、计数器、定时器、系统数据、动态 DB 中数据、时钟的数值不丢失。向 EXT.-BATT 插孔插入 5~10V DC 的电源同样能够达到数据保持,但要注意电源的极性。

(2)PS407 10A 电源模块。PS407 10A 输入电源可接 85~264V AC 或 88~300V DC,输出可供 5V DC/10A 或 24V DC/1A。

①PS407 10A 元件布局(图 4-1-50):

LED 指示灯:INTF,BAF,BATT1F,BATT2F,DC5V,DC24V

FMR 按钮:故障信息复位

电源开关

面板内部:电池盒、电池切换开关、3 针电源输入接头

②PS407 10A 的指示灯见表 4-1-10。

PS407 10A 的指示灯 表 4-1-10

指示灯	颜 色	说 明
INTF	红	内部故障
DC5V	绿	5V 电源正常
DC24V	绿	24V 电源正常
BAF	红	开关在 1BATT 或 2BATT 时,电池电压低
BATTF	黄	开关在 1BATT 或 2BATT 时,1 号电池电压低
BATTF	黄	开关在 2BATT 时,2 号电池电压低

③PS407 10A 的控制开关见表 4-1-11。

PS407 10A 的控制开关 表 4-1-11

开 关	功 能
FMR	对故障进行复位
电源开关	┃:正常输出电源 5V/24VDC ⏻:切断输出电源
BATT INDIC	用于监控电池情况的选择: OFF:关闭监控指示灯 1BATT:仅开启 BAF、BATTF1,只监控 1 号电池状态 2BATT:开启 BAF、BATTF1、BATTF2,监控 1 号及 2 号电池状态
电压选择开关	用于选择输入电源电压为 120V AC 或 230V AC

2. PLC 软件的应用(STEP7 V5.3)

1)STEP 7 软件的安装

软件的安装(图 4-1-51):

运行 STEP 7 V5.3 下面的 SETUP. EXE 文件,选择安装语言为 ENGLISH,点击 NEXT 继续安装。在出现的界面内选择安装的项目,点击 NEXT 按照提示一步步进行,直至安装结束。

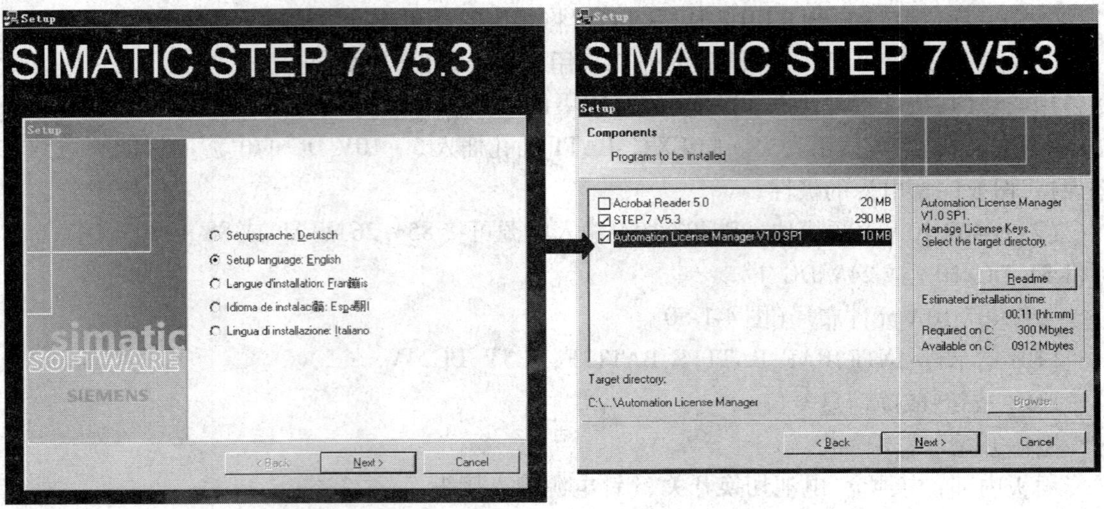

图 4-1-51 STEP 7 V5.3 的安装

软件安装完成后,必须进行注册才能正常使用,注册有两种方法。一是在安装过程中出现插入注册盘完成。二是通过安装的注册管理程序进行安装。

2)STEP 7 V5.3(SIMATIC Manager)使用的基础知识

(1)SIMATIC Manager 软件的启动与退出。通过开始菜单内 SIMATIC—SIMATIC Manager 菜单或通过桌面上的 SIMATIC Manager 快捷图标进行启动。首次启动会出现图 4-1-52 右图所示的界面,在该项目向导界面内可以逐步按照提示建立一个新的项目,如果不需要建立项目,点击 Finish 结束。如果以后启动时不需要显示该项目向导,只要将界面中的复选框不选即可。

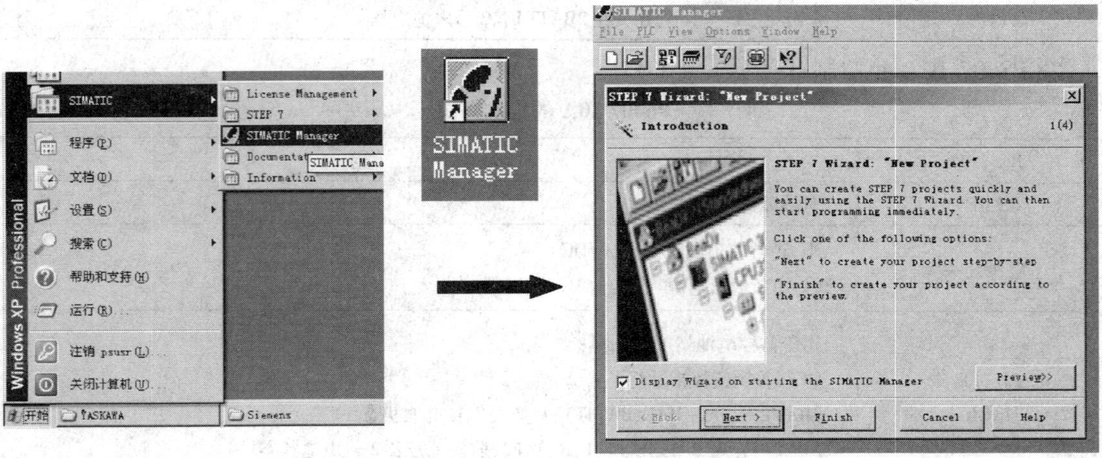

图 4-1-52 SIMATIC Manager 软件的启动

选择菜单 File—Exit 即可退出 SIMATIC Manager 软件。

(2)SIMATIC Manager 软件的基本功能。Simatic manager 是 SIEMENS PLC 编程和配置的基本工具,其基本功能如下:

①建立项目;

②硬件配置及参数设定;

③配置网络结构;

④程序块的编写;

⑤调试和运行程序。

(3)Simatic manager 软件简介。图 4-1-53 为 Simatic manager 软件打开后的界面,其基本说明见图示。

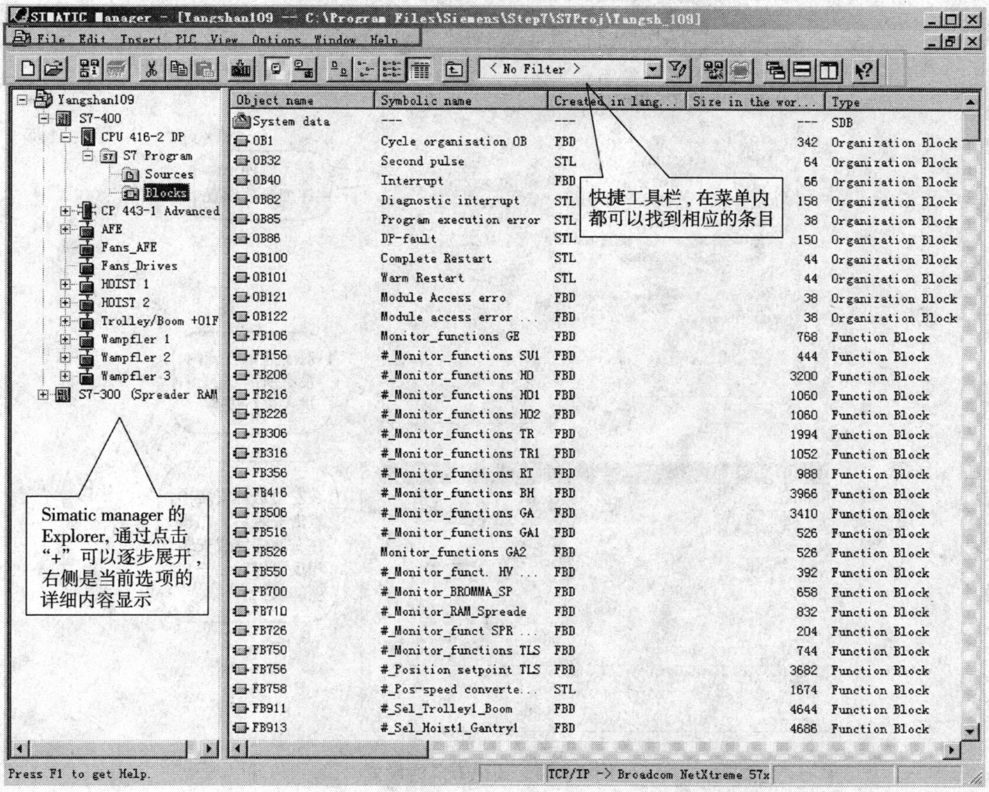

图 4-1-53 Simatic manager 软件界面

3)通讯的建立

要使 PLC 与编程电脑能够连接,必须建立正确的通讯。

从开始菜单—SIMATIC—STEP 7—Setting the PG-PC Interface 打开通讯设置窗口,在通讯设置窗口内选择所需的通讯方式,并进行相关设定(图 4-1-54)。

比较常用的通讯方式主要有以下几种:

(1)PC Adapter(MPI):串口通讯,对于未经过配置的 PLC 只能使用该方式,属性设置内的波特率必须与通讯电缆上适配器的开关设置一致。

(2)TCP/IP:以太网通讯方式,通过网线与 PLC 的以太网模块连接来建立通讯,前提是以太网模块已经经过了配置并且可用。

(3)CPXXXX:XXXX 代表选件卡,通过在编程设备上安装相应的选件卡来实现通讯,选择项必须与实际安装的卡一致。

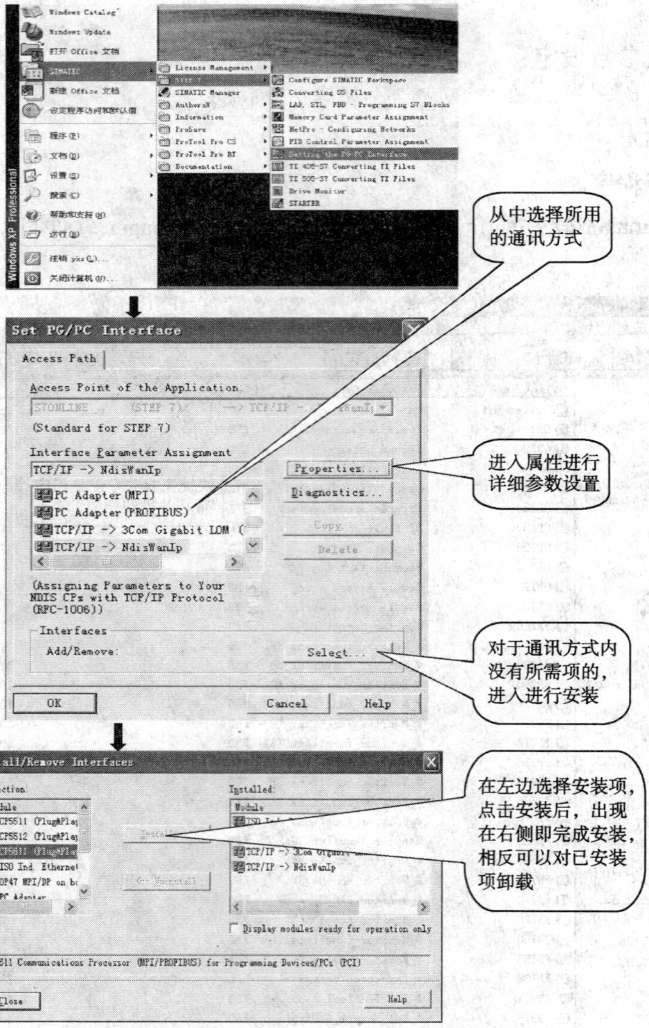

图 4-1-54　通讯方式的设置

4)Simatic manager 的项目创建(图 4-1-55)

(1)项目的新建:

①通过新项目向导来建立(图 4-1-56)。

②通过新建菜单来建立(图 4-1-57)。

(2)硬件配置:

①基本 PLC 模块的配置:

A. 右键点击 SIMATIC 300(1),选择 Open Object 或双击 Hardware 打开硬件配置窗口,如果右键点击 Object Properties…,则可以在弹出窗口内进行一些信息的录入(图 4-1-58)。

B. 在硬件配置窗口左上空白小窗口中右击,弹出菜单选择 Insert Object…或在菜单条中选择 Insert—Insert Object…(图 4-1-59)。

C. 在弹出窗口中选择需要插入的器件(如:SIMATIC 300—RACK 300—Rail)

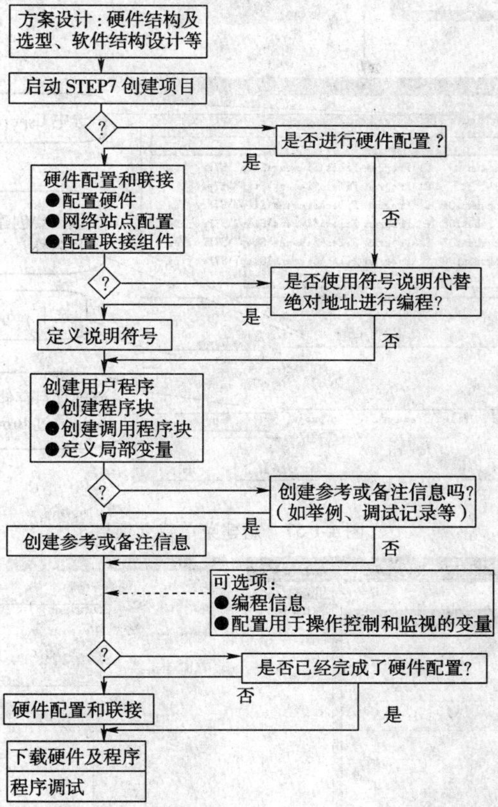

图 4-1-55　创建项目的一般流程

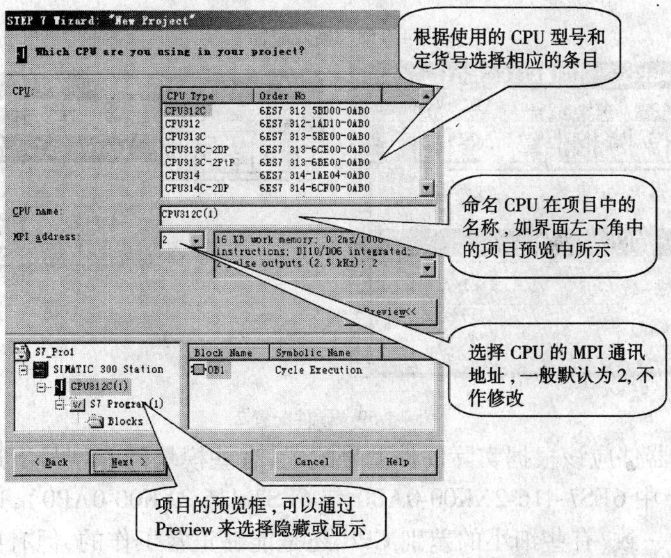

图 4-1-56　向导项目新建

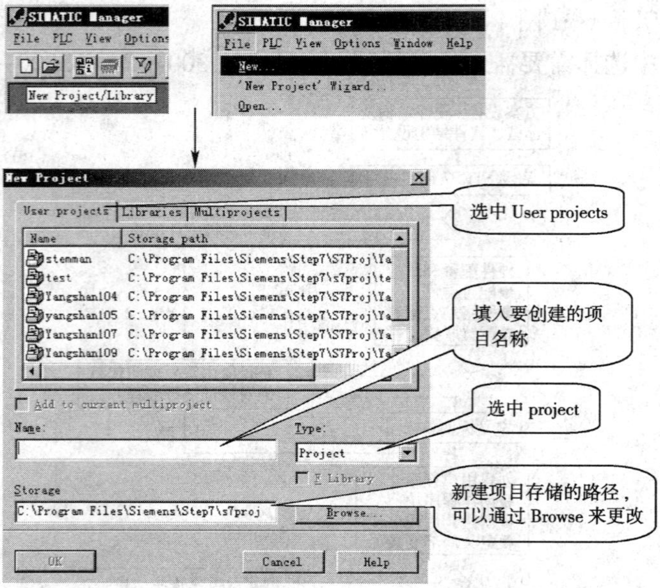

图 4-1-57　新建菜单建立项目

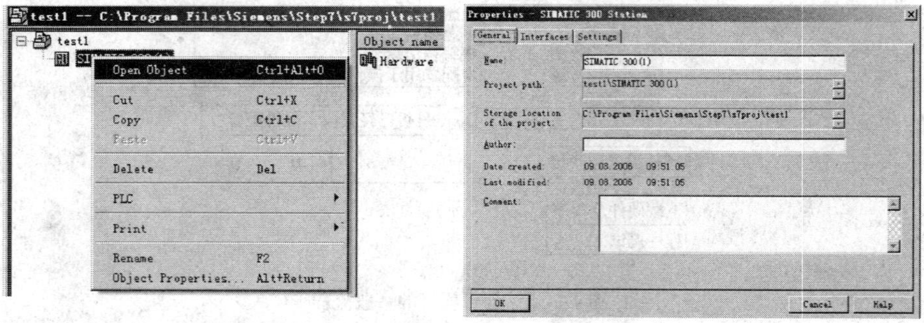

图 4-1-58　硬件配置 1

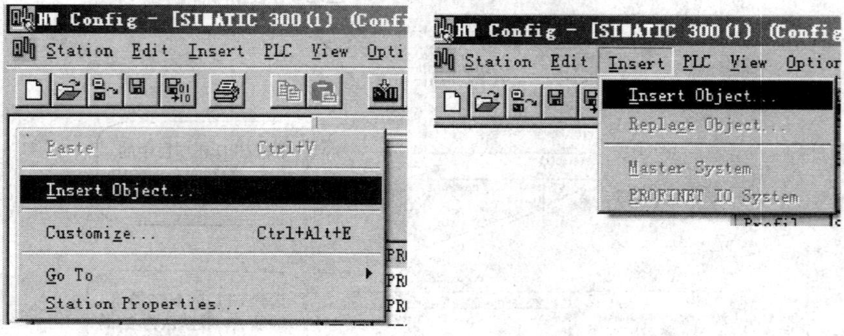

图 4-1-59　硬件配置 2

所需要插入的器件应该根据实际硬件型号配置，有些模块同一型号下还存在订货号的区别（如 CPU416-2DP 中 6ES7 416-2XK00-0AB0 与 6ES7 416-2XK00-0AB0），这些都要与实际安装的模块上的信息一致，有些细小的差别 CPU 还是能够正常工作的，但有些会导致系统无法运行。一个新的配置首先要配置机架（基板）（图 4-1-60）。

D. 右击 Slot 1，选择 Insert Object…—PS 307 5A（图 4-1-61）。

E. 右击 Slot2、3、4、5、6 分别插入相应的模块（图 4-1-62）。

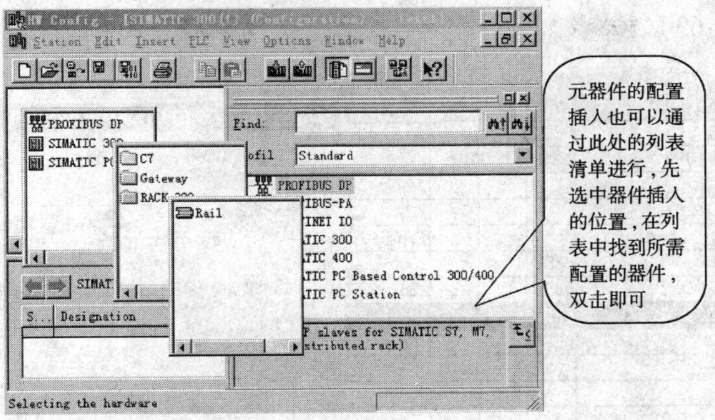

图 4-1-60　硬件配置 3

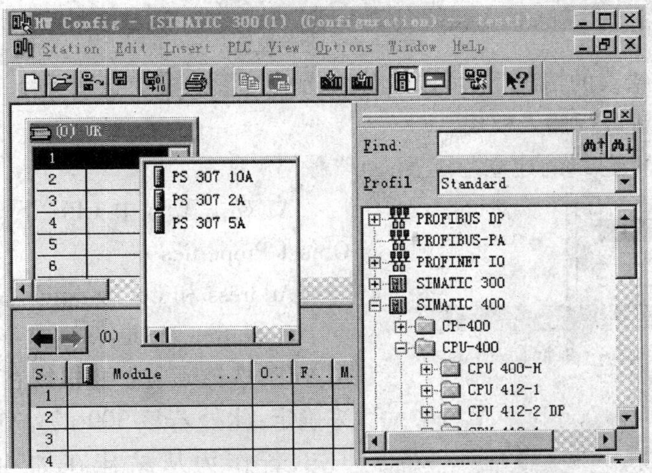

图 4-1-61　硬件配置 4

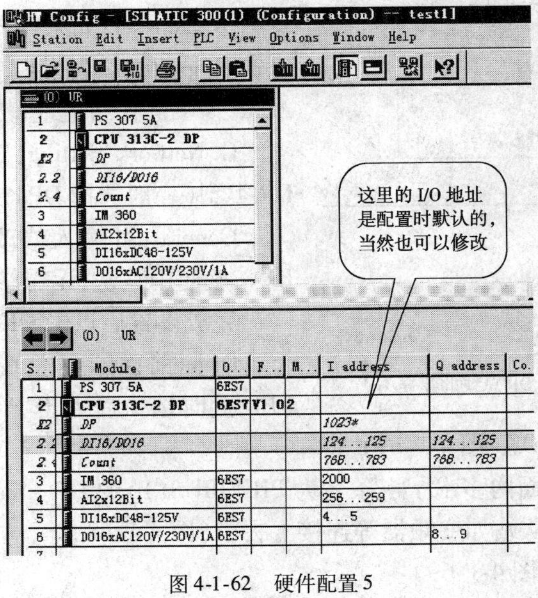

图 4-1-62　硬件配置 5

F. 双击需要修改地址的模块，在弹出窗口中确保 System Default 不选中的情况下修改相应的起始地址（图 4-1-63）。

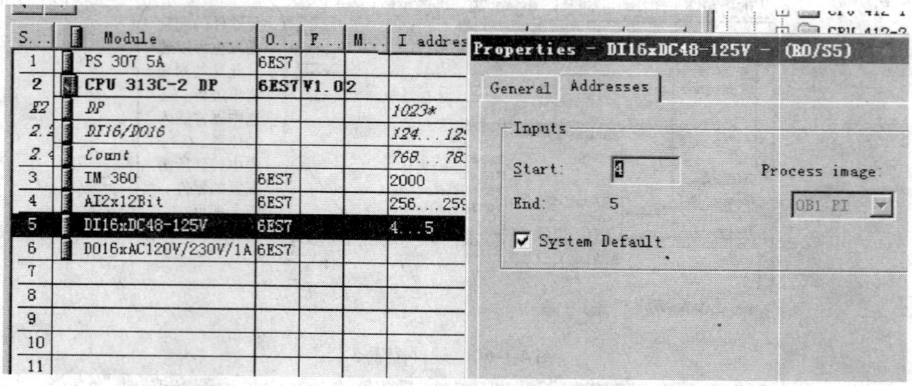

图 4-1-63 硬件配置 6

G. 在模块配置错误的情况下，可以通过右击已配置的模块选择 Replace Object 重新配置或选择 Delete 后重新进行插入模块。

②PROFIBUS DP 总线的建立与配置：

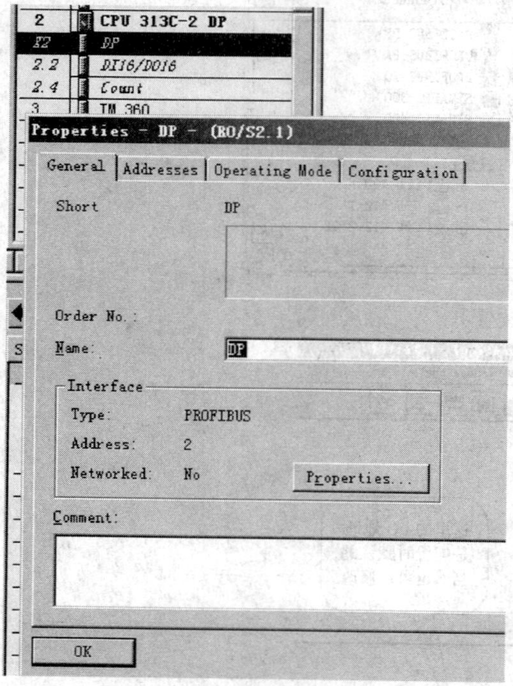

图 4-1-64 PROFIBUS DP 总线的建立 1

A. 双击配置中 CPU 下 X2 DP 或右击选择 Object Properties…

Address 和 Configuration：一般无需修改。

Operating Mode：需要选择 DP MASTER 或 DP SLAVE，选择哪项需要根据在网络中的实际情况来确定：此处若该 300 的站作为主站则为 MASTER，若作为从站挂在如 400 的站下则设为 SLAVE（图 4-1-64）。

B. General：如果需要配置 PROFI BUS 总线，点击 Properties…（图 4-1-65），General 无需配置；Address 中选择站地址；然后点击 New。

C. Network Setting：选择合适的传输速率及 DP 类型（一般选择 DP）。

General：可输入修改名称等信息，S7 subnet ID 一般使用默认，无需修改。

完成设置后点击 OK（图 4-1-66）。

D. 同前面未建总线比较多出了 PROFIBUS（1），此时选中后点击 Properties…还可以对先前的设置进行修改。点击 OK（图 4-1-67）。

E. 此时可以看到界面内多出了一条名为 PRIFIBUS（1）的 DP master system（1）总线。有了该总线就可以将其他从站如变频器等连接上去了（图 4-1-68）。

③I/O 分站的建立（图 4-1-69）：

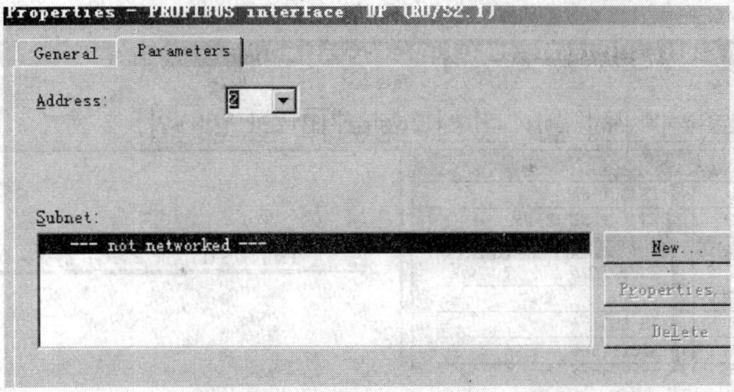

图 4-1-65　PROFIBUS DP 总线的建立 2

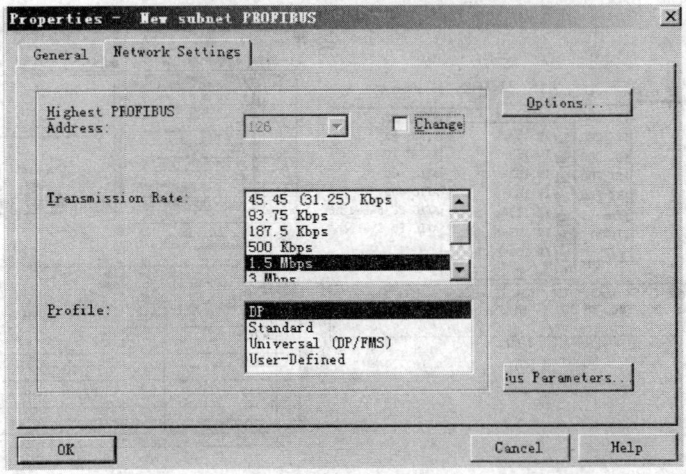

图 4-1-66　PROFIBUS DP 总线的建立 3

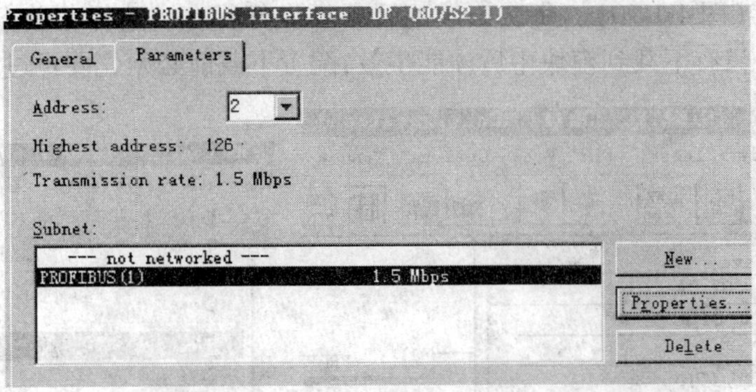

图 4-1-67　PROFIBUS DP 总线的建立 4

A. 选中 PROFIBUS 总线右击选择 Insert Object…。

B. 在弹出框内选择分站通讯模块，如 ET200M—IM153-1。

C. 设置 PROFIBUS 地址。

D. 分站建立后，选种分站在左下界面内选中相应的插槽，如基本 PLC 模块的配置一样对分站进行模块的配置。

④配置的保存及编译：

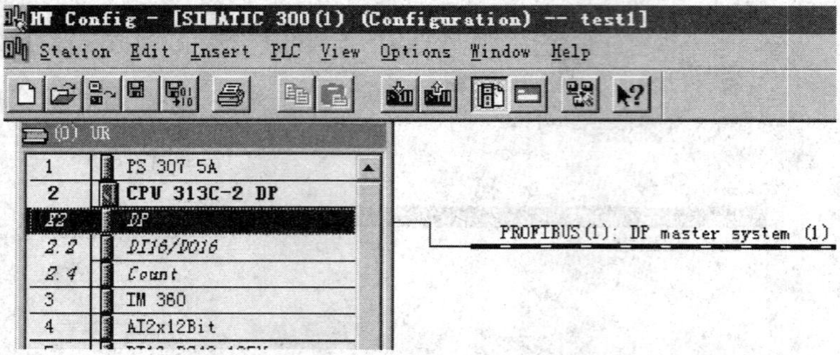

图 4-1-68　PROFIBUS DP 总线的建立 5

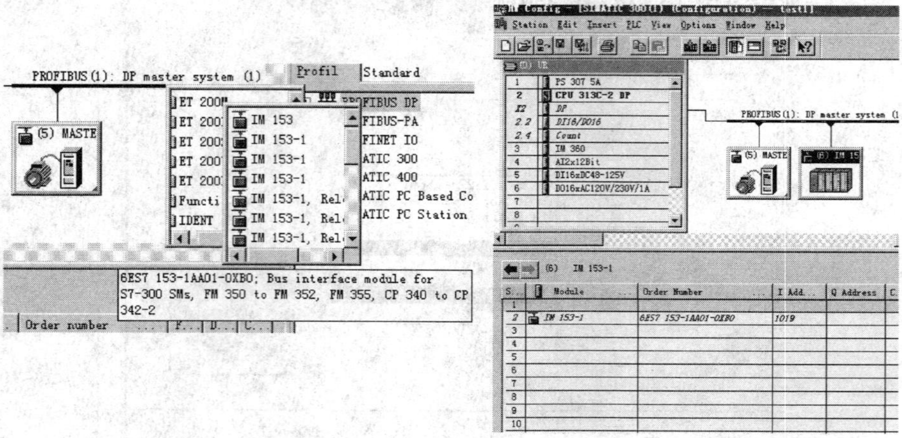

图 4-1-69　I/O 分站的建立

A. 配置的保存(图 4-1-70)。每次修改配置后要做好保存。选择菜单 Station—Save 或快捷工具。新的配置只有下载到模块中后才能生效,配置下载前必须先要经过编译。

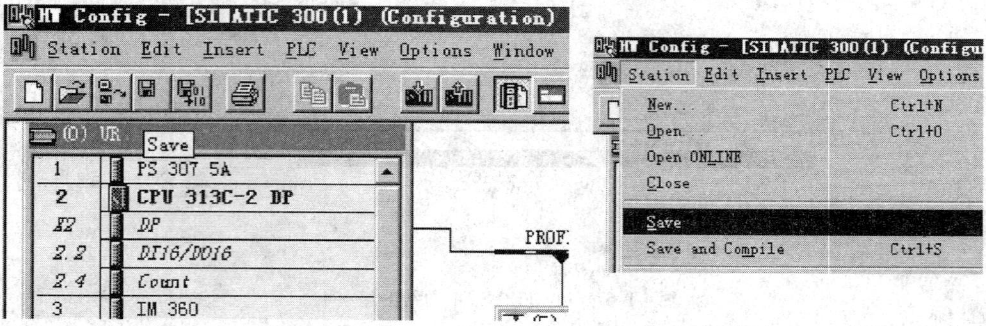

图 4-1-70　配置的保存

B. 配置的编译(图 4-1-71)。选择菜单 Station—Save and Compile 或快捷工具。编译开始后会出现进度对话框。当配置存在错误时也会出现一对话框,此时点击 Details 和 Help 找到存在的问题,解决后再重新进行编译(利用此功能可以检查配置是否存在问题)。

⑤配置的上传与下载(图 4-1-72)。

图 4-1-71　配置的编译

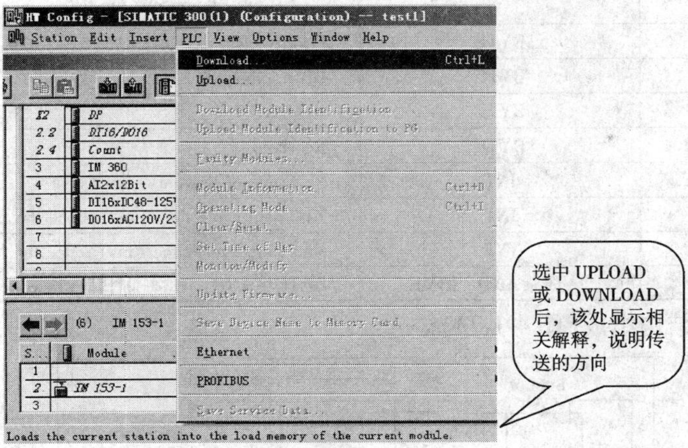

图 4-1-72　配置的上传与下载

5)应用程序的创建

(1)程序基础知识:

①应用程序的基本程序块类型(表 4-1-12)。OB、SFB、SFC 等为系统自带的功能程序块，该类程序块可以通过 STEP 7 软件中的帮助来查看其具体功能。下面重点对 OB1 进行简单说明。

基本程序块类型　　表 4-1-12

名　称		功 能 说 明
OB	Organization blocks	决定用户应用程序的结构
SFB、SFC	System function blocks、system function	该类功能块集成在 S7 CPU 中,使用户可以获取一些重要的功能
FB	Functions blocks	用户可以自己编程的带存储器功能的程序块
FC	Function	频繁使用的程序块
Instance DB	Instance data blocks	当 SB/SFB 被调用时,该程序块与其相关联,当编译时自动创建
DB	Data blocks	存储用户数据的区域,数据可以被任何程序块调用

OB1(程序循环组织功能块),它在 S7 CPU 的操作系统中是周期性循环执行的,当 OB1 执行完成后,操作系统会再次启动它执行。因此其他程序块(如 FBs、SFBs、FCs、SFCs)需要执行应通过 OB1 来调用。也就是说,当你插入并编辑了某程序块(如 FC100),如果没有被 OB1 调用或被 OB1 间接调用的话,FC100 程序块是不会执行的。所谓间接调用是指被 OB1 的子程序或子子程序调用。表 4-1-13 列出了 OB1 程序块的默认临时变量。

OB1 程序块默认变量 表 4-1-13

Variable	Type	Description
OB1 _ EV _ CLASS	BYTE	Event class and identifiers: B#16#11: OB1 active
OB1 _ SCAN _ 1	BYTE	• B#16#01: completion of a warm restart • B#16#02: completion of a hot restart • B#16#03: completion of the main cycle • B#16#04: completion of the cold restart • B#16#05: first OB1 cycle of the new master CPU after master-reserve switchover and STOP of the previous master
OB1 _ PRIORITY	BYTE	Priority class 1
OB1 _ OB _ NUMBR	BYTE	OB number(01)
OB1 _ RESERVED _ 1	BYTE	Reserved
OB1 _ RESERVED _ 2	BYTE	Reserved
OB1 _ PREV _ CYCLE	INT	Run time of previous scan (ms)
OB1 _ MIN _ CYCLE	INT	Minimum cycle time (ms) since the last startup
OB1 _ MAX _ CYCLE	INT	Maximum cycle time (ms) since the last startup
OB1 _ DATE _ TIME	DATE _ AND _ TIME	DATE _ AND _ TIME of day when the OB was called

②程序的基本结构组成(图 4-1-73)。

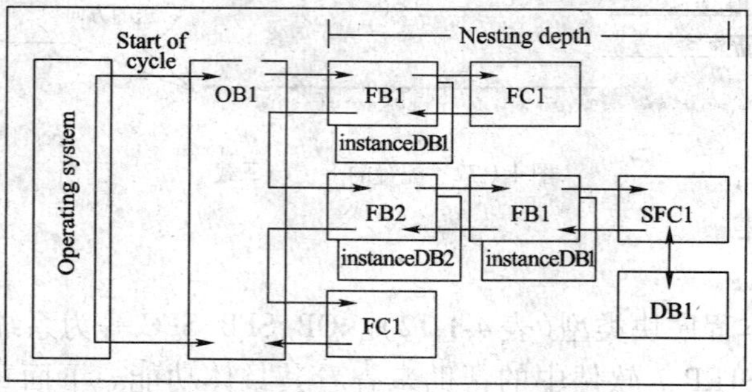

图 4-1-73 程序的基本结构

③数据的基本类型(表 4-1-14)。

数据的基本类型 表 4-1-14

Typle and Description	Size in Bits	Format Options	Range and Number Notation (lowest to highest value)_	Example
BOOL(Bit)	1	Boolean text	TRUE/FALSE	TRUE
BYTE (Byte)	8	Hexadecimal number	B#16#0 to B#16#FF	L B#16#10 L byte#16#10
WORD (Word)	16	Binary number Hexadecimal number BCD Decimal number unsigned	2.0 to 2#1111 _ 1111 _ 1111 _ 1111 W#16#0 to W#16#FFFF C#0 to C#999 B#(0.0) to B#(255.255)	L 2#0001 _ 0000 _ 0000 _ 0000 L W#16#1000 L word#16#1000 L C#998 L B#(10,20) L byte#(10,20)

续上表

Typle and Description	Size in Bits	Format Options	Range and Number Notation (lowest to highest value)_	Example
DWORD (Double word)	32	Binary number Hexadecimal number Decimal number unsigned	2#0 to 2#1111 _ 1111 _ 1111 _ 1111 1111 _ 1111 _ 1111 _ 1111 DW#16#0000 _ 0000 to DW#16#FFFF _ FFFF B#(0,0,0,0) to B#(255,255,255,255)	2#1000 _ 0001 _ 0001 _ 1000 _ 1011 _ 1011 _ 0111 _ 1111 L DW#16#00A2 _ 1234 L dword#16#00A2 _ 1234 L B#(1,14,100,120) L byte#(1,14,100,120)
INT (Integer)	16	Decimal number signed	-32768 to 32767	L1
DINT (Integer,32 bits)	32	Decimal number signed	L#2147483648 to L#2147483647	L L#1
REAL (Floating-point number)	32	IEEE Floating-point number	Upper limit: ±3.402823e+38 Lower limit: ±1.175495e-38	L 1.234567e+13
S5TIME (SIMATIC time)	16	S7 time in steps of 10 ms (default)	S5T#0H _ 0M _ 0S _ 10MS to S5T#2H _ 46M _ 30S _ 0MS and S5T#0H _ 0M _ 0S _ 0MS	L S5T#0H _ 1M _ 0S _ 0MS L S5TIME __ 0H _ 1H _ 1M _ 0S _ 0MS
TIME (IEC time)	32	IEC time in steps of 1 ms, integer signed	-T#24D _ 20H _ 31M _ 23S _ 648MS to T#24D _ 20H _ 31M _ 23S _ 647MS	L T#0D _ 1H _ 1M _ 0S _ 0MS L TIME#0D _ 1H _ 1M _ 0S _ 0MS
DATE (IEC date)	16	IEC date in steps of 1 day	D#1990-1-1 to D#2168-12-31	L D#1996-3-15 L DATE#1996-3-15
TIME _ OF _ DAY (Time)	32	Time in steps of 1 ms	TOD#0:0:0.0 to TOD#23:59:59.999	L TOD#1:10:3.3 L TIME _ OF _ DAY#1:10:3.3
CHAR (Character)	8	ASCII characters	'A','B' etc.	L 'E'

(2)程序块的建立:

①启动 SIMATIC Manager 并展开项目,选中 Block 右击, 选择 Insert New Object,然后再选择所需建立的相应类型程序块,如 Function(图 4-1-74)。

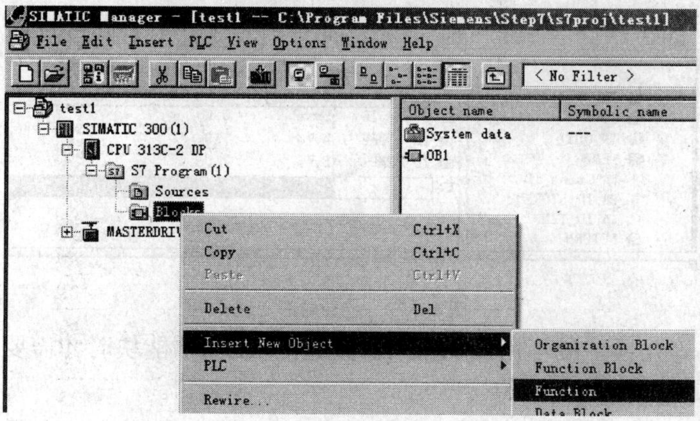

图 4-1-74　程序块的建立 1

②在弹出框填写或选择有关内容，图 4-1-75 仅对几项较为重要的进行说明，未作说明部分可根据实际填写，也可不填。完成后点击 OK，FC1 程序块建立完成。

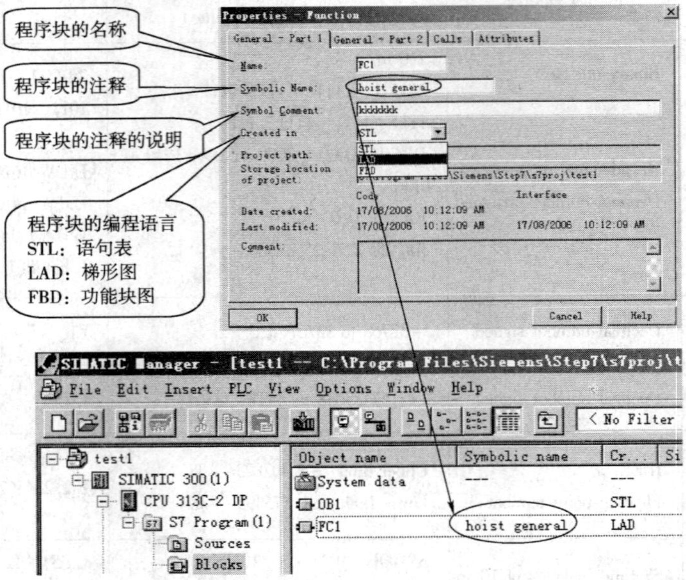

图 4-1-75　程序块的建立 2

(3)程序块的编辑。程序块编辑的一般流程如图 4-1-76 所示。

①定义编辑变量。以 FC1 为例，双击打开 FC1 程序块。

如图 4-1-77 所示，在左框内选中 TEMP，在右框内逐个建立变量（输入名称、选择数据类型，地址是自动分配的，还可以输入详细说明）。

此处建立的变量为局部变量，只在本程序块内有效，因此其他程序块内有同名的变量，相互是没有影响和关系的。

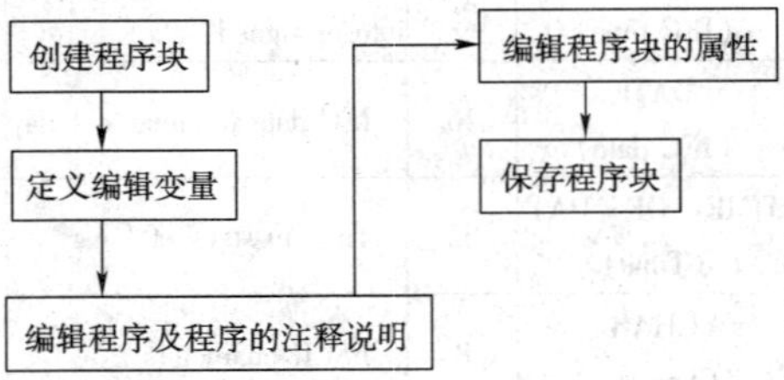

图 4-1-76　程序块编辑流程

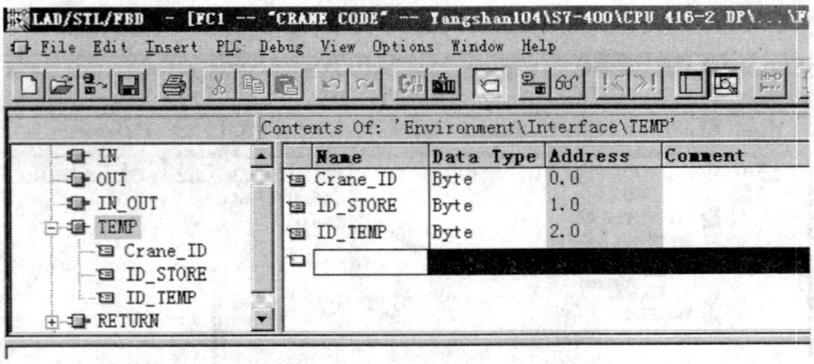

图 4-1-77　定义局部变量

对于 IN、OUT 等几项一般不用，只有该程序块作为调用功能块时才需要定义输入、输出的参数。

对于全局变量要在 SYMBOL TABLE 中进行定义和编辑，如图 4-1-78 所示。

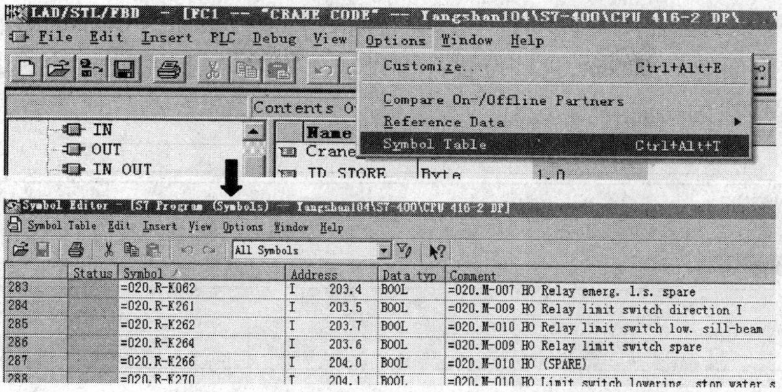

图 4-1-78　定义全局变量

图中选择 Options—Symbol Table 进入下表进行变量的定义和修改。全局变量在整个项目范围内均有效。

②编辑程序（图 4-1-79）。选中网络段位置，选择菜单 Insert—Program Elements 或 FBD Language Elements 或快捷栏内的程序元件。一个网络段只能编写一段程序，且段内的元件必须相互连接，否则应编写在另一程序段内，插入程序段可以选择菜单 Insert—Network。如果程序段的编程语言不同，菜单 Insert 打开后会有所不同。

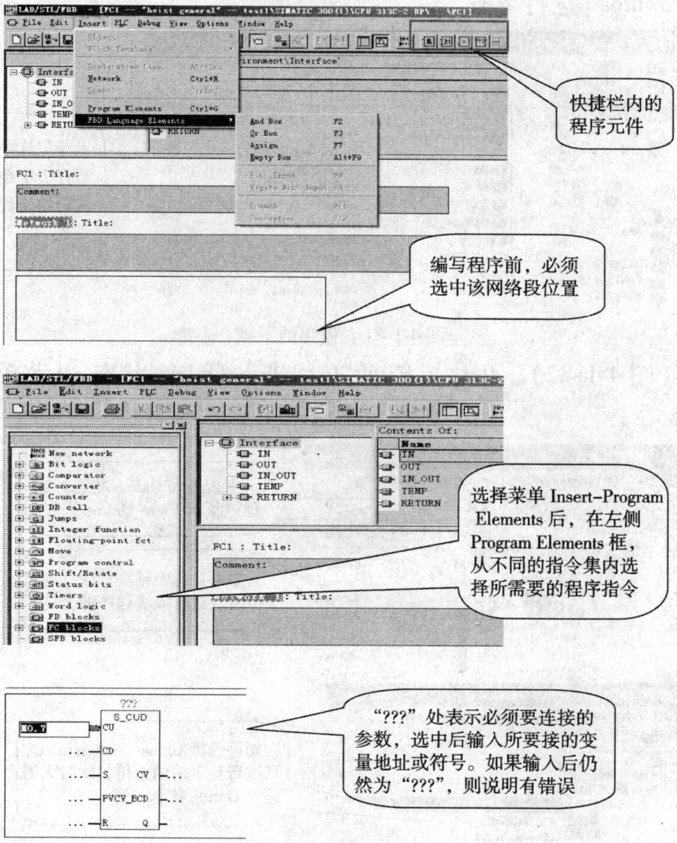

图 4-1-79　编辑程序

③编辑程序说明。在图 4-1-80 选中 FC1 右侧的 Title 或下面的 Comment，或选中 Network1 右侧的 Title 或下面的 Comment，这些位置都可以输入有关说明，说明内容一般为帮助理解程序的说明，如程序段的功能等。

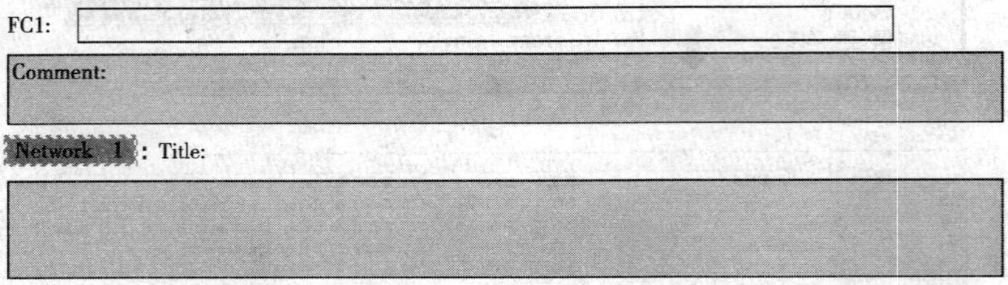

图 4-1-80　编辑程序说明

④编辑程序块的属性。选中程序块，选择菜单 Edit—Object Properties，打开属性窗口，对有关内容可以进行编辑修改。

⑤保存程序块。完成了对程序的编辑后，选择 File—Save 或快捷工具栏保存按钮对程序进行保存。

⑥程序的上传与下载：

A. 程序的下载（图 4-1-81）。打开建立的项目，展开并选中 Blocks，从选择快捷键 Download 或菜单 Plc—Download 进行下载。

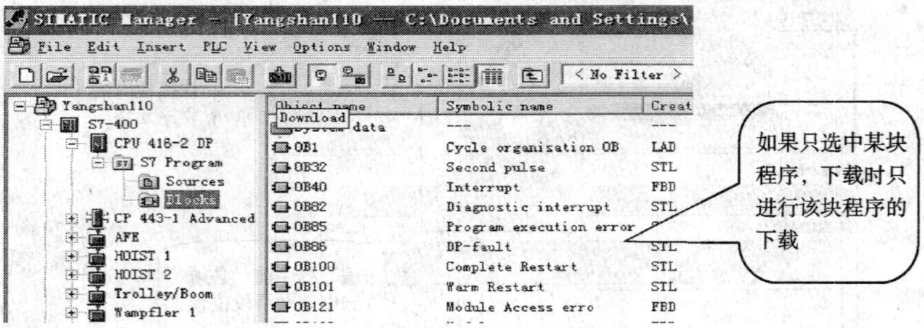

图 4-1-81　程序的下载

B. 程序的上传（图 4-1-82）。程序上传前，必须进入 Online 状态，从菜单 Plc—Upload 进行上载。

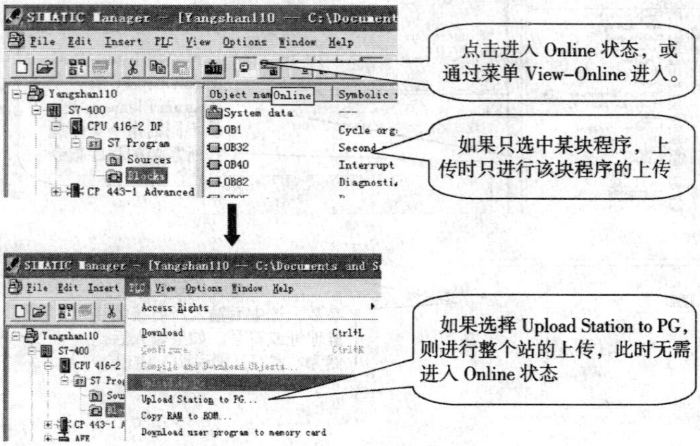

图 4-1-82　程序的上传

三、GE 公司的 PLC

GE 公司的 PLC 有 Micro、90-30、90-70 等等，Micro 系列是小规模的控制场合使用的一款 PLC，在港口大型电动装卸机械上一般使用较大规模的 90-30PLC 或 90-70PLC，本文主要讲述 90-30 系列 PLC。

1. PLC 硬件简介

90-30 系列 PLC 是由一系列的控制器，输入/输出系统和各种专用模板构成的，它适用于工业现场的各种控制需求。它是在 1989 年推出的，并首次在小型可编程控制器类型内引入了诸多新的功能。

1）90-30PLC 的类型

90-30PLC 根据 CPU 的种类来划分类型，其 I/O 模块支持全系列的 CPU，而有些智能模块只支持高档的 CPU 模块。

其 CPU 类型有：CPU331；CPU340、CPU341；CPU350、CPU351、CPU352；CPU360、CPU363、CPU364 等。

2）硬件配置

图 4-1-83 所示为 PLC 主站的配置，它有以下几部分组成：

图 4-1-83　PLC 主站结构

（1）底座：根据安装的模块多少可选用 5 槽或 10 槽的。

（2）电源模块：安装在最左边的槽内。

（3）CPU 模块：安装在电源模块边上的槽内，即第 1 个槽。

（4）通讯模块：根据需要安装所需类型的通讯模块。对于远程 I/O 分站，可选用 GBC 模块，组成 Genius Bus 网络，分站可采用 Control Field 模块一次通讯。根据需要还可以安装以太网模块等其他通讯模块。

（5）I/O 模块：数字量、模拟量输入输出模块。

（6）其他可选模块。

2. PLC 软件的应用（VersaPro）

目前 GE PLC 的编程软件主要有四种：Logicmaster 90、Control 90、VersaPro 和 CIMPLICITY ME。

VersaPro 是 GE Fanuc PLC 的应用比较广泛的编程软件，它提供了梯形图 RLD 、语句指令

IL、C 语言等编程语言,并且具有梯形图和语句指令相互转换的功能。

1)VersaPro 软件的安装

(1)插入 CD-ROM 安装盘,找到并双击 Setup. exe 文件开始进行安装,安装过程中根据提示进行操作。

(2)安装好程序后会跳出注册界面(图 4-1-84),根据情况选择注册方式,填写有关内容后注册(未注册的软件只有几天的试用期限)。

2)通讯端口的建立

(1)进行通讯端口的设置。如图 4-1-85 所示,通过菜单 Tools—Communications Setup 打开通讯设置窗口。首先在 Ports 项内建立所要使用的端口,通过 Edit 对端口进行参数设置。Ports 项设置好后,进入 Devices 项,选择或建立连接所用的设备项,并利用 Edit 进行端口选择。通常使用的连接方式有串口和以太网,一般以太网方式只有在硬件完成配置且以太网正常运行后才能使用,进行硬件配置等需要串口方式进行。

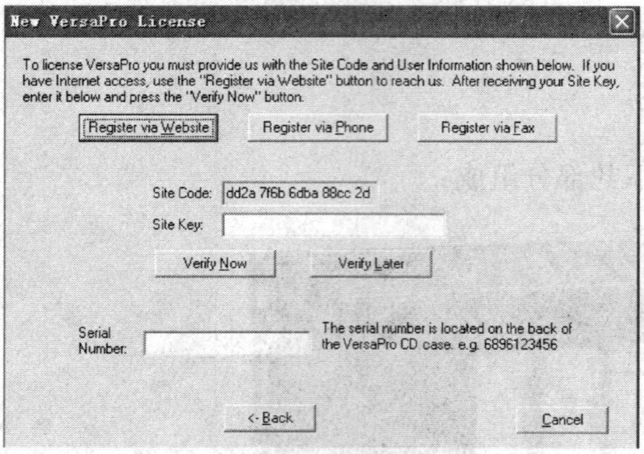

图 4-1-84　VersaPro 软件的安装

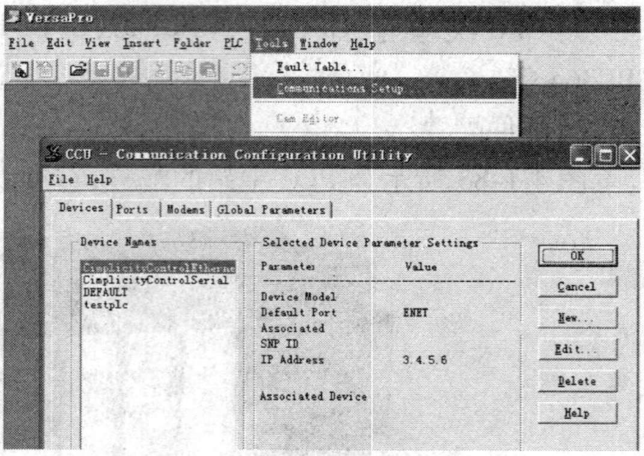

图 4-1-85　通讯设置

(2)通讯连接。通讯端口设置好后,如图 4-1-86 所示,从菜单 PLC—Connect 进行连接,根据实际所用连接方式选择正确的连接设备和端口等,点击 Connect 即开始连接。

3)VersaPro 软件简介

(1)VersaPro 的启动与退出:

①VersaPro 的启动。从开始菜单选择 GE Fanuc Software—VersaPro—VersaPro 。

②项目的开启。在 VersaPro 软件窗口菜单中选择 File—Open Folder,选择所要打开的项目位置及文件。图 4-1-87 为已打开项目的 VersaPro M 窗口。

③VersaPro 的退出。在 VersaPro 软件窗口菜单中选择 File—Exit。

(2)VersaPro 项目窗口概况。如图 4-1-88 所示,VersaPro 项目窗口由许多小窗口组成,每个小窗口有自己的功能,可以对它们进行位置的编排以适应不同用户的习惯,也可以单个进行关闭,需要时再打开。

4)编程基础知识

(1)PLC 的地址形式。图 4-1-89 列出了 PLC 地址的各种类型形式。

(2)程序的组织结构。图 4-1-90 列出了程序的组织结构,程序有主程序和各个功能块组成,功能块可重复调用。

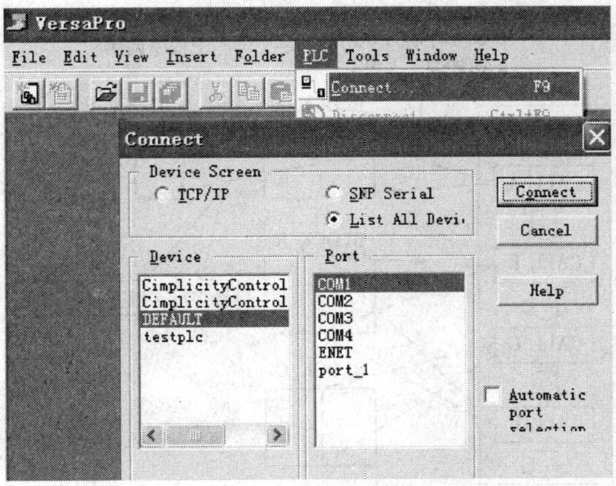

图 4-1-86 通讯连接

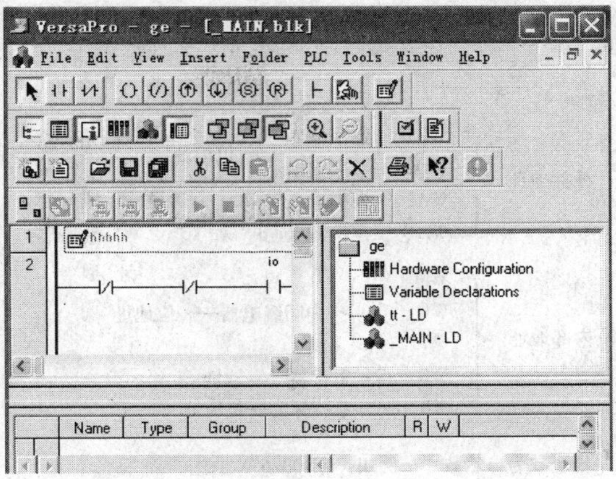

图 4-1-87 打开项目的 VersaPro 窗口

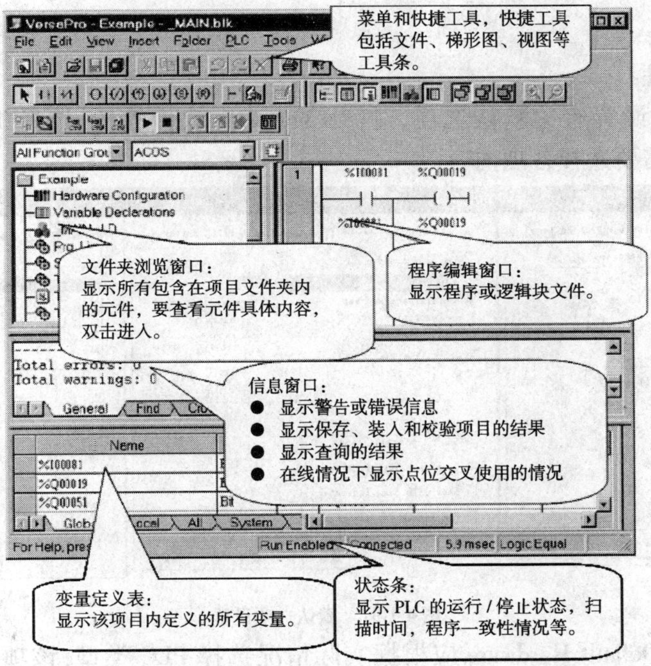

图 4-1-88 VersaPro 项目窗口简介

(3)数据类型。90-30PLC 的数据类型列于表 4-1-15 中。

90-30PLC 的数据类型 表 4-1-15

数据类型	说 明	长 度(位)	范 围
BIT	位(BOOL)	1	1 或 0
BYTE	字节	8	0 ~ 255
WORD	字	16	0 ~ 65535
DWORD	双字	32	0 ~ 4294967295
INT	整型	16	-32768 ~ +32767
DINT	双整型	32	-2147483648 ~ +2147483647
BCD-4	BCD 码十进制	16	0 ~ 9999
REAL	实数型	32	±1.401298E-45 ~ ±3.402823E+38

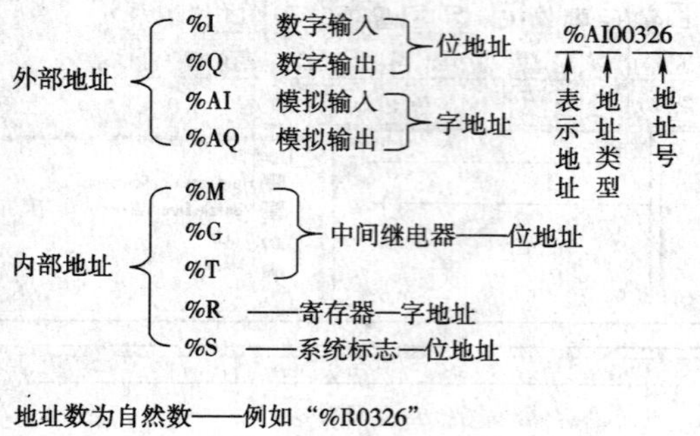

图 4-1-89　PLC 地址的形式

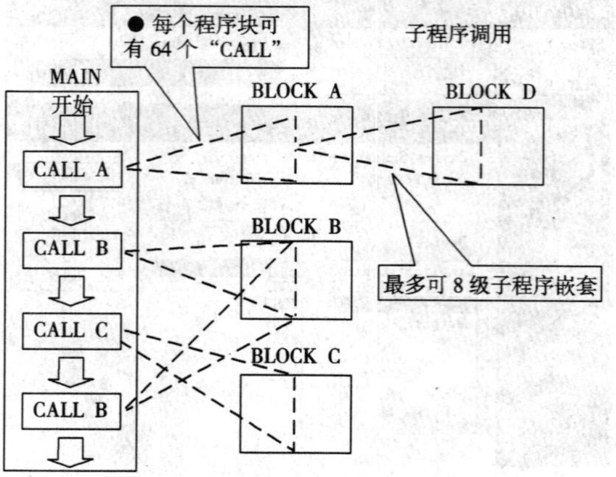

图 4-1-90　程序的组织结构

5)项目的创建

(1)项目的创建:

①创建项目前设置有关默认选项。打开 VersaPro 软件软件,选择 Tools—Options,在图 4-1-91中根据实际需要选择各项内容。

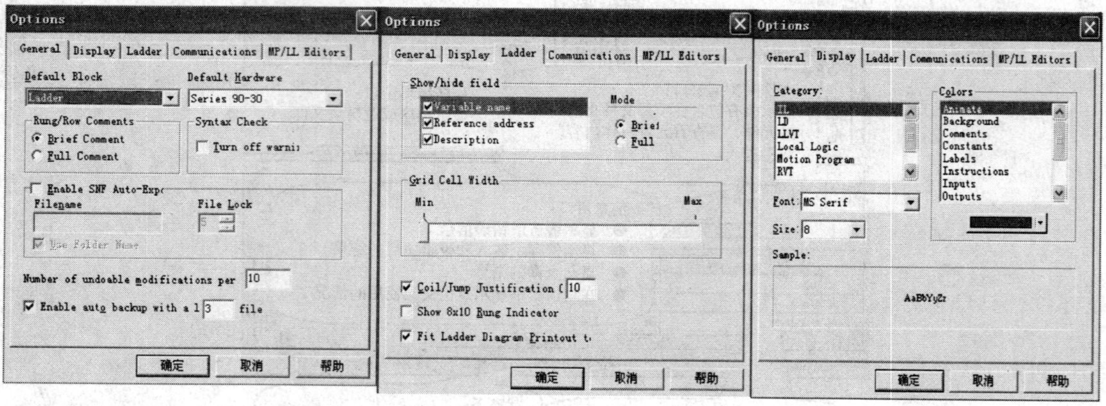

图 4-1-91　默认选项设置

在 General 中,Default Hardware 应根据实际情况选择 PLC 类型,该项比较重要。如果选错,利用 Empty Folder 创建的项目,硬件将无法改变 PLC 系列。

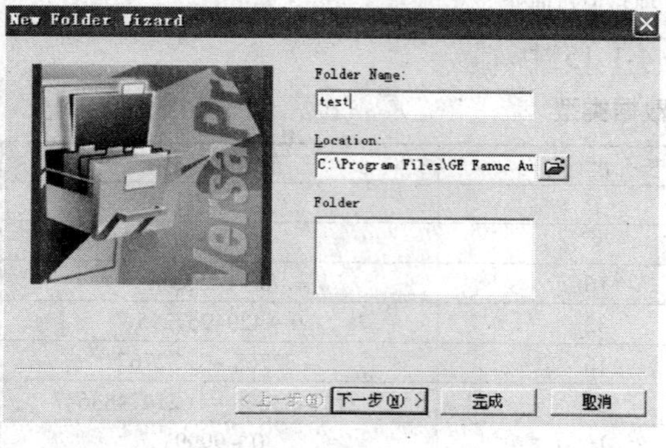

图 4-1-92　项目创建 1

②选择菜单 File—New Folder,调出图 4-1-92 新建窗口,填写创建的项目名和路径点击下一步。

③在图 4-1-93 选择 Empty Folder,点击完成。

(2)硬件配置。如图 4-1-94 所示,双击项目文件夹下的 Hardware Configuration 打开硬件配置窗口,右键点击相应槽位进行模块配置,模块配入后还要进行一些参数的设置。如电源、CPU 的性能参数，I/O 模块的地址，通讯模块的相连接的通讯站地址、输入输出地址等等。

图 4-1-93　项目创建 2

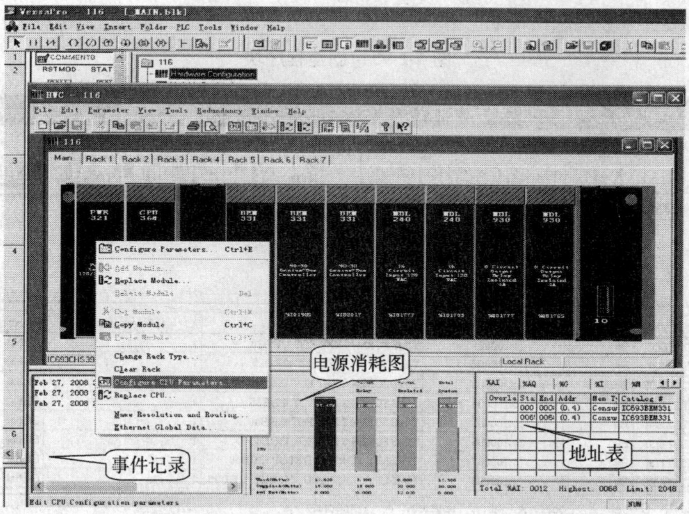

图 4-1-94　硬件配置

在该窗口内对于已经配好的模块等还可以进行修改等操作。没有扩展底板的项目在 Mian 配置好就算完成了，带扩展底板的还要根据实际情况全部进行配置。

(3)程序块的创建。主程序块在项目创建时自动生成，其他程序块(即子程序)需要用户自己建立，子程序必须被主程序调用或间接调用才会执行。如图 4-1-95 所示，右击弹出菜单选择 New Block，根据所建程序块填写相关内容。

(4)变量定义。如图 4-1-96 所示，点击项目文件夹下的 Variable Declarations 打开变量表进行变量的定义。

Name：变量名称，可以使用的字符有 A ~ Z、a ~ z、0 ~ 9、% 、+ 、-、#、@ 、〈、〉、= 以及下横杠(_)。

Type：数据类型。

Len：数据长度。

Address：变量的地址。

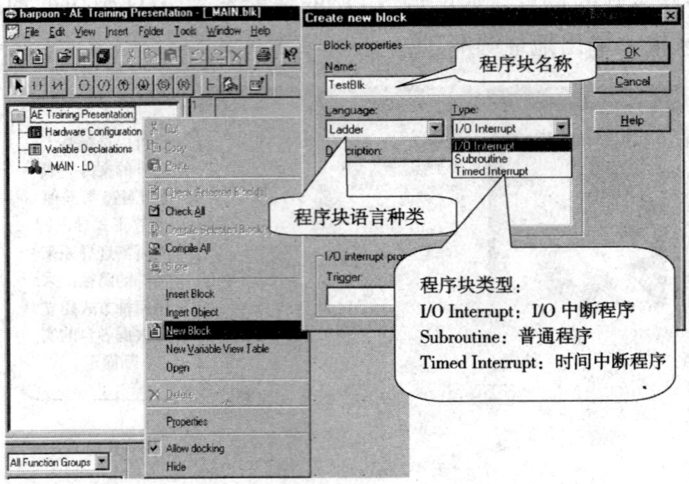

图 4-1-95　创建程序块

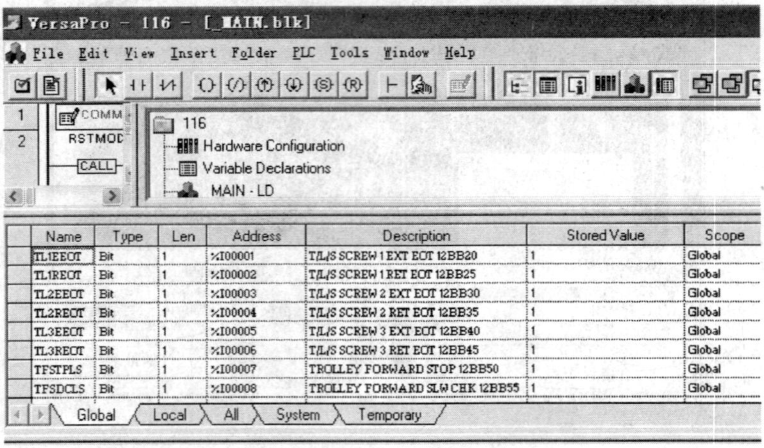

图 4-1-96　变量定义

Description：变量的详细说明，便于阅读程序。

Stored Value：变量存储的数据。

定义变量要注意变量是全局变量（Global）还是局部变量（Local），System（系统变量）为系统自带的变量，它是不需要定义的，可以直接使用。

（5）程序编辑。打开所要编程的程序块，如图 4-1-97 所示，在右侧窗口内进行编程。在编辑程序的过程中也可以对用到的变量进行定义。

程序编辑完成后，通过菜单 Folder 下的 Check 功能可以对编写的程序进行错误检查，错误情况在窗口内列出（图 4-1-98）。

6）VersaPro 软件的常用功能

（1）程序的在线查看。如图 4-1-99 所示，通过菜单 View—Monitor 进入在线状态，在线后可以看到程序内点位的通断状况和数据的数值。在进入在线状态前应确保电脑与 PLC 内的程序一致，否则无法进行在线监视。

图 4-1-97　梯形图程序编辑

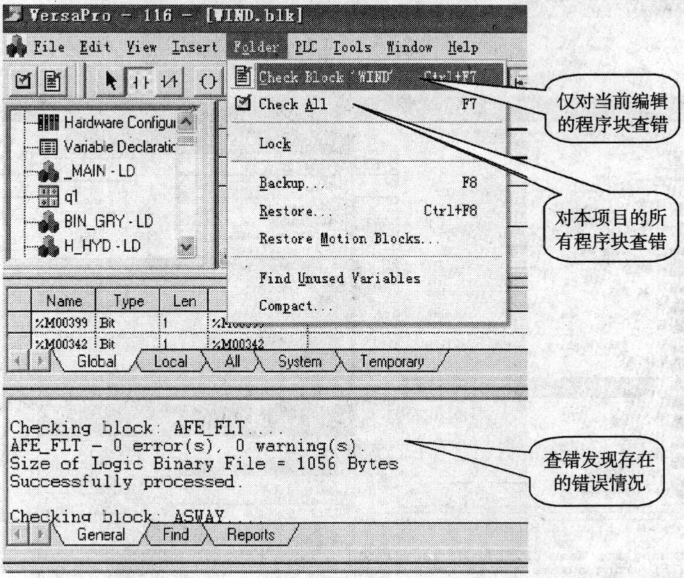

图 4-1-98　程序查错

（2）点位的查询。参照图 4-1-100，由菜单 Edit—Find In Blocks 进行查询。选择以什么进行查询，并填入要查询的内容，然后选择查询的范围和查询的过滤项等。一般查询点位时，选择 Address（地址）或 Name（名称）进行查询。

（3）程序的上传与下载。在图 4-1-101 中，选择菜单 PLC—Store 可将程序等下载到 PLC 内，另外还可以选择下载硬件配置等，根据实际需要选择所要下载的项。而菜单 Load 则可以实现将 PLC 内的程序上传到电脑内。

(4)变量监视。如图4-1-102所示,点击选择New Variable View Table,填写变量表名称打开变量表。在变量表内填入需要监视的变量,在线状态下就可以实时对变量的通断状态或数值进行监视。

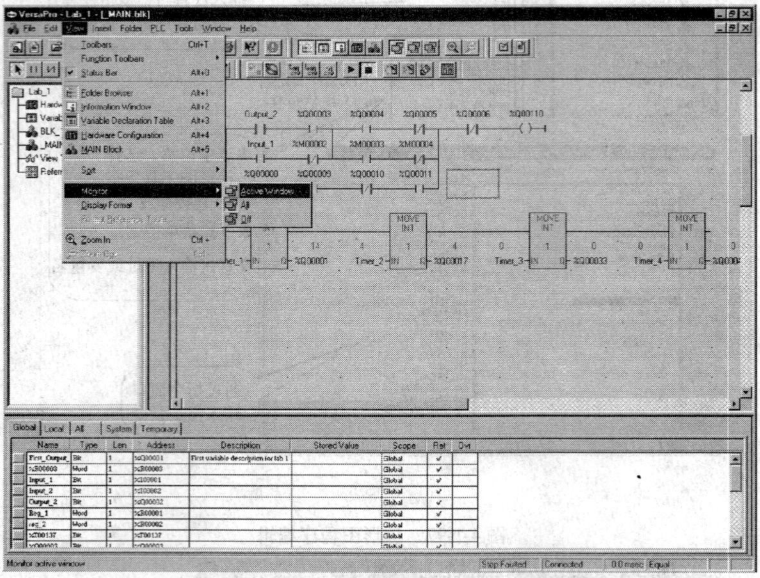

图4-1-99　程序在线监视

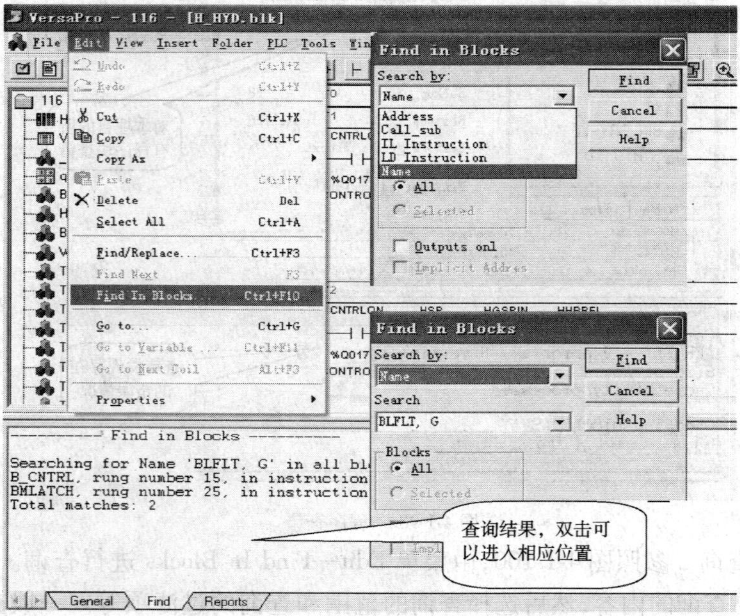

图4-1-100　点位查询

(5)故障表。故障表是PLC自身进行检测而保存的有关PLC的故障情况。如图4-1-103所示,选择菜单Tools—Fault Table打开故障表,故障分成PLC和I/O两类,我们可以查看、打印或清除故障内容。故障表应定期清除,否则积累太多可能会造成CPU运行异常。

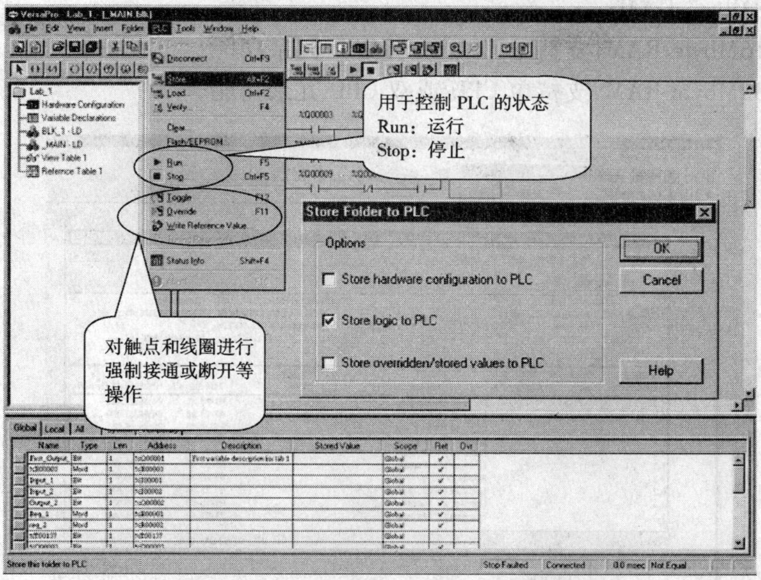

图 4-1-101　程序上传下载等操作

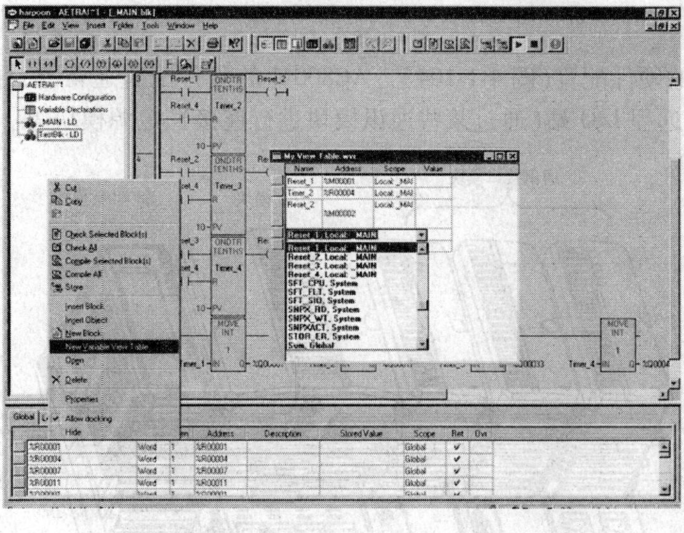

图 4-1-102　变量监视

四、ABB 公司的 PLC

ABB 公司的 PLC 有 AC31、AC250、AC500、AC800 等，目前在港口大型电动装卸机械上应用较多的是 AC800 系统，与 AC800 配套使用的 I/O 站是 S800 I/O，它一般作为 AC800 的远程分站。这里以港口大型电动装卸机械上常用的 AC800M 为例对 ABB 公司的 PLC 进行介绍。

1. AC800M

1) AC800 硬件概述

(1) AC800M　CPU 的种类：

①PM860:8Mbyte RAM;

②PM861:16Mbyte RAM,支持单 CPU 或双 CPU 冗余功能;

③PM864:32Mbyte RAM,支持单 CPU 或双 CPU 冗余功能。

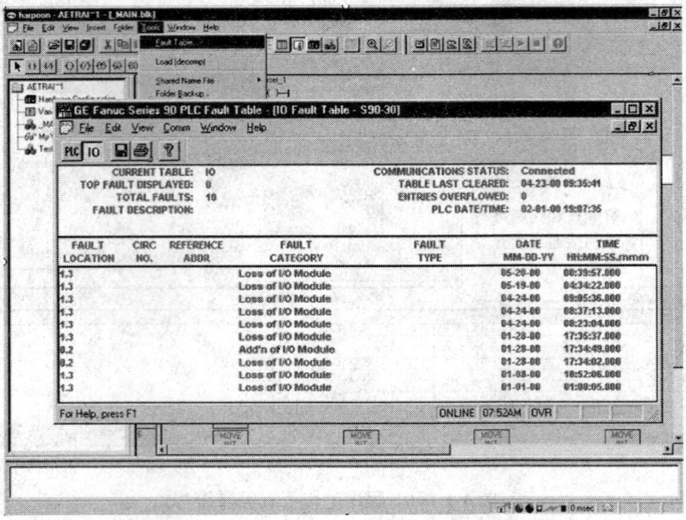

图 4-1-103　故障表

(2)AC800M 的硬件配置(图 4-1-104)。AC800M 的硬件配置通常有:导轨、CPU 模块、通讯模块、I/O 模块、远程 I/O 站(通过某些通讯模块进行连接)、电源模块等。

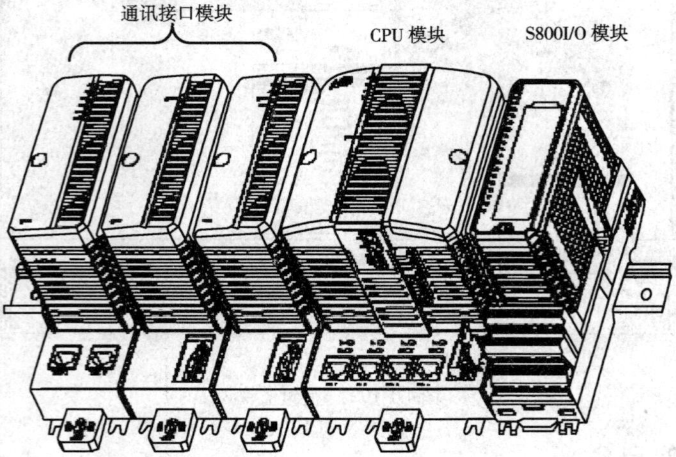

图 4-1-104　AC800M 的硬件配置

硬件配置的规则:见图 4-1-105。

如图 4-1-105 所示,每个组最多可以连接 12 个 I/O 模块,通过 CPU 最多可以再拓展 7 个组,也就是说通过 ModuleBus 接口最多可以连接 96 个 I/O 模块。CPU 还可以通过 PROFIBUS DP 网络来增加 I/O 站,CPU 的 CEX-bus 接口最多能够连接 12 个通讯模块,对于每个 PROFIBUS DP 段最多能够连接 12 个站,每个站最多能够连接 24 个 I/O 模块。

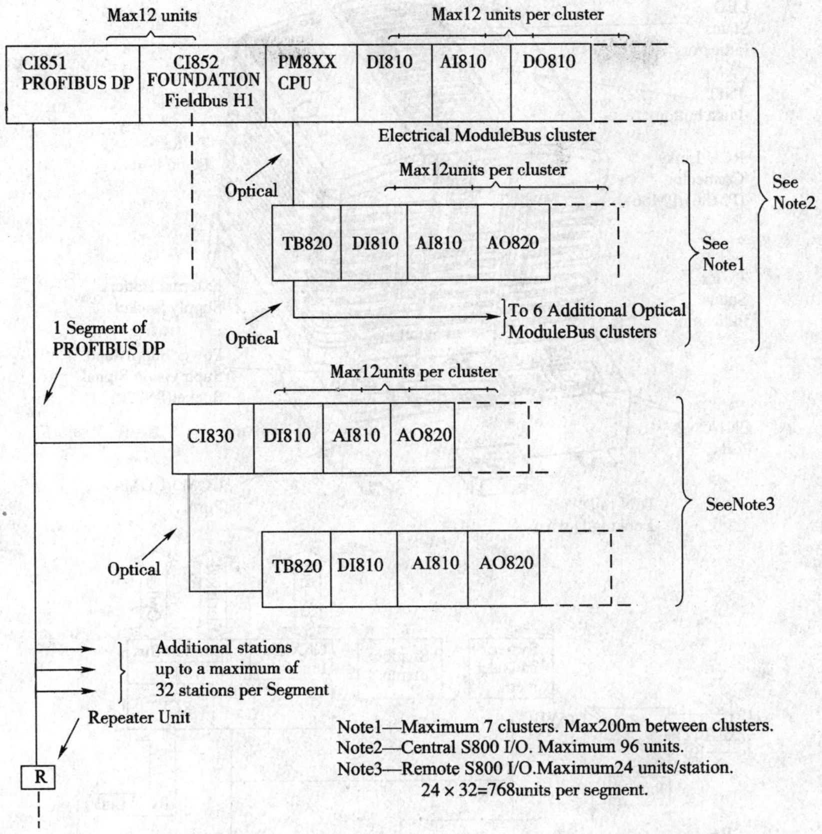

图 4-1-105 硬件配置的规则

2)CPU 模块

(1)CPU 模块的功能结构和视图(图 4-1-106)。CPU 由两个基本部分组成:

①处理器(包含供电部分);

②基板(TP830)。

CPU 模块包含微处理器和 RAM 内存,以及所有的内置式通讯接口、LED 指示灯、INIT 初始化按钮和内存卡插口。

供电部分的提供 CPU 和 I/O 单元 +5V 和 +3.3V 电源,具有隔离和短路保护功能。集成在 TP830 基板上的端子板通过导轨接地,它上面含有各种通讯接口。

TP830 上的 24V 电源能够给 CEX-bus 和 ModuleBus 连接的模块供电。在单 CPU 系统中 S800 I/O 可以通过 ModuleBus 接口进行连接,CEX-bus 接口用于连接各种通讯模块,如 PROFIBUS DP 模块、FOUNDATION 模块等。

(2)CPU 模块上的端口:

①CN1、CN2:以太网端口;

②COM3:RS232-C 串口,具有 modem 功能;

③COM4:RS232-C 串行编程口,用于连接编程电脑等。

(3)CPU 模块上的指示灯见表 4-1-16。

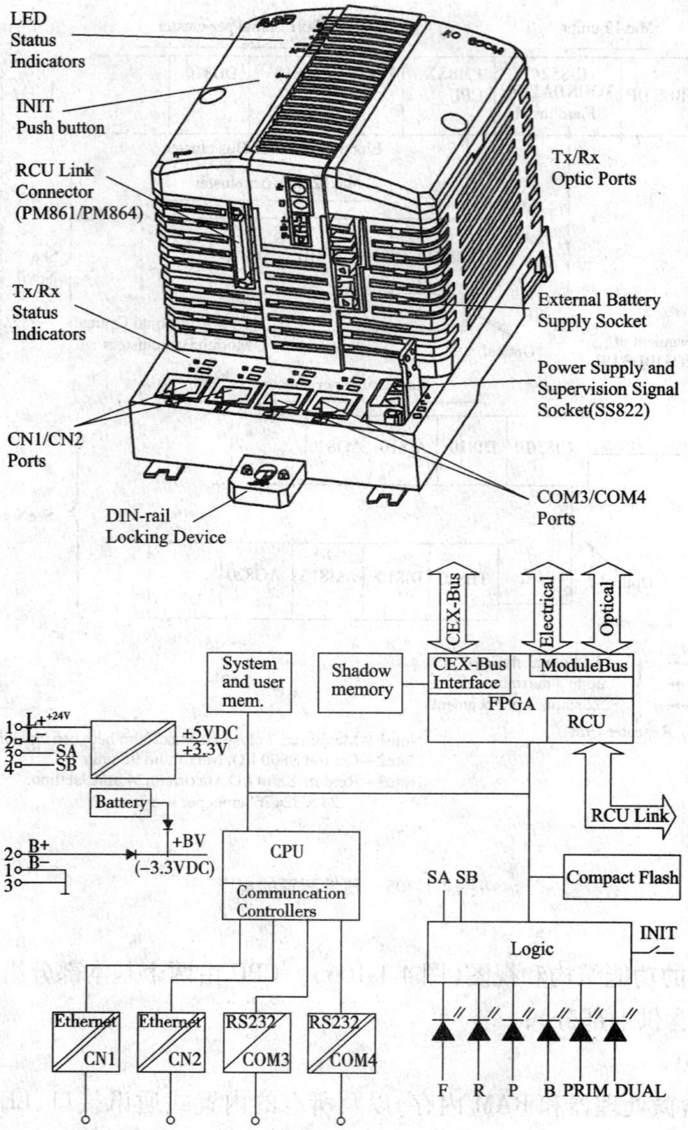

图 4-1-106　CPU 模块的功能结构和视图

CPU 模块上的指示灯　　表 4-1-16

名　称	颜　色	功　　能
F(故障)	红	正常状态不亮　　重启(初始化)瞬时亮
R(运行)	绿	正常状态亮　　重启(初始化)瞬时亮 当按初始化按钮 3s 以上重启时灯闪
P(电源)	绿	正常状态亮　　灯亮时表示 +5V、3.3V 电源正常
B(电池)	绿	正常状态亮　　灯亮时表示内部或外部电池正常
Tx(数据发)	黄	通讯端口数据发送正常时灯闪
Rx(数据收)	黄	通讯端口数据接收正常时灯闪
PRIM(单)	黄	单 CPU 运行或作为冗余配置的主 CPU 时灯亮
DUAL(双)	黄	作为冗余配置的冗余 CPU 时灯亮

(4)CPU 模块上的开关和按钮。INIT 初始化按钮：按钮按下小于 2.5s 则进入冷启动，按钮按下超过 3s 则 CPU 将进行复位。在冗余 CPU 系统中按下主 CPU 的 INIT 按钮，系统将切换到冗余 CPU 上。

(5)CPU 模块上的接线(表 4-1-17)。

CPU 模块上的接线　　表 4-1-17

标记	功能(外部电源连接端子)	标记	功能(外部电池接线端子)
L +	+24V 电源	SH	屏蔽线
L -	0V	B +	电池正极
SA	冗余电源供电监测输入	B -	电池负极
AB	冗余电源供电监测输入		
标记	功能(ModuleBus 接线端子)		
Tx	数据传送口		
Rx	数据接收口		

2. PLC 软件的应用(Control Builder M Professional)

1)Control Builder M 软件的安装

(1)插入 CD-ROM 安装盘，出现如图 4-1-107 所示的安装界面。

(2)点击 Install Software，在出现的窗口选择安装的软件类型，一般选择 Professional，根据出现的提示窗口逐步完成安装。安装过程中，对于一般的用户，建议选择默认设置项。

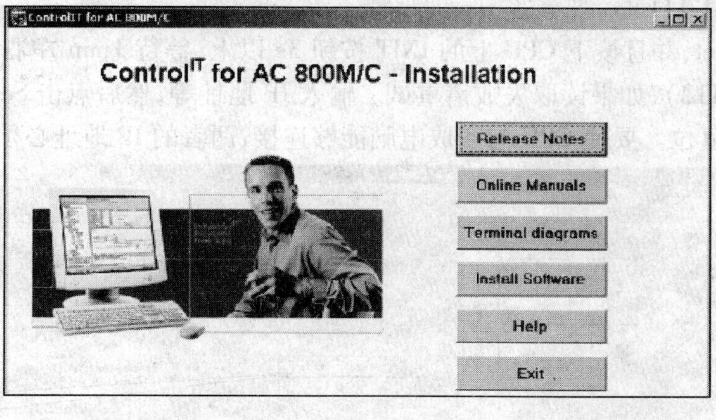

图 4-1-107　Control Builder M 软件的安装界面

(3)安装完成后选择 Exit 退出。

2)通讯端口的建立

介绍如何在 Control Builder M 与 PLC 之间建立通讯。

(1)CPU 固件版本的更新。CPU 的固件必须能够被 Control Builder M 识别，当无法识别或不能确定时，需要对 CPU 进行固件的更新，更新可以通过串口线进行(图 4-1-108)。

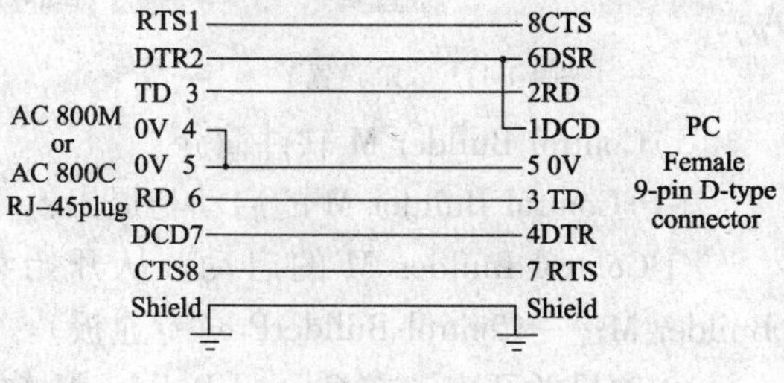

图 4-1-108　TK212 电缆

①将 CPU 与编程电脑通过串口线连接起来,RJ45 一头接在 CPU 的 COM4 口,另一头接在电脑的串口。

②打开 CPU 的电源,从开始菜单选择 ABB Industrial IT—Engineer IT—Control Builder M… —Serial Firmware Upgrade。出现图 4-1-109 所示的界面,选择 Setting,设置串口情况。

③点击 Connect,并且按下 CPU 上的 INIT 按钮 3s 以上,等待 1min 左右会出现相关信息。如果连接失败,请检查电缆及连接是否完好,然后重试。连接正常后,点击 Upgrade 即可更新(图 4-1-110),完成后按 INIT 3s 以上进行复位。

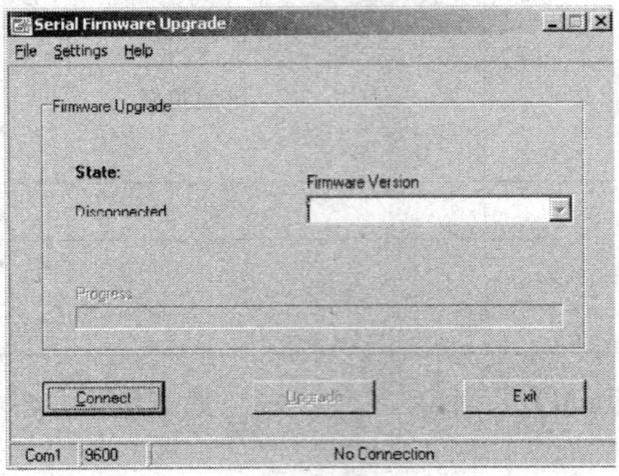

图 4-1-109　CPU 固件版本的更新 1

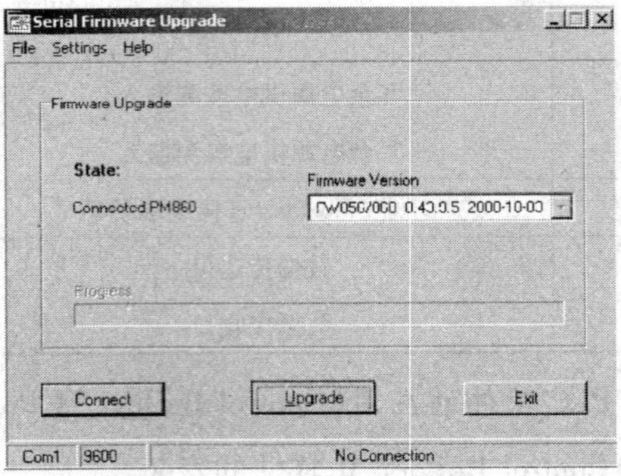

图 4-1-110　CPU 固件版本的更新 2

(2)设置 IP 地址:

①从开始菜单选择 ABB Industrial IT—Engineer IT—Control Builder M…—IP Config,打开 IP 设置窗口(图 4-1-111)。

②点击 Connect,并且按下 CPU 上的 INIT 按钮 3s 以上,等待 1min 左右会出现当前 IP 地址等信息(图 4-1-112),如果读取失败请重试。输入 IP 地址等,然后点击 Set IP,设置完成,按 INIT 3s 以上进行复位。要使 CPU 与变成电脑能够连接,两者的 IP 地址必须属于同一网段。

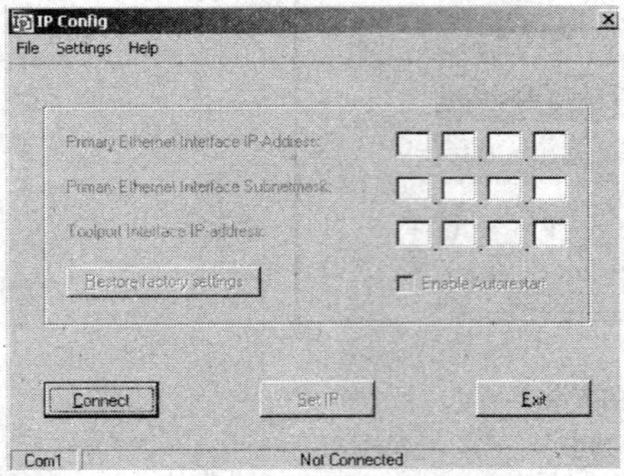

图 4-1-111　IP 设置 1

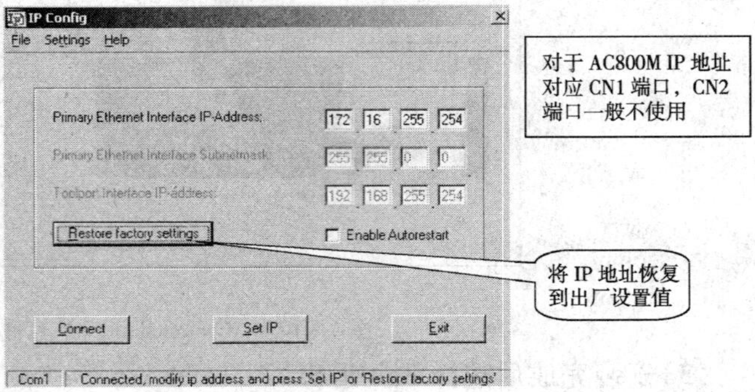

图 4-1-112　IP 设置 2

3)Control Builder M 软件简介

(1)Control Builder M 的启动与退出:

①Control Builder M 的启动。从开始菜单选择 ABB Industrial IT—Engineer IT—Control Builder M…—Control BuilderPro(专业板)。

②项目的开启。在 Control Builder M 软件窗口菜单中选择 File—Open Project,选择所要打开的项目位置及文件。图 4-1-113 所示为已打开项目的 Control Builder M 窗口。

③Control Builder M 的退出。在 Control Builder M 软件窗口菜单中选择 File—Exit。

(2)项目 EXPLOR 窗口概况。如图4-1-114所示,以 yangshan 为项目打开的窗口。

4)编程基础知识

(1)项目(Project)。一个完整的应用包含 Project-Programs-Code block-Function blocks & Function 等内容。

(2)库(Libraries)。库分成许多库不同的集合,它们包含 Data Type、Function、Function Block Type。

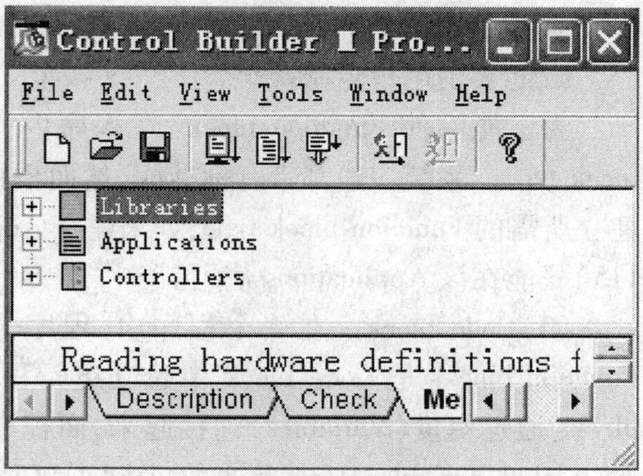

图 4-1-113　项目的开启

①Function:

A. 执行时始终返回一个值;

B. 能够用在公式中;

C. 进入下一次扫描前不保留原值;

D. 当输入参数值相同时始终返回同一个值;

E. 不能由用户定制。

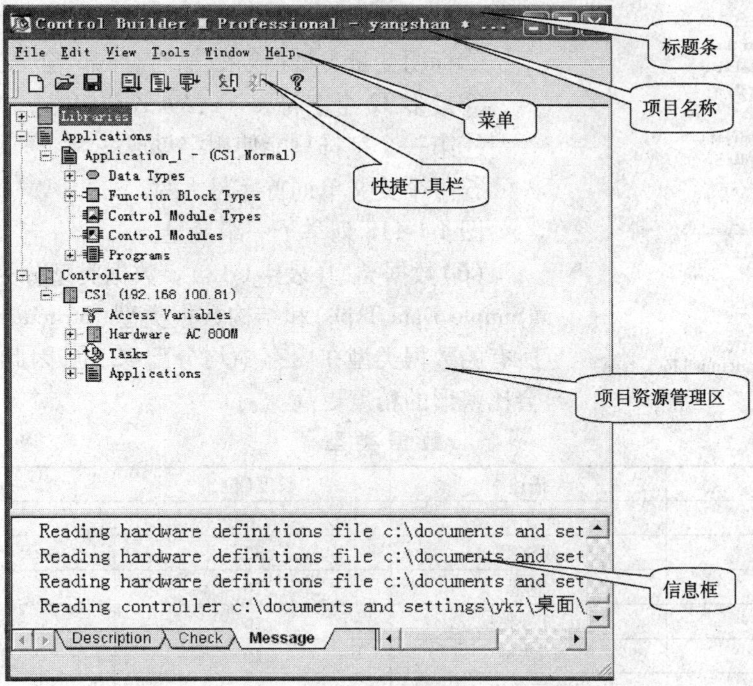

图 4-1-114　项目 EXPLOR 窗口

②Function Blocks:

A. 兼有输入和输出参数;

B. 通过参数可以返回多个值;

C. 调用后保留原值直至下次调用,调用时,即使输入值相同也可以返回不同的值;

D. 能够用于 Function block type 的定义；

E. 能够由用户定制。

为了能够使 Function blocks 在程序内方面且多次调用，我们可以把它定义成 Function block type。系统一般都带有标准库，然而根据需要我们可以自己建立自己的库，然后在其中建立所需的 Function block type，如果建在 Applications 下面，那么该 Function block type（图 4-1-115）只能在该 Applications 使用。

（3）Code block。在一个程序中，程序分成由 Code blocks 组成的任务块。Functions 和 Function blocks 是 Code block 中建立逻辑程序的基础。Code blocks 中 Functions 和 Function blocks 通过变量（Variables）连接起来，而程序中的 Functions 和 Function blocks 是通过全局变量（Global Variables）连接起来的（图 4-1-116）。

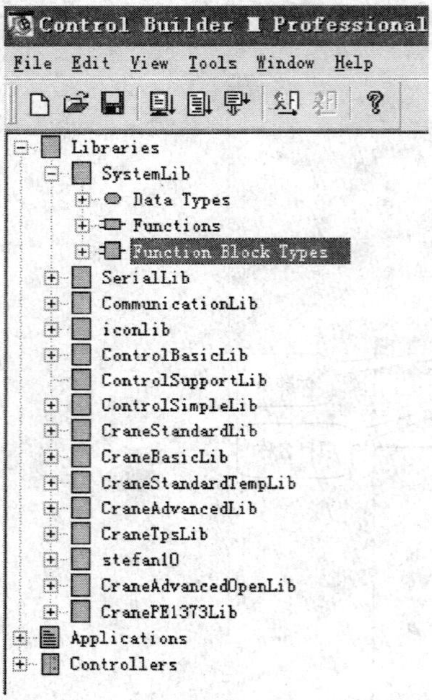

图 4-1-115　Function block type

（4）Parameters（参数）。如图 4-1-117 所示，Parameters 用于 Function blocks 中连接输入输出点。在编辑状态下，可以对 Parameters 进行修改编辑等操作。

（5）Variables（变量）。变量分为局部变量和全局变量，全局变量在整个程序内有效，而局部变量，只在相应的程序段或 Functions 和 Function blocks 中有效。

变量的命名规则：

①包含 Program 和 Codeblock 名称；

②标明变量类型（输入、输出、局部、全局）；

③最多 32 个字符，a ~ z、A ~ Z、0 ~ 9、-；

④第一个字符只能使用字母或-；

⑤每个英文单词首字母大写。

图 4-1-118 列举了一组变量。

（6）数据类型（表 4-1-18）。数据类型分为简单数据类型（Simple Data Type）和结构数据类型（Structured Data Type）。所有的数据类型在内存中均分配 32 位，因此对于双整型不会比整形的精度更高。

数 据 类 型　　表 4-1-18

数据类型	描述	长度(位)	默认值
bool	布尔量	1	FALSE
dint	双整型	32	0
int	整型	16	0
unit	无符号整型	16	0
string	字符型	40	空字符串
word	位字符串	16	0
dword	位字符串	32	0
real	实数	32	0.0
string( ) *1	字符型		空字符串
time	时间		T#0s
Data _ and _ time	日期		1979-12-31-00:00:00

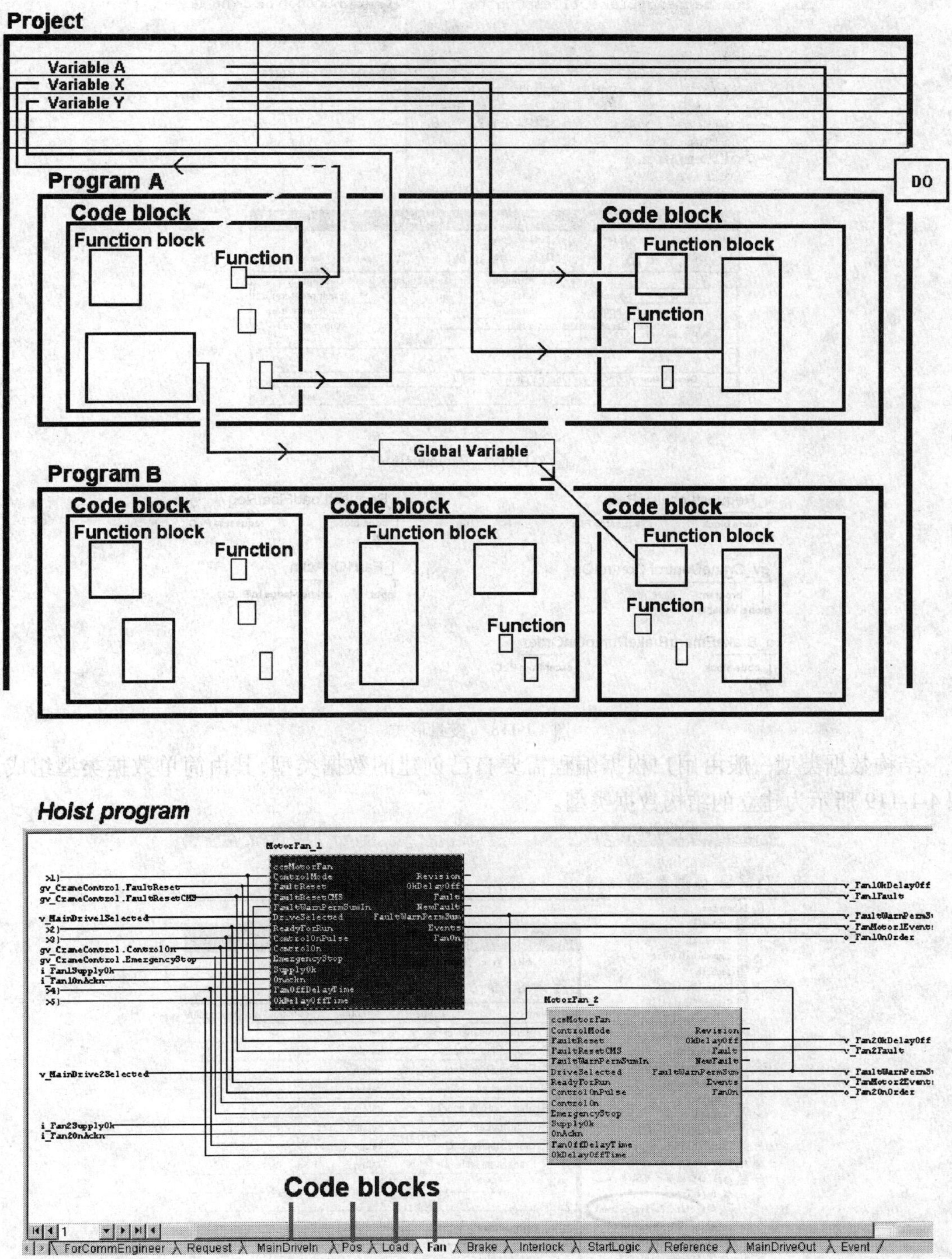

图 4-1-116　Project 的结构

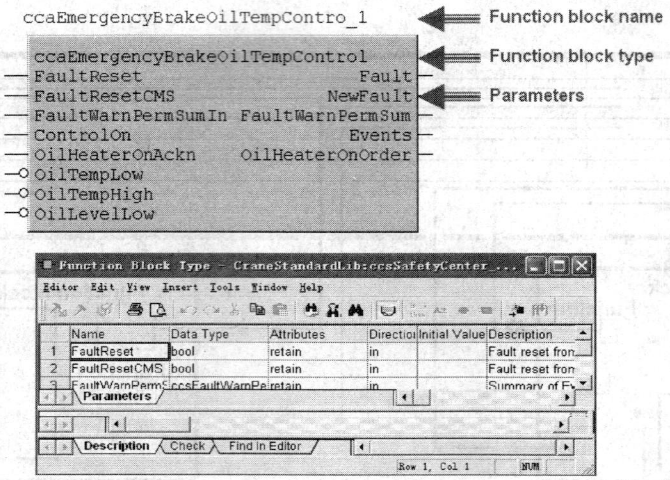

图 4-1-117　Parameters

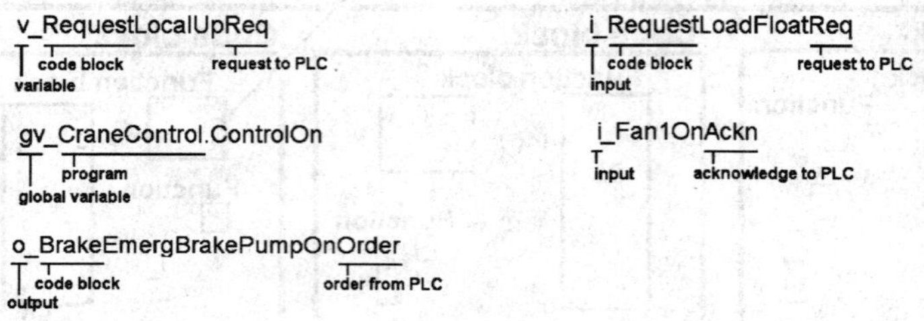

图 4-1-118　变量形式

结构数据类型一般由用户根据编程需要自己创建的数据类型，其由简单数据类型组成。图 4-1-119 所示为建立的结构数据类型。

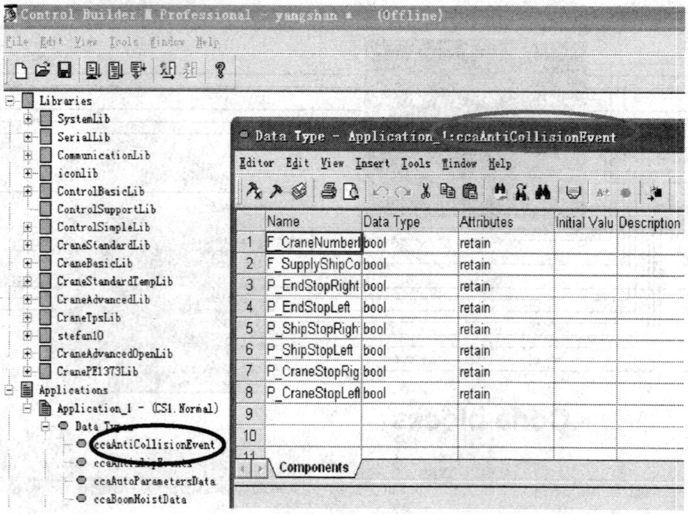

图 4-1-119　结构数据类型

（7）编程语言。软件提供了 Ladder Diagrams（LD）、Structured Text（ST）、Function Block

Diagram(FBD)、Instruction List(IL)和 Sequential Function Charts(SFC)5 种编程语言。IL 和 ST 是基于文本的语言,而 LD、FBD 和 SFC 是基于图形化的语言。

5)项目的创建

(1)打开 Control Builder M 软件,从菜单 File 或快捷工具栏选择 New Project,出现新项目创建窗口(图 4-1-120)在窗口内选择或填写有关内容,OK 确认。

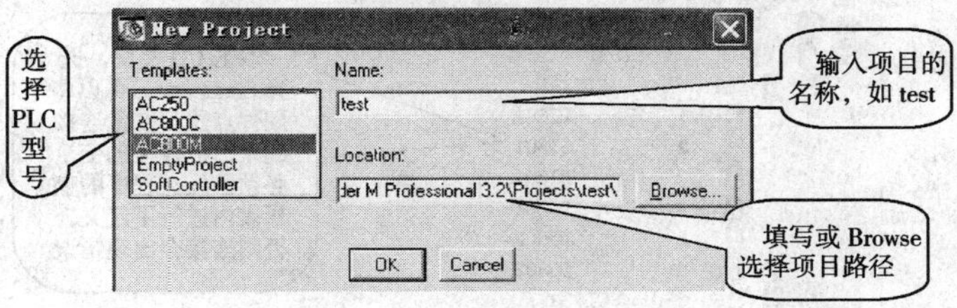

图 4-1-120　项目的创建 1

图 4-1-121 所示为建立的项目 test,在 Libraries、Data Type 和 Function Block Types 中根据该项目的需要建立相关的库、数据类型、功能块等等。

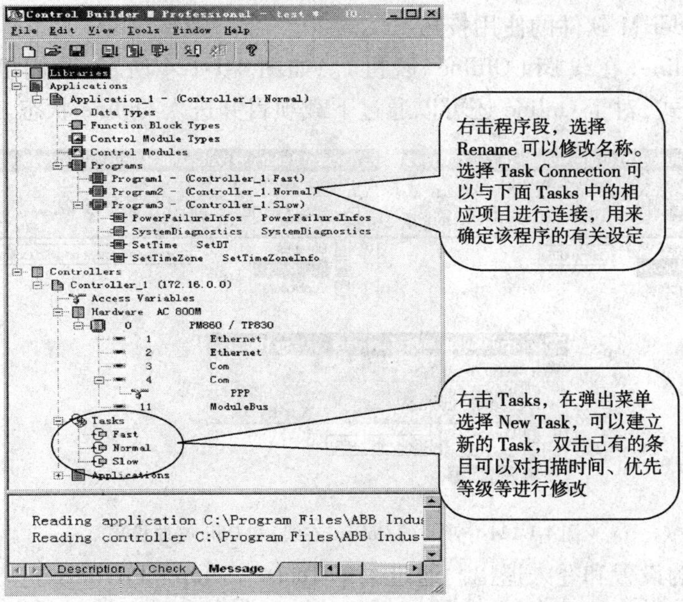

图 4-1-121　项目的创建 2

(2)双击 Application-1,在弹出窗口内建立项目需要使用的全局变量。

(3)建立修改 Tasks,将程序与 Task 进行连接。

(4)右击 Programs,选择 New Program,输入程序段名称,即可在 Programs 下建立程序段。双击进入该程序段,如图 4-1-122 所示,在该界面内进行程序的编写,完成后可以按 Check 对编写的程序检查,若有错误在框内会出现有关信息。

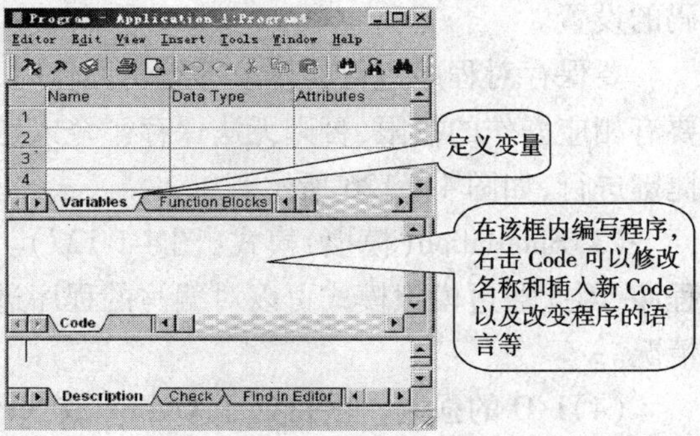

图 4-1-122　项目的创建 3

(5)进行硬件配置:根据实际硬件连接情况,右击 Controllers 中适当位子进行硬件的插入,注意位置编号应确保软件和硬件设置开关保持一致。对于某些模块,右击还可以进行型号的更改、相关设置参数的改变等操作。图 4-1-123 所示为部分已配置好的硬件情况。

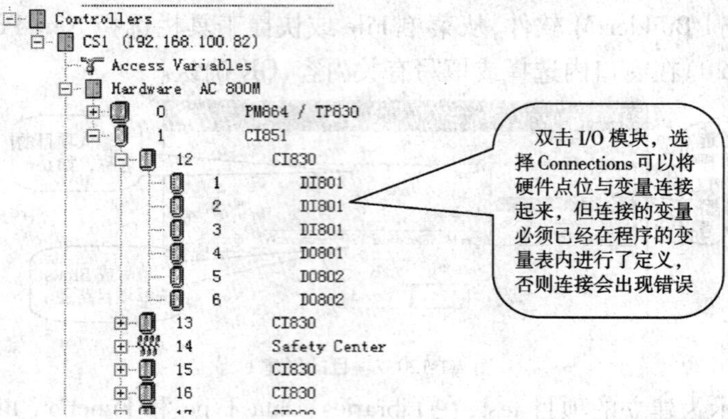

图 4-1-123 为部分已配置好的硬件情况

6) Control Builder M 软件的使用技巧

(1)项目的 Online(在线)和 Offline(脱机)。如图 4-1-124 所示,我们可以通过快捷切换 Online 和 Offline 模式,对于 Online 还可以通过下载项目并进入 Online 状态。

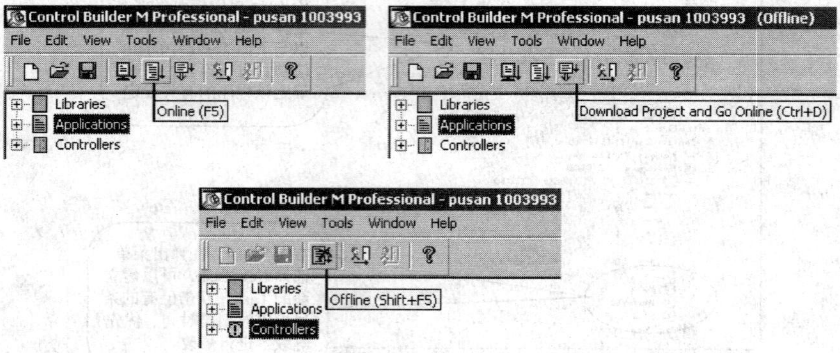

图 4-1-124 项目的 Online(在线)和 Offline(脱机)

(2)密码等级的设置和登入退出。通过菜单 Tools—Setup—Privilege 进入密码等级设置窗口(图 4-1-125),左侧进行用户等级设置,从而确定该等级所拥有的功能,右侧进行用户名和密码的设置。

要保存对程序进行的修改等编辑操作时,必须要处于登入状态,并且所登入的用户和密码要有相应操作的权限,否则无法保存。登入退出可以通过菜单 Tools 下的 Log in、Log out 或快捷键进行,如图 4-1-126 所示。

(3) Simulation(模拟)模式(图 4-1-127)。模拟模式可以在不连接 PLC 的情况下运行 PLC 程序,因此通过模拟模式可以对编写的程序进行运行调试,利用强制、修改变量值来模拟运行情况。

(4) I/O 的强制。项目处于 Online 或 Simulation 状态时,才能进行强制操作,并且登入的用户和密码要有进行该操作的权限。

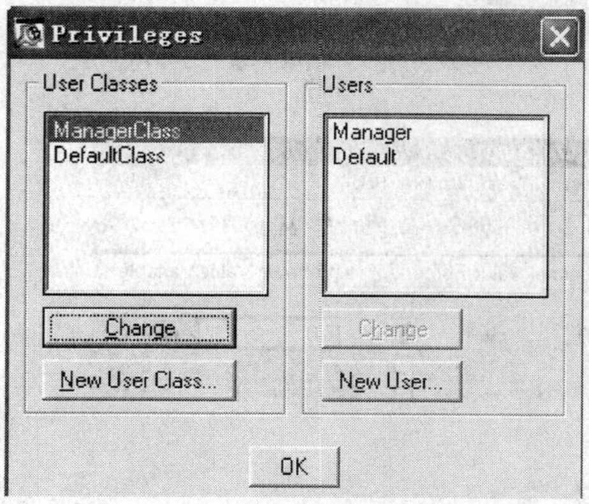

图 4-1-125　密码等级设置窗口

图 4-1-126　用户名和密码

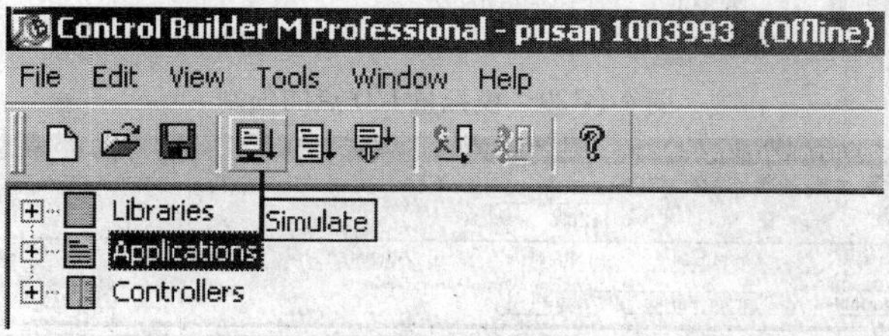

图 4-1-127　Simulation 模式

①数字量 I/O 点的强制（图 4-1-128）。选中所要强制的点所在的模块，双击进入硬件状态界面，在 Forced 一栏点击标上“×”标记，在 Variable Value 中将值改为 true 或 false。

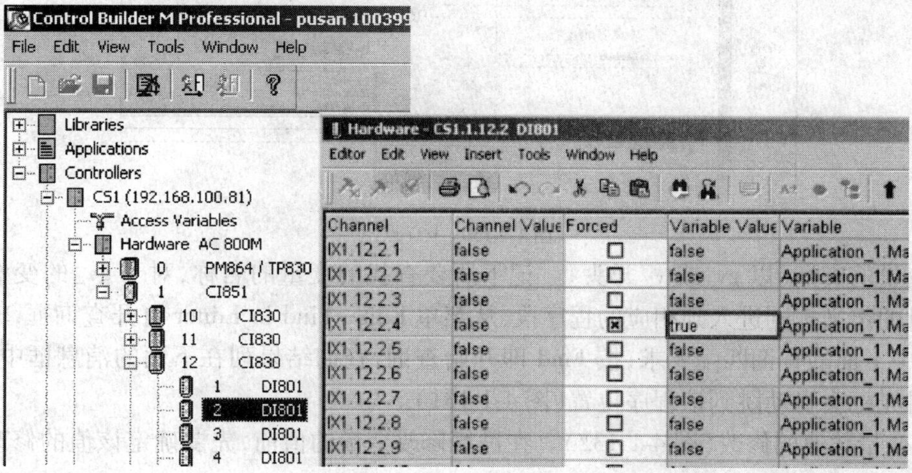

Channel	Channel Value	Forced	Variable Value	Variable
IX1.12.2.1	false	☐	false	Application_1.Ma
IX1.12.2.2	false	☐	false	Application_1.Ma
IX1.12.2.3	false	☐	false	Application_1.Ma
IX1.12.2.4	false	☒	true	Application_1.Ma
IX1.12.2.5	false	☐	false	Application_1.Ma
IX1.12.2.6	false	☐	false	Application_1.Ma
IX1.12.2.7	false	☐	false	Application_1.Ma
IX1.12.2.8	false	☐	false	Application_1.Ma
IX1.12.2.9	false	☐	false	Application_1.Ma

图 4-1-128　数字量 I/O 点的强制

②模拟量 I/O 点的强制（图 4-1-129）。选中所要强制的点所在的模块，双击进入硬件状态界面，在 Forced 一栏点击标上“×”标记，在 Variable Value 中将值改为所要设定的值。

（5）点位的查询：

①I/O 点位（以 i_或 o_开头）。在 Online 状态选种所要查询的点位，右击选择 I/O editor，弹出硬件 I/O 的窗口，光标落在相应点位，从而可以确定是哪块模块的哪个点位（图 4-1-130）。

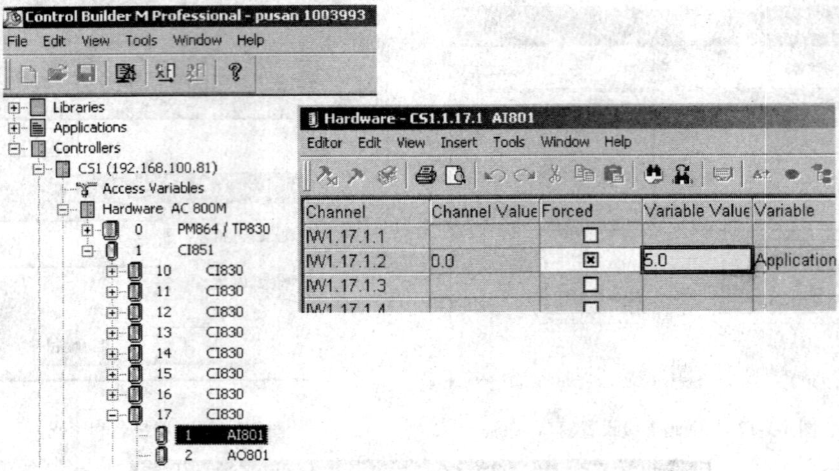

图 4-1-129　模拟量 I/O 点的强制

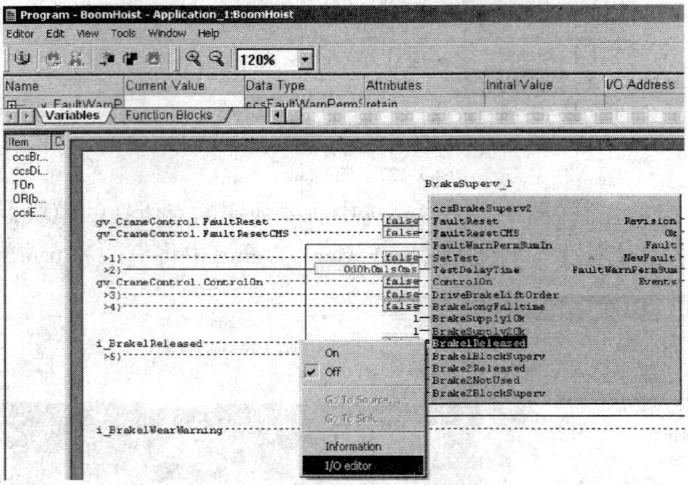

图 4-1-130　I/O 点位

②变量的查询(以 gv_或 v_开头)。记下所要查找的变量的名称,对于 gv_的变量查找前根据变量的定义规则进入到相应的程序段,从菜单 Edit—Find in Editor 打开查询框,输入变量名称,选中下面的查询匹配要求,按 Find 即开始查询,查询结果列在下面的消息框中,点击相应的条目光标会自动跳到该程序位置(图 4-1-131)。

(6)变量数值的修改(图 4-1-132)。在进行修改变量的值前,先要确定该值的修改是临时修改还是永久修改。

①临时修改:在 Online 状态下对当前值进行修改即可。

②永久修改:首先在 Online 状态下对当前值进行修改,然后切换到 Offline 状态,将初始值改成与当前值相同,进行修改的保存,最后还要将修改后的项目重新载入 PLC 中。

(7)项目的下载。启动 Control Builder M 软件,打开需要下载到 PLC 的项目,从菜单 Tools 或快捷键选择 Download Project and Go Online。

(8)项目的备份。对于 ABB 的 PLC,目前的软件不支持从 PLC 将程序导到编程器的功能，因此做好项目的备份是一项比较重要的工作。

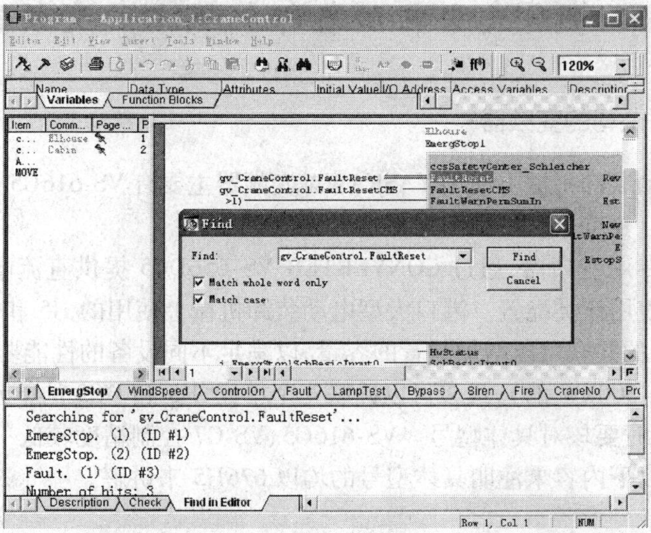

图 4-1-131　变量的查询

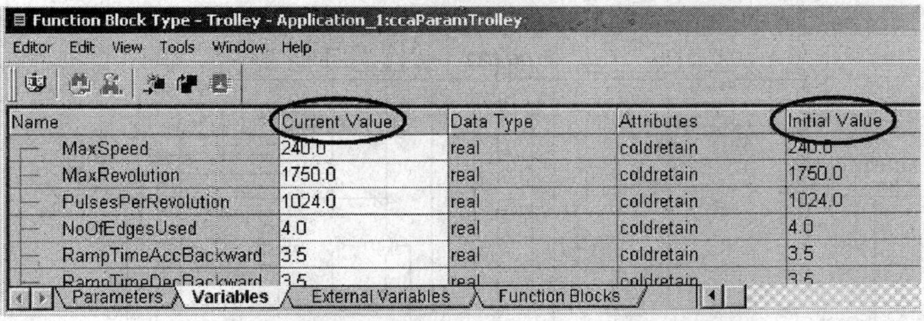

图 4-1-132　变量数值的修改

从菜单 Tools—Maintenance—Project Backup 打开图 4-1-133 所示的项目备份窗口。

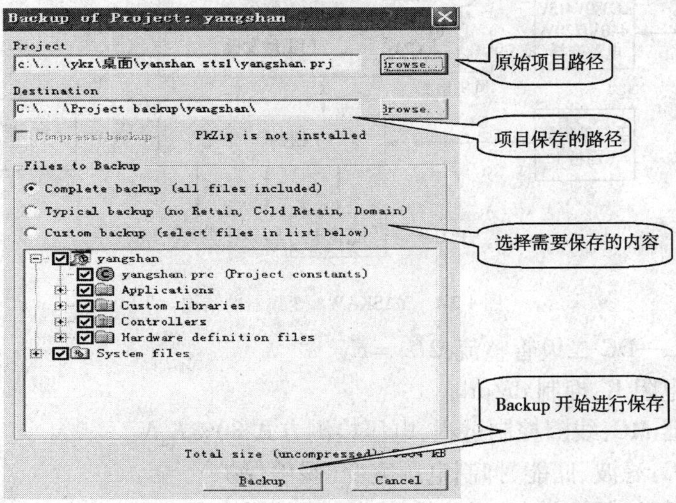

图 4-1-133　项目备份窗口

第二节 大型电动装卸机械上的变频器

一、YASKAWA 公司的变频器

在港口大型电动装卸机械上使用 YASKAWA 变频器主要有 VS-616G5、VS-G7、VS-656DC5（整流）+ VS-676H5（逆变）等。

676H5 为港机专用变频器，通过 CONVERTER VS-656DC5 提供直流电源输入，岸边集装箱起重机上基本都使用该类配置。港口大型电动装卸机械上使用的 H5 和 DC5 一般都是组合式的，通过功率单元的并联可以增加装置的容量，以满足不同设备的性能要求。一般一个功率单元为 200kW（也有 300kW 的），最多可以并联 4 个单元，H5 和 DC5 的单元外形基本相同，但不能互换使用，更换时要核对具体型号。VS-616G5、VS-G7 控制精度较低一些，一般在 RTG 上使用较多。本部分以下内容未注明具体型号的均以 676H5 来讲解。

1. 硬件介绍

1）YASKAWA 变频器的结构形式（图 4-2-1）

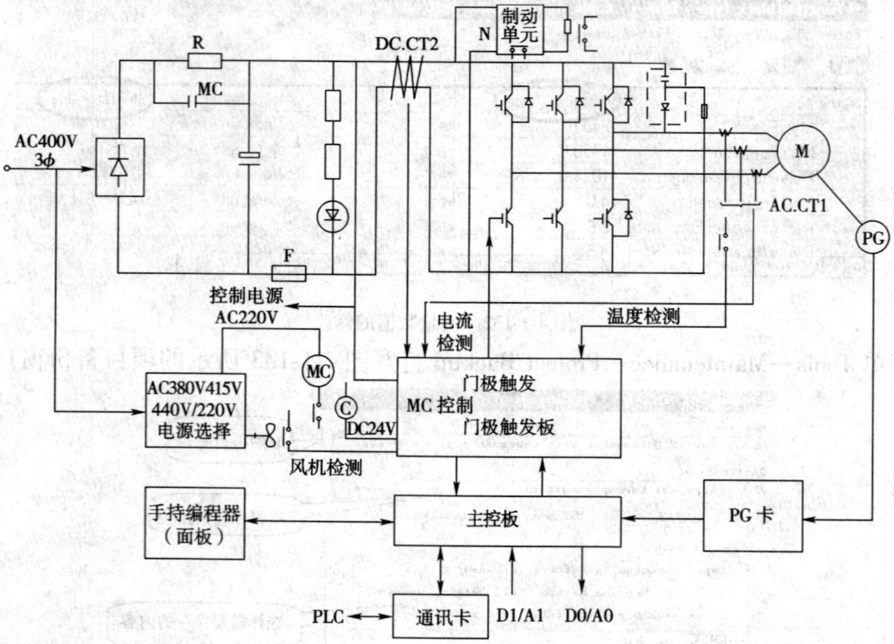

图 4-2-1 YASKAWA 变频器的结构

（1）整流器：AC—DC 二极管整流 $\sqrt{2}U_0 = E_d$。

（2）充电限流电阻 R：抑制 di/dt。

（3）旁路接触器 MC：线圈控制过程，电压检测方式 $80\% E_d N$。

（4）滤波电容 C：滤波、储能、抑制电压突变（瞬停保护）。

（5）F 快速熔断器：保护 IGBT 以防故障进一步扩展。

（6）AC、CT1、DC、CT2：电流互感器，因 DC 中电流含有较高谐波分量，AC 电流是变频变化,且不是规范的 50Hz 正弦波,因此备件订货时,一定采用同类产品。

(7)主功率器件 IGBT。

(8)浪涌尖峰噪声吸收模块(R、C、D)开关速度过快(频率过高)。

(9)充电指示灯:DC27V 以上。

(10)冷却风机检测、温度检测、MC 辅助触点检测。

(11)PG 及 PG 卡:600P/R A 相、B 相脉冲。

(12)驱动板:供电电源由 UPS 提供并向主控板手持编程器提供,门极驱动板与主回路相关联,因此易损坏。

(13)通讯卡(216I/F):安全、可靠、速度快。

(14)制动单元及制动电阻:制动单元电压跳线器设置考虑,制动电阻温升阻值非线性。

(15)手持全数字编程器。

2)YASKAWA 变频器的接线

以下为某种型号的举例,实际使用维修应参照相应手册。

(1)接线举例(图 4-2-2)。

(2)主回路接线端子的功能(676H5 为例)。

表 4-2-1 列出了主回路接线端子的功能,接线时应根据相应功能进行。

400V 级直流电输入终端功能　　表 4-2-1

型号 CIMR-H5D□	40P4 ~ 47P5	4011 ~ 4015	4018 ~ 4045	4045 ~ 4160
最大可用电机输出功率	4 ~ 7.5kW	11 ~ 15kW	18.5 ~ 45kW	55 ~ 160kW
⊖	直流电输入电源			
⊕				
U	变频器输出			
V				
W				
R	—		冷却扇电源(控制电源) r - △200:200 ~ 230V 交流输入 r - △400:380 ~ 460V 交流输入	
△ 200				
△ 400	接地终端(接地电阻:≦ 10Ω)			
⏚				

(3)控制电路接线端子的功能(676H5 为例)。表 4-2-2 列出控制电路终端的功能。根据目的正确接线。

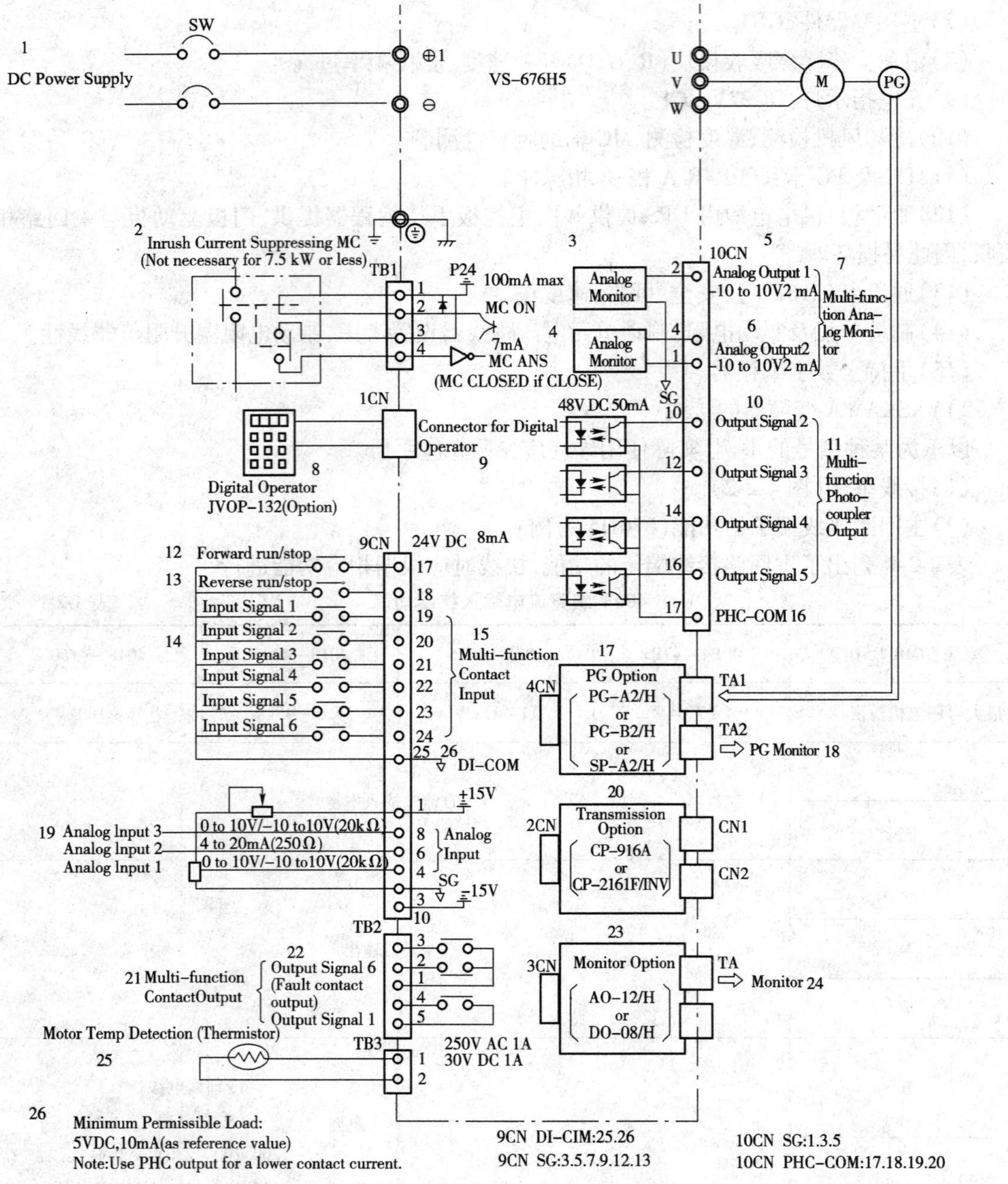

图 4-2-2　变频器的接线图(型号:CIMR-H5D2030,200V 30kW)

1-直流电电源;2-涌入电流抑制 MC;3-模拟监控器;4-模拟监控器;5-模拟输出 1;6-模拟输出 2;7-多功能模拟输出监控器;8-数字操作器;9-数字操作器的连接器;10-输出信号;11-多功能光电耦合器输出;12-向前运行/停止;13-反向运行/停止;14-输入信号;15-多功能触点输入;16-PHC-COM;17-PG 可选装置;18-PG 监控器;19-模拟输入;20-传输可选装置;21-多功能触点输出;22-输出信号 6(故障触点输出);23-监控器可选装置;24-监控器;25-电机温度监测(电热调节器);26-最小可允许负载:5V 直流电,10mA(作为参考值)

控制电路终端 表 4-2-2

终端标识		型号名称	终端功能		信号等级
TB3	1	电机电热调节器	检测电机温度(在内部,9CN 的终端 14,15 普遍)		—
	2				
TB1	1	外部安装涌入电流抑制电路的界面	关:涌入电流抑制电路触点开命令		24DC100mA
	2				
	3		关:涌入电流抑制电路触点开命令		24DC 7mA
	4				
9CN	17	向前运行/停止	关闭时,向前运行,打开时停止	如 B1 -02 =0 则有效 通过其他模式	光电耦合器 绝缘 输入: 24V 直流电 8mA
	18	反向运行/停止	关闭时,反向运行,打开时停止		
	19	输入信号 1	—	多功能触点输出(H1-01 到 H1-06)	
	20	输入信号 2	—		
	21	输入信号 3	—		
	22	输入信号 4	—		
	23	输入信号 5	—		
	24	输入信号 6	—		
	25	DI-ROM	—		
	1	+15 电源输出	对于模拟命令,+15 电源输出		+15V(允许最大电流:20mA)
	10	-15 电源输出	对于模拟命令,-15 电源输出		-15V(允许最大电流:20mA)
	4	模拟输入 1	0 到 10V/-10 到 10V	如 B1 -01 =1 则有效 通过其他模式	-10 到 10V(20kΩ) 0 到 10V(20kΩ)
	5	一般控制	—		—
	6	模拟输入 2	0 到 10V/-10 到 10V	只通过模式	-10 到 10V(20kΩ) 0 到 10V(20kΩ)
			4 到 20MA		4 到 20mA(250Ω)
	7	一般控制	—		—
	8	模拟输入 3	0 到 10V/-10 到 10V	只通过模式	-10 到 10V(20kΩ) 0 到 10V(20kΩ)
	9	一般控制	—	—	
	14	电机电热调节器	检测电机温度(在内部,TB3 的终端 1,2 普遍)		—
	15				

续上表

终端标识		型号名称	终端功能		信号等级
TB2	2	输出信号1(故障触点输入)	如变频器硬件受损,出现输出错误信号(TB－1 到 TB－3:关)	多功能触点输出(H2－06)	干式触点 触点容量: ≤250V AC 1A 30V DC 1A 可允许最小负载:5V DC,10mA(作为参考值) 注:为获得较低的触点电流,使用 PHC 输出
	3				
	1				
	4	输出信号6	—	多功能触点输出(H2－01)	
	5				

2. YAKKAWA 变频器的操作控制及参数

1)变频器控制基础

(1)控制模式。YASKAWA 变频器提供了几种不同的控制模式,每种模式适用于不同的控制场合和控制要求(表 4-2-3)。

控制模式的特点 表 4-2-3

控制模式	V/F 控制	带 PG V/F 控制	开环矢量控制	闭环矢量控制	EMS 控制
控制模式	电压/频率控制(Open loop)	电压/频率控制带速度补偿	电流矢量不带 PG 控制	电流矢量带 PG 控制	电流/频率控制
速度检出器	不要	要(PG)	不要	要(PG)	不要
速度检出器 Option	不要	PG-A2,PG-D2	不要	PG-B2,PG-X2	不要
速度控制范围	1:40	1:40	1:100	1:100	—
启动转矩	150%/3Hz	150%/3Hz	150%/1Hz	150%0/r/min	—
速度控制精度	±2% ~ ±3%	±0.03%	±0.2%	±0.02%	—
转矩控制	不可	不可	不可	可以	—
适用用途	同时驱动多台电机,电机参数不知道,不能做 Autotuning	机械侧已安装 PG	需多种调速的场合	简易伺服驱动,高精度控制,转矩控制	

(2)功能块图表。下面仅列出闭环矢量控制功能块和开环矢量控制功能块,V/F 控制功能块请参照相应手册。

①闭环矢量控制(图 4-2-3 ~ 图 4-2-4)。

②开环矢量控制(图 4-2-5 ~ 图 4-2-6)。

(3)变频器与 PLC 之间的数据交换。表 4-2-4 ~ 表 4-2-7 列出了变频器与 PLC 之间的交换的数据内容。

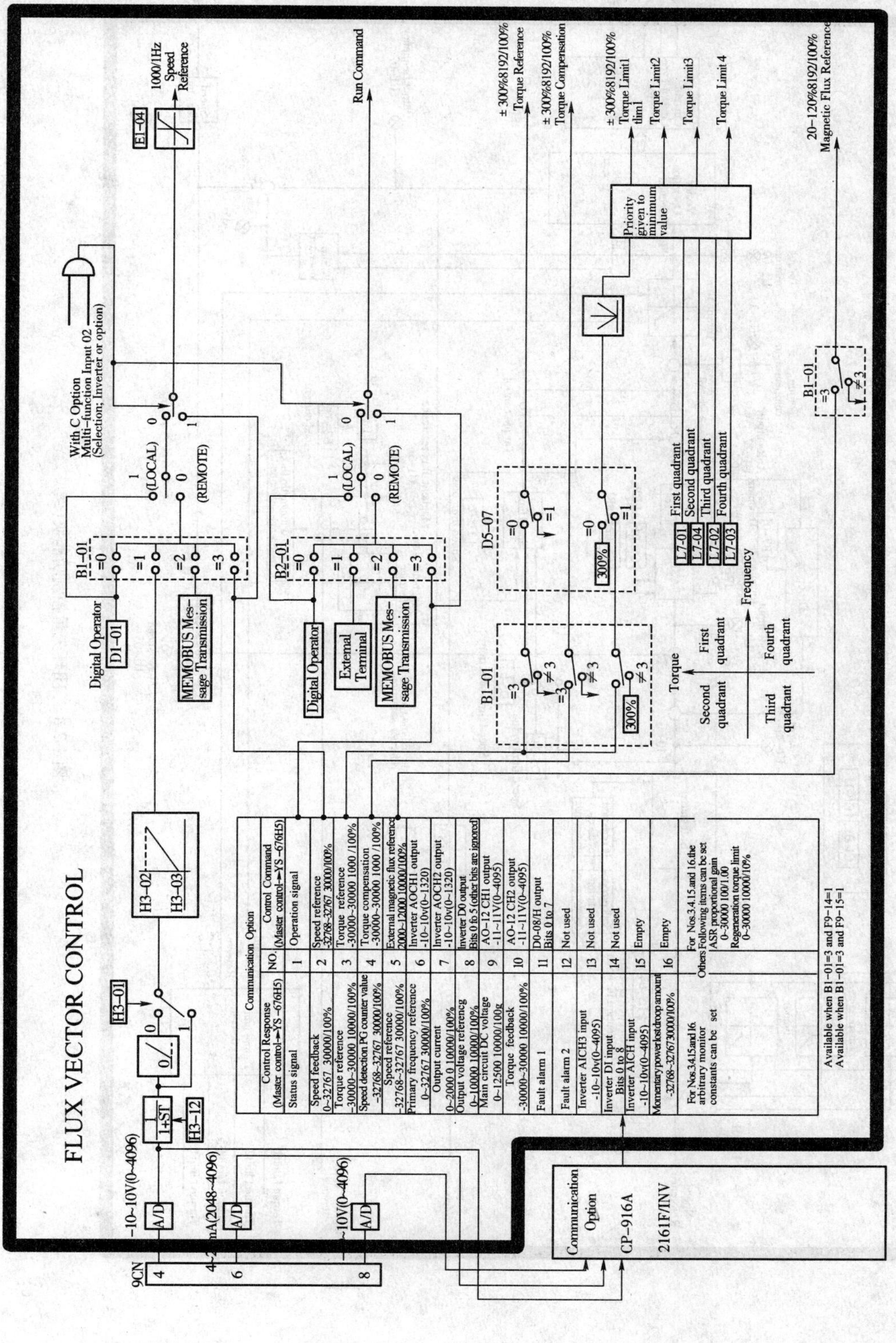

图 4-2-3　闭环矢量控制功能块

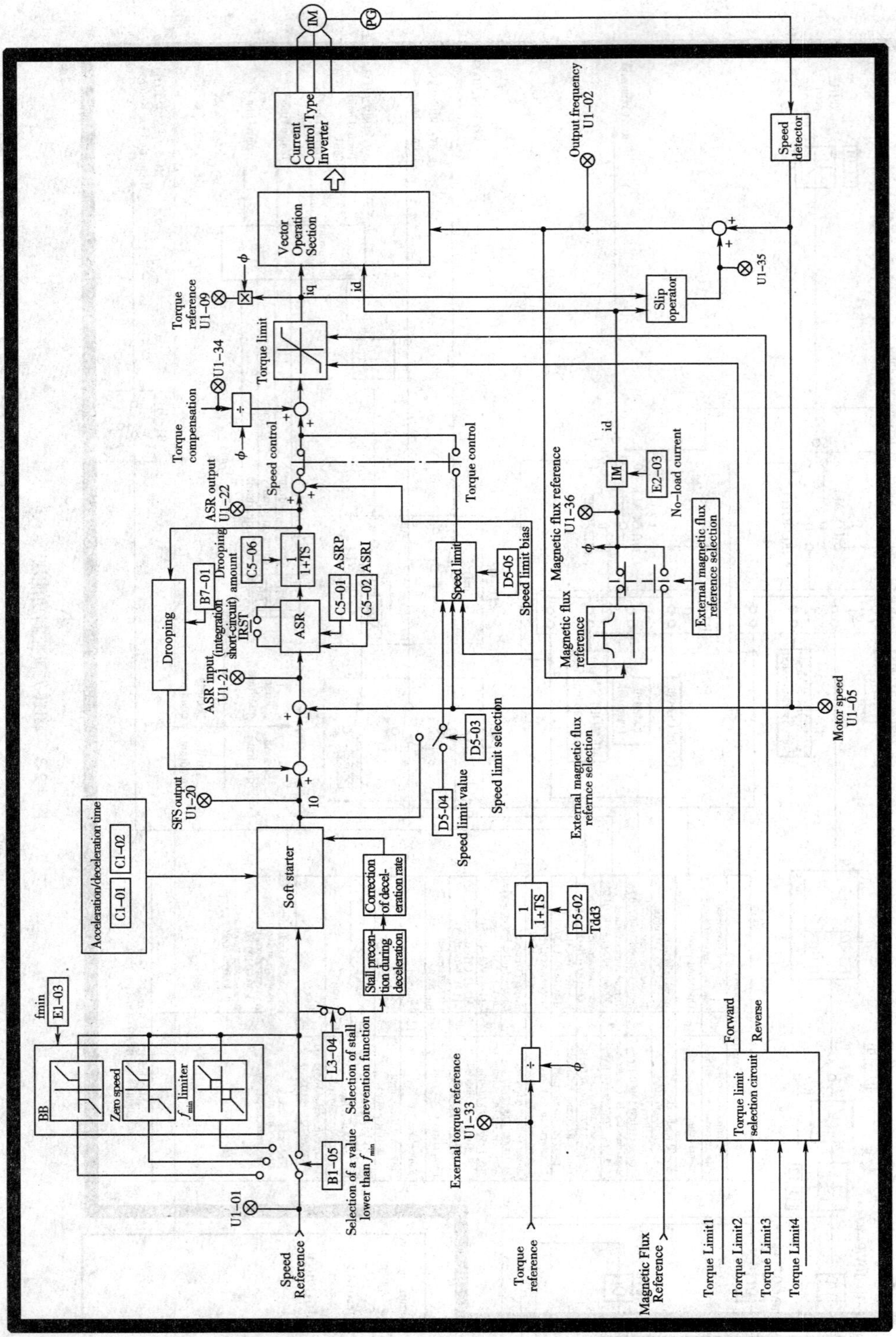

图 4-2-4　闭环矢量控制功能块(续)

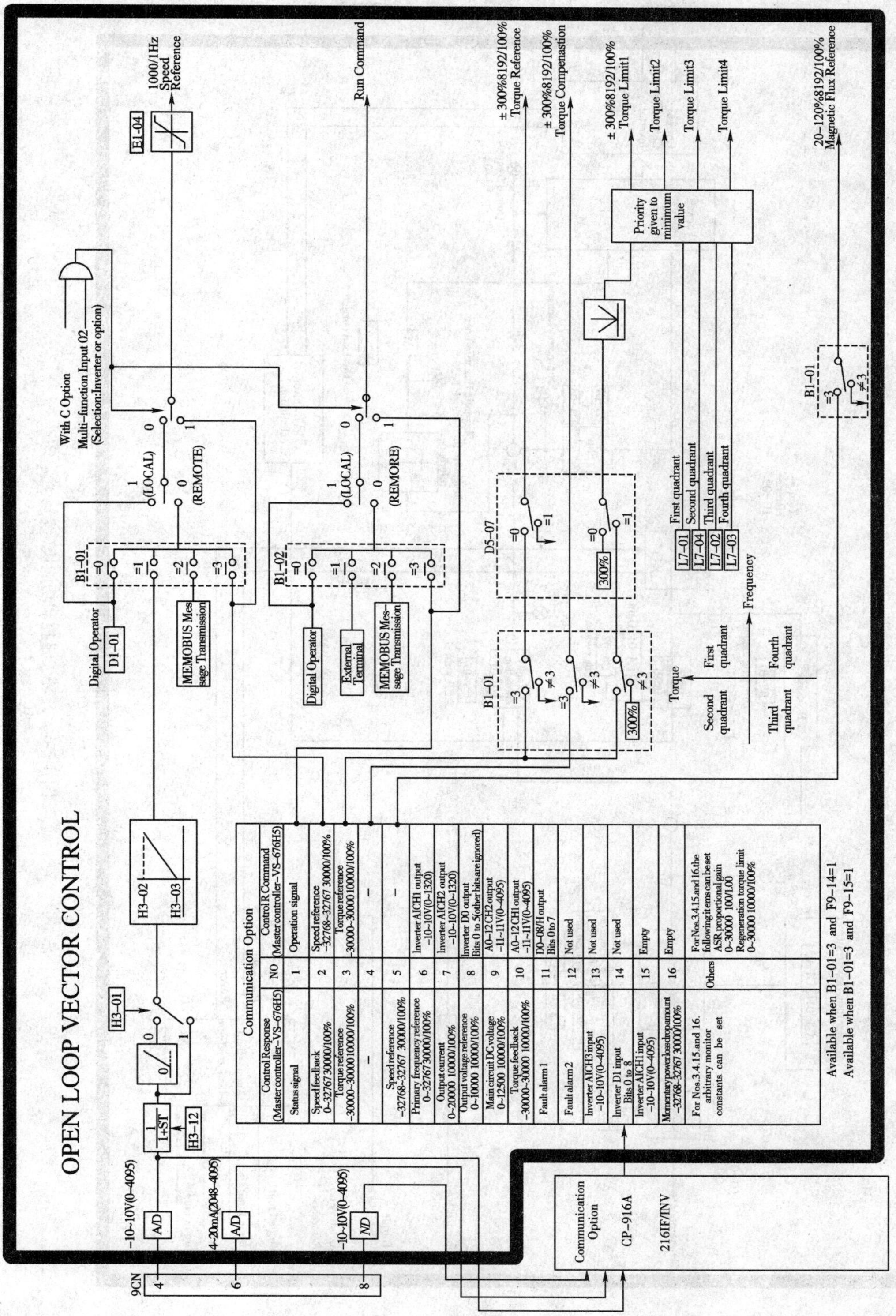

Control Response (Master controller-VS-676H5)	NO	Control R Command (Master controller-VS-676H5)
Status signal	1	Operation signal
Speed feedback -32767 30000/100%	2	Speed reference -32768-32767 30000/100%
Torque reference -30000-30000 10000/100%	3	Torque reference -30000-30000 10000/100%
–	4	–
Speed reference -32768-32767 30000/100%	5	–
Primary frequency reference 0-32767 30000/100%	6	Inverter AICH1 output -10-10V(0-1320)
Output current 0-20000 10000/100%	7	Inverter AICH2 output -10-10V(0-1320)
Output voltage reference 0-10000 10000/100%	8	Inverter DO output Bits 0 to 5(other bits are ignored)
Main circuit DC voltage 0-12500 10000/100%	9	AO-12 CH2 output -11-11V(0-4095)
Torque feedback -30000-30000 10000/100%	10	AO-12 CH1 output -11-11V(0-4095)
Fault alarm1	11	DO-08/H output Bits 0 to 7
Fault alarm2	12	Not used
Inverter AICH3 input -10-10V(0-4095)	13	Not used
Inverter DI input Bits 0 to 8	14	Not used
Inverter AICH1 input -10-10V(0-4095)	15	Empty
Momentary power loss drop amount -32768-32767 30000/100%	16	Empty
For Nos.3,4,15,and 16. arbitrary monitor constants can be set	Others	For Nos.3,4,15,and 16,the following items can be set ASR proportional gain 0-30000 100/1.00 Regeneration torque limit 0-30000 10000/100%

图 4-2-5　开环矢量控制功能块

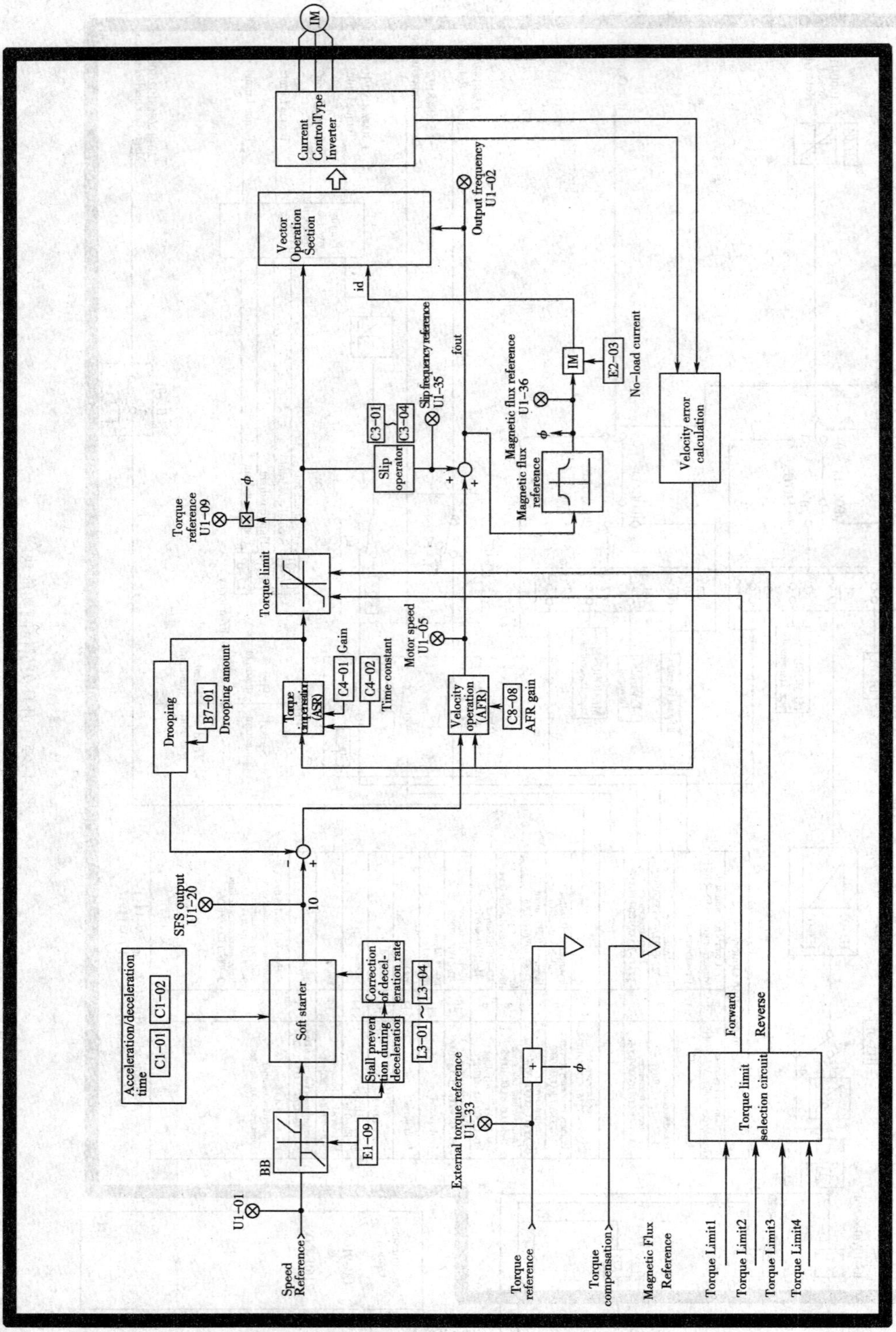

图 4-2-6　开环矢量控制功能块(续)

PLC 到变频器的控制命令　　表 4-2-4

No.	V/f Control		V/f with PG Feedback		Open Loop Vector		Flux Vector		EMS Control	
	Item	Specification	Item	Specification	Item	Specification	Item	Specification	Item	Specification
1	Operation signal		Operation signal		Operation signal		Operation signal		Operation signal	
2	Speed reference	0 to 32767 30000/100%	Speed reference	0 to 32767 30000/100%	Speed reference	-32768 to 32767 30000/100%	Speed reference	-32768 to 32767 30000/100%	Frequency reference	0 to 32767 30000/100%
3	—	—	—	—	Torque reference	-30000 to 30000 10000/100%	Torque reference	-30000 to 30000 10000/100%	Current reference	0 to 20000 10000/100%
4	—	—	—	—	—	—	Torque compensation	-30000 to 30000 10000/100%	—	—
5	—	—	—	—	—	—	External magnetic flux reference	-2000 to 12000 10000/100%	—	—
6	Inverter AO CH1 output	-10 to 10 V/0 to 1320	Inverter AO CH1 output	-10 to 10 V/0 to 1320	Inverter AO CH1 output	-10 to 10 V/0 to 1320	Inverter AO CH1 output	-10 to 10 V/0 to 1320	Inverter AO CH1 output	-10 to 10 V/0 to 1320
7	Inverter AO CH2 output	-10 to 10 V/0 to 1320	Inverter AO CH2 output	-10 to 10 V/0 to 1320	Inverter AO CH2 output	-10 to 10 V/0 to 1320	Inverter AO CH2 output	-10 to 10 V/0 to 1320	Inverter AO CH2 output	-10 to 10 V/0 to 1320
8	Inverter DO output	Bits 0 to 5 are used 0 to FFFFH (7 bits or more are disregarded)	Inverter DO output	Bits 0 to 5 are used 0 to FFFFH (7 bits or more are disregarded)	Inverter DO output	Bits 0 to 5 are used 0 to FFFFH (7 bits or more are disregarded)	Inverter DO output	Bits 0 to 5 are used 0 to FFFFH (7 bits or more are disregarded)	Inverter DO output	Bits 0 to 5 are used 0 to FFFFH (7 bits or more are disregarded)
9	AO-12 CH1 output	-11 to 11 V/0 to 4095	AO-12 CH1 output	-11 to 11 V/0 to 4095	AO-12 CH1 output	-11 to 11 V/0 to 4095	AO-12 CH1 output	-11 to 11 V/0 to 4095	AO-12 CH1 output	-11 to 11 V/0 to 4095
10	AO-12 CH2 output	-11 to 11 V/0 to 4095	AO-12 CH2 output	-11 to 11 V/0 to 4095	AO-12 CH2 output	-11 to 11 V/0 to 4095	AO-12 CH2 output	-11 to 11 V/0 to 4095	AO-12 CH2 output	-11 to 11 V/0 to 4095
11	DO-08/H output	Bits 0 to 7 are used 0 to FFH	DO-08/H output	Bits 0 to 7 are used 0 to FFH	DO-08/H output	Bits 0 to 7 are used 0 to FFH	DO-08/H output	Bits 0 to 7 are used 0 to FFH	DO-08/H output	Bits 0 to 7 are used 0 to FFH
12	Not used	—	Not used	—	Not used	—	Not used	—	Not used	—
13	Not used	—	Not used	—	Not used	—	Not used	—	Not used	—
14	Not used	—	Not used	—	Not used	—	Not used	—	Not used	—
15	Empty	—	Empty	—	Empty	—	Empty	—	Empty	—
16	Empty	—	Empty	—	Empty	—	Empty	—	Empty	—

Notes　1. Notes 1 No 1 to No 4 are accessed in a scan cycle (1 to 2 msec).

2. For Nos 3,4,15 and 16, data items can be changed by the setting for a parameter in addrtion to the parameter items indicated above, the following parameters are added

– ASR proportional gam (No 17)　0 to 30000(100/1)

– Regeneration torque limit (No 18)　0 to 30000(10000/100%)

3. The data of Nos 6 and 11 are disregarded at the inverter unless the communication mode is the "through mode".

4. If the same data is set in the selection permitted area and the selection not permitted area, only the high-speed data are accessed. The data at the low-speed communication side are disregarded.

变频器到 PLC 的控制反馈

表 4-2-5

No.	V/f Control		V/f with PG Feedback		Open Loop Vector		Flux Vector		EMS Control	
	Item	Specification	Item	Specification	Item	Specification	Item	Specification	Item	Specification
1	Status signal		Status signal	—	Status signal	—	Status signal	—	Status signal	—
2	—	—	Speed feedback	—	Speed feedback	—	Speed feedback	—	—	—
3	—	—	—	—	Torque reference	-30000 to 30000 10000/100%	Torque reference	-30000 to 30000 10000/100%	—	—
4	—	—	Speed detection PG count value	0 to 32767	—	—	Speed detection PG count value	-32768 to 32767	—	—
5	Speed reference	0 to 32767 30000/100%	Speed reference	0 to 32767 30000/100%	Speed reference	-32768 to 32767 30000/100%	Speed reference	-32768 to 32767 30000/100%	Speed reference	-32768 to 32767 30000/100%
6	Primary frequency reference	0 to 32767 30000/100%	Primary frequency reference	0 to 32767 30000/100%	Primary frequency reference	0 to 32767 30000/100%	Primary frequency reference	0 to 32767 30000/100%	Primary frequency reference	0 to 32767 30000/100%
7	Output current	0 to 20000 10000/100%	Output current	0 to 20000 10000/100%	Output current	0 to 20000 10000/100%	Output current	0 to 20000 10000/100%	Output current	0 to 20000 10000/100%
8	Output voltage reference	0 to 10000/100%	Output voltage reference	0 to 10000/100%	Output voltage reference	0 to 10000/100%	Output voltage reference	0 to 10000/100%	Output voltage reference	0 to 10000/100%
9	Main curcuit DC voltage	0 to 12500 (200V class 400[V]) 10000/100% (400V class: 800[V])	Main curcuit DC voltage	0 to 12500 (200V class 400[V]) 10000/100% (400V class: 800[V])	Main curcuit DC voltage	0 to 12500 (200V class 400[V]) 10000/100% (400V class: 800[V])	Main circuit DC voltage	0 to 12500 (200V class 400[V]) 10000/100% (400V class: 800[V])	Main circuit DC voltage	0 to 12500 (200V class 400[V]) 10000/100% (400V class: 800[V])
10	—	—	—	—	Torque feedback	-30000 to 30000 10000/100%	Torque feedback	-30000 to 30000 10000/100%	—	-30000 to 30000 10000/100%
11	Fault alarm signal 1	—	Fault alarm signal 1	—	Fault alarm signal 1	—	Fault alarm signal 1	—	Fault alarm signal 1	—
12	Fault alarm signal 2	—	Fault alarm signal 2	—	Fault alarm signal 2	—	Fault alarm signal 2	—	Fault alarm signal 2	—
13	Inverter AI CH3 input	-10V to +10V/ 0 to 4095	Inverter AI CH3 input	-10V to +10V/ 0 to 4095	Inverter AI CH3 input	-10V to +10V/ 0 to 4095	Inverter AI CH3 input	-10V to +10V/ 0 to 4095	Inverter AI CH3 input	-10V to +10V/ 0 to 4095
14	Inverter DI input	—	Inverter DI input	—	Inverter DI input	—	Inverter DI input	—	Inverter DI input	—
15	Inverter AI CH1 input	-10V to +10V/ 0 to 4095	Inverter AI CH1 input	-10V to +10V/ 0 to 4095	Inverter AI CH1 input	-10V to +10V/ 0 to 4095	Inverter AI CH1 input	-10V to +10V/ 0 to 4095	Inverter AI CH1 input	-10V to +10V/ 0 to 4095
16	Momentary power loss drop amount	-32768 to 32767 30000/100%	Momentary power loss drop amount	-32768 to 32767 30000/100%	Momentary power loss drop amount	-32768 to 32767 30000/100%	Momentary power loss drop amount	-32768 to 32767 30000/100%	Momentary power loss drop amount	-32768 to 32767 30000/100%

Notes 1. Nos 1 to 4 are output in ASR scan(1 to 2 msec).

2. For Nos 3,4,15,and 16,data items can be changed by the setting for a parameter.
By setting the selection permitted parameter, data items can be changed. Send the data to a master controller in the internal access cycle.

3. With Nos 13 to 15(inverter input signals),the contents of the signals are sent to the master controller even when the communication mode is not the through mode.

4. (＊) The assumed speed is output.

表 4-2-6

控制信号和状态信号

Operation Signals (Master Controller to VS－676H5)					
Bit No.	V/f Control	V/f with PG feedback	Open Loop Vector	Flux Vector	EMS Control
0	Run/stop	Run/stop	Run/stop	Run/stop	Run/stop
1	Reverse run	Reverse run	Reverse run	Reverse run	Reverse run
2	Base block/release	Base block/release	Base block/release	Base block/release	Base block/release
3	Trace start/stop	Trace start/stop	Trace start/stop	Trace start/stop	Trace start/stop
4	External fault	External fault	External fault	External fault	External fault
5	Fault reset	Fault reset	Fault reset	Fault reset	Fault reset
6	Changing acceleration/ deceleration time	Changing acceleration/ deceleration time	Changing acceleration/ deceleration time	Changing acceleration/ deceleration time	Changing acceleration/ deceleration time
7	Accel/decel prohibit(speed hold)/. release	Accel/decel prohibut(speed hold)/. release	Accel/decel prohibit(speed hold)/. release	Accel/decel prohibit(speed hold)/. release	Accel/decel prohibit(speed hold)/. release
8	DB command	DB command	Initial excitation	Initial excitation	Not used
9	—	Integration reset(ASR)	—	Integration reset(ASR)	Integration reset(ACR)
A	—	Integration hold(ASR)	—	Integration hold(ASR)	Integration hold(ACR)
B	Soft starter cancel	Soft starter cancel	Soft starter cancel	Soft starter cancel	Soft starter cancel
C	Trace reset (after occurrence of fault)	Trace reset (after occurrence of fault)	Trace reset (after occurrence of fault)	Trace reset (after occurrence of fault)	Trace reset (after occurrence of fault)
D	Energy saving control ON/OFF	Energy saving control ON/OFF	—	Servo ON	Synchronous control ON/OFF
E	Empty	Empty	Empty	Torque/speed control selection	Not used
F	Motor selection(No.2/No.1)	Motor selection(No.2/No.1)	Motor selection(No.2/No.1)	Motor selection(No.2/No.1)	Not used

续上表

Status Signals (VS－676H5 to Master Controller)					
Bit No.	V/f Control	V/f with PG feedback	Open Loop Vector	Flux Vector	EMS Control
0	Run/stop	Run/stop	Run/stop	Run/stop	Run/stop
1	Zero speed	Zero speed	Zero speed	Zero speed	—
2	Reverse run	Reverse run	Reverse run	Reverse run	—
3	Reset signal input	Reset signal input	Reset signal input	Reset signal input	Reset signal input
4	Speed agree	Speed agree	Speed agree	Speed agree	Current agree/not agree
5	Inverter ready/ not ready	Inverter ready/ not ready	Inverter ready/ not ready	Inverter ready/ not ready	Inverter ready/ not ready
6	Minor fault	Minor fault	Minor fault	Minor fault	Minor fault
7	Major fault	Major fault	Major fault	Major fault	Major fault
8	Command error (control data 16W)	Command error (control data 16W)	Command error (control data 16W)	Command error (control data 16W)	Command error (control data 16W)
9	Recovery from power loss/ momentary power loss	Recovery from power loss/ momentary power loss	Recovery from power loss/ momentary power loss	Recovery from power loss/ momentary power loss	Recovery from power loss/ momentary power loss
A	Remote/Local	Remote/Local	Remote/Local	Remote/Local	Remote/Local
B	Regeneration/Current	Regeneration/Current	Regeneration/Current	Regeneration/Current	Regeneration/Current
C	Current (torque) limit	Current (torque) limit	Current (torque) limit	Current (torque) limit	—
D	—	Speed limited (ASR limit)	—	Speed limited (ASR limit)	Synchronous control
E	Motor selection (No.2/ No.1)	Motor selection (No.2/ No.1)	Motor selection (No.2/ No.1)	Motor selection (No.2/ No.1)	—
F	—	—	—	Zero servo complete	—

故障和报警信号(变频器到 PLC)　表 4-2-7

Bit No.	Signal 1		Fault Rank
	V/f, Vector	EMS	
0	Overcurrent (OC)	Overcurrent (OC)	A
1	Ground fault(GF)	Ground fault(GF)	A
2	Over voltage(OV)	Over voltage(OV)	A
3	Main circuit low voltage (UV1)	Main circuit low voltage (UV1)	B
4	Control power supply low voltage (UV2)	Control power supply low voltage (UV2)	A
5	Inrush current resistor short MC fault(UV3)	Inrush current resistor short MC fault(UV3)	A
6	Fuse blown (FU)	Fuse blown (FU)	A
7	—	—	A
8	Inverter overheat alarm(OH)	Inverter overheat alarm(OH)	B
9	Inverter overheat (OH1)	Inverter overheat (OH1)	A
A	Inverter overload (OL2)	Inverter overload (OL2)	A
B	Over torque 1(OL3)	—	A
C	Over torque 2(OL4)	—	A
D	Motor overload(OL1)	—	B
E	Motor overheat(OH3) *	—	A
F	Thermitstor open curcuit (THM) *	—	A
	Signal 2		
0	Braking transistor fault (RR) *	—	A
1	Braking resistor overheat(RH) *	—	A
2	External fault (EF1 to EF8)	External fault (EF1 to EF8)	B
3	Over speed (OS) *	—	A
4	Speed deviation (DEV) *	Excessive current deviation (DEV) *	B
5	PG open circuit (PGO) *	—	A
6	Excessive ripple in DC bus bar voltage (PF)	Excessive ripple in DC bus bar voltage (PF)	A
7	Output open-phase (LF)	Output open-phase (LF)	A
8	Load short circuit(SC)	Load short circuit(SC)	A
9	—	—	A
A	Digital operator fault (OPR)	Digital operator fault (OPR)	A
B	CP-216 transmission error (CE)	CP-216 transmission error (CE)	A
C	Hardware fault(CPF)	Hardware fault(CPF)	A
D	—	Synchronous control error	A
E	—	—	
F	—	—	

Note(*1)　Error or fault is detected only when the corresponding hardware is installed.

(4)操作模式的选择。VS-676H5 有现场控制和遥控两种操作模式。变频器停止时,通过使用电子操作器上的"现场/遥控"键来选择操作模式。当前所选的模式可通过观察数字操作器上的 SEQ 和 REF 进行确认。

操作模式在工厂预设为"遥控",变频器以设置的速度运行,并执行命令。无论所选的操作模式如何,9CN-19 到 9CN-24 的多功能输入均有效。

①现场控制:数字操作器用来设置参考速度和运行命令。在现场控制模式下,SEQ 和 REF 都不亮。

②遥控:通过表 4-2-8 中的参数,选择速度参考值和运行命令。

操作模式的参数 表 4-2-8

参数编号	名　称	描　　述
B1-01	参考速度选择	0:来自数字操作器的主参考速度 (D1-01) (数字操作器上的 REF:关) 1:来自控制电路终端 9CN-4 到 9CN-6 的主参考速度 (数字操作器上的 REF:开) 2:通过 MEMOBUS 设置的主参考速度 (数字操作器上的 REF:闪) 3:通过 MEMOBUS 可选装置设置的主参考速度 (数字操作器上的 REF:闪)
B1-02	运行命令选择	0:收到数字操作器的运行命令,电机开始启动。 (数字操作器上的 SEQ:关) 1:收到来自控制电路终端 9CN-17 的运行命令,电机开始启动。 (数字操作器上的 SEQ:开) 2:收到来自 MEMOBUS 的运行命令,电机开始启动。 (数字操作器上的 SEQ:闪) 3:收到来自 MEMOBUS 可选装置的运行命令,电机开始启动。 (数字操作器上的 SEQ:闪)

2)数字操作器及有关操作

(1)数字操作器按键介绍(图 4-2-7)。

(2)数字操作器模式的选择。VS-676H5 的数字操作器有两种操作模式:驱动模式和程序模式。

通过模式选择键来选择模式。即使在操作过程中,也可改变模式。即使在运行过程中要改变到程序模式而设定或显示参数值,变频器仍可继续运行。运行过程中,某些参数是不可设置的。

变频器停止而且所选为程序模式,输入运行命令时,变频器不开始工作。

驱动模式:可进行变频器操作。显示监视器值,故障追踪或故障记录。

每次按下显示选择键,要监测的项改变。出现故障时,数字操作器自动进入故障显示模式。按下"重新设置"键,显示模式回到以前的选择。

程序模式:设置/读取参数。

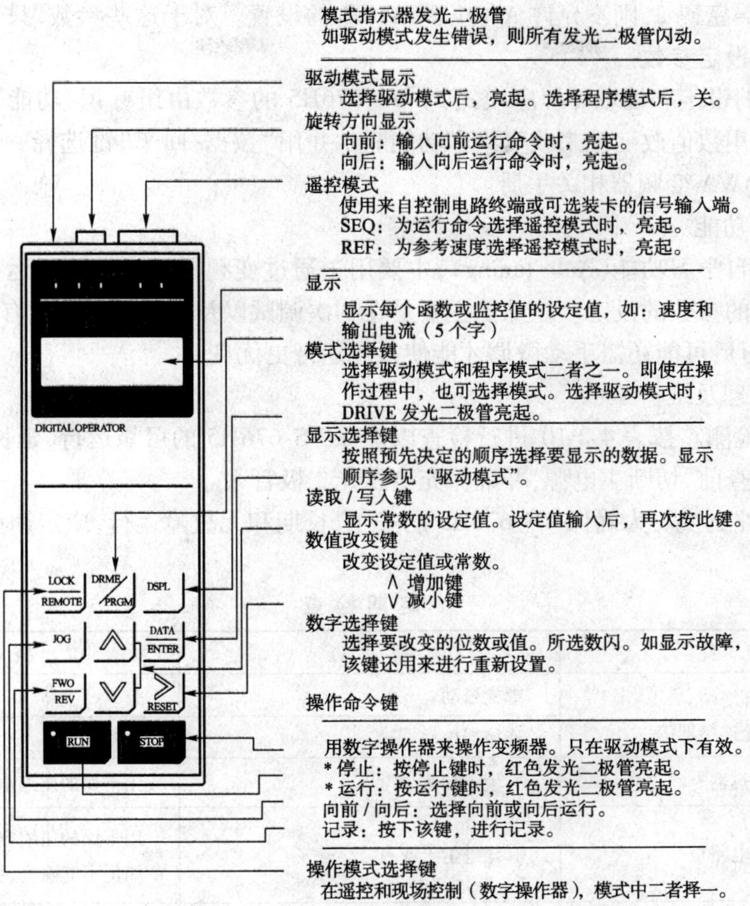

图 4-2-7　数字操作器按键

(3)变频器操作环境的设置。按以下方法设置用来设定/读取参数的访问级别和控制模式(V/f 控制,矢量控制)。确保使用 VS-676H5 前,设置环境,设置参数。

表 4-2-9 显示了主要的环境设置参数。

环 境 设 置 参 数　　　　表 4-2-9

参数号	名　称	介　绍
A1-01	访问级别 (可在运行中改变)	0:用于监控(设定/读取 A1-01 并将 U 参数读取设置为快速启动等级) 2:快速启动(设定/读取必要的参数,以进行简化操作) 3:基本(设定/读取基本参数) 4:高级(设定/读取应用参数)
A1-02	控制模式选择	0: V/f 控制　1:带 PG 反馈的 V/f 控制 2:开路矢量　3:流量矢量　4:EMS 控制
A1-03	初始化	2220:参数初始化
A1-04	密码 1(用于输入)	输入密码 1
A1-05	密码 2(用于设定)	输入密码 2 (只在 MEMOBUS 下可设置/读取)

若密码 1≠密码 2,则不允许 A1-01 到 A1-03 的设置。对于这些参数,只允许读取而且不可能改变环境设定参数。

(4)参数的设定和读取（程序模式）。VS-676H5 的参数由组标识、功能号和每个功能的序列号组成。用数值改变键来改变组和功能显示并用“数据/回车”键选择一个。详细参数情况参见 YASKAWA 变频器相关手册。

3)自学习功能

变频器的自学习功能(Auto tuning),主要用于通过变频器自身的测试运行来对自动完成电机运行有关的参数的设定。该功能主要是在初次调试以及电机性能参数有较大变化的情况下使用,自学习后可能还需手动微调才能使系统运行更优良。

4)故障修理及维护

(1)定期检测。按表 4-2-10 进行检查以确保 VS-676H5 的可靠运行、延长使用寿命、避免出现故障。检查前,切断主电源,并确保充电发光二极管灭。

(2)零部件更换。为确保 VS-676H5 的安全、长期和无故障运行,应定期更换表 4-2-11 中的部件。

定期检查 表 4-2-10

部　件	检　查	措　施
外部终端 安装螺栓连接器等	螺栓松动	拧紧
	连接器松动	拧紧
散热器	有尘土和灰尘	用干燥的压缩空气吹
印制电路板	有导电尘土或有	用干燥的压缩空气吹 如仍不能除去,更换电路板
冷却扇	异常噪声和震动 积累运行时间是否超过 20000h	更换冷却扇
电源	有尘土和灰尘	用干燥的压缩空气吹
滤波电容器	退色或有异味	更换电容器或变频器

部件更换表 表 4-2-11

部　件	更换时间间隔	备　注
冷却扇	2 到 3 年	更换新件
滤波电容器	5 年	更换新件（检查后决定）
断路器或继电器	—	检查后决定
保险丝	10 年	更换新件
PC 板上的铝电解电容器	5 年	更换新件（检查后决定）

(3)故障诊断和纠正措施。VS-676H5 检测到错误时,启动故障触点输出来使控制卡上的发光二极管亮起或闪烁,如表 4-2-12 所示。可将数字操作器连接到 1CN 来检查错误的详细情况。按照表 4-2-13“故障诊断和应对措施”检查原因并采取措施。

发光二极管的状态指示　　表 4-2-12

绿	红	描　述
关	关	基本块状态（不包括重大故障）
开	—	运行
闪	—	虽输入运行命令，电机不运行 • 参考速度小于 E1-09（不带 PG 的 1V/f 控制，带 PG 的 1V/f 控制，不带 PG 的矢量控制） • 输入外部基本块信号
—	闪	小故障
—	开	大故障
开	开	闪存写入模式
在一个闪烁循环期间（注）	闪 1 次	监察人员错误（控制卡错误）
	闪 2 次	RAM 检查错误（控制卡错误）
	闪 3 次	总和检查错误（控制卡错误）
	闪 4 次	非法命令（控制卡错误）
	闪 5 次	槽非法命令（控制卡错误）
	闪 6 次	CPU 总线错误（控制卡错误）
	闪 7 次	DMA 总线错误（控制卡错误）

（4）故障码的显示次序。如发生不止一个故障，按发生次序，可最多显示四个故障（不包括 CPF00 和 CPF01）。连接数字操作器后，在驱动模式下，按∧键和∨键按次序显示。当重大故障被故障复位操作清除时，该故障的记录被清除。

（5）与故障相关的监控器常数。使用常数 U2，仅仅可检测到发生重大故障时，变频器的控制状态。使用常数 U2 可检测到以前重大故障的详细情况和发生该错误前的累积运行时间（U1-13）。从最近的一个故障，可显示四个故障。由于常数 U2 和 U3 被存到 EEPROM，即使关掉电源后，可保留已存数据。

故障诊断和应对措施　　表 4-2-13

故障显示	描　述	详细情况	应对措施	等级（标准值）
Uv1	主电路欠压（PUV）	运行中，主电路直流电电源欠压监测水平 200V 级：约 190V 以下 400V 级：约 380V 以下	■ 检查电源接线 ■ 更正线路电压	A
Uv2	控制电路欠压（CUV）	运行中，控制电路欠压		A
Uv3	预充电触点开启	运行中，预充电触点开启		A
Uv4	控制电源欠压	运行中，控制电源欠压		A

续上表

故障显示	描　述	详细情况	应对措施	等级（标准值）
Uv	瞬时功率损失	■ 主电路直流电电压下降到 PUV 以下 ■ 预充电触点开启 ■ 控制电源下降到 CUV 以下		B
GF	接地故障(GF)	变频器输出接地电流超过额定电流的 50%	■ 检查电机绝缘未受损 ■ 检查变频器和电机间的连接未受损	A
oC	过电流(OC)	变频器输出电流超过 OC	■ 检查电机线圈电阻 ■ 延长加速/减速时间 ■ 检查电机绝缘 ■ 万用表检查	A
ov	过电压(OV)	主电路直流电电压超过 OV 监测水平 200V 级:约 400V 400V 级:约 800V	延长减速时间,加入制动电路	A
oS	过速(OS)	电机速度超过 OS	检查荷载	A
dEv	速度偏差（DEV)	参考速度和速度反馈偏差超过规定水平	检查荷载	A
PGo	PG 断路（PGO)	PG 线路断开	■ 检查 PG 线路 ■ 检查电机锁和荷载	A
rHn	电热调节器断路	电机温度监测电热调节器接线断开	检查电热调节器	A
PF	直流电母线电压	■ 变频器输出电源有开相 ■ 输入电压存在较大的不均衡	■ 检查线路电压 ■ 再次拧紧输入终端螺栓	A
LF	输出开相	变频器输出端有开相	■ 检查输出端接线 ■ 检查电机阻抗 ■ 再次拧紧输出终端螺栓	A
SC	荷载短路（SC)	变频器输出(荷载)短路	■ 检查电机线圈电阻 ■ 检查电机绝缘	A
UnbC	电流失衡	单个电源的输出电流失衡(检测 600kW 或更大型号)	■ 检查接线	A
oH4	变换器过热	变换器风扇温度超过 105℃(检测 600kW 或更大型号)	■ 检查风扇和周围温度	A
PUF	保险丝融断(FU)	■ 输出晶体管受损 ■ 直流电电路保险丝熔断	检查受损晶体管、负载端短路、接地等	A

续上表

故障显示	描　述	详细情况	应对措施	等级（标准值）
oH	散热器过热警报	晶体管散热器温度超过可允许值	■ 检查散热器和周围温度 ■ 检查过滤器和风扇	B
oH1	散热器过热	晶体管散热器温度超过可允许值		A
oH3	电机过热	电机温度超过可允许值（E2－10）	■ 减小荷载 ■ 检查周围温度	A
oL1	电机过载	变频器输出超过电机过载水平	■ 减小荷载	A
oL2	变频器过载	变频器输出超过变频器过载水平	■ 延长加速/减速时间	A
oL3	扭矩过量1	扭矩超过扭矩过量检测水平1	检查荷载	A/B
oL4	扭矩过量2	扭矩超过扭矩过量检测水平2		A/B
rr	制动晶体管故障	制动晶体管出现故障	更换变频器	A
rH	制动电阻过热	制动电阻温度超过可允许值（只保护变频器内置型）	■ 减小再生荷载	A
EF0	主控制器的外部故障	从主控制器输入的外部故障	由用户说明定义的外部故障从主控制器输入。 从输入/输出列表找到外部错误项，并更正。	A/B
EF3	终端3（9CN－19）的外部故障	外部控制电路出现故障	检查输入终端的情况 如未连接终端时，发光二极管亮起，则更换变频器。	A
EF4	终端4（9CN－20）的外部故障			A
EF5	终端5（9CN－21）的外部故障			A
EF6	终端6（9CN－22）的外部故障			A
EF7	终端7（9CN－23）的外部故障			A
EF8	终端8（9CN－24）的外部故障			A

续上表

故障显示	描　述	详细情况	应对措施	等级（标准值）
SE10	电机改变错误	电机改变发生在程序模式、EMS 控制程序运行过程中	■ 确保数字操作器在驱动模式 ■ 确保控制模式不是 EMS 控制 ■ 确保电机不运行	B
CPF00	控制电路故障 1	■ 直到供电 5s 后，才能建立变频器和数字操作器间的传输。 ■（启动时）MPU 外围部件检查故障	■ 再次插入数字操作器连接器 ■ 检查控制电路接线 ■ 更换控制卡	A/B
CPF01	控制电路故障 2	■ 变频器和数字操作器间的传输在供电后建立，但后来连续出现三次传输故障，且每次超过 2s。 ■（启动时）MPU 外围部件检查故障	■ 再次插入数字操作器连接器 ■ 检查控制电路接线 ■ 更换控制卡	A/B
CPF02	基本块电路故障（CPF02）	变频器控制装置故障	更换控制卡	A
CPF03	EEPROM 故障（CPF03）			A
CPF04	CPU 内部交流/直流变换器故障			A
CPF05	CPU 外部交流/直流变换器故障			A
CPF06	可选装卡连接故障	未正确连接可选装卡	再次安装可选装卡	A
CPF07	PWM 计时器故障	变频器控制装置故障（检测 600kW 或更大型号）	更换控制卡	A
CPF08	RAM BCC 一般故障			A
CPF09	一般 RAM 间的交叉诊断故障			A
CPF10	一般 RAM 初次检查故障			A
CPF21	传输控制卡硬件故障	（启动时）传输控制卡硬件检查错误	更换控制卡	A
CPF22	传输控制卡编号错误	传输控制卡与所连接的变频器不匹配	更换合适的控制卡	A
CPF23	主控制器和控制卡间的交叉诊断故障	传输控制卡和控制卡间的诊断数据超过 0.2s 没更新	更换传输控制卡	A

续上表

故障显示	描　述	详细情况	应对措施	等级（标准值）
Err	EEPROM 写入故障 （ERR）	初始化常数时，EEPROM 内部数据不匹配	更换控制卡	B
bUS	CP－216 传输错误	CP－216 传输错误持续 2.5s	检查传输设备和传输信号	A/B
bASE	基本测试 模式故障	测试过程中，主电路直流电电源电压超过 20V	降低主电路直流电电压	C
oPE01	KVA 选择故障	变频器容量选择故障	检查和设置常数数据	C
oPE02	常数设定 范围故障	常数数据超出范围	检查常数数据的设定	C
oPE03	多功能触点 输入选择故障	H1－01 到 H1－06 的设定 － 未以升序设定 － 除 F 和 FF，设置了相同值	检查功能选择	C
oPE05	可选装置 选择故障 （OPE05）	－ 虽然选择了 C 可选装置的参考速度，但不能连接 C 可选装置 － 虽然选择了 C 可选装置的运行命令，但不能连接 C 可选装置	检查和设置常数数据 连接 C 可选装置	B
oPE06	控制模式 选择故障	流量矢量控制或带 PG 反馈的 V/f 过程中，未连接 PG 卡	连接 PG 卡	B
oPE10	V/f 数据设置故障 （E1－04 到 E1－10）	E1－04 到 E1－10 的设置不满足下列条件：E1－04≥E1－11≥E1－06 > E1－06≥E1－09	检查常数	C
oPE11	载波频率 常数设定故障	下列任何一个常数设置不正确： － 载波频率上限（C6－01）>5Hz － 载波频率下限（C6－02）≤5kHz － 载波频率比例获得（C6－03）>6 － （C6－01） < （C6－02）	检查和设置常数数据	C
oPr	数据操作器故障	在数字操作器运行命令模式下，数字操作器电路断开（只有将 O2－06 设置为 1 时，才检测）	－ 检查接线和连接器 － 更换控制卡	A

注：等级分类如下：

等级 A：重大故障（电机惯性转动至停止，数字操作器指示灯亮、故障触点已输出）；

等级 B；故障操作继续、数字操作器指示灯闪、无故障触点输出，以及小故障触点输出（选择多功能输出时）；

等级 C：警告（无法进行操作、数字操作器指示灯亮、无故障触点输出）。

3. 变频器的软件操作

变频器操作所使用的软件与 PLC 为同一软件 CP-717，通过该软件可以对变频器的参数进行设置操作以及查看一些波形等。

1）变频器参数的上传下载

（1）新建变频器（图 4-2-8）：

①登入变频器所连接的 PLC 站。

②右键点击 DRIVE 选择 Making New—Drive。

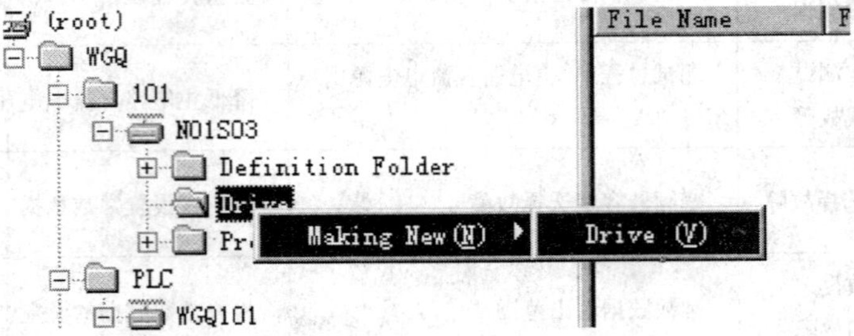

图 4-2-8　新建变频器

③填入有关数据（图 4-2-9）。

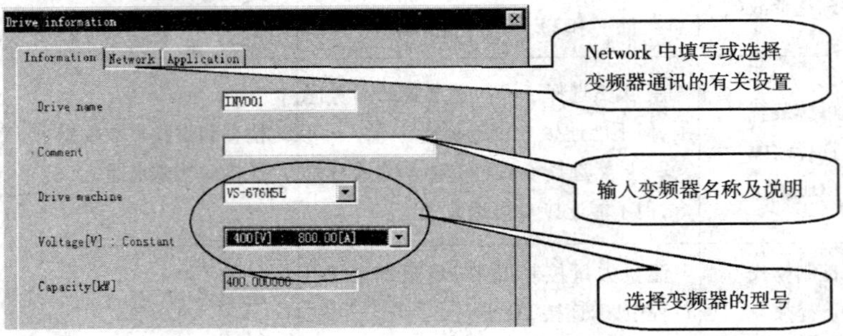

图 4-2-9　变频器信息录入

（2）参数传送。如图 4-2-10 所示，右键点击变频器，如 INV001，选择 File Transfer—All File Transfer。

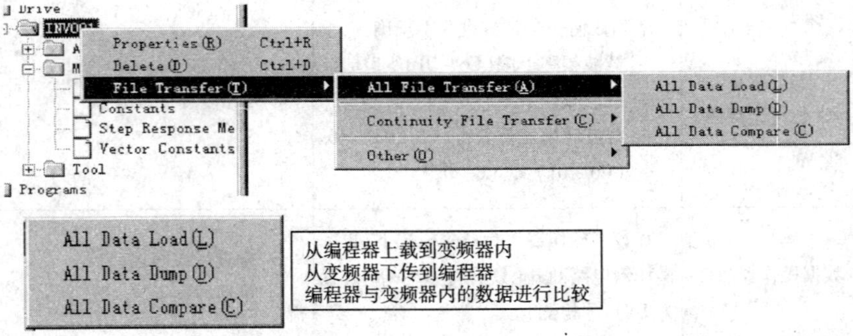

图 4-2-10　变频器参数的传送

2）变频器参数

如图 4-2-11 所示，双击进入 Constants，参数按参数组显示，可查看或修改。

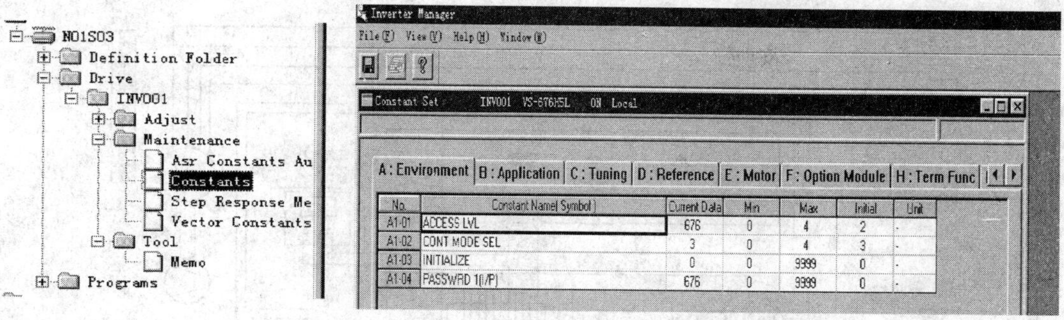

图 4-2-11　变频器的参数

二、SIEMENS 公司的变频器

SIEMENS 公司的变频器产品根据结构形式分为书本型、增强书本型、装机装柜型等，根据输入输出电压形式可分为 AC-AC、DC-AC 和整流/回馈等，港口大型电动装卸机械上使用的变频器主要是整流/回馈单元（AFE）+ DC-AC 装机装柜型，另外一些辅助控制机构使用 AC-AC 书本型或增强书本型变频器。本文主要以装机装柜型逆变器进行介绍，其他设备可参考相应手册。

1. 硬件介绍

1）结构尺寸

变频器、逆变器、整流/回馈单元等矢量控制功能的功率部件有几种结构形式。参照变频器/逆变器、控制类型，它们有以下输出功率：

（1）书本型　　　　2.2 ~ 37kW

（2）装机装柜型　　45 ~ 2300kW

（3）增强书本型　　0.55 ~ 18.5kW

2）系统配置

图 4-2-12 和图 4-2-13 中，灰色三角部分是传动系统配置的例子，实际应用情况应按需要而定。

3）装机装柜型逆变器（图 4-2-14）

（1）电子盒电路板的安装。电路板不允许带电插拔，如图 4-2-15 所示，在装置的电子盒内最多有 6 个插槽可用于安装电路板。在电子盒内没有插槽 B，它在紧凑书本型装置才使用，如果使用插槽 D ~ G，还需安装下列组件：

①总线扩展器 LBA（Local Bus Adapter）：用于安装 CU 板和最多 2 个适配板；

②能够固定 2 个选件板的适配板（ADB，Adaption Board）；

电路板安装规则：

③安装位置 1 用于安装 CU 板；

④安装位置 2 可用于工艺板（T100、T300、TSY）；

⑤安装位置 2 和 3 也可用于通讯板 SCB；

⑥在使用安装位置 3 前应首先使用安装位置 2，至少在安装位置 2 安装一块电路板后才能使用安装位置 3。

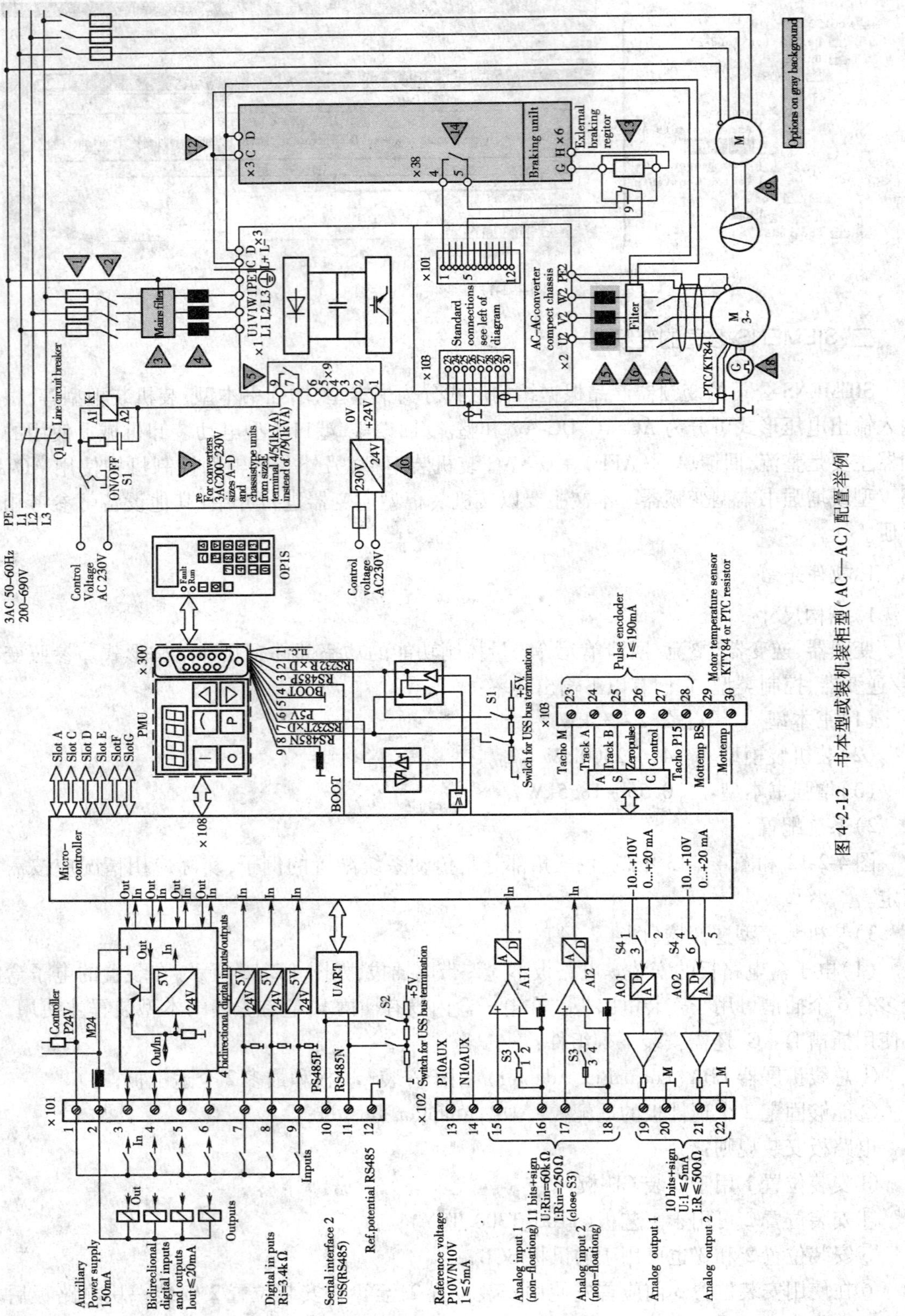

图 4-2-12 书本型或装机装柜型(AC—AC)配置举例

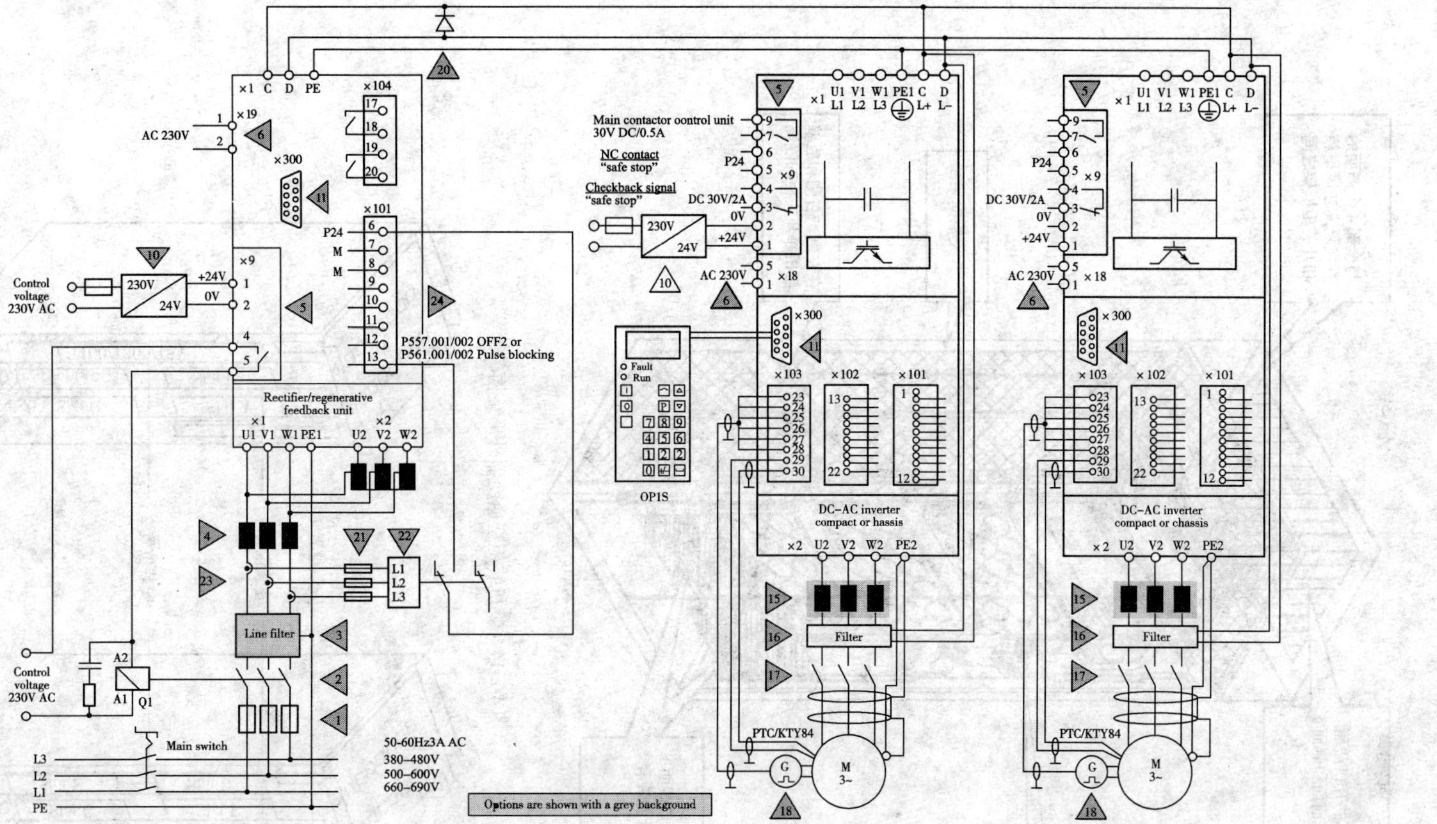

图 4-2-13　带整流回馈单元的配置举例

(1)网侧熔断器:起短路保护作用,而且取决于它们的工作级别,它们也保护所连接的半导体器件和整流器或装置的输入整流器;(2)网侧接触器 K1:通过网侧接触器,变频器或整流/回馈单元连接到电源上,在需要时或故障情况下从电源断开;(3)无线电干扰抑制滤波器:通过该装置可以降低由变频器或整流单元产生的无线电干扰电压;(4)网侧进线电抗器:限制电流尖峰并减小谐波;(5)控制端子排 X9;(6)逆变器装置的风扇电源:在所有装机装柜装置和规格 D 的书本型装置,风扇需要连接一个 230V AC 50/60Hz 的电源。装机装柜型通过 X18:1、5 而书本型直接接到风扇熔断器 F101 和 F102 上;(10)24V 辅助电源:当网侧电压中断时,24V 电源用于支持被连接装置的通讯功能和诊断功能,整流单元始终需要一个外部 24V 电源;(11)X300 串行接口:用于连接 OP1S 操作面板或编程电脑。根据 RS232 或 RS485 协议操作;(15)输出电抗器:限制由较长的电机电缆产生的电容性电流并使变频器/逆变器距离较远的电机能够运行;(16)正弦波、dv/dt 滤波器:限制在电机端子上产生的电压上升率和电压峰值(dv/dt 滤波器)或在电机端子上产生的正弦波电压(正弦波滤波器);(17)输出接触器:用于充电中间回路时,电机必须与变频器电气隔离;(18)脉冲发生器:用于检测电机速度并提供具有最高动态响应的速度控制;(19)电机风扇;(20)续流二极管:在换向失败时保护所连接的逆变器;(21)熔断器

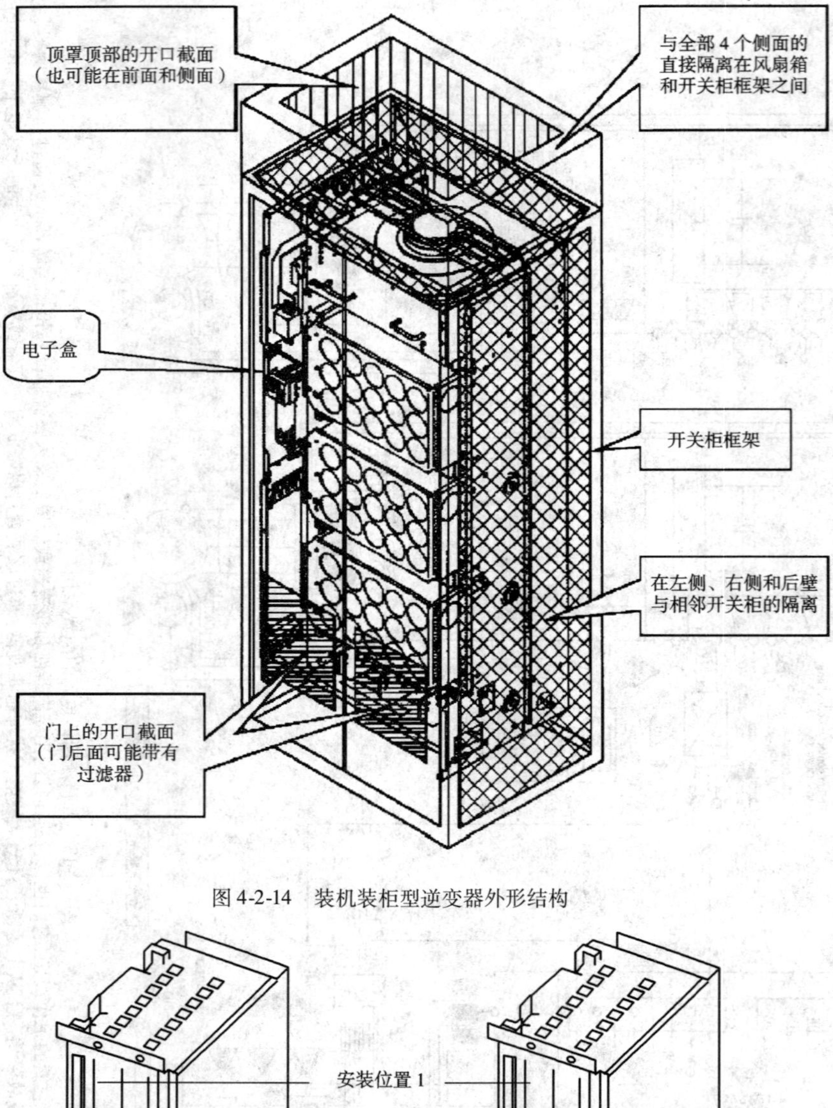

图 4-2-14　装机装柜型逆变器外形结构

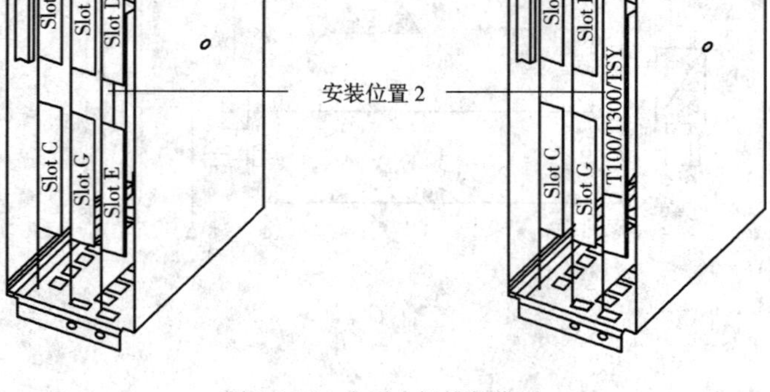

图 4-2-15　电子盒插槽的位置

(2)接线：

①辅助电源、主接触器或旁路接触器。5 针端子排用于连接 24V 电源和主接触器或旁路接触器。如果逆变器通过主接触器或旁路接触器连接，则需要电源。端子排位置参见表4-2-14。

外部 24V 电源、主接触器控制的接线(规格 E、F、G)　　表 4-2-14

	端　子	标　志	说　明	范　围
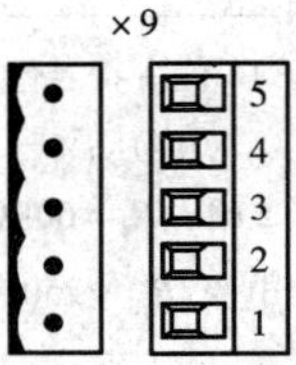	5	主接触器控制	主接触器控制	AC 230V 1kVA
	4	主接触器控制	主接触器控制	
	3	n. c.	不用	
	2	0V	参考电位	0V
	1	+24V(in)	24V 电源	DC24V≤4.3V

②控制部分接线。图 4-2-16 和图 4-2-17 分别列出了 CUVC 板的外形和控制部分标准接线。

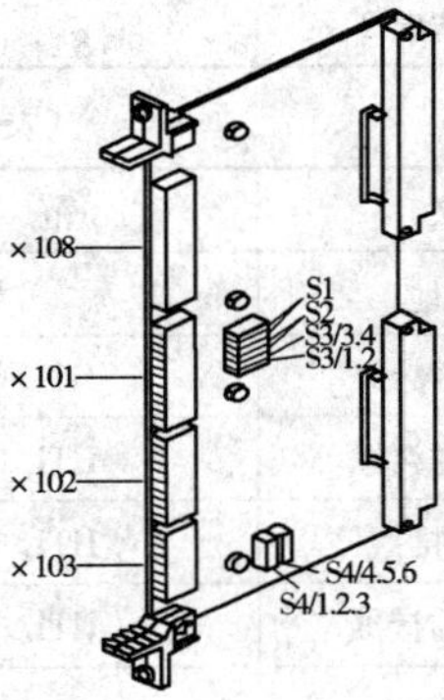

- 用于 PC 或 OP1S 串行接口(RS232/RS485)
- 一个串行接口(USS 总线，RS485)
- 用于连接一个 HTL 单极脉冲编码器和一个电机温度传感器(PTC/KTY84)的控制端子排。
- 两个具有开关量和模拟量输入/输出的控制端子排。

图 4-2-16　CUVC 板的外形

×101、×102、×103 端子排接线分别如表 4-2-15、表 4-2-16、表 4-2-17 所示。

×101 控制端子排　　表 4-2-15

	端　子	标　志	含　义	范　围
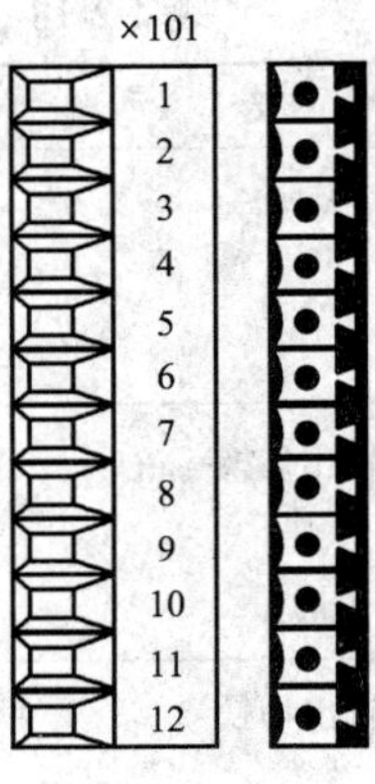	1	P24 AUX	辅助电源	DC 24V/150mA
	2	M24 AUX	参考电位	0V
	3	DIO1	开关量输入/输出 1	24V,10mA/20mA
	4	DIO2	开关量输入/输出 2	24V,10mA/20mA
	5	DIO3	开关量输入/输出 3	24V,10mA/20mA
	6	DIO4	开关量输入/输出 4	24V,10mA/20mA
	7	DI5	开关量输入 5	24V,10mA
	8	DI6	开关量输入 6	24V,10mA
	9	DI7	开关量输入 7	24V,10mA
	10	RS485 P	USS 总线连接 SCom2	RS485
	11	RS485 N	USS 总线连接 SCom2	RS485
	12	M RS485	参考电位 RS485	

×102 控制端子排 表 4-2-16

	端子	标志	含义	范围
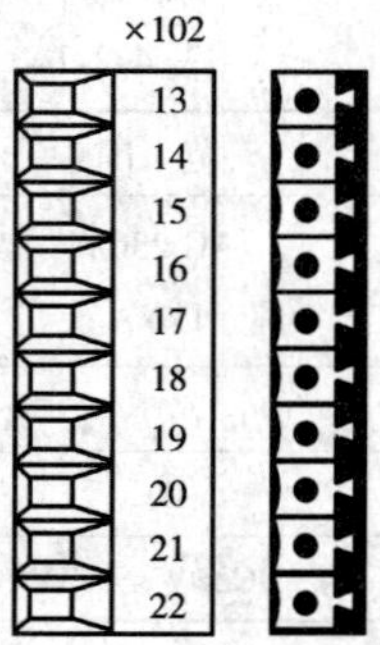	13	P10 V	用于外部电位计的 +10V 电源	+10V ±1.3% $I_{max}=5mA$
	14	N10 V	用于外部电位计的 −10V 电源	+10V ±1.3% $I_{max}=5mA$
	15	AI1 +	模拟输入 1 +	11 位 + 符号位 电压: $\pm 10V/R_i=60k\Omega$ 电流:$R_{in}=250\Omega$
	16	MAI1	地,模拟输入 1	
	17	A12 +	模拟输入 2 +	
	18	MAI2	地,模拟输入 2	
	19	AO1	模拟输出 1	10 位 + 符号位 电压: $\pm 10V/I_{max}=5mA$ 电流:0 ~ 20mA $R\geqslant 500\Omega$
	20	M AO1	地,模拟输出 1	
	21	AO2	模拟输出 2	
	22	M AO2	地,模拟输出 2	

×103 脉冲编码器端子排 表 4-2-17

	端子	标志	含义	范围
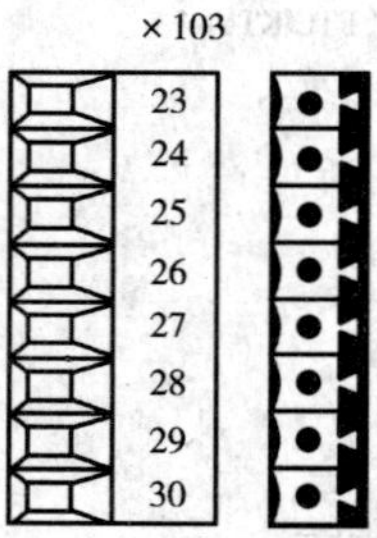	23	$-V_{SS}$	电源的地	
	24	通道 A	通道 A 的接线	HTL 单极
	25	通道 B	通道 B 的接线	HTL 单极
	26	Zero pulse	零脉冲的接线	HTL 单极
	27	CTRL	控制通道的接线	HTL 单极
	28	$+V_{SS}$	脉冲编码器电源	15V $I_{max}=190mA$
	29	− Temp	KTY84/PTC 的负端(−)	KTY84:0 ~ 200℃
	30	+ Temp	KTY84/PTC 的正端(+)	PTC:$R_{cold}\leqslant 1.5k\Omega$

开关设置如表 4-2-18 所示。

开 关 设 置 表 4-2-18

开关	含义	开关	含义
S1 • 开 • 闭	SCom1(X300):总线终端电阻 • 电阻开 • 电阻接	S3(3,4) • 开 • 闭	AI2:电流/电压输入切换 • 电压输入 • 电流输入
S2 • 开 • 闭	SCom2(X101/10,11):总线终端电阻 • 电阻开 • 电阻接	S4(1,2,3) • 跳线器 1,3 • 跳线器 2,3	AO1:电流/电压输出切换 • 电压输出 • 电流输出
S3(1,2) • 开 • 闭	AI1:电流/电压输入切换 • 电压输入 • 电流输入	S4(4,5,6) • 跳线器 4,6 • 跳线器 5,6	AO1:电流/电压输出切换 • 电压输出 • 电流输出

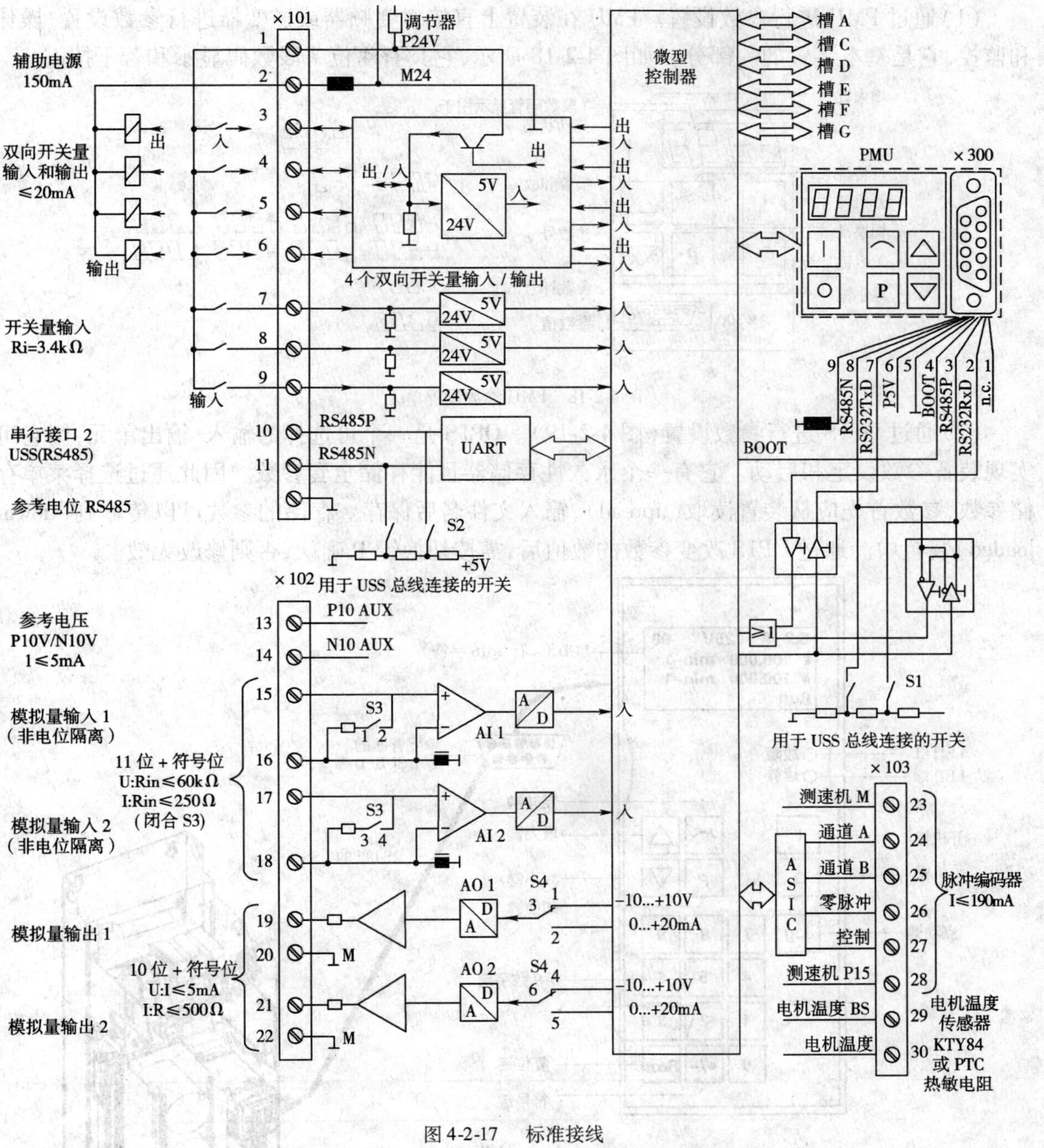

图 4-2-17　标准接线

2. 变频器的操作控制及参数

1)参数设置

每个参数通过其参数名和参数号表明单一的意义，除参数名和参数号外，许多参数有参数标号，一个参数通过标号可有多个值。

参数号由一个字母和三位数组成。大写字母 P、U、H 和 L 代表可变参数，小写字母 r、n、d 和 c 是只读参数。如 P554.2 = 20，参数名为起/停 1 的源址，参数号为 P554，参数标号为 2，参数值为 20。

通过以下几种方法可以输入参数：

(1)通过 PMU 进行参数设置。PMU 在装置上直接对变频器或逆变器进行参数设置、操作和监控,它是基本装置的一部分。如图 4-2-18 所示,它具有 4 位 7 段数码显示和若干按键。

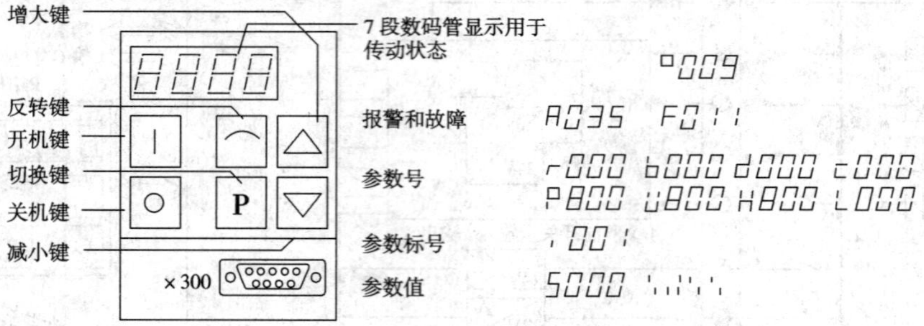

图 4-2-18　PMU 参数设置单元

(2)通过 OP1S 进行参数设置(图 4-2-19)。OP1S 是一个可选择的输入/输出单元,用它可实现装置参数设定和启动。它有一个永久性存储器且能存储全套参数。因此通过选择菜单存储参数,参数首先应从装置读取(upread),输入文件名后保存。存储的参数可以传输到(downloaded)装置中。通过 OP1S 改变参数的数值后,需按切换键 P 确认,否则修改无效。

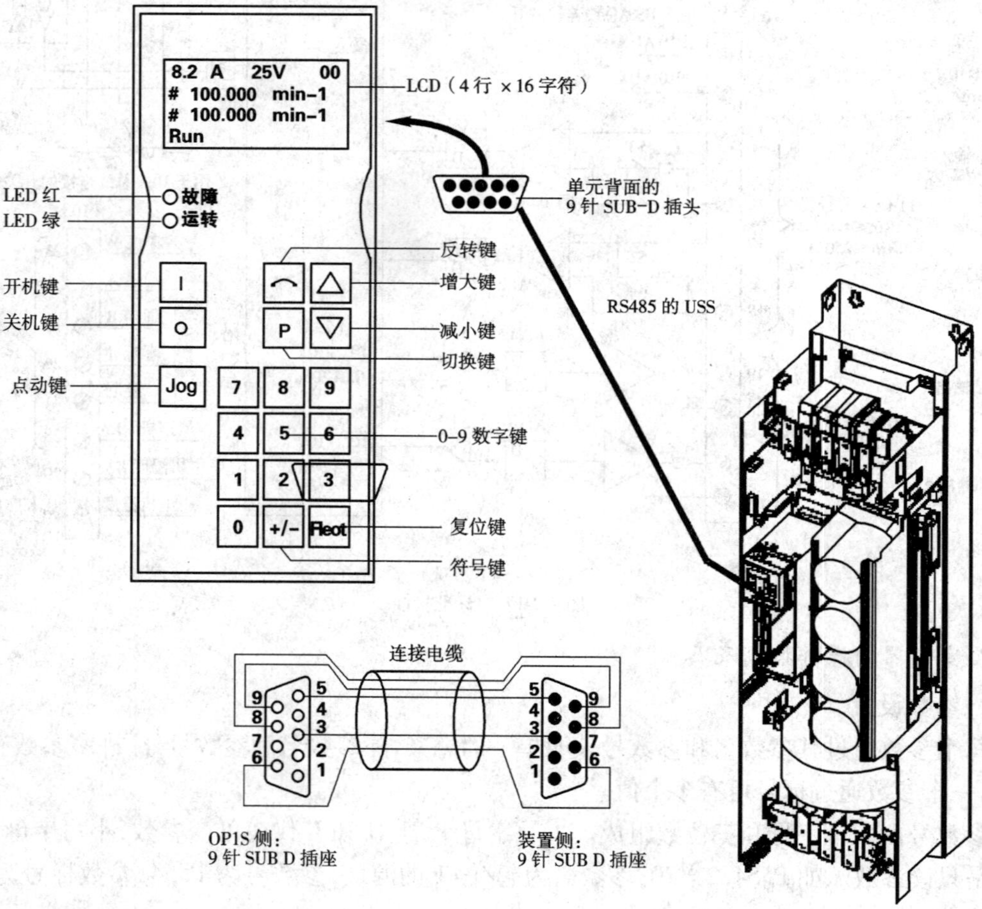

图 4-2-19　OP1S 与装置的连接

(3)通过装有变频器服务软件进行参数设置。

2)控制字和状态字

因篇幅关系,下面只列出了一小部分控制字位和状态字位进行介绍,详细可参考相应手册。

(1)控制字位的说明(表4-2-19)。

控制字位说明　　表4-2-19

位0:开/关1命令(↑“开”)(L“关1”)	
条件	在开机准备状态(009)从L→H上升沿发生。
结果	◆ 预充电(010) 主接触器(选件)/旁路接触器,如有则接通。 直流回路进行预充电。 ◆ 准备(011) 如果装置最后关机是用“关机2”,从最后关机经去磁时间(P603)后,装置才转入下一状态。 ◆ 接地故障(012),只在选择了接地故障测试(P375)才有效。 ◆ 捕捉再启动(013),仅在捕捉再启动(用P583设定控制字位23)被激活后才能再启动。 ◆ 运行(014)
条件	LOW(低)信号和P100=3,4(闭环频率/速度控制)
结果	◆ 关机OFF1(015),须在逆变器处于使能状态。 • 在P100=3,4和从动时,等到上级开/闭环控制使装置停机。 • 在P100=3,4和主动时,在斜坡函数发生器输入端的设定值被封锁(设定值=0),以使系统按已设定参数的降速斜坡(P464)下降至关机频率(P800)。 在经过关机等待时间(P801)后,逆变器脉冲被封锁,同时主接触器(选件/旁路接触器)如有的话则断开。 如关机OFF1命令在下降时撤消(例如用开机命令),那么下降过程将中断并转回运行状态(014)。 ◆ 在预充电(010),运行准备(011),捕捉再启动(013)或静止状态电机辨识(018)时,逆变器脉冲被封锁,主接触器(选件)/旁路接触器如有的话被断开。 ◆ 开机封锁(008) ◆ 开机准备(009),如关机“OFF2”或关机“OFF3”命令不存在。
条件	低信号和P100=5(闭环转矩控制)
结果	◆ 关机OFF2命令(电气的)被执行。
位1:关机OFF2命令(L“OFF2”)电气的	
条件	低信号
结果	◆ 逆变器脉冲被封锁,主接触器(选件)/旁路接触器如有的话则断开。 ◆ 开机封锁(008),直到命令取消。
注意	关机OFF2命令可以从三个源(P555,P556和P557)同时作用!

续上表

位2:关机 OFF3 命令(L“OFF3”)(快停)	
条件	低信号
结果	◆ 该命令有两个可能的作用: • DC 制动被激活(P395 = 1): DC 制动(017) 系统按参数设定的 OFF3(P466)下降时间减速,直到 DC 制动频率(P398)。 然后在去激磁时间(P603)内逆变器脉冲被封锁。 随后,用可调的制动电流(P393)经可参数设置的制动时间(P397)进行直流制动。 接着,逆变器脉冲被封锁,主接触器(选件)/旁路接触器如有的话断开。 • DC 制动未被使能(P395 = 0): 设定值在斜坡函数发生器输入处(设定值 = 0),系统沿着为 OFF3(P466)参数设定的降速斜坡下降至关机频率(P800)。 经过关机等待时间(P801)后,逆变器脉冲被封锁,同时主/旁路接触器如有的话则断开。当系统减速时如有取消 OFF3 命令,则系统仍继续加速。 ◆ 在预充电(010),运行准备(011)。捕捉再启动(013)或静止状态电机辨识(018)时,逆变器脉冲被封锁,主接触器/旁路接触器如有的话则断开。 ◆ 如果传动为从动,在关机 OFF3 命令时自动转到主动。 ◆ 开机封锁(008),直到该命令被取消。
注意	OFF3 命令可从三个源(P558,P559 和 P560)同时起作用! OFF 停机命令的优先级别:OFF2 > OFF3 > OFFF1

(2)状态字位的说明(表 4-2-20)。

状态字位的说明 表 4-2-20

位0:“开机准备”信号(H)	
高信号	开机封锁(008)或开机准备(009)
意　义	◆ 电源,开环控制和闭环控制可以使用。 ◆ 逆变器脉冲被封锁。 ◆ 如有外部电源和主接触器(选件)/旁路接触器,当传动变频器在这种状态时,变频器中间回路可能无电压!
位1:“运行准备”信号(H)	
高信号	预充电(010)或运行准备(011)
意　义	◆ 电源,开环控制和闭环控制可以使用。 ◆ 设备接通。 ◆ 预充电已完成。 ◆ 中间回路在全电压运行。 ◆ 逆变器脉冲仍被封锁。
位2:“运行信号”(H)	
高信号	捕捉再启动(013)、运行(014)、OFF1(015)或 OFF3(016)
意　义	◆ 变频器功能起作用。 ◆ 逆变器脉冲被释放。 ◆ 输出端子输送电压。

续上表

位3:“故障”信号(H)	
高信号	故障信号(007)
意　义	◆出现故障。
位4:“关机 OFF2”信号(L)	
低信号	关机 OFF2 命令存在
意　义	◆ 已发出关机 OFF2 命令(控制字位 1)。
位5:“关机 OFF3”信号(L)	
低信号	关机 OFF3(016)状态,和/或输入了 OFF3 命令
意　义	◆ 已发出关机 OFF3 命令(控制字位 2)。
位6:“开机封锁”信号(H)	
高信号	开机封锁(008)
意　义	◆ 电源,开环控制和闭环控制可以使用。 ◆ 如有外部电源和主接触器(选件)/旁路接触器,在这种传动变频器状态下变频器中间回路可能无电压! ◆ 只要经控制字位 1 输入停机 OFF2 命令或设定值减小后仍经控制字位 2 输入停机 OFF3 命令,或经控制字位 0 存在开机命令(脉冲前缘计算),该信号始终存在。

3. 故障处理

1)故障

变频器的故障除了在面板上显示外,会保存在参数中。电子板电源断掉前故障未复位情况下,重新通电时,原故障依然存在。出现故障后不进行复位,装置无法进入运行状态。表4-2-21列出了一小部分故障代码和应对措施,详细可参考相应手册。故障记录的具体参数情况如下:

r947	故障号	P952	故障数目
r949	故障值	r782	故障时间
r951	故障列表		

故 障 列 表　　表 4-2-21

故障号	故　障	解 决 措 施
F001	Main contactor checkback 如果已设置主接触器返回信号,在下达开机命令后,经 P600 设定时间后仍无返回信号。 对他激同步电机(P095 = 12),励磁电流单元无返回信号。	P591 Src Contactor Msg 参数值必须与主接触器返回信号一致,检查主接触器返回信号电路(或在同步电机时,励磁电流返回信号)。
F002	Pre-charging 在预充电时达不到 80% 的最小直流母线电压(P071 线电压 ×1.34)。 超过 3s 的最大预充电时间。	检查电源电压 与 P071 线电压相比较(在直流装置将 P071 与直流母线电压相比较)。检查直流装置上的整流/回馈单元。整流/回馈单元必须先于逆变器投入电网。

续上表

故障号	故　　障	解 决 措 施
F011	Over current 该装置由于过电流而关机； 超过关机阈值。 用位编码的形式显示出现过电流的相(P649) 相 U→位 0 = 1→故障值 = 1 相 V→位 1 = 1→故障值 = 2 相 W→位 2 = 1→故障值 = 4 如果在几个相同时产生过电流,相关相的故障值总额为各故障值相加之和	检查 • 变频器输出是否短路或有接地故障； • 负载处于过载状态； • 电机与变频器是否匹配； • 是否动态要求过高。
F012	I too low 在异步电动机励磁期间,电流未升至空载工作设定的励磁电流的 12.5%	仅适于闭环 n/f/T 控制(P100 = 3,4 或 5) 如果未接入电机则进入模拟模式 P372； 检查电流检测,检查功率部分。
F041	EEPROM faut 当向 EEPROM 中存贮值时发生故障。	更换 CU 板(- A10)
F042	Calculating time 计算时间有问题。	减少计算时间负载： • 增加 P375 取样时间； • 用较慢的采样时间计算每个块。 参见 r829 Calc Time Hdroom。
F051	Speed encoder 数字测速机或模拟测速机传感器故障。	检查参数： • P130 Src SpdActV • P151 • P138 Analog TachScale • P109 Motor #PolePairs P109 和 P138 必须小于 19200； 检查或更换测速机； 检查测速机的连接部分,更换 CU。
F061	Incorrect parameterization 在设置变频器时输入的参数不在允许范围内(例如:P107 Mot Rtd Freq, P108 Mot Rtd Speed, P340 Pulse Frequency)。(与控制方式有关)	故障确认并改变有关的参数值。错误参数在 r949 中以故障值显示。

2)致命错误

致命错误是不允许变频器正常运行的软/硬件严重错误,仅以“FF〈No〉”的形式在 PMU 上显示,通过按 PMU 的任意键可重新启动,表 4-2-22 为致命故障表。

致命故障表　　表 4-2-22

故障号	原　因	对　策
FF01	Time slot overflow 在较高优先级的时间区域内,发现不可排除的时间区域的溢出。	• 增加取样时间(P357)或减小脉冲频率(P340); • 更换 CU 板。
FF03	Access fault, optional board 使用外部选件板时出现严重错误(CB,TB,SCB,TSY…)	• 更换 CU 板; • 更换 LBA 板; • 更换选件板。
FF06	Stack overflow 堆栈上溢。	对于 VC:增加取样时间(P357); 对于 MC:减小脉冲频率(P340); • 更换 CU 板。
FF13	Wrong firmware version 固化软件和硬件之间版本冲突。	• 固化软件重装; • 更换 CU 板。

4. 软件操作

SIEMENS 常用的变频器操作软件有 DriveMonitor 和 SIMOVIS,它们一般随机提供,这里我们以 DriveMonitor 进行介绍。

1)DriveMonitor 窗口简介(图 4-2-20)

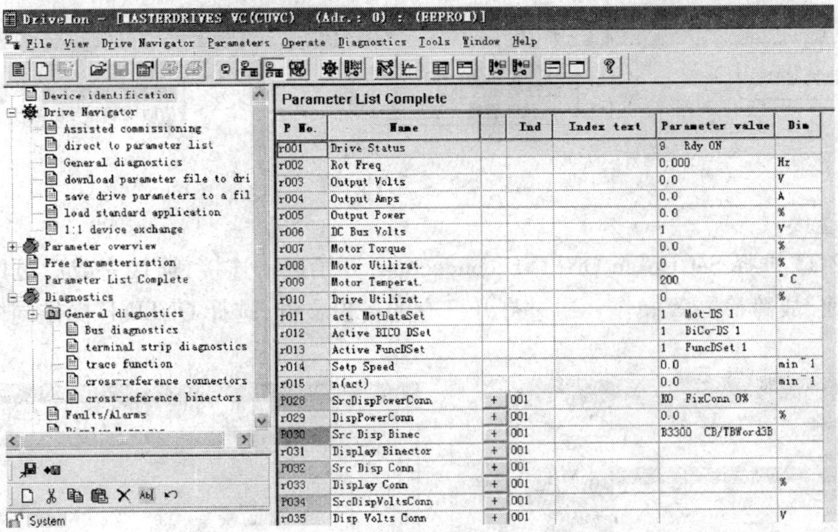

图 4-2-20　DriveMonitor 窗口

菜单、快速工具栏以及窗口左侧的目录树大部分功能是相同的,即通过三种不同的方式可以实现相同的操作。

利用按钮 Offline、Online(RAM)和 Online(EEPROM)可以转换方式。当转换到在线方式时,执行装置辨识,如果配置的装置与实际装置不一致(装置类型和软件版本),则出现报警信息。

2)通讯的建立

(1)通过 RS232 通讯线(图 4-2-21)将变频器与电脑连接起来。

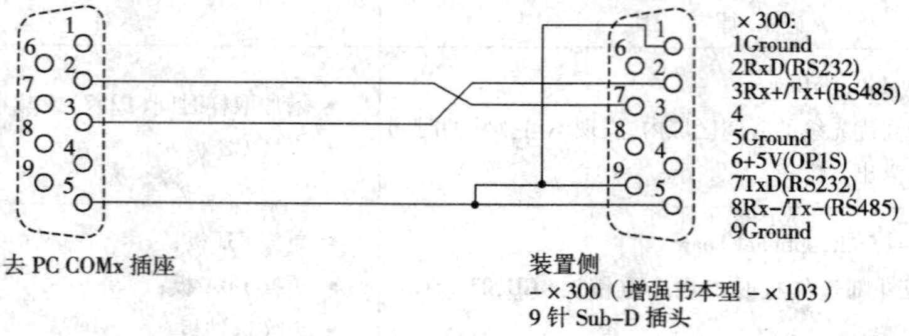

图 4-2-21　RS232 通讯线接线

(2)通过菜单 Tools—Online Setting 进行通讯口设置(图 4-2-22)。

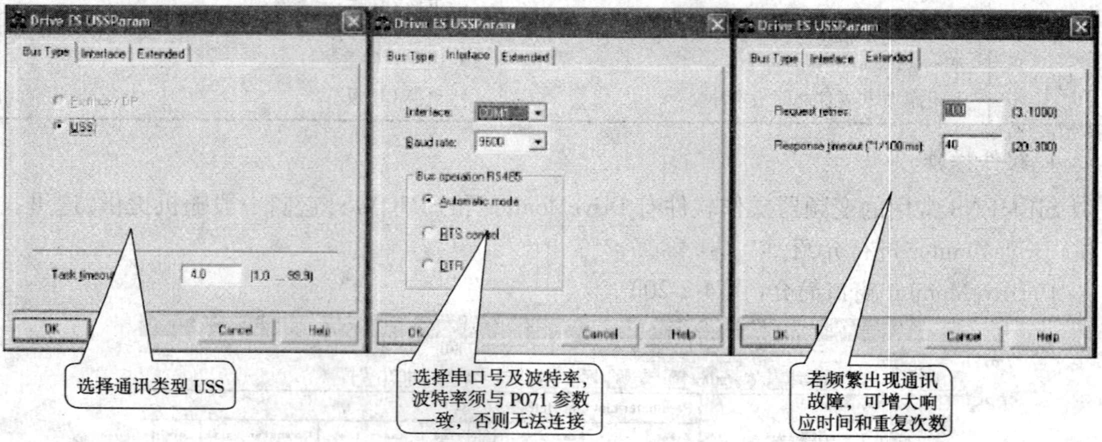

图 4-2-22　通讯设置

3)建立连接

如图 4-2-23 选择 Set Up an ONLINE connection,开始进行连接,连接完成后可以对变频器进行参数修改、故障诊断等操作。通过打开已有的备份文件,选择 ONLINE 操作同样可以完成连接。

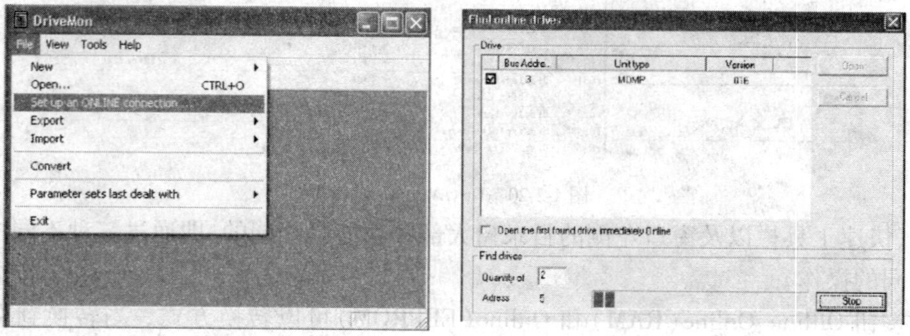

图 4-2-23　总线扫描连接

4)参数的下载与上传

如图 4-2-24 通过菜单 Drive Navigator(快速导航),选择相应的功能进行操作。

图 4-2-24　参数上传与下载

5）故障诊断

通过菜单 Diagnostics—General diagnostics 打开如图 4-2-25 所示的窗口，该窗口对激活了的报警和故障及其过程提供了一个概览。

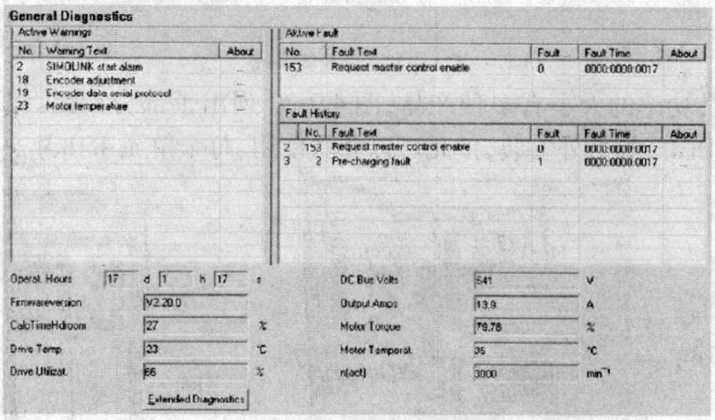

图 4-2-25　故障诊断

点击 Extended Diagnostics 可以打开扩展诊断功能，如图 4-2-26 所示，它提供了一些图形、总线、波形等诊断功能。

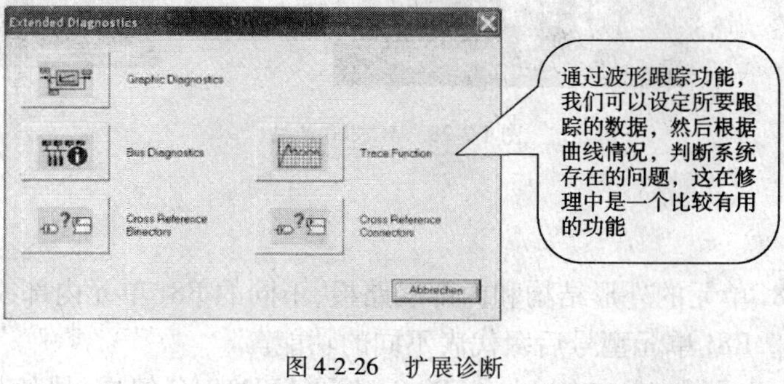

图 4-2-26　扩展诊断

三、ABB 公司的变频器

ABB 的变频器产品有 ACS400、ACS550、ACS600、ACS800 等，本文主要对 ACS800 进行介

绍。ACS800 有单传动和多传动之分,港口机械上一般使用多传动系统。图 4-2-27 为港口机械上使用的一套完整的变频器调速系统。该系统包括供电部分和驱动部分。

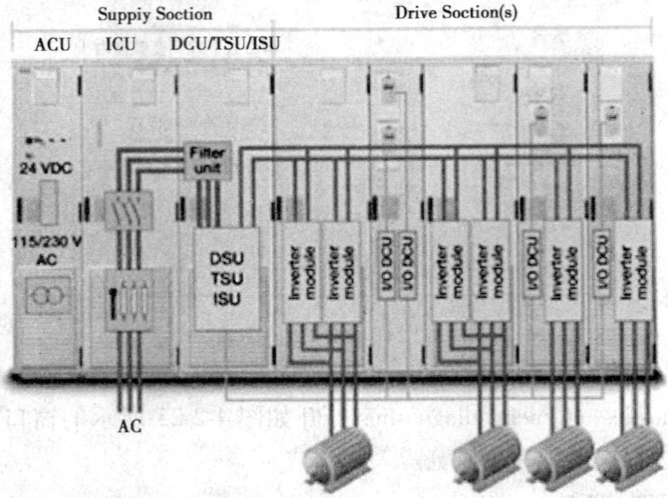

图 4-2-27　变频器系统

ACS800 根据其功率的大小有多种产品,图 4-2-28 列出了部分产品。其中 R8i 为功率单元,其控制主板(RDCU)等另外安装,单元可以并联使用,每个单元 450kW。

图 4-2-28　ACS800 产品

1. 硬件介绍

1)R8i 单元

图 4-2-29 为 R8i 单元的外形结构和内部线路板,不同的 R8i 单元内部线路板可能有区别,有些线路板为选件。R8i 单元型号后缀代表不同的功能。

(1)+C126:风机通过变频控制,由 AFPS-01C 和 AFIN-01C 组成,风速根据变频器检测的温度进行调节。当线路板损坏时,应急情况可以对底部外接 380V 电源(此时风机接线改为 Y 型接法)。

(2)+E205:du/dt 滤波器,当 R8i 单元并联使用时必须使用该选项,单个单元情况下可以不要。

(3) + Q950:门极驱动和防误启动,通过选件 AGPS-21C 来执行,它与主电路接口板相连,当无此功能时,主电路接口板需要设置跳线短接。

图 4-2-30 为 R8i 单元的主电路和控制电路图。

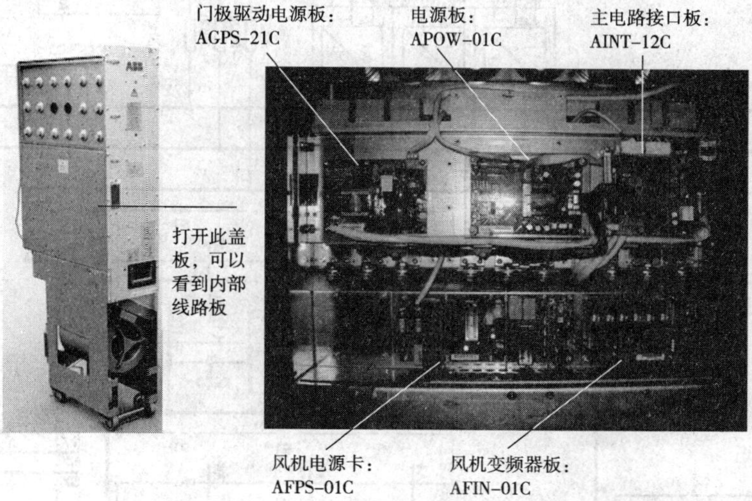

图 4-2-29　R8i 单元结构

2)RDCU-02 主板

所有的接口属于 RMIO 接口板,它是集成在 RDCU 上的,RDCU 内部带有控制程序,称为固件。固件是用户无法进行修改的,不同功率的变频器其固件是有区别的,不能互换使用,因此采购时需要提供精确的固件信息。另外 ISU(IGBT 供电系统),即整流部分,也使用 RDCU 板,但它的固件是完全不同的,内部参数与变频器是有区别的。一般用在港口机械的固件(ACC800)与标准固件(ACS800)是不同的,它增加了许多功能。图 4-2-31 为 RDCU-02 的外形及部分接线。

2. 变频器的操作控制和参数

1)变频器控制基础

(1)启动停止控制时序。图 4-2-32 为变频器常规的启动停止控制时序。

(2)变频器控制功能框图(图 4-2-33)。

(3)变频器与 PLC 之间的数据交换:

①PLC 到变频器的数据(图 4-2-34)。

②变频器到 PLC 的数据(图 4-2-35 ~ 图 4-2-37)。

2)CDP312R 操作面板及有关操作

CDP312R 操作面板通过 Modbus 通讯总线连接到变频器上。图 4-2-38 是 CDP312 的外形和按键功能。

(1)功能模式。面板 FUN 功能可进行参数的上传与下载,参数保存在面板。利用该功能进行参数操作时,一般 98 和 99 参数组中关系到可选模块、语言、宏、电机数据和 ID RUN 的数据不被操作。图 4-2-39 列出了几种模式各自的功能。

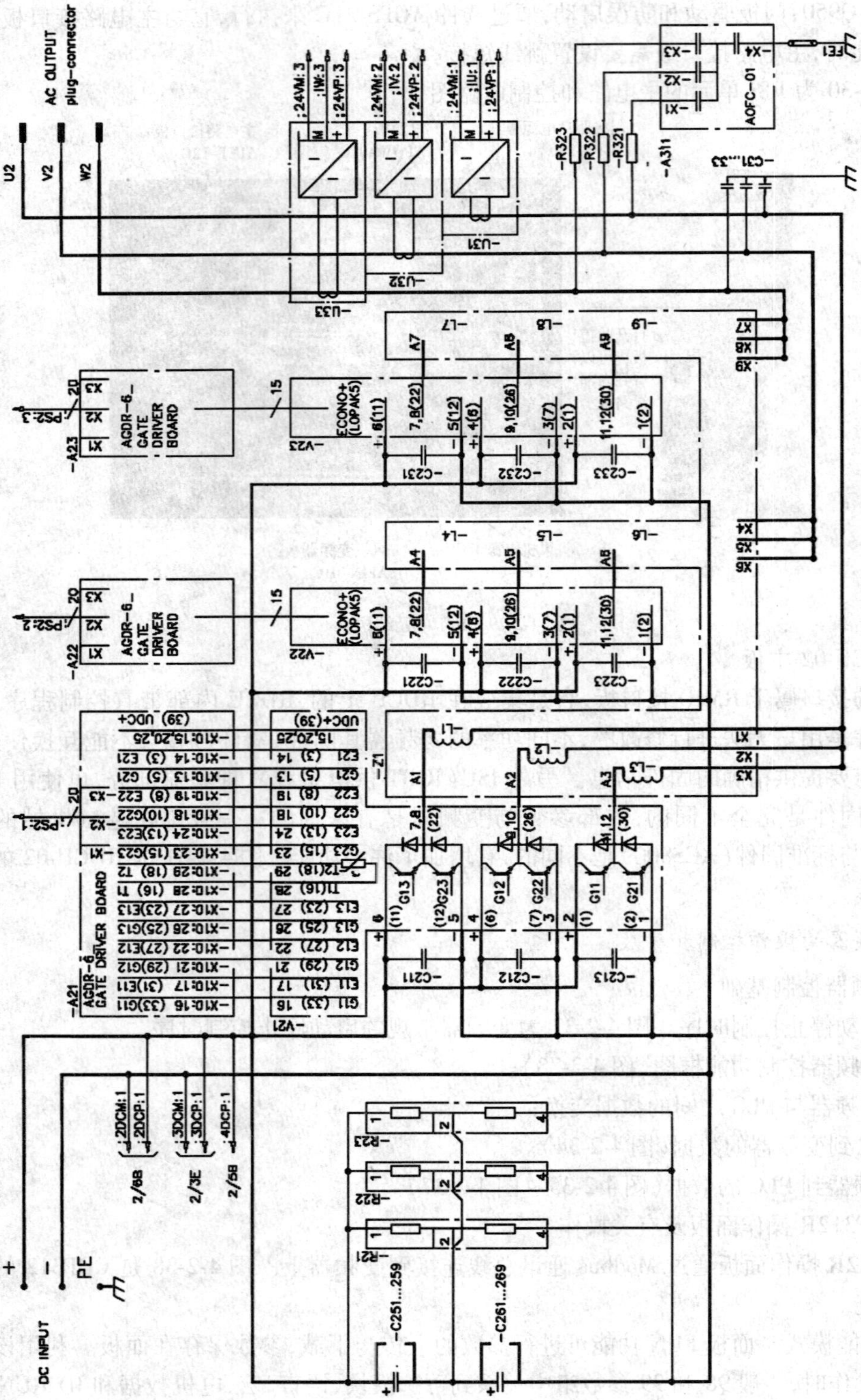
AC OUTPUT
plug-connector
DC INPUT
AGDR-6_ GATE DRIVER BOARD
ECONO+ (LOPAK5)
AOFC-01

图 4-2-30

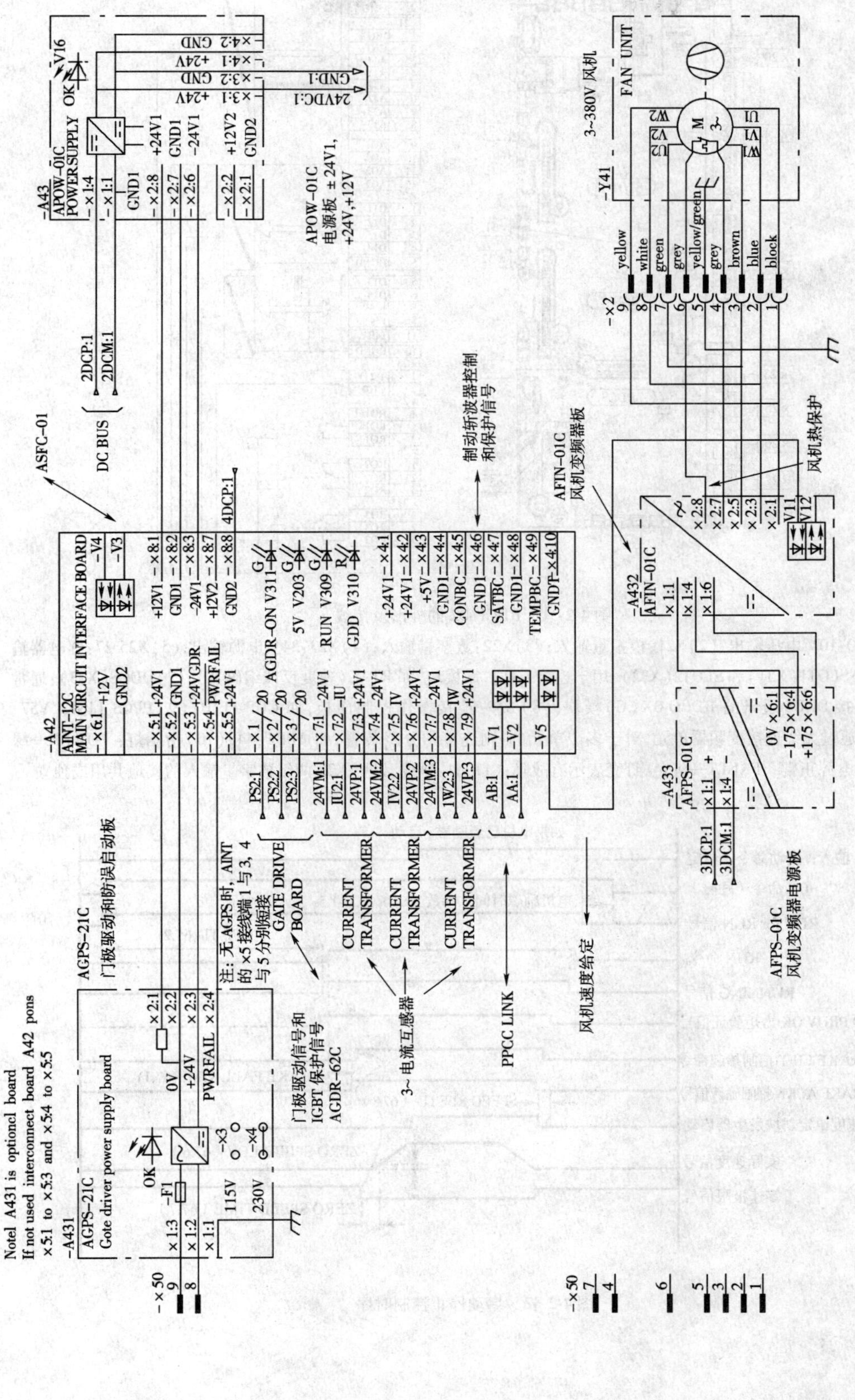

图 4-2-30　R8i 电路图

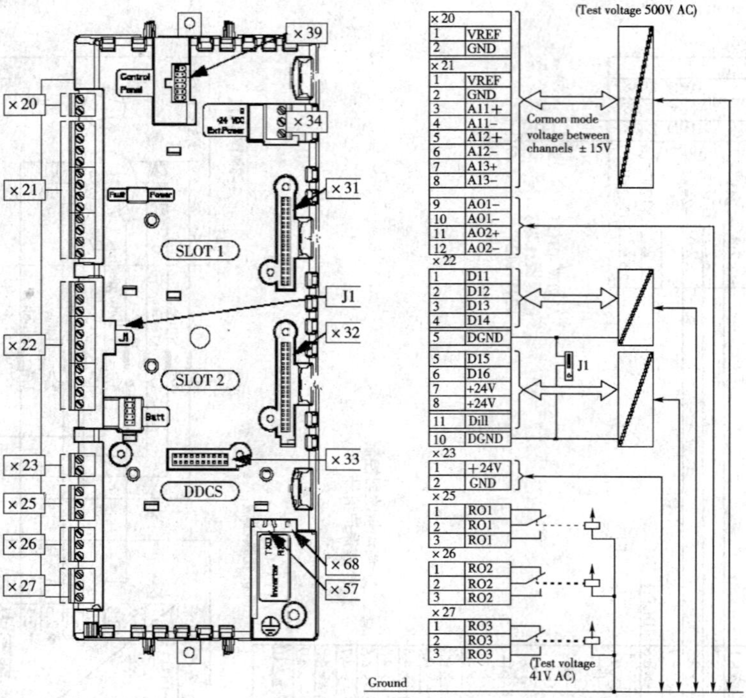

图 4-2-31　RDCU-02 的外形及接线

注:(1)X20:10V 电压输出;(2)X21:模拟量输入;(3)X22:数字量输入;(4)X23:24V 电源输出;(5)X25-27:继电器输出;(6)SLOT1(X31)和 SLOT2(X32):用于连接 I/O 扩展模块,如 RTAC(速度反馈编码器);(7)DDCS(X33):通常用于连接 DDCS 通讯的 RDCO-0X(C)模块;(8)X39:连接操作控制面板,如 CDP-312R;(9)PPCS LINK(V57、V68):通过光缆连接变频器单元,对于多个单元的,则连接到分路装置,如 APBU-44;(10)指示灯:POWER—绿色,5V 电源正常　FAULT—红色,灯亮表示有故障;(11)J1:跳线,设置 X22 两组数字量输入的接地共用或独立

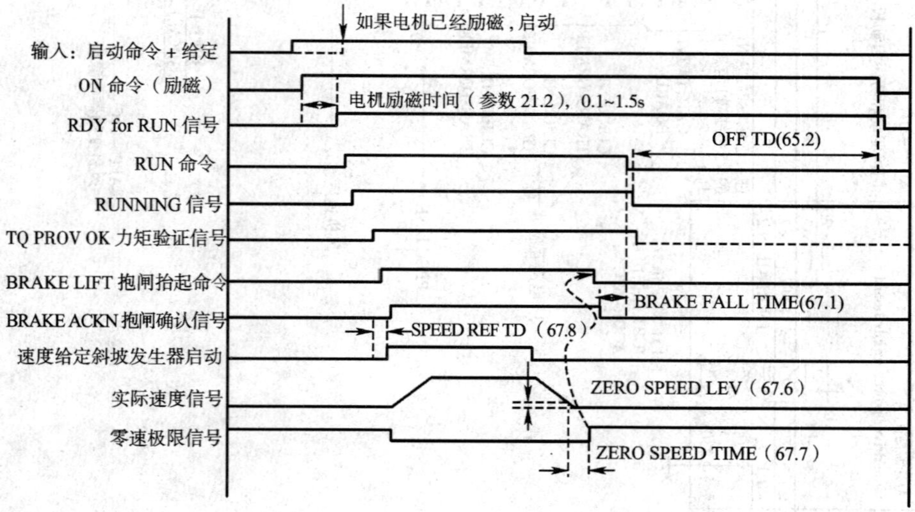

图 4-2-32　启动停止控制时序

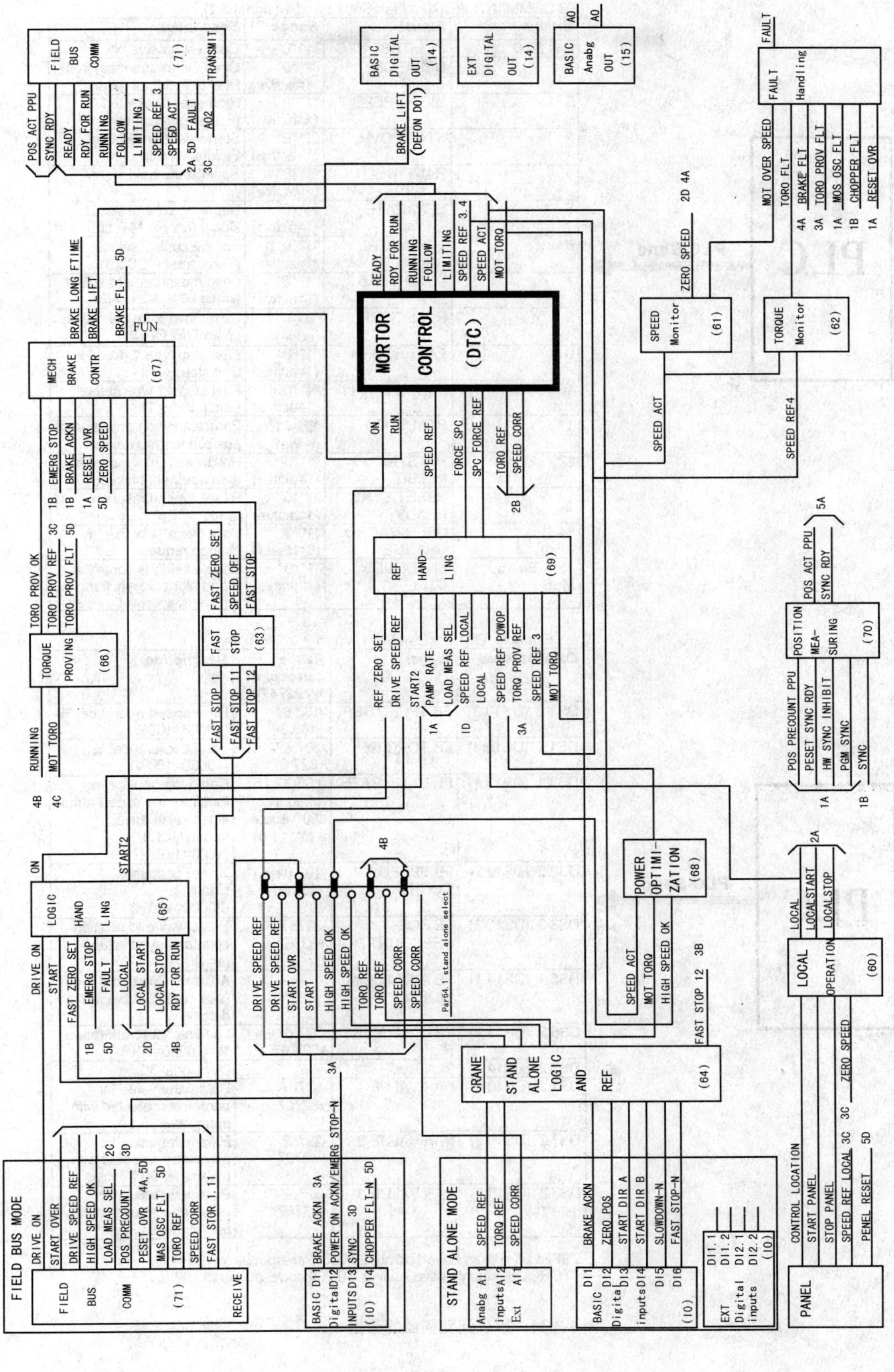

图 4-2-33　变频器功能框图

FB COMMAND WORD = DataSet 1 Word 1 (signal 3.1)

Bit number	***Signal***	***Range***	***Description***
0 = Bit 0, LSB	COMTEST REC	"1" "0"	Comtest receive bit.
1	DRIVE ON	"1" "0" (1=active)	Drive On (magnetize) from PLC in Fieldbus mode
2	HIGH SPEED	"1" "0" (1=active)	High speed selected (Power optimisation)
3	START OVR	"1" "0" (1=active)	Startorder from PLC in Fieldbus mode
4	RAMP HOLD	"1" "0" (1=active)	Speedramp hold signal
5	SEPARATE	"1" "0" (1=active)	Separate control select signal (only in M/F ctrl)
6	TORQ CTRL SEL	"1" "0" (1=active)	Torque control selected. (Torque ref = DS1.3)
7	LOAD MEAS SEL	"1" "0" (1=active)	Load measurement select (enable LOAD MEAS REF)
8	RESET OVR	"0 → 1" (edge)	Reset fault from overriding control (PLC)
9	FAST STOP 1	"1" "0" (1=active)	Fast stop type 1 (torque limit stop)
10	FAST STOP 11	"1" "0" (1=active)	Fast stop 11 type select (see par. 63.1)
11	PGM SYNC	"0 → 1" (edge)	Program synchronisation of position measurement
12	HW SYNC INHIBIT	"1" "0" (1=active)	Hardware (DI) sync. of pos. measurement blocked
13	RESET SYNC READY	"1" "0" (1=active)	Reset synchronisation ready
14	USER MACRO CHANGE	"1" "0" (0=User1)	User macro 1 or 2 change request
15 = Bit 15, MSB	ENABLE FB CTRL	"1" "0" (1=active)	Enable fieldbus control in Stand alone Joystick mode (used by SwayControl)

Example: DS1.2 = DataSet 1, Word 2

DataSet.Word	***Signal***	***Range corresp. to +/- 32767***	***Description***
DS1.2 (DS10.2)	FB SPEED REF	-163.84-+163.84	Drive speed reference, % (20000=100%)
DS1.3 (DS10.3)	FB TORQ REF	-327.67-+327.67	Torque reference, % (10000=100%)
DS3.1 (DS12.1)	FB RAMP RATE	0.00-32.767 (Integer 1000 equals a rate=1.0)	Ramp rate multiplying factor for the speed ramp times set in drive, normally=1.0 (1000=1.0)
DS3.2 (DS12.2)	FB SPEED CORR	-163.84-+163.84	Speed correction signal, % (20000=100%)
DS3.3 (DS12.3)	FB POS PRECOUNT	-32767-+32767	Preset value to position counter = sync value (1=1)
DS5.1 (DS14.1)	FB AUX COMM WORD		Auxiliary Command Word (see Table 5-6 below for details)
DS5.2 (DS14.2)	FB LOAD MEAS REF	-327.67-+327.67	Load measure reference, % (10000=100%)
DS5.3 (DS14.3)	"not used"		DW signal 3.9
DS7.1 (DS16.1)	PAR VALUE 1	-32767-+32767	Parameter value for parameter selected with parameter 90.1
DS7.2 (DS16.2)	PAR VALUE 2	-32767-+32767	Parameter value for parameter selected with parameter 90.2
DS7.3 (DS16.3)	PAR VALUE 3	-32767-+32767	Parameter value for parameter selected with parameter 90.3

"SPEED" signals have scaling: 20 000 corresponds to 100 %
"TORQUE" signals have scaling: 10 000 corresponds to 100 %.

图 4-2-34 PLC 到变频器的数据

FB AUX COMM WORD = DS5.1 (signal 3.7)

Bit number	***Signal***	***Range***	***Description***
0 = Bit 0, LSB	FB ZERO POS	"1" "0" (1=active)	FieldBus transmitted Zero Position signal from joystick (if par. 64.10 = FB JOYSTICK)
1	FB START DIR A	"1" "0" (1=active)	FieldBus transmitted Start Dir A signal from joystick (if par. 64.10 = FB JOYSTICK)
2	FB START DIR B	"1" "0" (1=active)	FieldBus transmitted Start Dir B signal from joystick (if par. 64.10 = FB JOYSTICK)
3	FB JOYST TQREF SEL	"1" "0" (1=active)	FieldBus Joystick mode Torque control enabling (if par. 64.10 = FB JOYSTICK)
4	FB ELSHAFT ON	"1" "0" (1=active)	FieldBus Electric Shaft control On (enabled) for Master or Slave drive
5	RESTART DLOG	"0 → 1" (edge)	Restart the drive DataLoggers
6	TRIGG LOGGER	"0 → 1" (edge)	Forced trigg (stop) of the drive DataLoggers
7	DISABLE SLACKROPE	"1" "0" (1=active)	Disable that Slack rope makes a Fast stop (stop on torque limit)

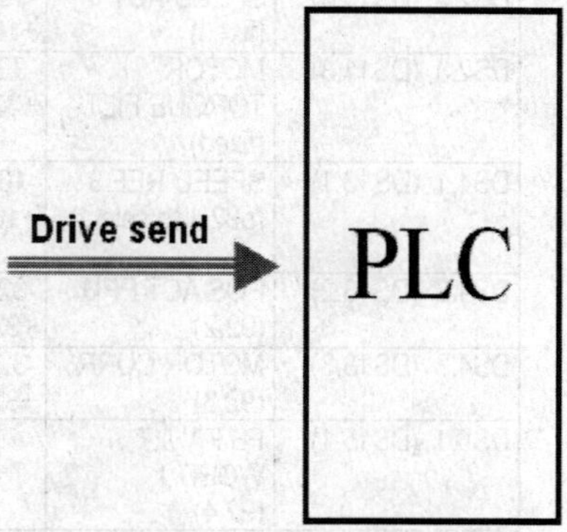

FB STATUS WORD = DataSet 2 Word 1 (signal 4.1)

Bit number	***Signal***	***Range***	***Description***
0 = Bit 0, LSB	RDY FOR ON	"1" "0"	Ready for on
1	POWER ON ACKN	"1" "0"	Power on acknowledgement, e.g. DI_IL
2	RDY FOR RUN	"1" "0"	Ready for run (magnetized)
3	RUNNING	"1" "0"	Running (producing torque)
4	ZERO SPEED	"1" "0"	At zero speed
5	REM LOC	"1" "0"	Remote /Local (1= Remote)
6	TORQ PROV OK	"1" "0"	Torque proving OK
7	USER 1 OR 2	"1" "0"	User macro 1 or 2 active
8	FAULT	"1" "0"	Fault active
9	WARNING	"1" "0"	Warning active
10	LIMIT	"1" "0"	Drive in torque limit
11	SYNC	"1" "0"	Sync input (e.g. DI3) status
12	SYNC RDY	"1" "0"	Synchronisation ready
13	BRAKE LONG FTIME	"1" "0"	Brake long falling time indication
14	COMTEST TRA	"1" "0"	Communication test transmit bit
15 = Bit 15, MSB	SNAG LOAD	"1" "0"	Snag load indication

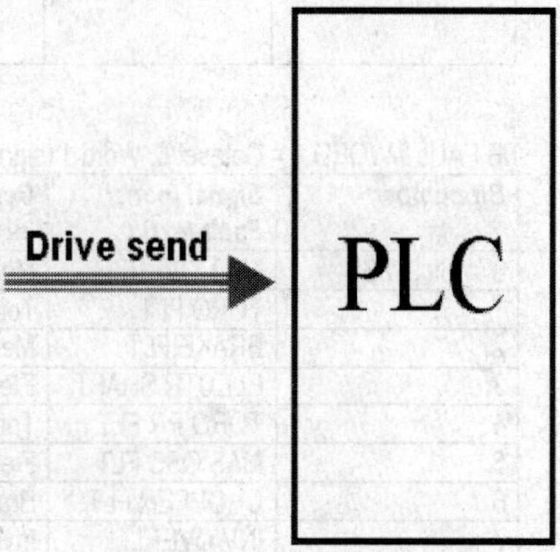

图 4-2-35　变频器到 PLC 的数据 1

Example: DS2.2 = DataSet 2, Word 2

DataSet.Word	***Signal***	***Range corresp. to +/- 32767***	***Description***
DS2.2 (DS11.2)	SPEED ACT (fixed)	-163.84-+163.84	Speed actual (%) (20000=100%)
DS2.3 (DS11.3)	MOTOR TORQUE FILT (fixed)	-327.67-+327.67	Torque actual (%) (10000=100%)
DS4.1 (DS13.1)	SPEED REF 3 (p92.1 to select)	-163.84-+163.84	Speed reference 3 = ramp output (%) (20000=100%)
DS4.2 (DS13.2)	POS ACT PPU (92.2)	-32767-+32767	Position actual value (1=1)
DS4.3 (DS13.3)	MOTOR CURR (92.3)	-3276.7-+3276.7	Motor current (A) (10=1A)
DS6.1 (DS15.1)	FB FAULT WORD 1 (92.4)		Application faults
DS6.2 (DS15.2)	FB FAULT WORD 2 (92.5)		Motor control faults
DS6.3 (DS15.3)	FB ALARM WORD (92.6)		Warnings
DS8.1 (DS17.1)	MOTOR VOLT (92.7)	-32767-+32767	Motor voltage (V) (1=1V)
DS8.2 (DS17.2)	DC VOLT (92.8)	-32767-+32767	DC voltage (V) (1=1V)
DS8.3 (DS17.3)	POWER (92.9)	-3276.7-+3276.7	Motor shaft power (%) (10=1%)
DS12.1 (DS21.1)	FB AUX STATUSWORD (fixed)		Aux status word
DS12.2 (DS21.2)	AI1 REF (fixed)	-163.84-+163.84	Standard analog input 1 speed reference value (%) (20000=100%)

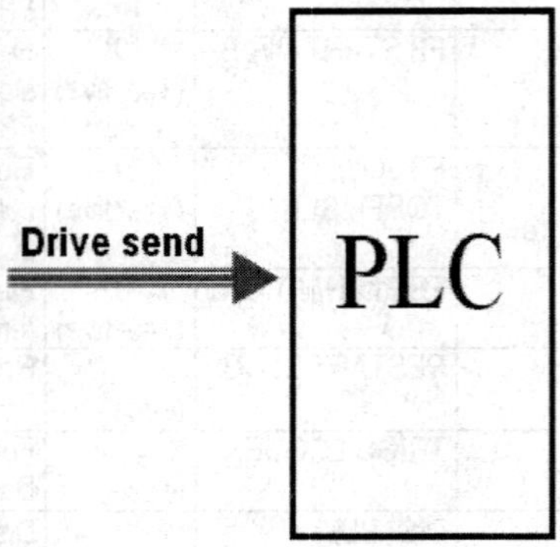

FB FAULT WORD 1 = Dataset 6, Word 1 (signal 4.2)

Bit number	***Signal (panel Fault text)***	***Description***
0 = Bit 0, LSB	MOT OVERSP	Motor overspeed fault
1	TORQ FLT	Torque fault
2	BRAKE FLT	Mechanical brake fault
3	ELECTR SHAFT	Electrical shaft control fault
4	TORQ PR FLT	Torque proving fault
5	MAS OSC FLT	Fieldbus "oscillator" (toggle) bit fault
6	CHOPPER FLT	Braking chopper faults
7	INV OVERLO	Inverter overload
8	EXTERNAL FLT	External fault
9	MF COMM ERR	Master/Follower bus communication fault
10	PANEL LOSS	Panel communication fault
11	I/O COMM	I/O board communication fault
12	AMBIENT TEMP	ACS800 ambient over temperature
13	THERMISTOR	Thermistor fault (DI6)
14	MF RUN FLT	Master/Follower running fault
15 = Bit 15, MSB	COMM MODULE	Comm module communication fault

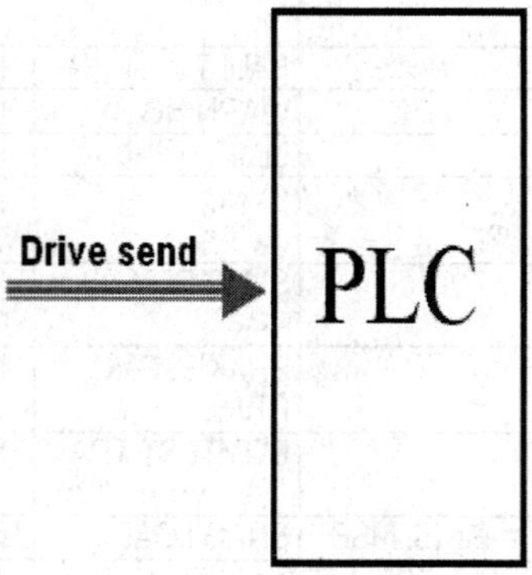

图 4-2-36　变频器到 PLC 的数据 2

FB FAULT WORD 2 = Dataset 6, Word 2 (signal 4.3)

Bit number	***Signal (panel Fault text)***	***Description***
0 = Bit 0, LSB	DC OVERVOLT	DC-link over voltage
1	DC UNDERVOLT	DC-link under voltage
2	OVERCURRENT	Overcurrent fault
3	EARTH FAULT	Earth fault
4	MOTOR PHASE	Motor phase loss fault
5	USER MACRO	User macro requested is not saved
6	ACS 800 TEMP	Over temperature in IGBT Power plate
7	MOTOR TEMP	Motor over temperature (calculated)
8	OVERFREQ	Over frequency fault
9	START INHIBIT	Start inhibit fault ("Prevention of unexpected start" active)
10	SHORT CIRCUIT	Short circuit at output
11	PPCC LINK	Power Plate communication link fault (INT board)
12	SUPPLY PHASE	Supply phase missing (DC ripple)
13	ENCODER ERR	Encoder module / speed deviation fault
14	LINE CONV	Line converter fault (4Q drive)
15 = Bit 15, MSB	THERMAL MODE	Thermal protection mode fault (30.5)

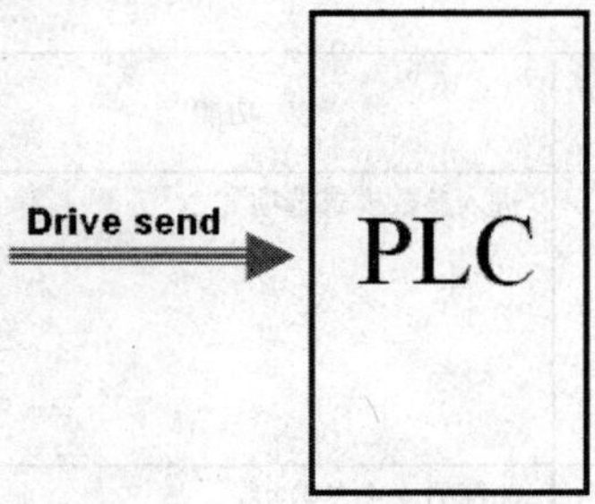

FB ALARM WORD = Dataset 6, Word 3 (signal 4.4)

Bit number	***Signal (panel Warning text)***	***Description***
0 = Bit 0, LSB	MOTOR TEMP	Motor high (95%) temperature (calculated)
1	COMM MODULE	Comm module communication alarm
2	ID RUN FAIL	ID Run failed
3	ACS 800 TEMP	High temperature in IGBT Power plate
4	ENCODER ERR	Encoder module speed deviation alarm
5	JOYSTICK	Joystick supervision alarm (Stand alone)
6	START INHIBIT	Start inhibit alarm ("Prevention of unexpected start" active)
7	"Not used"	
8	THERMISTOR	Thermistor alarm (DI6)
9	NO MOT DATA	No motor data or too low nominal current entered
10	LIFETIME>90%	Crane hoist machinery lifetime exceeded 90% of total lifetime set in par. 74.2
11	"Not used"	
12	"Not used"	
13	"Not used"	
14	"Not used"	
15 = Bit 15, MSB	"Not used"	

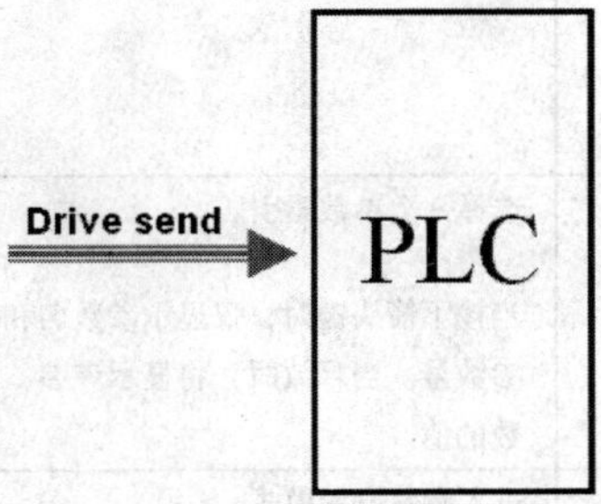

图 4-2-37　变频器到 PLC 的数据 3

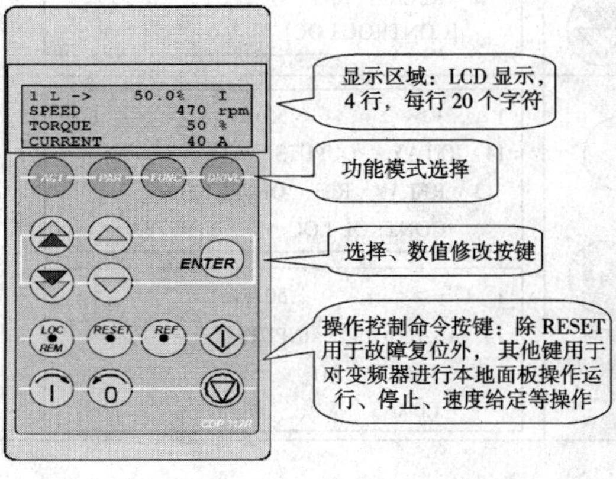

图 4-2-38　CDP312 操作面板

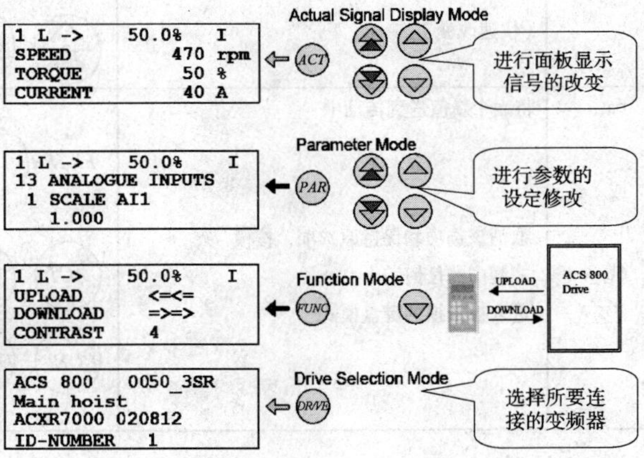

图 4-2-39　几种模式的功能

(2)参数的选择和参数值修改。进入 PAR 模式,我们就可以对参数进行设定和修改。表 4-2-23 列举了参数修改的步骤。

参数的修改设定　　表 4-2-23

步骤	功能	按键	键按下后的显示
1.	进入参数模式选项		1 L -> 50.0% I 13 ANALOGUE INPUTS 1 SCAKE AI1 1.000
2.	选择另一个参数组。 当按下箭头键时，仅显示组名和组号。当释放时，将显示该组第一个参数的名称，参数号和参数值。		1 L -> 50.0% I 13 ANALOGUE INPUTS 1 SCAKE AI1 1.000 1 L -> 50.0% I 14 RELAY OUPUTS 1 RELAY R01 OUTPUT BRAKE LIFT
3.	选择一个参数索引。 当按下箭头键时，仅显示参数名和参数号。当释放时，将显示该参数的值。	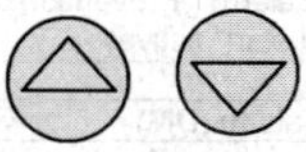	1 L -> 50.0% I 14 RELAY OUPUTS 3 RELAY R03 OUTPUT FAULT–N
4.	进入参数设置模式。		1 L -> 50.0% I 14 RELAY OUPUTS 3 RELAY R03 OUTPUT [FAULT-N]
5.	修改参数值 （慢速改变） （快速改变）	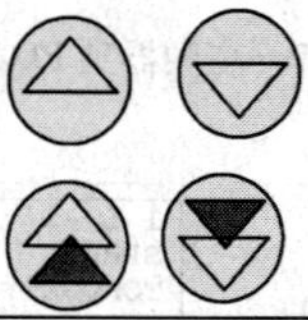	1 L -> 50.0% I 14 RELAY OUPUTS 3 RELAY R03 OUTPUT [CONTROL LOC]
6a. 或 6b.	将一个新值送到传动中 取消该选项和保持原选项，按模式键中的任何一个。 进入被选择的键盘模式	 	1 L -> 50.0% I 14 RELAY OUPUTS 3 RELAY R03 OUTPUT CONTROL LOC 1 L -> 50.0% I 13 ANALOGUE INPUTS 1 SCAKE AI1 1.000

3)故障处理

(1)报警见表 4-2-24。

ACC800 报警信息　　表 4-2-24

故　障	原　因	解决措施
ACS 800 TEMP	ACS 800 内部过温。在变频器模块温度超过115℃时发出过温警告信号。	检查环境条件。 检查冷却风量和冷却风机的运行情况。 清扫散热器上的灰尘。 检查电机容量和变频器容量是否匹配。
BRAKE L FT	停机时的制动降落时间长于 BRAKE LONG FT (参数 67.5)的时间延时,发出的报警信号不会使传动跳闸,但会激活看门狗输出信号用于提升机的紧急停车。	检查制动接触器。 检查到 DI1 的制动应答信号的接线。
BR OVERHEAT	制动电阻过热。	停止传动。使电阻冷却。 检查电阻过载保护功能的参数设置(参见参数组 27 BRAKE CHOPPER)。 检查制动周期是否满足允许极限。
DRV ID CHG	在传动选择模式下传动装置的 ID 号变为非 0 值(该变化在控制盘上不显示)。如果在设置时 ID 号未变回 0,在下次上电后传动装置就不能和控制盘进行通讯。	按 DRIVE 进入传动选择模式,接着按 ENTER 键,将 ID 号设为 0,最后按 ENTER 键。 如果传动装置和控制盘之间不能进行正常通讯,请将 ID 号设为 0。
ID DONE	ACS 800 已经执行了电机辨识励磁,并准备进行运行。 这个警告属于正常的启动步骤。	继续传动的操作。
ID MAGN	电机辨识励磁功能启用。 这个警告属于正常的启动步骤。	等待,直到传动单元显示电机辨识已经完成。
ID RUN FAIL	电机 ID Run 未能成功完成。	检查最大速度(参数 20.2)。它应该至少为电机额定速度的 80%(参数 99.8)。
MOTOR TEMP(可编程的故障功能 30.4 ~30.10)	电机温度过温(或有过温趋势)。可能的原因是:严重过载,电机功率不足,不充分地冷却或错误的启动数据。	检查电机的额定参数、负载情况和冷却条件。 检查启动数据。 检查与 MOTOR TEMP 故障功能有关的参数。(参见组 30)。
NO MOT DATA	没有设定电机数据或电机数据与逆变器数据不匹配。	检查参数 99.4 ~99.9 的电机数据。
THERMISTOR(可编程的故障功能 30.4 ~30.5)	当电机过温保护模式选为 THERMISTOR 时,传感器监测到过温。	检查电机的额定参数、负载情况和冷却条件。 检查启动数据。 检查 DI6 口的热敏元件的接线。
USER MACRO	用户应用宏正在存储。	请等待。

续上表

故　障	原　因	解决措施
WARNING JOY-STICK	传动装置停止,不能启动。 如果 Stand Alone Sel(参数 64.1)为"Tue"且 Control Type(参数 64.10)为"JOYSTICK"时: - 同时 START DIR A = "1"且 START DIR B = "1" - SPEED REF > 1V 或 TORQUE REF > 2mA 且 ZERO POS = "1" 或者 Stand Alone Sel(参数 64.1)为"True",Control Type(参数 64.10)不是"FB JOYSTICK"且 FB Stoplim Sel(参数 10.14)设为"DI3 + DI4"。即 DI3&DI4 同时有两个方向命令 A&B 以及 Stoplimits A&B 是不正确的。	检查操作杆,DI2 - 4 和 AI1 或 AI2 的接线。 如果使用了 Field Bus 控制,请检查参数 64.1 (Stand Alone Sel)的设置。 改变参数 10.14 FB Stoplim Sel 的设置。

(2)故障见表 4-2-25。

ACC800 故障信息　　表 4-2-25

故　障	原　因	解决措施
ACS 800 TEMP	ACS 800 内部过温。变频器的跳闸温度为 125℃。	检查环境条件。 检查冷却风量和冷却风机的运行情况。 清扫散热器上的灰尘。 检查电机容量和变频器容量是否匹配。
BRAKE FLT	制动故障 = 丢失应答信号(在制动运行或正常运行)时间超过 BRAKE FLT TD (参数 67.2)的延时时间时传动跳闸。	检查制动接触器运行。 检查数字输出抱闸松开(DO1 = 默认值)。到接触器的连线。 检查制动确认信号与 DI1 的连线。
CHOPPER FLT	制动斩波器故障总应使变频器电源切断。 一个数字输入,例如:DI1("1" - OK)可以被接到监视制动斩波器故障的触点上。 制动斩波器故障将导致传动装置跳闸,并在控制盘上显示相应信息,同时向监控系统发出信号。 制动斩波器故障将激活看门狗输出信号,用于 ACC800 的急停。	检查制动斩波器。 检查斩波器故障触点(NO),例如:DI1 的连线。 检查斩波器上的启动禁止输入(NC)。
COMM MODULE	传动装置和 Field Bus 适配器之间的通讯不正常的时间超过了 COMM FLT TIME-OUT(参数 00.13)。	检查 Field Bus 适配器或适配器到 RDCO-0x 通道 0 之间的光纤连接。
CTRL B TEMP	RMIO 控制板温度低于 - 5 ~ 0℃ 或高于 +73 ~ 82℃。	检查空气流通和风扇的运转状况。

续上表

故　障	原　因	解决措施
DC OVERVOLT	直流回路的 DC 电压过高。DC 过压的跳闸限制值是 $13U_{1max}$，这里 U_{1max} 是主电压范围的最大值。对于 400V 单元，U_{1max} 是 415V。对于 500V 单元，U_{1max} 是 500V。相应的跳闸限制值为 400V 单元为 728Vdc，500V 单元为 877Vdc。	检查制动斩波器和制动电阻。 检查有关减速时间的参数。 检查电源有无静态或动态过压发生。
DC UNDERVOLT	直流回路的 DC 电压不足。这可能是由于电网缺相、熔断器烧断或整流桥内部故障所引起 DC 欠压的跳闸限制值是 $0.65U_{1min}$，这里 U_{1min} 是主电电压范围的最小值。对于 400V 和 500V 单元，U_{1min} 是 380V。相应的跳闸限制值为 334Vdc。	检查主电源和熔断器。 检查 DC 电容的泄漏。
EARTH FAULT（可编程的故障功能 30.11）	电网不平衡。这可能是由于电机、电机电缆损坏或变频器内部元件故障引起的。	检查电机。 检查电机电缆。 检查变频器输出侧有无功率因数矫正电容或浪涌吸收装置。
ELECTR SHAFT	在电气轴控制中从机检测到主—从位置测量偏差超过参数 73.5POS ERROR LIMIT 中设置的极限值。	检查从机的参数 73.2 ~ 73.5 中的设置。 检查主机和从机中的下列参数的设置：50.1，69.1 ~ 69.5，70.1 检查参数组 23 速度控制的设置。
ENCODER ERR	速度测量出错被检测到。这可能是由于： – 电缆连接松动； – 与 RTAC 的通讯中断； – 脉冲编码器故障； – 内部计算速度和实际测量速度的偏差（经滤波）超过电机额定速度的 20%； – 当传动处于电流和转矩极限时，在参数 50.4ENCODER DELAY 设置的时间内未接收到编码器脉冲信号（例如：在启动时电机未转）； – 在 1ms 内编码器的脉冲频率变化过大（不切实际的速度偏差可能由于噪声干扰）。	检查参数组 50 的设置。 检查脉冲编码器和接线包括 Ch A 和 Ch B 的相序。当电机旋转时，参数 2.17 SPEED MEASURED 的符号必须和内部计算速度 1.02MOTOR SPEED 相同（在检测时设置参数 70.3SPEED FEEDB USED = FALSE）。如果不允许的话，互换通道 A 和 B。 检查 RMIO 和 RTAC 模块之间的连接。 检查设备的接地是否完好。 检查周围是否有高辐射的元件设备。
EXTERNAL FLT（可编程的故障功能 30.3）	外部设备上有故障（可通过设置一个数字输入来配置）。	检查外部设备有无故障。 检查与 EXT FAULT 相关的参数（参看参数 30.3）。
FOLL FLT	在主/从控制时主机给出一个指示，从机故障（跳闸）。	检查从机控制盘上的故障信息。

续上表

故　障	原　因	解决措施
INV OVERLOAD	变频器过载。即每 15s 有 2s 负载高于 200% 的 I_{2nd} 或者每 10min 有 1min 负载高于 150% 的 I_{2nd}，传动将跳闸，在控制盘上显示故障信息且给监控系统给出故障指示。	检查转矩和电流限幅的设置。 检查积分时间设定（69.2－5）和 Field Bus RATE 信号。 检查脉冲编码器（A 和 B）与 NTAC 模块的连接。 检查制动的运行情况。
I/O COMM ERR	控制板上的 CH1 通讯故障。 电磁干扰。	检查 RDCO 板上的 CH1 的光纤连接。 检查所有连到 CH1 上的 I/O 模块（如果有的话），例如：它们的节点 ID 选择开关 S1 的设置。 参见 I/O 扩展模块的手册。
LINE CONV	线侧变频器故障（仅限 ACC811 型传动）。	将 CDP 盘所监视的设备由电机侧传动切到线侧传动，通过使用控制盘上的 DRIVE 键。 读取线侧变频器的故障信息。故障描述参见线侧变频器的手册。
MAS OSC FLT	在 COMTEST FLT TD（参数 71.1）定义的时间内，通讯测试位的“下一边沿”未被接收到。传动装置跳闸。	检查 Field Bus 适配器和以及它的 RDCO-0x 通道 0 的连线。 检查 PLC 编程连接中从输入到输出的通讯检测位。 检查 Field Bus 连接。
MF COMM ERR	主/从总线通讯无效。在 M/F COMM ERR TD（参数 72.10）时间内未接收到通讯检测位。 或在广播模式中： 在 100ms 的通讯中断中，从机未接收到任何来自主机的信息（可能由于 Ch2 的配置改变）。	检查主/从总线连接和主机 Ch2 和从机 Ch2 之间的光纤连接。 检查参数 72.1 的设定。 MAST/FOLL MODE： 主机应设为“MASTER”，从机应设为“FOLLOWER”。
MF RUN FLT	主机和从机都接到了启动命令，但只有一个传动装置处于“运行”状态。	检查参数 72.9M/F FAULT TD 的设置。 检查主/从总线连接和光纤连接。
MOTOR PHASE（可编程的故障功能 30.10）	电机缺相。这可能是由于电机、电机电缆或热继电器的故障（如果选用的话），或者变频器内部的故障造成的。	检查电机和电机电缆。 检查热敏继电器（如果选用的话）。 检查 MOTOR PHASE 相关的功能参数。取消这个保护。
MOT OVERSP	如果转速超过由 MOT OVERSPEED LEV（61.3）定义的值，传动将立即跳闸。	检查转矩和电流限幅的设置。 检查电机和电机电缆。 检查脉冲编码器（A 和 B）与 RTAC 模块的连接（如果选用的话）。
MOTOR TEMP（可编程的故障功能 30.4～30.9）	电机过温（或有过温趋势）。 这可能由于电机过载，电机冷却不足或错误的启动数据引起。	检查电机额定值和负载。 检查启动数据。 检查 MOTOR TEMP 相关的故障功能参数（参见组 30）。

续上表

故 障	原 因	解决措施
NO COMMUNICATIO N(X)	没有总线管理器被连至通讯链上。	如果有总线管理器的话，请检查传动选择模式。如果没有，检查接线。
	所选的传动装置不在链路上，或者是由于硬件失灵或连线的问题。	按 DRIVE 进入传动选择模式，接着按 ENTER 将 ID 号设为 0，按 ENTER 键确认。 如果控制盘和传动装置间无法通讯，将 ID 号改为 0。如果以上措施不能解决问题，请记下故障代码，与 ABB 服务代表联系。
OVERCURRENT	输出电流过大。软件的过流跳闸极限为 $3.5I_{2nd}$。	检查电机负载。 检查加速时间。 检查电机和电机电缆。 检查变频器输出侧有无功率因数矫正电容或浪涌吸收装置。
OVERFREQ	电机转速超过允许的最大速度。这可能是由于不正确的极限速度设置、制动转矩不足或使用转矩给定时负载突然变化。跳闸等级为高于运行范围内最大速度绝对值（直接转矩控制）或频率极限（标量控制）40Hz。运行范围限幅是由参数 20.1 和 20.2（DTC 模式）或者 20.8 和 20.9（标量控制模式）来设定。	检查最小/最大速度极限。 检查电机制动转矩是否足够。 检查转矩控制的适用性。 检查是否需要制动斩波器和制动电阻。 参数 20.1 的值不大于 3000/（极对数）rpm。
PANEL/DW COM（可编程的故障功能 30.2）	ACC800 进行本地控制的控制盘或 DriveWindow 通讯停止。	检查 CDP312R 控制盘或 DriveWindow-PC 的连接。 更换控制盘。 检查 PANEL LOSS 相关的故障功能参数（参看参数 30.2）。
PPCC LINK	INT 板的电流测量或 RMIO 和 INT 板间的通讯故障。 当传动关闭时（无电机电流）该故障被屏蔽。 这个故障功能可被关闭，通过设置参数 97.7 = False（密码 = 5600 可打开参数组 97）。	检查 RMIO 和 INT 板间的光纤连接。在并联的逆变器中，还要检查 RPBU 板（+信号 2.28）的接线，检查功率部分是否短路。也可能由于给 INT 供电的辅助电源过载从而导致 PPCC 通讯失败。
SHORT CIRCUIT	在电机电缆或电机侧有短路。	检查电机和电机电缆。 检查变频器输出侧有无功率因数矫正电容或浪涌吸收装置。
	变频器的输出桥故障。	检查 IGBT 和电流互感器，即使监测到一个损坏的 IGBT，也要更换 INT 板。
SUPPLY PHASE	中间回路 DC 电压振荡。这有可能是由于电源缺相，熔断器烧断或整流桥的内部故障所引起的。当 DC 电压的波动超过 DC 电压的 13% 时，传动将跳闸。	检查电源是否平衡和熔断器是否烧断。
THERMAL MODE	对于大功率的电机（>800A）电机热保护模式不应设为 DTC。	参数 30.5MOT THERM P MODE 由 DTC 改到 USER MODE（参数 30.6 也要调整）。

续上表

故障	原因	解决措施
THERMISTOR(可编程的故障功能 30.4 ~ 30.5)	当电机过温保护模式被设为 THERMISTOR 时,热敏电阻检测到过温。	检查电机额定值和负载情况。 检查启动数据。 检查 DI6 口到热敏电阻的接线。 检查热敏电阻的接线。
TORQ FLT	在减速期间,如果 SPEED ERROR 高于 SP DEV LEV(62.2)的时间超过了 TORQ FLT TD (62.3)。传动将由于 TORQ FLT 跳闸。	检查减速斜坡时间。 检查转矩和电流极限的设置。 检查转矩监控(组)的参数设置。 检查电机和电机电缆。 检查脉冲编码器(A 和 B)与 RTAC 模式的连接(如果选用的话)。
TORQ PR FLT	转矩验证不成功,这意味着在 TORQ PROV FLT TD (66.2)时间内,转矩未达到检测值,传动也将跳闸。(通常情况下,转矩验证仅用于带载的情况。例如,带有脉冲编码器反馈的起重机)。	检查电机和电机电缆。 检查参数 21.2 CONST MAGN TIME 的设置是否过低。
USER MACRO	没有用户宏被保存或文件有缺陷。	重新生成用户宏。

3. 软件操作

DriveWindow 是 ABB 变频器使用的软件,通过该软件可以实现对变频器的本地操作控制(如启动、停止等)、进行故障的管理、设置或修改参数以及参数的导入导出等操作。

1)软件简介

图 4-2-40 为打开参数文件后的 DriveWindow 窗口,图中标出了窗口各部分的功能。

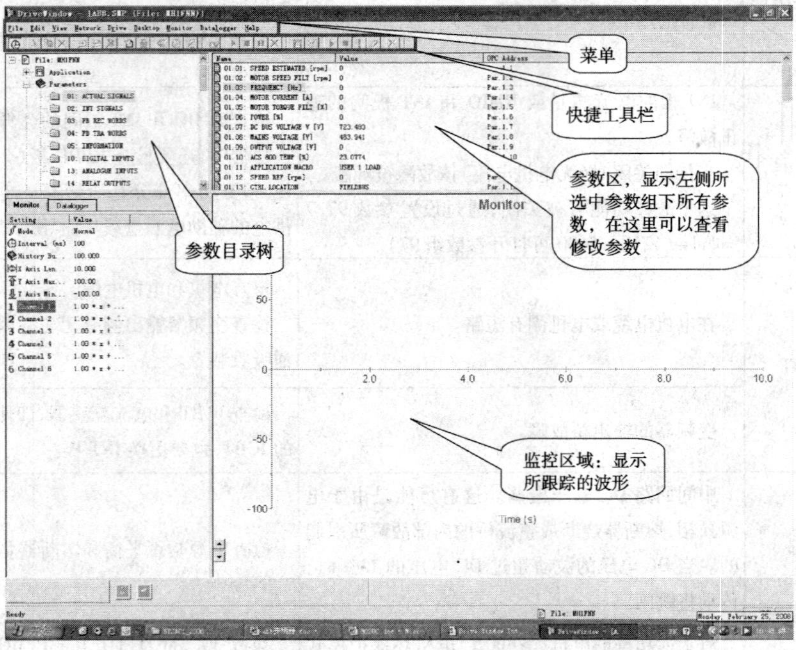

图 4-2-40　DriveWindow 窗口

2)通讯的建立

图 4-2-41 显示了电脑与两个变频器进行连接的通讯线连接情况。电脑需安装通讯卡

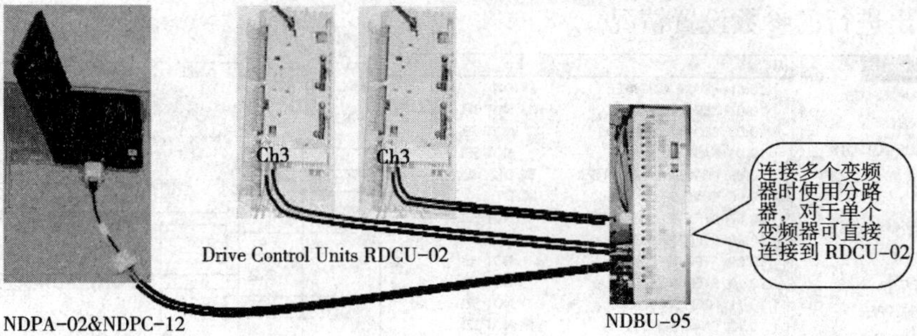

图 4-2-41　通讯接线

(NDPA-02 或 NDPC-12),且安装驱动程序后工作正常,通过光缆将电脑与 RCUU-02 主板连接起来。要想建立通讯,电脑还必须安装 OPC Server 的通讯接口(一般随 PLC 软件一起提供)并运行正常。

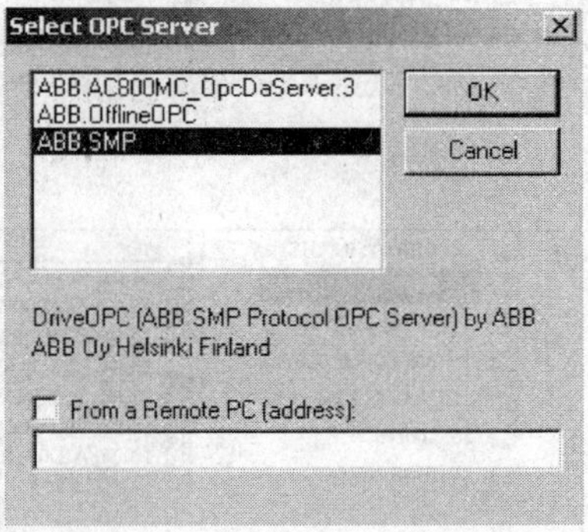

图 4-2-42　OPC Server 选择

3)软件常用基本功能

如图 4-2-42 所示,DriveWindow 软件打开时一般需要选择 OPC Server,通常情况下选择 ABB. SMP 即可。

(1)固件版本信息查看。变频器的主板 RDCU 内部含有预先安装的固件,不同变频器其固件是有区别的,且相互之间不能互换使用,其固件信息可以从参数内获取。如图 4-2-43所示的几项内都包含了有关信息。

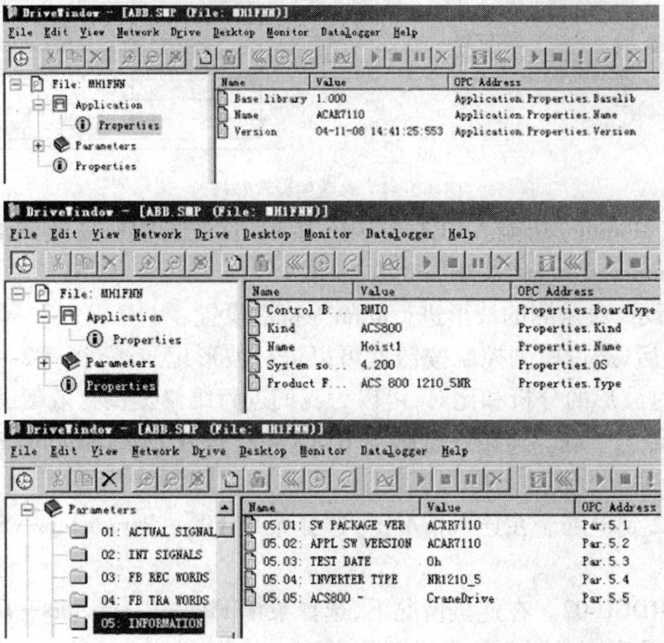

图 4-2-43　固件信息

(2)参数的设置和修改(图4-2-44)。对参数进行操作时,首先在左侧选中参数组,再在右侧双击相应的参数后进行参数的设置或修改。图4-2-45列出了根据RDCU实际接线对输入和继电器输出进行的参数设置情况。

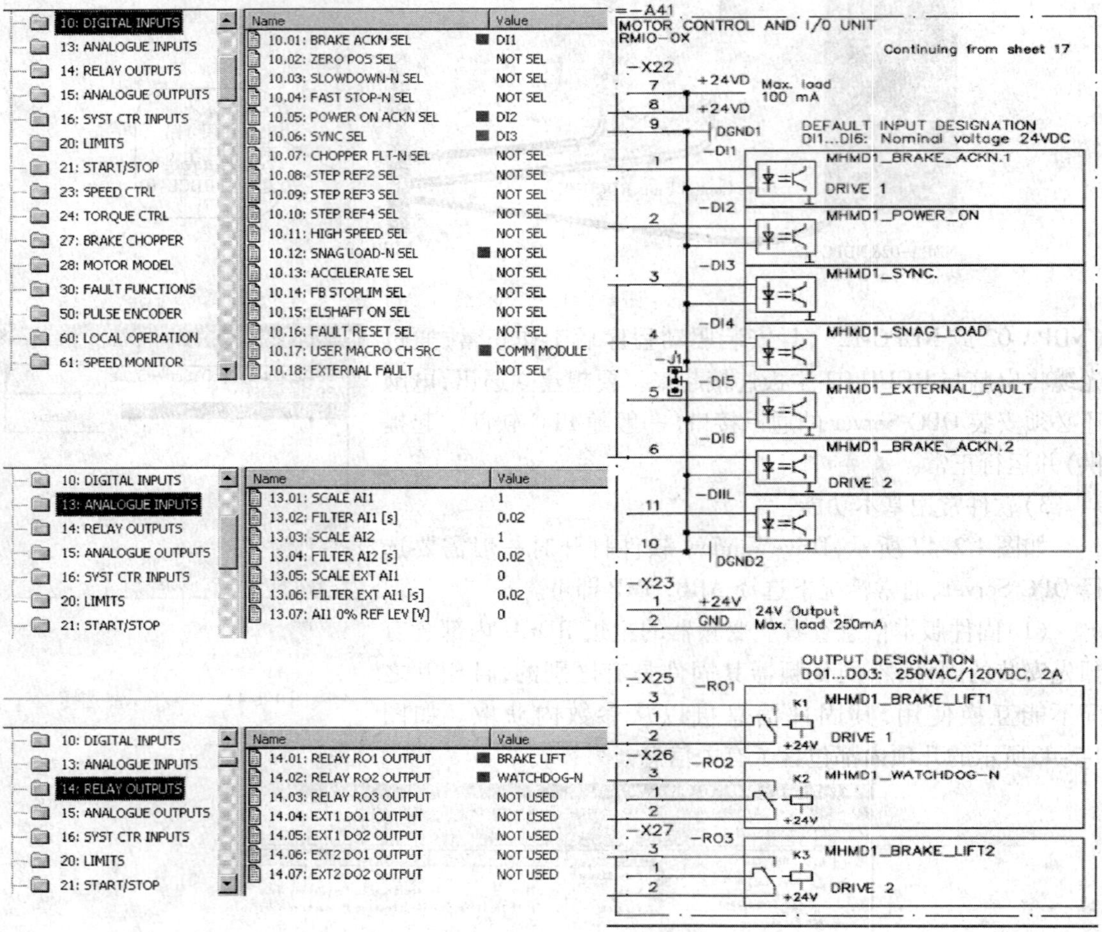

图4-2-44 参数的设置和修改

(3)波形监测(Monitor)功能。如图4-2-46所示,首先选中所要监测的参数,点击快捷工具Add/Remove Monitored Items来添加或监测项。

如图4-2-46所示,对监测的波形进行间隔等特性设置。

以上设置完成后,通过监测控制按钮就可以进行波形记录了,图4-2-47为通过波形监测记录的波形,通过对波形的分析和比对,可以为我们进行维修提供有效帮助。

(4)参数的上传与下载。连接好电脑与RDCU-02,打开DriveWindow软件,在连接正常的情况下就可以开始进行参数的上传与下载了。

上传:RDCU-02到电脑。在连机情况下,选择菜单File—Parameters—Save as,输入文件名和保存位置后即可。

下载:电脑到RDCU-02。在连机情况下,选择菜单File—Parameters—Download即可。

在进行参数上传和下载时要注意以下几点:

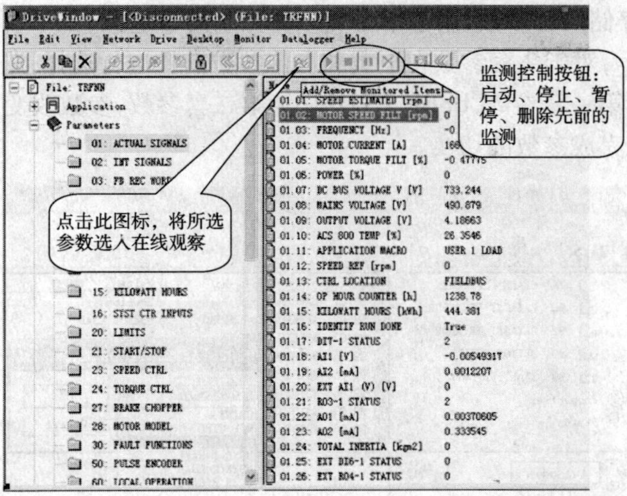

图 4-2-45　监测参数的选择

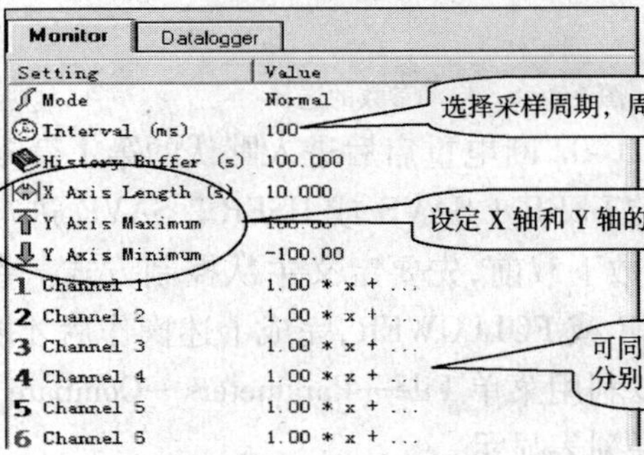

图 4-2-46　波形特性设置

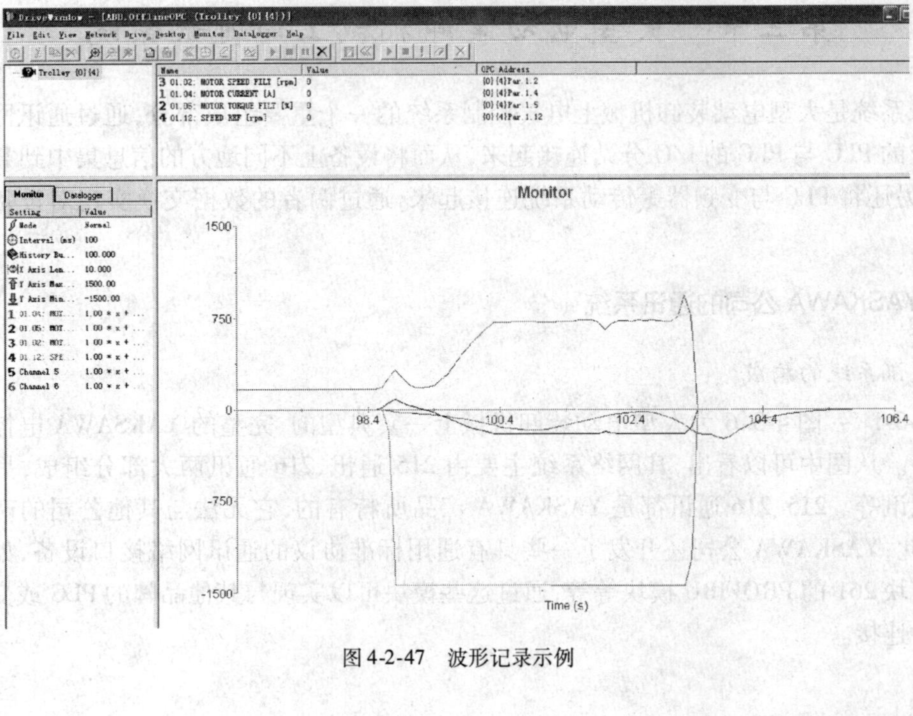

图 4-2-47　波形记录示例

①RDCU-02 可以存储两套参数,用于单台变频器控制两台电机(如岸桥的起升和大车)。

②如图 4-2-48 所示,对于 2 套参数在下载和上传参数前要进行选择,选择通过参数 99.02 操作,USER 1 LOAD 为第一套参数,USER 2 LOAD 为第二套参数,参数改变后,关闭 DriveWindow 并重新启动后才能完成参数的切换。

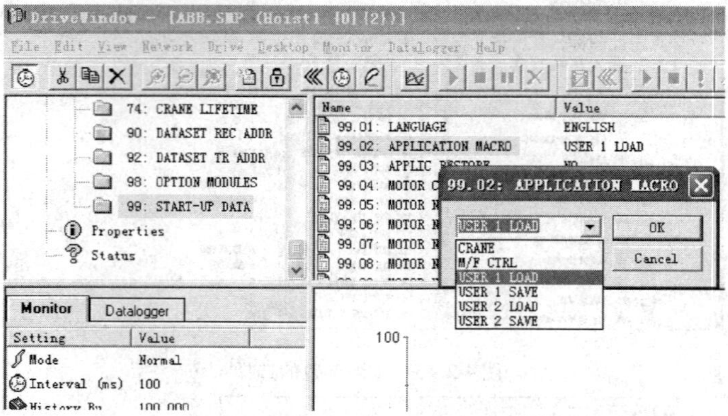

图 4-2-48　启动参数的选择

③一套参数时可不做选择,RDCU-02 断电重启后进入默认的第 1 套参数。

④在下载参数后,要选择相应的 USER 1 SAVE 或 USER 2 SAVE 进行参数的保存。

⑤对于带主从控制的变频器参数下载前,先要定义主从控制方式。参数 99.02 选择 M/F CTRL,再在参数 72.01 选择 MASTER 或 FOLLOWER,完成上述操作后才能进行参数的下载。

⑥完成上传或下载操作后,可以利用菜单 File—Parameters—Compare 功能,进行文件内的参数和变频器内进行比较,比较结果列表显示。

第三节　大型电动装卸机械上的通讯系统

通讯系统是大型电动装卸机械上电气控制系统的一个重要组成部分,通过通讯网络可以将设备上的 PLC 与 PLC 的 I/O 分站连接起来,从而将设备上不同地方的信息集中到 PLC 内进行处理,另还将 PLC 与变频器等传动系统连接起来,通过两者的数据交换实现对设备的运行控制。

一、YASKAWA 公司的通讯系统

1. 通讯系统的构成

图 4-3-1 ~ 图 4-3-6 为大型电动装卸机械上一套典型的、完整的 YAKSAWA 电控系统的通讯网络。从图中可以看出,其网络系统主要由 215 通讯、216 通讯两大部分组成,另外还辅以 217 通讯等。215、216 通讯都是 YASKAWA 产品所特有的,它无法与其他公司的产品进行连接,为此,YASKAWA 公司还开发了一些具有通用标准协议的通讯网络接口设备,如 218 的以太网模块 261 的 PROFIBU 模块等等,通过这些模块可以实现与其他品牌的 PLC 或变频器等进行组合连接。

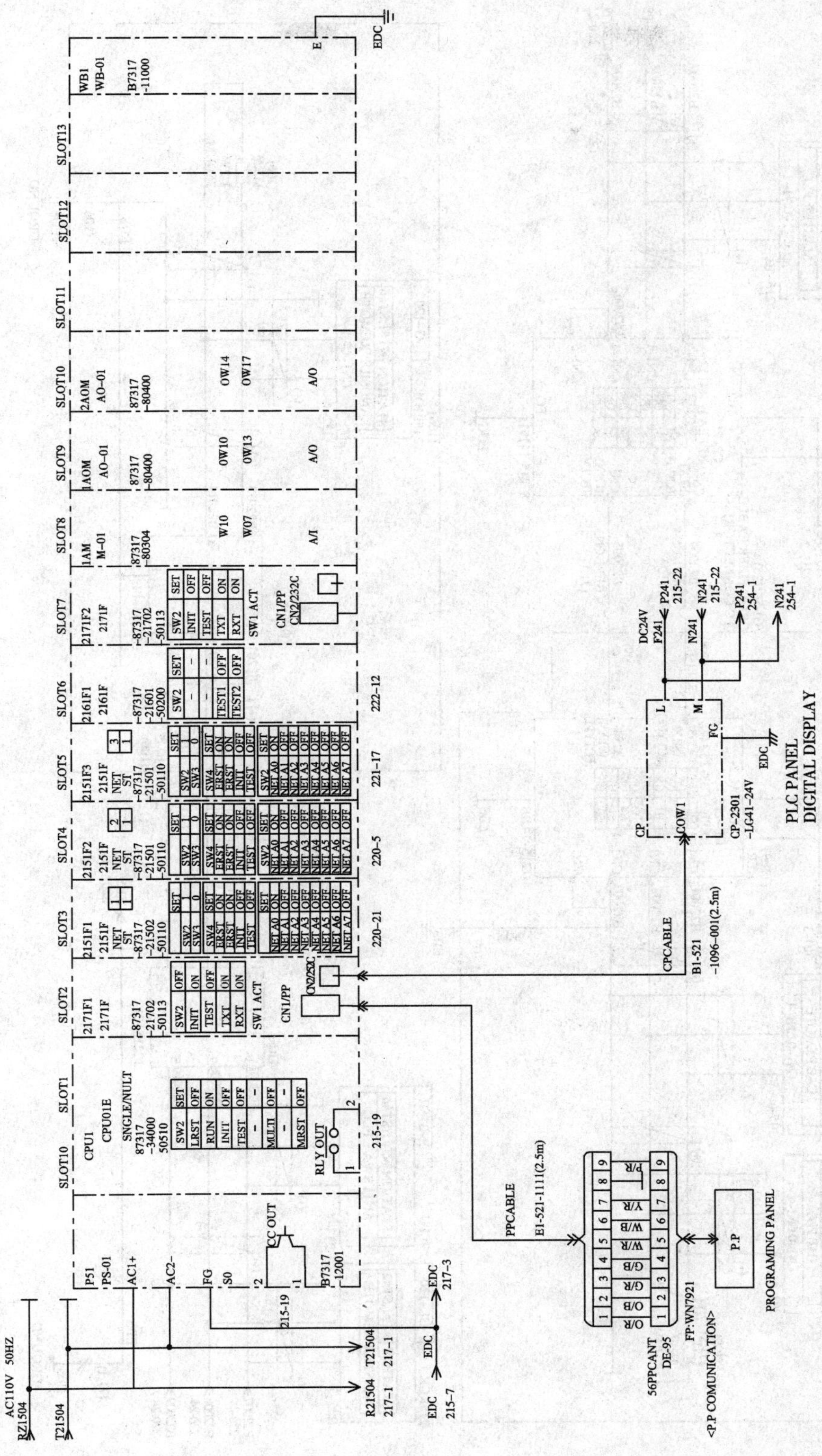

图 4-3-1 PLC 主站配置

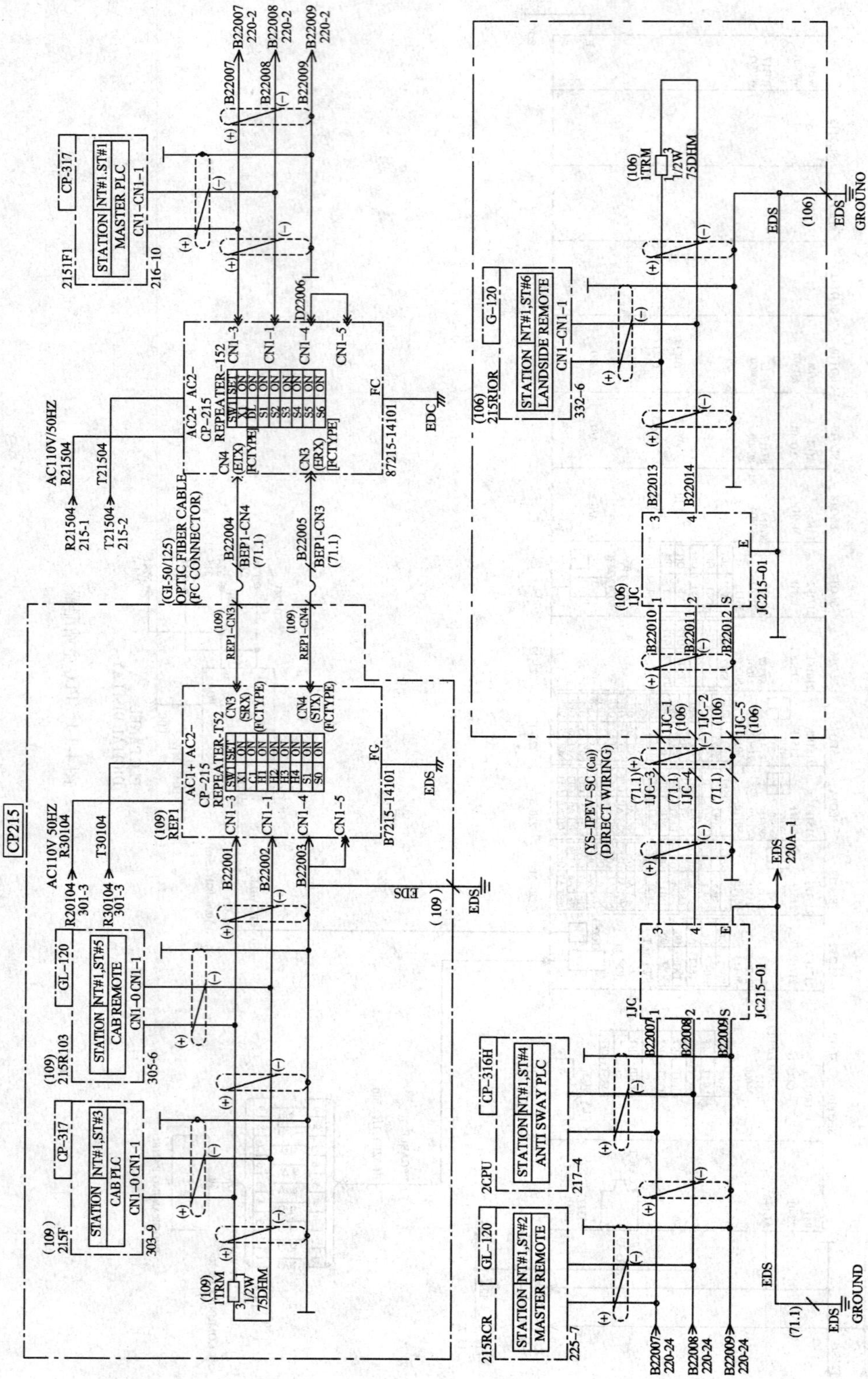

图 4-3-2　1#215 网络系统

215 通讯主要用于 PLC 之间,图中包含了 3 个 215 网络系统,每个网络系统由主 PLC 上的一块 CP-215IF 模块连接,每个网络的两端都使用终端电阻加以封闭。不同系列上使用的 215 模块时不同的,即使在同一系列,由于传输距离、速度等性能要求不同,YASKAWA 也有不同的产品可供选择。

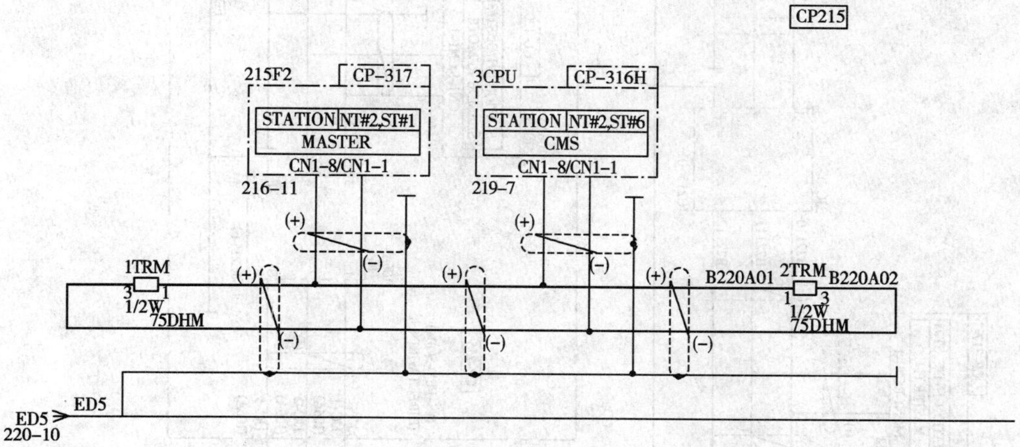

图 4-3-3　2#215 网络系统

216 通讯主要使用在 PLC 与变频器之间进行通讯,它同样设有终端电阻。216 和 215 主要的一个区别在于 216 是 1 对 1 的通讯,而 215 是多对多的通讯,215 网络内的设备相互之间都可以进行数据的交换,216 则不能。如图 4-3-7 所示,可以比较清楚地看出 215 与 216 之间的不同。

217 为串口通讯,网络中还有增加通讯距离的光电转换器(CP-215 REPEATER TS2)以及过滤干扰的滤波用设备(JC)。

215、216 网络中的每个设备通过不同的网络号和站号进行识别,它们在网络中是唯一的、不可重复的,这样才能确保不同设备之间的通讯正常可靠。215、216 等通讯必须配置后才能正常使用,而 217 是默认的通讯,不需要配置就可以使用,因此新的设备初始时利用 217 进行有关的配置。

2. 通讯设备

1)CP-215IF 模块

CP-215IF 模块是具有 4Mbps 传输速度的独特的实时核心网络,使用双绞线作为传输媒介,一般安装于 CP-317 的机架中,可以连接 CP-316、CP-317、GL120 等各种 YASKAWA 的 PLC 产品。图 4-3-8 为 CP-215IF 模块的结构视图。

(1)指示灯。在模块出现错误时,指示灯的状态代表了不同的含义,具体见表 4-3-1。

(2)设置开关(表 4-3-2):

①总线开关 SW1。设置模块运行或挂起状态,在更换模块时,设置成 HALT,正常运行中应处于 ACT 一侧。

②旋转开关 SW2、SW3。SW2、SW3 开关用于设置 CP-215 的传输地址(即站地址),设定值 1 ~64。只有在开关 INIT 位于 ON 时,该开关才有效。

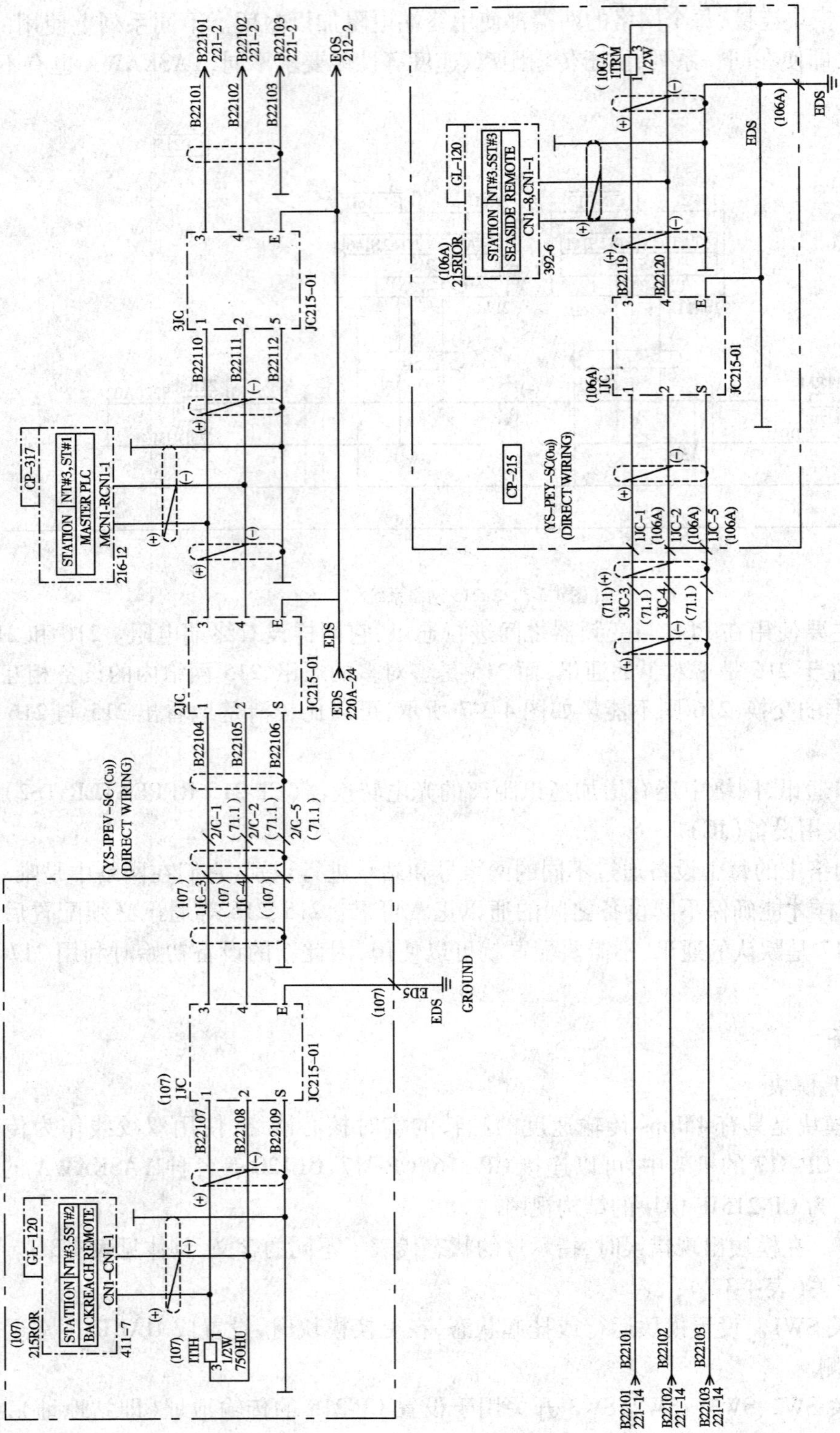

图 4-3-4　3#215 网络系统

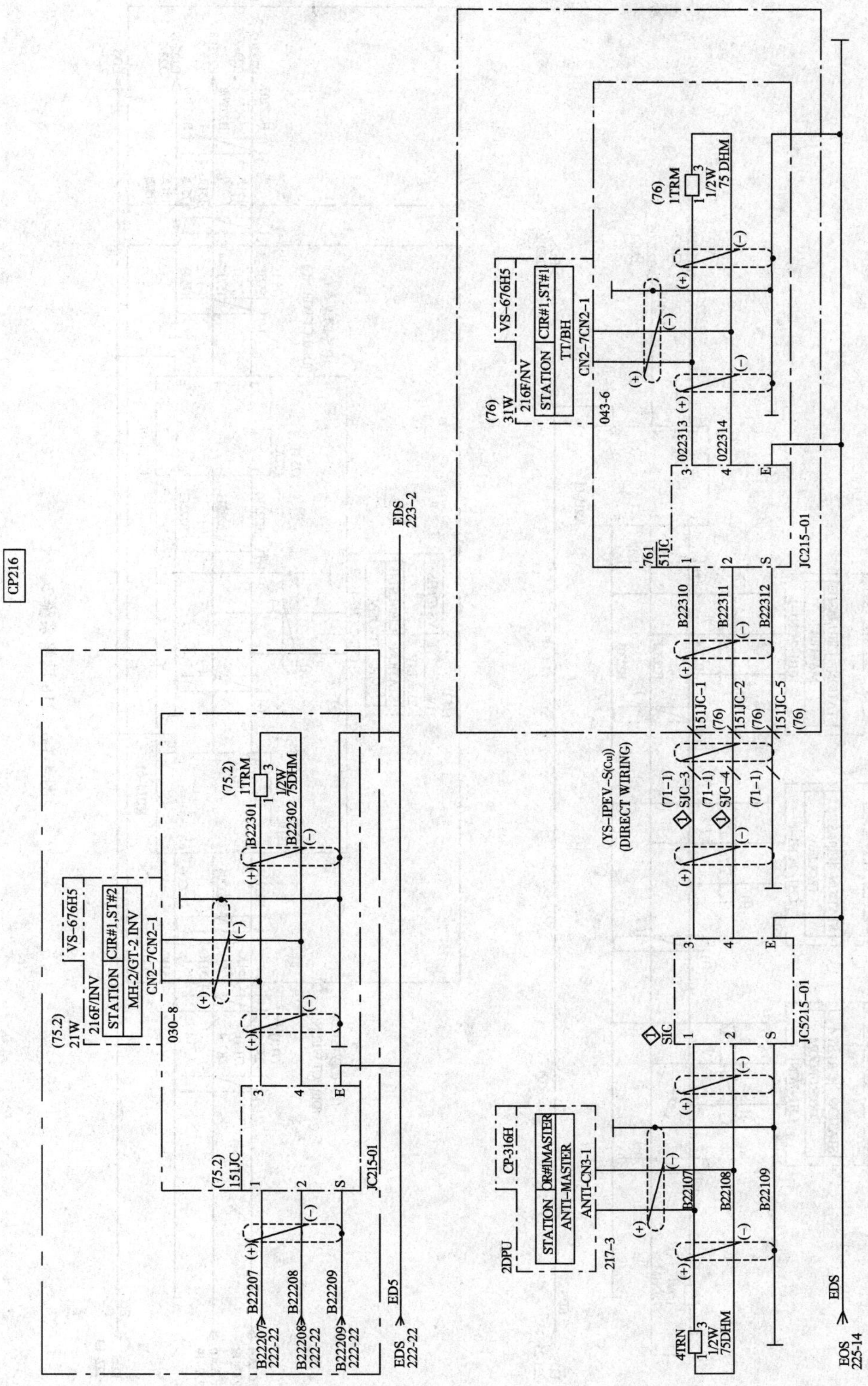

图 4-3-5　216 网络系统 1

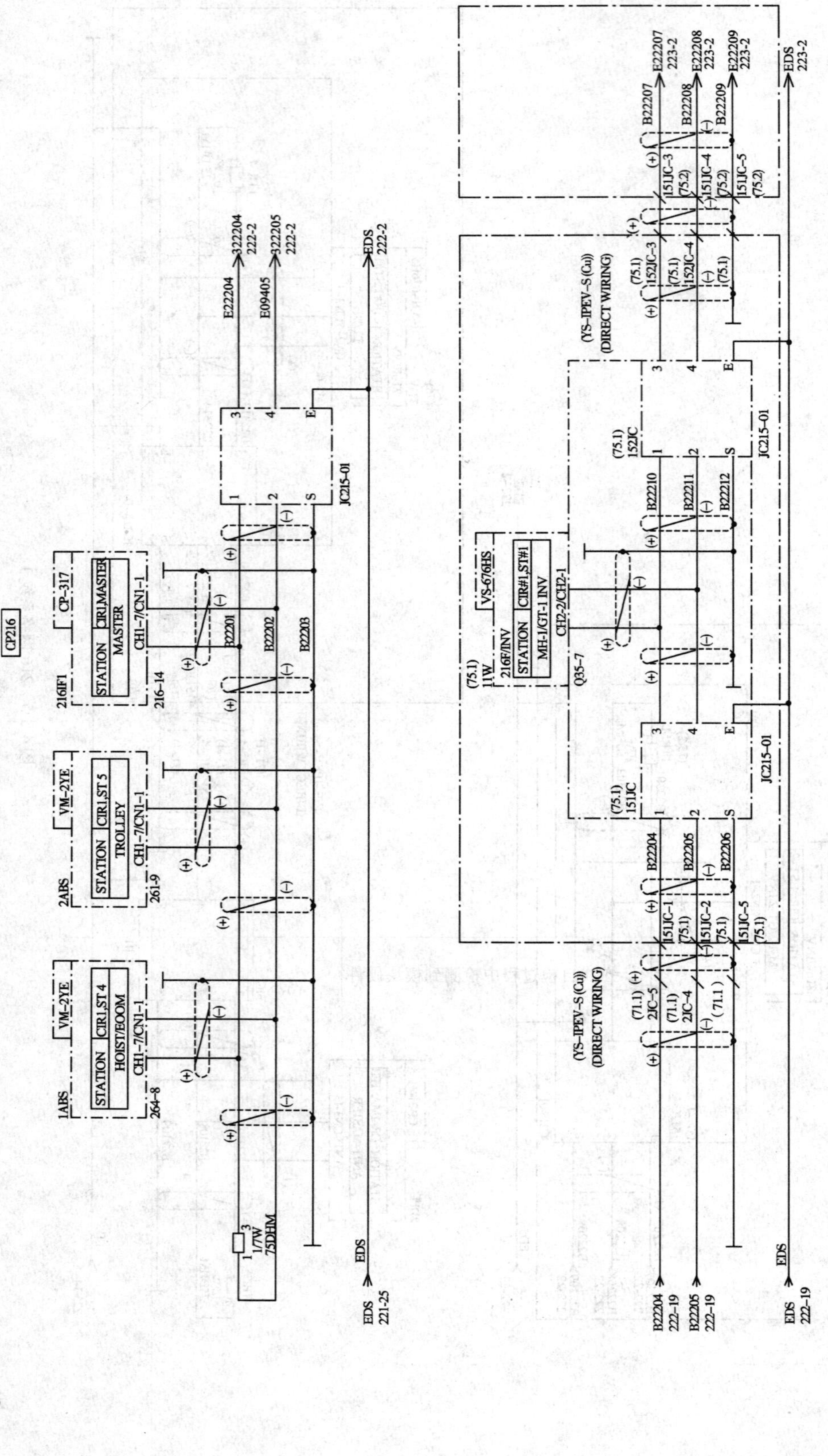

图 4-3-6 216 网络系统 2

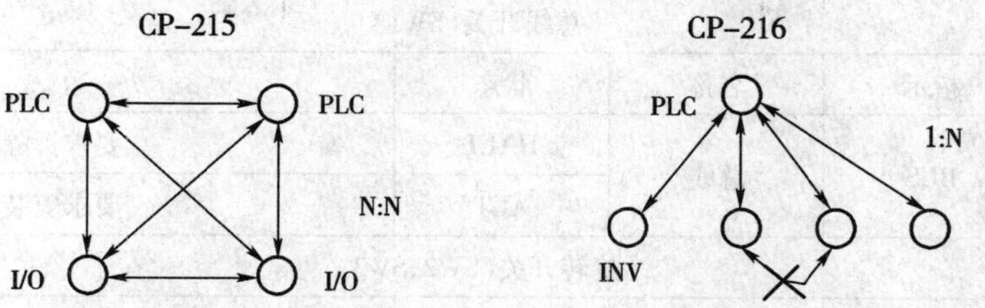

图 4-3-7　215 与 216 通讯特点与区别

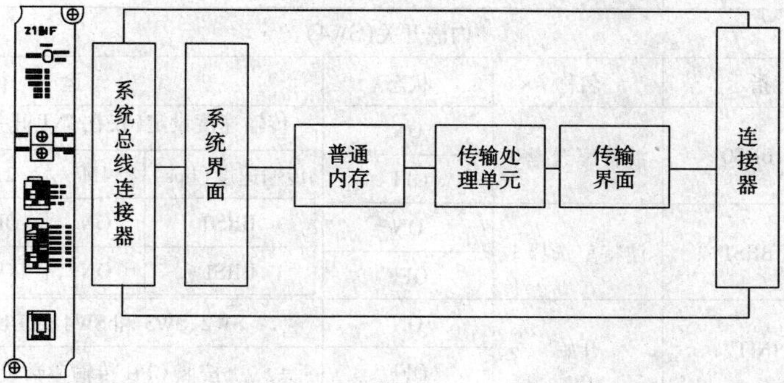

图 4-3-8　CP-215IF 模块结构视图

CP-215IF 模块指示灯　　表 4-3-1

错　误	错 误 说 明	指示灯(LED)			
		RUN	ERR	TX	RX
PROM 和数校验错误	在线自检过程中检测到 PROM 和数校验错误	○	★(1)	○	○
模块硬件错误	在线自检过程中检测到模块硬件错误	○	★(2)	○	○
CPU 界面错误	在线自检过程中检测到 CPU 传输错误	○	★(3)	○	○
传输错误	普通传输过程中检测到错误	●	●	●	●
监控设备计时器	监控设备计时器	○	●	○	○
○:不亮;●:亮;★:闪烁。★下方( )内的数字指示 LED 闪烁的次数。					

CP-215IF 模块的设置开关 表 4-3-2

总线开关(SW1)

指示	名称	状态	运　行
BUS	总线	HALT	要求拆除模块
		ACT	要求安装模块

旋转开关(SW2、SW3)

指示	名称	状态	运　行
ADRSX1	ADDRESSX1	1 至 10	站点地址的第一个较低字节
ADRSX10	ADDRESSX10	1 至 10	站点地址的第二个较低字节

内嵌开关(SW4)

指示	名称	状态	运　行
BRS0	波特率选择 0	ON	传输速度设定(仅在 INT 开关设置为 ON 时有效)
		OFF	
BRS1	波特率选择 1	ON	
		OFF	
INIT*	开始	ON	SW2、SW3 和 SW4 的 BRS0 和 BRS1 有效
		OFF	按照 CPU 传输参数设定(软件设定)
TEST	测试	ON	离线自检模式
		OFF	正常运行模式

传输速度(bps)	4M	2M	1M	—
BRS0	ON	OFF	ON	OFF
BRS1	ON	ON	OFF	OFF

内嵌开关(SW5)

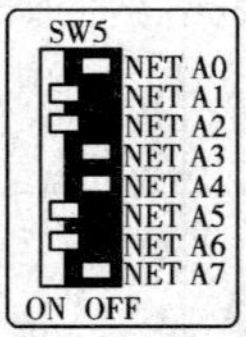

指示	名称	状态	运　行
NETA0	网络地址 0	ON	
		OFF	
NETA1	网络地址 1	ON	
		OFF	
NETA2	网络地址 2	ON	
		OFF	
NETA3	网络地址 3	ON	
		OFF	
NETA4	网络地址 4	ON	
		OFF	
NETA5	网络地址 5	ON	
		OFF	
NETA6	网络地址 6	ON	
		OFF	
NETA7	网络地址 7	ON	
		OFF	

网络编号

网络编号	1	2	3		254
A0	ON	OFF	ON	…	OFF
A1	OFF	ON	OFF	…	ON
A2	OFF	OFF	OFF	…	ON
A3	OFF	OFF	OFF	…	ON
A4	OFF	OFF	OFF	…	ON
A5	OFF	OFF	OFF	…	ON
A6	OFF	OFF	OFF	…	ON
A7	OFF	OFF	OFF	…	ON

③内嵌开关 SW4。该开关设置 CP-215 的传输速度以及自诊断和其他运行模式。出厂时通常设定为 OFF。

当电源接通时，如果 INIT 为 ON，CP-215 按照站点地址 SW2、SW3 和 SW4 的 BRS0 与 BRS1 的传输速度和 SW5 的网络地址执行消息传输。此时不执行连续传输。如果 INIT 为 OFF，CP-215 按照 CP-717 模块设置定义的设置进行连接传输和消息传输。这时，SW2、SW3 和 SW4 的设置不予考虑。只有在 CP-717 强制执行通讯时，比如在 CPU 的内存被清除时，才将 INIT 设定为 ON。

④内嵌开关 SW5。这个开关设定 CP-215 传输的网络号，设定值为 1 ~ 254。只有在 INIT 设定为 ON 时，此开关才有效。

(3)接线。CP-215IF(CN1/215)接线见表 4-3-3。

CP-215IF(CN1/215)**接线** 表 4-3-3

编号	信号	备注	编号	信号	备注	编号	信号	备注
1	SIG -	发送/接收数据(-)	4	N. C.	未连接	6	N. C.	未连接
2	N. C.	未连接	5	N. C.	未连接	7	N. C.	未连接
3	N. C.	未连接				8	SIG +	发送/接收数据(+)

2)CP-216IF 模块

CP-216IF 模块用于连接变频器，按照标准 300m 内的传输距离可以连接 8 个变频器。图 4-3-9 为 CP-216IF 的模块结构视图。

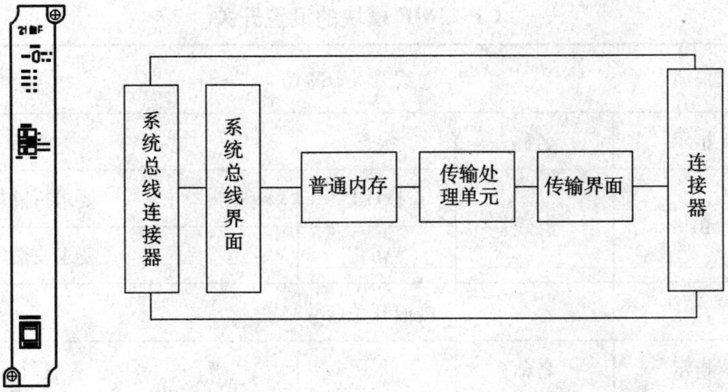

图 4-3-9 CP-216IF 的模块结构视图

CP-216 传输有两个功能，控制传输和消息传输。控制传输是在主要站点和伺服站点间循环执行的。各个站点输入/输出域是在 CP-717 中分配的。伺服站点为变频器时，通过使用系统标准功能可以写入和读取变频器常数和读取跟踪数据。

(1)指示灯见表 4-3-4。

(2)设置开关见表 4-3-5。

(3)接线见表 4-3-6。

CP-216IF 模块的指示灯 表 4-3-4

	指示	名称	指示灯颜色	点亮时状态
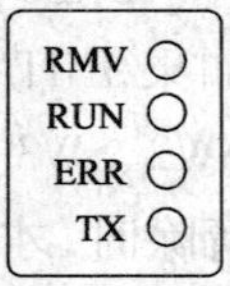	RMV	拆除	绿色	可以拆除模块
	RUN	运行	绿色	正常运行时亮
	ERR	错误	红色	出现错误时亮或闪烁
	TX	总线 TX	绿色	通过 CP－216 发送数据时亮

错　误	错误说明	指示灯(LED)		
		RUN	ERR	TX
PROM 和数校验错误	在线自检过程中检测到 PROM 和数校验错误	●	★ (1)	根据情况
模块硬件错误	在线自检过程中检测到模块硬件错误	●	★ (2/3/4)	○
传输错误	在线自检过程中检测到传输错误	●	● (5)	根据情况
监控设备计时器	监控设备计时器	○	●	根据情况

○:不亮,●:亮;★:闪烁。★下方( )内的数字指示 LED 闪烁的次数。

CP-216IF 模块的设置开关 表 4-3-5

总线开关(SW1)				
	指示	名称	状态	运行
	BUS	总线	HALT	要求拆除模块
			ACT	要求安装模块
内嵌开关(SW2)				
	指示	名称	状态	运行
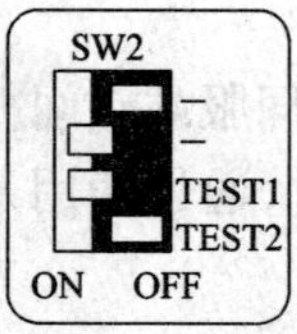	—	未使用		
	—	未使用		
	TEST1	测试 1	ON	主要站点模块(当测试 2 = ON 时)
			OFF	伺服站点模块(当测试 2 = ON 时)
	TEST2	测试 2	ON	自检模式
			OFF	运行模式

CP-216IF 模块的接线　　表 4-3-6

编号	信号	备注	编号	信号	备注	编号	信号	备注
1	SRD－	发送/接收数据(－)	4	R	终端电阻连接脚(120Ω)	6	SRD－	发送/接收数据(－)
2	SRD＋	发送/接收数据(＋)	5	N. C.	未连接	7	SRD＋	发送/接收数据(＋)
3	SH	电缆屏蔽				8	SH	电缆屏蔽

3)CP-217IF 模块

CP-217IF 模块是安装有两条 RS-232 线和一条 RS-422/485 线的系列传输模式。对于每个界面,模块可以处理多种协议,如与故障显示屏、触摸屏连接的 MEMOBUS 通讯。另外,DSUB9 针 RS232 可以作为工程端口,进行与编程电脑的连接。图 4-3-10 为 CP-217IF 模块的结构视图。

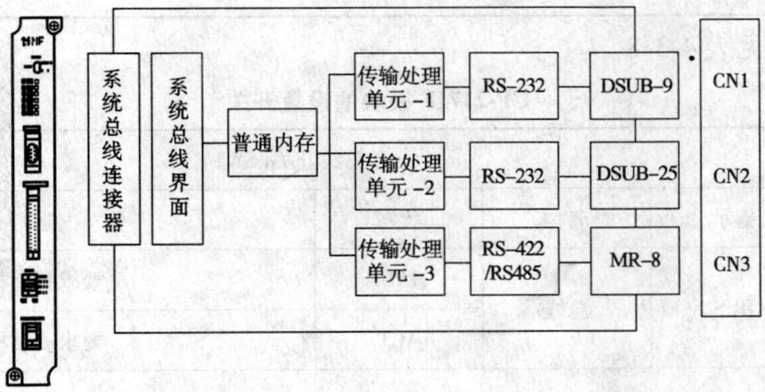

图 4-3-10　CP-217IF 模块的结构视图

(1)指示灯见表 4-3-7。

CP-217IF 模块的指示灯　　表 4-3-7

	指示	名称	指示灯颜色	点亮时状态
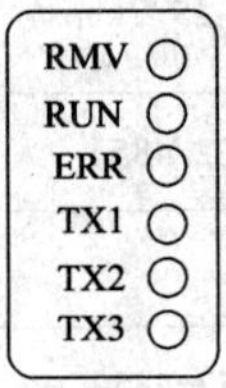	RMV	拆除	绿色	可以拆除模块
	RUN	运行	绿色	正常运行时亮
	ERR	错误	红色	出现错误时亮或闪烁
	TX1	CN1TX/RX	绿色	发送/接收 CP－217 CN1 数据
	TX2	CN2TX/RX	绿色	发送/接收 CP－217 CN2 数据
	TX3	CN3TX/RX	绿色	发送/接收 CP－217 CN3 数据

续上表

<table>
<tr><th rowspan="2">错 误</th><th rowspan="2">错误说明</th><th colspan="4">指示灯(LED)</th></tr>
<tr><th>RUN</th><th>ERR</th><th>TX</th><th>RX</th></tr>
<tr><td>PROM 和数校验错误</td><td>在线自检过程中检测到 PROM 和数校验错误</td><td>○</td><td>★
(1)</td><td colspan="2">根据情况</td></tr>
<tr><td>模块硬件错误</td><td>在线自检过程中检测到模块硬件错误</td><td>○</td><td>★
(2)</td><td>○</td><td>○</td></tr>
<tr><td>CPU 界面错误</td><td>在线自检过程中检测到 CPU 错误</td><td>○</td><td>★
(3)</td><td>○</td><td>○</td></tr>
<tr><td>传输错误</td><td>传输错误</td><td>●</td><td>●</td><td colspan="2">根据情况</td></tr>
<tr><td>监控设备计时器</td><td>监控设备计时器</td><td>○</td><td>●</td><td colspan="2">根据情况</td></tr>
<tr><td colspan="6">○:不亮;●:亮;★:闪烁。★下方( )内的数字指示 LED 闪烁的次数。</td></tr>
</table>

(2)设置开关见表 4-3-8。

CP-217IF 模块的设置开关 表 4-3-8

<table>
<tr><td rowspan="4">
</td><td colspan="5">总线开关(SW1)</td></tr>
<tr><td>指示</td><td>名称</td><td>状态</td><td colspan="2">运行</td></tr>
<tr><td rowspan="2">BUS</td><td rowspan="2">总线</td><td>HALT</td><td colspan="2">要求拆除模块</td></tr>
<tr><td>ACT</td><td colspan="2">要求安装模块</td></tr>
<tr><td rowspan="10">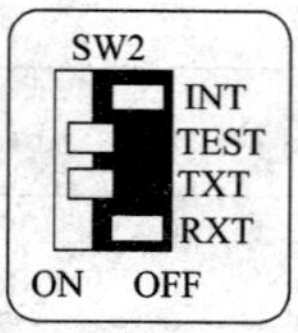
</td><td colspan="5">内嵌开关(SW2)</td></tr>
<tr><td>指示</td><td>名称</td><td>状态</td><td colspan="2">运行</td></tr>
<tr><td rowspan="2">INIT＊1</td><td rowspan="2">开始</td><td>ON</td><td colspan="2">CN1(0 号端口)可以连接到 CP－717</td></tr>
<tr><td>OFF</td><td colspan="2">CP－717 的 CN1(0 号端口)设置参数有效</td></tr>
<tr><td rowspan="2">TEST＊2</td><td rowspan="2">测试 2</td><td>ON</td><td>自检模式</td><td rowspan="2">连接到 CP－717 的波特率
(ON:9600bps,OFF:19.2kbps)</td></tr>
<tr><td>OFF</td><td>正常运行模式</td></tr>
<tr><td rowspan="2">TXT</td><td rowspan="2">TX</td><td>ON</td><td colspan="2">发送数据信号终端(对于 RS－422/485)</td></tr>
<tr><td>OFF</td><td colspan="2">没有确定</td></tr>
<tr><td rowspan="2">RXT</td><td rowspan="2">RX</td><td>ON</td><td colspan="2">接收数据信号终端(对于 RS－422/485)</td></tr>
<tr><td>OFF</td><td colspan="2">没有确定</td></tr>
</table>

(3)接线见表 4-3-9。

CP-217IF 模块的端口接线 表 4-3-9

RS－232 连接器(CN1/PP)					
编号	信号	备 注	编号	信号	备 注
1	FG	保护接地	6	N. C.	未连接
2	SD	发送数据	7	SG	信号接地
3	RD	接收数据	8	N. C.	未连接
4	RS	发送请求	9	N. C.	未连接
5	CS	准备发送			

RS－232 连接器(CN2/RS232)					
编号	信 号			信号定义	备 注
	EIA	101	JIS		
1	AA	103	FG	保护接地	
2	BA	104	SD	发送数据	
3	BB	105	RD	接收数据	
4	CA	106	RS	发送请求	
5	CB	107	CS	准备发送	
6	CC	102	DR	数据设置完成	
7	AB	109	SG	信号接地	
8	CF	109	CD	数据通道接收	
9 至 19	未使用				
20	CD	108/2	ER	数据终端继电器	
21 至 25	未使用				

RS－422/485 连接器(CN3/RS422)								
编号	信号	备注	编号	信号	备注	编号	信号	备注
1	RX－	发送/接收数据(－)	4	N. C.	未连接	6	TX－	发送数据(－)
2	RX＋	发送/接收数据(＋)	5	N. C.	未连接	7	TX＋	发送数据(＋)
3	N. C.	未连接				8	N. C.	未连接

4)216IF/INV 模块

该模块将 YASKAWA 的变频器 VS-676H5 连接到 CP-216 网络上，它通过接口直接安装在变频器主板上。图 4-3-11 为该模块的外形结构图。

不同系列的变频器使用的 216 接口模块是不同的(如 VS616-G5 使用的 216IF/G5 模块)，该模块仅使用 VS676-H5 变频器。选用该类模块时要查看相关手册，确定是否匹配。

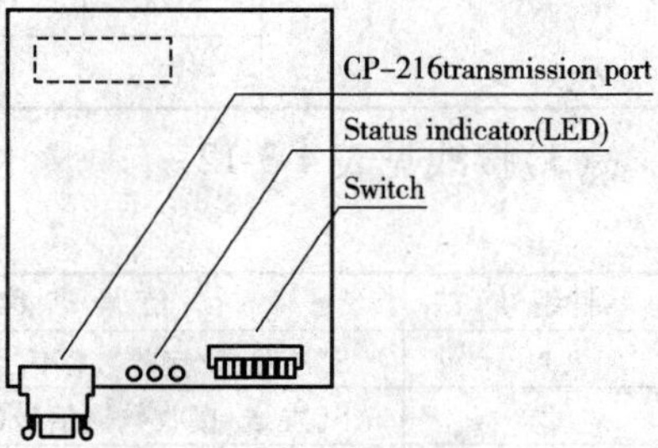

图 4-3-11 216IF/INV 模块的外形结构

(1)指示灯见表 4-3-10。

216IF/INV 模块的指示灯　　表 4-3-10

指示	名称	指示灯颜色	意义	
LED1	运行	绿色	正常运行时亮	
LED2	错误	红色	出现错误/传输线未连接时亮	
LED3	TX/RX	绿色	发送/接收数据时亮	
运行	错误	TX/RX	意义	
○	●	○	正常传输中	
○	●	●	传输线未连接或未分配	
●	★	●	闪动次数	错误内容
			2	RAM 错误
			3	ROM 和数校验错误
			4	计时器错误
			5	CP－216 传输 ASIC 错误
			6	“0”设定给 ST#
●	○	●	监视器计时超时错误。	

注：○：亮；●：不亮；★：闪动。

（2）设置开关见表 4-3-11。

216IF/INV 模块的设置开关　　表 4-3-11

开关	内容	设置							
SW1	未使用	未使用							
SW2	未使用								
			0.5Mbps	1Mbps	2Mbps	4Mbps			
SW3	传输速度	SW3	ON	ON	OFF	OFF			
SW4	传输速度	SW4	ON	OFF	ON	OFF			
			#1	#2	#3	#4	…	#14	#15
SW5	站点地址	SW5	OFF	OFF	OFF	OFF		ON	ON
SW6	站点地址	SW6	OFF	OFF	OFF	ON	…	ON	ON
SW7	站点地址	SW7	OFF	ON	ON	OFF		ON	ON
SW8	站点地址	SW8	ON	OFF	ON	OFF		OFF	ON

（3）接线见表 4-3-12。

216IF/INV 模块的通讯接线　　表 4-3-12

针编号	信号名称	针编号	信号名称
1	S*（发送/接收数据信号（－））	5	FG（保护接地）
2	S（发送/接收数据信号（＋））	6	S*（发送/接收数据信号（－））
3	SH（屏蔽接地）	7	S（发送/接收数据信号（＋））
4	R（终端电阻）	8	SH（屏蔽接地）

5）CP-215 REPEATER TS2 中继器

CP-215 中继器用于延长 CP-215 和 CP-216 的传输距离，YASKAWA 提供了多种类型的中继器，包含双绞线电缆、同轴电缆、光缆等各种连接信号的组合。本文介绍的 CP-215 REPEATER TS2 是一款双绞线与光缆信号转换的设备。图 4-3-12 为该中继器的外形和使用的配置例子。系统中连接的中继器数量和传输距离是有限制的，具体参考 YASKAWA 相关手册。

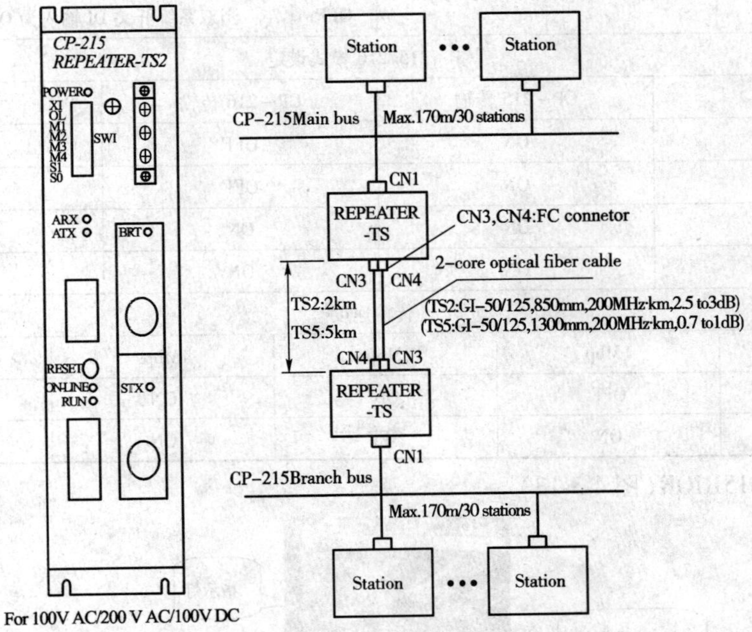

图 4-3-12　CP-215 REPEATER TS2 中继器外形和配置举例

（1）指示灯见表 4-3-13。

CP-215 REPEATER TS2 中继器的指示灯　　表 4-3-13

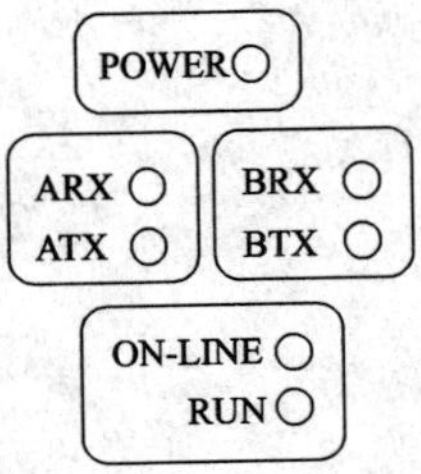

指示	灯	说　明
POWER	亮	电源接通
	不亮	电源切断
ARX BRX	亮	端口接收数据
	不亮	端口不接收数据
ATX BTX	亮	端口发送数据
	不亮	端口不发送数据
ON－LINE	亮	中继器运行（DI 输入或 SW1－7 开）
	不亮	中继器待机（DI 输入或 SW1－7 关）
RUN	亮	接收线正常
	不亮	接收线不正常

（2）设置开关。

RESET 开关用于模块的复位，其他开关列于表 4-3-14。

CP-215 REPEATER TS2 中继器的设置开关 表 4-3-14

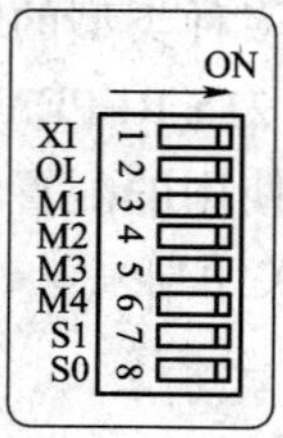	指示	开关名称	设 置	
	XI *	检测模式	ON	可以运行
			OFF	停止运行(光纤供电可测量)
	OL	双模式	ON	当双系统开关 DI 输入为 OFF 时,可以运行
			OFF	当双系统开关 DI 输入为 ON 时,可以运行

CP－215/216 模式设定			
	CP－215 传输	CP－216 传输	禁止设定
M4	ON	OFF	—
M3	ON	OFF	—
M2	ON	ON	OFF
M1	ON	ON	OFF

传输速度				
波特率	1Mbp	2Mbps	4Mbps	无效
S1	OFF	ON	ON	OFF
S0	ON	OFF	ON	OFF

6)GL120 215RIOR(图 4-3-13)

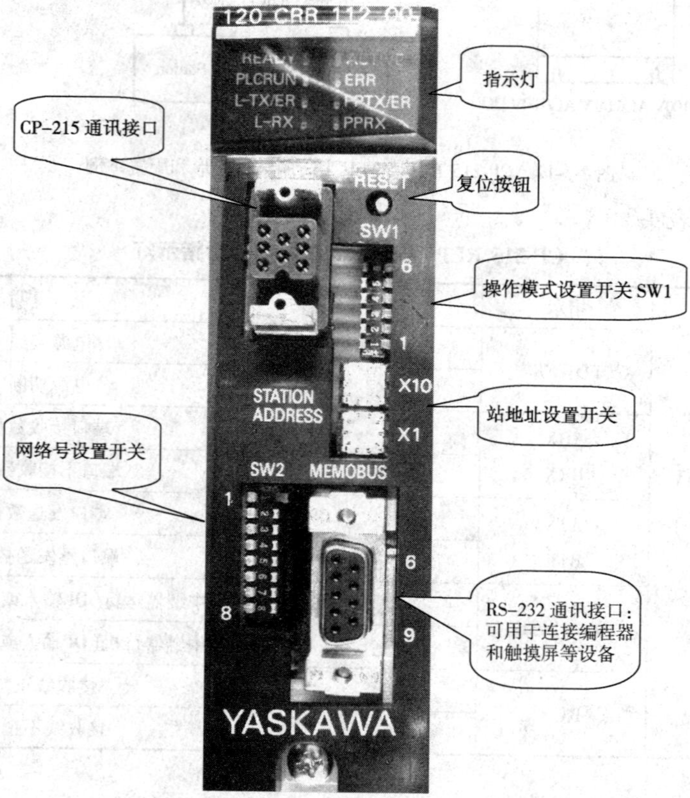

图 4-3-13 GL120 215RIOR 模块的外形

GL120 215RIOR 模块是一个远程 I/O 接收模块，它主要用于 GL120 系列的 I/O 设备。通过 GL120 215RIOR 模块与 CP-215 总线连接，可以实现远程 I/O 站与主 PLC 的通讯。该模块是一个小型的 CPU，内部带有程序，更换是应特别注意。

GL120 215RIOR 模块的 PLC 功能可以通过设置开关开启或关闭。在关闭状态 I/O 点作为 PLC 的一部分，而开启状态 I/O 点是自身独立的，区别见图 4-3-14。

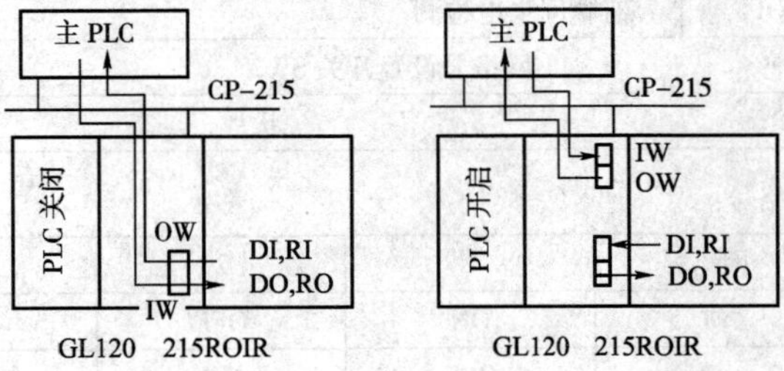

图 4-3-14　GL120 215RIOR 模块的 PLC 功能

（1）指示灯见表 4-3-15。

GL120 215RIOR 模块指示灯　　表 4-3-15

指　示	颜　色	状　　态
READY	绿	正常状态
PLCRUN	绿	程序运行
L-TX/ER	绿/红	绿：CP-215 发送数据；红：CP-215 数据传送出错
L-RX	绿	CP-215 接收数据
ACTIVE	绿	I/O 处于控制中
ERR	红	检测到故障
PPTX-ER	绿/红	绿：RS-232 发送数据；红：RS-232 数据传送出错
PPRX	绿	RS-232 接收数据

（2）设置开关见表 4-3-16。

GL120 215RIOR 模块设置开关　　表 4-3-16

<table>
<tr><td colspan="10">站地址设置开关</td></tr>
<tr><td colspan="2">名称</td><td colspan="3">内容</td><td colspan="3">状态</td><td colspan="2">备注</td></tr>
<tr><td colspan="2">ADRS * 10</td><td colspan="3">站号：十位数</td><td colspan="3">0 到 6</td><td colspan="2" rowspan="2">范围 1 ~ 64，设置为 79 时内存清零</td></tr>
<tr><td colspan="2">ADRS * 1</td><td colspan="3">站号：个位数</td><td colspan="3">0 到 9</td></tr>
<tr><td colspan="10">操作模式设置开关 SW1</td></tr>
<tr><td>名称</td><td>内　容</td><td colspan="8">状　　态</td></tr>
<tr><td>1</td><td>波特率 0</td><td>ON</td><td rowspan="2">禁止</td><td>OFF</td><td rowspan="2">1Mbps</td><td>ON</td><td rowspan="2">2Mbps</td><td>OFF</td><td rowspan="2">4Mbps</td></tr>
<tr><td>2</td><td>波特率 1</td><td>ON</td><td>ON</td><td>OFF</td><td>OFF</td></tr>
<tr><td rowspan="2">3</td><td rowspan="2">CP-215
参数初始化</td><td>ON</td><td colspan="7">DIP 开关设置有效</td></tr>
<tr><td>OFF</td><td colspan="7">CPU 传送参数设置</td></tr>
<tr><td rowspan="2">4</td><td rowspan="2">RS-232
参数初始化</td><td>ON</td><td colspan="7">系统固定值（默认值）：MEMOBUS，slave，9600bps，偶数位，1 个停止位，数据长度 18 位</td></tr>
<tr><td>OFF</td><td colspan="7">CPU 传送参数设置</td></tr>
</table>

续上表

操作模式设置开关 SW1			
5	PLC 模式	ON	PLC 状态
		OFF	无 PLC 状态
6	瞬间失电模式 MPF	ON	无瞬间失电检测
		OFF	有瞬间失电检测

网络号设置开关 SW2

名称	内　容	状　态（网络号：）网络号	1	2	…	254
1	1 号网络	1	ON	OFF	…	OFF
2	2 号网络	2	OFF	ON	…	ON
3	3 号网络	3	OFF	OFF	…	ON
4	4 号网络	4	OFF	OFF	…	ON
5	5 号网络	5	OFF	OFF	…	ON
6	6 号网络	6	OFF	OFF	…	ON
7	7 号网络	7	OFF	OFF	…	ON
8	8 号网络	8	OFF	OFF	…	ON

3. 通讯的软件设置

通讯的设置通过 CP-717 软件的硬件配置窗口来操作，设置是要确保各类模块上的设置开关与软件内部的设置要保持一致，对于网络中的站点设备，都应进入各自的硬件配置窗口对通讯模块进行各自配置。图 4-3-15 为开启的硬件配置窗口（此处使用的 CP-717 软件为中文版本）。双击相应的通讯模块进行参数设置。

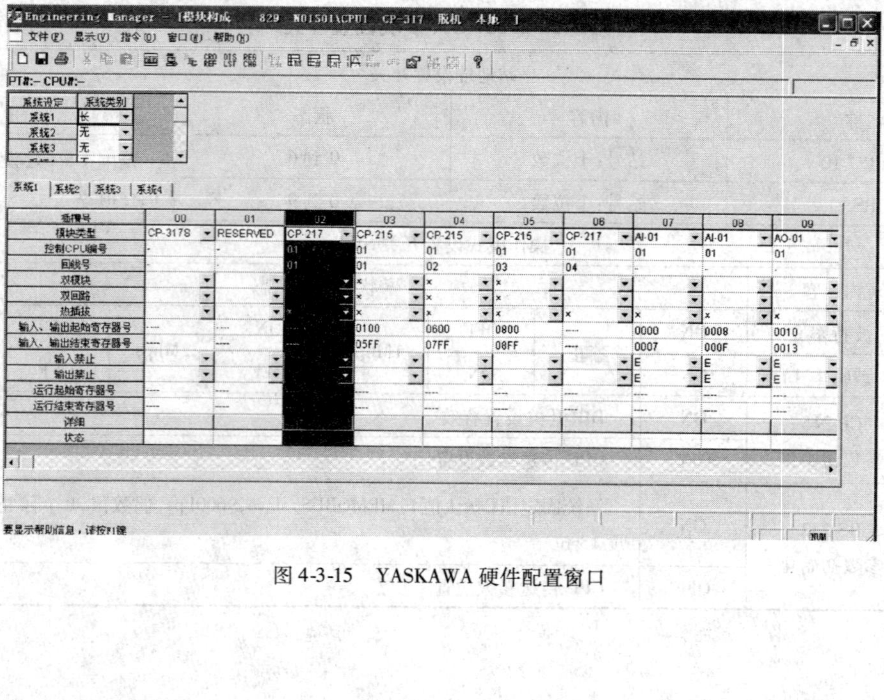

图 4-3-15　YASKAWA 硬件配置窗口

1)CP-217IF 的设置(图 4-3-16)

2)CP-215IF 的设置(图 4-3-17)

链接分配中确定 PLC 各站之间数据交换的地址，某站的输出转换成网络上其他站的输入。此时应结合其他站的配置进行分析。图 4-3-18 为 2#RIO-120 站的配置。

3)CP-216 的设置(图 4-3-19)

二、SIEMENS 公司的通讯系统

1. 通讯系统的构成

如图 4-3-20 所示,港口电动装卸机械上 SIEMENS 系统的通讯主要有 3 种网络组成,分别是 MPI 网络、

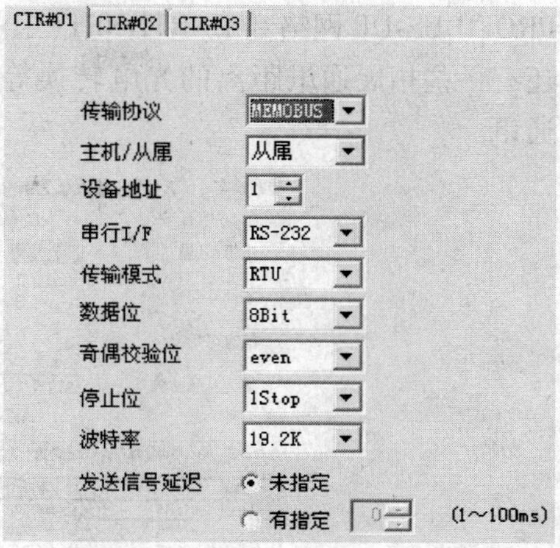

图 4-3-16　CP-217IF 通讯设置

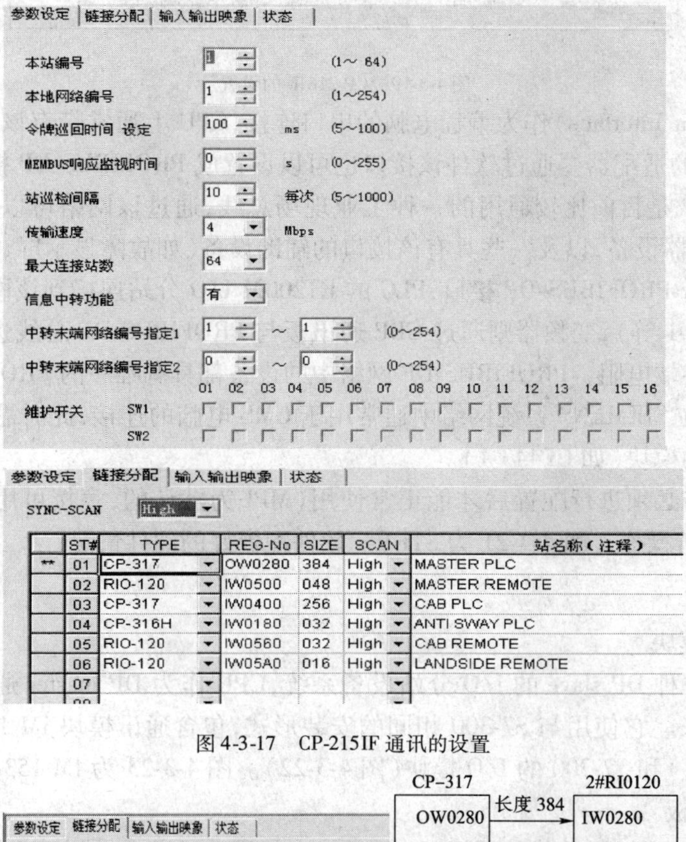

图 4-3-17　CP-215IF 通讯的设置

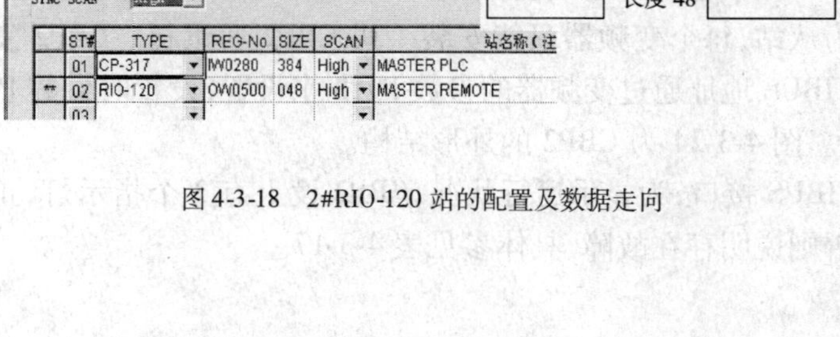

图 4-3-18　2#RIO-120 站的配置及数据走向

PROFIBUS-DP 网络和 EARTHNET(工业以太网),三种网络分别连接不同的网络设备。另外还有一些拓展通讯距离的光电转换等网络设备以及确保变频器之间同步运行的 SIMOLINK 通讯。

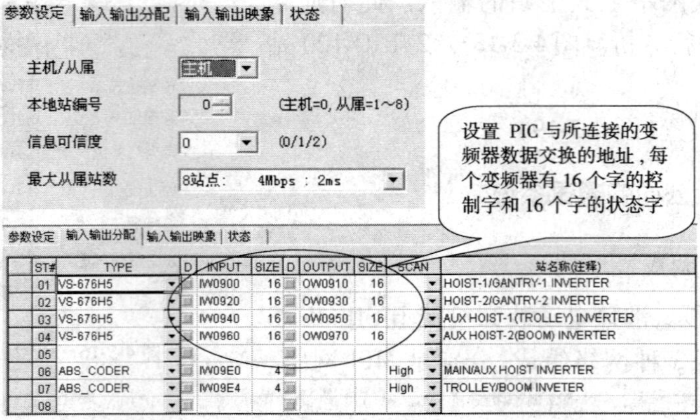

图 4-3-19　CP-216IF 的设置

MPI(Multipoint Interface)作为编程电脑的串口连接,CPU 上通常带有该接口,连接时须使用 SIEMENS 公司的适配器。通过软件该接口也可以设置成 PROFIBUS-DP 接口。

PROFIBUS-DP 是目前比较通用的一种工业现场总线,通过该网络可以将 SIEMENS 公司的 PLC 设备、变频器设备,以及一些具有该接口的辅助设备(如故障显示屏、显示仪表等)连接起来。CPU 是自带 PROFIBUS-DP 接口,PLC 的 ET200M I/O 分站连接到该网络时需要使用接口模块(如 IM 153-1 等),变频器则通过 CBP 通讯板与 PROFIBUS-DP 总线进行连接。每个网络段的两端设有终端电阻。PROFIBUS-DP 网络中的设备都具有唯一的 PROFIBUS 地址。

EARTHNET 在 SIEMENS 系统网络中通常用于 CMS 电脑的连接,此时需要在 PLC 中安装具有该功能接口的模块(如 CP443-1)。

以上网络系统必须进行配置后才能正常使用(MPI 为默认的,直接可用),配置可以通过 STEP-7 软件来进行操作。图 4-3-21 为 STEP-7 软件配置好的硬件情况。

2. 通讯设备

1)IM 153-1 模块

ET-200M 是一种 DP slave 的 I/O 分站设备系统,CPU 作为 DP master 通过 PROFIBUS-DP 总线与它连接起来。它使用与 S7-300 相同的安装形式,包含通讯模块 IM 153-x(一般的系统通常使用 IM 153-1)和 S7-300 的 I/O 模块(图 4-3-22)。图 4-3-23 为 IM 153-1 的外形结构。

2)CBP2 通讯板

CBP2 是带 PROFIBUS 总线的通讯板,用于将变频器与 PLC 连接起来。在 PROFIBUS DP 网络中,变频器作为从站,每个变频器只能安装一块 CBP2 通讯板。CBP2 安装与变频器的电子盒内,它的 PROFIBUS 地址通过变频器的参数 P918 来设置,设置时参数 P60 值应为 4,否则无法进行地址修改。图 4-3-24 为 CBP2 的外形结构。

X448 为 PROFIBUS 接口,为显示运行状况,CBP2 设上有 3 个指示灯,正常运行时以相同的频率同时闪亮,否则说明存在故障,具体参见表 4-3-17。

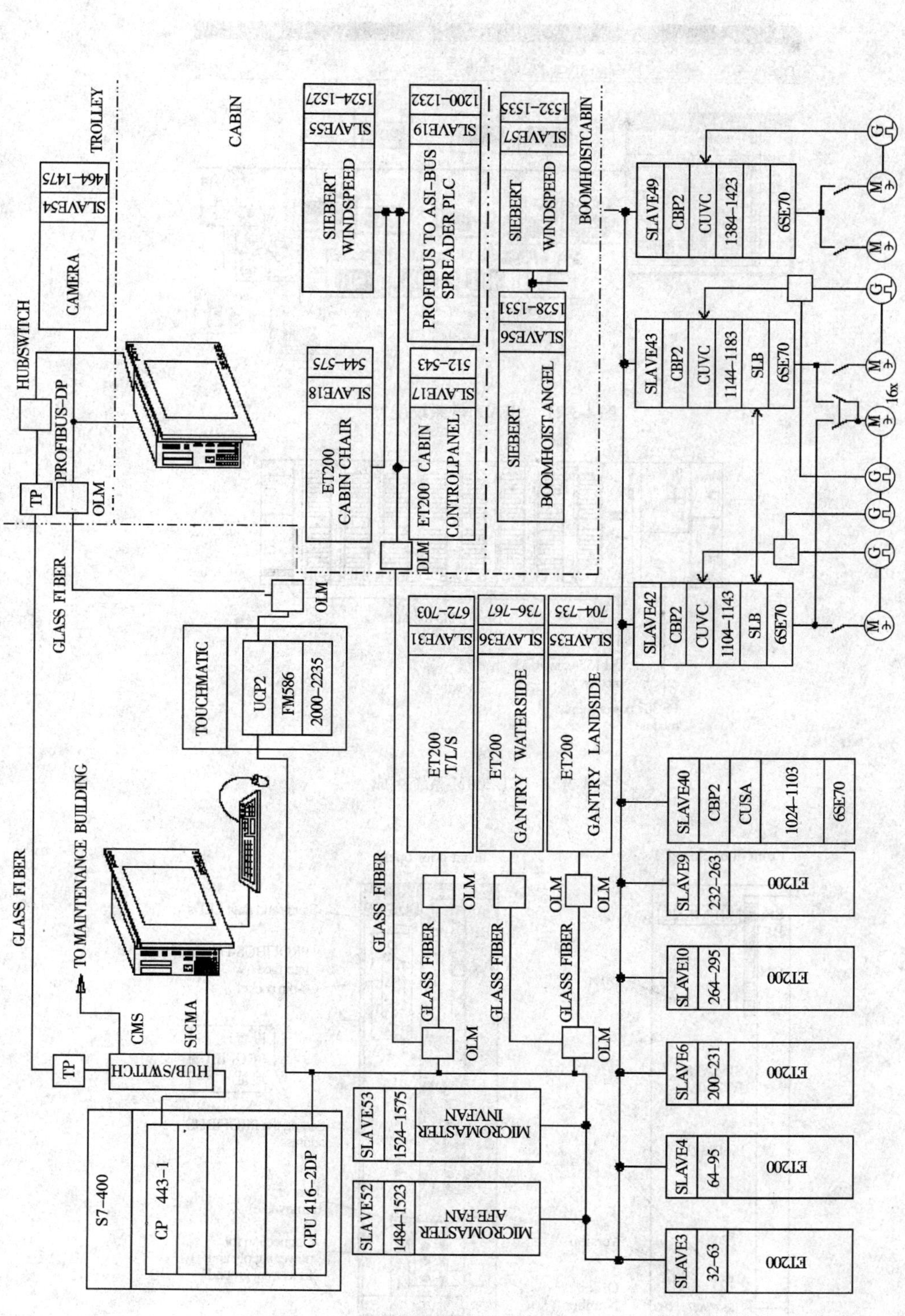

图 4-3-20　SIEMENS 系统网络配置举例

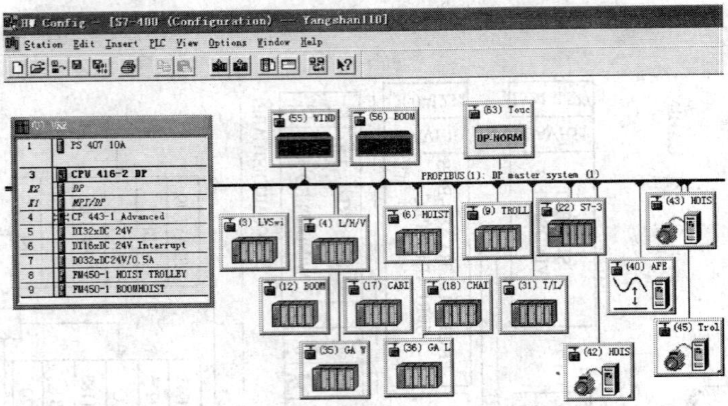

图 4-3-21　SIEMENS 系统配置

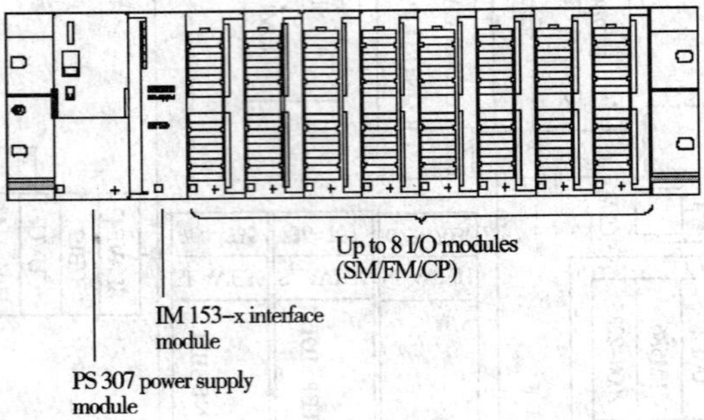

图 4-3-22　ET-200M 系统组成

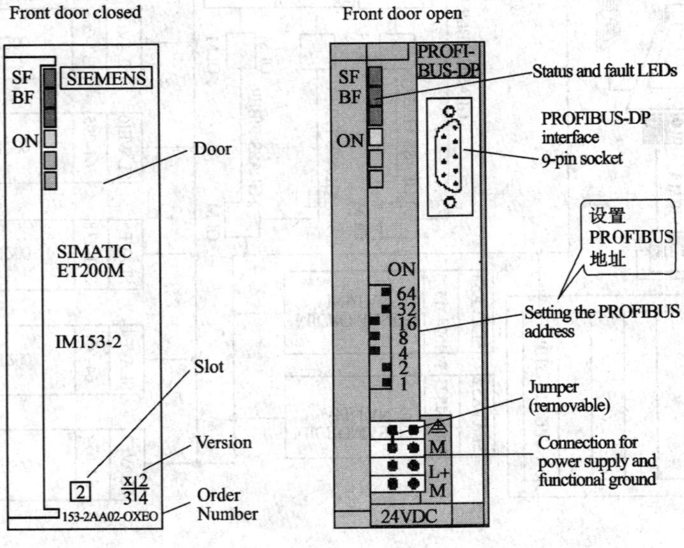

图 4-3-23　IM 153-1 模块

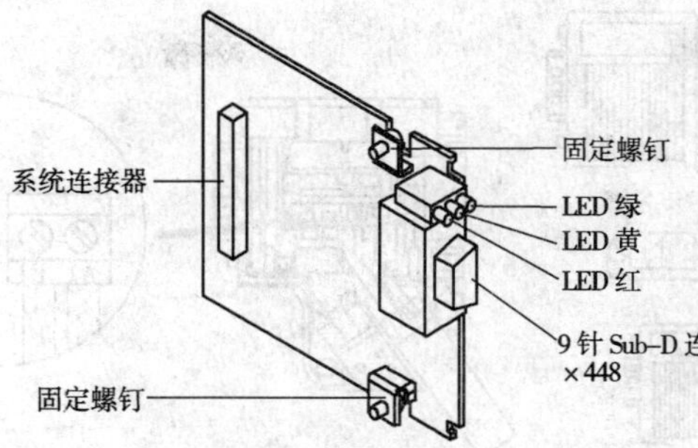

图 4-3-24　CBP2 通讯板

CBP2 的指示灯　　表 4-3-17

显示灯	状　态	信　息
红	闪烁	CBP 通讯板运行,电压正常。
黄	闪烁	与装置交换无故障数据
绿	闪烁	通过 PROFIBUS 传输无故障的过程数据。
红	灭/亮	CBP 断电:更换 CBP 或装置。
黄	灭/亮	无法与装置交换数据;更换 CBP 或装置。
绿	灭/亮	无法通过 PROFIBUS 传送过程数据;未接 PROFIBUS 电缆或电缆有问题。

变频器通过 CBP2 与 PLC 进行数据交换,交换的数据以报文的形式传送。在每个报文中传输的有效数据可分为两组(参见图 4-3-25 报文数据结构):

(1)参数(参数识别值,PKW)。

(2)过程数据(PZD)。

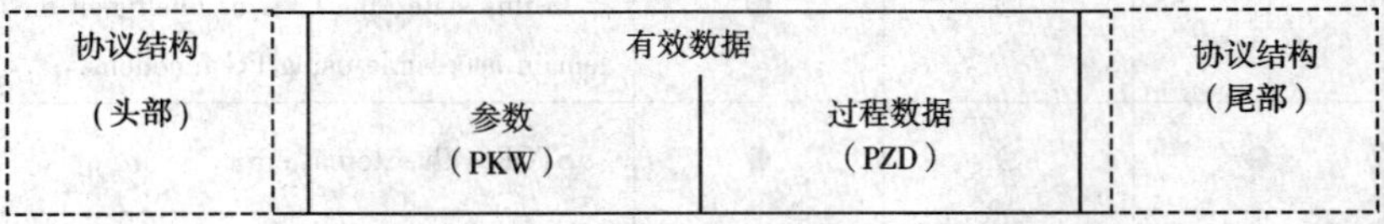

图 4-3-25　报文的数据结构

在 PKW 数据段,传输的是用于读/写参数值以及读参数特性的全部数据。在 PZD 数据段,传输的是用于控制变速驱动的所需信息,由 PROFIBUS DP 主站向从站提供的控制信息(控制字)和设定值,由从站传回当前的状态(状态字)和实际值。PKW 和 PZD 数据段的长度有主站决定,主站同时决定数据传送的速率,从站只设定总线地址。

3)PROFIBUS 连接器

PROFIBUS DP 总线网络上的所有设备站点都必须通过装有 PROFIBUS 连接器的电缆进行连接,PROFIBUS 连接器带有终端电阻,在总线链上的最后一个接点,必须要接终端电阻,否则就无法满足数据正常地传输。图 4-3-26 给出了几款 PROFIBUS 连接器与内部结构。

4)CP443-1 模块

CP443-1 模块为 EARTHNET 通讯模块,它安装在 S7-400 的机架上,图 4-3-27 为 CP443-1 的外形结构,而表 4-3-18 列出了模块的指示灯状况。

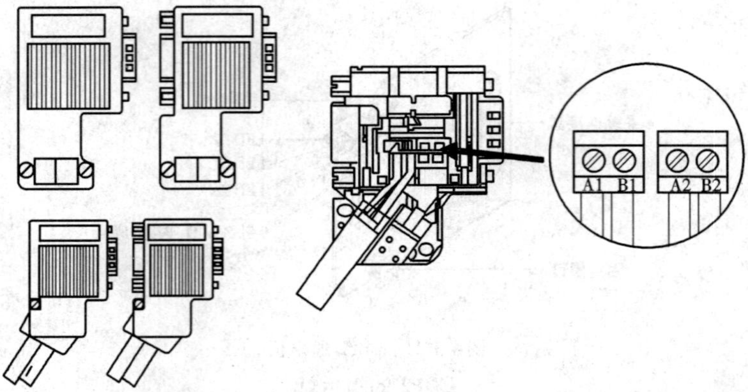

图 4-3-26　PROFIBUS 连接器

CP443-1 模块的指示灯　　表 4-3-18

INTF LED (red)	EXTF LED (red)	RUN LED (green)	STOP LED (yellow)	CP Operating Mode
○	○	✹	●	Starting up(STOP→RUN)
○	○	●	○	Running (RUN)
○	○	●	✹	Stopping(RUN→STOP)
○	○	○	●	Stopped(STOP) In the STOP mode configuring and performing diagnostics on the CP remain possible.
●	○	○	●	STOP with internal error or memory reset. In this state, the CPU or intelligent modules in the rack remain accessible using PG functions.
○	●	○	●	STOP with external error
●	●	○	✹	Waiting for firmware update (CP currently has an incomplete or incorrect firmware version)
○	○	○	✹	Ready for firmware loading (this mode is active for ten seconds following power up when the mode selector is set to STOP)

Legend: ● lit　○ off　✹ flashing

LED	Meaning (LED on)
FDX LED(green)	Signals an existing full duplex connection
LINK LED (green)	Signals an existing connection to ITP/TP
TXD LED (green)	Flashing: The CP is transmitting via AUI/ITP
RXD LED (green)	Flashing: The CP is receiving via AUI/ITP
FAST LED (green)	Signals an existing connection to ITP/TP at 100 Mbps (Fast Ethernet)

5)SLB 板

SLB 板为 SIMOLINK 通讯板,用于变频器之间进行快速通讯,并且确保装置按照一个公共节拍同步运行。SIMOLINK 上的所有节点通过光纤互相连接,一个装置的输入接另一个装置的输出,构成一个闭环。它安装于变频器的主板上。图 4-3-28 为 SLB 板的外形结构。

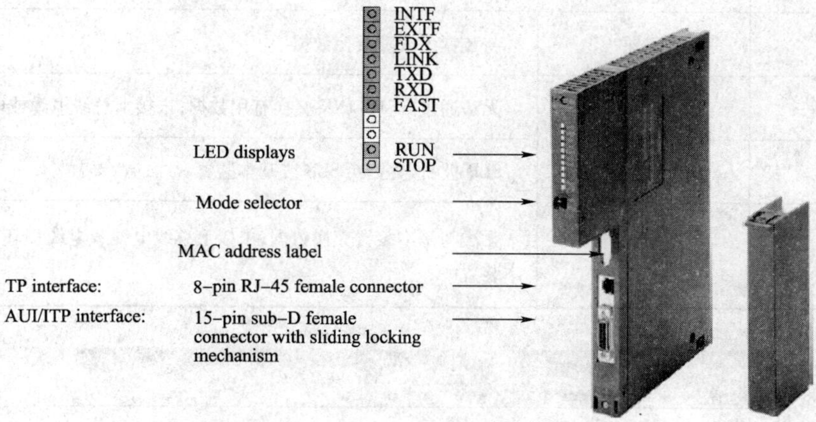

图 4-3-27　CP443-1 模块的外形结构

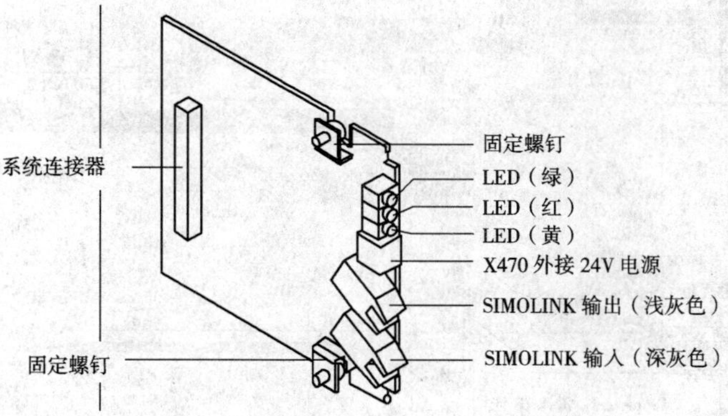

图 4-3-28　SLB 板的外形结构

SLB 板读取 SIMOLINK 上的所有报文,并将所选的报文存到接收存储器中。对于需要转换或更新的报文,在 SLB 板单独划分出的一块存储区上进行处理。所存的报文在双字节的连接器中存档处理,每 8 个存储的报文共享一个连接器。输出的报文存在 BICO 参数中。

SLB 板上有 3 个指示灯,用来显示当前的运行状态。具体参见表 4-3-19。

3. 软件配置

1)CP443-1 模块的配置

如图 4-3-29 打开硬件配置窗口,在机架上插入 CP443-1 模块,对模块进行各类参数的设置。

2)PROFIBUS DP 总线及 PLC 分站的建立和配置

SLB 板的指示灯 表 4-3-19

显示灯	状　态	信　息
绿	闪烁	通过 SIMOLINK 与装置无故障下交换有用数据
红	闪烁	SLB 板运行
黄	闪烁	与装置无故障交换数据
绿	灭/亮	无法通过 SIMOLINK 交换有用数据；未接上总线电缆或电缆损坏
红	灭	SLB 板断电：更换 SLB 或基本装置
黄	灭/亮	无法与基本装置交换数据；未接上总线电缆或电缆损坏；更换 SLB 或基本装置

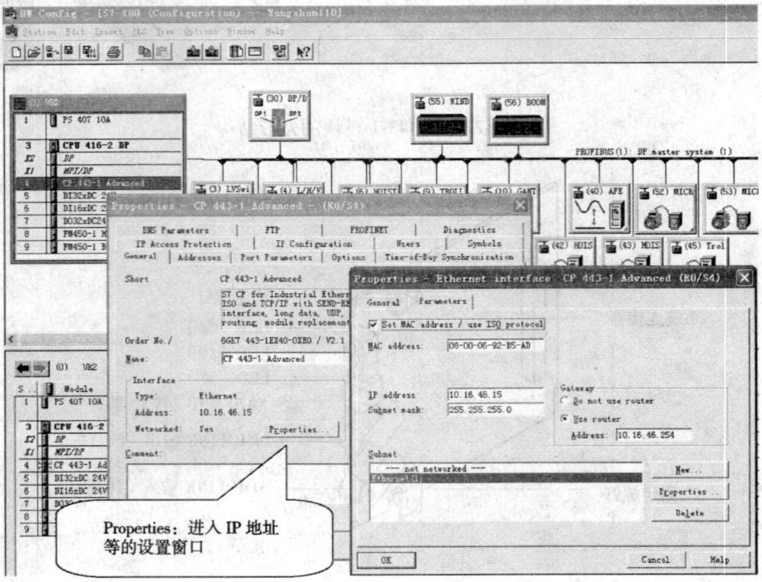

图 4-3-29　CP443-1 模块的配置

对于 PROFIBUS DP 总线、ET-200M I/O 分站以及 S7-300 从站等的建立和配置可参照本章 SIEMENS 公司的 PLC 部分的硬件配置进行操作。PROFIBUS 的配置地址应与硬件设置开关保持一致。

3）变频器分站的配置

变频器分站的建立如同其他分站建立一样，在选择插入的设备时选择相应的变频器类别与型号（与实物一致），建立后直接连接在 PROFIBUS DP 总线上。

如图 4-3-30 所示，对变频器站进行参数等设置，重点是 PROFIBUS 地址（该地址应与 P918 参数保持一致）以及变频器与 PLC 主站数据交换的设置。

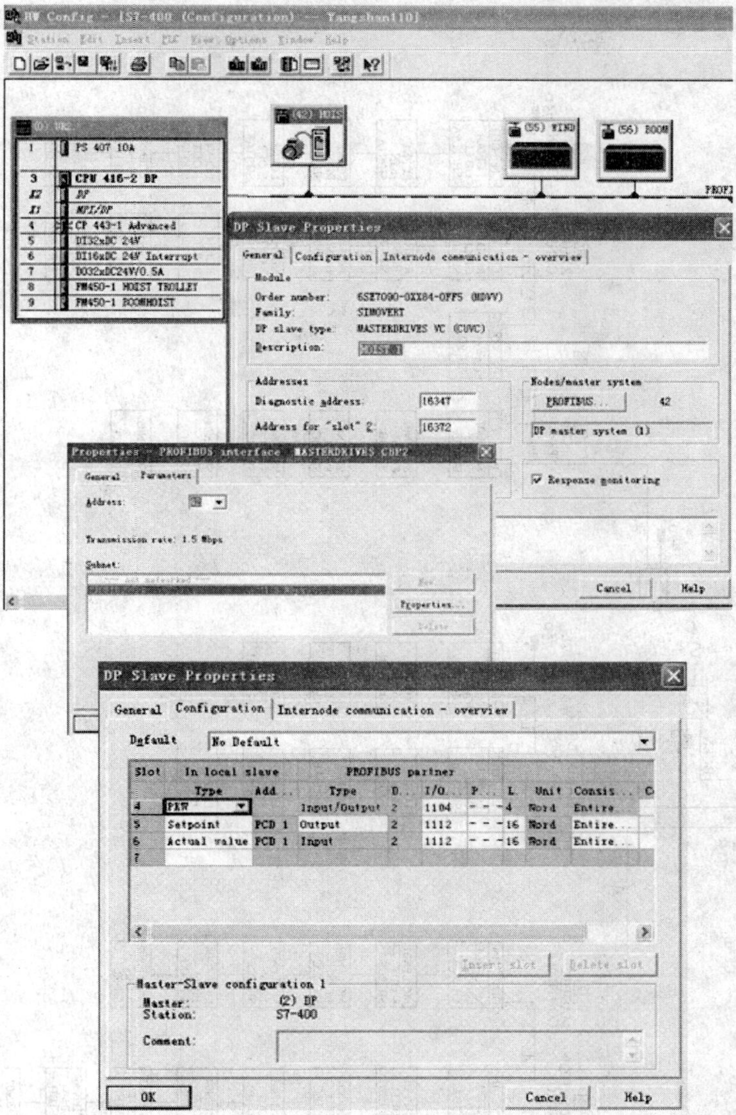

图 4-3-30　变频器分站的配置

三、GE 公司的通讯系统

1. 通讯系统的构成

图 4-3-31 为一套港口大型电动装卸机械上使用的 GE 系统的网络配置，PLC 采用 90-30 系列，远程分站使用的是 FIELD CONTROL—BIU 模块的一种现场 Genius BUS 网络结构，传动部分采用的是直流驱动系统 DC2000。从该配置图我们可以将网络归成 3 类：以太网网络、GE Fanuc Genius BUS、ARCNET。

1）以太网（E-NET）

主要用于实现 PLC 与 CMS 电脑等的通讯。某些 CPU 自带以太网通讯端口，对于没有以太网端口的 CPU，需要在主机架上安装以太网通讯模块才能实现以太网的通讯。

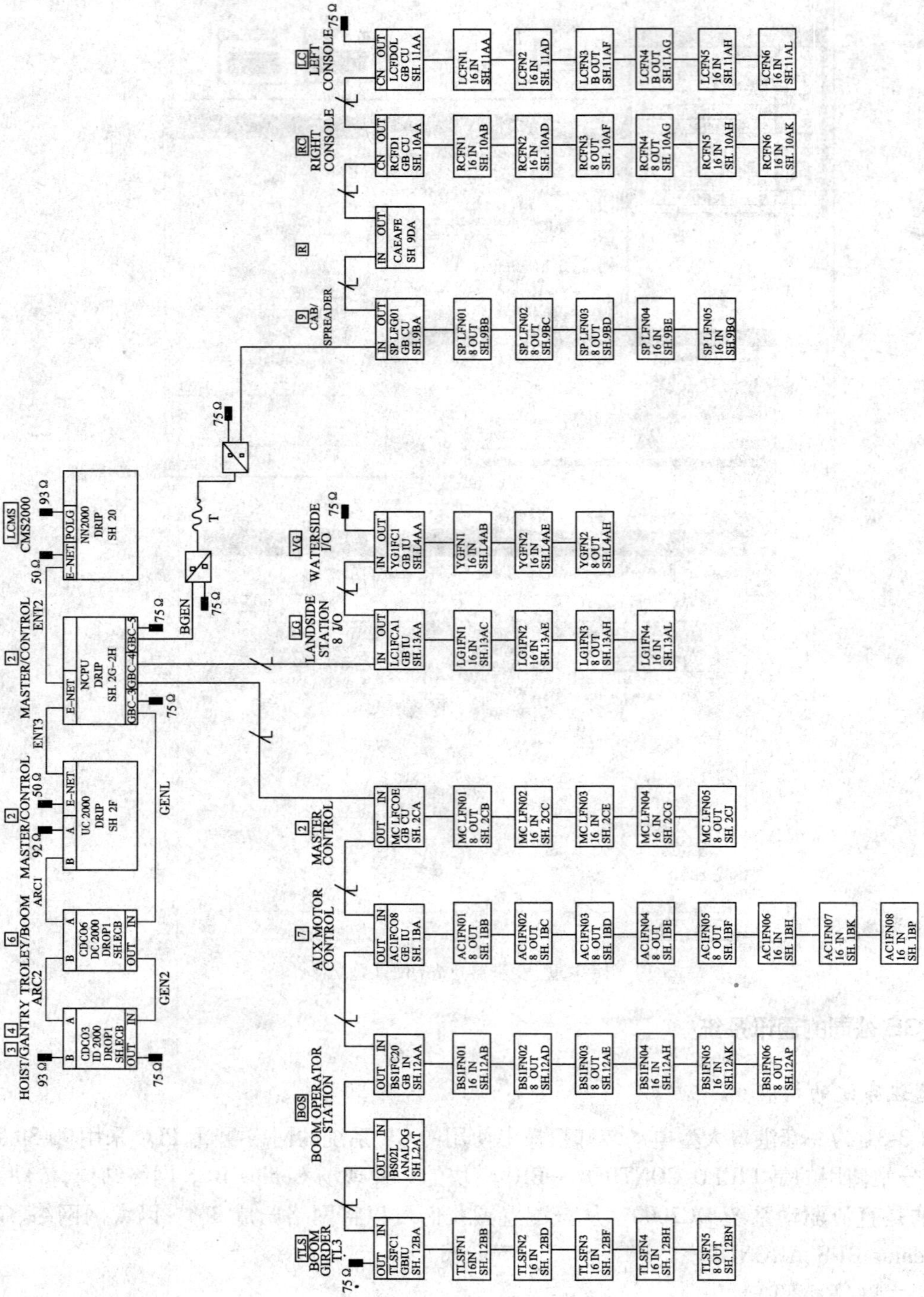

图 4-3-31　GE 网络配置

2) GE Fanuc Genius BUS(简称 Genius BUS)

Genius 网络是 GE 开发的一种令牌通讯协议,一条网络最多 32 个站点。本例中 CPU 通过主机架上的 3 块 Genius 总线控制器(GBC)与其他分站来进行通讯。第一个 Genius 网络用于 PLC 与 DC2000 直流驱动器之间的通讯,第三个 Genius 网络是 CPU 与司机室远程 I/O 分站的通讯,网络中还加入了光电转换器,通过光缆传输可以拓展通讯距离并有效减少信号的干扰,第二个 Genius 网络是其他各部位远程 I/O 分站与 CPU 的通讯。远程 I/O 分站通过一块 BIU 模块来连接,如图 4-3-32 所示。

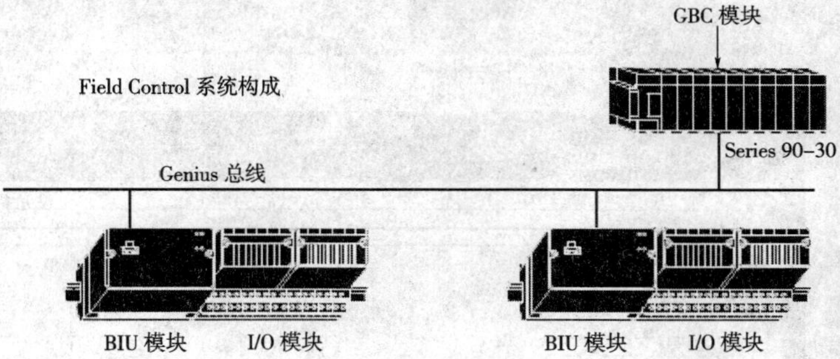

图 4-3-32　Field CONTROL 的 Genius 网络

Genus 网络中每个设备有唯一的站地址,地址范围 0 ~ 31,每个站获得令牌后最多能发送 128 个字节的数据。

3) ARCNET

ARCNET 用于驱动器之间的通讯,它使用同轴电缆进行连接。驱动器通过 ARCNET 连接到 UC2000,再转换成 E-NET 与电脑连接。UC2000 相当于一台微型电脑,通过该设备可以实现 CMS 电脑对驱动器的连接,进行驱动器设置,参数的修改等操作。

2. 软件设置

1) E-NET 的配置

如图 4-3-33 所示,打开项目并进入硬件配置窗口,双击 CPU 模块进入参数设置。

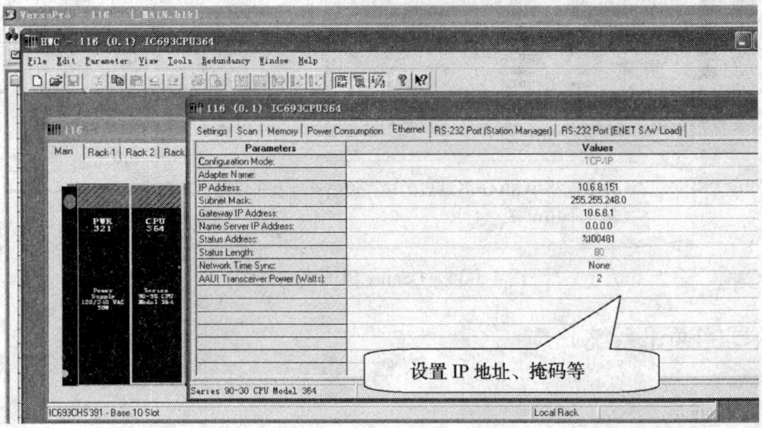

图 4-3-33　E-NET 的配置

设置完成后保存并导入 CPU 即可。对于不带以太网口的 CPU 模块,在硬件配置窗口内双击以太网通讯模块进行有关设置。

2)Genius BUS 网络配置

Genius BUS 的配置主要是设置各个站的输入输出地址等。如图 4-3-34 所示,配置时进入硬件配置窗口,双击 GBC 模块进行相关设置。每块 GBC 模块都需要配置。

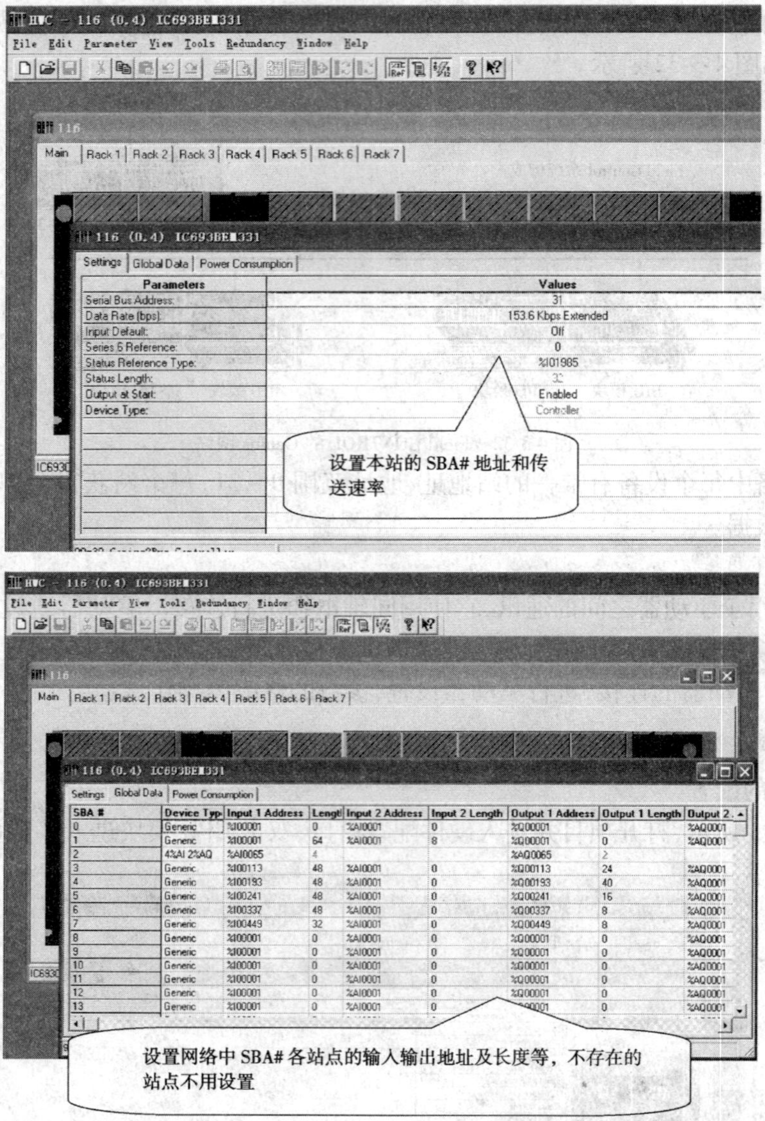

图 4-3-34　Genius BUS 网络配置

四、ABB 公司的通讯系统

1. 通讯系统的构成

图 4-3-35 ~ 图 4-3-37 为港口电动装卸机械上 ABB 系统的网络结构(由于各 I/O 分站配置类似,图中只列出了部分)。

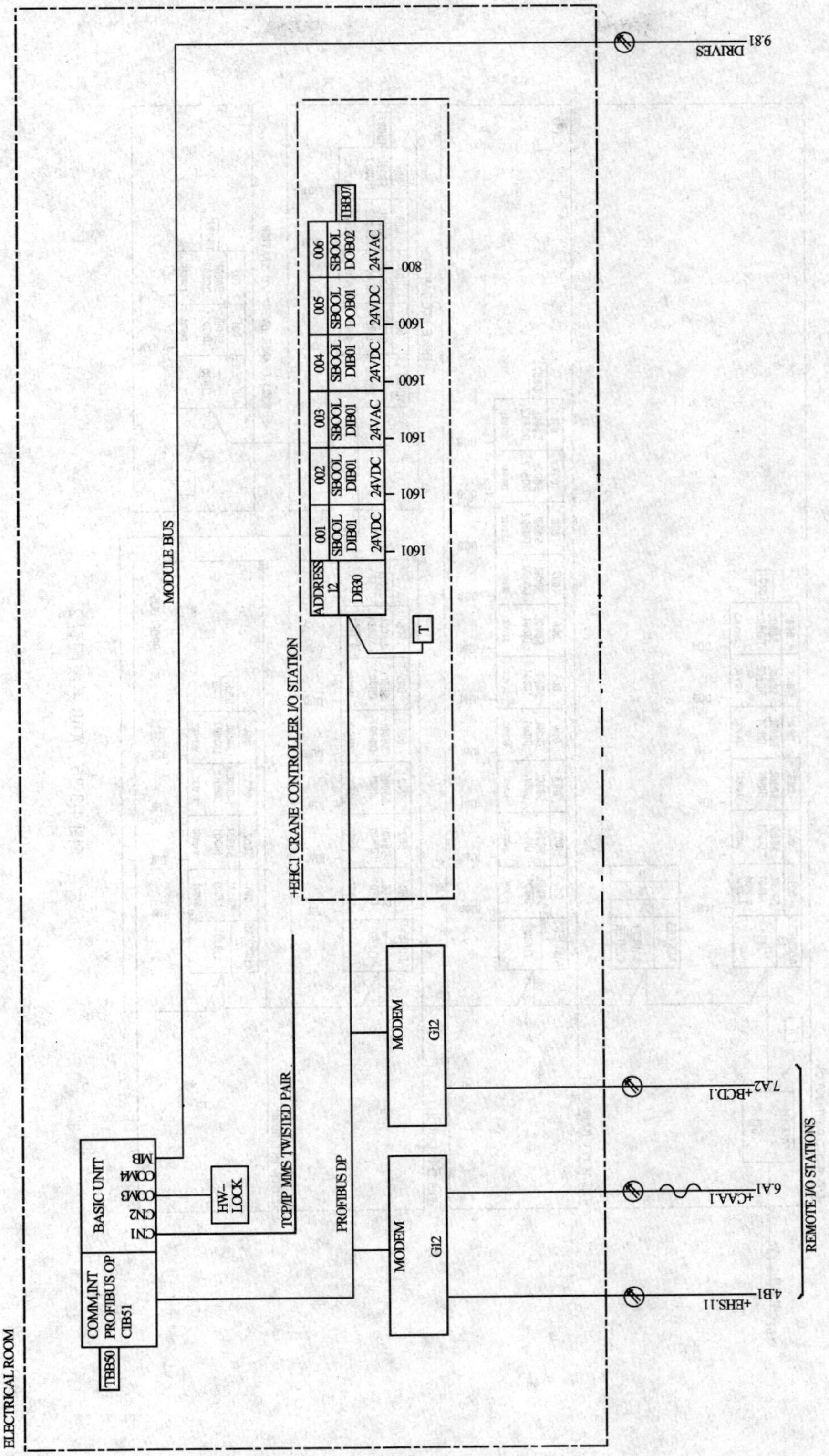

图 4-3-35　ABB 系统配置 1

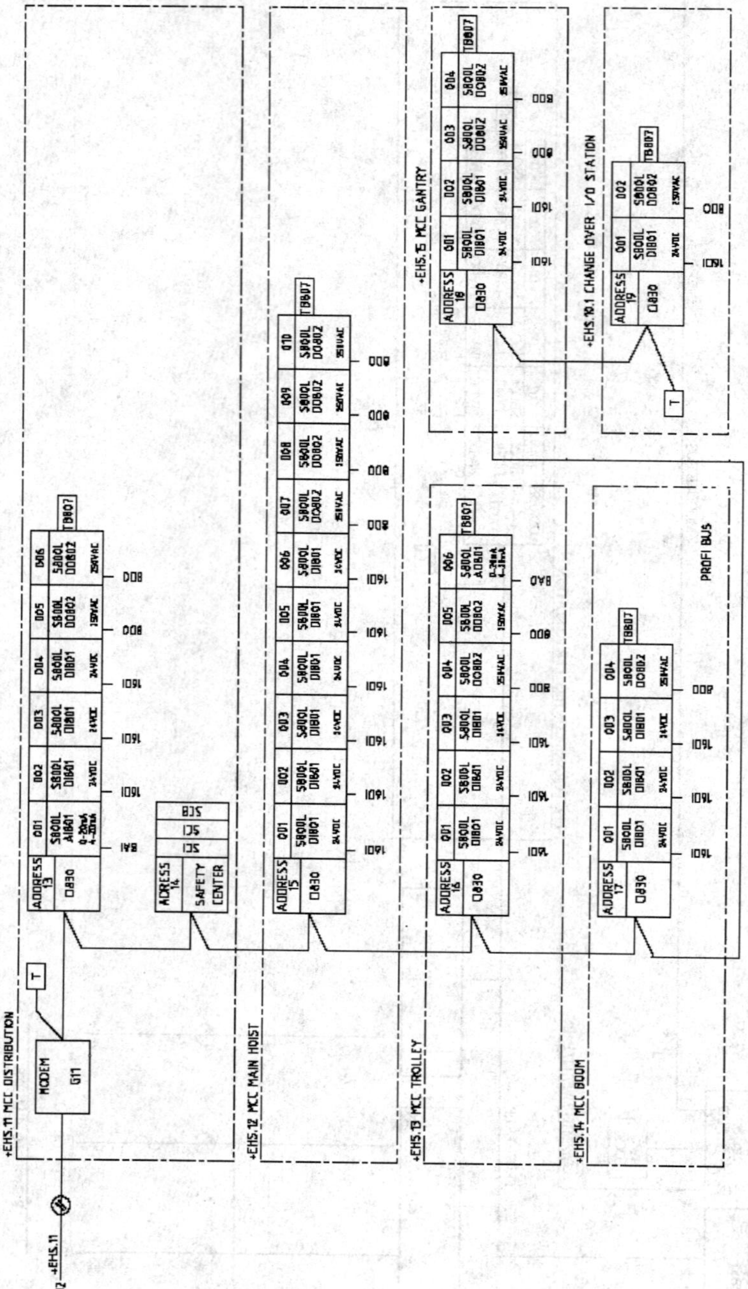

图 4-3-36　ABB 系统配置 2

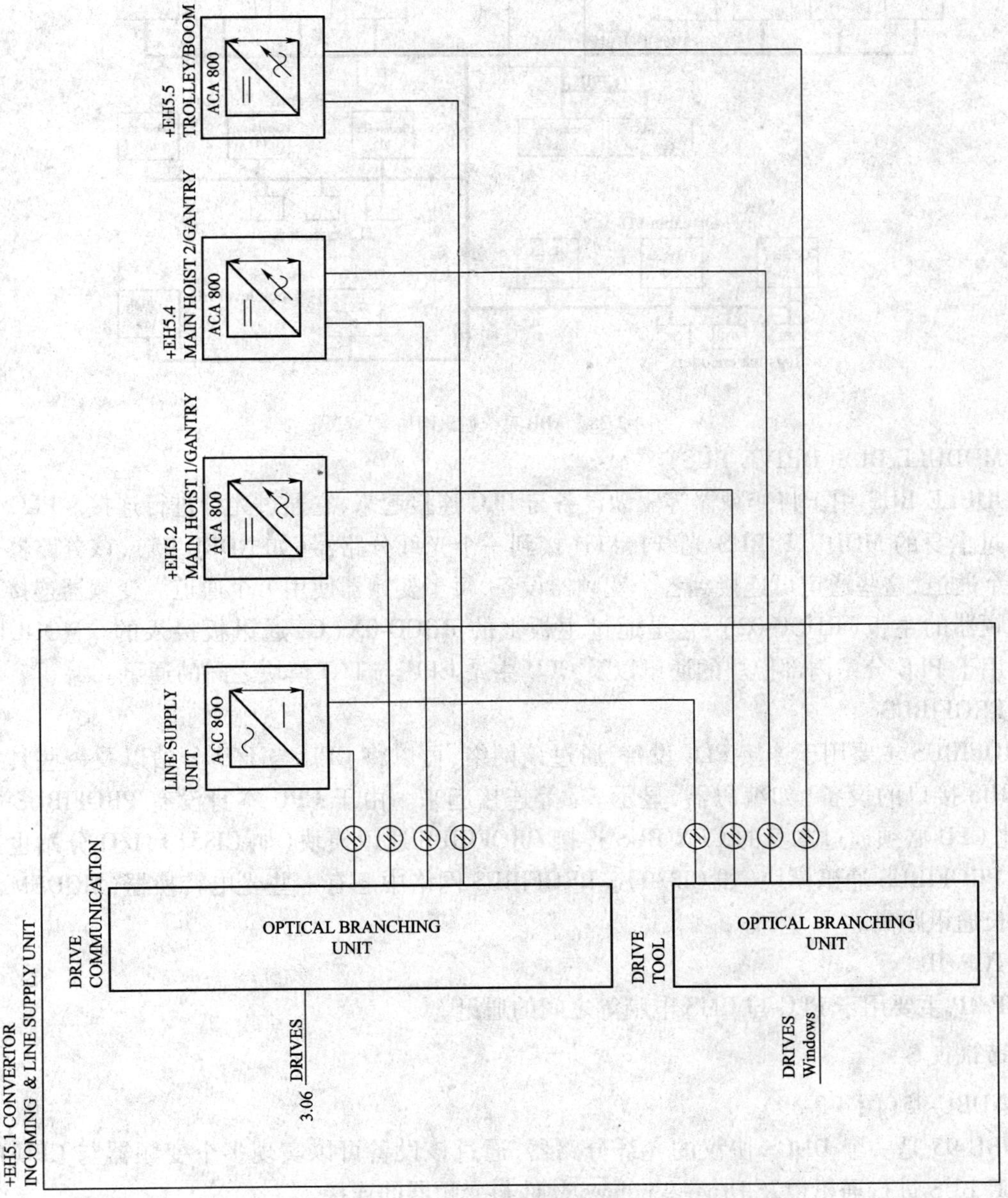

图 4-3-37　ABB 系统配置 3

根据 ABB 系统的配置,我们可以将它简化成如图 4-3-38 所示的网络系统。从图中我们可以看出,ABB 系统的通讯主要有三部分组成,即 MODULE BUS、PROFIBUS 和 TCP/IP(EARTH NET)。

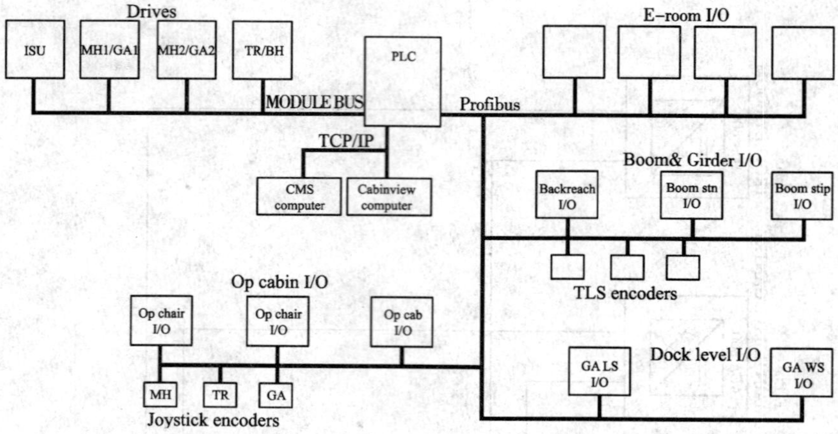

图 4-3-38　ABB 系统通讯网络

1)MODULE BUS(DRIVE BUS)

MODULE BUS 用于将变频器等驱动设备与 PLC 连接起来,它通过光纤进行连接。PLC 的 CPU 通过本身的 MODULE BUS 光纤接口连接到一个光纤分路器(如 NDBU-95),该分路器上面有多个通道,这些通道可连接到各个变频器设备,每个变频器使用 1 个通道。变频器连接是连接变频器的主板(RDCU-02),它是通过主板上的 RDCO-0X(C)通讯板接入的。MODULE BUS 还用于 PLC 分站内部模块的通讯以及 CPU 主站 CPU 与 I/O 模块之间的通讯。

2)PROFIBUS

PROFIBUS 主要用于连接 PLC 设备,通过该网络,可以将 CPU 与 I/O 分站以及一些具有 PROFIBUS 接口的设备(如编码器,显示表)等连接起来。由于 CPU 本身没有 PROFIBUS 接口,因此 CPU 必须通过本身的 CEX-BUS 连接 PROFIBUS 通讯模块(如 CI851),I/O 分站也需要安装 PROFIBUS 通讯模块(如 CI830)。PROFIBUS 网络中还有一些光电转换器(MODEM),用于延长通讯距离。

3)TCP/IP

TCP/IP 主要用于 PLC 与 CMS 电脑等之间的通讯。

2. 通讯设备

1)NDBU-95(图 4-3-39)

NDBU-95 是一个 DDCS 协议的光纤分路器,通过该设备可以实现多个变频器与 CPU 的 MODULE BUS 进行通讯以及 Drive Windows 软件与变频器的连接。

NDBU-95 连接变频器与 PLC 时,地址设置通常使用 124,PLC 连接 MASTER 端口,变频器连接 CH0-CH8 中的通道。当 NDBU-95 用于连接 Drive Window 软件时,地址设置 76 ~ 124,可以多层使用,靠近 Drive Window 电脑的 NDBU-95 地址越高,每个 NDBU-95 使用两个连续的地址(即设置时地址要跳开一个数)。

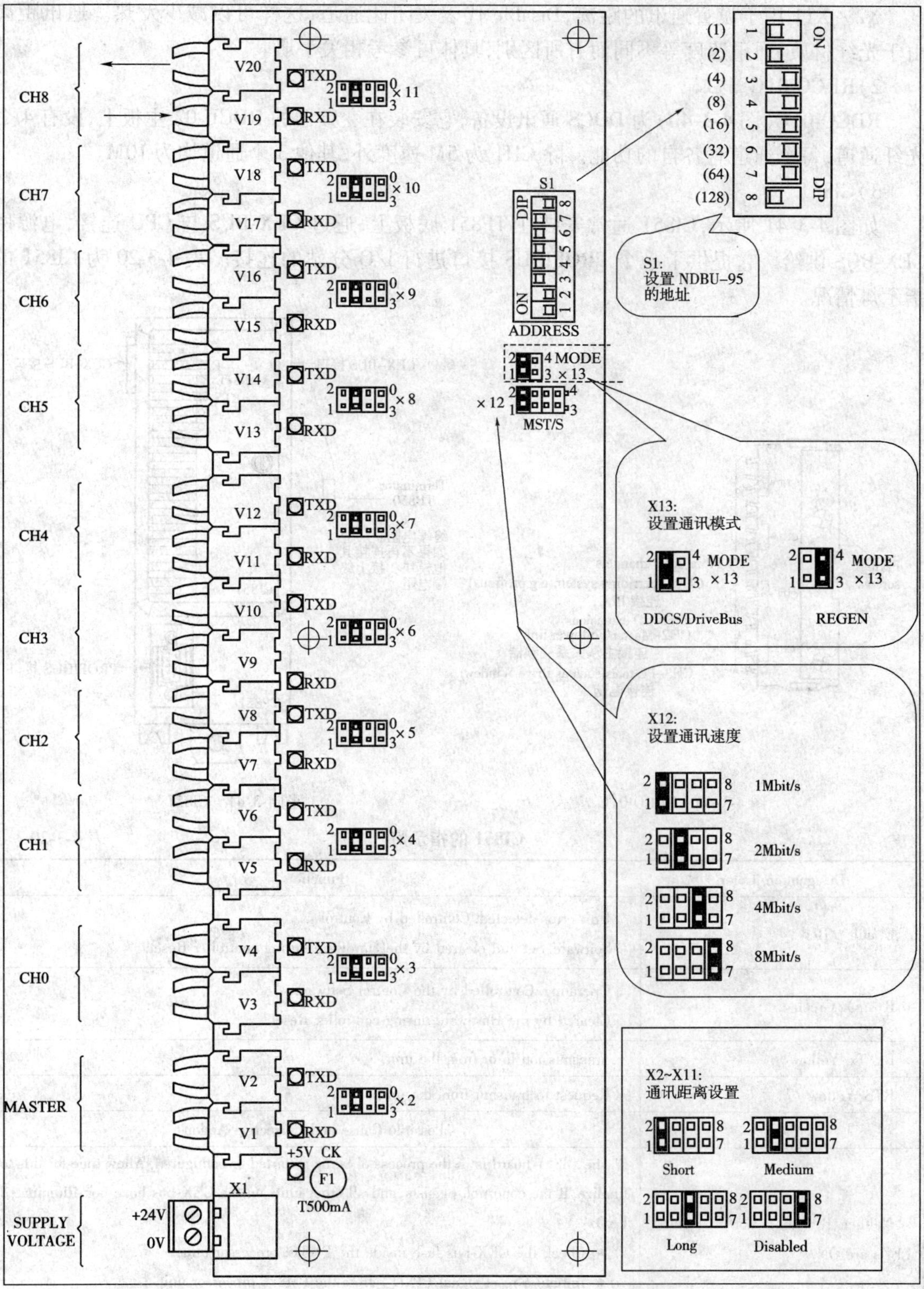

图 4-3-39　NDBU-95

X2 ~ X11 用于设置通讯的距离,Disable 代表关闭此通道,这样可以减少发热。通讯距离由于光纤材质、通讯速度等不同而有所区别,具体可参考相关手册。

2) RDCO-01C

RDCO-01C(图 4-3-40)为 DDCS 通讯设备,它安装在变频器的 RDCU-02 主板上,设有 4 个光纤通道,每个通道有各自的功能。除 CH1 为 5M 速度外,其他 3 个通道均为 10M。

3) CI851

如图 4-3-41 所示,CI851 通常安装在 TP851 底板上,通过 CEX-BUS 与 CPU 连接,电源由 CEX-BUS 供给。它提供了一个 PROFIBUS 接口进行 I/O 分站的连接。表 4-3-20 为 CI851 的指示灯情况。

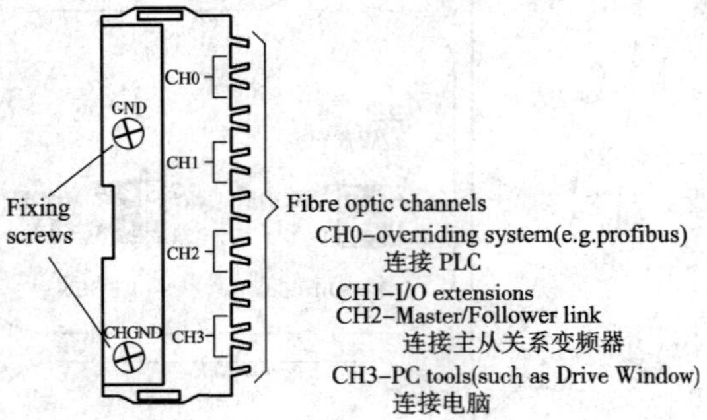

图 4-3-40 RDCO-01C

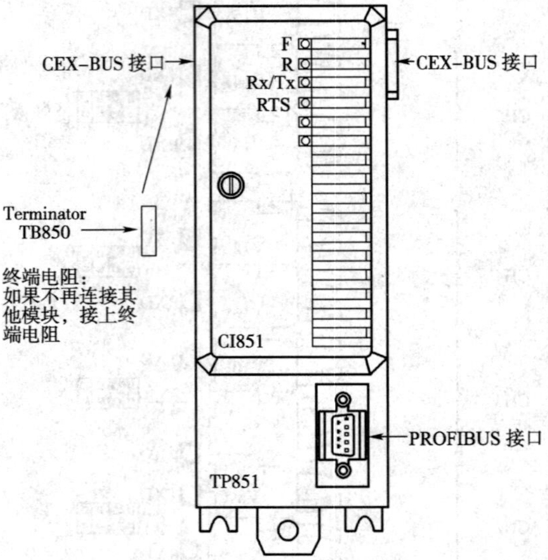

图 4-3-41 CI851

CI851 的指示灯 表 4-3-20

Designation/Color	Function
F(ault)/Red	Unit error detected. Controlled by Control Software. Set and cleared by the Hardware during controller Reset.
R(un)/Green	Operating. Controlled by the Control Software. Cleared by the Hardware during controller Reset.
Rx/Tx/Yellow	Transmission to or from the unit.
RTS/Yellow	Request to transmit from the unit.
Fault	Possible Cause and Corrective Action
Neither R (un) nor F (ault) LEDs are ON	The CI851 board is in the process of being restarted or configured. Allow time for this to finalize. If the condition persists, and all other units on the CEX-bus have non-illuminated LEDs: • Check the CEX-bus fuse inside the PM8xx processor unit. • Initiate a reset signal (INIT) from the PM8xx processor unit. • Replace the CI851 unit.

续上表

Designation/Color	Function
F (ault) LED is ON	Check all cables and connectors for damage, loose or incorrect terminations. • Repair as necessary.
R (un) LED is flashing	Check that the relevant units are sending data. Check if the CI851 board is in the process of being restarted or configured. If so, allow time for this finalize. If the condition persists: • Halt the application program and initiate a restart. • Replace the CI851 board.

4) CI830

CI830 为 I/O 分站的 PROFIBUS 通讯模块，它通常安装在 TB810/TB811 的底板上(图 4-3-42)。表 4-3-21 为 CI830 的指示灯情况。

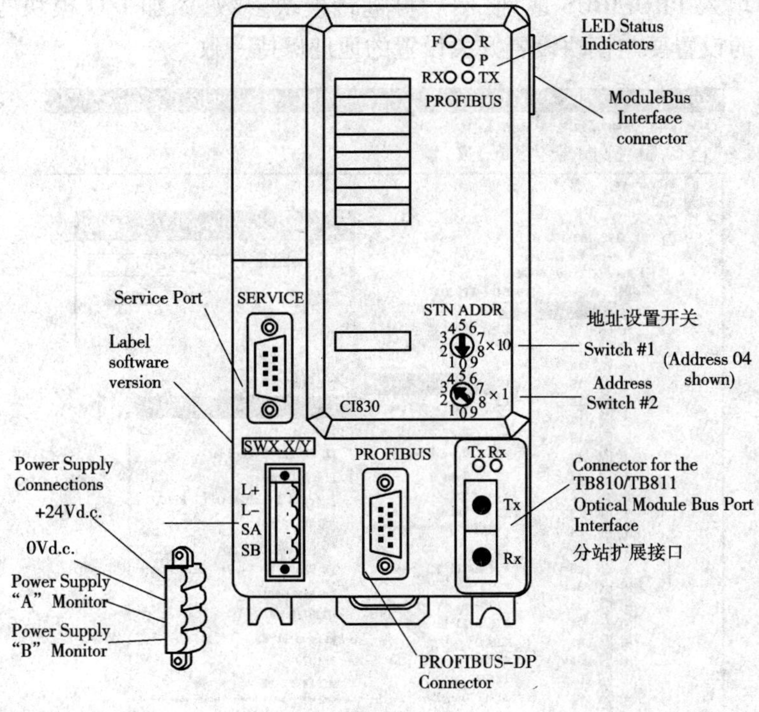

图 4-3-42　CI830

CI830 的指示灯　　　　表 4-3-21

LED Marking	Color	Description
F (Fault)	Red	Fault in the module(1)
R (Run)	Green	Operational state
P (Power ok)	Green	Internal power OK
RX (Receive)	Yellow	Receive data on PROFIBUS-DP

续上表

LED Marking	Color	Description
TX(Transmit)	Yellow	Transmit data on PROFIBUS-DP
Tx(TB810/TB811)	Yellow	Transmit data on the optical ModuleBus
Rx(TB810/TB811)	Yellow	Receive data on the optical ModuleBus

(1) The F-LED will switch on at power up, restart of the module or when the module goes to Error state. At start up the module will do a selftest, if the self test has gone OK the module will switch off the F-LED.

3. 软件设置

1)TCP/IP

对于 TCP/IP 的设置,主要是进行 CPU 的 IP 地址的配置,可以参考本章 ABB 公司 PLC 部分的内容。

2)PROFIBUS

对于 PROFIBUS 网络,重点是对各站点进行地址的设置。如图 4-3-43 进行插入 CI830 模块,在弹出框内填入 PROFIBUS 地址,然后再进行模块参数、添加 I/O 模块等的有关设置。PROFIBUS 地址的设置要与模块设置开关设置的地址保持一致。

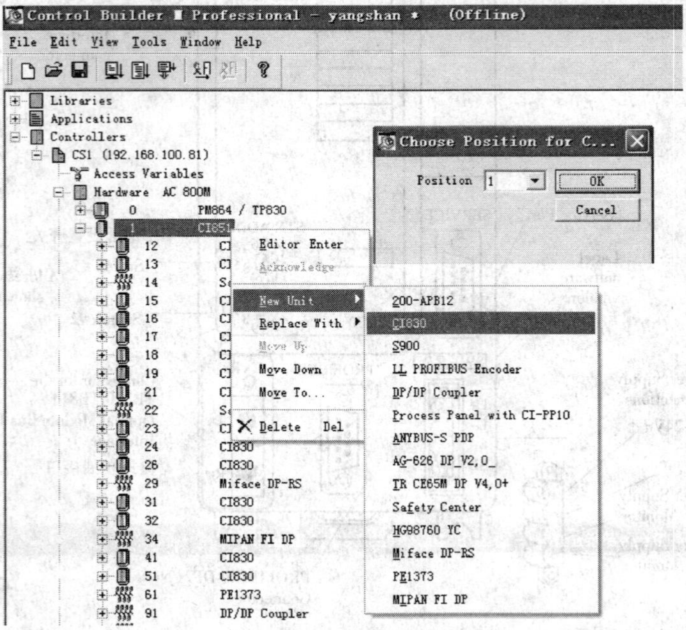

图 4-3-43 PROFIBUS 地址设置

3)MODULBUS

MODULBUS 通讯的变频器要实现与 PLC 正常的通讯,需要在 PLC 配置及变频器参数中设置其地址,并且二者地址要一致。

(1)PLC 内地址的设置。如图 4-3-44 在 MODULBUS 上插入变频器,输入地址。然后双击建立的变频器进行 PLC 与变频器交换数据的设置。

(2)变频器内地址的设置。变频器的地址通过参数 98.04 进行设置(图 4-3-45)。

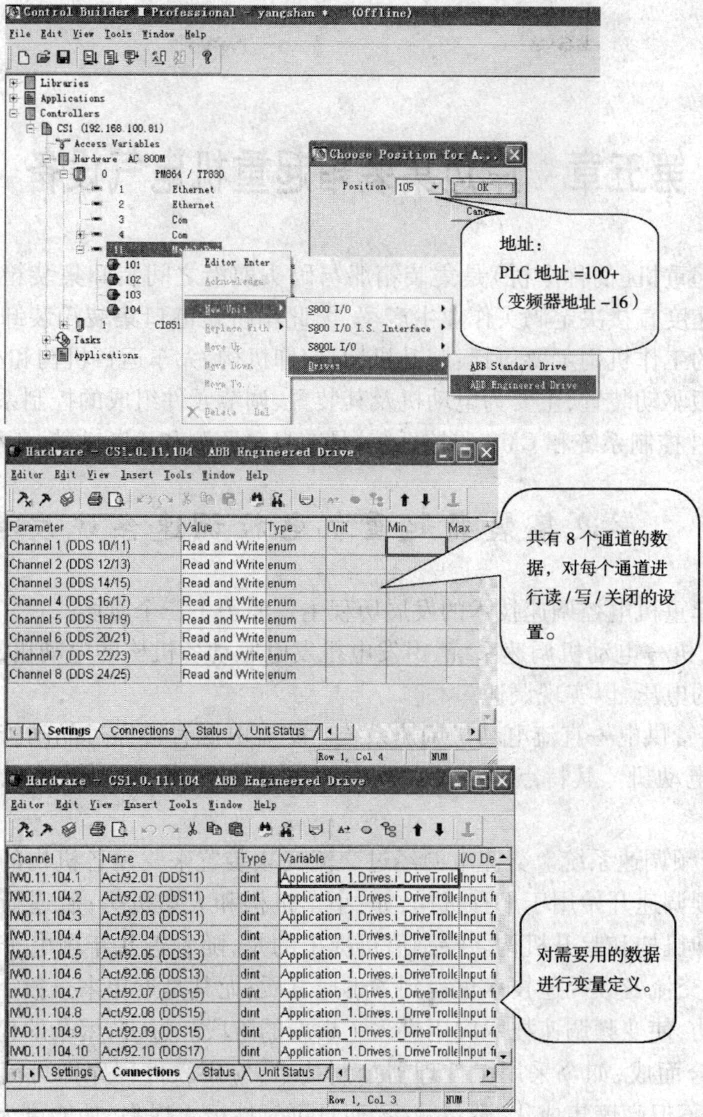

图 4-3-44　变频器在 PLC 中的配置

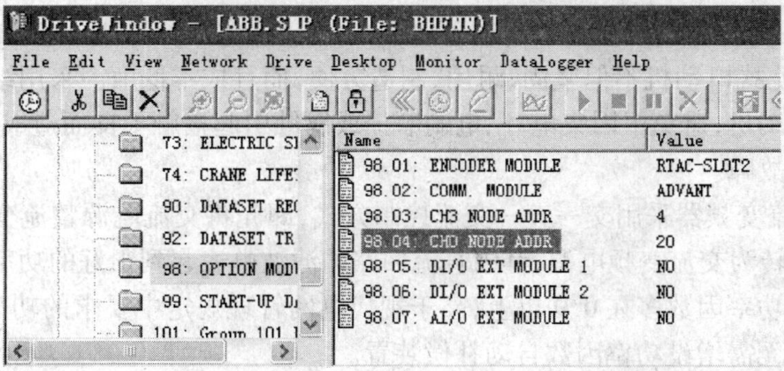

图 4-3-45　变频器地址参数

第五章　岸边集装箱起重机电气设备

岸边集装箱起重机(简称岸桥)是集装箱船与码头前沿之间装卸集装箱的主要设备。岸桥的装卸能力和速度直接决定码头作业生产率,因此岸桥是港口集装箱装卸的主力设备。岸边集装箱起重机的工作机构主要包括:起升机构、俯仰机构、大车运行机构和小车运行机构等。驱动装置是指变频驱动装置,主要为电动机及其装置、调节元件组成的控制系统。岸边集装箱起重机可采用 PLC 控制系统和 CMS 监控系统,具有自动监测和诊断功能,工作安全可靠。

第一节　岸边集装箱起重机电控调速系统发展历程

岸边集装箱起重机电控调速技术的发展历程主要经历了三个阶段。

(1)采用发电机—电动机调速系统,由发电机发电驱动各机构的电动机,采用晶闸管励磁装置调节发电机的电压,以实现调速。

(2)采用晶闸管供电—直流电动机调速系统。交流电源直接经过晶闸管整流供电装置驱动各机构的直流电动机。其特点是去掉了庞大的发电机组,减少了旋转机械,提高了系统可靠性。

(3)全交流变频调速系统。交流电源经过交流变频装置来驱动各机构的交流鼠笼式变频电动机。交流变频调速开始用于平移机构,如:小车机构和大车机构;后逐渐发展到用于位势负载机构,如:俯仰机构和起升机构。特别值得提出的是,随着近几年微电子技术和功率电子技术的飞速发展,交流变频调速技术也得到了迅速发展;尤其是近年来全数字矢量控制的交流变频器的研制成功,使变频调速技术应用进入了崭新的阶段。过去,繁杂的控制数学模型由分离电子元器件组合而成,如今采用微处理器控制技术,应用软件程序即可简单方便实现。这样,系统的元器件不但高度集成化,数量减少,而且可靠性极大提高,功能更为丰富。

交流变频调速技术应用于起重机后,与原先起重机上大量使用的传统的绕线异步电动机转子串电阻调速系统相比,可带来以下显著效益:

(1)交流鼠笼式电动机不但坚固、耐用、制造方便,而且成本低廉。采用结构简单、可靠性高的鼠笼异步电动机,避免了因集电环、电刷磨损或腐蚀引起接触不良而造成绕线式电动机损坏或不能起动的故障。

(2)由于交流变频器采用交—直—交流控制方式,即先将交流电源整流变为直流,再通过 SPWM 控制技术转为交流变频电源,其中直流回路的滤波电容起到很好的功率因素补偿作用。交流变频系统的功率因数多在 0.9 以上,高于现代电网管理规定中要求的功率因数 0.85。因此交流调速系统无需增设功率因数自动补偿装置。

(3)由于控制技术及功率元器件制造技术的发展,使交流变频调速装置的造价大大降低,小功率的变频器价格与直流调速装置相当,大功率的稍贵些。但从系统综合考虑,交流变频调速装置不需要谐波吸收装置,功率因数自动补偿装置。因此总的说来交流电动机的价格更为低廉。

(4)由于交流变频器的IGBT大功率管采用基极保护瞬时封锁,在电网波动较大的场合不会损坏元器件。

(5)采用交流变频调速技术的起重机由于变频器驱动的电动机机械特性硬,具有精确定位的优点,不会出现传统起重机负载变化时电动机转速也随之变化的现象,可以提高装卸作业的生产率。

(6)变频岸桥运行平稳,起、制动平缓,运行中加、减速时整机振动和冲击明显减小,安全性提高,并且延长了桥吊机械部分的寿命。交流接触器大量减少,电动机主回路实现了无触点化控制,避免了因接触器触头频繁动作而烧损以及由于接触器触头烧损而引起的电动机损坏故障。

(7)交流变频调速系统可以根据现场情况,灵活调整各档速度和加、减速时间,使得起重机设备操作灵活、现场适应性好。交流变频调速系统属高效率调速系统,运行效率高,发热损耗小,因此比老式调速系统更能省电。变频器具有完善的保护、监测及自诊断功能,如再结合PLC控制,可大幅度提高起重机设备电控系统的可靠性。

第二节　岸边集装箱起重机供电系统

港口供电系统由码头总降压变电站、高压配电线路、车间或码头变电站、低压配电线路及其用电设备组成。国内码头一般都设置总降压变电站,把从电力系统接受的35kV电压降为10kV的高压配电电压,向码头变电站配电,由变电站给岸桥供电。

岸桥是码头上的主要用电设备。

一、岸桥供电方式

岸桥采用电力驱动,供电方式有两种,一是使用外接电源,即直接从电网获得动力;另一种方式,是采用配置在起重机上的柴油发电机供电。

1.外接电源供电

这种供电方式具有经济、简单、清洁、维修量少、减少环境噪声污染等许多优点,是广泛采用的一种供电方式。按照受电形式不同,有滑触线供电和电缆供电两种形式。

(1)滑触线供电。沿着岸桥大车运行轨道的全程敷设裸导线(滑线),岸桥上装有集电器(滑接器),集电器沿裸导线(滑线)滑动或滚动,将电流引上岸桥。这种市电供电方式在岸桥上无需安装价格昂贵的电缆卷筒装置和几百米长的昂贵电缆。滑触线有硬滑线(如角钢、圆钢)、软滑线(如铜葫芦线)等。滑线可架空也可敷设在沿轨道并与轨道平行的地沟内(地沟必须加盖)。滑线有架在海侧轨道边,也有架于陆侧轨道的陆侧边,具体采用方式应根据码头布置而定。

上述的滑线供电型式,有授电器与滑触线的接触授电,往往因使用磨损导致授电故障,又占用码头空间,因此已很少采用。

(2)电缆供电。电缆供电的岸桥是目前使用外接电源的岸桥中最为普遍的。它克服了滑触线中接触不良的缺点，占用码头空间小，并能与通讯光电缆组合在一起，虽价格较贵，但它具有无可比拟的优点，因而得到广泛应用。其最为典型形式是电缆卷筒式。

电缆卷筒式供电是在岸桥相应的海侧门框或陆侧门框处配置一电缆卷筒装置。电缆长度根据码头需要配置，一端与电缆卷筒的集电滑环授电器联接，另一端盘绕在卷筒上，并从卷筒拉出经导缆器与码头的电缆接线箱联接，将外接电源送到起重机。

岸桥向着接线箱方向运行时，岸桥上的电缆卷筒装置能有效地将电缆卷起，岸桥向离开接线箱方向运行时，电缆卷筒装置能有效地将电缆放出，电缆卷筒始终使电缆保持着必要的张力，保证电缆被拉直，平放在码头的槽内（或码头面上），以免电缆在码头上搁放混乱和被过往的车辆压断。

电缆在卷筒上的盘绕有两种型式，一种"单排多层"卷盘式（目前最常用的一种盘绕方式），另一种是"单层多排"卷筒式。

盘绕的方式，电缆在盘入盘出的过程中，没有受到扭曲，有利于提高电缆的使用寿命，但在一定电缆拉力下，电缆卷筒的阻力矩发生变化，要求配置的驱动功率大。电缆卷筒在盘入盘出的过程中电缆受扭曲，但电缆卷筒的阻力矩不变，配置驱动的功率可小些。

2. 柴油发电机组供电的岸桥

由柴油发电机组供电有两种型式，一种型式是柴油发电机组装在岸桥上；另一种是柴油发电机组装在码头上，与外拉电源组合使用，一旦外电中断，可由柴油发电机组供电。

柴油发电机组装在岸桥上，不需要配置电缆卷筒装置、高压柜、变压器等。柴油机发电机组和燃油供给系统直接配置在机上，其机械成本要比电缆卷筒供电高。

柴油机发电机组可以设置在海陆门框横梁处，也可设在后大梁上。

供油系统（油泵、各种阀、管路）→ 从地面供油车向主油箱供油→补助泵和阀→从主油箱到辅助油箱→向柴油机供电。因此向主油箱供电的供油泵设置在离码头面不高的门框处。主油箱有的设在海陆侧门框横梁上，也有的设在后大梁上，辅助油箱设在柴油机旁。这类供电方式的岸桥在国外和一些外电供应困难的地区有一定的市场。

柴油发电机组设在码头上，有固定式和流动式两种。使用这样动力的岸桥与使用外接电源类似，也可以将外接电源和柴油发电机组供电组合使用。

二、供电系统无功功率补偿

在港口供电系统中，岸桥是主要用电设备，感性负载，具有感性特性（如感应电动机、电力变压器和电焊机等）。它除了从供电系统吸收有功功率，还要吸收相当数量的无功功率（滞后）以产生这些设备正常工作所必需的交变磁场。特别是有的设备生产过程中还经常出现无功冲击负荷，这种冲击负荷比正常设备取用的无功功率可能高 5 ~ 6 倍。从电路理论可知，无功功率的增大使供电系统的功率因数降低。

1. 功率因数计算

岸桥用电负荷的功率因数一般是随着负荷性质的变化及电压的波动而变动的，在讨论改善功率因数措施之前，首先对几种功率因数的计算方法做简要说明。

(1)瞬时功率因数。指在任何瞬时平均功率（有功功率）与视在功率之比，可由功率因数

表(又叫相位计)随时直接读出,或者根据电流表、电压表及有功功率表在同一瞬时的指示数进行计算求得,即:

$$\cos\varphi = \frac{P}{\sqrt{3}UI}$$

式中:P——有功功率表指示数(kW);

U——电压表指示数(kV);

I——电流表指示数(A)。

(2)自然功率因数。凡未装设任何补偿装置时的功率因数称为自然功率因数。自然功率因数分瞬时功率因数和均权平均功率因数两种。

(3)总功率因数。港口企业装设人工补偿装置后的功率因数称为总功率因数。同样它也分为瞬时功率因数和均权平均功率因数两种。

2. *功率因数补偿和谐波滤波装置*

前期的一些岸桥,采用可控硅进行调速,在功率因数的动态补偿与谐波的滤波方面做得不够完善,会影响整个电网的用电安全。因此,当时 ZPMC 研制出了岸桥的谐波吸收和功率因数补偿装置,下面对该系统作简单的介绍。

(1)装置的设计原则和特点:

①该装置分成两个部分,即系统要具有谐波吸收功能,同时兼顾到功率因数补偿,这样可以做到两个功能在一套装置上实现,以照顾到起重机上的安装空间有限问题。

②在岸桥的供电系统中,起主要干扰作用的是 5、7、11 次谐波,谐波吸收装置也重点针对这几次谐波。

③考虑到起重机上的散热条件及需要良好的谐波吸收功能,可采用空心电抗器来替代实心电抗器。根据用户需要,装置可以按照动态补偿即可控硅自动投切方式和静态补偿或者真空接触器自动切换方式来设计制造。前者在性能上优于后者,但在价格上高于后者。

④在元件选择上,由于起重机上的驱动器电源通常有 460V AC、525V AC、575V AC 甚至 725V AC 等,远较通常电站中 400V AC 高,所以,对尖峰电压的来源分析,以及对元件的保护措施和大功率电力元件的选用等都要考虑这些起重机电控系统的特点。

⑤电容器全部采用油浸式电容器,并按不同电压要求特殊制造。因为一般的干式功率补偿电容器耐压不高,不适合用于起重机电控系统。

(2)原理图简介。图 5-2-1 和图 5-2-2 是动态补偿装置的原理简图。从图中可看出,对可控硅元件及电容器部分都采用了完善的过电压吸收装置。

起重机上谐波与功率因数动态补偿装置的尖峰电压来自于:

①电容器充放电过程中形成的瞬变电压及电容器本身的残压。由于起重机频繁工作间隔时间大大小于电容器充放电周期,所以,残压问题是必须考虑的一个主要问题。

②可控硅整流过程在直流和交流回路产生的谐波电压,它与电容器充放电的峰压叠加,会产生超过 3 倍以上的过电压。

为此,元件的选择必须留有充分的余量。

元件的过压保护环节也必须可靠,除通常的阻容吸收外,另有大功率压敏器件来吸收过电压。这种压敏器件的击穿值及残压值都要有特殊要求。从系统性能看,希望这两个值之间的差距越小越好。即击穿电压在正常值基础上有所提高，以减少击穿次数和降低附加发热(因为是大功率元件)，延长元件寿命。要求残压在原正常值基础上有所降低，这样可以增加元件的保护裕度，降低对元件耐压的要求。因为作为保护元件，其残压必须低于可控硅元件的额定耐压值，才能起到有效的保护作用。

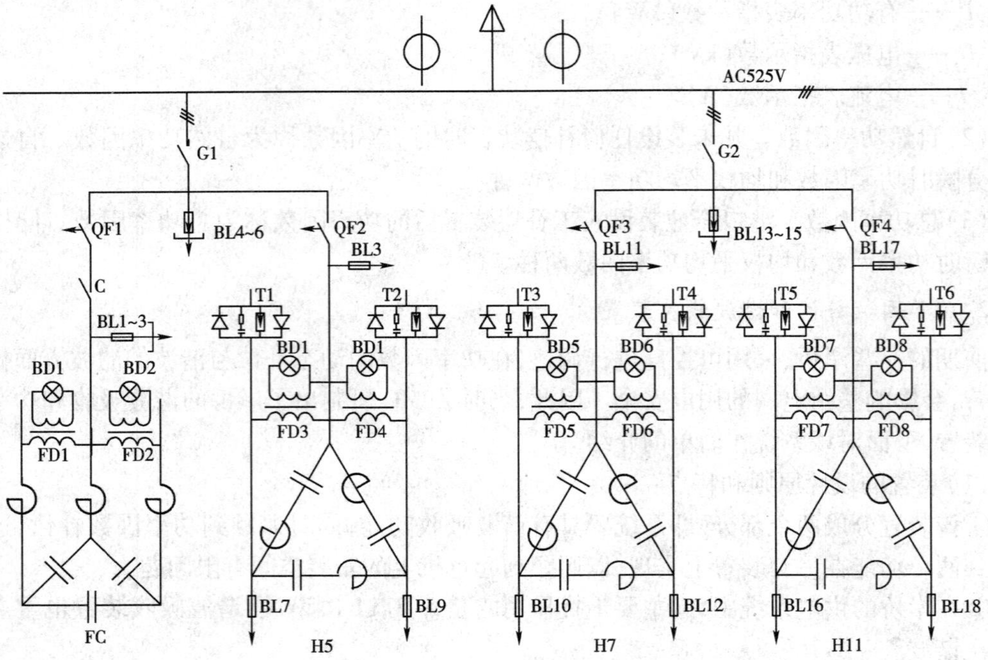

图 5-2-1　单线原理图

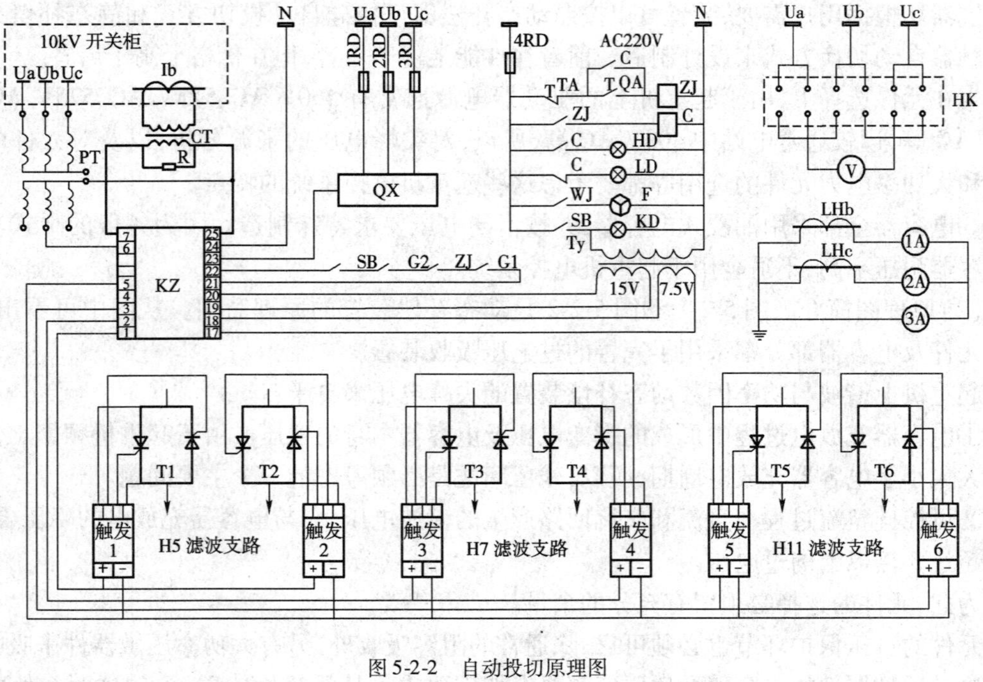

图 5-2-2　自动投切原理图

(3)采用方案。由图可知:

①有一固定补偿部分,一般设为50kVAR电容。固定部分主要考虑变压器空载运行时的补偿,同时也是一个高通谐波器。可以常接,平时不必切除。自动投切部分由控制器KZ根据电网功率数值来确定补偿投入的组别,实现自动投切。

②本装置之所以能保证投切过程中的冲击不会对可控硅供电系统产生干扰和冲击,主要是因为采用了可靠的可控硅过零触发技术。

③KZ控制器带有零序检测环节,起缺相保护作用,以保证系统电压缺相时,滤波器能推出运行。

另外,系统的保护环节也可有接点输入KZ(如SB等),以实现与主系统的联锁保护,主系统开路,控制器停止工作。

④由于起重机上电源都是非标准,并高于常规的400V系统,所以,电容器元件的选用都较特殊,成本比一般的要高出很多。另外,系统针对5、7、11次谐波进行补偿,但测试表明,H2 ~ H19各次谐波都得到了有效的吸收。

⑤关于功率因数,补偿目标一般为0.8 ~0.9。因为超过0.9,每提高一个百分点投入成本将成倍增加,反而得不偿失。而0.8 ~0.9的平均功率因数也已达到供电部门的要求。

当前国内港口的岸桥基本都采用最先进的AFE(主动前端)MasterDrive交流驱动器,它在减少谐波分量与功率因数的可调等方面具有很多的优点。

①极低的谐波分量。AFE驱动器采用IGBT功率元件和主控板,可以有效地避免谐波和换向缺口,一直到很小的残余。在电子调节有源部分(AFE交流器)和无源部分(电网净化滤波器)之间的最佳调节,使得输往电源方向是接近于正弦波的电压和电流,这样对电网的扰动很小,甚至几乎不存在。

②可调的功率因数(最大可达到 $\cos\varphi = 1$)。AFE驱动器的功率因数 $\cos\varphi$ 可以根据不同应用场合来调整,调节范围为:

$$\text{滞后}:0.8 \leqslant \cos\varphi$$

$$\text{超前}:\cos\varphi \geqslant 0.8$$

这个功能在实际的应用中,能够对整个供电系统起到了很大的帮助。甚至可以预设AFE的功率因数起动调节局部电网的功率因数,整个系统可以工作在一个非常有效和干净的环境中。

功率因数可以通过参数设置预设,也可以通过通讯协议在工作过程中直接实时地进行更改,以达到更好的动态响应。

③稳定的直流电压控制以保证在不稳定电网中的高可用性。岸桥的AFE驱动器在内部主控板的高性能矢量调节器的保证下,它的直流母线电压以电网电压的波动中保持恒定。在小于1分钟的情况下,30%的电压跌落对于驱动器来说,驱动器可以不加任何限制的继续工作,并且不会对电机和逆变器有任何影响,保证了电机最大扭矩的稳定输出,从而保证岸桥的作业效率。

三、岸桥供电系统保护装置

岸桥供电系统的保护装置有:熔断器保护、自动开关保护和继电保护。

熔断器保护和自动开关保护都能在过负荷和短路时动作,断开电路,以切除过负荷和短路部分,而使系统的其他部分恢复正常运行。自动开关保护适用于岸桥的低压供电系统中。

继电保护装置,是在供电系统中用来对一次系统进行监视、测量、控制和保护,由继电器来组成的一套专门的自动装置,适用于可靠性高、操作灵活方便、自动化程度较高的供电系统中。继电保护装置在过负荷动作,一般只发出报警信号,引起维修人员的注意,以便及时处理;而在短路时动作,就要使相应的高压断路器跳闸,将故障部分切除。

由于岸桥供电 10kV 系统中包含着一次系统和二次系统。又由于一次系统比较简单、更为直观,在考虑和设置上较为容易;而二次系统相对较为复杂,并且二次系统包括了大量的继电保护装置、自动装置和二次回路。为了确保岸桥供电系统的正常运行,必须正确的设置继电保护装置。

1. 带时限的过电流保护

带时限的过电流保护,按照其动作时间特性可分为定时限过电流和反时限过电流保护两种。

(1)定时限的过电流保护的接线和原理。图 5-2-3 是定时限过电流保护的原理接线图。它采用两相两继电器式接线方式,图中两个电流继电器 1 为起动元件,时间继电器 2 为时限元件。当线路发生相间短路时,电流继电器 1 瞬时动作,闭合其触点,接通时间继电器 2 的线圈回路。经过预先整定的时限后,时间继电器的延时触点闭合,使中间继电器 3 动作。中间继电器的触点闭合后,接通断路器的跳闸线圈 6,使断路器跳闸,切除短路故障部分。信号继电器 4 串联在跳闸回路中。当中间继电器的触点接通跳闸线圈的同时,信号继电器动作指示牌掉下,或同时给出灯光和音响信号,通知维修人员保护装置已经动作。断路器跳闸时,其辅助触头 5 随之断开跳闸回路,以减轻中间继电器触点的工作。在短路故障被切除后,除信号继电器(4)外,保护装置中的其他元件(1、2、3)均自动退回起始状态,而信号继电器 4 的常开接点闭合后,它本身不能自动恢复到断开位置,需人工手动复位。

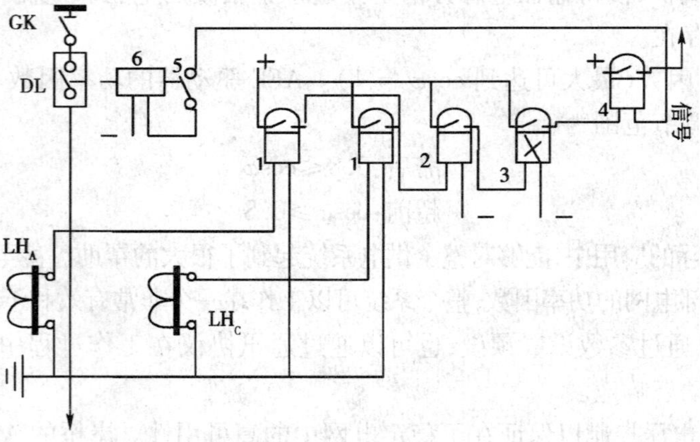

图 5-2-3　定时限过电流保护接线图

(2)反时限过电流保护的接线和原理。图 5-2-4 是反时限过电流保护的原理接线图(简称接线图)和展开式原理图(简称展开图)。从这两种图的绘制方式可知,接线图上的二次设备如继电器 1LJ、2LJ 是以整体的形式(包括其线圈和触点)绘出的,而展开图中二次设备的各个部件(如线圈、触点),则分别绘在所属的各个电流(或电压)回路中。为了便于分析复杂的继电器保护和自动装置的工作过程,一般将接线图画成展开图。

当供电线路发生相同短路时,电流继电器根据过电流的程度,按反时限特性动作,其常开触点闭合,紧接着其常闭触点断开。这时断路器的跳闸线圈因去掉了短接分流支路而通电动作,使断路器跳闸,切除短路故障部分。在继电器分流跳闸的同时,其信号牌自动掉下,指示保护装置已经动作。在短路故障被切除后,继电器自动返回,其信号牌可手动复位。

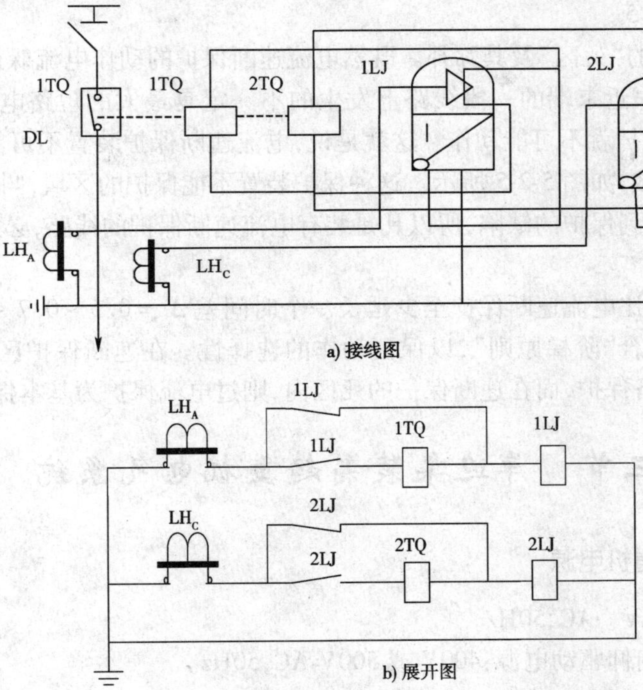

图 5-2-4　反时限过电流保护

2. 电流速断保护

上述带时限的过电流保护,有一个明显的缺点,就是越靠近电源的线路过电流保护,其动作时限越长;而短路电流则是越靠近电源,其值越大,危害也更加严重。因此一般规定,当过电流保护的动作时限超过 1s 时,应该装设电流速断保护。

(1)电流速断保护的动作电流整定。电流速断保护就是一种瞬时动作的过电流保护。对于采用 DL 系列电流继电器的速断保护来说,就相当于定时限过电流保护中去掉时间继电器,而采用 GI 系列电流继电器时,就是利用该继电器的电磁元件。

速断保护既是瞬时动作,那怎样来保证前后级保护之间的选择性动作呢?

电流速断保护的选择性是靠它的动作电流的特殊整定要求来保证的,即电流速断的动作电流 I_{sd} 应躲过它所保护的线路末端的最大短路电流(即末端三相短路电流)I_{dmax},只有这样整定,才能避免在后一级速断保护的线路首端发生严重短路时前一级速断保护误动作的可能性。如图5-2-5所示,1-1 末端 d-1 点的三相短路电流实际上与 1-2 首端 d-2 点的三相短路电流差不多是相等的,因为两者距离很短。

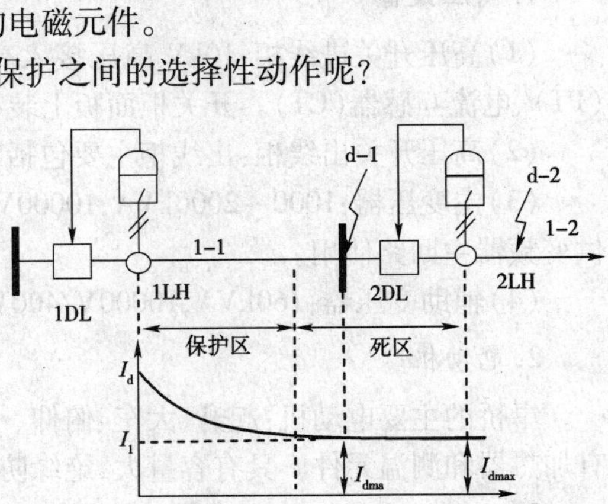

图 5-2-5　线路电流速断保护的保护区

由此可得电流速断保护动作电流的整定公式为:

$$I_{sd}=K_kK_{jx}I_{dmax}/K_i$$

式中：K_k——可靠系数。对脱扣器，取1.8～2；对DL型继电器，取1.2～1.3；对GL型继电器，取1.4～1.5。

(2)电流速断保护的"死区"及其弥补。既然电流速断保护的动作电流躲过了线路末端的最大短路电流，那么在靠近末端的一段线路上发生的不一定是最大的短路电流(例如两相短路电流)时，电流速断保护就不可能动作。这就是说，电流速断保护装置不可能保护线路的全长，而有不能保护的区域，如图5-2-5所示。这种保护装置不能保护的区域，叫做"死区"。

为了弥补死区得不到保护的缺陷，所以凡是装有电流速断保护的线路，必须配备带时限的过电流保护。

过电流保护的时限比电流速断保护至少延长一个时间差$\Delta t=0.5～0.7$ s，而且前后过电流保护的动作时限又符合"阶梯原则"，以保证动作的选择性。在速断保护区内，速断为主保护，过电流保护作为后备保护，而在速断保护的死区内，则过电流保护为基本保护。

第三节　岸边集装箱起重机电气系统

一、岸边集装箱起重机电源

供电电源：三相10kV　AC，50Hz。

起升/大车/小车/俯仰驱动电源：400V或500V AC，50Hz。

辅助控制电源：400V AC，50Hz，三相四线。

220V AC，50Hz，单相。

110V AC，50Hz，单相。

24V DC。

安全电源：36V AC，50Hz，单相。

二、岸边集装箱起重机主要电器设备

1. 高压设备

(1)高压开关进线柜：10kV高压接入高压开关柜的进线柜，进线柜主要包括电压互感器(PT)、电流互感器(CT)。开关柜面板上装有电压表、电流表、功率因数表及相序检测装置等。

(2)高压开关出线柜：出线柜主要包括断路器和综合继电保护装置。

(3)主变压器：1000～2000kVA，10000V/500V，△/△连接。干式变压器。绝缘等级F级。供变频器主回路使用。

(4)辅助变压器：160kVA，10000V/400V，△/Y连接。供岸桥的辅助机构，控制和照明。

2. 电动机

岸桥的主要电动机：起升、大车、俯仰、小车，均采用直流驱动电动机或交流驱动电动机，带有加热器和测温元件。具有容量大，绝缘防护等级高等特点。

3. 控制屏柜

所有电气控制屏柜均采用防尘型，并安装有干燥防冷凝装置(加热器)。

(1)辅助控制柜:主要包括低压电源总开关、司机室电源开关、辅助机构(照明、风机、倾转、油泵等)控制、应急装置等。

(2)PLC 控制柜:PLC 控制器、控制变压器、各个从站电源开关等。

(3)起升/大车驱动柜:包括起升/大车驱动电源进线、滤波、整流、逆变和输出环节,起升与大车切换控制部分。

(4)小车/俯仰驱动柜:包括小车/俯仰驱动电源进线、滤波、整流、逆变和输出环节,小车/俯仰切换控制部分。

(5)吊具控制柜:包括吊具控制电源开关、吊具油泵电源及吊具控制用继电器等。

(6)吊具电缆卷筒柜:包括吊具电缆卷筒开关、变频器及控制用继电器等。

4. 操作站

(1)司机室左联动台。

按钮:控制电源复位,全部导板上、全部导板下,电笛,消除蜂鸣音,大风旁路,吊具旁路,极限旁路,紧停,吊具回中心,试灯等。

选择/控制开关:导板选择,雨刮器,喷淋器。

指示灯:紧停,前大梁水平,前大梁 60°,小车正常,俯仰正常,小车锚定,吊具回中心,小车停车位置。

蜂鸣器:故障报警。

主令控制器:小车/俯仰主令控制器。

(2)司机室右联动台。

按钮:吊具开锁、闭锁,吊具油泵启动、吊具油泵停止,大车夹轮器夹轨、大车夹轮器松轨。

选择/控制开关:吊具 20ft/40ft/45ft,吊具左倾、右倾、前倾、后倾、左旋、右旋,防摇选择。

指示灯:吊具 20ft/40ft/45ft,起升正常,大车正常,大车锚定。

主令控制器:起升/大车主令控制器。

(3)俯仰操作站。

按钮:控制电源复位,紧停,俯仰上升、下降,电笛,投光灯。

选择/控制开关:安全钩抬钩/松钩,俯仰手动/自动,俯仰慢速/快速。

指示灯:俯仰水平,俯仰正常,控制电源复位,紧停,俯仰上升停止,俯仰挂钩,安全钩抬起,安全钩放下。

(4)大车操作站。

按钮:控制电源复位,大车慢速左行,大车慢速右行,夹轨,松轨,紧停。

指示灯:控制电源复位,夹轨,松轨,大车正常。

三、岸边集装箱起重机电气单线图

目前国内所使用的岸桥均采用 10kV、50Hz 的高压配送电,然后通过设备上 1000 ~ 2000kVA 的主变压器进行分配电源。岸桥的单线图主要是由主回路、辅助控制回路与通讯部分组成,图 5-3-1 是岸桥电气系统单线图。

1. 主回路单线图

10kV、50Hz 的高压交流电通过大车卷缆机构进入高压进线开关柜,经过高压出线开关柜送入主变压器。主变压器的输出分为两路，一路是△500V 的三相交流电供主回路（驱动系统）；另外一路是 Y400V 的三相交流电供辅助控制回路。有的岸桥安装两个变压器，主变压器供主回路，辅助变压器供辅助回路。

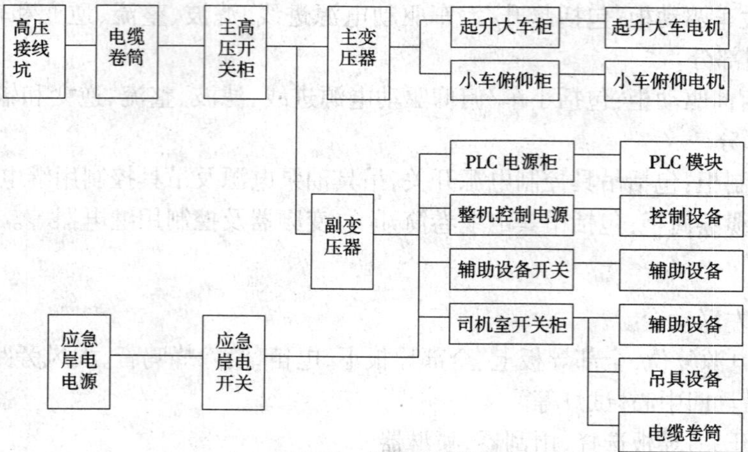

图 5-3-1　岸桥单线图

如图 5-3-2 所示，以 SIEMENS 电控系统为例，主变压器将△500V 的交流电提供给 3 个 AFE，经过整流、逆变后驱动电机。其中，AFE1 与 AFE2 分别驱动两台起升电机，而大车电机则是由一个 AFE1（或 AFE2）进行驱动，AFE1 与 AFE2 可以切换使用；AFE3 则是驱动小车电机（或是俯仰电机），两者可以切换。

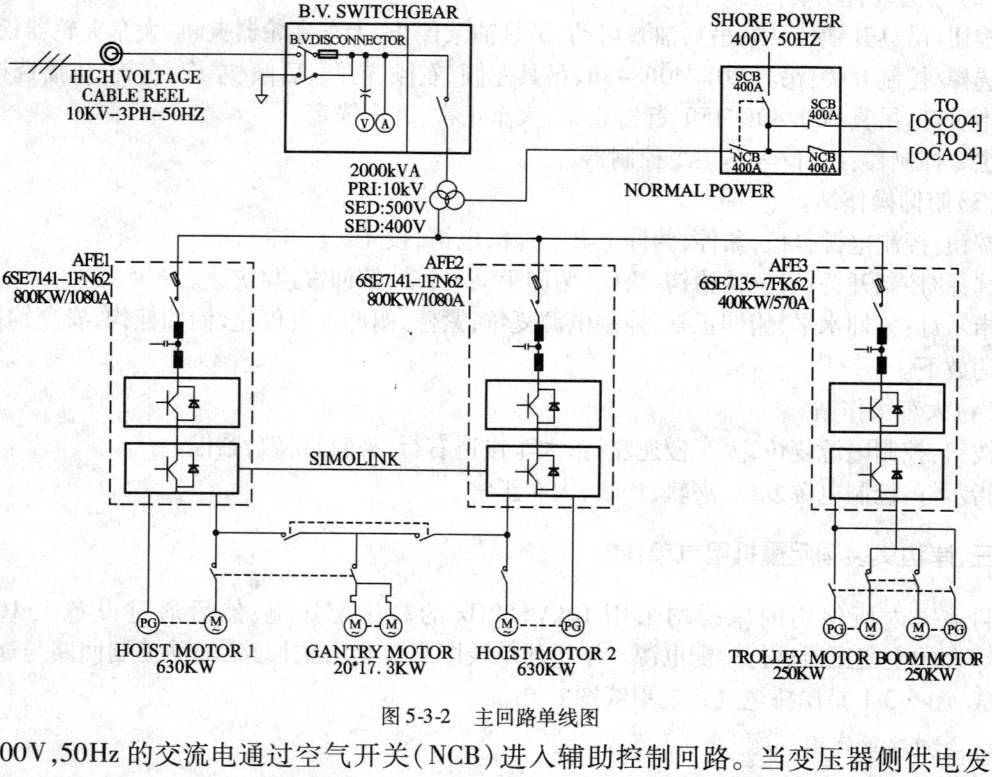

图 5-3-2　主回路单线图

400V，50Hz 的交流电通过空气开关（NCB）进入辅助控制回路。当变压器侧供电发生故障时，则应急电源可以通过岸电空气开关（SCB）送入辅助控制回路。如图 5-3-2 所示，两个空气开关(NCB与SCB)带有机械联锁装置,是不允许同时供电的。

2.辅助控制回路单线图

400V、50Hz的三相辅助交流电源根据用途不同,降压为:220V,50Hz的单相交流电源、110V,50Hz的单相交流电源、36V,50Hz的单相交流电源与24V的直流电源。其中一部分用于主控系统,如变频器内部控制电源、主PLC与各个从站的电源等;另一部分用于辅助系统,如辅助电机、油泵、各类照明与维修插座等,如图5-3-3所示。

3.通讯部分单线图

现代岸边集装箱起重机采用PLC控制与交流变频驱动的方式,现场总线则将许多变频器、分布式I/O与PLC相连接。如图5-3-4所示,以SIEMENS电控系统为例,采用PROFIBUS-DP的现场总线实现系统通讯。PLC是整个系统的核心所在,它有两个PROFIBUS总线接口,一条总线连接所有传动机构变频器(变频器由整流器与逆变器组成),这样一来变频器所需要的命令,运行状态的反馈等信号均可以通过PROFIBUS通讯来实现。另一条总线则连接所有的I/O远程站,实现采集信号和输出信号,大大节约了布线。PLC同时也带有以太网接口,可以方便地与计算机连接,这样一来工程技术人员可以通过计算机的人机界面来监控岸桥的运行,同时该计算机也可以作为编程器,用来配置PLC硬件,修改PLC程序。

司机室与电气房之间的通讯则是通过光电转换器将PROFIBUS信号转换成光信号——由光纤经过托令光缆传送至司机室,最终由光电转换器将光信号转换成PROFIBUS信号实现通讯。

四、各大机构的运行过程

对岸桥的PLC系统来说,其需要控制的内容有岸桥的起升,大车,小车,俯仰这四个主要机构的运行与辅助机构的运行。四大机构均采用交流(矢量)变频驱动器及全能量回馈控制方式,整机系统由PLC集中控制,并保持对系统的各个部分(驱动器、主令手柄、限位等)信号的监控。四个主要机构都有相同的运行过程,如图5-3-5所示。

(1)PLC采集司机发出的运行指令及速度给定指令。

(2)通过PLC程序进行逻辑判断,判断是否满足"运行允许"的情况。

(3)如果PLC程序逻辑判断满足"运行允许"的情况,接下来要进行的就是各个机构速度的处理,其处理过程如下:

①如果不存在减速运行命令,则传动机构按司机给定的速度运行;

②如果PLC收到减速运行信号,PLC则将速度处理为司机给定速度的10%。

(4)PLC需将这些运行命令、运行速度通过现场总线传输给变频器,变频器带动电机运行,实现各个机构的运行。

1.起升机构

起升机构主要由两套并行连接的变频驱动装置与机械传动装置组成。驱动装置主要是变频控制系统(整流与逆变),两套起升变频器运行时同步:每套传动装置由一个交流电机联接一个减速箱组成。在电机与减速箱之间的主轴上装有一个液压推杆盘式制动器。电机非驱动侧出轴安装有测速编码器和超速开关。在卷筒的一侧出轴上安装凸轮限位与绝对值编码器(位置反馈)。

起升机构属于位势负荷,即负荷力矩的方向始终一致,因此驱动器除提供满足负荷上升和下降的方向运行力矩外,在机械制动器打开时,以及在整个减速停车过程中,都要提供出足以维持

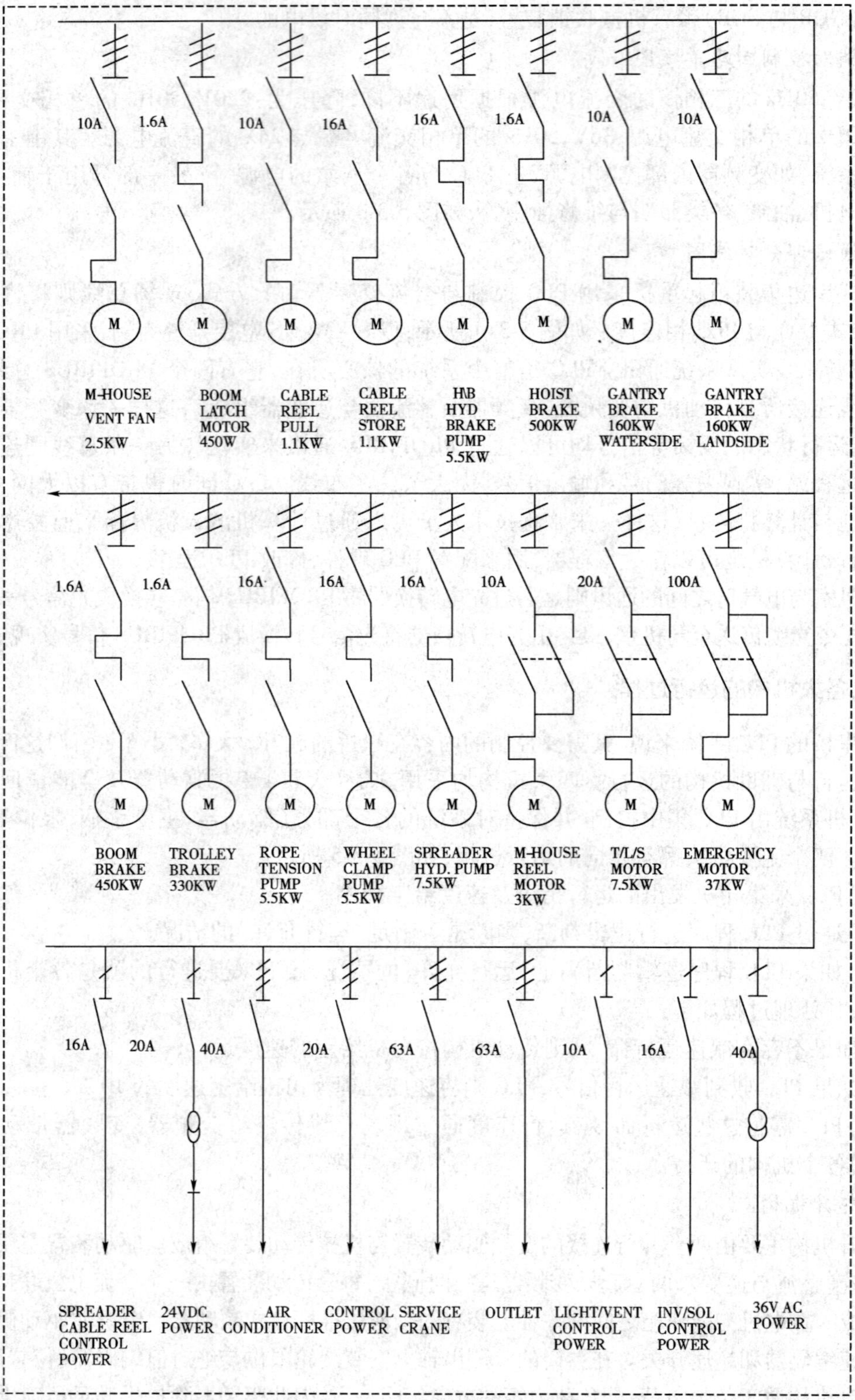

图 5-3-3　辅助控制回路单线图

负荷重量的力矩。在每一次起动时(不论上升还是下降),变频器根据对电动机的自适应检测出所必须提供的力矩,提供出一个适当的电流给电动机,如果变频器读到反馈的电流,则制动器释放、打开;如果变频器读不到反馈电流,则认为力矩检测失败,并提供有关的信息显示。

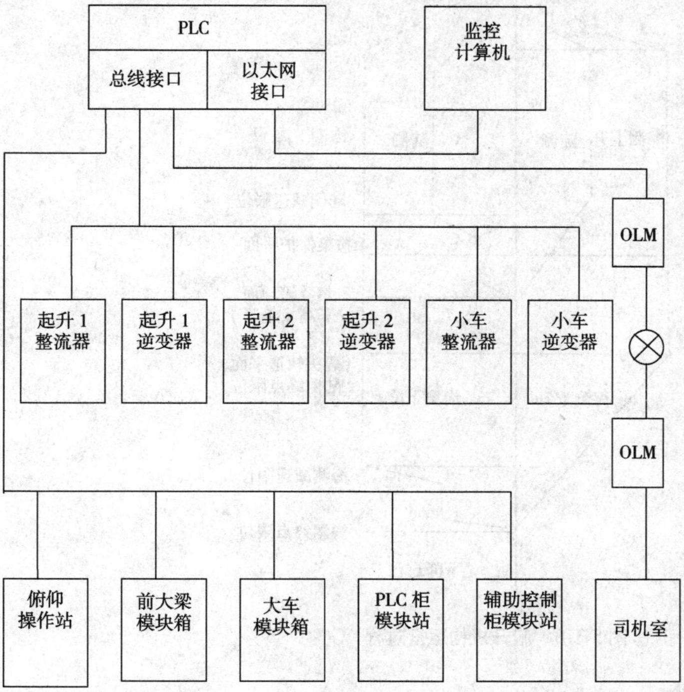

图 5-3-4 通讯部分单线图

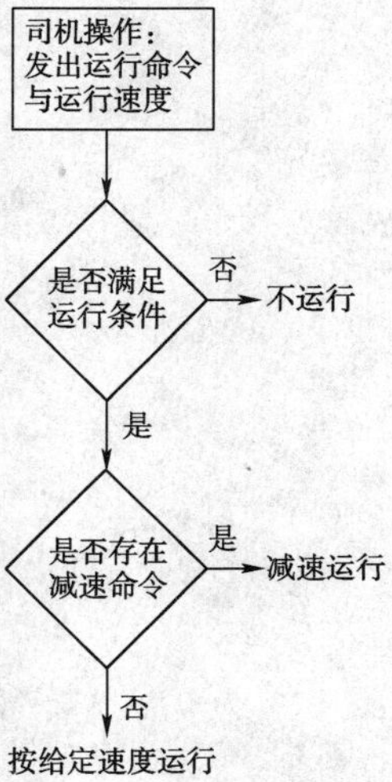

图 5-3-5 运行流程

恒功率调速是起升机构进行高效节能广泛应用的控制方式,即在重载时,保持在电动机基速以下的最大恒转矩运行;而在轻载或空载时,利用电动机高速低转矩输出的特性,根据负荷大小所应提供的转矩弱磁提高转速,保持功率恒定,以提高起重机的使用效率。负荷的检测是根据提供电流的大小,通过数据通信由变频器传至PLC,然后经过计算比较得出向变频器发出的速度给定指令。

低速制动是所有调速机构的共同特点。实际速度的反馈是通过旋转编码器(PG)将速度反馈至变频器,变频器将速度的转换值用通信的形式传递至PLC,PLC进行计算比较,然后控制制动器的动作,在操作手柄回零后,PLC计算出速度的比较值,在速度减至接近于零时,发出制动指令,保证了机构在高速运行及制动过程中的平稳,没有任何冲击负荷的效应。

岸桥的起升机构运行过程分为海侧与陆侧,通过安装在大梁绞点处的电磁限位检测,也可通过小车编码器鉴别海陆侧。具体的运行过程如图5-3-6所示。

2. 小车机构

小车机构是电动机平移运行机构,与起升相比,平移运行机构无需在制动器打开前提供维持力矩以及恒功率控制的功能。小车与俯仰是共用一套变频器,采用"先到先服务"的控制方式,分别驱动小车与俯仰。小车电机带有测速编码器(PG)将速度反馈给变频器,不安装超速开关。在卷筒的一侧出轴上安装绝对值编码器(位置反馈)。运行过程如图5-3-7所示。

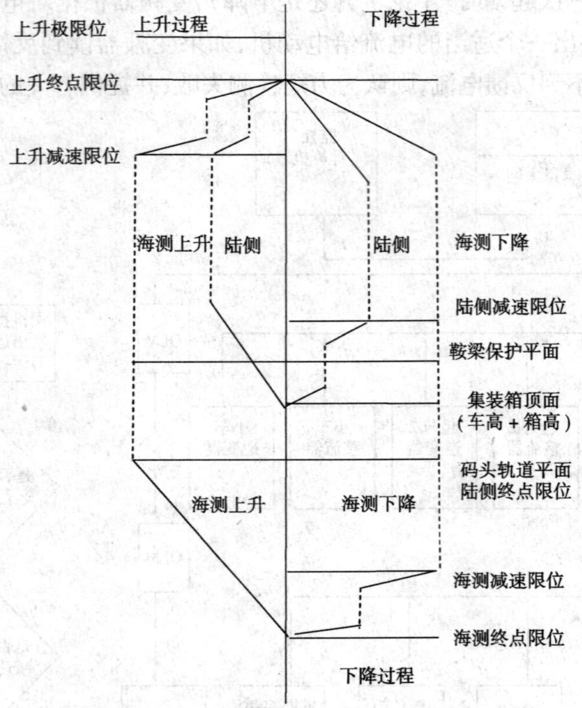

图 5-3-6　起升机构运行过程

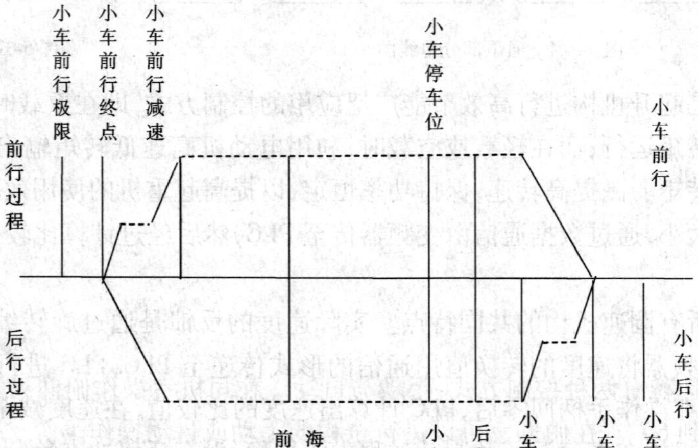

图 5-3-7　小车机构运行过程

3. 大车机构

大车机构与小车机构相似，也是电动机平移运行机构。驱动装置则是通过起升变频器进行切换使用。目前国内港口使用的岸桥有两种大车驱动方式：

(1)一个起升变频器同时驱动海陆两侧大车电机,另一个起升变频器备用,两者之间可以切换使用。

(2)起升 1#变频器驱动海侧大车电机,起升 2#变频器驱动陆侧大车电机,如果其中一个起升变频器故障,则另一个起升变频器同时驱动海陆两侧大车电机。

一般岸桥的大车机构不安装测速编码器与位置编码器,处于速度开环控制。大车机构可以在司机室或大车地面操作站进行操作操作。如果俯仰处于挂钩位置,则大车只能慢速运行。运行过程如图 5-3-8 所示。

4. 俯仰机构

俯仰机构与小车机构共用一个变频器,用两个接触器分别驱动小车与俯仰运行,两者之间有各自独立的速度反馈与位置反馈。为了防止两个机构在同一时刻同时运行,采用了先到先服务的方法,即先申请使用的机构先运行。只有当其退出运行后,另一个机构才能运行。俯仰可以在两个地方操作,司机室与俯仰室。俯仰电机非驱动侧出轴安装有测速编码器和超速开关。在卷筒的一侧出轴上安装凸轮限位开关与绝对值编码器(位置反馈)。运行过程如图 5-3-9 所示。

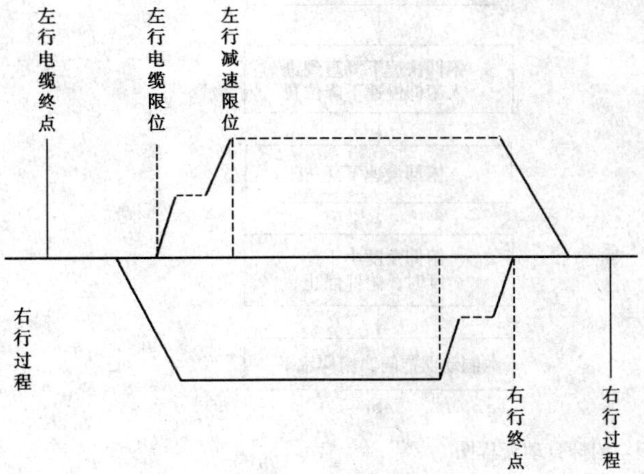

图 5-3-8　大车机构运行过程

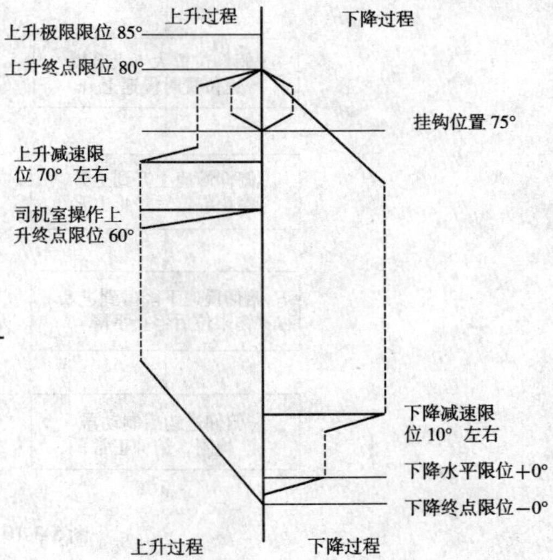

图 5-3-9　俯仰机构运行过程

俯仰机构的运行有两种控制方式:手动与自动。在司机室操作俯仰只能采用手动的方式,且只能将俯仰拉到 60°。在俯仰室可以进行全程的手动或自动操作。

一般情况下,岸桥的俯仰机构处于正常状态,则可以通过 PLC 控制,完成自动的上升、下降过程。整个自动过程中包括减速、抬钩、挂钩与停止。具体流程如图 5-3-10 所示。

5. 吊具电缆卷筒机构

由于集装箱岸桥的起升速度不断地提高,以往所采用的在吊具上架上安装电缆储缆框的方法已很难适用。大量实践证明,当起升速度超过一定值时,就会出现电缆反转和出框的情况,严重地影响起重机地性能和正常工作。因此现在的岸桥一般都采用吊具电缆卷筒装置来替代电缆储缆框。吊具电缆卷筒装置主要由驱动部分、控制部分、减速传动部分、电缆卷筒、卷筒滑环箱和吊具电缆固定装置组成。动力驱动部分一般由力矩电机、磁滞联轴器和力矩控制装置(变频器)等组成。这里我们着重介绍下吊具电缆卷筒装置的驱动部分。

(1)力矩电动机式电缆卷筒。力矩电机式电缆卷筒是利用力矩电机的堵转特性来驱动电缆卷筒。

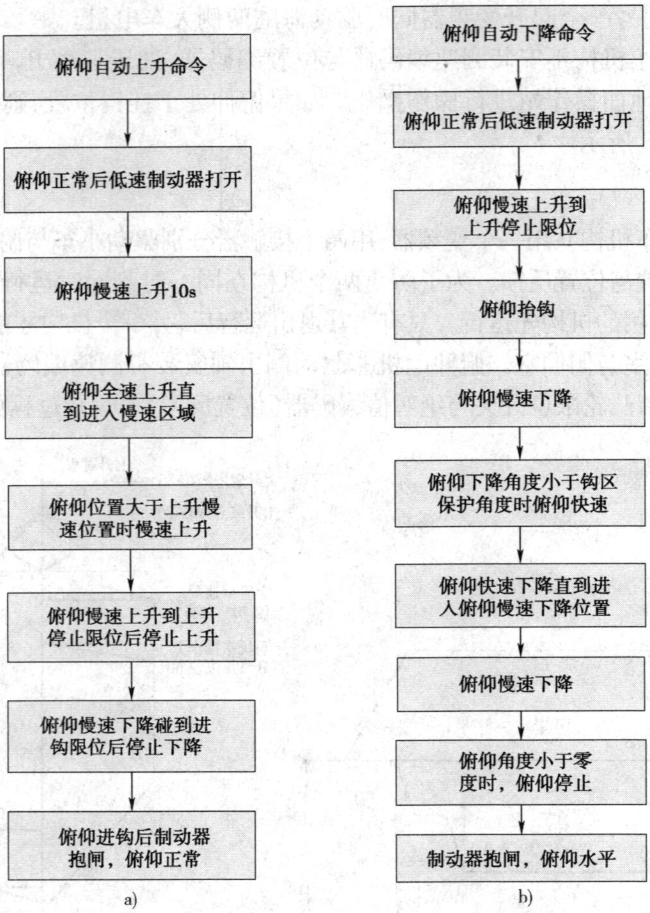

图5-3-10　俯仰自动流程图

a)俯仰自动上升;b)俯仰自动下降

力矩电机是三相异步电动机的一个特殊品种,具有独特的机械特性。与一般的异步电机不同,力矩电机的最大转矩发生在堵转附近,其稳定运转的范围比较大,从同步转速一直到堵转都能稳定运转。当负载增加时,电动机的转速能自动降低。它采用了特殊的转子结构,其转子有较大的阻抗,能有效地限制堵转电流。同时力矩电机一般带有强迫风冷,因此允许长期地运行于低转速区域在规定时间内处于堵转状态。

收缆时,力矩电机运行于电动机状态,驱动卷筒收缆;放缆时,力矩电机运行于倒拖状态,靠外力将电缆从卷筒上拉出来。而此时力矩电机则起阻尼作用,使吊具在下降时电缆不会松弛而始终保持张紧状态。

停机时,则靠制动器制动电机。制动器的调节,要使断电时抱闸且能支持住卷筒不自转即电缆不自坠即可。如果调得太紧,制动时的冲击太大,易损坏电缆。

由于力矩电机是利用了电机的堵转特性,当吊具下降时,电缆倒拖电机,此时电机的旋转方向和其输出力矩方向是相反的。这样,力矩电机产生很大的热量,影响其使用寿命。所以力矩电机式电缆卷筒一般只能用于起升速度小,电缆较轻的吊具电缆卷筒张紧装置上。

(2)磁滞联轴器。磁滞联轴器是一个具有综合优良性能的传动装置,如图5-3-11所示。电动机带动一个用永磁材料制成的感应盘,感应盘正对着一个与减速箱的输入轴相连的磁盘。该磁盘由数块块状的永久磁铁用环氧树脂浇注固定在铝制外壳内,然后与感应盘装配好后一起充磁,从而形成了一个闭合磁路。磁盘上的每块磁铁都有一个强大的磁场,他们会在感应盘上的对应位置上感应出相应的S-N极。在感应盘和磁盘之间没有刚性联接而仅有一点空气隙,一旦此两个盘之间有一个相对速度滑差,感应盘即变化磁性以保持和磁盘有一个同步转动的趋势,从而产生一个阻力矩。试验表明,该阻力矩基本上独立于滑差速度,所以这种磁滞联轴器在运动或静止状态都能传递力矩。一经调整好,它的输出力矩就能在很宽的范围内基本保持恒定。

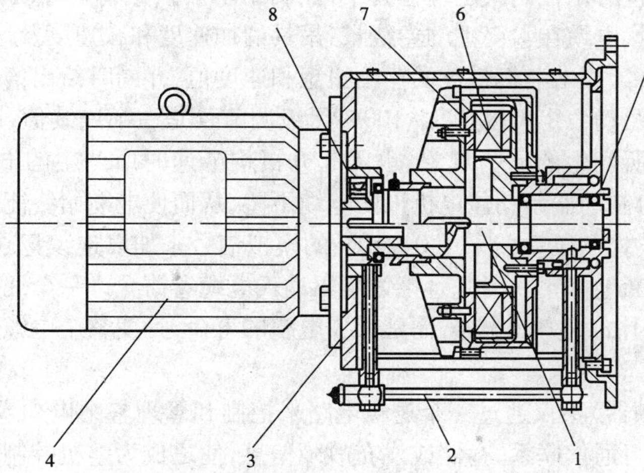

图5-3-11　磁滞联轴器

1-输入轴;2-润滑油管;3-壳体;4-电动机;5-超越离合器;6-感应盘;7-磁盘;8-输出轴

当吊具起升时,感应盘和磁盘的运动方向一致。设计时选取电动机的转速始终高于减速箱高速轴的输入转速,也即电动机做正功卷取电缆;当吊具下降时,电动机失电停转,而磁滞联轴器中的一个超越离合器阻止了电动机的反转,只要负载力矩超过磁滞联轴器的调定磁滞力矩时,感应盘与磁盘之间就产生滑差。这时电缆卷筒反转,允许吊具电缆下降,磁滞联轴器的磁滞力矩则做负功起阻尼作用。因此,这种形式的电缆盘可以正转、反转或停转且能始终产生一个拉紧电缆的力。而当岸桥停机时,超越离合器则阻止了感应盘反转所造成的电缆下坠,使电缆始终能保持张紧状态。

对于起升速度较高的岸桥,当吊具快速下降时,感应盘相对于磁盘高速转动并切割磁力线,产生大量的涡流热量。靠自然通风冷却的磁滞联轴器由于散热能力不足,致使温度急剧上升,缩短了其使用寿命,严重时会烧坏轴承等零件。因此,为了改善对用于较高起升速度的吊具电缆动力张紧装置中的磁滞联轴器的散热条件,在磁滞联轴器上加装了一台离心式风机进行强迫冷却。为了防止轴承烧坏,将轴承安装在远离感应盘的地方,并加装了润滑油嘴,在使用中润滑油嘴定期注入润滑脂,使轴承、花键等零件得到良好的润滑。

磁滞联轴器的异常稳定和独立于外界参数的力矩特性，使之能非常好地适用于吊具电缆地张紧。这种形式地吊具电缆卷筒装置允许全天候和连续工作，而且整个装置中除了卷筒外只有少数零件在旋转，因此总体上保证了其安全可靠。该联轴器作为一个力矩限制器，防止了电缆的过分拉伸。磁滞联轴器采用了柔性的传动方式，工作时电缆卷筒无突然跳动现象，从而保证了电缆较长的工作寿命。在断电的情况下，磁滞联轴器的磁滞力矩依然存在，不需要设专门的停车制动器，也不需要单独的电气控制系统。由于它有这些优点，因此是目前一种比较理想的动力张紧方式。

(3)直接力矩控制装置。直接力矩控制式电缆卷筒是采用力矩控制器(交流变频器)，根据吊具电缆各种实际变化的参数如吊具的瞬时加减速度、吊具所处的位置和电缆的单位重量对标准鼠笼式电机实现精确的速度和力矩控制，从而达到张紧吊具电缆的动力收放装置。

这种类型电缆卷筒的动力部分一般由直接力矩控制器、尾部带电磁制动器的标准三相鼠笼式电机组成。在直接力矩控制式电缆卷筒中，控制驱动器根据卷筒卷绕时各种变化着的参数，如电缆的单位重量、电缆在卷筒上的卷绕量、吊具的加速度和减速度及停止的位置等，并比较设定的参考信号值，计算出电机最佳的输出扭矩和速度值，并同时给出信号打开电机尾部的制动器。由于电机的驱动力矩可以从0～100%无级调节且是一个连续值，因此这种系统既无起升机构突然起动时所产生的冲击现象，也无起升机构减速时所产生的电缆过度松弛现象。当断电或停机时，则由制动器制动住电机以防电缆下坠，从而使电缆始终能保持张紧状态。对应于不同的起升高度，控制驱动器采用0～10V的模拟信号来加以连续记录，这样系统就可以对电缆的张力进行不断地修正。因此直接力矩驱动式电缆卷筒允许一个几乎是恒定的拉力作用在电缆上且使电缆上的拉力最小，从而延长了电缆的寿命，且使整个电缆卷绕系统的可靠性得到了提高。

控制驱动器(变频器)不仅通过一个逻辑电路来控制和管理整个电缆卷绕系统，而且还能与岸桥的电控系统进行通信联系，存储或发布故障信息，使之成为整机控制的一部分。

大车电缆卷筒机构与吊具电缆卷筒机构相类似，这里就不再重复阐述。

第四节　岸边集装箱起重机保护系统

岸边集装箱起重机具有一套完整的保护系统，在各个机构的控制系统上，运用PLC的逻辑控制功能实现各种检测保护，也就是我们常称的“软保护”；另外，在设备上原有的继电器—接触器控制回路继续使用，也就是“硬保护”。两套保护系统的同时运行从而提高设备的可靠性和设备连续运行能力。

一、整机控制保护

1. 电气保护

岸桥一般都具有以下电气保护：

(1)岸桥电源总开关有失压保护。

(2)岸桥上所有电源开关有过载和短路保护。

(3)各种电动机有短路保护、过流保护和缺相保护。

(4)各类维修开关带有漏电保护。

2. 零位保护

设有零位保护。当运行时或失压恢复供电时,必须先将控制器手柄置于零位后,才能送控制电源。

3. 过温保护

电气房、变频器与电机均设有过温保护。电气房过温保护是通过过温继电器进行检测保护;变频器通过安装在变频器内部的温度传感器进行检测,一旦发生过温,则变频器直接报过温故障代码,变频器停止工作;电机过温是通过安装在电机定子上的热敏电阻将电流值传至温度继电器进行检测。

4. 大风保护

在岸桥梯形架上安装一套测量风向和风速地风速仪,在司机室的适当位置装一套指示、报警装置。风速达到16m/s时给出灯光报警。风速达到20m/s时,同时给出声光报警,四大机构均不能工作。超过20m/s时大车轮边制动器立即制动,提供岸桥安全保护。

5. 控制系统保护

岸桥都设有整机的控制电源继电器(现简称“UVA”),当UVA断开,就停止了各种机构的运行。极限限位、超速开关、紧停按钮、变压器温控开关与PLC故障等均串联在继电器UVA的控制回路中。在各机构均正常的情况下,用复位按钮(启动按钮)就能使UVA吸合,四大机构可以运行。

紧停按钮控制整机的工作机构,分别设在以下位置:

(1)司机室联动操作台上。

(2)俯仰操作室内。

(3)电气房控制屏门上。

(4)大车地面操作站处。

(5)机器房起升、小车及俯仰机构处。

(6)海侧门腿内侧锚定处,高于码头面1.4m处。

(7)陆侧门腿内侧锚定处,高于码头面1.4m处。

(8)前大梁顶端工作平台处。

(9)小车车架上。

二、四大机构的联锁保护

在起升、小车、俯仰和大车机构上均装有限位开关。安装在电动机端部的相对值编码器,安装在卷筒侧的绝对值编码器和机械凸轮限位进行行程的控制。

1. 起升机构的联锁保护

(1)岸桥的起升机构限位联锁开关和编码器应具有以下的联锁限位功能:

①上升停止限位,也是吊具工作的起升最高点。

②上升终点前减速限位,该限位动作时,上升由高速自动减速。

③陆侧下降终点前也设置减速限位，该限位动作时，吊具在陆侧下降由高速自动减速，减速方式同上升一样，高度可以设定。

④陆侧下降停止限位，高度可以设定。

⑤海侧下降终点前减速限位，该限位动作时，吊具在海侧下降由高速自动减速，减速方式同上升一样。

⑥海侧下降停止限位，也是吊具工作的下降最低点。

⑦起重机门框下横梁高度限位，此限位主要使防止吊具带箱作业时碰到门框下横梁，此限位动作时，小车不可由陆侧进入海侧，并且小车只能低速运行。

(2)起升机构除上述的限位保护外，还具有其他的联锁保护：

①上升终端极限位置重锤式限位开关。该开关安装在小车上，当吊具上升超过上升停止限位时(凸轮限位与位置编码器同时失灵)，吊架撞上重锤限位的平衡杆上，开关动作切断控制回路。重锤限位是非工作限位，当它动作时，作为故障处理，要重新启动操作，必须借助于极限旁路按钮。重锤限位装置的安装应考虑防坠落措施。

②吊架及吊具与起升机构的联锁限位，逻辑关系通过 PLC 得以实现。

A. 吊架与吊具的联接有四个转销限位，只有全部限位到位时起升机构才能工作。否则可通过转销旁路钥匙按钮继续工作。

B. 吊具呈顶销位置时，起升机构不允许继续下降，特殊情况下要借助于吊具旁路按钮。

C. 旋锁在全开或全锁的情况下，起升机构可工作，在吊箱过程中，旋锁不能打开。此外，在闭锁时，吊具不可伸缩。

D. 吊架与吊具的电缆联接是通过带有快速插头的多芯电缆，如插头未插好时，起升机构不能工作，在使用吊钩架时，该插头必须反插至吊架接线箱的插座上，否则起升机构不能工作。

E. 使用双箱吊具，当选择"单箱"工况时，若检测到双箱，不允许起升。

③超速开关。起升机构装有离心式超速开关，其设定值为 115% 的起升机构最高工作转速，当此开关动作时，即产生超速故障，切断控制回路，并产生报警。要重新启动时，必须按复位按钮进行复位。

④超负荷保护。岸桥上安装重量传感器，对起升负荷进行精确地检测并显示，精度不应低于规范要求。当负荷达到 110% 额定负荷时，声光报警并自动停止上升，只允许下降操作。

⑤挂舱保护。吊具采用电子防挂舱保护，一旦出现挂舱现象，吊具只可作下降动作。

2. 小车机构的联锁保护

岸桥的小车运行机构限位开关都固定在大梁上，终端限位与终点极限停止限位为机械限位，其他减速限位等基本都采用非接触式接近开关，这些限位开关与编码器具有以下联锁限位功能。

(1)海陆侧终点停止限位(机械杠杆式限位开关)与编码器设定的终点停止位置，这是小车正常工作的停止限位。

(2)海陆侧终点前减速限位(接近限位开关)。此减速限位是由小车位置编码器设定海陆侧终点约 10m 位置，动作后减速为全速的 15% ~20%。

(3)小车横行海侧梁内侧限位(编码器设定)。该开关主要限制小车在吊具带箱低于海侧下横基梁时，限制小车由陆侧向海侧行驶；该开关还可以作为检测小车位置是在前大梁或后大梁。通常情况下，在大梁上还安装一个海陆侧鉴别限位(磁铁感应限位)，与编码器同时检测。

(4)海陆侧终点极限停止限位(机械杠杆式限位开关)。该开关是在终点停止限位失灵后起作用，此开关动作应作为故障处理，需借助于限位旁路按钮，才可恢复操作。

(5)司机室通道门联锁限位。当通道门未关时，小车不允许运行。

(6)防风锚定限位。在小车的两侧有小车锚定限位，当锚定销插入时，限位联锁使小车不能运行。

3. 大车机构的联锁保护

岸桥大车机构具有以下联锁限位：

(1)轮边制动器限位开关。岸桥装有防风轮边制动器，轮边制动器上装有松轨限位开关，松轨限位动作时，大车允许动作。

(2)防风锚定限位开关，在锚定插销插入时，限位联锁使大车行走机构不能工作。

(3)相邻两台岸桥间用红外线防撞减速限位装置(户外型)，限位可以调节减速距离，一般设置5～6m。

(4)两台岸桥间安装减速限位与停止限位，一般都采用机械杠杆式限位。

(5)大车电缆卷盘侧有输出轴，安装凸轮限位，设置3个信号：

①满槽信号。大车电缆卷盘满槽，停止卷盘的收缆工况。

②过电缆坑信号。大车过电缆坑时该信号动作，使大车减速运行。

③空槽信号。当大车电缆卷盘上的电缆还剩3～5圈时，该限位开关动作，致使大车停止动作，以防电缆放空拉断。

(6)大车电缆导缆架上左右两边安装大车电缆过紧限位，当大车电缆过紧而导致该限位动作时，停止大车运行，以免拉断电缆。

4. 俯仰机构的联锁保护

(1)前大梁俯仰机构是起重机在非作业时的工作机构，其限位联锁开关和编码器应具有以下的联锁保护：

①前大梁俯仰至上升终点和水平终点停止限位开关(凸轮限位开关)，与编码器设定的停止位置同时起保护作用。

②前大梁俯仰至上升终点前和水平终点停止前减速限位开关(凸轮限位开关)，与编码器设定的减速位置同时起保护作用。

③前大梁俯仰上升终点停止限位开关(机械杠杆式限位开关)。这个开关的动作是在需要将前大梁放下时，首先将俯仰上升至终点限位动作，再将安全钩抬起，然后开始下降。

④岸桥大梁抬钩抬起限位开关(机械杠杆式限位开关)只有在该限位动作后，俯仰才可作下降操作，直至退出上升减速区为止。脱钩动作可由程序自动的执行。

⑤俯仰钢丝绳防过松限位开关。该开关设在梯形架滑轮组的下方，该限位动作时，俯仰停止下降，防止钢丝绳继续松弛。

⑥前大梁俯仰上升终点极限限位开关(机械杠杆式限位开关)。该开关在上升终点限位失灵后起作用。开关动作应作故障处理，需借极限旁路开关，才可恢复操作。

⑦前大梁钩区位置联锁限位开关。该开关动作，表示前大梁挂钩完毕，下降动作停止。

(2)超速保护。当俯仰操作速度达到115%额定转速时，离心式超速开关会动作，采取紧急制动保护，要重新启动时，必须按复位按钮。

(3)俯仰操作同起升机构、大车机构及小车机构互为联锁。在前大梁挂钩后，起升机构只能空载低速运行，大车机构只能减速行驶，小车不能运行。

三、变频器保护

变频器本身具有相当丰富的异常故障显示和保护功能。若保护功能动作时，变频器立即跳闸，LED显示故障代码，或者将故障信息存储在主控板的参数存储器里面，使电动机处于自由运转状态到停止。变频器异常故障分为软故障和硬故障两大类，前者多因操作或参数设置不当造成的，硬故障是由于变频器本身器件损坏造成的，维修起来可能很不便。处理故障前应注意查看故障前变频器的运行记录，主要包括电流、母线电压及存储在参数块中的历史故障等，以便于故障的分析和检查。当出现变频器显示某类故障，但故障排除过程中却未发生相应故障的情况，此时应仔细检查故障检测元件或故障信息处理系统有无问题。

故障检查或维修时，注意须先切断电源，将变频器的输入变压器进线侧的高压柜断路器摇出，并将变频器A1、A2进线柜主开关断开，且须等断电8min电容放电完毕后，方可打开柜门进行维修，切忌停机后立即进行检查。因变频器额定运行时，其直流母排电压可达到1000V左右，且滤波所用电解电容器的数量达120个，单个容量6800μF，储存了大量的电能，停机后须待电容模块前的电压平衡电阻将其放电，电压降低后(其放电时间为8min)，方可开柜进行检查。一般来说，变频器常见的保护功能有以下几个方面。

1. 过电流保护功能

变频器中过电流保护的对象主要指带有突变性质的、电流的峰值超过了过电流检测值(约额定电流的200%)，变频器显示OC(安川系统)表示过电流，由于逆变器件的过载能力较差，所以变频器的过电流保护是至关重要的一环。

过流故障可分为加速、减速、恒速过电流。其可能是由于变频器的加减速时间太短、负载发生突变、负荷分配不均，输出短路等原因引起的。这时一般可通过延长加减速时间、减少负荷的突变、外加能耗制动元件、进行负荷分配设计、对线路进行检查等来解决。

2. 过载保护

电动机能够旋转，但运行电流超过了额定值，称为过载。过载的基本反映是：电流虽然超过了额定值，但超过的幅度不大，一般也不形成较大的冲击电流。输出电流超过反时限特性过载电流额定值，保护功能动作，变频器的容量变小。过载的主要原因有以下三点：

(1)机械负荷过重：负荷过重的主要特征是电动机发热，并可从显示屏上读取运行电流来发现。主要原因是变频器负载太大，加减速时间、运行周期时间太短；V/F特性的电压太高；变频器功率太小。

(2)三相电压不平衡：引起某相的运行电流过大，导致过载跳闸，其特点是电动机发热不均衡，从显示屏上读取运行电流时不一定能发现(因显示屏只显示一相电流)。

(3)误动作：变频器内部的电流检测部分发生故障，检测出的电流信号偏大，导致跳闸。

3. 欠电压保护

欠压也是使用中经常碰到的问题。电源电压降低后，主电路直流电压若降到欠电压检测值以下，保护功能动作。另外，电压若降到不能维持变频器控制电路的工作，则全部保护功能自动复位（检测值：DC400V）。当出现欠压故障时，首先应该检查输入电源是否缺相，假如输入电源没有问题，就要检查整流回路是否有问题，假如都没有问题，那就要看直流检测电路上是否有问题了。如果因为主回路电压太低（380V 系列低于 400V），主要原因是整流桥某一路损坏或晶闸管（或 IGBT）三相电路中有一相工作不正常，都有可能导致欠压故障的出现，其次主回路断路器、接触器损坏，导致直流母线电压损耗在充电电阻上面有可能导致欠压。电压检测电路发生故障而出现欠压问题，由于变频器故障或噪声引起的误动作等造成主电路直流端（P、N 之间）超过了检测值。

4. 过电压保护

来自电动机的再生电流增加，主电路直流电压若超过电压检测值，错误施加过高电压时保护功能动作。过电压保护主要有三种现象：加速时过电压、减速时过电压、恒速时过电压。过电压报警一般是出现在停机的时候，其主要原因是减速时间太短或制动电阻及制动单元有问题。

变频器的过电压集中表现在直流母线的电压上。正常情况下，变频器直流电为三相全波整流后的平均值。若以 380V 线电压计算，则平均直流电压 $U_d = 1.35U_L = 513V$。在过电压发生时，直流母线的储能电容将被充电，当电压上至 760V 左右时，变频器过电压保护动作。因此，变频器都有一个正常的工作电压范围，当电压超过这个范围时很可能损坏变频器。常见的过电压主要是发电制动时的过电压，这种情况出现的概率较高。

5. 接地故障

接地故障也是常会碰到的故障，变频器输出侧的接地电流超过了变频器额定输出电流的 50%，主要原因是变频器输出侧发生了接地短路（电机烧毁、绝缘劣化、电缆破损而引起的接触、接地等）。在排除电机接地存在问题的原因外，最可能发生故障的部分就是霍尔传感器了，霍尔传感器由于受温度、湿度等环境因素的影响，工作点很容易发生飘移，导致 GF 报警。对于安川变频器，如果快熔未烧坏，则需检修触发板上的光耦；如果快熔烧坏了，则需要更换模块、快熔，还需检修触发板上的光耦合等。

第五节　岸边集装箱起重机电气原理图

岸边集装箱起重机电气原理图，由目录、符号表、系统单线图、接地系统、四大机构主回路、控制回路、变频器外围控制、应急回路、辅助系统等组成。电气原理图根据所选用的电控系统、用户需求等方面而有所不同。现以振华港机制造，上海港沪东公司使用的 Siemens 电控系统原理图为例，针对其中的一些关键部位作些介绍。

一、符号表（图 5-5-1）

二、接地系统

如图 5-5-2 所示，在变压器侧有可靠接地，每个柜子中都有接地排。柜与柜之间通过接地

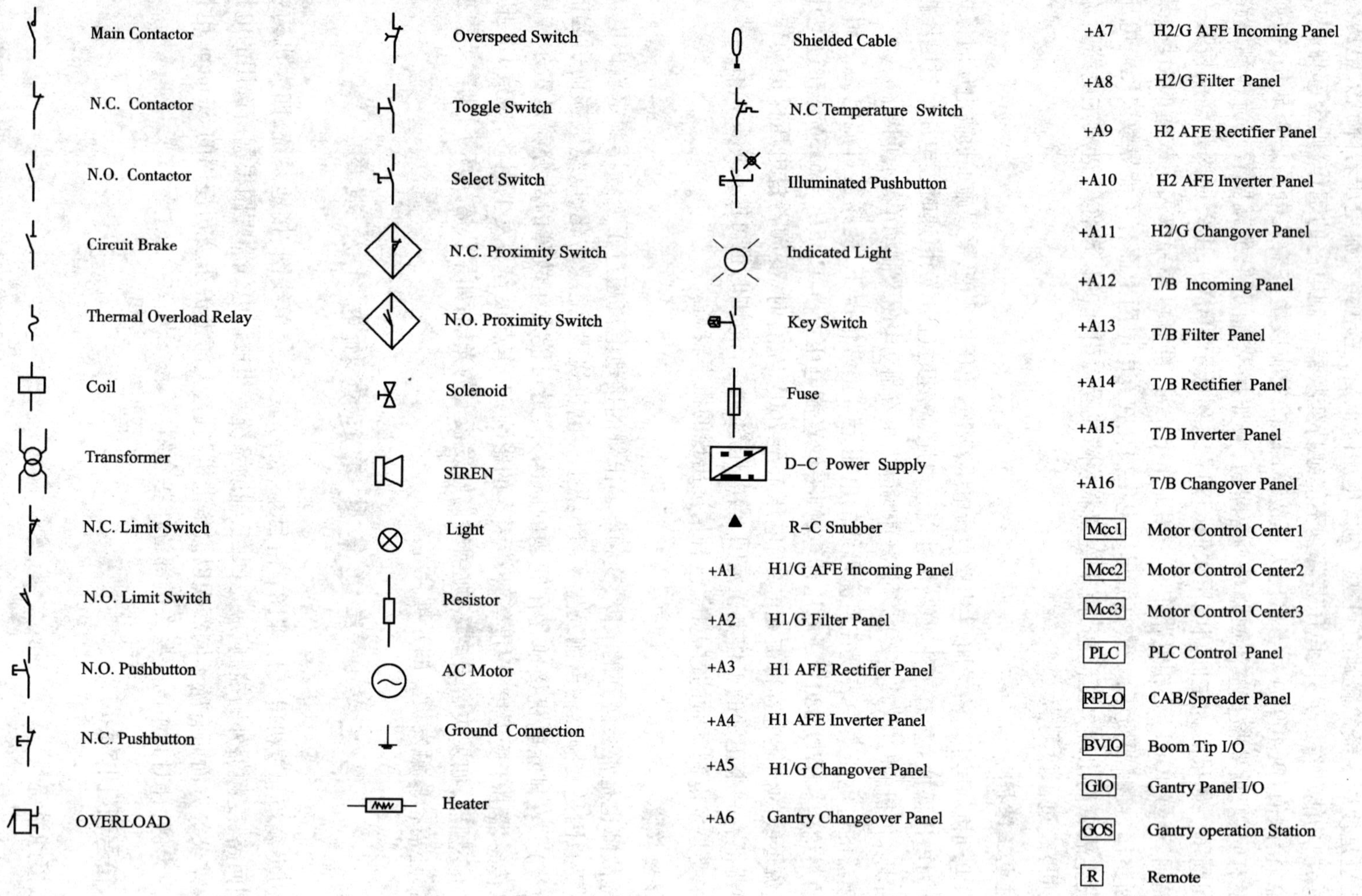

Main Contactor
N.C. Contactor
N.O. Contactor
Circuit Brake
Thermal Overload Relay
Coil
Transformer
N.C. Limit Switch
N.O. Limit Switch
N.O. Pushbutton
N.C. Pushbutton
OVERLOAD
Overspeed Switch
Toggle Switch
Select Switch
N.C. Proximity Switch
N.O. Proximity Switch
Solenoid
SIREN
Light
Resistor
AC Motor
Ground Connection
Heater
Shielded Cable
N.C Temperature Switch
Illuminated Pushbutton
Indicated Light
Key Switch
Fuse
D–C Power Supply
R–C Snubber
+A1 H1/G AFE Incoming Panel
+A2 H1/G Filter Panel
+A3 H1 AFE Rectifier Panel
+A4 H1 AFE Inverter Panel
+A5 H1/G Changover Panel
+A6 Gantry Changeover Panel
+A7 H2/G AFE Incoming Panel
+A8 H2/G Filter Panel
+A9 H2 AFE Rectifier Panel
+A10 H2 AFE Inverter Panel
+A11 H2/G Changover Panel
+A12 T/B Incoming Panel
+A13 T/B Filter Panel
+A14 T/B Rectifier Panel
+A15 T/B Inverter Panel
+A16 T/B Changover Panel
Mcc1 Motor Control Center1
Mcc2 Motor Control Center2
Mcc3 Motor Control Center3
PLC PLC Control Panel
RPLO CAB/Spreader Panel
BVIO Boom Tip I/O
GIO Gantry Panel I/O
GOS Gantry operation Station
R Remote

图 5-5-1 符号表

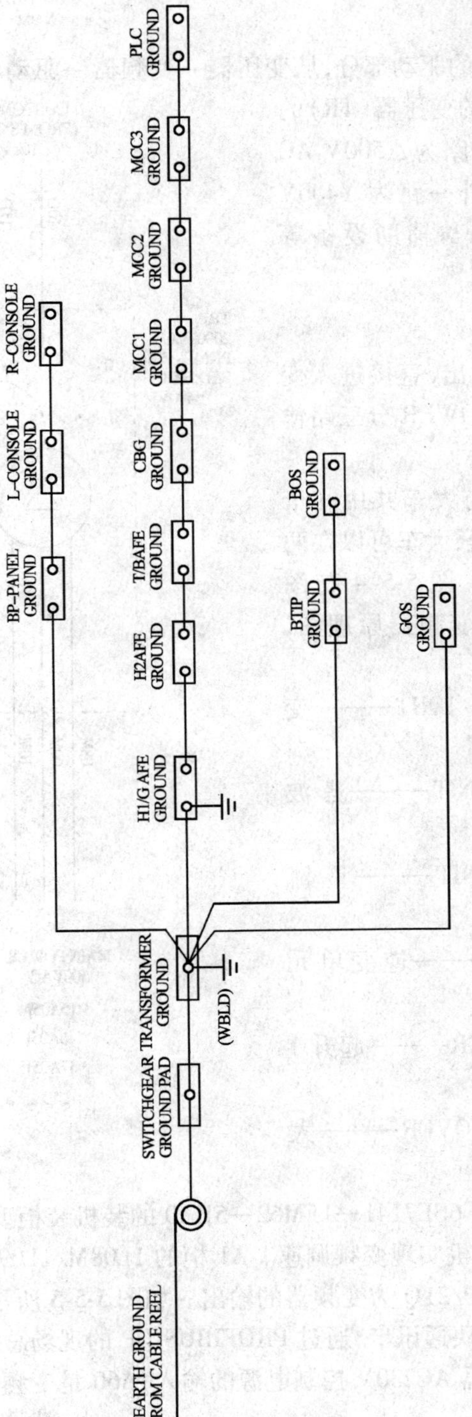
EARTH GROUND FROM CABLE REEL
SWITCHGEAR GROUND PAD
TRANSFORMER GROUND
(WBLD)
H1/G AFE GROUND
H2AFE GROUND
T/BAFE GROUND
CBG GROUND
MCC1 GROUND
MCC2 GROUND
MCC3 GROUND
PLC GROUND
BP–PANEL GROUND
L–CONSOLE GROUND
R–CONSOLE GROUND
BTIP GROUND
BOS GROUND
GOS GROUND

图 5-5-2　接地系统图

线进行可靠的连接。

三、四大机构主回路

主回路是指岸桥四大机构的驱动部分,从变压器→变频器→驱动电机。如图 5-5-3 所示,10kV 的高压电送到 2000kVA 的变压器(TR)的一次侧,二次侧输出分两路,一路为△500V AC 的主电源,供变频器使用;另外一路为 Y400V AC 的辅助电源,供控制回路与辅助设备等使用。

1. 起升/大车主回路

主回路电源通过变压器输出,直接进入变频器,如图 5-5-3 所示,MAIN POWER 分三路输出,分别是 5A05/6A05/7A05。

5A05 是起升 1#变频器,与大车共用一个变频器;6A05 是起升 2#变频器,大车可以在两个起升变频器之间切换使用。图 5-5-4 与图 5-5-5是起升 1#与大车共用的变频器原理图,其中:

+. A1 MAIN INCOMEING UNIT———变频器电源进线;

+. A2 LINE FILTER UNIT———滤波单元;

+. A3 CONVERTER UNIT———整流单元;

+. A4 INVERTER UNIT———逆变单元与输出;

+. A5 H1/G CHANGEOVER———起升 1#与大车切换柜;

+. A6 GANTRY CHANGEOVER———大车切换柜;

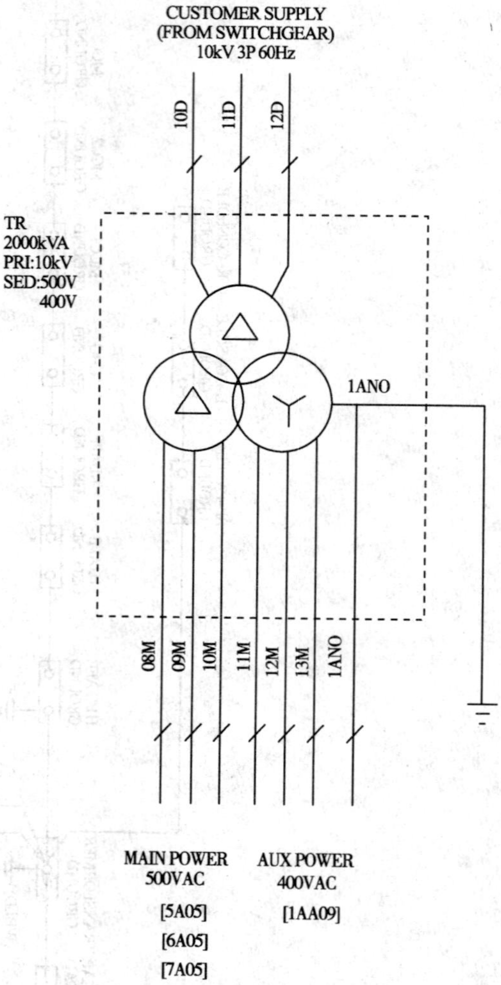

图 5-5-3 电源分配

△500VAC 的电源进入型号 6SE7141—1FM62—5BA0 的装机装柜型变频器 A1 柜后,通过滤波、整流、逆变、然后输出到电机实现变频调速。A1 柜的 1L08M/1L09M/1L10M 为变频器的三相输入电源;A4 柜的 21N/21P/21Q 为变频器的输出。如图 5-5-5 所示。

A1 柜与 A4 柜中 CBP 是一块通讯卡,通过 PROFIBUS DP 的现场总线实现通讯。

A2 柜中的 X4 端子是变频器 AC230V 控制电源的输入;A60 是变频器故障检测模块,将故障信号送至岸桥的主控回路中。

A3 柜中的 X125 接线端子是起升电机过温检测端口,其中 21M/21N 是通过过温继电器将检测到的信号送入至变频器,然后通过 21P/21Q 将过温信号送到 PLC 程序中。

A4 柜中的 EB2 模板是扩展的输入输出，有 X490 与 X491 端子，参与主控系统的逻辑控制与制动器释放信号；通过 SIMOLINK，使用 SLB 模板实现起升 1#与起升 2#两个驱动器之间的通讯；CUVC 是西门子变频器的中央模块，安装在逆变柜的电子架中，测速编码器(PG)将脉冲信号 A 相和 B 相通过 X10 端子送到 CUVC 中。

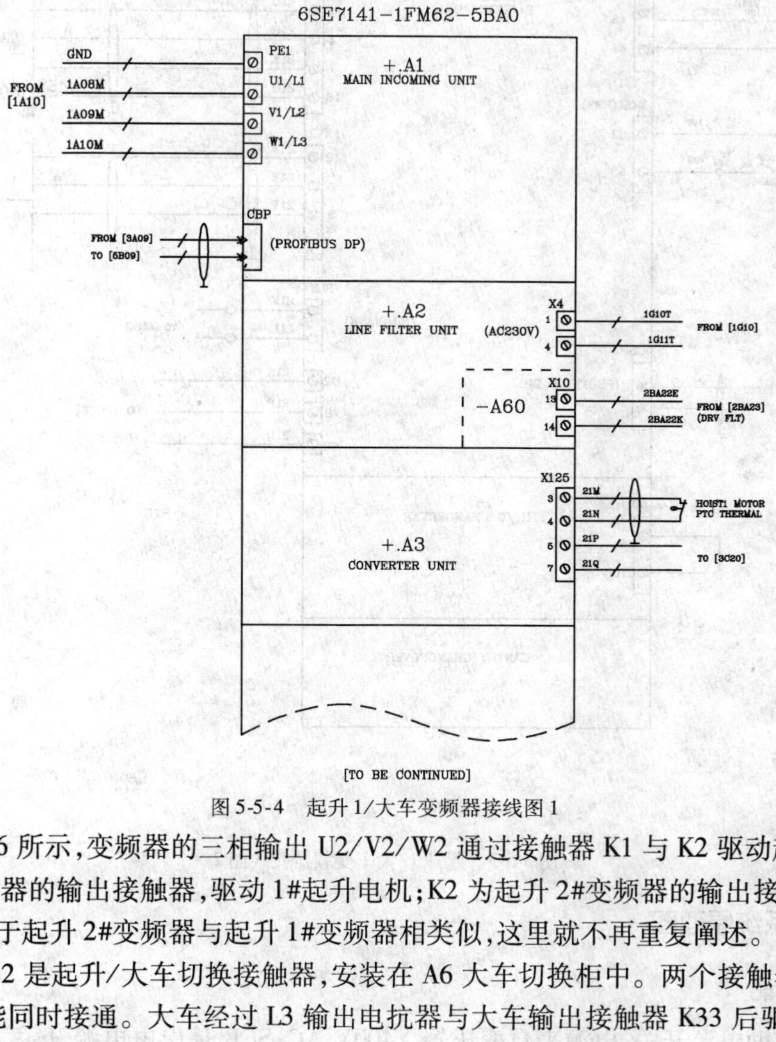

图 5-5-4　起升 1/大车变频器接线图 1

如图 5-5-6 所示，变频器的三相输出 U2/V2/W2 通过接触器 K1 与 K2 驱动起升电机。K1 为起升 1#变频器的输出接触器，驱动 1#起升电机；K2 为起升 2#变频器的输出接触器，驱动 2#起升电机。由于起升 2#变频器与起升 1#变频器相类似，这里就不再重复阐述。

K31 与 K32 是起升/大车切换接触器，安装在 A6 大车切换柜中。两个接触器之间有机械联锁装置，不能同时接通。大车经过 L3 输出电抗器与大车输出接触器 K33 后驱动大车电机。大车电机原理图如图 5-5-7 所示。

2. 小车/俯仰主回路

小车/俯仰主回路原理图与起升相类似，如图 5-5-8 所示，主电源进线 A12 柜 1A08M/1A09M/1A10M，变频器输出为 21N/21P/21Q(图 5-5-9)。在 A14 柜中，小车电机过温信号通过 X125 端子输入输出；俯仰电机过温信号通过 X126 端子输入输出。在 A15 柜中，小车测速编码器与俯仰测速编码器都通过 X10 端子输入到 CUVC 中央模块中，两者之间通过两个继电器进行切换。

图 5-5-9 中，+. A16 柜为小车/俯仰切换柜，输出电路如图 5-5-10 所示：变频器输出分两路，一路通过 K4 小车接触器驱动小车电机；另外一路通过 K5 俯仰接触器驱动俯仰电机。两

者之间采用 First Come First Serve（先到先服务）的方式控制 K4 与 K5 接触器。

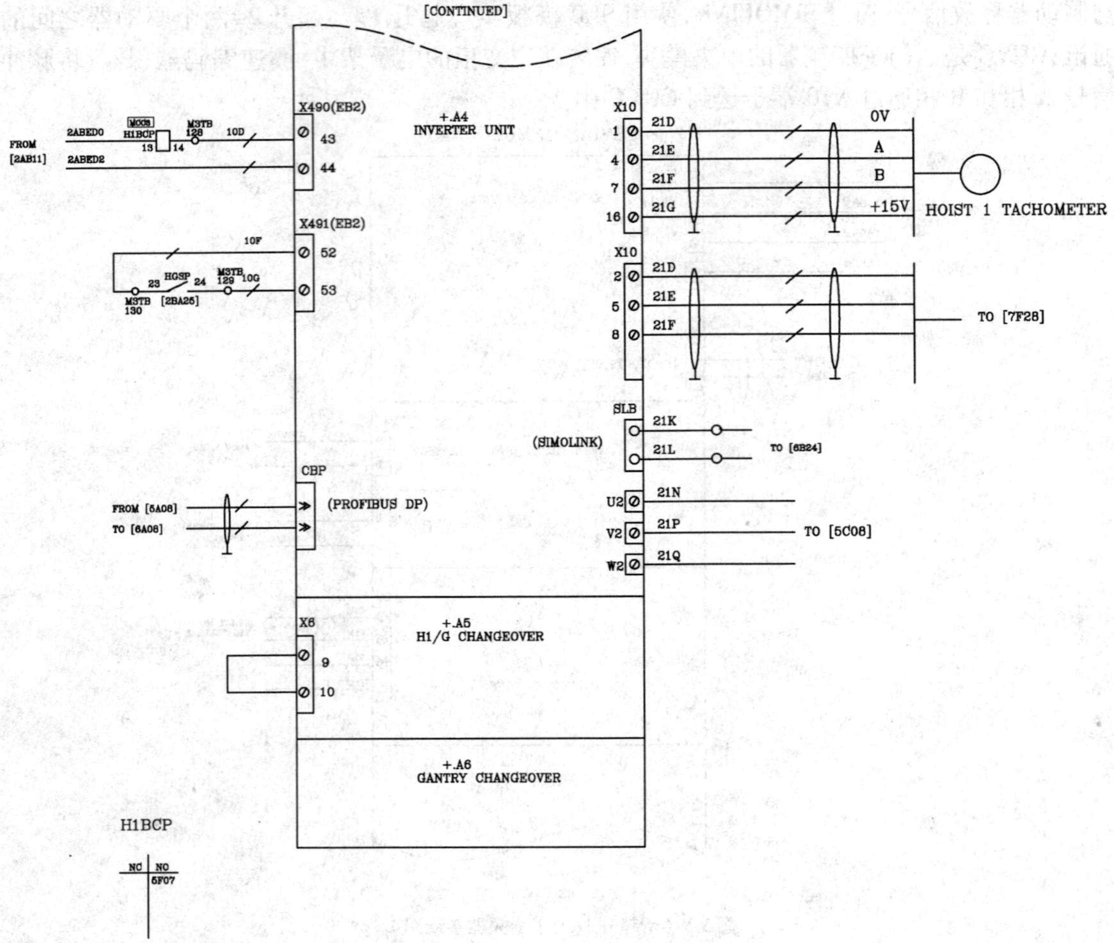

图 5-5-5　起升 1/大车变频器接线图 2

四、控制系统原理图

1. 电源分配

NCB 是辅助电源开关，电源来自变压器 Y400V AC；SCB 是岸电电源开关，电源来自码头应急电缆。如若高压部分或者变压器部分发生故障，则可以通过岸电电源应急给岸桥供电，所以两者之间不能同时工作。如图 5-5-11 所示，NPC 与 SPC 两个供电接触器之间不仅有机械联锁装置，而且在两个接触器控制线路中进行了电气互锁，以保证供电的安全可靠性。

辅助电源经过 NPC 接触器后，通过 CTLCB 电源开关与 400/100V AC 变压器 TR1，进行电源分配。图 5-5-12 中：

EGANCB——GANTRY STATION 大车模块箱电源开关；

EBMCB——BOOM STATION 俯仰操作站模块箱电源开关；

ESPRCB——CABIN & SPREADER 司机室吊具柜模块站电源开关；

EERCB——MAIN PLC & E_ROOM 主 PLC 与电气房模块站电源开关；

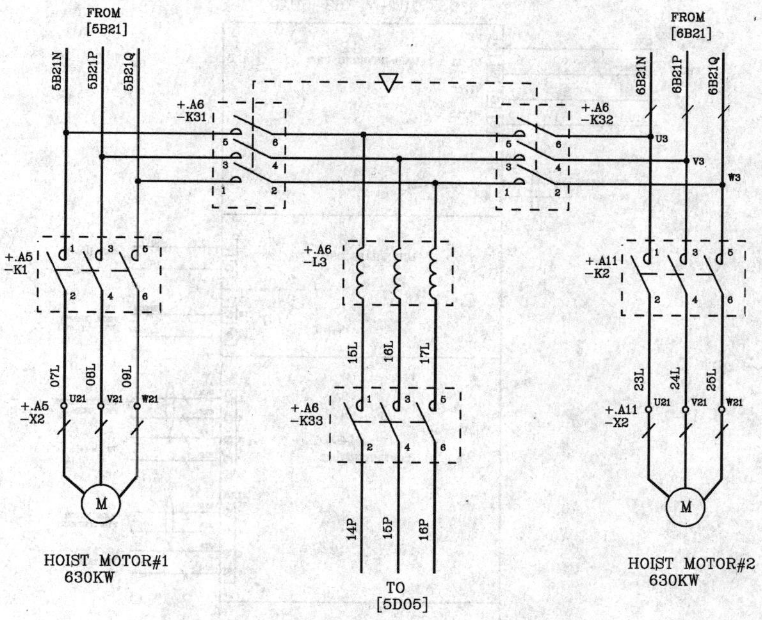

图 5-5-6　起升电机原理图

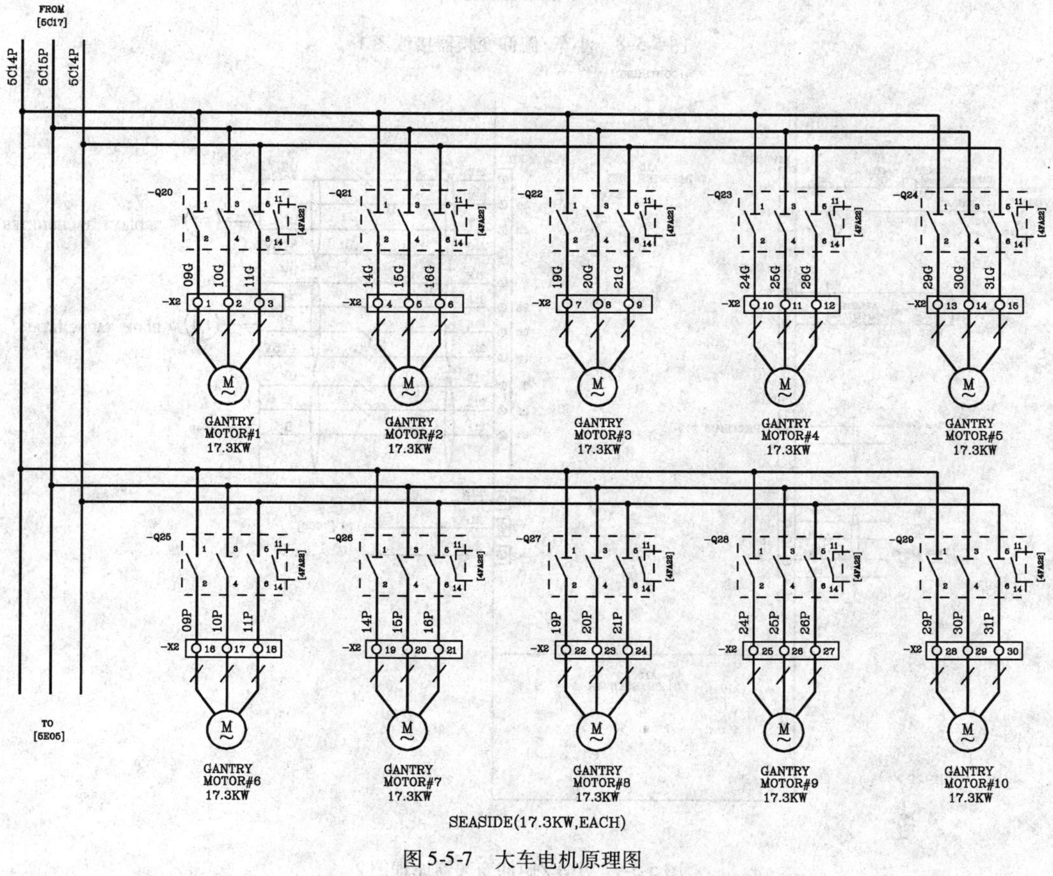

图 5-5-7　大车电机原理图

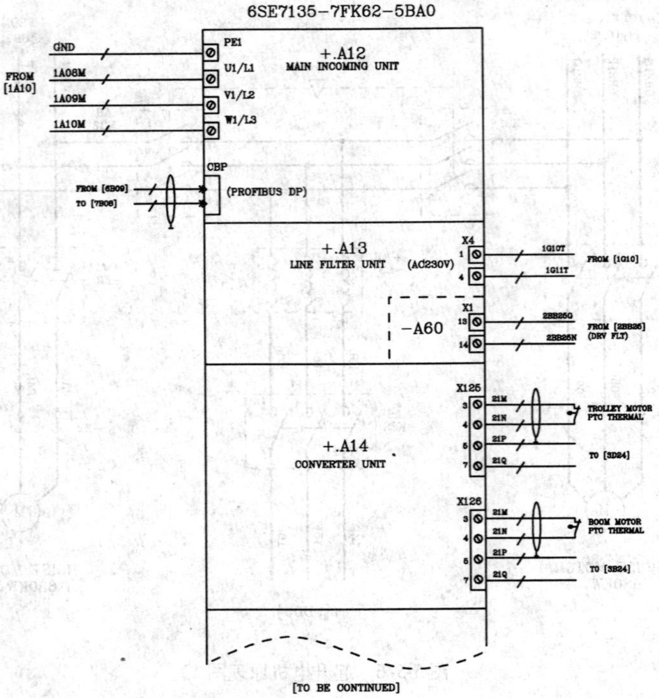

图 5-5-8　小车/俯仰变频器接线图 1

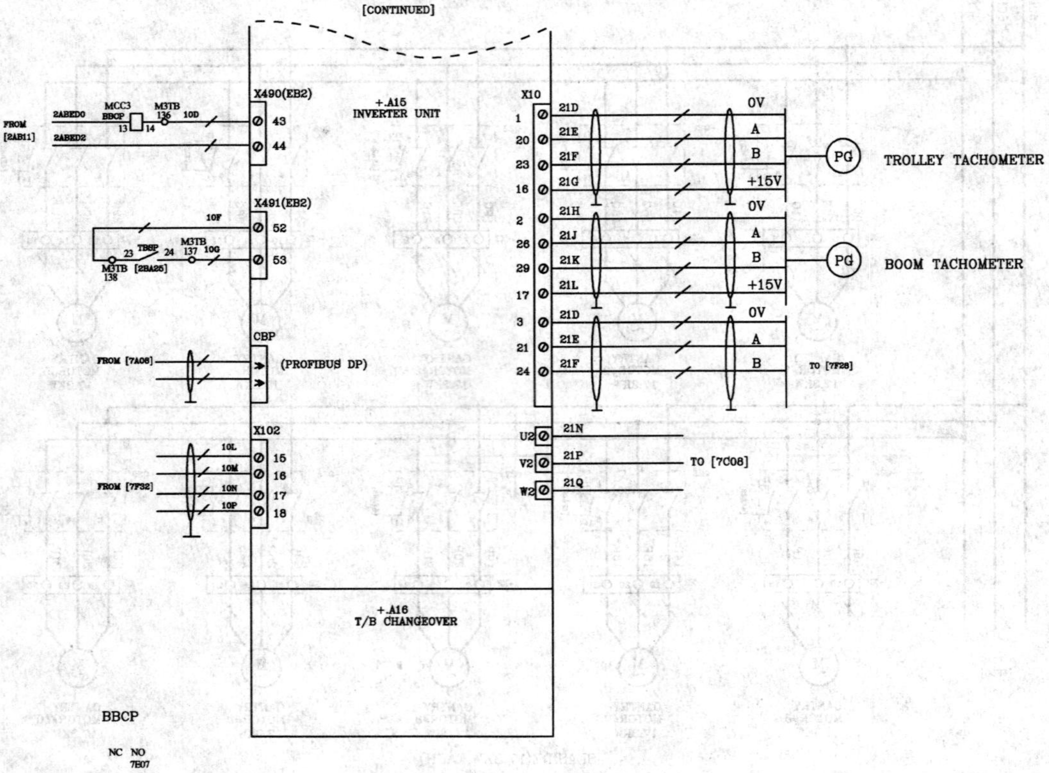

图 5-5-9　小车/俯仰变频器原理图 2

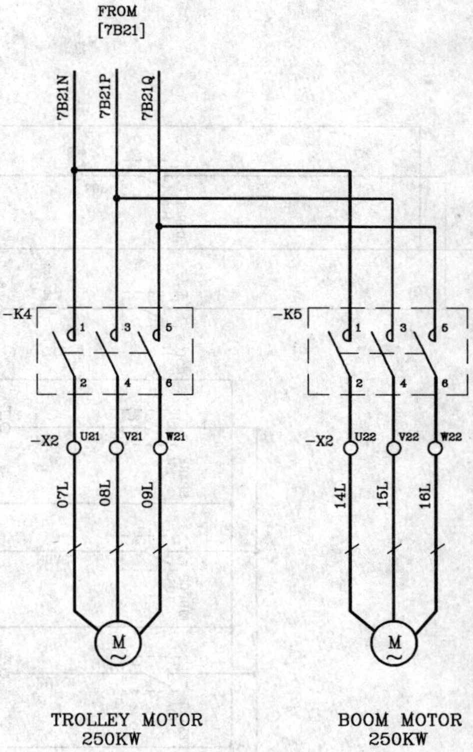

图 5-5-10　小车/俯仰电机原理图

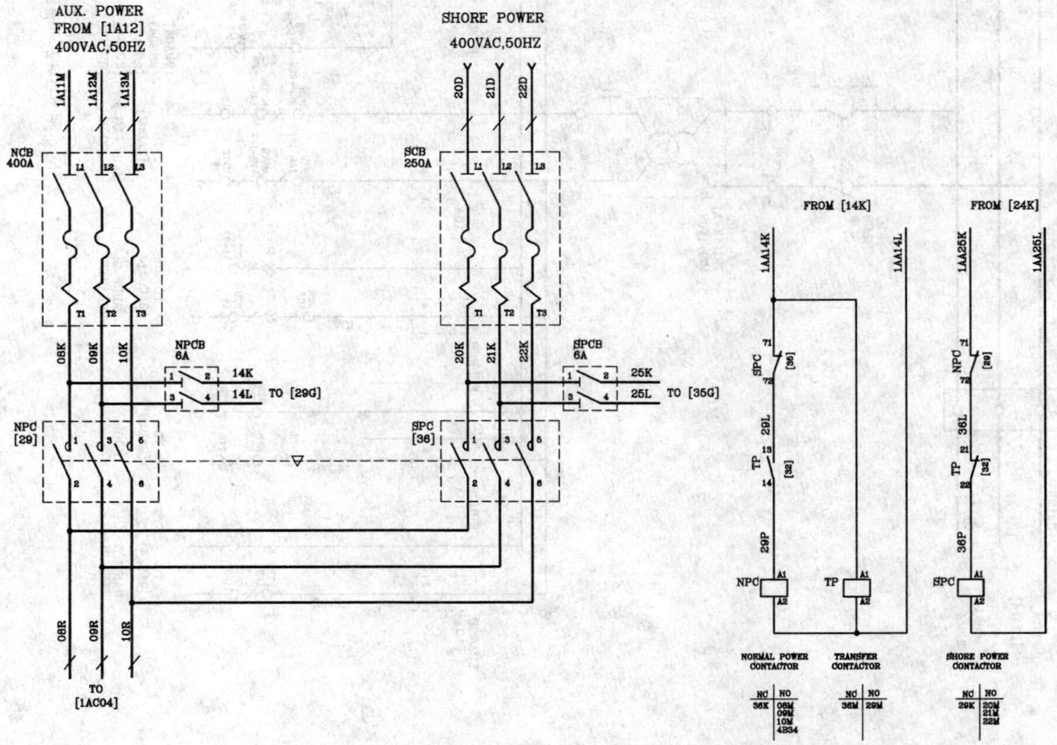

图 5-5-11　辅电/岸电切换图

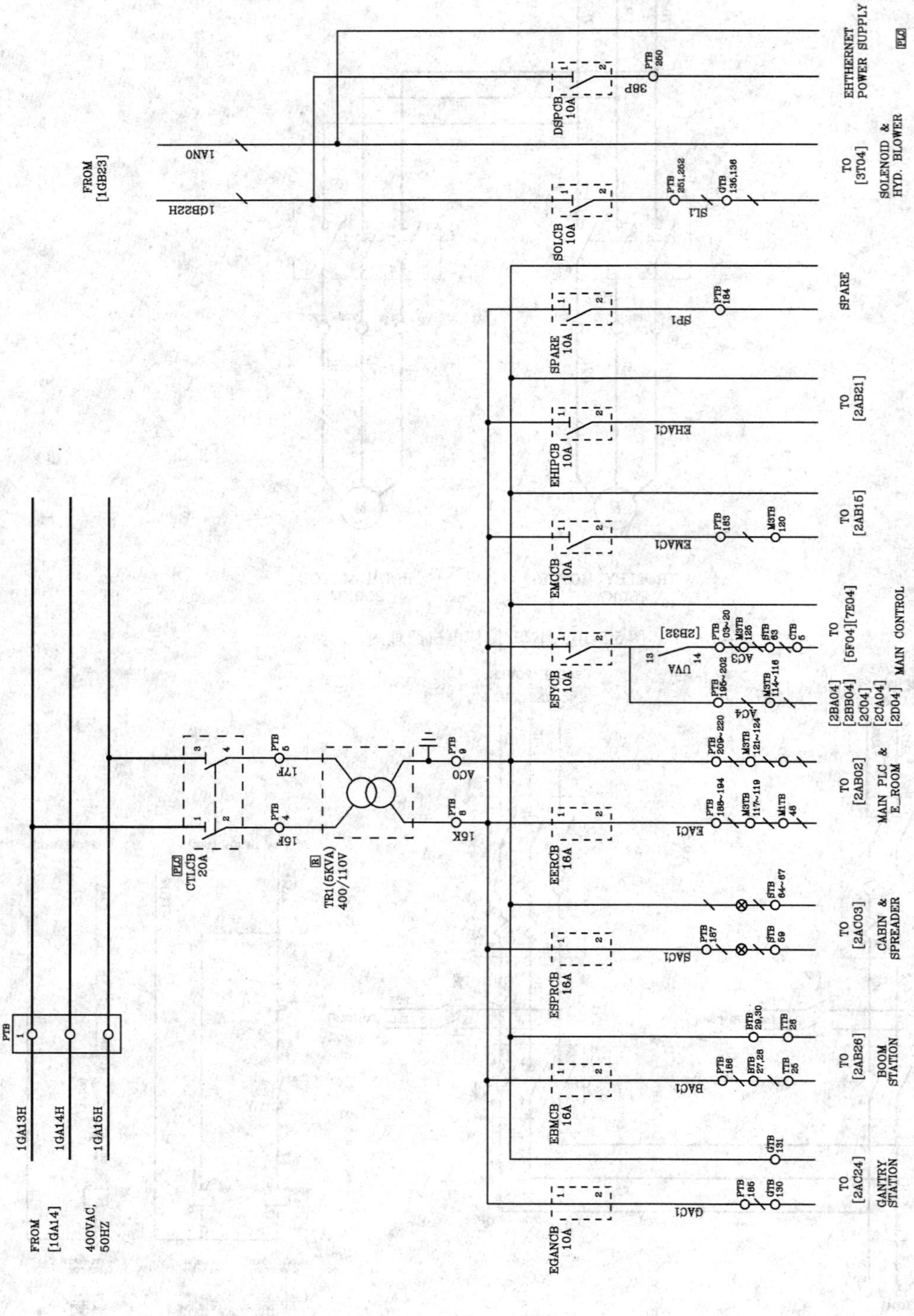

图 5-5-12　辅助电源分配原理图 1

ESYCB——MAIN CONTROL 主控电源开关；

EMCCB——DC POWER MCC 控制电气房 MCC3 柜直流电源开关；

EHIPCB——DC POWER MCC 控制电气房 MCC 柜直流电源开关；

SPARE——备用开关；

SOLCB——SOLENOID HYD. BLOWER 电磁阀与液压站风机电源开关；

DSPCB——EHTHERNET POWER SUPPLY 以太网电源开关。

图 5-5-13 中：

EDCB1——DC POWER E-ROOM 电气房 PLC 柜直流电源开关；

EDCB2——电气房 PLC 柜直流电源开关；

EDCB3——ENCODER POWER 编码器电源开关；

MDCB1——DC POWER MCC MCC 柜直流电源开关；

HDCB——DC POWER MCC MCC 柜直流电源开关；

BDCB——BOOM OPERATION STA. 俯仰操作站直流电源开关；

BTDCB——BOOM TIP 前大梁直流电源开关。

图 5-5-14 中：

SCCB——AC POWER 司机室吊具柜交流电源开关；

SDCB1——SPREADER I/O 司机室吊具柜吊具模块电源开关；

LCDCB1——LC/RC 司机室左右联动台电源开关；

TPDCB——TOUCH PANEL POWER SUPPLY 司机室触摸屏电源开关；

SPARE——司机室吊具柜备用开关；

GCCB——AC POWER 大车模块箱交流电源开关；

GDCB——GANTRY 大车模块箱直流电源开关。

2. 主控系统

(1)UVA 主控系统。UVA 的全称是 AC UNDER-VOLTAGE，回路电源是由 2AAC4 提供，UVA 继电器吸合 2AAC3 电源输出(参考图 5-5-12)。在图 5-5-15 中可以看出，在主控系统 UVA 回路中，主要是由 10 个紧停常闭触点，两个超速开关组成。

紧停有两个常闭触点，一个在硬件回路中构成控制回路，另一个触点则是将其信号送入 PLC 程序中，通过软件检测其通断。

超速开关有俯仰与起升组成。小车与大车是平移机构，一般不安装超速开关。

R7 与 R8 是脉冲继电器，R7 是复位信号，R8 是控制合信号。两个信号都由 PLC 程序控制，模块输出。在程序设计中，控制合信号和复位信号共用一个按钮，所以 R7 与 R8 继电器是同时输出的。

HC01 是马达加热器继电器，HC02 是控制柜内加热器继电器。两者与 UVA 同时吸合。

在硬件回路中，UVA 吸合，就有 2AAC3 的 110V AC 电源输出，是两个继电器 HGSP 与 TB-SP 吸合的必要条件；在 PLC 控制程序中，UVA 一旦吸合，就代表控制电已经送上，为四大机构的运行做好了准备。

(2)HGSP 控制系统。HGSP 的全称是 Hoist/Gantry Stop Relay，指起升与大车的停止继电器，此继电器一旦断开，则起升与大车都不能正常运行。如图 5-5-16 所示，2AAC3 是 HGSP 的

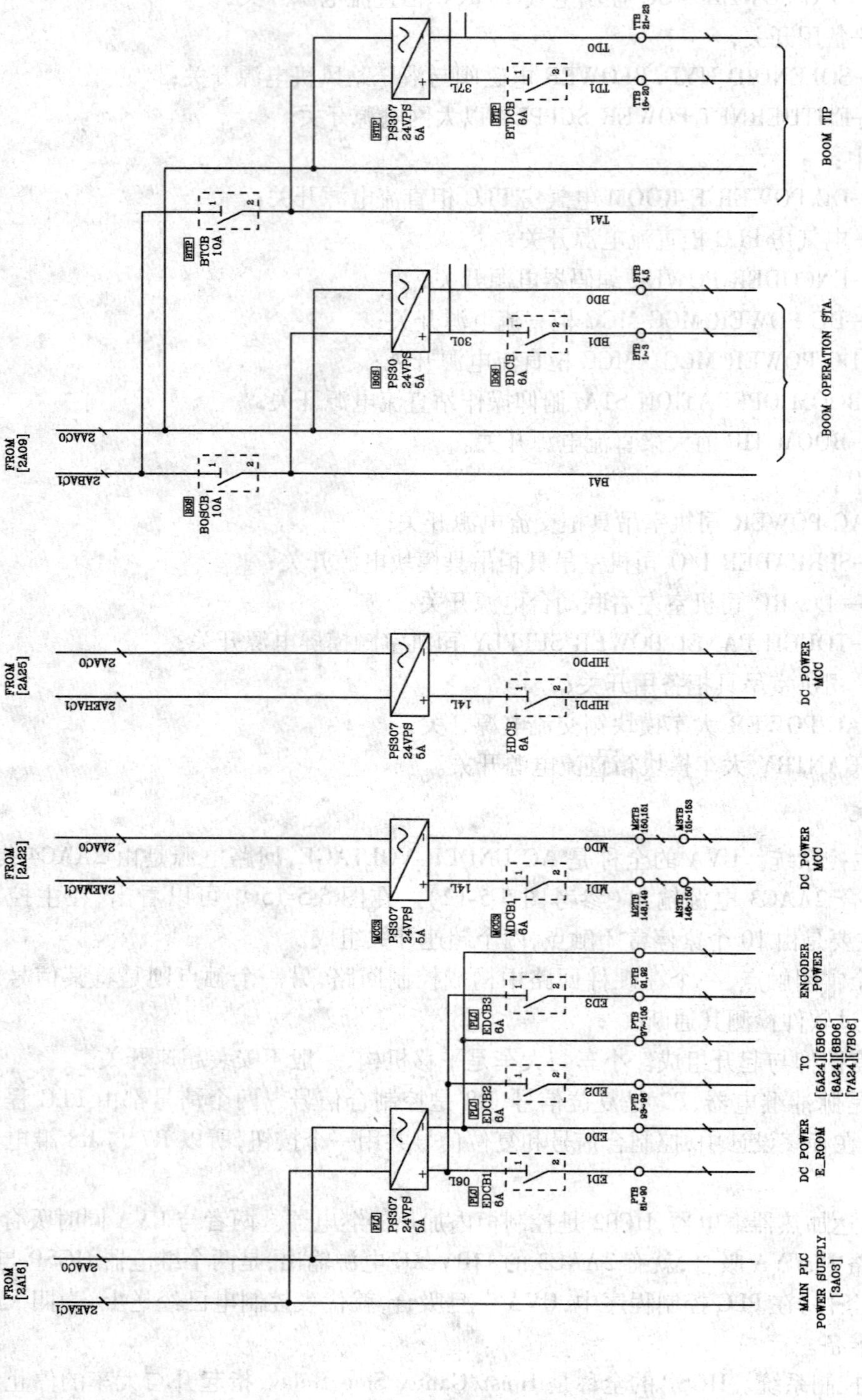

图 5-5-13　辅助电源分配原理图 2

回路电源，在回路中共有五个触点组成：

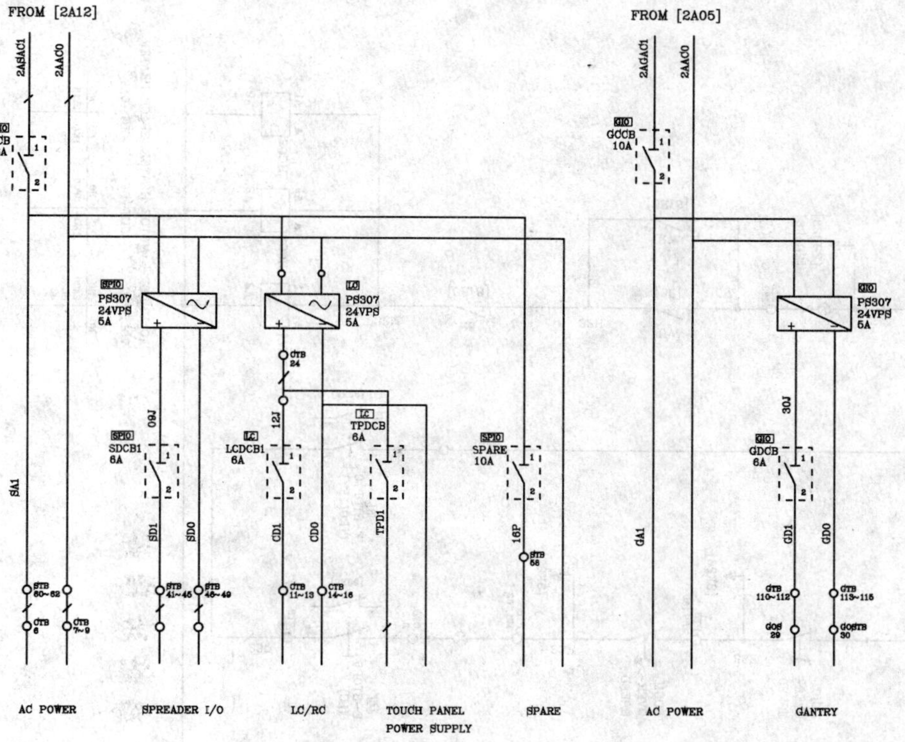

图 5-5-14　辅助电源分配原理图 3

HOIST UP OVER-TRAVEL——起升上升极限限位，一般都以重锤限位进行检测；

HESX——H/G PLC STOP 起升/大车 PLC 停止继电器，由 PLC 模块输出；

HEMX——HOIST EMER. RELAY 起升应急继电器，用于应急起升。当采用应急回路运行起升时，通过 FROM (2B34)这一回路控制 HGSP；

H1DRV FAULT——起升 1#变频器故障继电器；

H2DRV FAULT——起升 2#变频器故障继电器；

(3)TBSP 控制系统。TBSP 的全称是 Trolley/Boom Stop Relay，指小车与俯仰的停止继电器，此继电器一旦断开，则小车与俯仰都不能正常运行。在图 5-5-17 中，构成 TBSP 控制回路的主要由以下几个组成：

Trolley Forward Overtravel——小车向前极限限位；

Trolley Reverse Overtravel——小车向后极限限位；

Boom UP Overtravel——俯仰上升极限限位；

TESX——T/B PLC STOP 小车/俯仰 PLC 停止继电器，由 PLC 模块输出；

BEMX——BOOM EMER. RELAY 俯仰应急继电器，用于应急俯仰。当采用应急回路运行俯仰时，通过 FROM (2B32)这一回路控制 TBSP；

TEMX——TROLLEY EMER. RELAY 小车应急继电器，用于应急小车。当采用应急回路运行小车时，通过 FROM (2B32)这一回路控制 TBSP；

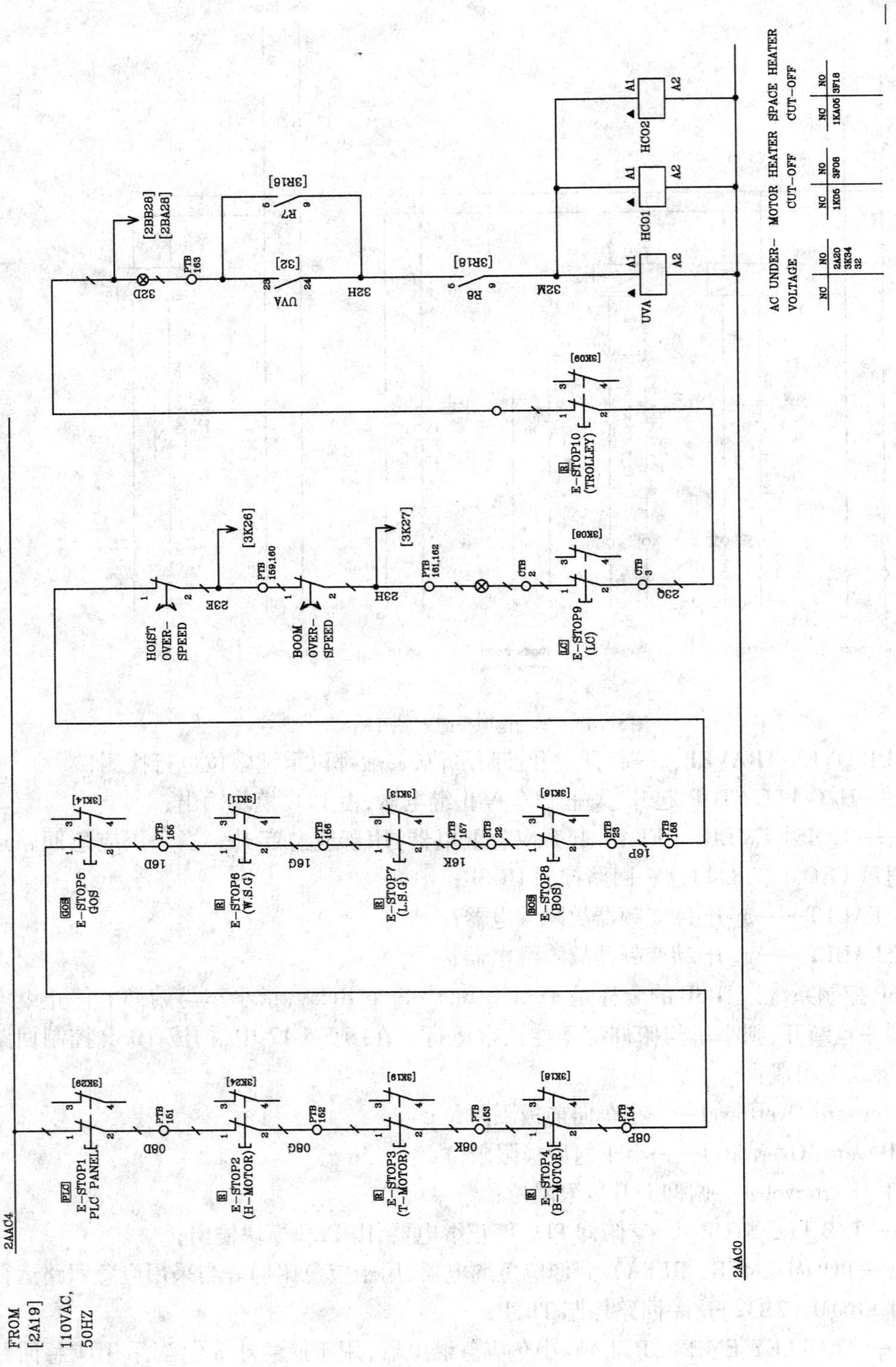

图 5-5-15　UVA 主控系统原理图

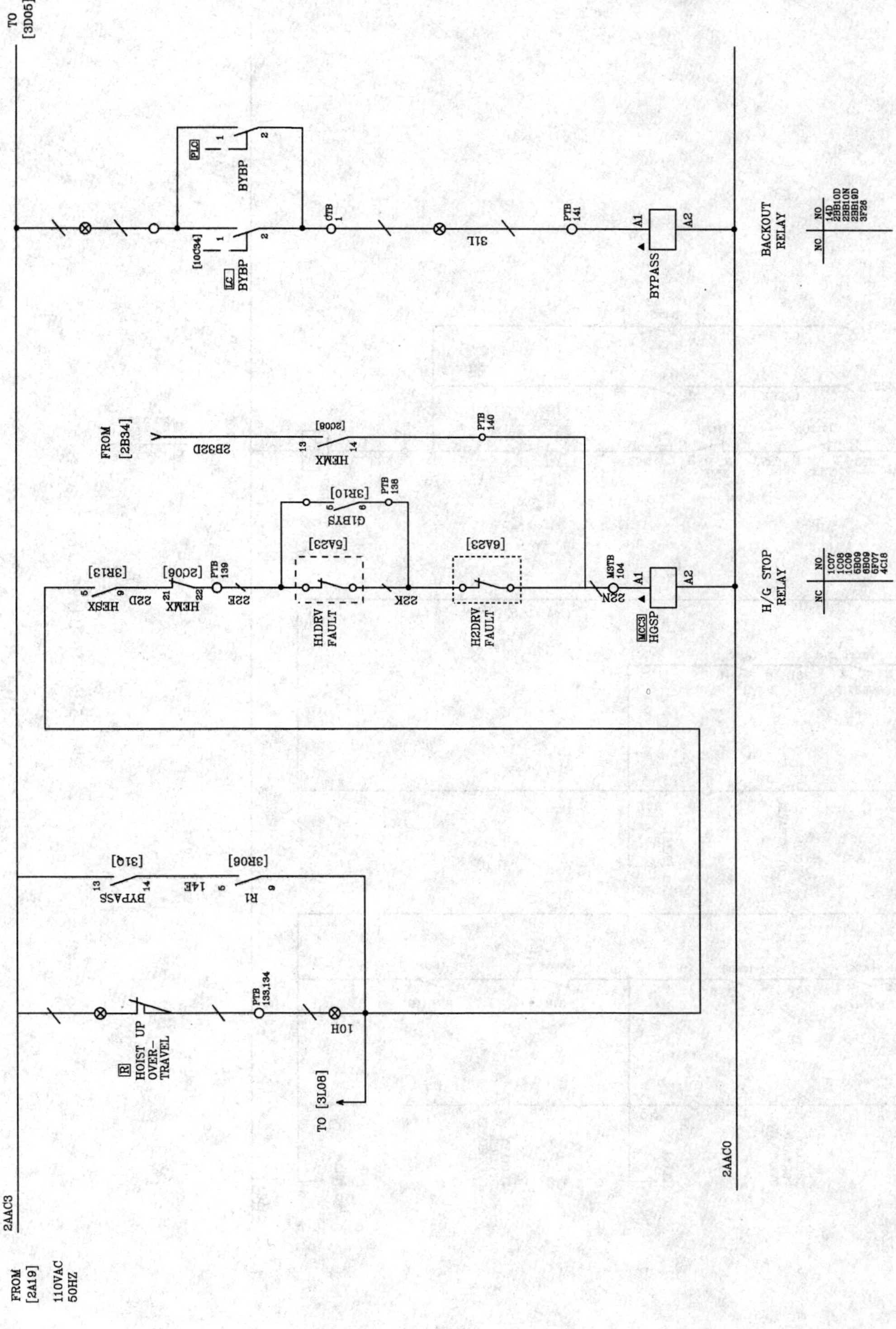

图 5-5-16　HGSP 控制系统

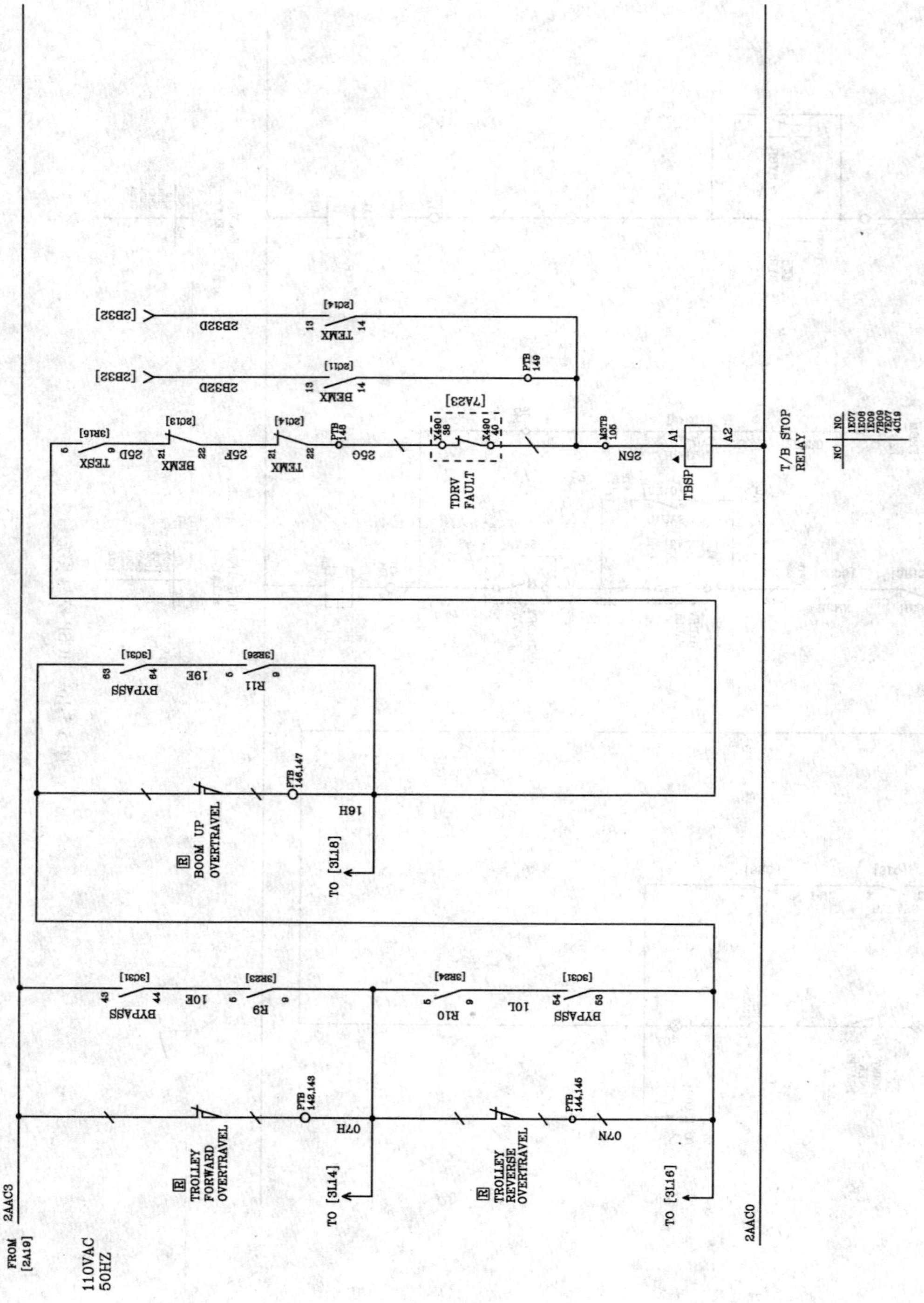

图 5-5-17　TBSP 控制系统

TDRV FAULT——小车变频器故障;可参考图 5-5-8 小车变频器原理图,该信号由 A60 模块输出;

那么,如果 HGSP 不吸合,会影响小车或者俯仰的正常运行吗? 我们可以从下面的几张原理图中可以看出,HGSP 与 TBSP 是两个相对独立的继电器,不会相互影响,如若 HGSP 继电器没有吸合,起升与大车就没有动作,但是此时 TBSP 是吸合的,则小车或者俯仰依然可以正常运行。

在图 5-5-16 的右侧有一个 BYPASS 的继电器——旁路继电器(BACKOUT RELAY),主要功能是旁路极限限位。

3. 可编程控制器

在 Siemens 的 PLC 硬件组织架构中,从左到右依次为 PS 电源模块、CPU 416-DP 模块、CP443-1 以太网通讯模块、CP443-5 通讯处理器。整个系统网络采用 PROFIBUS-DP 的现场总线实现系统通讯。人机界面与 PLC 之间的通讯是通过以太网模块 CP443-1 得以实现。HIPAC 是电子防摇模块,以从站的形式通过通讯处理器 CP443-5 连接。

在图 5-5-18 所示,CPU 通讯分三路,由变频器与分布式 I/O 组成,每个分布式的 I/O 有各自的 PS 电源模块、通讯模块与输入输出模块。

(1)变频器通讯连接,依次为 H1AFE(起升 1 整流柜)、H1/G INV(起升 1/大车逆变柜)、H2AFE(起升 2 整流柜)、H2 INV(起升 2 逆变柜)、T/B AFE(小车/俯仰整流柜)、T/BINV(小车/俯仰逆变柜)。

(2)分布式 I/O 通讯连接,依次为 E_ROOM 1(电气房模块站 1)、E_ROOM 2(电气房模块站 2)、MCC2(辅助控制柜模块站)、GIO(大车模块站)、BOS(俯仰模块站)、BOOM TIP(前大梁模块站)。

(3)司机室分布式 I/O 通讯连接,通过 OLM 光电转换器,将 profibus 信号转换成光纤信号,通过托令光缆传入司机室,再将其转换成 profibus 信号,依次为 SPIO(吊具柜模块站)、LCIO(左联动台模块站)、SCRP(吊具电缆卷筒柜模块站)。

图 5-5-19 是电气房 PLC DP 接线图与电源供给图。OLM 为光电转换器,将光纤信号与 profibus 信号转换。

图 5-5-20 是电气房以太网系统接线图,主要是 PLC 与 LCMS/RCMS 之间的通讯。图中 ELM 为光电转换器,将光纤信号与以太网信号转换。

4. 模块输入输出原理图

(1)数字量模块输入。数字量模块输入的信号,一般都是一些限位、接触器辅助触点、开关辅助触点、按钮、转换开关等等的信号,PLC 通过这些输入模块所收集到的信号进行处理,如图 5-5-21 ~ 5-5-23 所示。绝对值编码器也是通过数字量模块输入信号的,如图 5-5-24 所示。

(2)数字量模块输出。PLC 将运算好的数字信号通过数字量模块输出,其中有的通过继电器来驱动接触器或电磁阀,也有的是输出到指示灯,如图 5-5-25 所示。

(3)模拟量模块输入。桥吊上所选用的模拟量信号比较少,基本都采用 4 ~ 20mA 的电流信号输入。图 5-5-26 是重量传感器的模拟量信号输入;图 5-5-27 是风速仪的输入信号。

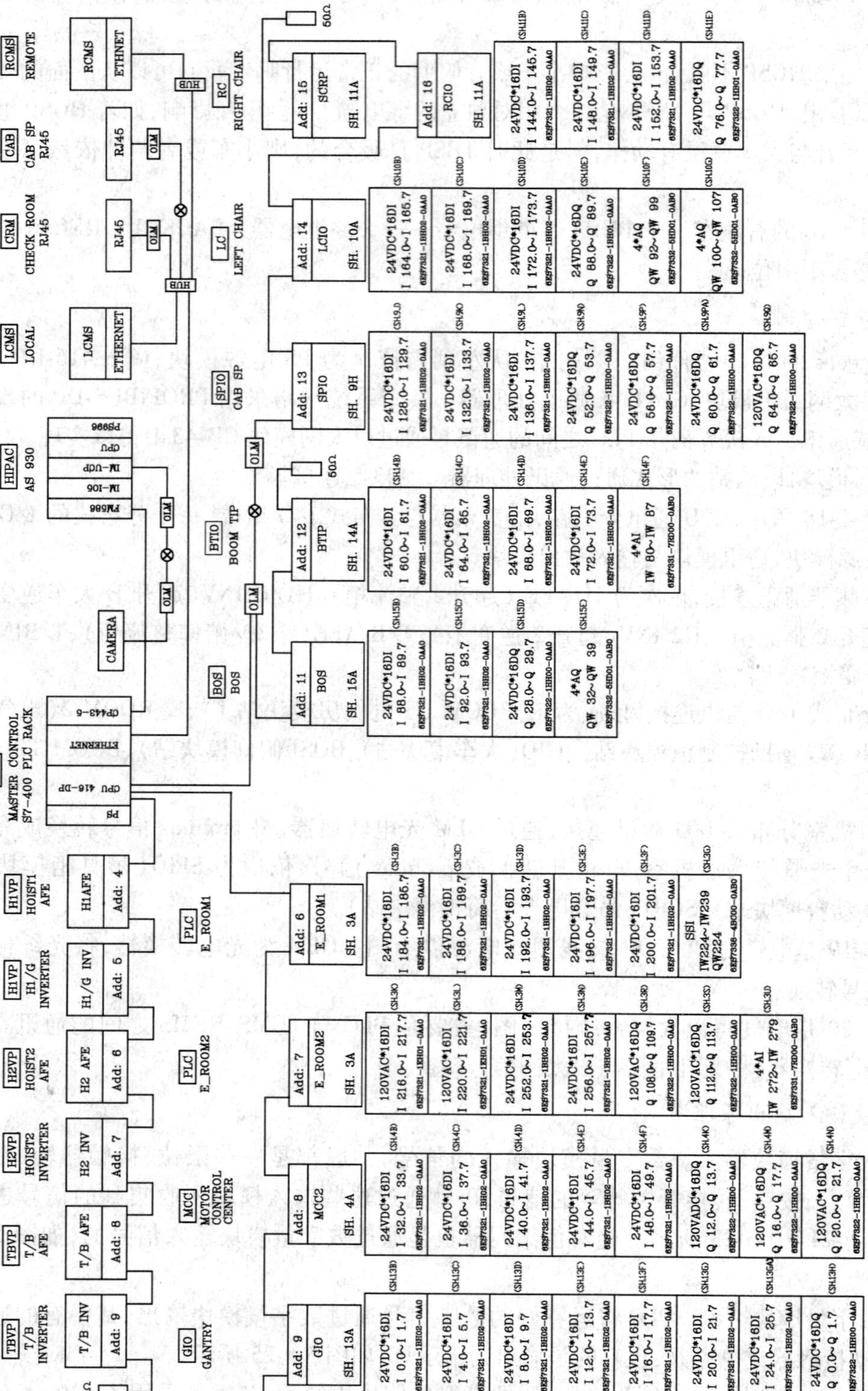

图 5-5-18 PLC 控制系统原理图

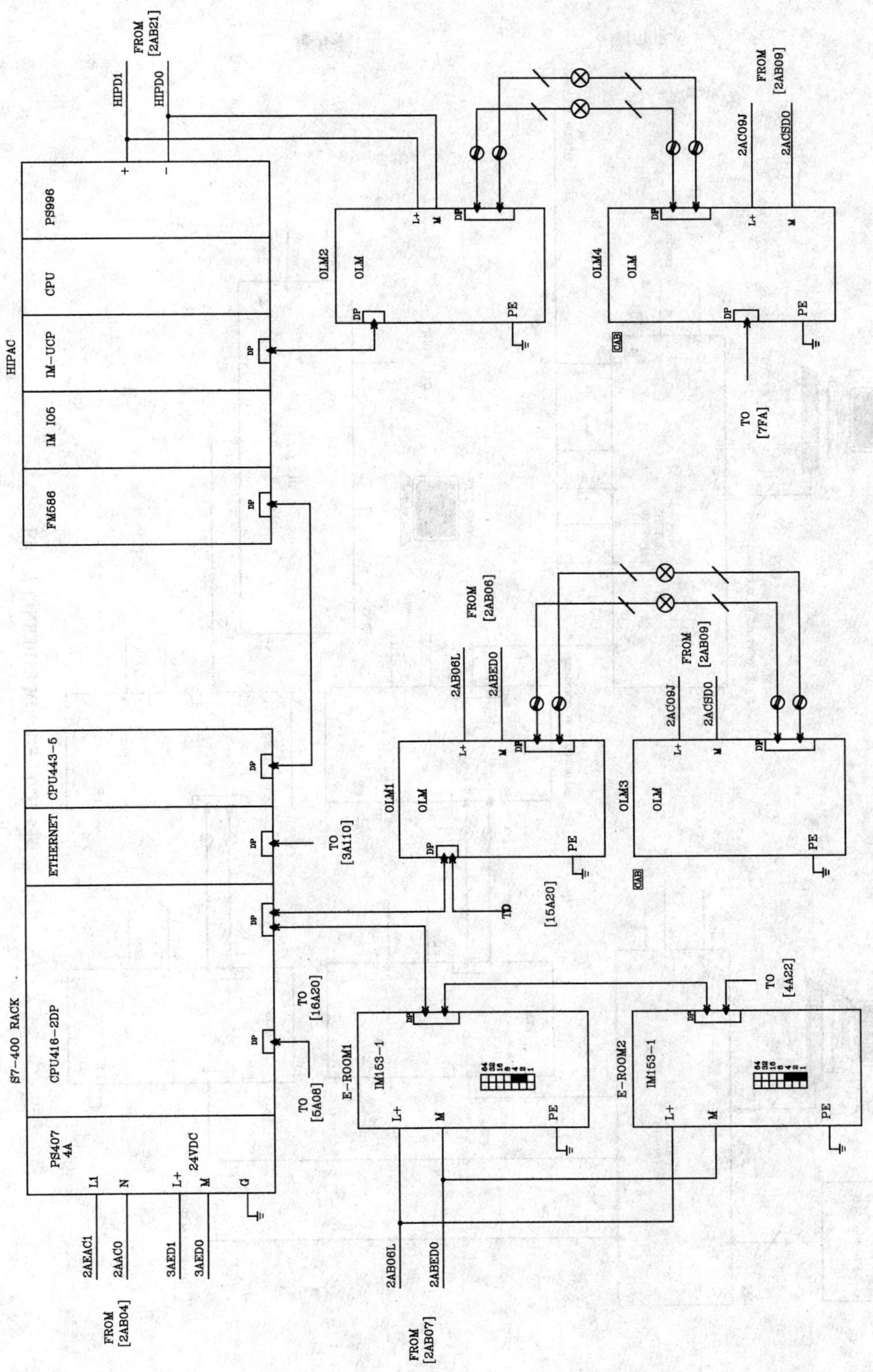

图 5-5-19　E_ROOM PLC DP

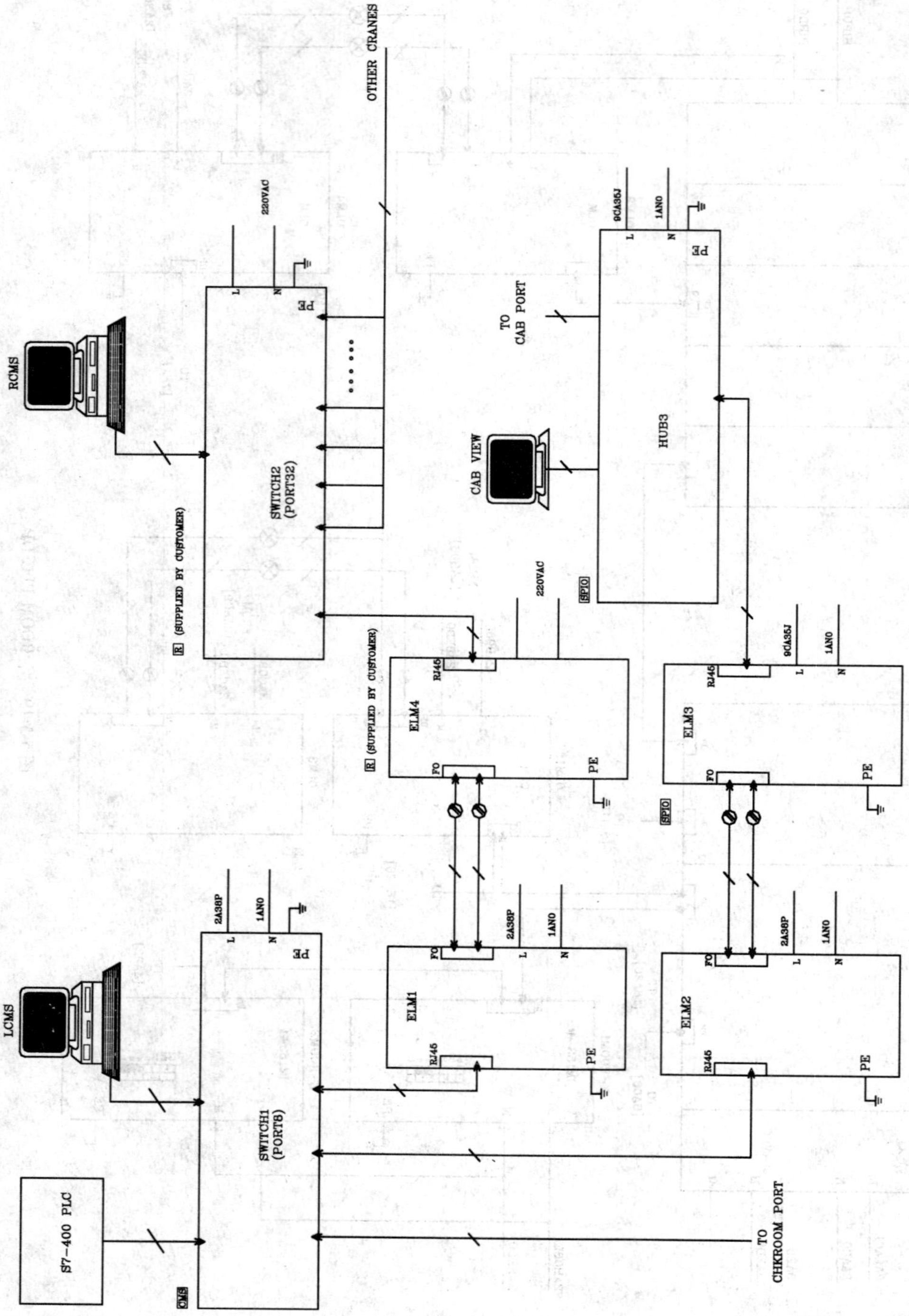

图 5-5-20　E-ROOM ETHERNET 结构图

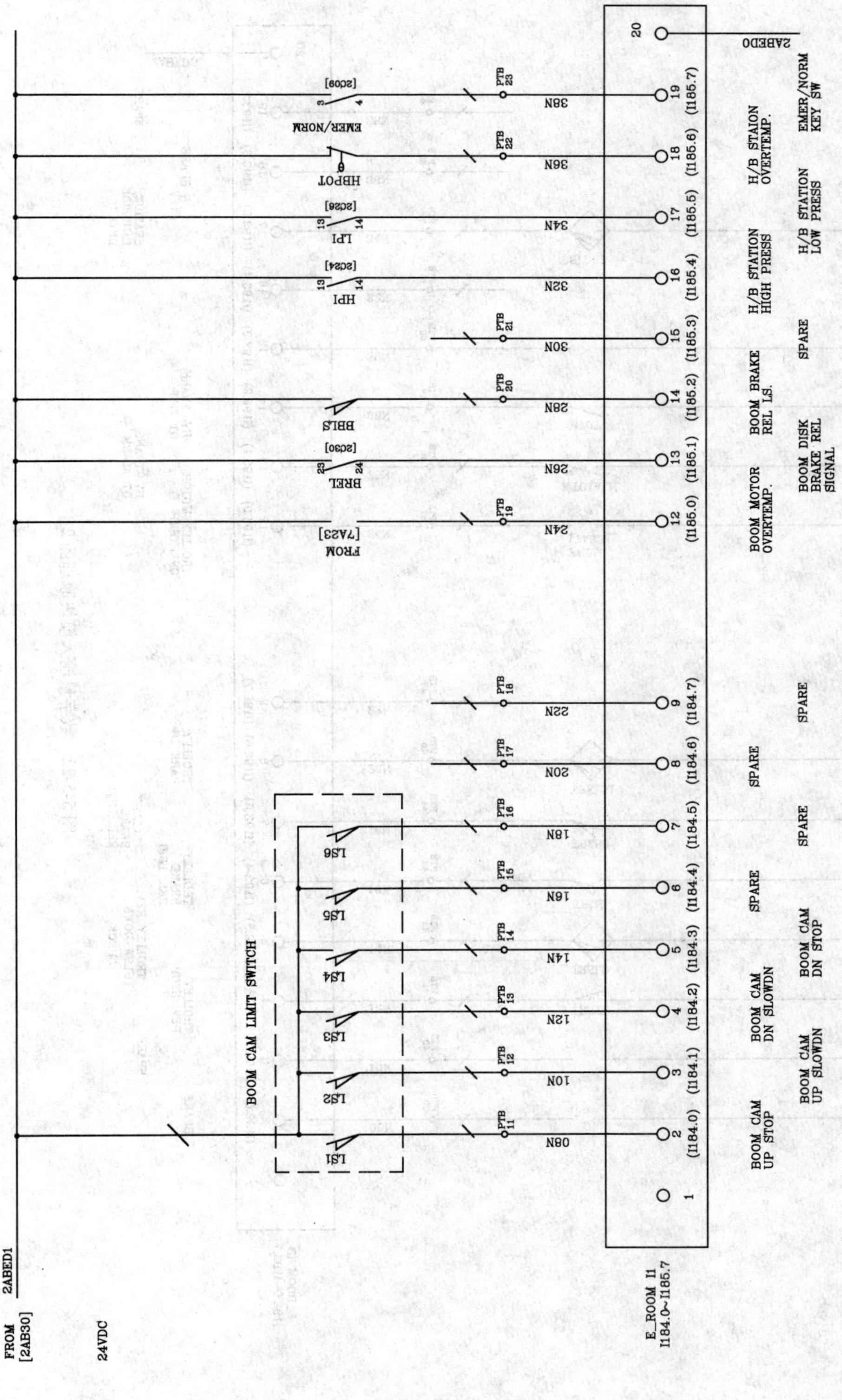

图 5-5-21　数字量输入模块原理图 1

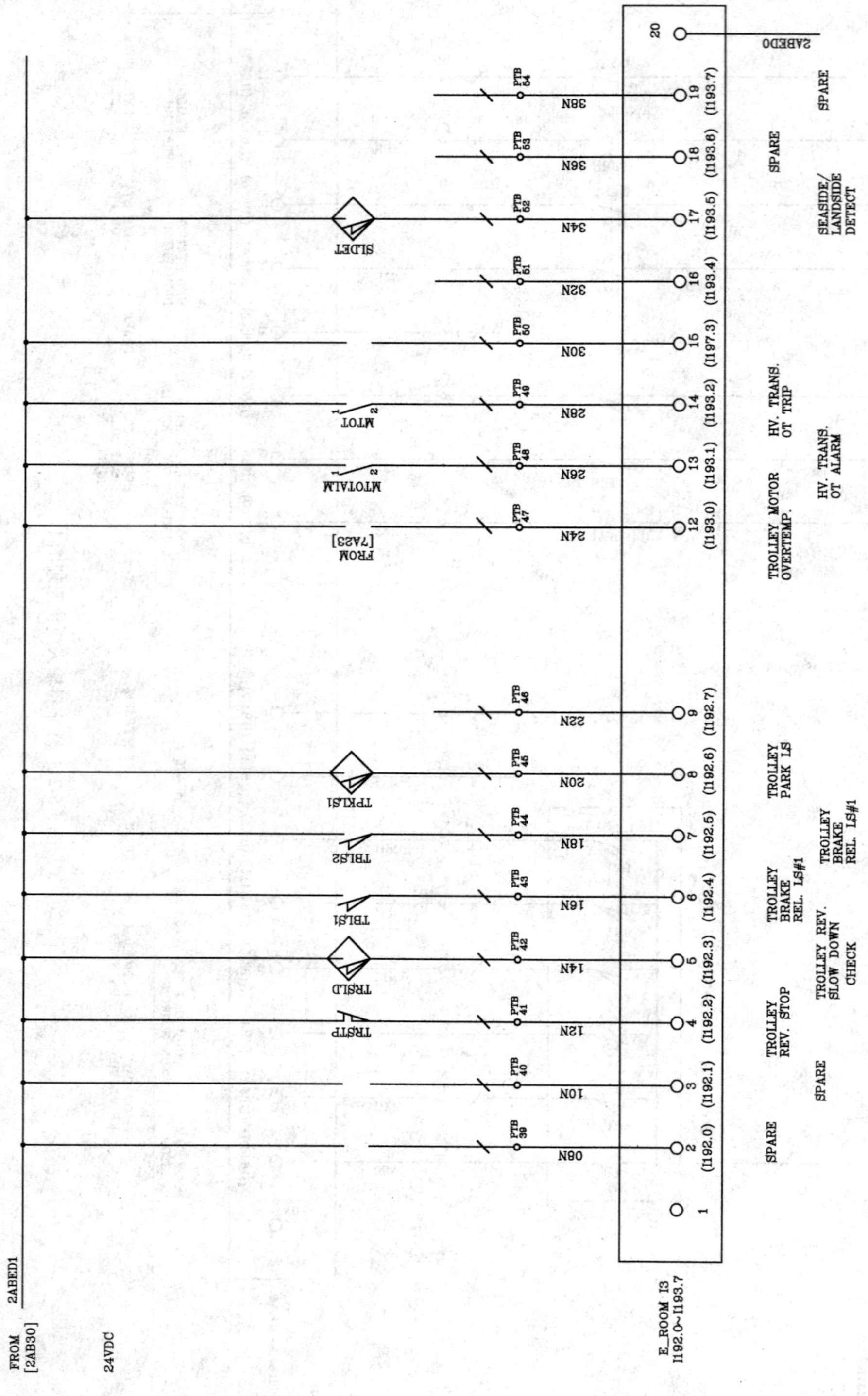

图 5-5-22 数字量输入模块原理图 2

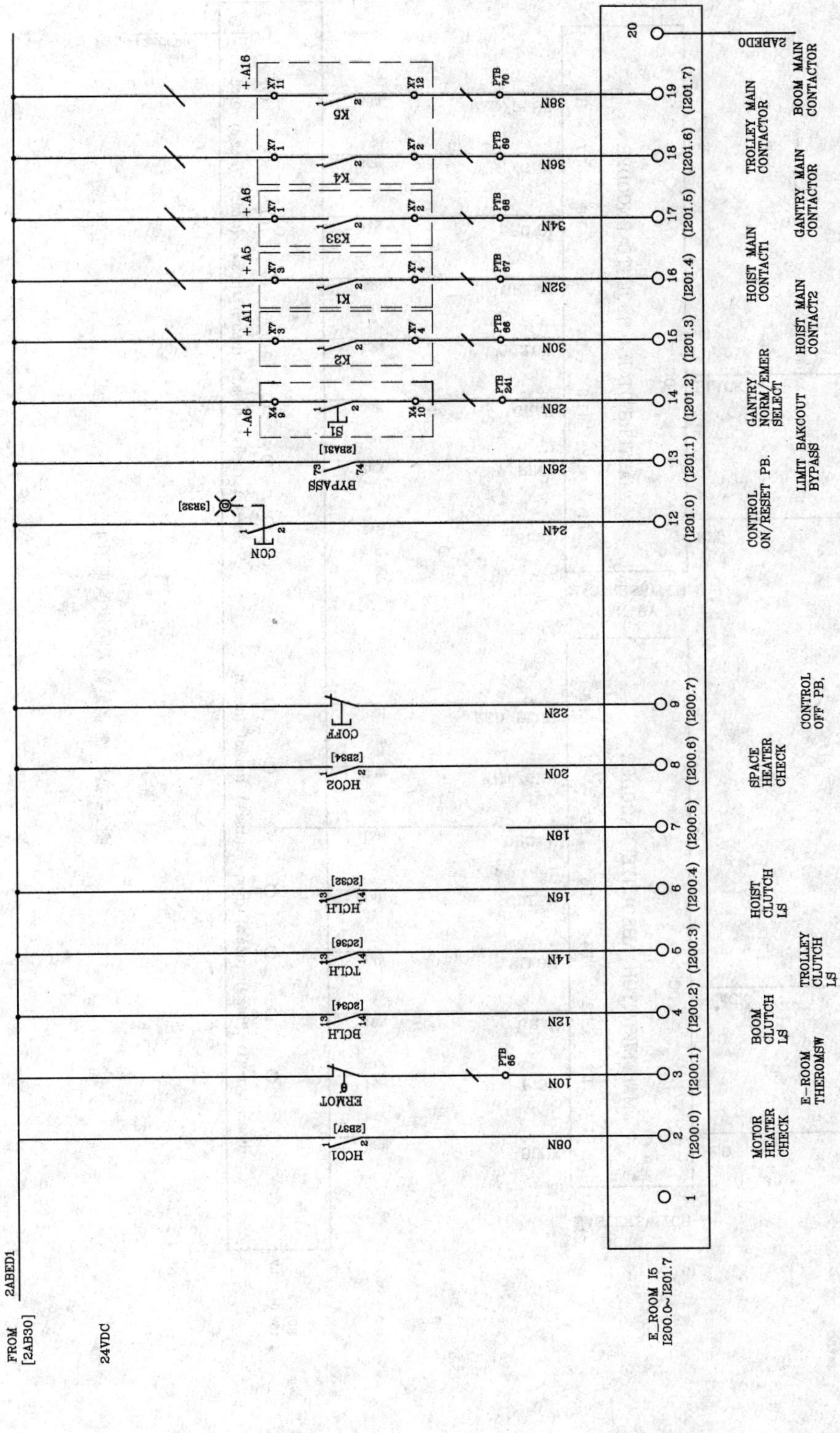

图 5-5-23 数字量输入模块原理图 3

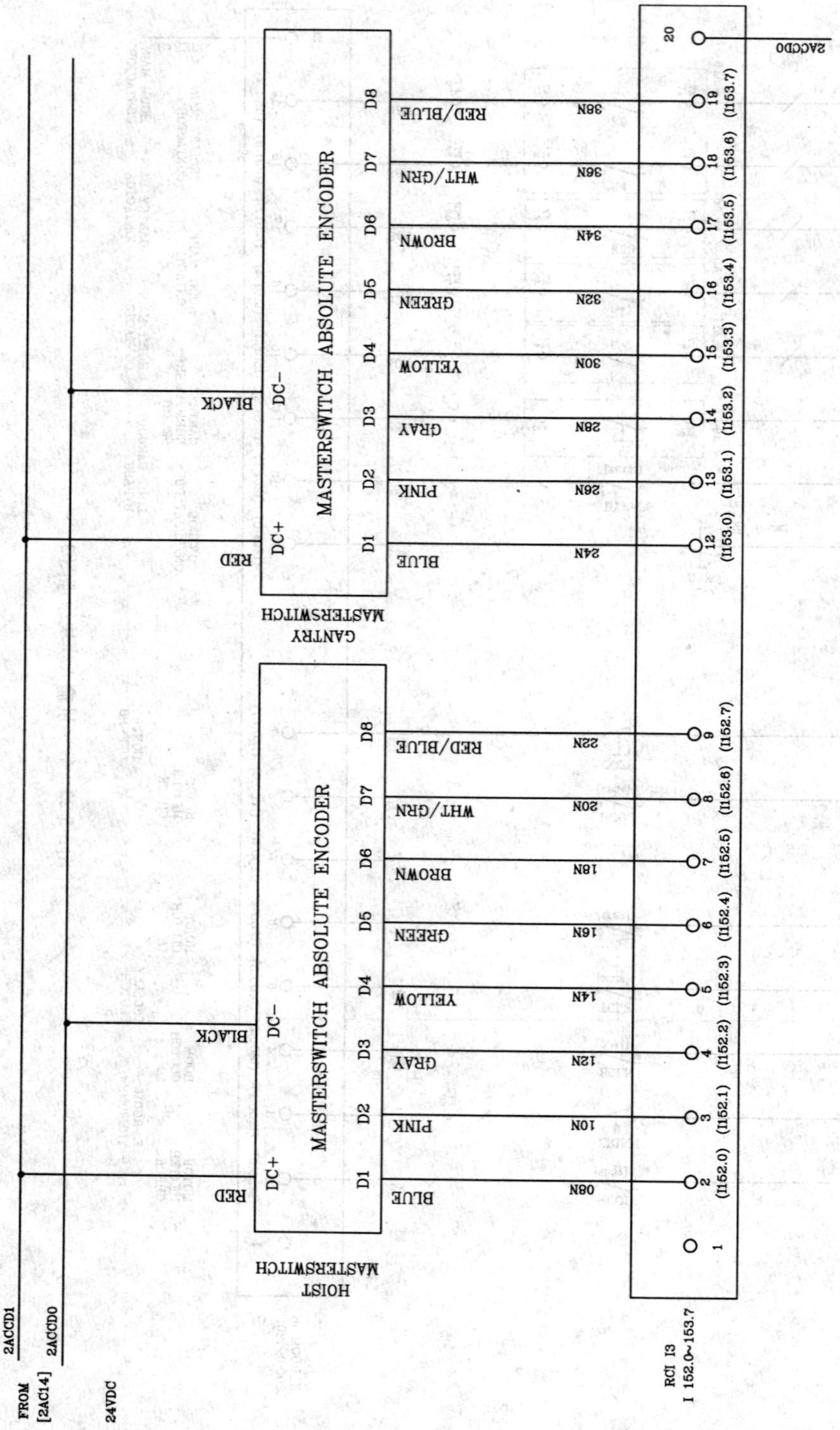

图 5-5-24　数字量输入模块原理图 4

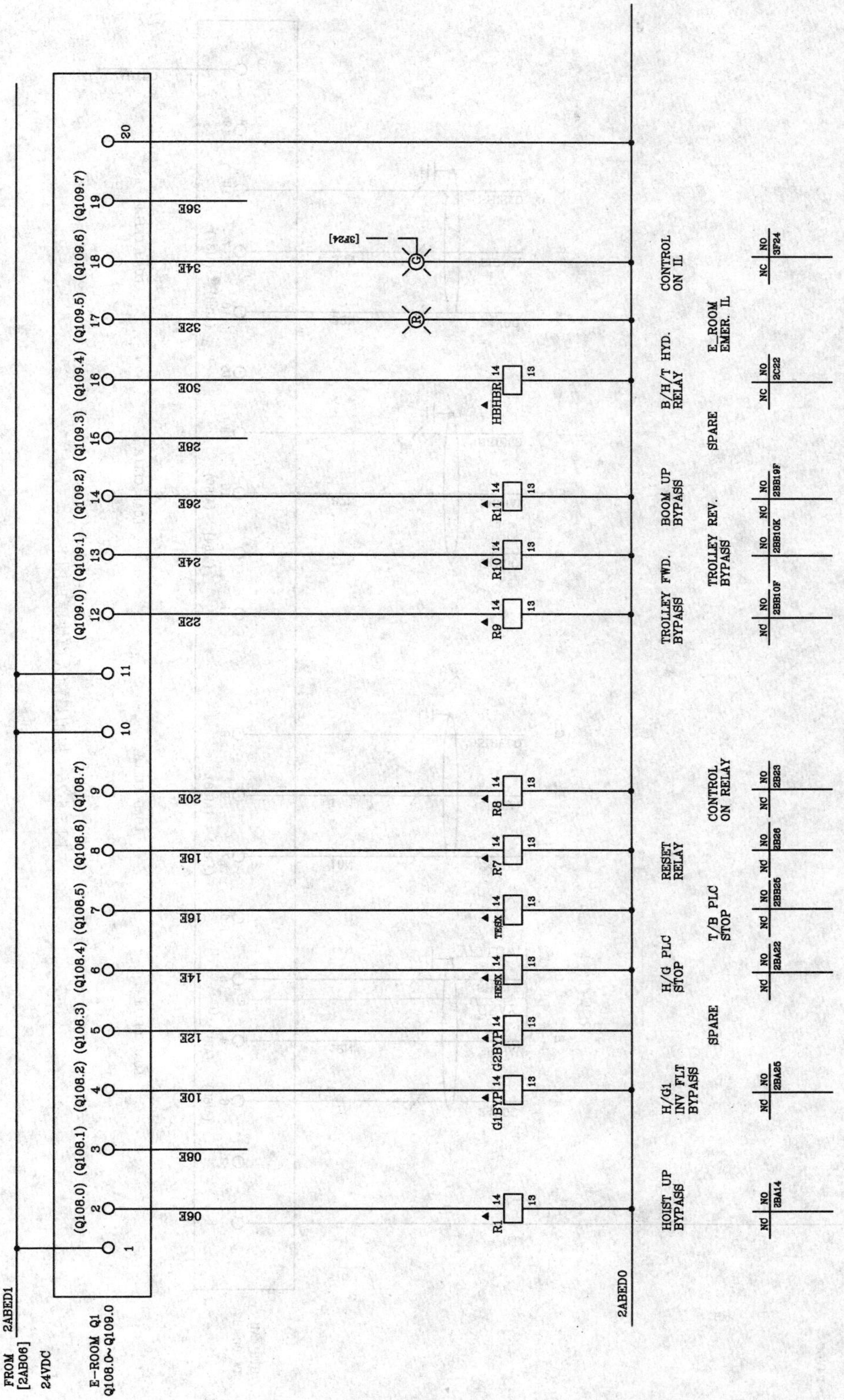

图 5-5-25　数字量输出模块原理图

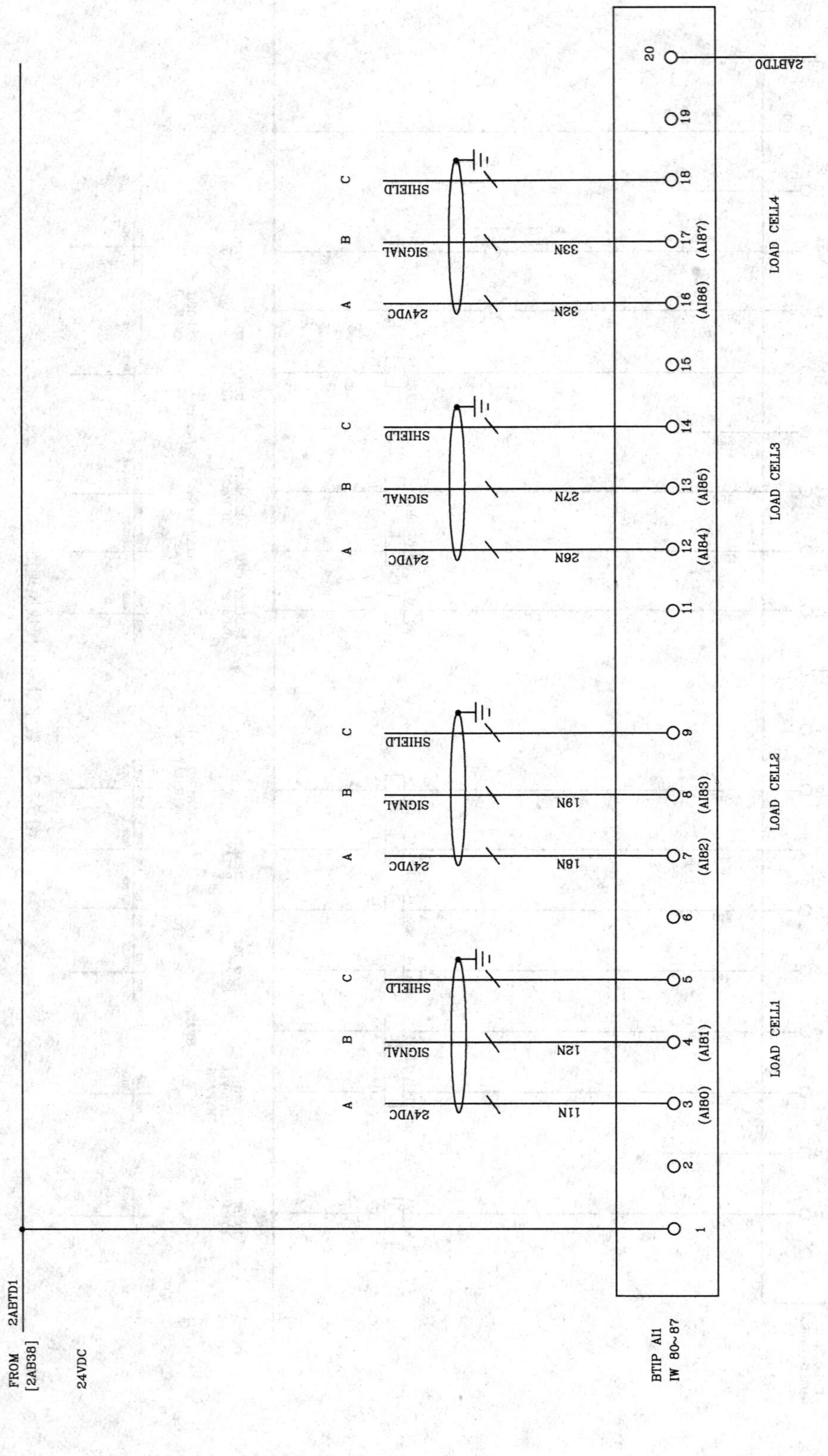

图 5-5-26　模拟量输入模块原理图 1

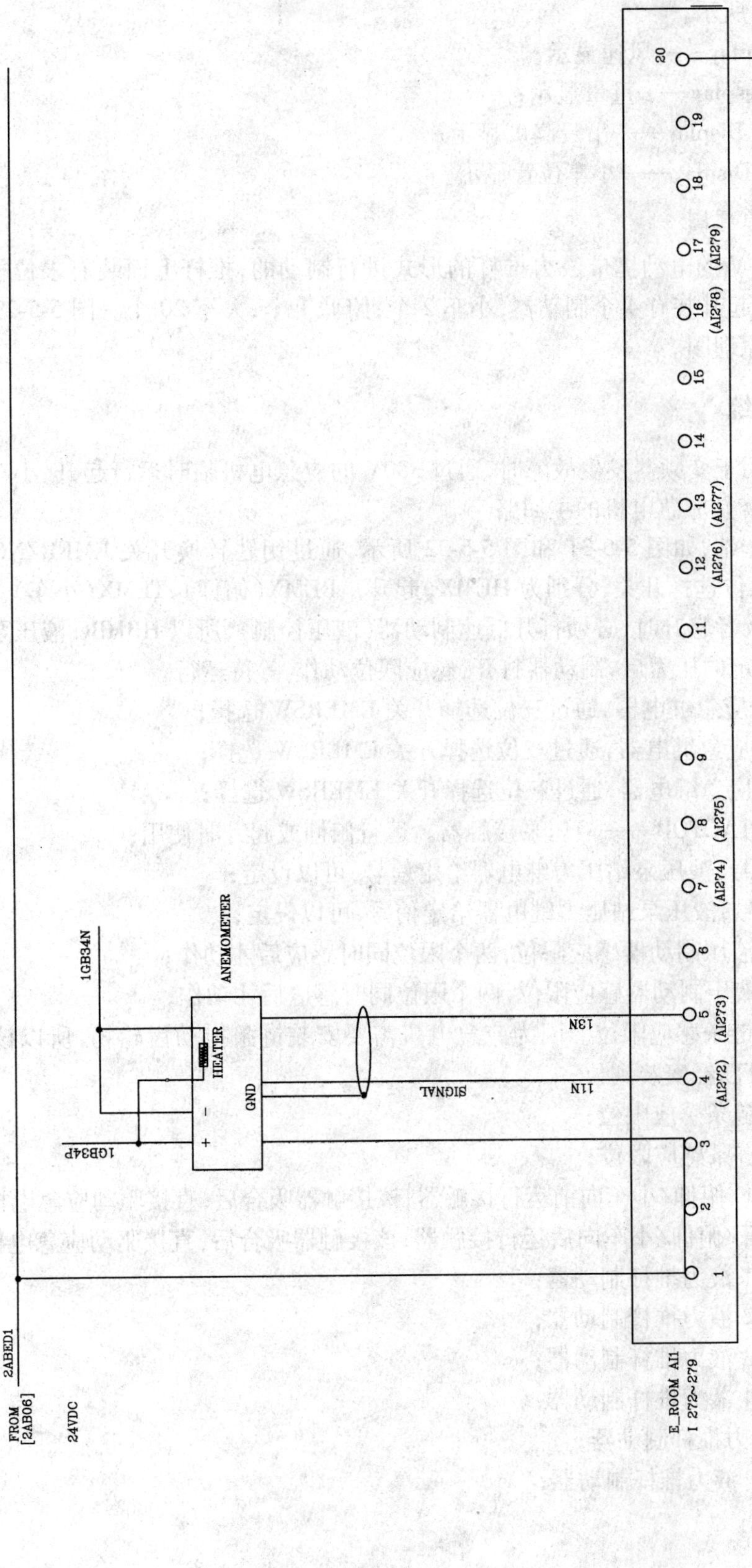

图 5-5-27　模拟量输入模块原理图 2

(4)模拟量模块输出。模拟量输出信号将 PLC 中运算好的信号通过 4 ~ 20mA 的电流信号输出,如图 5-5-28 所示。

Wind Speed Display——风速显示;

Weight Speed Display——重量显示;

Spreader Height Display——吊具高度显示;

Trolley Position Display——小车位置显示。

5. 制动器控制原理图

制动器采用 380V 的电动机带液力推杆的形式进行制动的,推杆上面装有限位检测。根据实际工况的需要,起升装有 4 个制动器,小车 2 个,俯仰 1 个,大车 20 个。图 5-5-29 是起升机构制动器主回路原理图。

五、应急控制系统

应急控制系统用于变频器发生故障时,通过 380V 的应急电机临时运行起升、小车与俯仰三大机构。图 5-5-30 是应急电机的主回路。

EOS 是应急操作站,如图 5-5-31 和图 5-5-32 所示,通过钥匙转换开关 EMER/NORMSSW 启动;EMERSW 是三位选择开关,分别为 HEMX(起升)、BEMX(俯仰)、TEMX(小车)。

应急运行俯仰或者起升时,必须打开低速制动器(液压控制),所以 HBHBC 液压泵接触器必须吸合,等到达一定的压力后,制动器打开,感应限位动作,等待运行。

HEMX——起升应急继电器,通过三位选择开关 EMERSW 选择;

BEMX——俯仰应急继电器,通过三位选择开关 EMERSW 选择;

TEMX——小车应急继电器,通过三位选择开关 EMERSW 选择;

H/B HYD. CONTACTOR——液压泵接触器。运行俯仰或起升时使用;

HPI——高压信号,液压泵站压力继电器给定信号,可以设定;

LPI——低压信号,液压泵站压力继电器给定信号,可以设定;

HREL——起升液压制动器感应限位,两个限位同时感应后才动作;

BREL——俯仰液压制动器感应限位,两个限位同时感应后才动作;

HCLH——起升链条感应限位。因为应急电机需要安装链条拖动齿轮箱,所以该限位感应到后说明驱动部分已经安装到位;

BCLH——俯仰链条感应限位;

TCLH——小车链条感应限位;

EMERF——起升/俯仰/小车向前运行接触器;该接触器吸合后,直接驱动应急电机正转;

EMERR——起升/俯仰/小车向后运行接触器;该接触器吸合后,直接驱动应急电机反转;

HBC1——起升 1 液力推杆制动器;

HBC2——起升 2 液力推杆制动器;

HBC3——起升 3 液力推杆制动器;

HBC4——起升 4 液力推杆制动器;

BBC——俯仰液力推杆制动器;

TBC1——小车 1 液力推杆制动器;

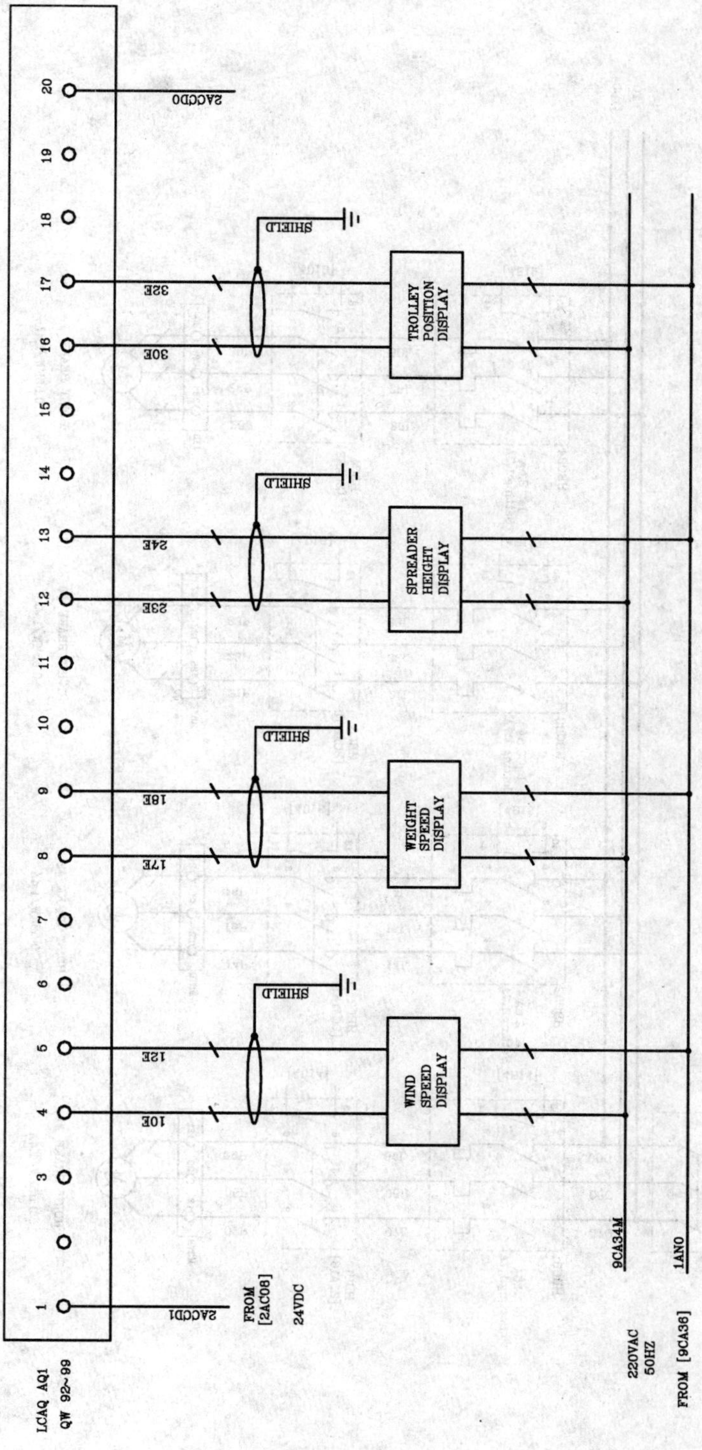

图 5-5-28　模拟量输出模块原理图

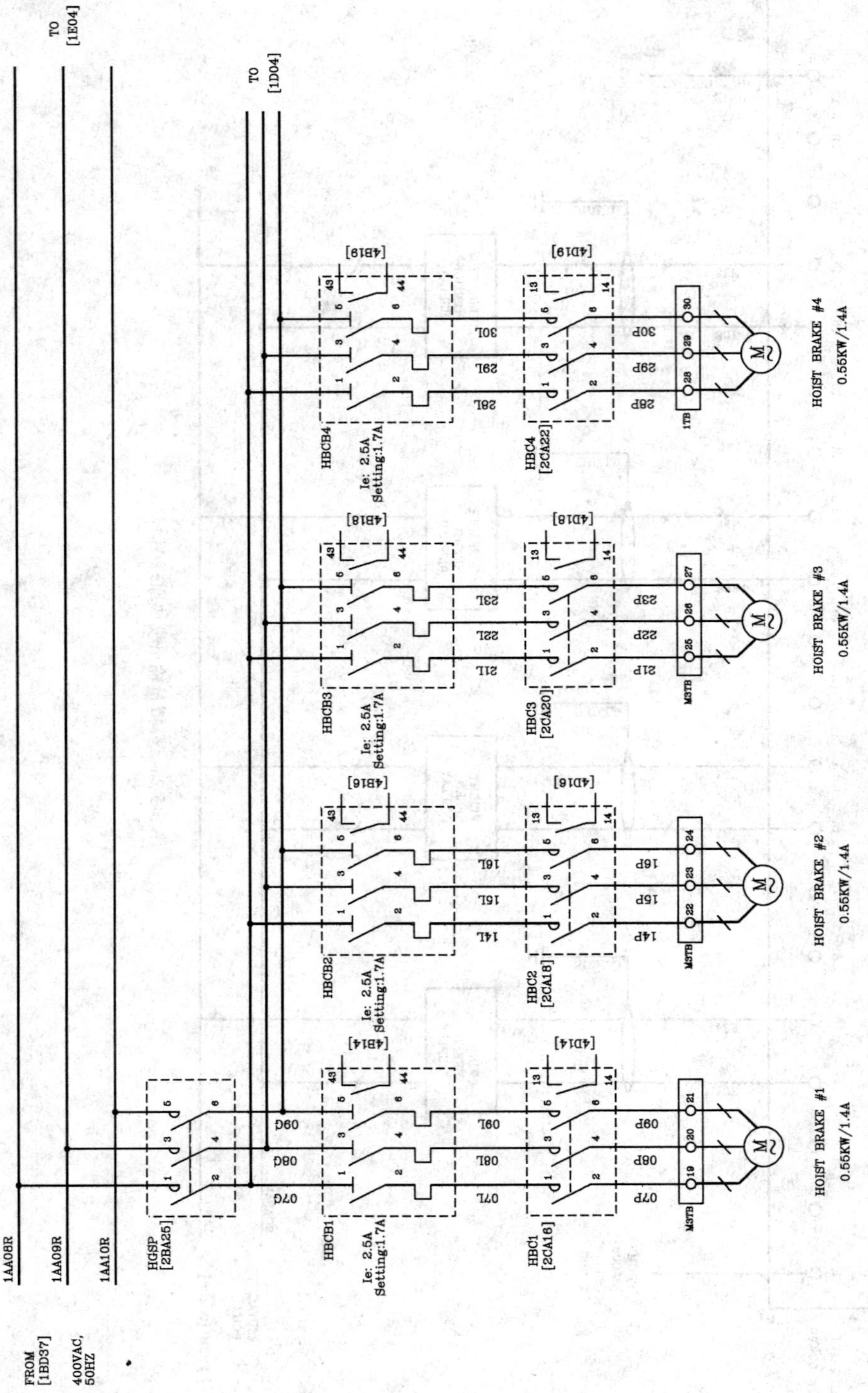

图 5-5-29　起升制动器原理图

TBC2——小车 2 液力推杆制动器。

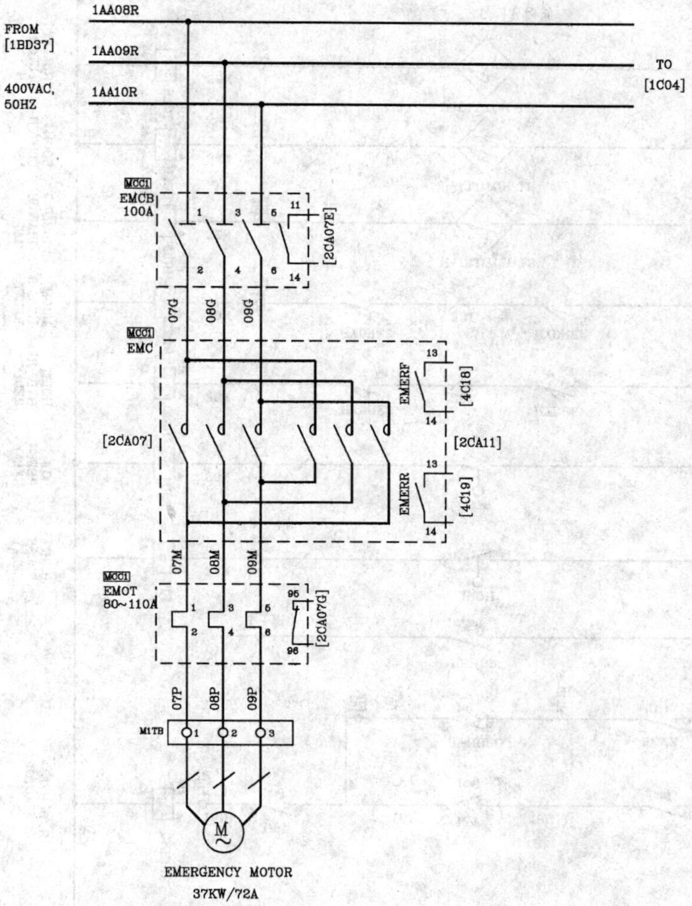

图 5-5-30　应急电机主回路

六、辅助控制机构

1. 倾转机构控制原理图

倾转动作是为了方便司机操作吊具与船上的集装箱或码头上集卡上的集装箱对位。吊具倾转的实现方式有电动与液压两种方式。我们以 ZPMC 制造，上海港沪东公司所使用的电动方式的倾转机构做一下介绍。

倾转装置设在前大梁头部，由三套螺杆传动装置、滑轮组、重量传感器及托辊装置构成。螺杆传动装置由带锥盘式制动器电机、减速器、螺杆等组成。通过三套螺杆不同方向的运动可实现吊具的前后倾、左右倾和水平倾转动作。倾转功能通过司机在驾驶室内操作按钮执行。

图 5-5-33 是三台倾转电机的原理图，可以通过电机的正反转实现六个方向的动作。倾转电机主回路接触器的正反转通过图 5-5-35 中的输出继电器控制。每根螺杆行程终点都安装机械停止限位，将其信号接入 PLC 程序中，实现自动停止，如图 5-5-34 所示。减速箱输出轴侧装有绝对值编码器，编码器设定倾转机构零点（中位）与终点。倾转有自动归零功能。编码器的终点停止先于机械停止限位，实现二级保护。倾转编码器控制见图 5-5-36 ~ 图 5-5-38。

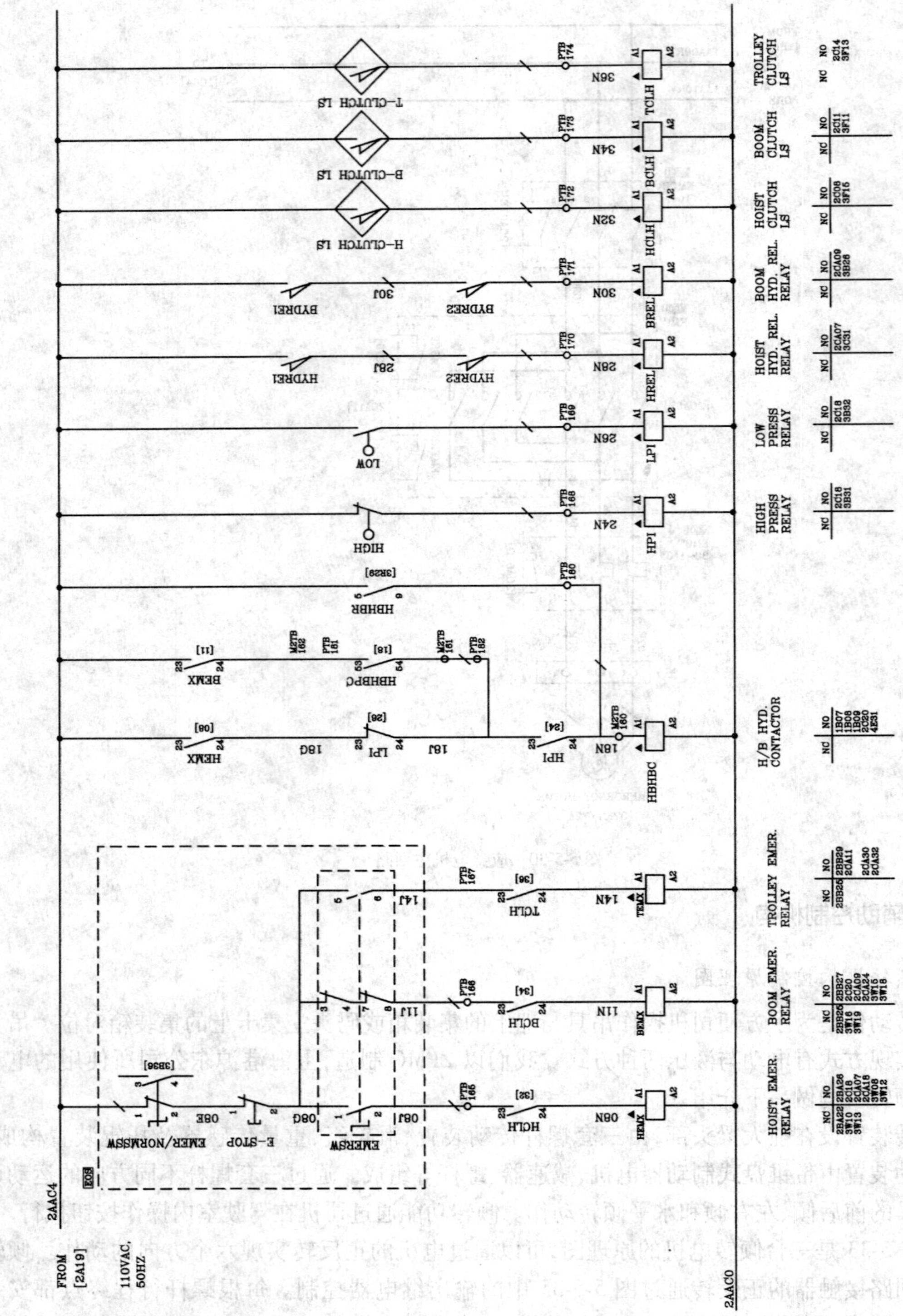

图 5-5-31 应急控制回路 1

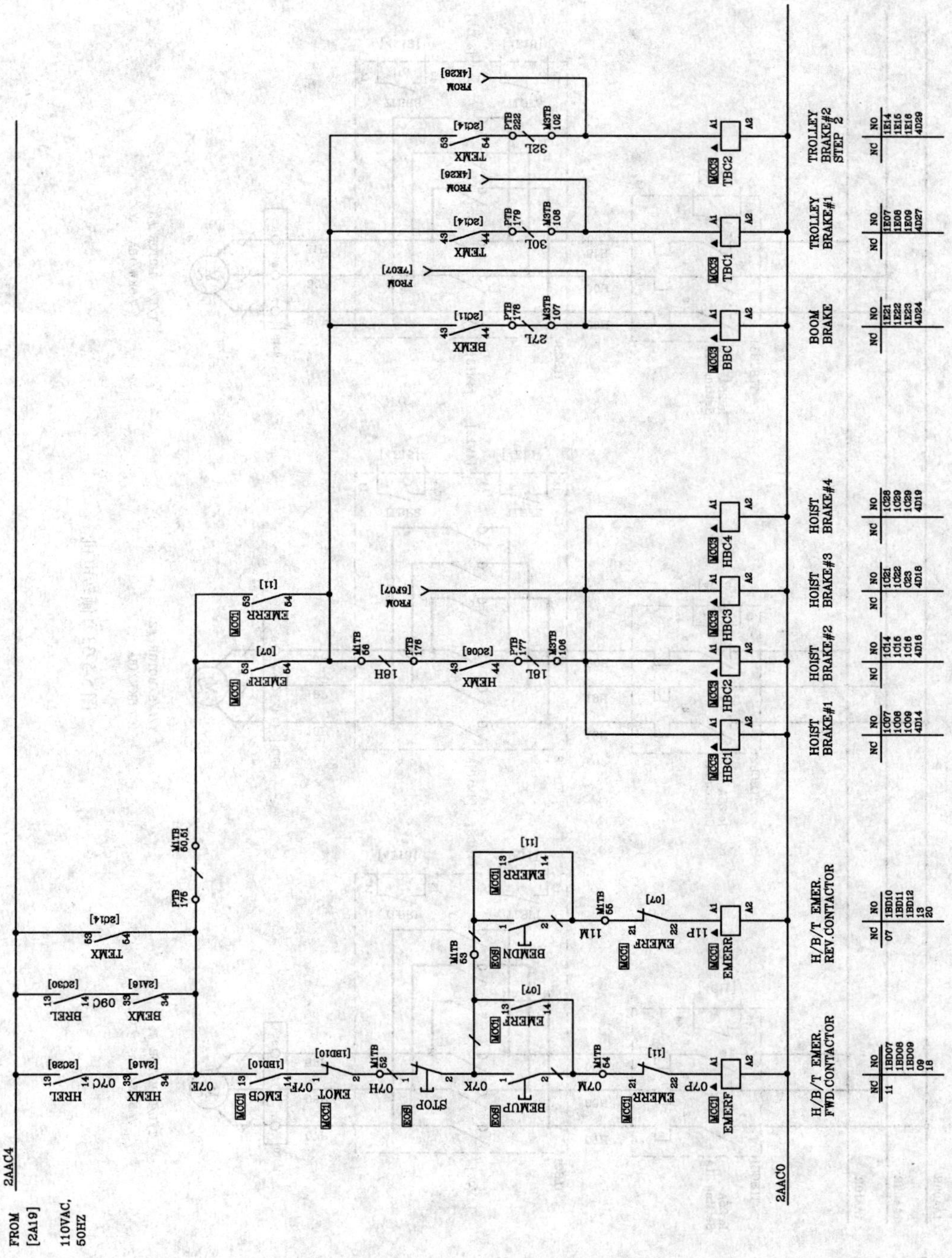

图 5-5-32　应急控制回路 2

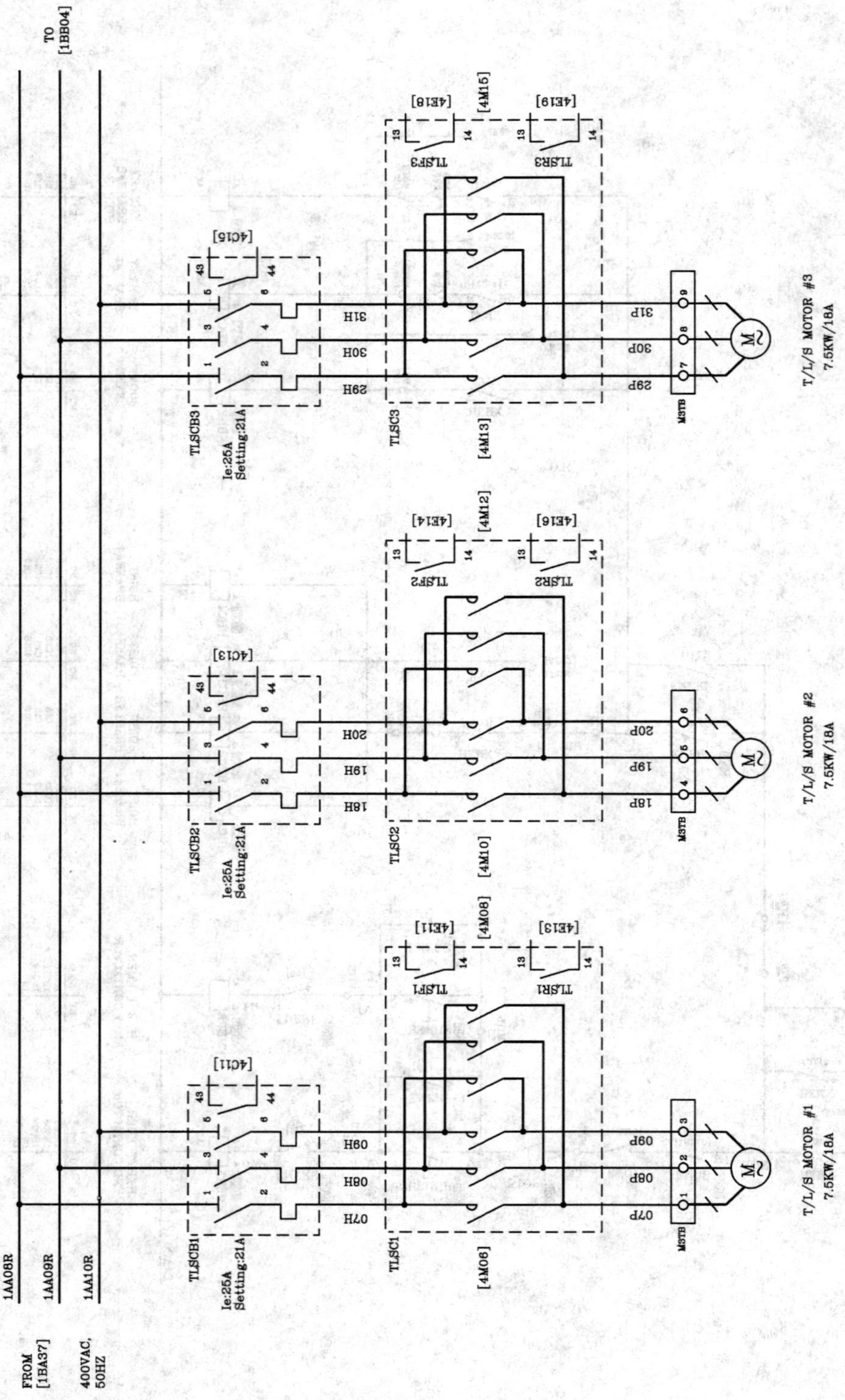
FROM
[1BA37]
400VAC,
50HZ
1AA08R
1AA09R
1AA10R
TO
[1BB04]
TLSCB1
Ie:25A
Setting:21A
TLSCB2
Ie:25A
Setting:21A
TLSCB3
Ie:25A
Setting:21A
[4C11]
[4C13]
[4C15]
07H
08H
09H
18H
19H
20H
29H
30H
31H
TLSC1
TLSC2
TLSC3
[4M06]
[4M08]
[4M10]
[4M12]
[4M13]
[4M15]
TLSF1
TLSR1
TLSF2
TLSR2
TLSF3
TLSR3
[4E11]
[4E13]
[4E14]
[4E16]
[4E18]
[4E19]
07P
08P
09P
18P
19P
20P
29P
30P
31P
MSTB
T/L/S MOTOR #1
7.5KW/18A
T/L/S MOTOR #2
7.5KW/18A
T/L/S MOTOR #3
7.5KW/18A

图5-33 倾转电机

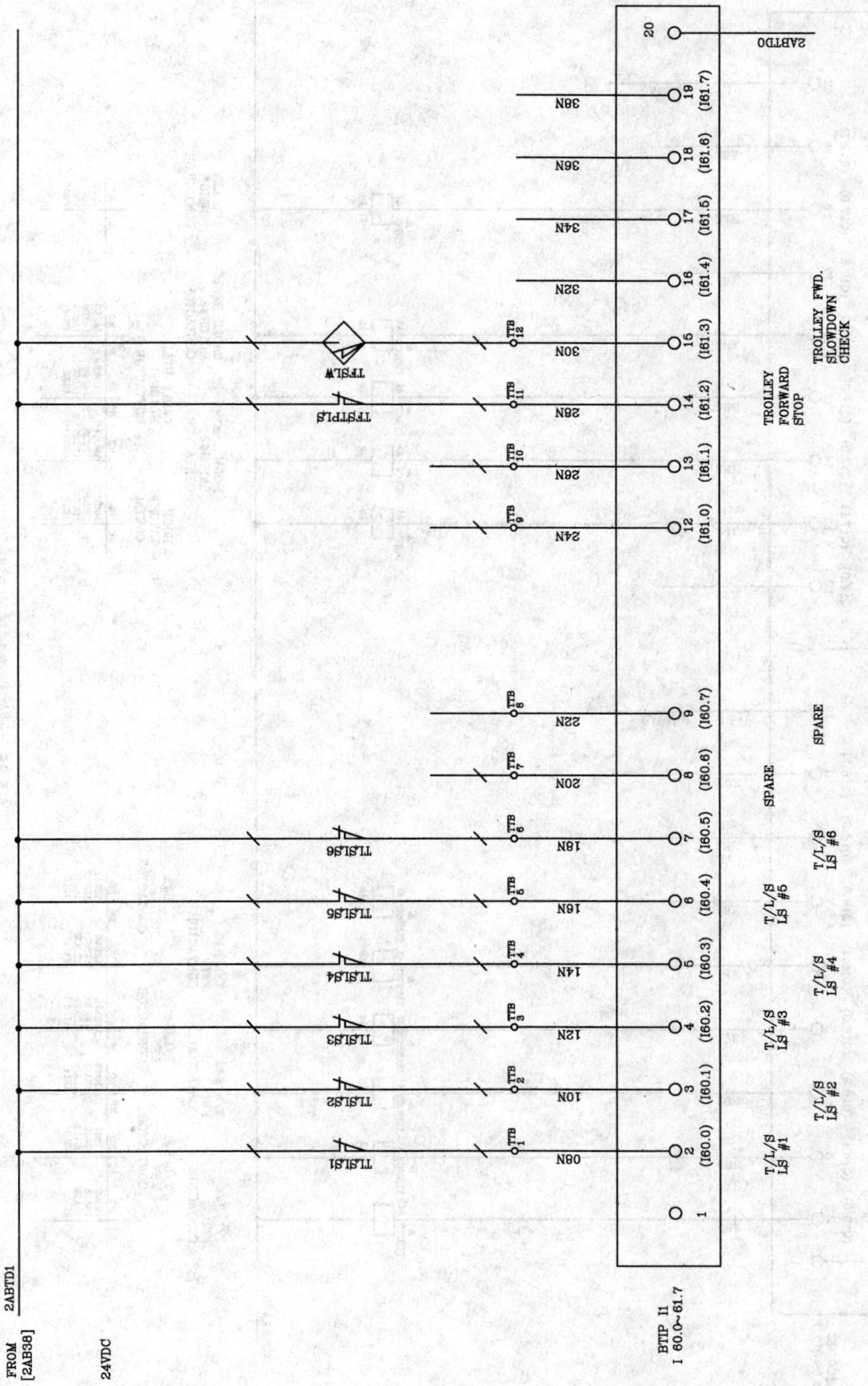
FROM
[2AB38]
2ABTD1
24VDC
BTIP I1
I 60.0~61.7
2ABTD0
TLSLS1
TLSLS2
TLSLS3
TLSLS4
TLSLS5
TLSLS6
TFSTPLS
TFSLW
08N
10N
12N
14N
16N
18N
20N
22N
24N
26N
28N
30N
32N
34N
36N
38N
(I60.0)
(I60.1)
(I60.2)
(I60.3)
(I60.4)
(I60.5)
(I60.6)
(I60.7)
(I61.0)
(I61.1)
(I61.2)
(I61.3)
(I61.4)
(I61.5)
(I61.6)
(I61.7)
T/L/S LS #1
T/L/S LS #2
T/L/S LS #3
T/L/S LS #4
T/L/S LS #5
T/L/S LS #6
SPARE
SPARE
TROLLEY FORWARD STOP
TROLLEY FWD. SLOWDOWN CHECK

图 5-5-34　倾转限位

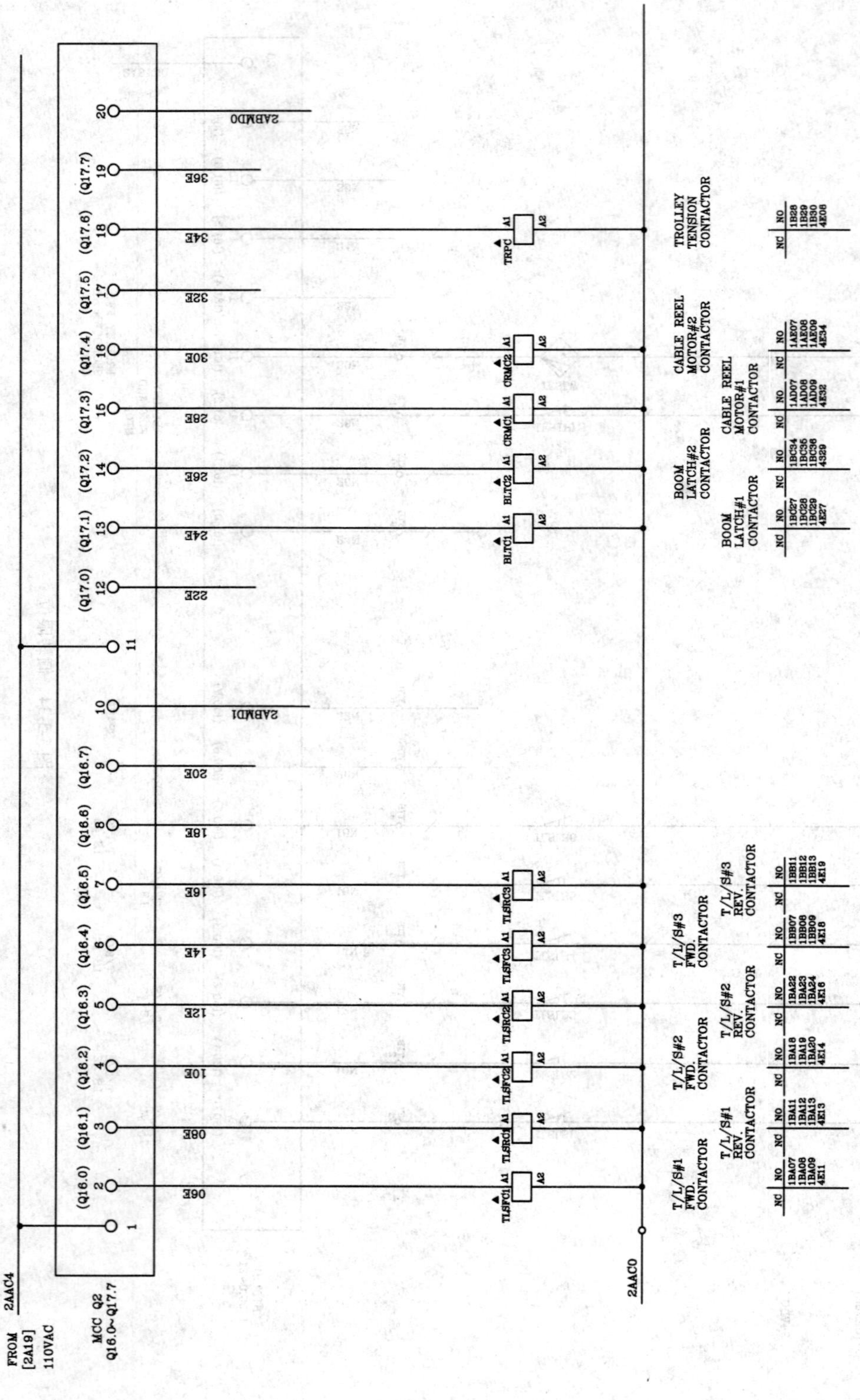

图 5-5-35 倾转继电器输出控制

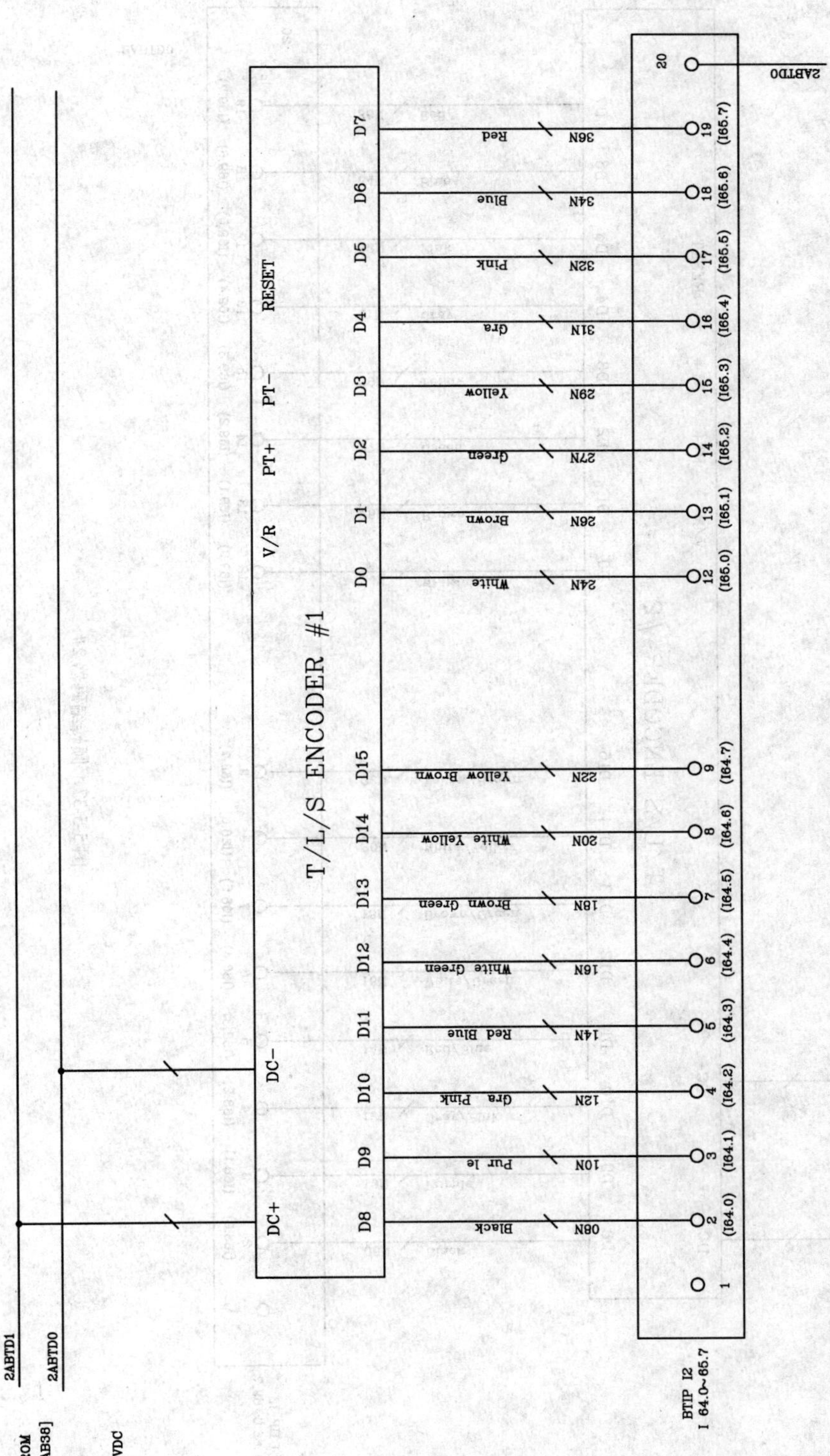

图 5-5-36 倾转编码器1#

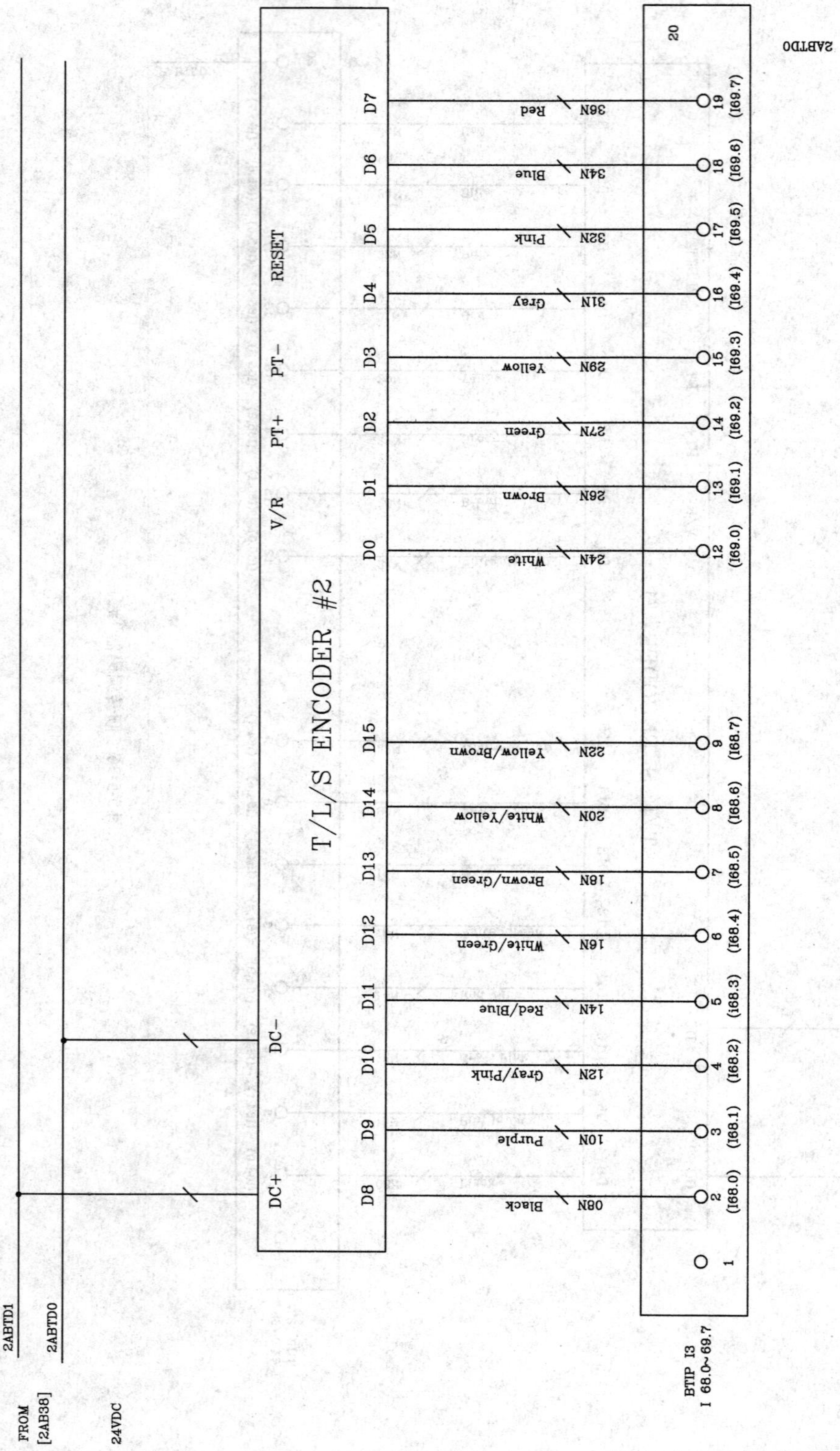

图 5-5-37 倾转编码器 2#

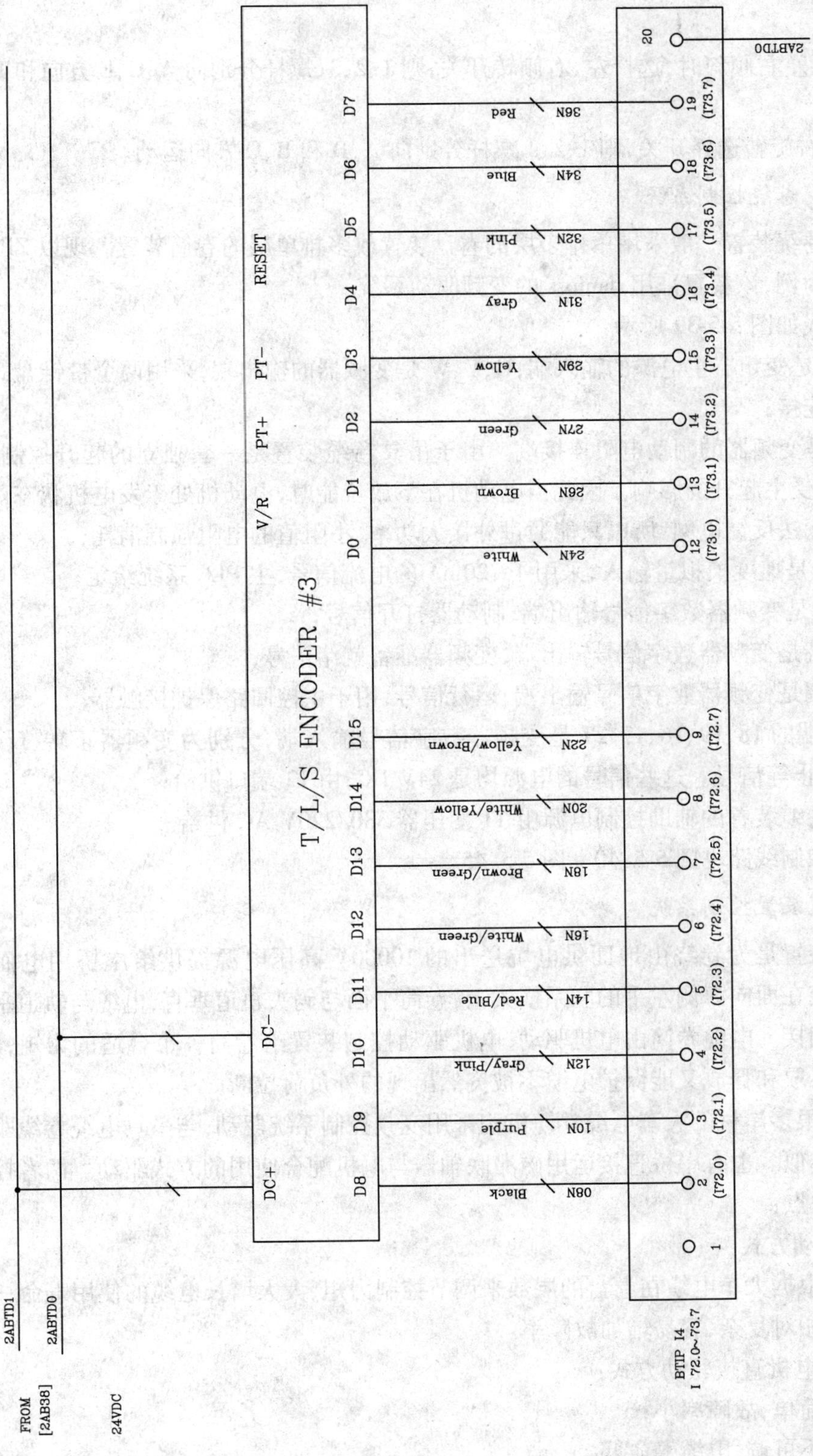

图 5-5-38　倾转编码器 3#

(1)当需要前后倾斜时,选择前、后倾转开关,则1、2、3、螺杆分别向A、C、F方向和B、D、E方向运动。

(2)当需要左右倾斜时,选择左、右倾转开关,则1、2、3、螺杆分别向A、C、E方向和B、D、F方向运动。

(3)按左、右旋转选择开关,则1、2、3螺杆分别向A、D和B、C方向运动。

2. 吊具电缆卷绕控制系统

吊具电缆卷绕装置一般采用单排多层的卷盘装置或多排单层的卷筒装置。现以ZPMC制造的卷盘装置为例,该装置采用danfoss的变频驱动系统。

变频器接线如图5-5-39所示:

L1、L2、L3是变频器主电源的输入端,U、V、W是变频器的输出端,采用两个带锥盘式制动器的电机并列连接;

R-与R+是变频器的制动电阻连接端。由于吊具卷缆装置是一套独立的起升控制机构,位能性负载,不受主起升的影响。因此当电动机在下放位能时,电动机处于发电机状态。由于所发出的电能无法反馈电网,所以只能通过外接大功率、小阻值的电阻强制消耗;

60与55端是速度模拟量输入,采用4~20mA的电流信号,主PLC系统给定;

01与02端是变频器数字信号输出端,制动器打开信号;

6A与6B端是变频器数字信号输出端,变频器准备就绪信号;

7A与7B端是变频器数字信号输出端,运行信号,用于主控回路保护接触器;

FROM 2B端的18、19、16、17、27是变频器数字信号输入端,分别为变频器正转、反转、复位、加/减速、停止等信号。这些信号的电源均是24V DC,由12端口供给;

吊具电缆卷缆装置的辅助控制电源由T1变压器380/220V AC供给。

吊具其他控制线路见图5-5-40~图5-5-45。

3. 大车卷缆装置控制系统

大车卷缆装置是为卷绕由地面供电坑送出的10000V高压电源提供给岸桥用电而设置的。该装置安装在面向海侧左手的联系横梁上,卷筒平面与码头轨道垂直,电缆与轨道平行并与码头电缆坑相接。电缆卷筒由电机驱动,电机驱动控制装置给卷筒一个合适的力矩,即:保证电缆的正常卷取和释放又能保护电缆不被突然出现的外负荷拉断。

目前,国内很多岸桥的大车电缆卷缆机构采用变频控制系统驱动,与吊具电缆卷缆驱动系统的控制方式类似。也有岸桥直接运用磁滞联轴器与电机配合使用的方式驱动。两者控制方式之间各有优缺点:

(1)变频驱动方式:

优点:可以根据大车电缆在卷盘的层数来调节控制力矩,大大增长电缆的使用寿命;

缺点:控制相对复杂,容易增加故障率。

(2)磁滞与电机直接驱动方式:

优点:结构简单,故障率小;

缺点:力矩不可调,电缆寿命低。

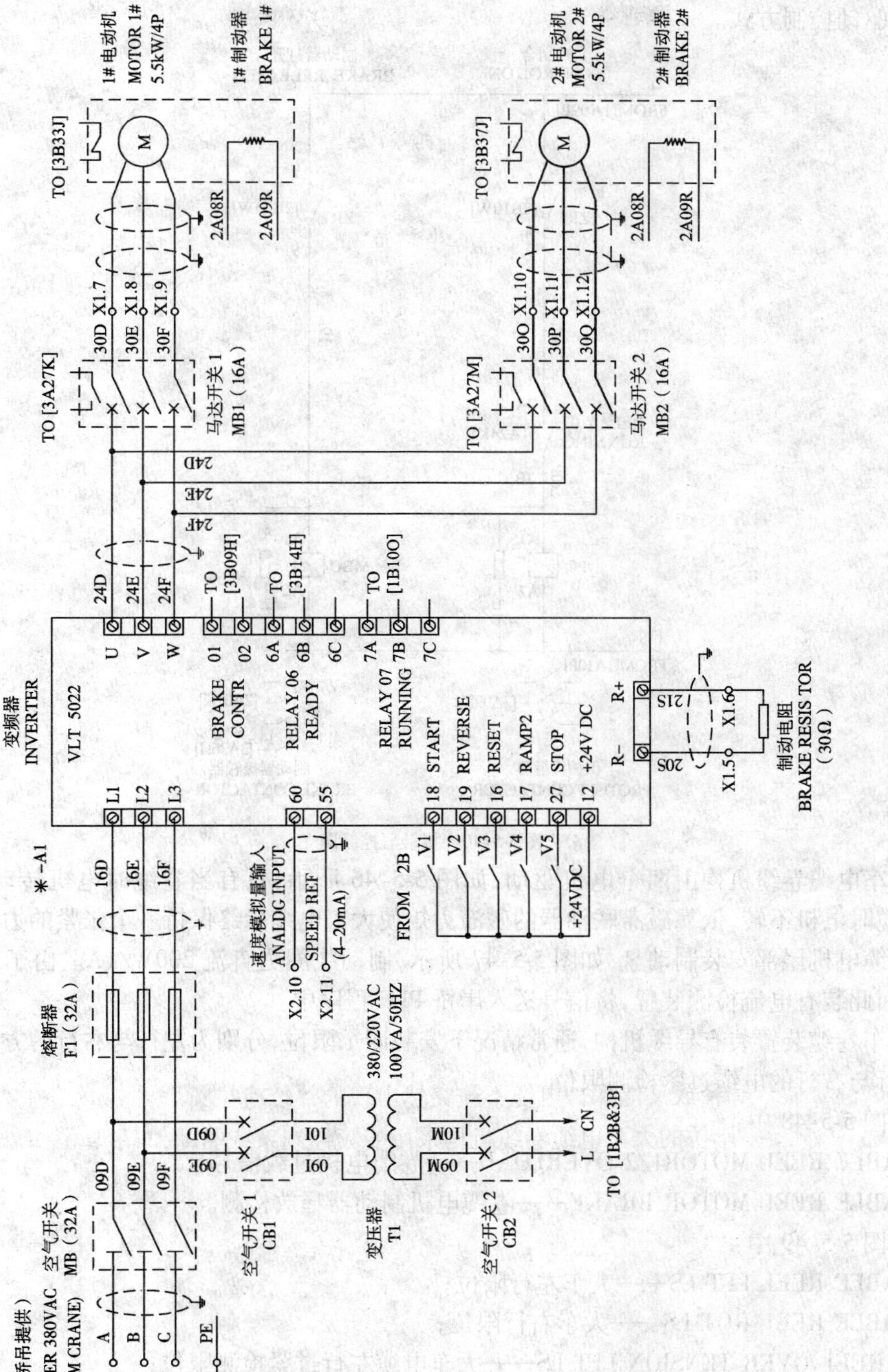

图 5-5-39　吊具电缆卷筒变频器连接线路

由于采用变频驱动的控制方式与吊具电缆卷缆装置相类似,因此,我们介绍结构简单的电机直接驱动控制方式。

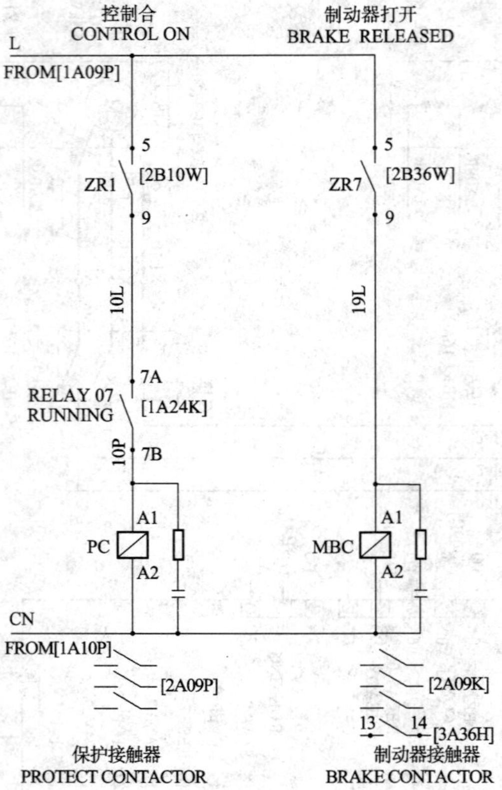

图 5-5-40　接触器控制图

大车电缆卷缆机构由两个电机驱动,如图 5-5-46 所示,只有当卷缆时电机转动,卷盘收缆;放缆时电机不转,依靠磁滞联轴器的磁滞力矩使大车电缆始终保持一个张紧的力矩放缆。

卷缆电机尾部安装制动盘,如图 5-5-47 所示,制动线圈为直流 200W/1A。由于没有限位检测,因此装有电流检测装置,将信号送入岸桥 PLC 程序中。

大车卷缆装置装有导缆机构,通常情况下安装四个限位,分别为左行与右行的方向辨别限位,左行与右行的电缆过紧检测限位。

在图 5-5-48 中:

CABLE REEL MOTOR1/2 OVERLOAD——卷缆电机过载信号;

CABLE REEL MOTOR BRAKE——卷缆电机制动器释放检测。

在图 5-5-49 中:

CABLE REEL LFT LS——大车左行限位;

CABLE REEL RGT LS——大车右行限位;

C_REEL OVER TENSION LFT LS——大车电缆左行过紧检测限位;

C_REEL OVER TENSION RGT LS——大车电缆右行过紧检测限位;

C_REEL EMPTY LS——大车电缆空槽限位,凸轮限位检测。

在图 5-5-50 中:

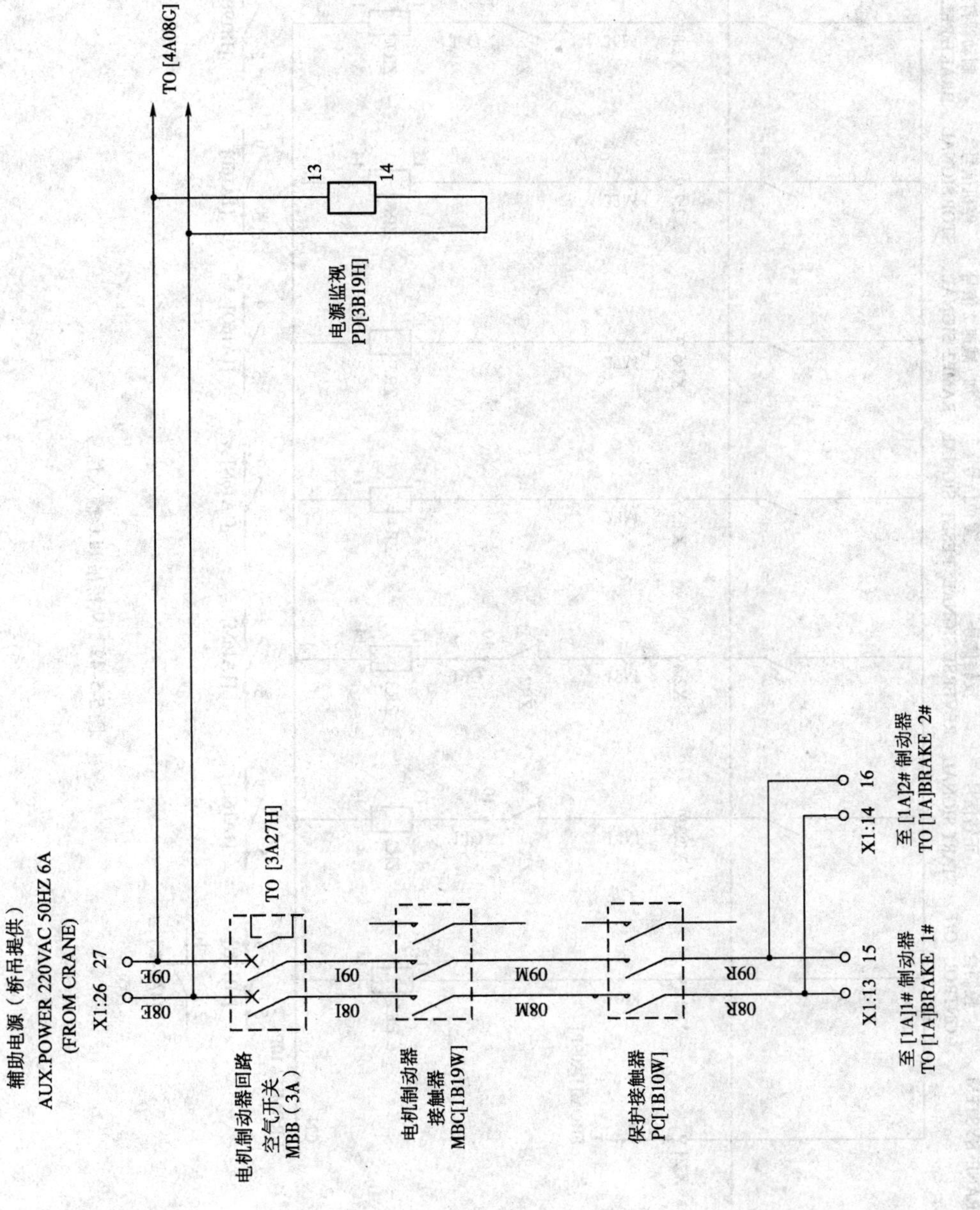

图 5-5-41　制动器控制图

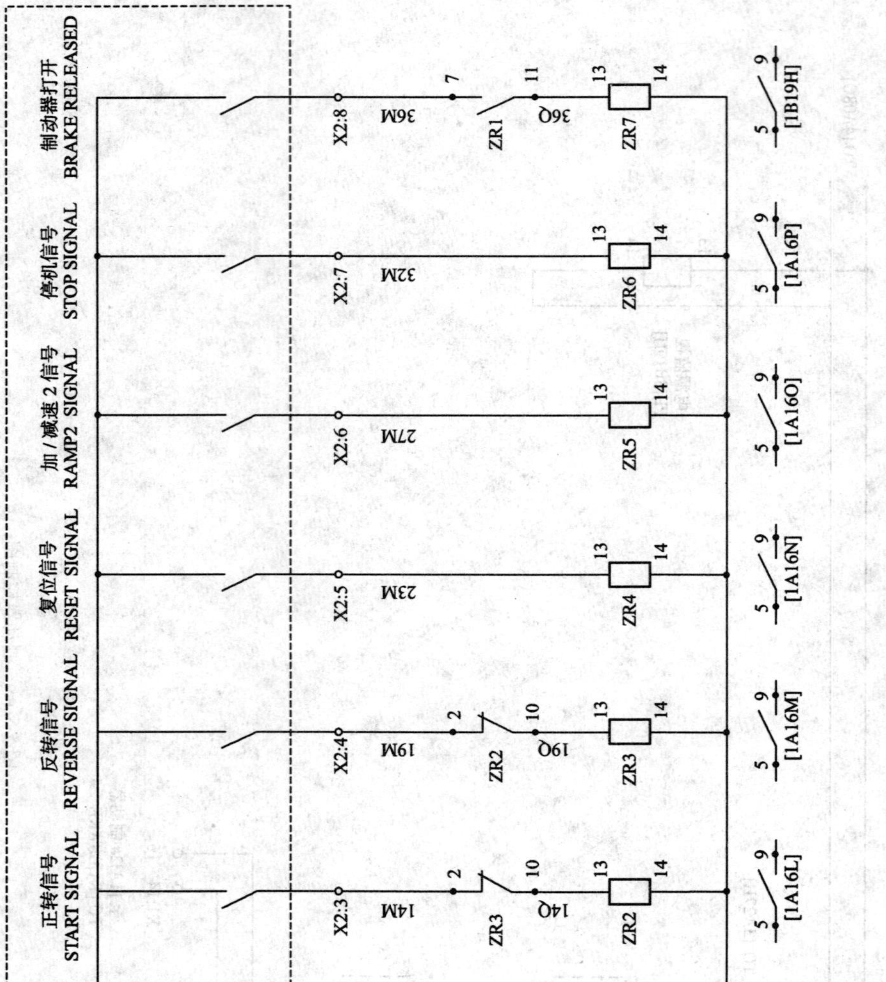

图 5-5-42 从桥吊 PLC 输入信号

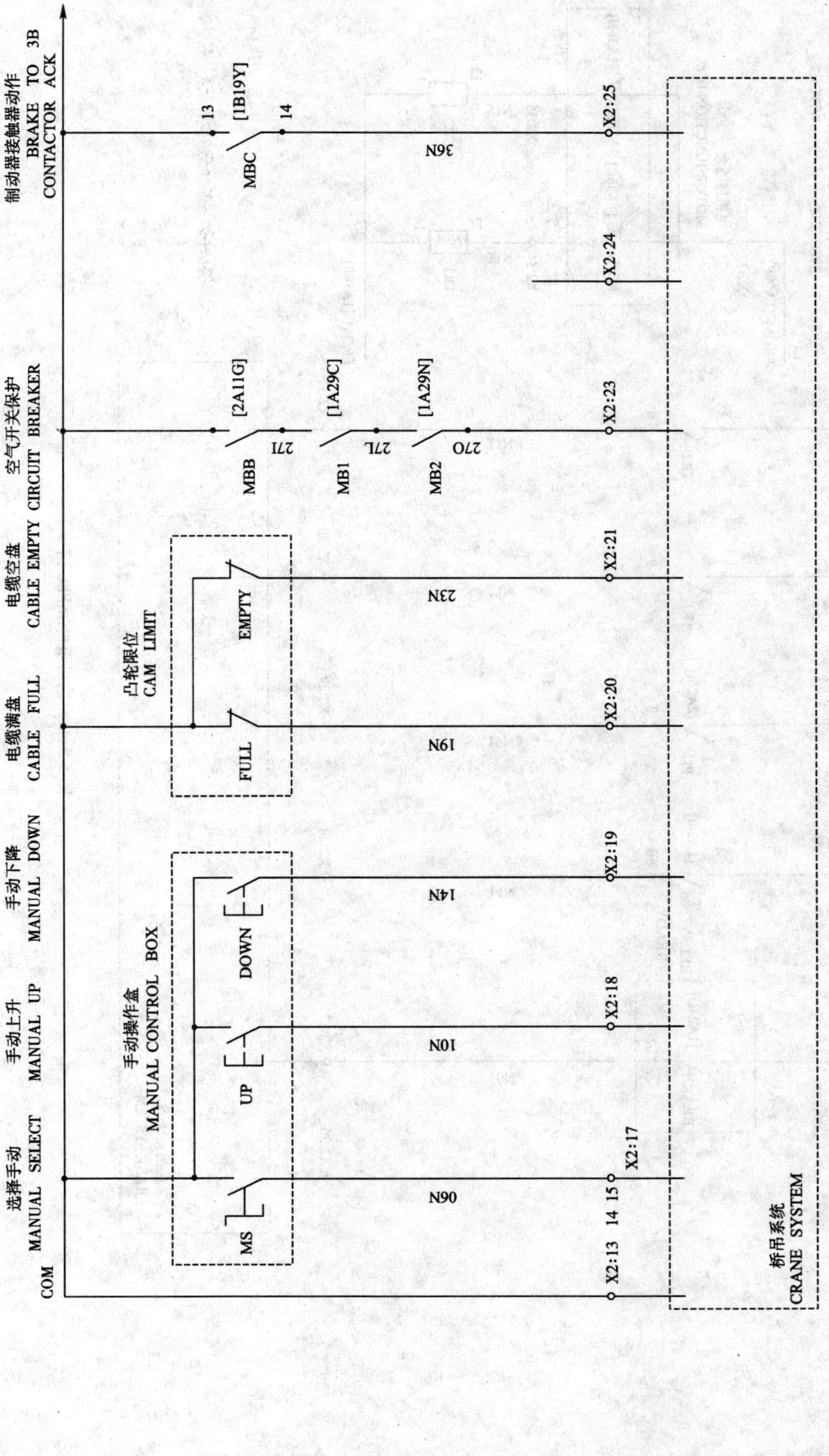

图 5-5-43　输出至桥吊 PLC 信号1

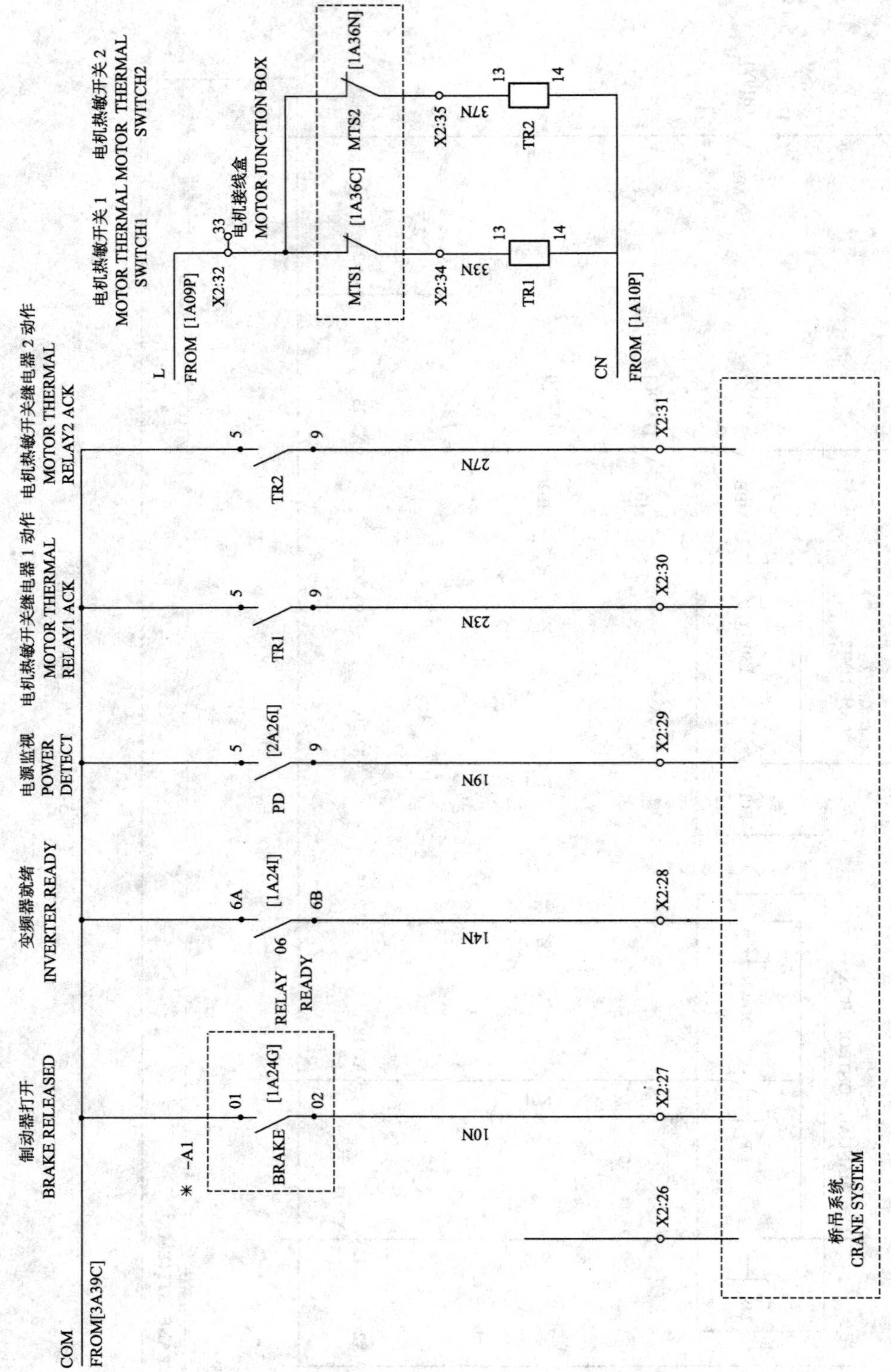

图 5-5-44　输出至桥吊 PLC 信号2

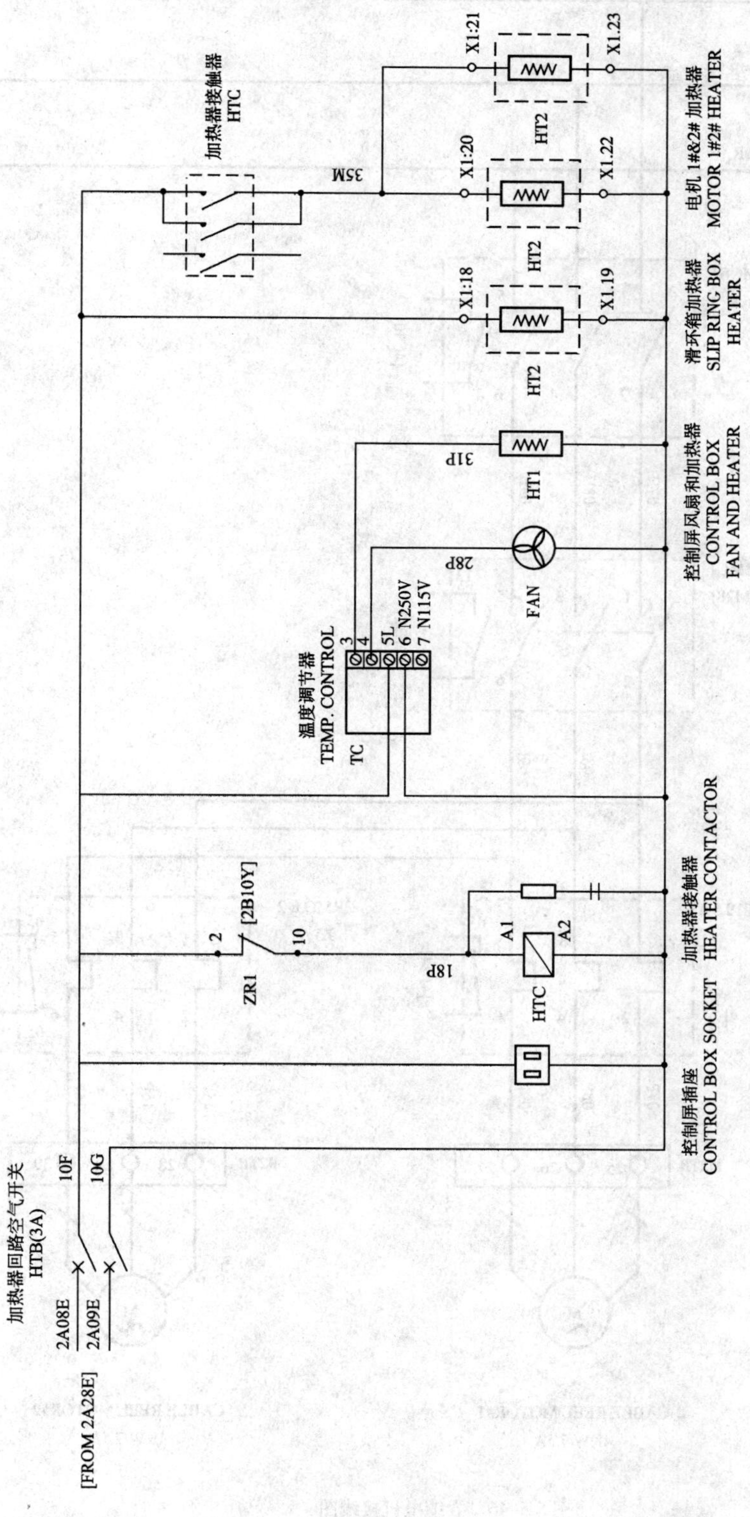

图 5-45　辅助设备连接线路

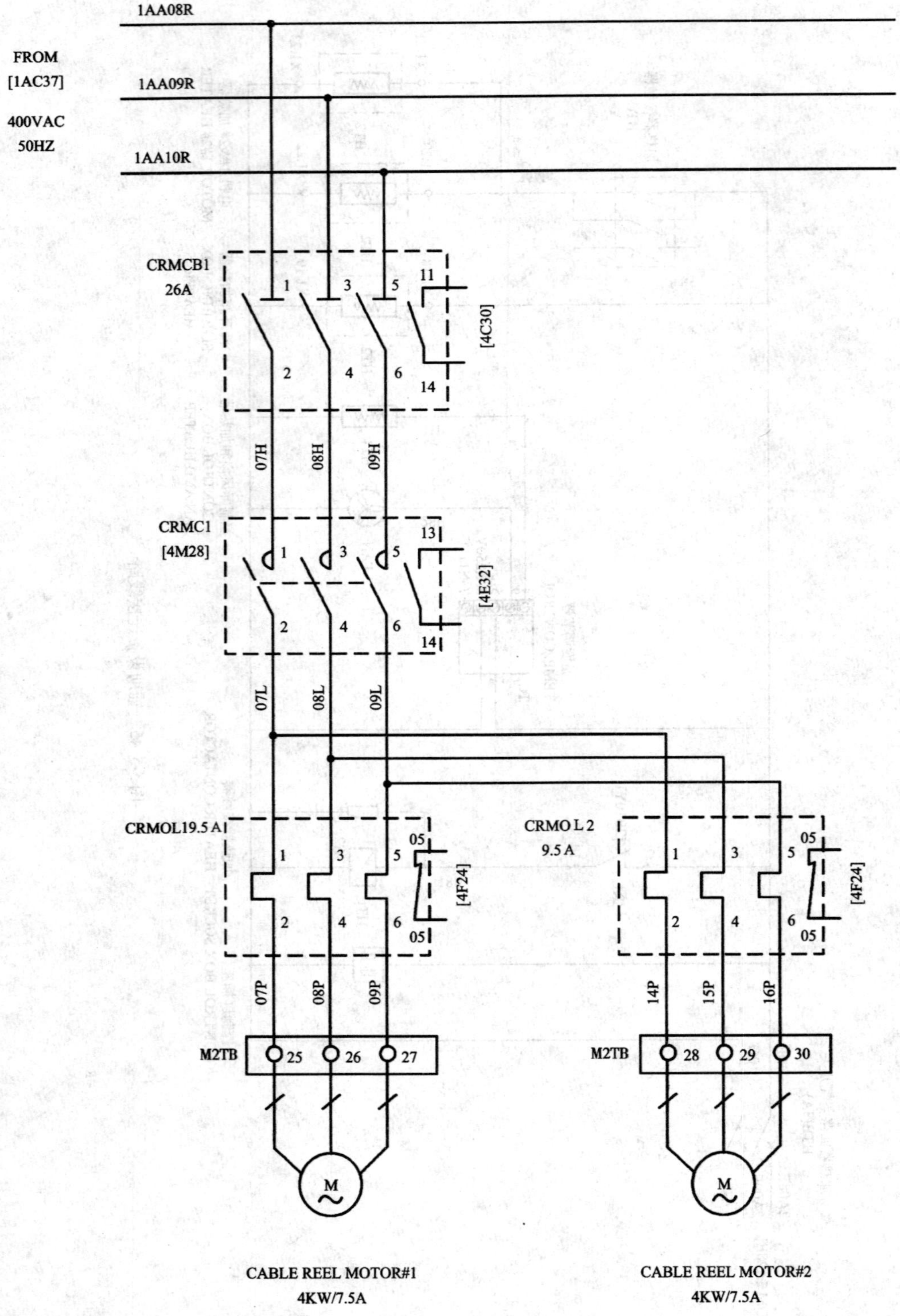

图 5-5-46　卷缆电机接线图

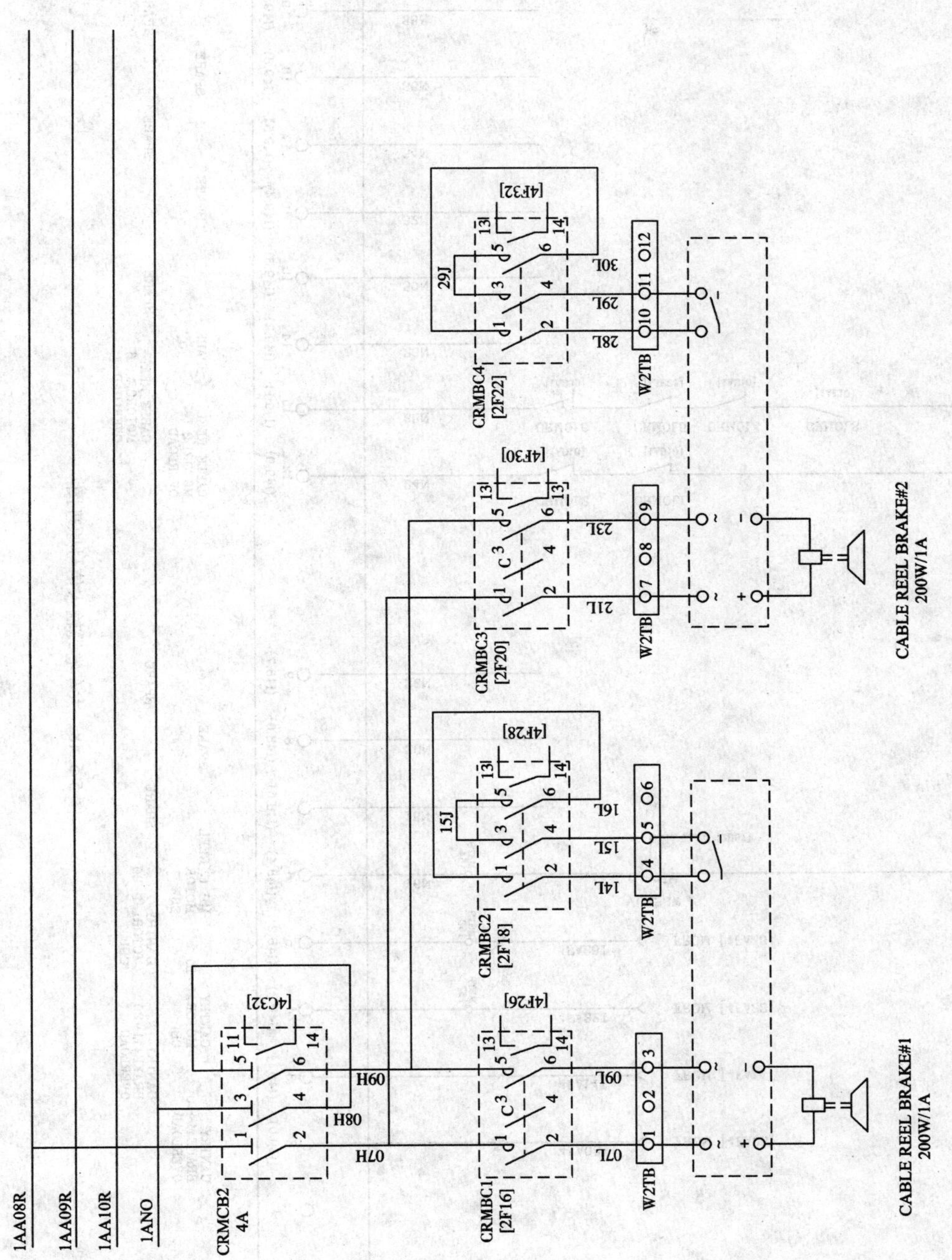

图 5-5-47　卷缆电机制动器接线图

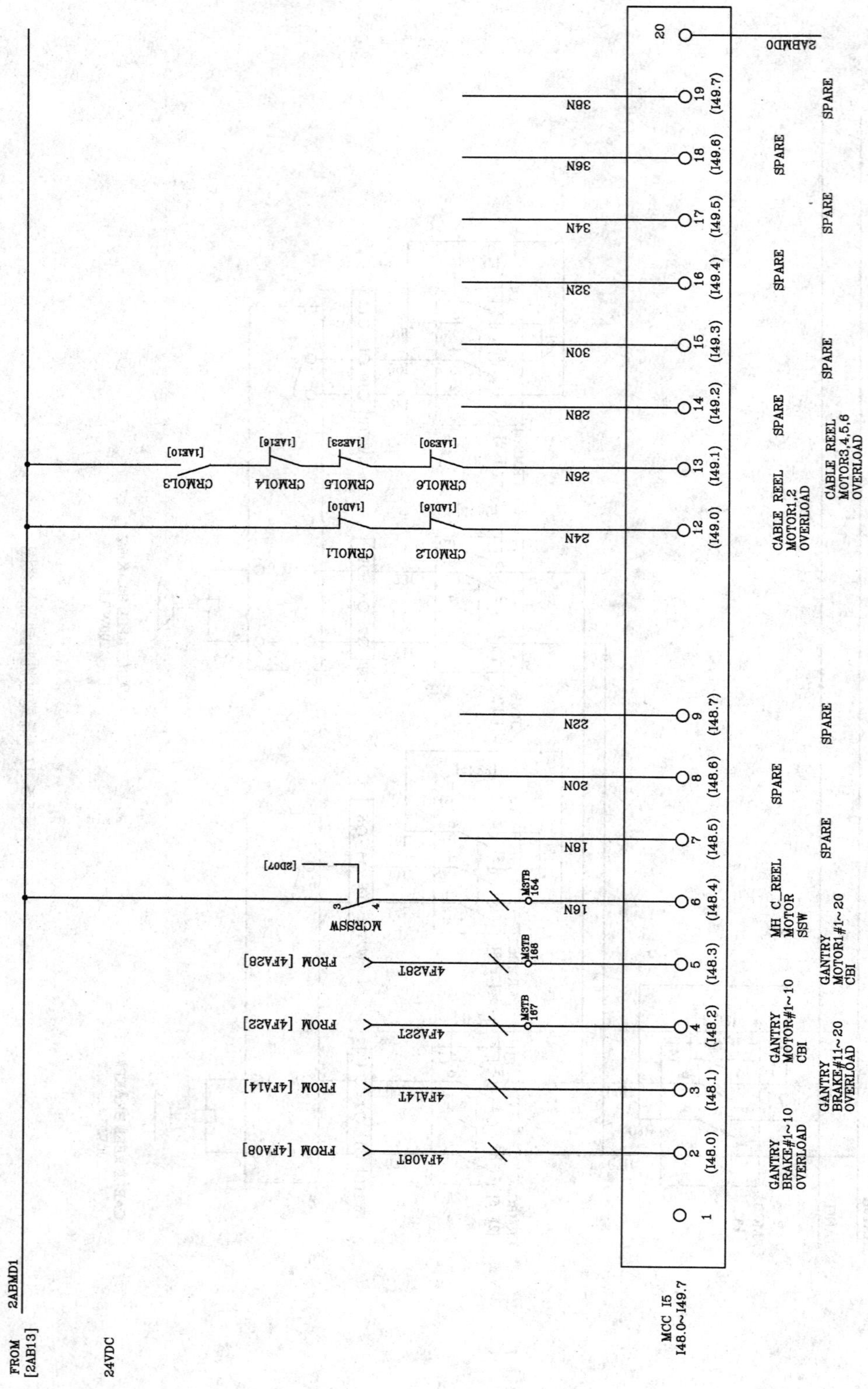

图 5-5-48　大车卷缆输入信号原理图

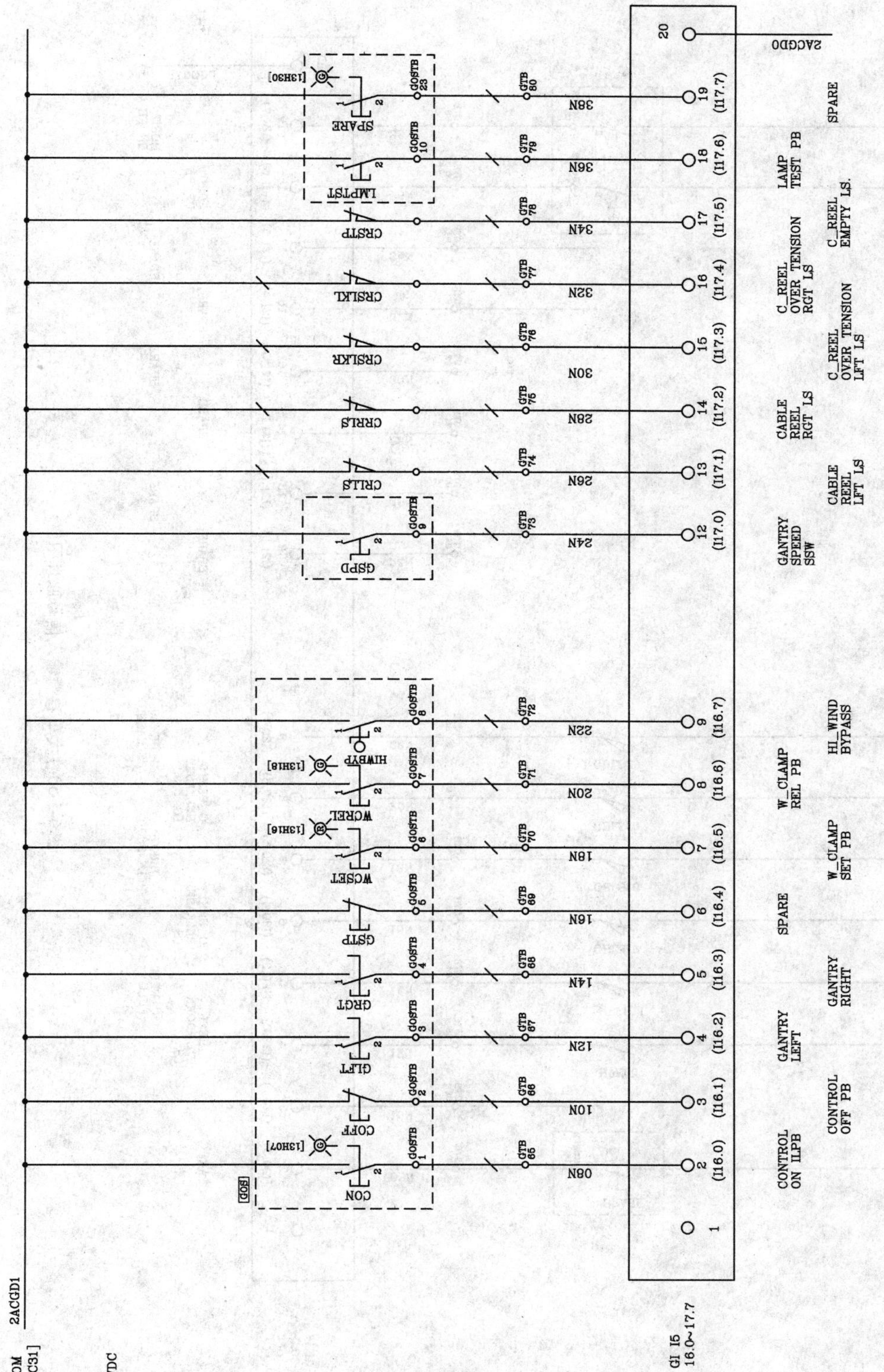

图 5-5-49　大车卷缆输入信号原理图

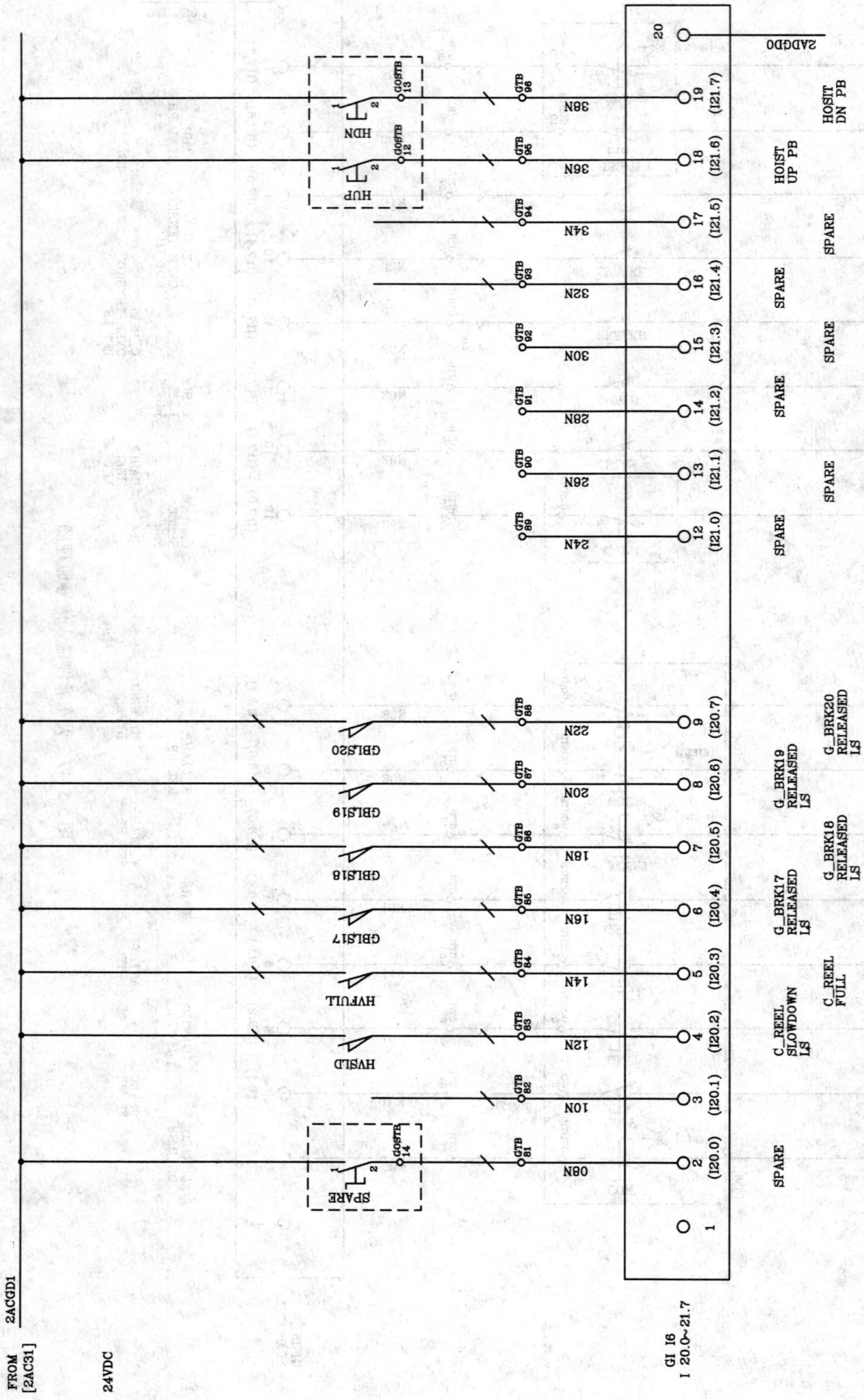

图 5-5-50 大车卷缆输入信号原理图

C_REEL SLOWDOWN LS——大车电缆过坑减速限位,凸轮限位检测;

C_REEL FULL LS——大车电缆满槽限位,凸轮限位检测。

第六节　岸边集装箱起重机 PLC 程序分析

在 PLC 中有多种程序设计语言,最常用的是梯形图(LAD)、语句表(STL)和功能图(FBD)。梯形图是基本程序设计语言,它通常由一系列指令组成,用这些指令可以完成大多数简单的控制功能,例如,代替继电器、计数器、计时器完成顺序控制和逻辑控制等,通过扩展或增强指令集,它们也能执行其他的基本操作。语句表是高级的程序设计语言,它可根据需要去执行更有效的操作,例如,模拟量的控制,数据的操纵,报表的报印和其他基本程序设计语言无法完成的功能。功能图是采用功能模块图的形式,通过软连接的方式完成所要求的控制功能,它不仅在 PLC 中得到了广泛的应用,在集散控制系统的编程和组态时也常常被采用,由于它具有连接方便、操作简单、易于掌握等特点,为广大工程设计和应用人员所喜爱。

梯形图程序设计语言是用梯形图的图形符号来描述程序的一种程序设计语言。这种程序设计语言采用因果关系来描述事件发生的条件和结果。每个梯级是一个因果关系。在梯级中,描述事件发生的条件表示在左面,事件发生的结果表示在后面。梯形图程序设计语言是最常用的一种程序设计语言。它来源于继电器逻辑控制系统的描述。在港口设备过程控制领域,电气技术人员对继电器逻辑控制技术较为熟悉,因此,由这种逻辑控制技术发展而来的梯形图受到了欢迎,并得到了广泛的应用。

现结合第五章中的原理图设计,以德国西门子 S7-400 的 PLC 编程方式,对岸边集装箱起重机的四大机构进行程序分析。

一、主控系统

"控制合"也就是我们常说的"送控制电",是岸桥运行前的准备工作,并使各变频器处于准备状态。但是,"控制合"最基本的前提条件是"控制电"必须处于断开状态。此外,"控制合"必须满足的几个条件,如图 5-6-1 的"主控系统流程图"所示。

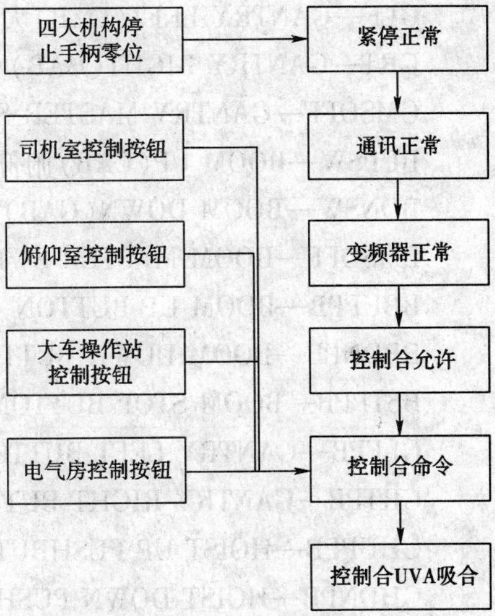

图 5-6-1　主控系统流程图

1. ALL COMMAND IS OFF——所有的命令都处于停止状态

如图 5-6-2 的程序图所示:起升、大车、小车与俯仰都没有运行,起升/大车的指令手柄处于"零"位,小车/俯仰的指令手柄也处于"零"位;并且,四大机构的制动器都处于闭合状态。

其中:

HUP—HOIST UP(CAB)起升上升;

HDN—HOIST DOWN(CAB)起升下降 ;

HMSOFF—HOIST MASTER SWITCH OFF 起升驱动器开关关;

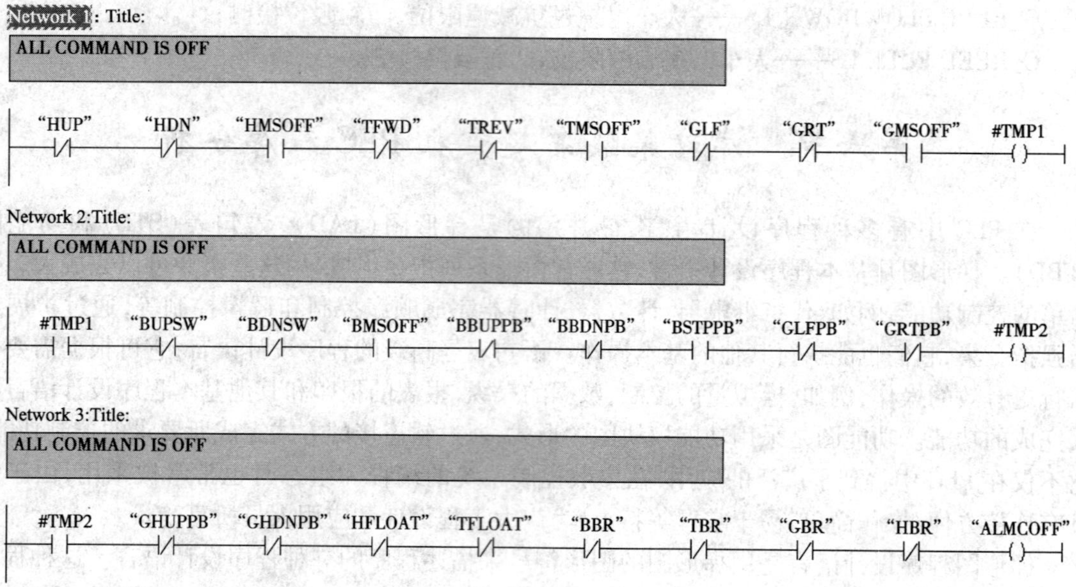

图 5-6-2　指令停止

TFWD—TROLLERY FORWARD(CAB)小车向前；

TREV—TROLLERY REVERSE(CAB)小车向后；

TMSOFF—TROLLERY MASTER SWITCH OFF 小车驱动器开关关；

GLF—GANTRY LEFT(CAB)大车向左(司机室)；

GRT—GANTRY RIGHT(CAB)大车向右(司机室)；

GMSOFF—GANTRY MASTER SWITCH OFF 大车驱动器开关关；

BUPSW—BOOM UP(CAB)俯仰上升(司机室)；

BDNSW—BOOM DOWN(CAB)俯仰下降(司机室)；

BMSOFF—BOOM MASTER SWITCH OFF 俯仰驱动器开关关；

BBUPPB—BOOM UP BUTTON (BOS)俯仰上升按钮(俯仰室)；

BBDNPB—BOOM DOWN BUTTON(BOS)俯仰下降按钮(俯仰室)；

BSTPPB—BOOM STOP BUTTON(BOS)俯仰停止按钮(俯仰室)；

GLFPB—GANTRY LEFT BUTTON(GOS)大车向左按钮(大车操作站)；

GRTPB—GANTRY RIGHT BUTTON(GOS)大车向右按钮(大车操作站)；

GHUPPB—HOIST UP PUSHBUTTON(GOS)起升上升按钮(大车操作站)；

GHDNPB—HOIST DOWN PUSHBUTTON(GOS)起升下降按钮(大车操作站)；

TFPB—TROLLEY FORWARD PUSHBUTTON(BOS)小车向前按钮(俯仰室)；

TRPB—TROLLEY REVERSE PUSHBOTTN(BOS)小车向后按钮(俯仰室)；

HFLOAT—FLOAT(H/G)浮点减速(起升/大车)；

TFOAT—FLOAT(T/B)浮点减速(小车/俯仰)；

BBR—BOOM BRAKES RELEASE 俯仰制动器释放；

TBR—TROLLEY BRAKES RELEASE 小车制动器释放；

GBR—GANTRY BRAKES RELEASE 大车制动器释放；

HBR—HOIST BRAKES RELEASE 起升制动器释放。

2. ALL E-STOP DETECT——紧停检测

如图 5-6-3 所示：岸桥上面所有的紧停都没有动作；起升与俯仰的两个超速开关也没有动作。

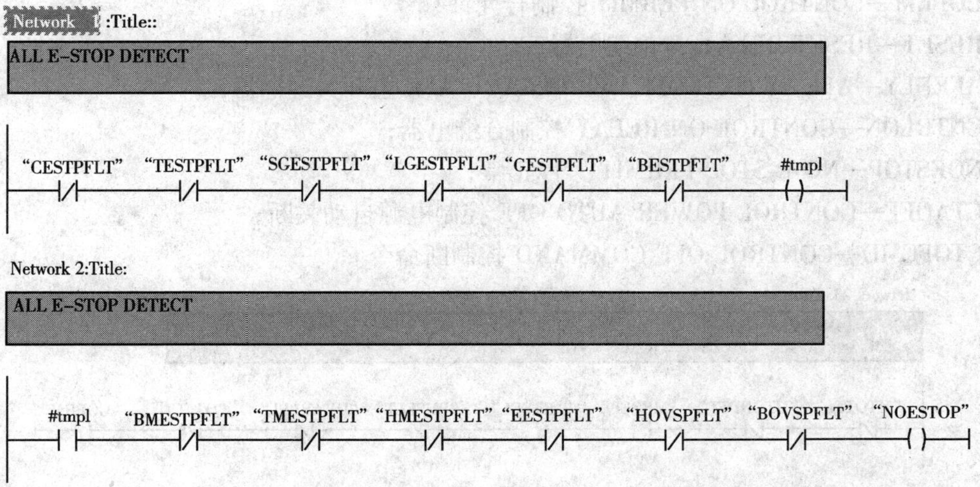

图 5-6-3　紧停检测

其中：

CESTPFLT—CAB CONSOLE E-STOP FAULT 司机室紧停故障；

TESTPFLT—TROLLEY E-STOP FAULT 小车架紧停故障；

SGESTPFLT—SEASIDE GANTRY E-STOP FAULT 大车海侧紧停故障；

LGESTPFLT—LANDSIDE GANTRY E-STOP FAULT 大车陆侧紧停故障；

GESTPFLT—GOS E-STOP FAULT 大车操作站紧停故障；

BESTPFLT—BOS E-STOP FAULT 俯仰室紧停故障；

BMESTPFLT—BOOM MOTOR E-STOP FAULT 俯仰马达紧停故障；

TMESTPFLT—TROLLERY MOTOR E-STOP FAULT 小车马达紧停故障；

HMESTPFLT—HOIST MOTOR E-STOP FAULT 起升马达紧停故障；

EESTPFLT—E-ROOM E-STOP FAULT 电气房紧停故障；

HOVSPFLT—HOIST OVER SPEED FAULT 起升超速故障；

BOVSPFLT—BOOM OVER SPEED FAULT 俯仰超速故障；

NOESTOP—NO E-STOP PRESENT 紧停正常。

3. CONTROL ON PERMIT——控制合允许

如图 5-6-4 所示：在以下几个控制点都正常的情况下，允许岸桥控制合。

其中：

MTOTFL—MAIN TRANSFORMER OVER TEMP 主变压器过温；

MTGNDFL—MAIN TRANSFORMER GROUND FAULT 主变压器接地故障；

MRSEL—M-HOUSE REEL MOTOR SELECT SWITCH 机房换绳电机选择开关；
ENSEL—ENERGENCY/NORMAL MOTOR SELECT 应急/正常电机选择；
BUSFLT—PROFIBUS FAULT 通讯故障；
UVARFLT—UVA CHECK FAULT　UVA 检测故障；
OTFLT—PANEL OVER TEMP FAULT 屏内过温检测故障；
COPRM—CONTROL ON PERMIT 控制合允许；
RESET—RESET RELAY 复位继电器；
AFEDLY—AFE SWITCH OFF OFF DELAY　AFE 主开关继电器；
CNTRLON—CONTROL ON RELAY 控制合继电器；
NOESTOP—NO E-STOP PERMIT 紧停正常；
CTAOFF—CONTROL POWER AUTO OFF 控制电源自动关断；
CTOFCMD—CONTROL OFF COMMAND 控制断命令。

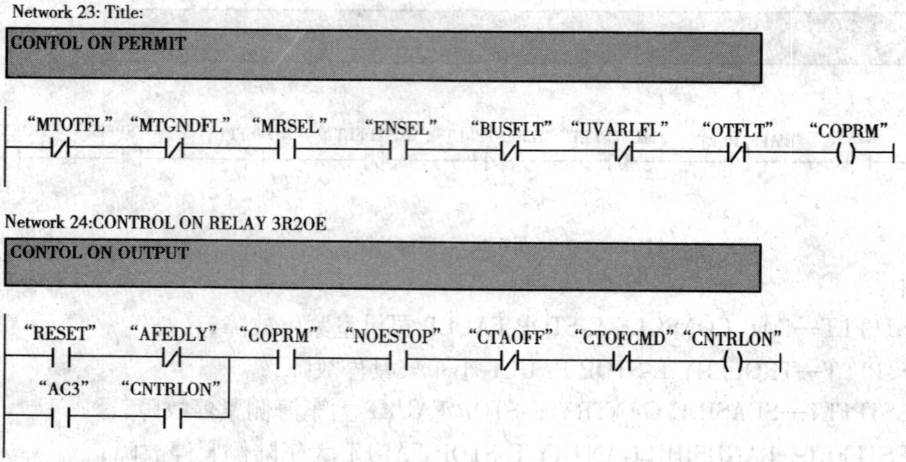

图 5-6-4　控制合允许

UVA 继电器的吸合代表了"控制合"的完成，所以在主控系统中，UVA 继电器的吸合与否是至关重要的。图 5-6-5 是 UVA 检测故障程序段。AC3 是 UVA 继电器控制，当 CNTRLON 信号为 1，而 AC3 信号为 0 时，则经过 1.5s 后报检测故障。

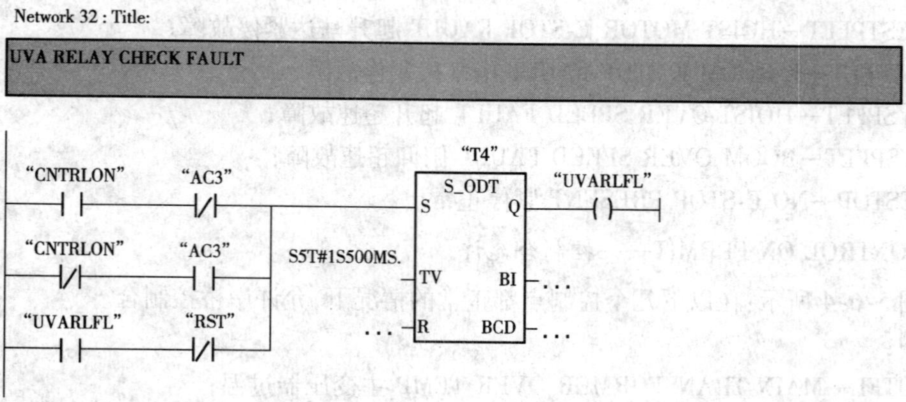

图 5-6-5　UVA 检测故障

其中：

CNTRLON—CONTROL ON RELAY 控制合继电器；

UVARLFL—UVA CHECK FAULT UVA 检测故障；

二、起升机构

在起升机构的程序中，辅助机构吊具电缆卷筒机构与吊具状态参与起升系统的控制，控制流程图如图 5-6-6 所示，其他见图 5-6-7 ~ 图 5-6-14。

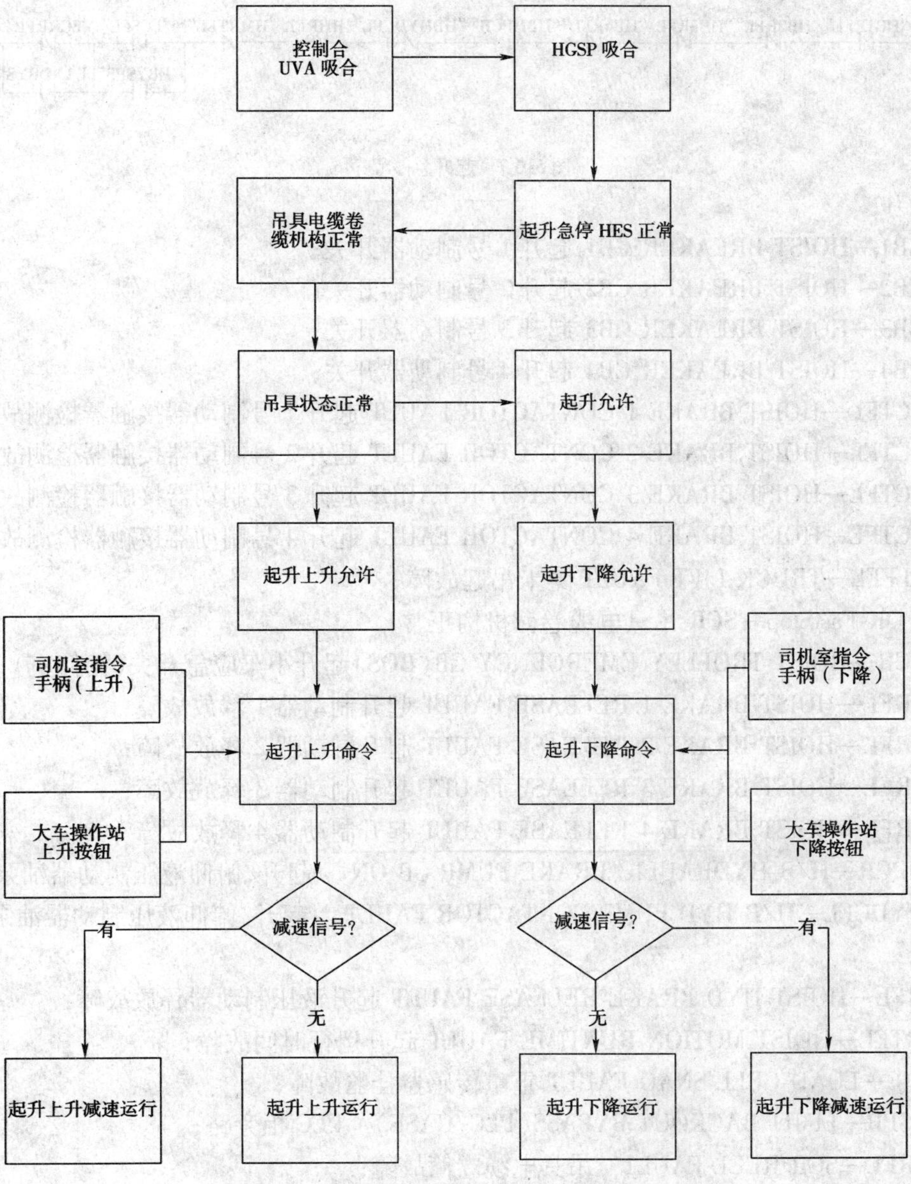

图 5-6-6　起升机构流程图

1. 起升急停(图 5-6-7)

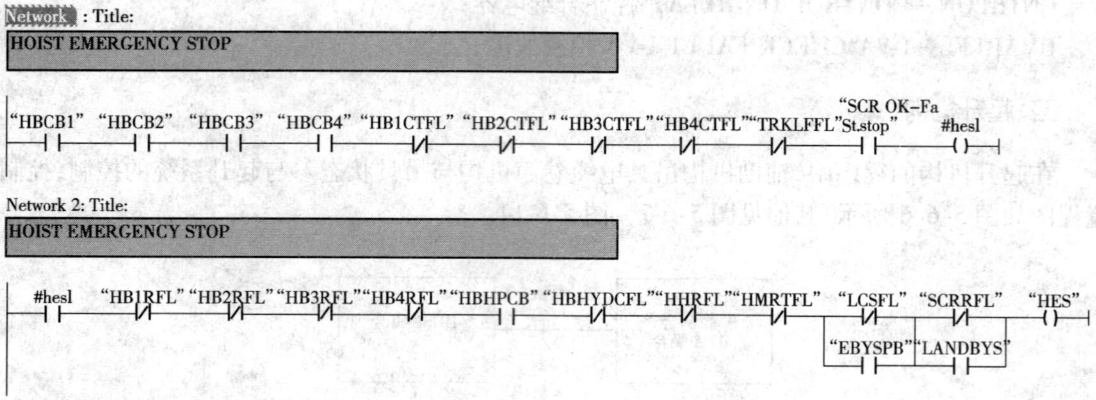

图 5-6-7 起升急停程序

其中：

HBCB1—HOIST BREAKER CB1 起升 1 号制动器开关；

HBCB2—HOIST BREAKER CB2 起升 2 号制动器开关；

HBCB3—HOIST BREAKER CB3 起升 3 号制动器开关；

HBCB4—HOIST BREAKER CB4 起升 4 号制动器开关；

HB1CTFL—HOIST BRAKE 1 CONTACTOR FAULT 起升 1 号制动器接触器检测故障；

HB2CTFL—HOIST BRAKE 2 CONTACTOR FAULT 起升 2 号制动器接触器检测故障；

HB3CTFL—HOIST BRAKE 3 CONTACTOR FAULT 起升 3 号制动器接触器检测故障；

HB4CTFL—HOIST BRAKE 4 CONTACTOR FAULT 起升 4 号制动器接触器检测故障；

TRKLFFL—TRUCK LIFT FAULT 集卡吊起故障；

SCR OK-FastStop—SCR 吊具电缆卷筒机构正常；

HTECB—HOIST TROLLEY EMERGENCY CB(BOS)起升小车应急开关(俯仰室)；

HB1RFL—HOIST BRAKE 1 RELEASE FAULT 起升制动器 1 释放故障；

HB2RFL—HOIST BRAKE 2 RELEASE FAULT 起升制动器 2 释放故障；

HB3RFL—HOIST BRAKE 3 RELEASE FAULT 起升制动器 3 释放故障；

HB4RFL—HOIST BRAKE 4 RELEASE FAULT 起升制动器 4 释放故障 ；

HBHPCB—H/B HYDRAULIC BRAKE PUMP CB ON 起升/俯仰液压制动器油泵开关；

HBHYDCFL—H/B HYD PUMP CONTACTOR FAULT 起升/俯仰液压制动器油泵接触器检测故障；

HHRFL—HOIST HYD BRAKE RELEASE FAULT 起升液压制动器释放故障；

HMRTFL—HOIST MOTION RUNTIME FAULT 起升运行时间故障；

LCSFL—LOAD CELL SNAG FAULT 重量传感器挂舱故障；

EBYSPB—LIMIT BACKOUT BYPASS(PLC/CASE) PLC 柜旁路；

SCRRFL—SCR REEL FAULT 吊具电缆卷筒故障；

LANDBYS—LAND BYPASS ACTIVE 着箱旁路；

HES—HOIST E-STOP 起升急停。

2. 起升运行允许(图 5-6-8)

Network 6 : Title:

[redacted]

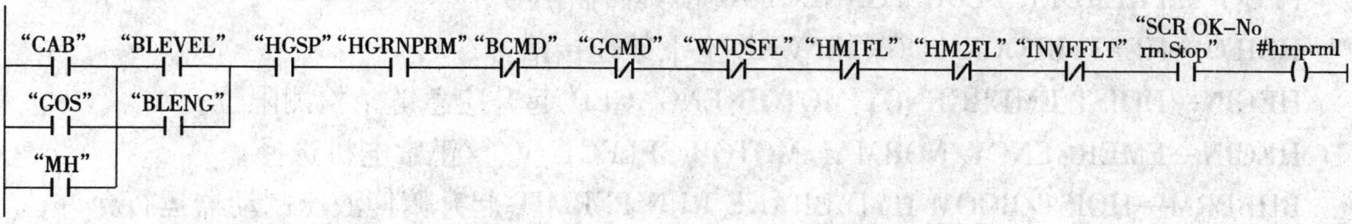

Network 7:HOIST RUN PERMIT

HOIST RUN PERMIT

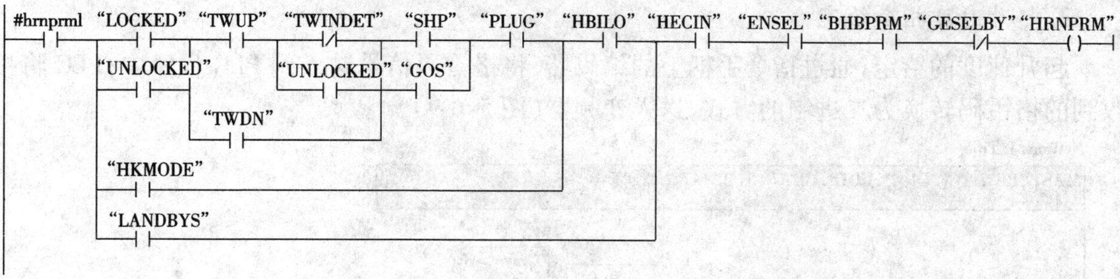

图 5-6-8　起升运行允许程序

其中:

CAB—CAB STATION SELECT 司机室站选择;

GOS—GANTRY STATION SELECT 大车操作站选择;

MH—MACHINE HOUSE STATION SELECT 机房操作站选择;

BLEVEL—BOOM LEVEL 俯仰水平;

BLENG—BOOM LATCHES ENGAGED 俯仰进钩;

HGSP—H/G PLC STOP　H/G PLC 停止;

HGRNPRM—H/G RUN PERMIT　H/G 运行允许;

BCMD—BOOM OPERATE COMMAND 俯仰命令;

GCMD—GANTRY OPERATE COMMAND 大车命令;

WNDSFL—HI WIND SHUT DOWN PIN FAULT 大风停止故障;

HM1FL—HOIST MOTOR 1 OVER TEM FAULT 起升 1 号马达过温故障;

HM2FL—HOIST MOTOR 2 OVER TEM FAULT 起升 2 号马达过温故障;

INVFFLT—AFE/INVERTOR FAN CONTACTOR FAULT 变频器风机接触器故障;

SCR OK-NormStop—吊具电缆卷筒机构正常;

LOCKED—SPREADER LOCKED 吊具闭锁;

UNLOCKED—SPREADER UNLOCKED 吊具开锁;

HKMODE—HOOK MODE SEL 吊钩模式选择;

LANDBYS—LAND BYPASS ACTIVE 着箱旁路;

TWUP—TWIN UP SINGLE 单箱信号;

TWDN—TWIN DOWN SINGLE 双箱信号；

TWINDET—TWIN CONTAINNER DETECTED 双箱检测；

SHP—SPREADER PUMP CONTACTOR 吊具泵接触器；

PLUG—SPREADER PLUG CONNECTOR 吊具回插信号；

HBILO—HEAD BLOCK LOCK SINGAL 上下架连接信号；

HECIN—HOIST EMERGENCY MOTOR ENGAGED 起升应急链条检测限位；

HECIN—EMERGENCY/NORMAL MOTOR SELECT 应急/正常电机选择；

BHBPRM—HOIST/BOOM HYD BRAKE RUN PERMIT 起升俯仰液压制动器运行允许；

GESELBY—GANTRY NORMAL/EMERGENCY SELECT 大车正常/应急选择；

HRNPRM—HOIST RUN PERMIT 起升运行允许。

3. 起升速度指令给定

起升速度的给定，通过指令手柄上的编码器，将格雷码信号输入到 PLC 程序中；PLC 将接收到的格雷码转换为二进制的方式，送入变频器（图 5-6-9）。

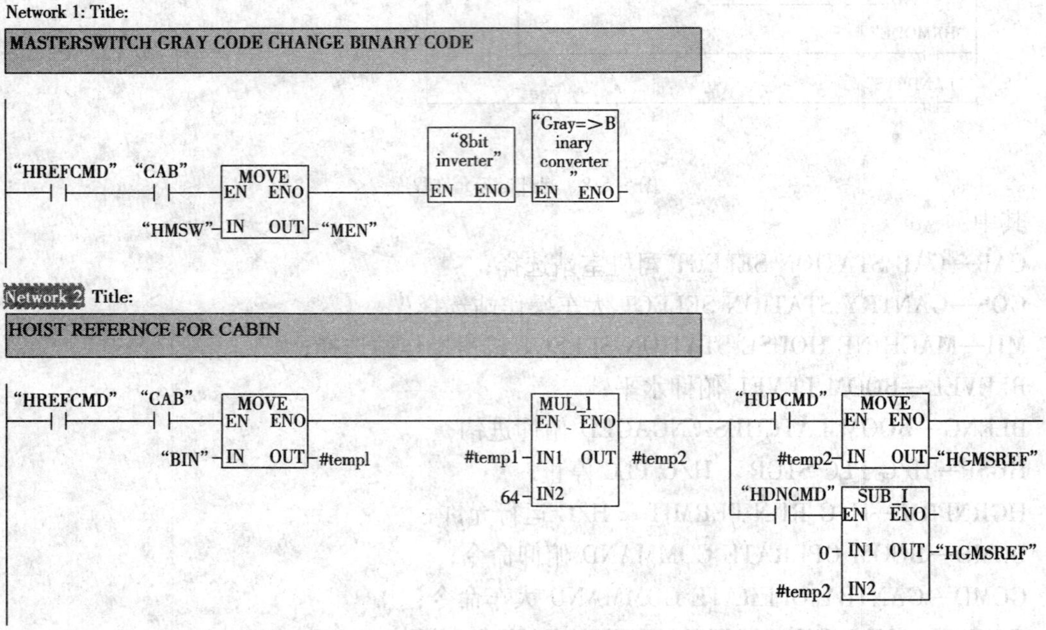

图 5-6-9　起升速度指令给定程序

其中：

HREFCMD—HOIST REF COMMAND 起升指令给定命令；

HUPCMD—HOIST UP COMMAND 起升上升命令；

HDNCMD—HOIST DOWN COMMAND 起升下降命令；

HGMSREF - H/G MANUAL SPEED REFERENCE 起升/大车速度给定。

4. 起升上升与下降允许（图 5-6-10）

其中：

OVRLDFL—HOIST　OVERLOAD FAULT 起升过载故障；

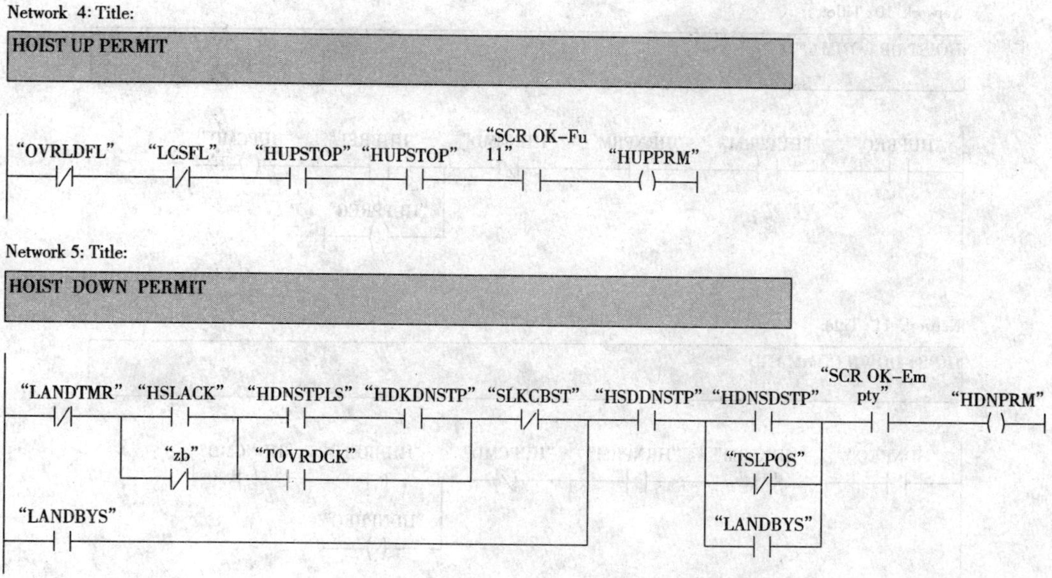

图 5-6-10　起升上升与下降允许程序

LCSFL—LOAD CELL SNAG FAULT 重量传感器挂舱故障；

HUPSTOP—HOIST CAM UP STOP LIMIT SWITCH 起升上升停止（凸轮限位）；

HUPSTP—HOIST UP STOP POSITION 起升上升停止（编码器）；

SCR OK-Full—吊具电缆卷筒满槽信号；

HTECB—HOIST/TROLLEY EMERGENCY C 起升/小车应急开关；

HUPPRM—HOIST UP PERMIT 起升上升允许；

LANDTMR—SPREADER LAND TIMEED 吊具着箱时间延时；

LANDBYS—LAND BYPASS ACTIVE 着箱旁路；

HSLACK—HOIST REEL SLACK LS 起升松绳限位；

HDNSTPLS—HOIST CAM DOWN LANDSIDE STOP LIMIT SWITCH 起升陆侧下降停止限位（凸轮限位）；

TOVRDCK—TROLLEY OVER DOCK 小车过海侧信号；

HDKDNSTP—HOIST DOWN LANDSIDE STOP POSITION 起升陆侧下降停止（编码器）；

SLKCBST—SLACK CABLE STOP 松绳停止；

HSDDNSTP—HOIST DOWN SEASIDE STOP POSITION 起升下降海侧停止（编码器）；

TSLPOS—TROLLEY AT SILBEAM POSITION 小车鞍梁保护位置；

SCR OK-Empty—吊具电缆卷筒空槽信号；

HDNPRM—HOIST DOWN PERMIT 起升下降允许。

5. 起升运行命令（图 5-6-11）

其中：

HUPREQ—HOIST UP REQUEST 起升上升请求；

HUPPRM—HOIST UP PERMIT 起升上升允许；

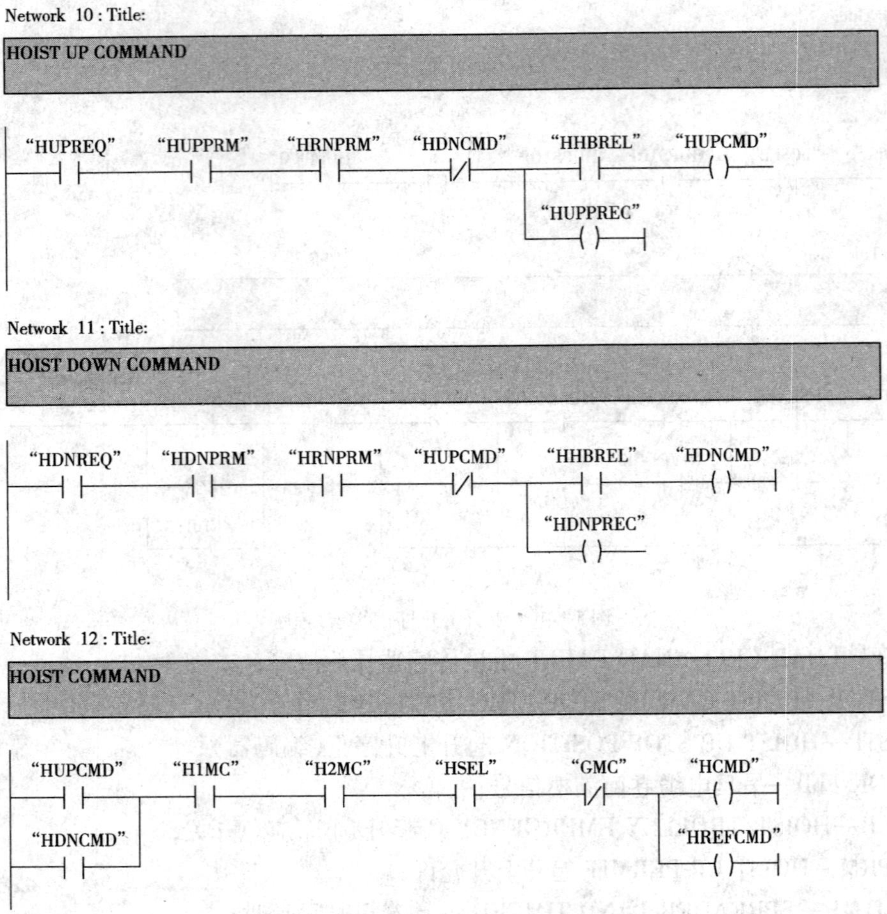

图 5-6-11　起升运行命令

HRNPRM—HOIST RUN PERMIT 起升运行允许；

HDNCMD—HOIST DOWN COMMAND 起升下降命令；

HHBREL—HOIST HYDBRK RELEASD 起升液压制动器释放；

HUPCMD—HOIST UP COMMAND 起升上升命令；

HDNREQ—HOIST DOWN REQUEST 起升下降请求；

HDNPRM—HOIST DOWN PERMIT 起升下降运行允许；

HRNPRM—HOIST RUN PERMIT 起升运行允许；

H1MC—HOIST 2 MAIN CONTACTOR 起升 2 主接触器；

H2MC—HOIST 1 MAIN CONTACTOR 起升 1 主接触器；

HSEL—HOIST MODE SELECTION 起升模式选择；

GMC—GANTRY MAIN CONTACTOR 大车主接触器；

HCMD—HOIST OPERATE COMMAND 起升运行命令。

6. 起升减速运行命令(图 5-6-12)

其中：

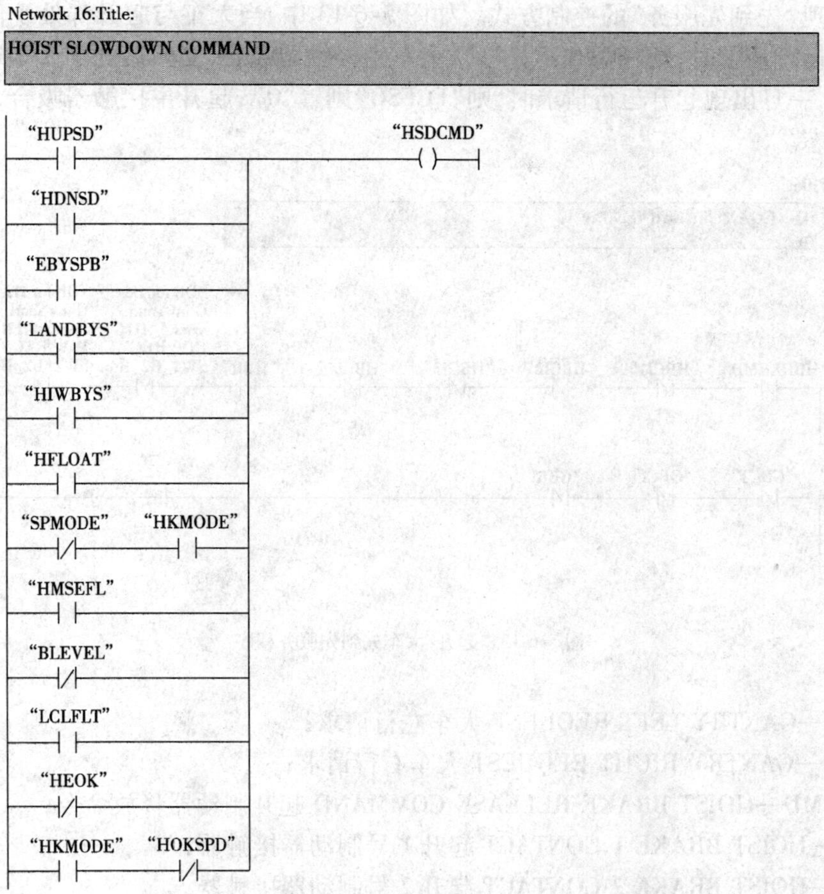

图 5-6-12　起升减速运行命令

HUPSD—HOIST UP SLOWDOWN COMMAND 起升上升慢速命令；
HDNSD—HOIST DOWN SLOWDOWN COMMAND 起升下降慢速命令；
EBYSPB—LIMIT BACKOUT BYPASS(PLC-CASE)PLC 柜旁路；
LANDBYS—LAND BYPASS ACTIVE 着箱旁路；
HIWBYS—HIGH WIND BYPASS ACTIVE 大风旁路；
HFLOAT—FLOAT(H/G)浮点减速信号(起升/大车)；
SPMODE—SPREADER MODE SELECT 吊具模式选择；
HKMODE—HOOK MODE SELECT 吊钩模式选择；
HMSEFL—HOIST MSTRSW ENCODER FAULT 起升编码器故障；
BLEVEL—BOOM LEVEL 俯仰水平；
LCLFLT—LOAD CELL LOSS FAULT 重量传感器失重故障；
HEOK—HOIST ABSOLUTE ENCODER FAULT 起升绝对值编码器故障；
HOKSPD—HOOK SPEED SEL 吊钩速度选择。

7. 先到先服务

由于起升与大车是共用一个变频器，因此，在起升与大车的控制中，我们通过运用一个 RS

触发器来实现"先到先服务"的控制方式。如图 5-6-13 中,当大车与起升都处于停止状态,一旦出现大车运行请求时,则"FCFSG"置"1",大车主接触器吸合,变频器处于大车运行状态;当大车停止后,一旦出现起升运行请求时,则"FCFSG"则置"0",起升主接触器吸合,变频器处于起升运行状态。

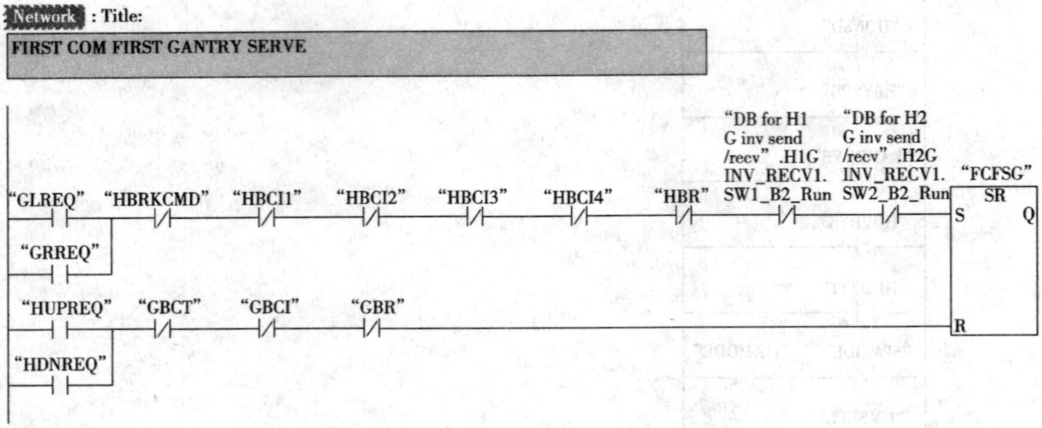

图 5-6-13　起升/大车先到先服务程序

其中:

GLREQ—GANTRY LEFT REQUEST 大车左行请求;

GRREQ—GANTRY RIGHT REQUEST 大车右行请求;

HBRKCMD—HOIST BRAKE RELEASE COMMAND 起升制动器释放命令;

HBCI1—HOIST BRAKE 1 CONTACT 起升 1 号制动器接触器;

HBCI2—HOIST BRAKE 2 CONTACT 起升 2 号制动器接触器;

HBCI3—HOIST BRAKE 3 CONTACT 起升 3 号制动器接触器;

HBCI4—HOIST BRAKE 4 CONTACT 起升 4 号制动器接触器;

HBR—HOIST BRAKES RELEASD 起升制动器释放;

GBCT—GANTRY BRAKE CONTACT 大车制动器接触器;

GBR—GANTRY BRAKE RELEASD 大车制动器释放。

8. HGSP 控制(图 5-6-14)

HGSP 接触器在起升与大车的控制程序中及其重要,是控制起升与大车制动器主电源的接触器,因此,在 HGSP 不吸合的状态下,起升与大车是不能运行的。

其中:

HES—HOIST E-STOP 起升急停;

FCFSG—FIRST COME FIRST SERVE GANTRY 起升/大车先到先服务;

GES—GANTRY E-STOP 大车急停;

UVARLFL—UVA CHECK FAULE UVA 检测故障;

AC3—UVA 检测;

NOESTOP—NO E-STOP PRESENT 紧停正常;

H1GFLT—H1/G INV FAULT 起升 1#/大车变频器故障;

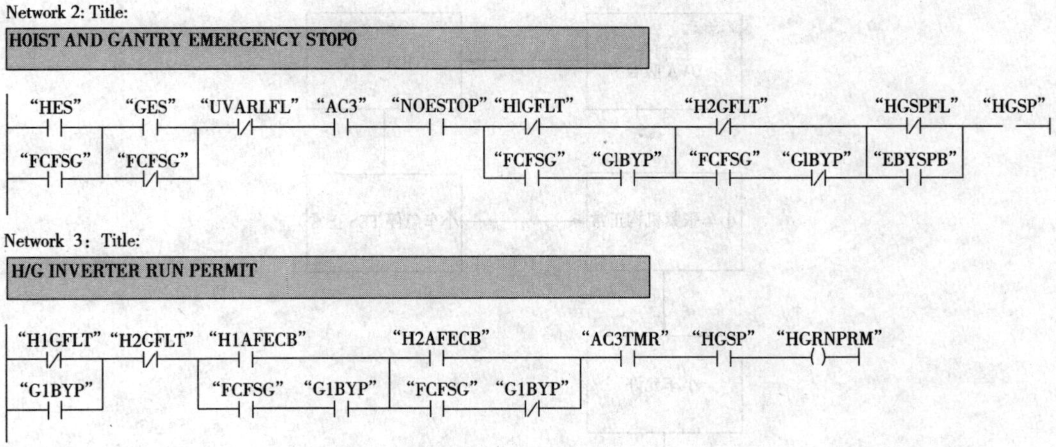

图 5-6-14　HGSP 控制程序

G1BYP—HOIST1/GANTRY INVERTER FAULT BYPASS　起升/大车变频器故障旁路；

H2GFLT—H2/G INV FAULT 起升 2#/大车变频器故障；

HGSPFL—HGSP CHECK FAULT　HGSP 检测故障；

EBYSPB—LIMIT BACKOUT BYPASS(PLC-CASE) PLC 柜旁路；

HGSP—H/G PLC STOP H/G PLC 停止；

H2GFLT—H2/G INV FAULT　起升 2#/大车变频器故障；

H1AFECB—H1/G AFE PANEL MAIN CB　起升 1#/大车 AFE 主开关；

H2AFECB—H2/G AFE PANEL MAIN CB　起升 2#/大车 AFE 主开关；

HGRNPRM—H/G RUN PERMIT　起升/大车运行允许。

三、小车机构

在钢丝绳牵引式的小车运行方式中，一般采用液压的控制技术对小车与托架钢丝绳进行张紧。小车机构流程图见图 5-6-15，其他见图 5-6-16 ~ 图 5-6-25。

1. 小车急停(图 5-6-16)

其中：

TBCB1—TROLLEY BREAKER CB1 小车 1 号制动器开关；

TBCB2—TROLLEY BREAKER CB2 小车 2 号制动器开关；

HB1CTFL—TROLLEY BREAKER1 STARTER FAULT 小车 1 号制动器接触器故障；

HB2CTFL—TROLLEY BREAKER2 STARTER FAULT 小车 2 号制动器接触器故障；

TB1RFL—TROLLEY BREAKER1 RELEASE FAULT 小车制动器 1 释放故障；

TB2RFL—TROLLEY BREAKER 2 RELEASE FAULT 小车制动器 2 释放故障；

TMRTFL—TROLLEY MOTION RUNTIME FAULT 小车运行时间故障；

TENCDFL—TROLLEY MASTRSW ENCODER FAULT 小车编码器故障；

TFSDFLT—TROLLEY FWD SLOWDN CHECK FLT 小车向前慢速检测故障；

TRSDFLT—TROLLEY REV SLOWDN CHECK FLT 小车向后慢速检测故障；

TES—TROLLEY E-STOP RELAY 小车紧急停止继电器。

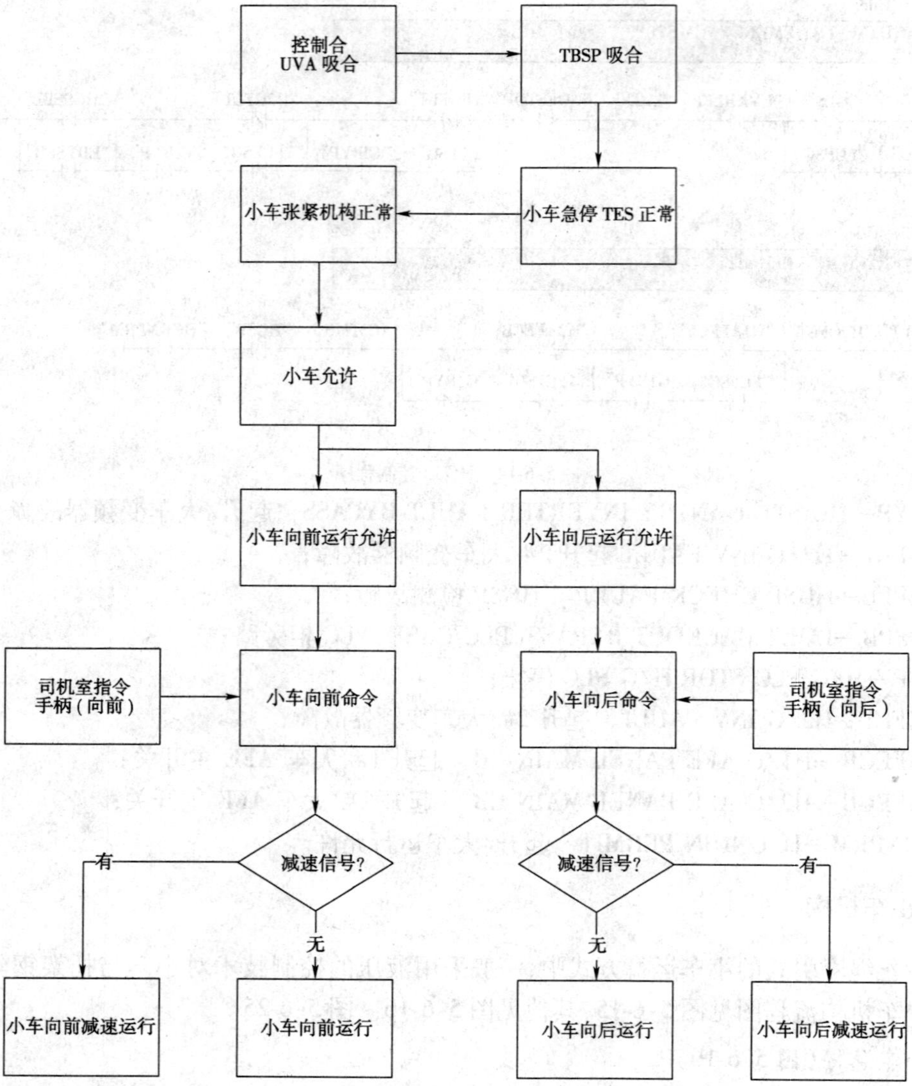

图 5-6-15　小车机构流程图

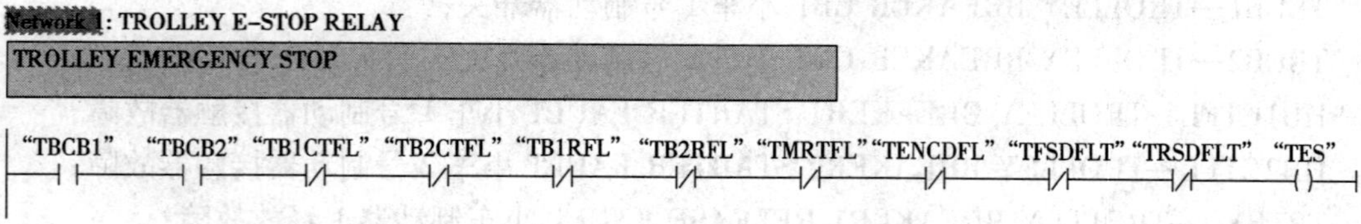

图 5-6-16　小车状态程序

2. 小车张紧运行允许（图 5-6-17）

其中：

TRPCB—TROLLEY TENSION PUMP CB 小车张紧泵开关；

TRTSFL—TROLLEY TENSION STARTER FAULT 小车张紧油泵运行故障；

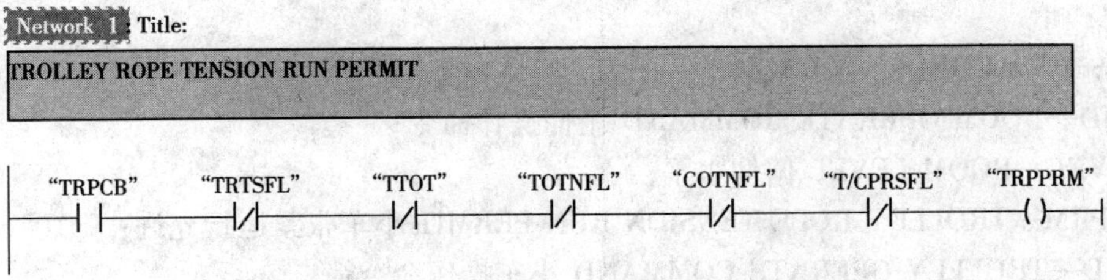

图 5-6-17　小车张紧运行允许程序

TTOT—TROLLEY ROPE TENSION STATION OVERTEMP FAULT 小车张紧液压站过温故障；

TOTNFL—TROLLEY ROPE OVERTENSION LIMIT SWITCH FAULT 小车钢丝绳过紧限位故障；

COTNFL—CATENARY OVERTENSION LIMIT SWETCH FAULT 小车托架张紧限位故障；

T/CPRSFL—TROLLEY AND CATENARY PRESSURE RELAY FAULT 后大梁液压站压力继电器故障；

TRPPRM—TROLLEY ROPE TENSION RUN PERMIT 小车张紧运行允许。

3. 小车张紧电磁阀控制(图 5-6-18)

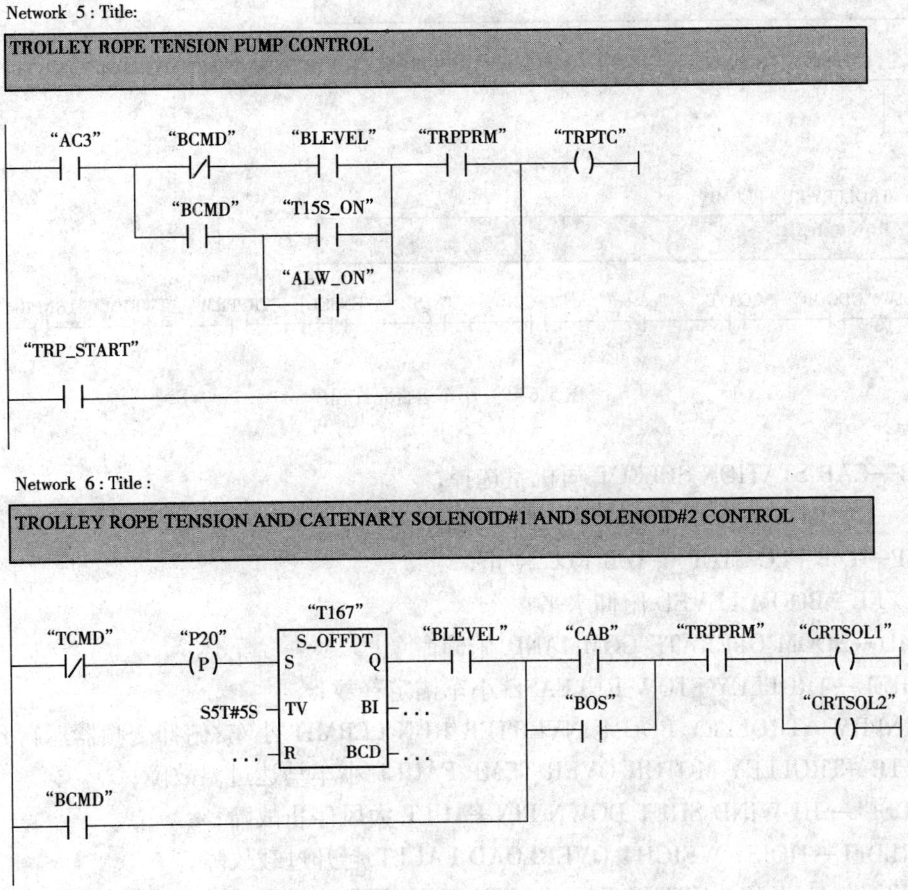

图 5-6-18　小车张紧电磁阀控制程序

其中：

AC3—UVA CHECK UVA 检测；

BCMD—BOOM OPERATE COMMAND 俯仰操作命令；

BLEVEL—BOOM LEVEL 俯仰水平；

TRPPRM—TROLLEY ROPE TENSION RUN PERMIT 小车张紧运行允许；

TCMD—TROLLEY OPERATE COMMAND 小车操作命令；

BCMD—BOOM OPERATE COMMAND 俯仰操作命令；

BLEVEL—BOOM LEVEL 俯仰水平；

CAB—CAB STATION SELECT 司机室选择；

BOS—BOOM OPERATOR STATION SELECT 俯仰室选择；

TRPPRM—TROLLEY ROPE TENSION RUN PERMIT 小车张紧运行允许；

CRTSOL1—TROLLEY ROPE TENSION/CATENERY SELONOID 小车张紧液压站电磁阀 1；

CRTSOL2—TROLLEY ROPE TENSION/CATENERY SELONOID 小车张紧液压站电磁阀 2。

4. 小车运行允许(图 5-6-19)

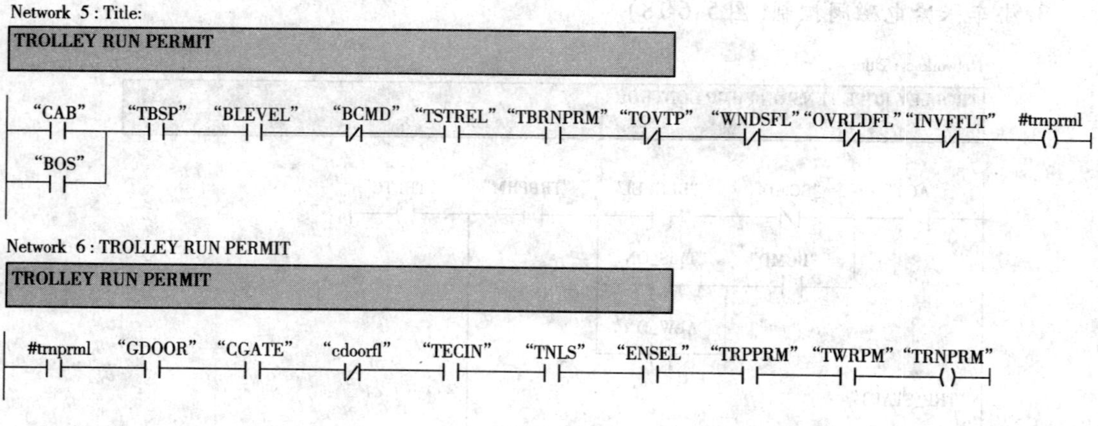

图 5-6-19　小车运行允许程序

其中：

CAB—CAB STATION SELECT 司机室选择；

BOS—BOOM STATION SELECT 俯仰室选择；

TBSP—T/B PLC STOP　T/B PLC 停止；

BLEVEL—BOOM LEVEL 俯仰水平；

BCMD—BOOM OPERATE COMMAND 俯仰命令；

TSTREL—TROLLEY STOW RELEASE 小车锚定释放；

TBRNPRM—TROLLEY BOOM INVERTER RUN PERMIT 小车/俯仰变频器运行允许；

TOVTP—TROLLEY MOTOR OVER TEMP FAULT 小车马达过温故障；

WNDSFL—HI WIND SHUT DOWN PIN FAULT 大风停止故障；

OVRLDFL—HOIST WEIGHT OVERLOAD FAULT 起升过载故障；

INVFFLT—AFE/INVERTER FAN CONTACTOR FLT　AFE/INV 风机接触器故障；

GDOOR—DOOR GATEWAY INERLOCK 小车通道门限位检测；

CGATE—CAB GATEWAY LIMIT SWITCH 小车走道门限位；

TECIN—TROLLEY EMERGENCY MOTOR ENGAGED 小车应急检测限位；

CDOORFLT—CABIN DOOR FAULT(WHEN CABIN DOOR OPEN OR CLOSE)司机室门限位故障；

ENSEL—EMERGENCY/NORMAL MOTOR SELECT 应急/正常电机选择；

TRPPRM—TROLLEY ROPE TENSION RUN PERMIT 小车张紧运行允许；

TWRPM—TROLLEY WHEEL BRAKE RUN PERMIT 小车夹轮器运行允许；

TRNPRM—TROLLEY RUN PERMIT 小车运行允许。

5. 小车向前与向后运行允许(图 5-6-20)

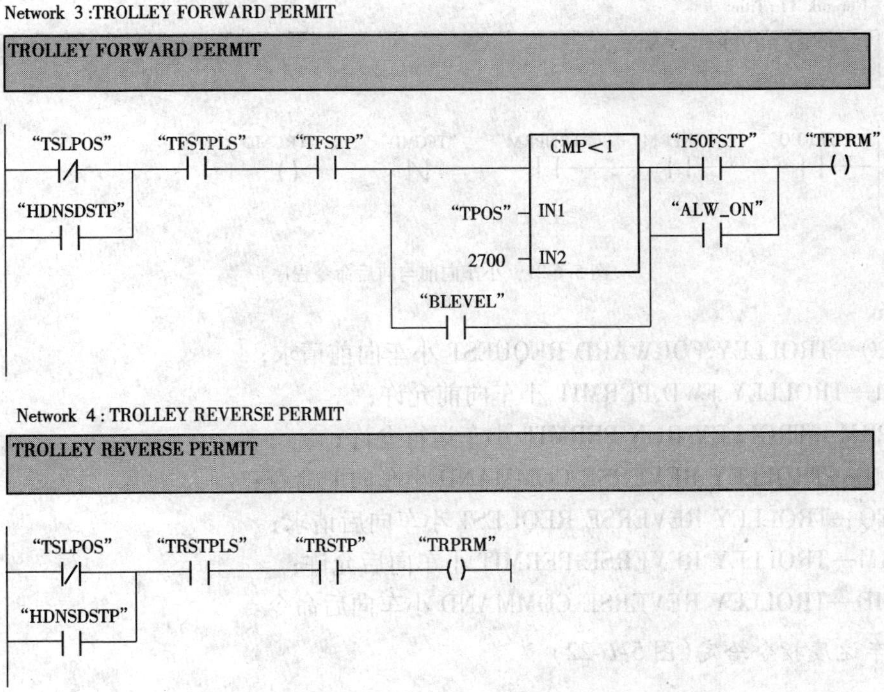

图 5-6-20　小车向前与向后运行允许程序

其中：

TSLPOS—TROLLEY AT SILBEAM POSITION 小车鞍梁保护位置；

HDNSDSTP—HOIST OVER SILBEAM DOWN STOP POSITION 起升海侧下降停止位置；

TFSTPLS—TROLLEY FORWARD STOP　LS 小车向前停止限位；

TFSTP—TROLLEY FORWARD STOP POSITION 小车向前停止位置；

T50FSTP—TROLLEY FORWARD 50T STOP 小车负载 50t 向前停止；

TFPRM—TROLLEY FORWARD PERMIT 小车向前允许；

TSLPOS—TROLLEY AT SILBEAM POSITION 小车鞍梁保护位置；

HDNSDSTP—HOIST OVER SILBEAM DOWN STOP POSITION 起升海侧下降停止位置；

TRSTPLS—TROLLEY REVERSE STOP LIMIT SWITCH 小车向后停止位置；
TRSTP—TROLLEY REVERSE STOP POSITION 小车向后停止位置；
TRPRM—TROLLEY REVERSE PERMIT 小车向后允许。

6. 小车向前与向后命令(图 5-6-21)

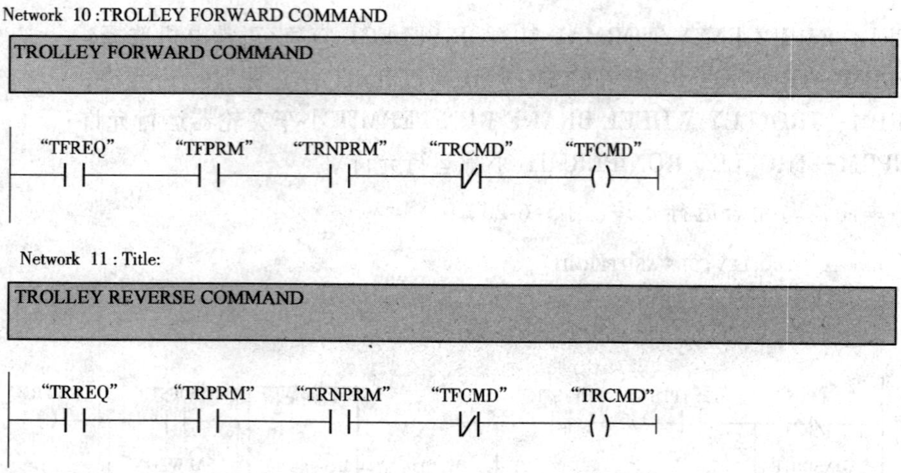

图 5-6-21　小车向前与向后命令程序

其中：
TFREQ—TROLLEY FORWARD REQUEST 小车向前请求；
TFRM—TROLLEY FWD PERMIT 小车向前允许；
TRNPRM—TROLLEY RUN PERMIT 小车运行允许；
TRCMD—TROLLEY REVERSE COMMAND 小车向前命令；
TRREQ—TROLLEY REVERSE REQUEST 小车向后请求；
TRPRM—TROLLEY REVERSE PERMIT 小车向后允许；
TRCMD—TROLLEY REVERSE COMMAND 小车向后命令。

7. 小车速度指令给定(图 5-6-22)

其中：
TREFCMD—TROLLEY REV COMMAND 小车向后命令；
CAB—CAB STATION SELECT 司机室选择；
TREFCMD—TROLLEY FORWARD COMMAND 小车向前命令；
TRCMD— TROLLEY REVERSE COMMAND 小车向后命令；
TBMSREF—T/B MANUAL SPEED REFERENCE 小车/俯仰速度给定。

8. 小车减速指令(图 5-6-23)

小车减速指令是在指令手柄给定速度的十分之一。
其中：
TREFCMD—TROLLEY REV COMMAND 小车向后命令；
TSDCMD—TROLLEY SLOWDOWN COMMAND 小车慢速命令；

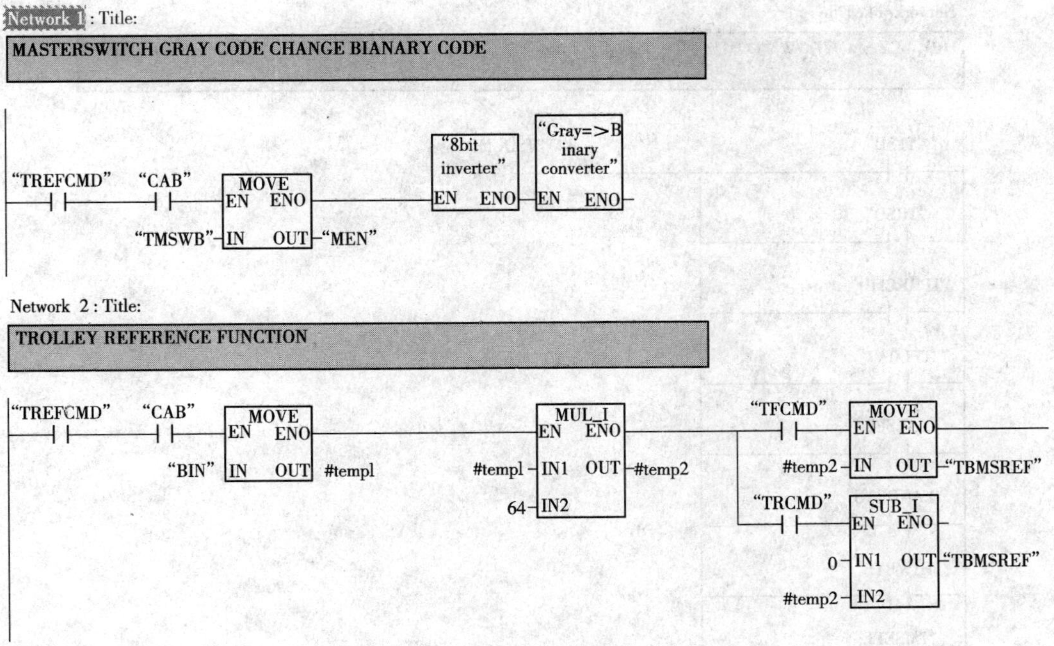

图 5-6-22　小车速度指令给定程序

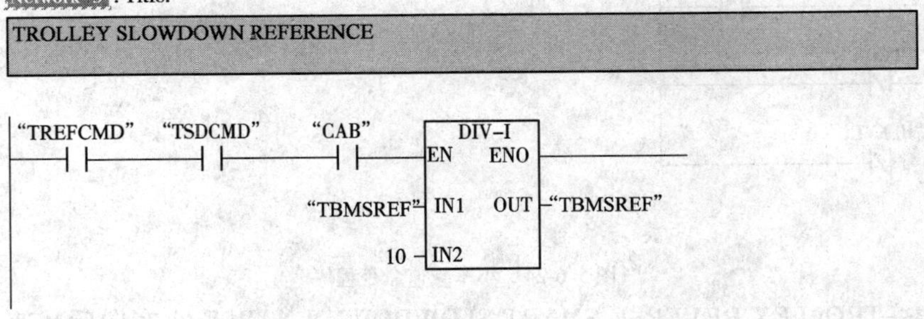

图 5-6-23　小车减速指令给定程序

TBMSREF – T/B MANUAL SPEED REFERENCE 小车/俯仰速度给定。

9. 小车减速命令(图 5-6-24)

其中：

TFSD—TROLLEY FORWARD SLOWDOWN 小车向前减速；

TRSD—TROLLEY REVERSE SLOWDOWN 小车向后减速；

TPRKCMD—TROLLEY AUTO PARK COMMAND 小车自动停车命令；

TFLOAT—T/B FLOAT 小车/俯仰浮点减速信号；

EBYSPB—LIMIT BACKOUT BYPASS(PLC/CASE) PLC 柜旁路；

LANDBYS—LAND BYPASS ACTIVE 着箱旁路；

HIWBYS—HIGH WIND BYPASS ACTIVE 大风旁路；

TMSEFL—TROLLEY MSTRSW ENCODER FAULT 小车编码器故障；

FS_ENB—TROLLEY FWD SMART SLOWDOWN ENABLE　小车向前减速；

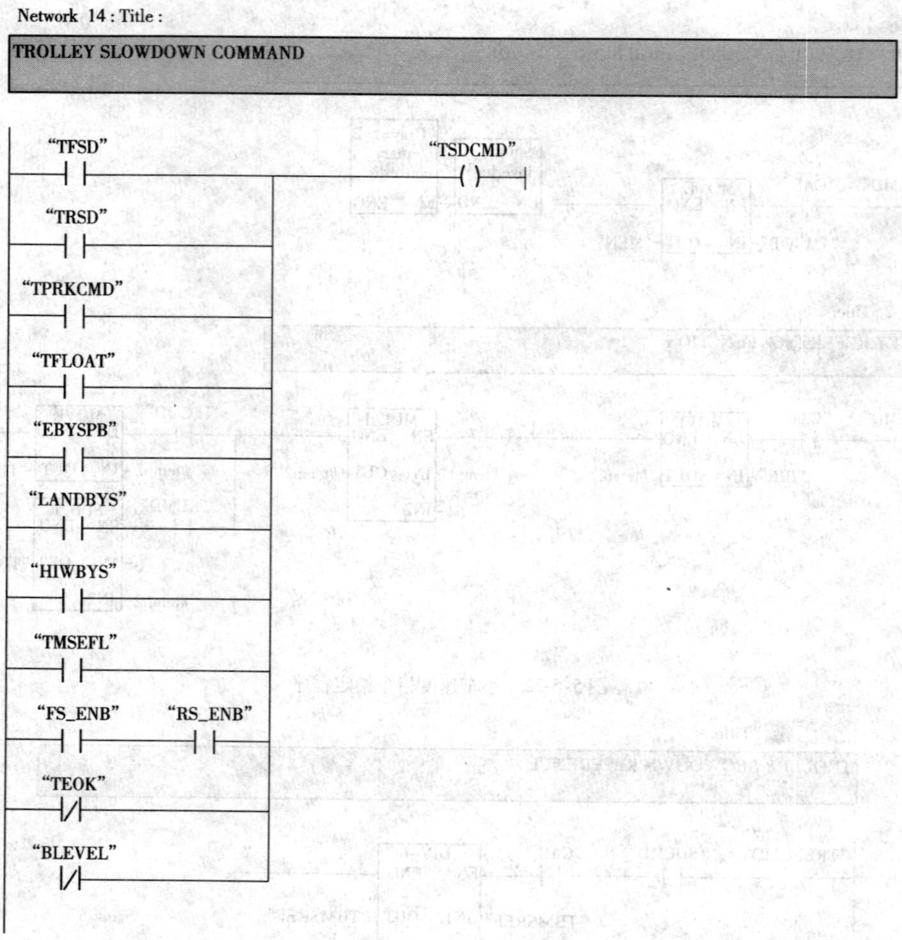

图 5-6-24　小车减速命令程序

RS_ENB—TROLLEY REVERSE SMART SLOWDOWN ENABLE 小车向后减速；

TEOK—TROLLEY ENCODER OK 小车编码器正常；

BLEVEL—BOOM LEVEL 俯仰水平；

TSDCMD—TROLLEY SLOWDOWN COMMAND 小车减速命令。

10. TBSP 控制(图 5-6-25)

TBSP 接触器在小车与俯仰的控制程序中及其重要，与 HGSP 相类似，是控制小车与俯仰制动器主电源的接触器，因此，在 TBSP 不吸合的状态下，起升与大车是不能运行的。

其中：

TES—TROLLEY STOP RELAY 小车急停；

FCFSB—FIRST COME FIRST SERVE BOOM 小车/俯仰先到先服务；

BES—BOOM STOP RELAY 俯仰急停；

NOESTOP—NO E-STOP PRESENT 紧停正常；

UVARLFL—UVA CHECK FAULT　UVA 检测故障；

AC3—UVA CHECK　UVA 检测；

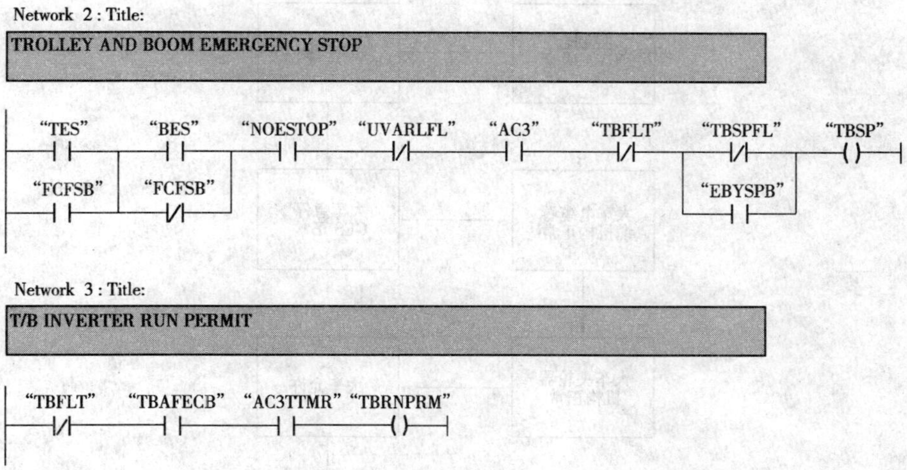

图 5-6-25　TBSP 控制程序

TBFLT—T/B INVERTOR FAULT　T/B 变频器故障；

TBSPFL—TROLLEY AND BOOM E-STOP RELAY CHECK FAULT　TBSP 检测；

EBYSPB—LIMIT BACKOUT BYPASS(PLC/CASE) PLC 柜旁路；

TBSP—T/B PLC STOP　T/B PLC 停止；

TBFLT—T/B INV FAULT　小车/俯仰变频器故障；

TBAFECB—T/B AFE PANNEL MAIN CB　T/B AFE 屏主开关；

TBRNPRM—T/B INV RUN PERMIT　小车/俯仰变频器运行允许。

四、大车机构

在大车机构的程序中，辅助机构大车电缆卷筒机构与大车夹轮器机构参与大车系统的控制，控制流程图如图 5-6-26 所示，其他见图 5-6-27 ~ 图 5-6-33。

1. 大车急停(图 5-6-27)

其中：

GB1RFL—GANTRY BRAKE 1 RELEASE FAULT 大车 1 号制动器释放故障；

GB2RFL—GANTRY BRAKE 2 RELEASE FAULT 大车 2 制动器释放故障；

GB3RFL—GANTRY BRAKE 3 RELEASE FAULT 大车 3 制动器释放故障；

GB4RFL—GANTRY BRAKE 4 RELEASE FAULT 大车 4 制动器释放故障；

GB5RFL—GANTRY BRAKE 5 RELEASE FAULT 大车 5 制动器释放故障；

GB6RFL—GANTRY BRAKE 6 RELEASE FAULT 大车 6 动器释放故障；

GB7RFL—GANTRY BRAKE 7 RELEASE FAULT 大车 7 制动器释放故障；

GB8RFL—GANTRY BRAKE 8 RELEASE FAULT 大车 8 制动器释放故障；

GB9RFL—GANTRY BRAKE 9 RELEASE FAULT 大车 9 制动器释放故障；

GB10RFL—GANTRY BRAKE 10RELEASE FAULT 大车 10 动器释放故障；

GB11RFL—GANTRY BRAKE 11RELEASE FAULT 大车 11 制动器释放故障；

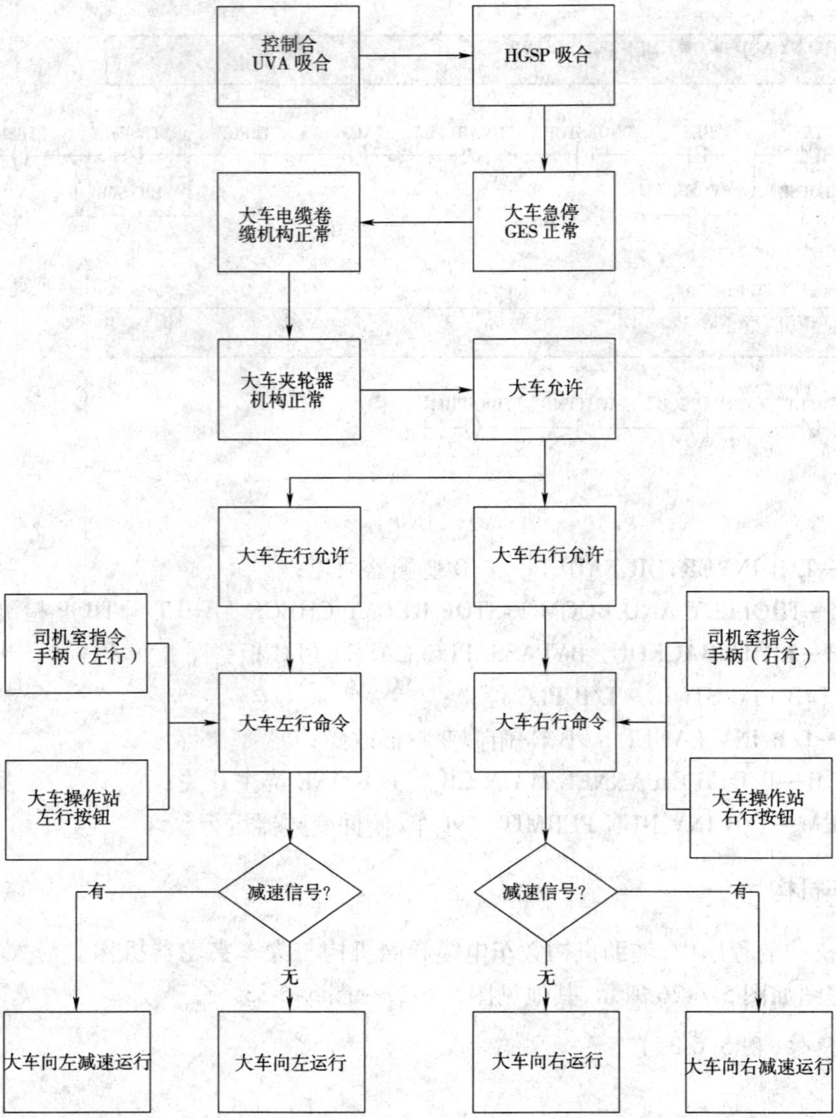

图 5-6-26　大车机构流程图

GB12RFL—GANTRY BRAKE 12RELEASE FAULT 大车 12 制动器释放故障；

GB13RFL—GANTRY BRAKE 13RELEASE FAULT 大车 13 制动器释放故障；

GB14RFL—GANTRY BRAKE 14RELEASE FAULT 大车 14 制动器释放故障；

GB15RFL—GANTRY BRAKE 15RELEASE FAULT 大车 15 制动器释放故障；

GB16RFL—GANTRY BRAKE 16 RELEASE FAULT 大车 16 号制动器释放故障；

GB17RFL—GANTRY BRAKE 17 RELEASE FAULT 大车 17 号制动器释放故障；

GB18RFL—GANTRY BRAKE 18 RELEASE FAULT 大车 18 号制动器释放故障；

GB19RFL—GANTRY BRAKE 19 RELEASE FAULT 大车 19 号制动器释放故障；

GB20RFL—GANTRY BRAKE 20 RELEASE FAULT 大车 20 号制动器释放故障；

GBCB—GANTRY BRAKE CB 大车制动器开关；

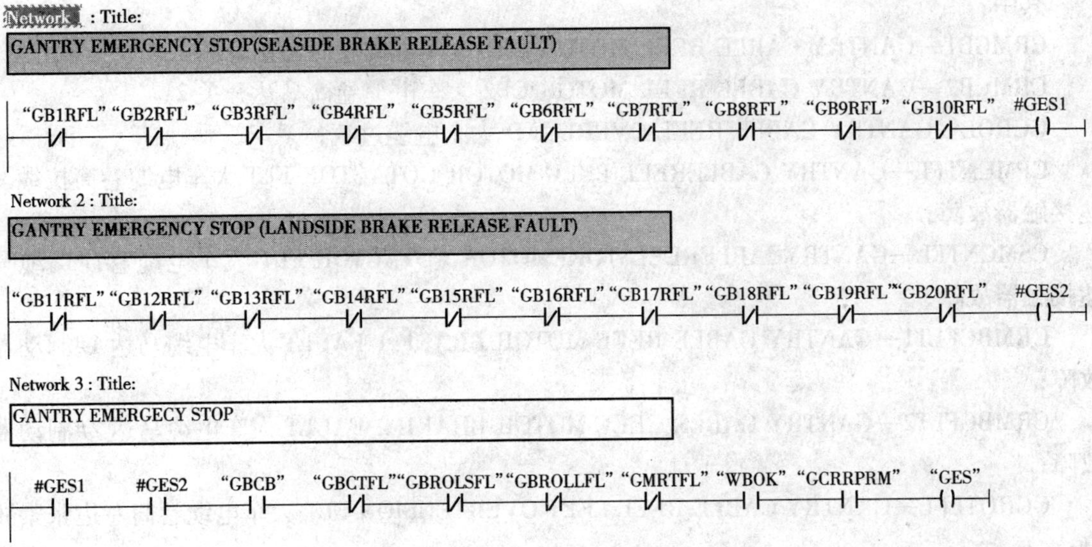

图 5-6-27　大车急停程序

GBCTFL—GANTRY BRAKE CONTACTOR FAULT 大车制动器接触器故障；

GBROLSFL—GANTRY BRAKE OVERLOAD SEASIDE FAULT 大车制动器海侧过载故障；

GBROLLFL—GANTRY BRAKE OVERLOAD LANDSIDE FAULT 大车制动器陆侧过载故障；

GMRTFL—GANTRY MOTION RUNTIME FAULT 大车马达运行时间故障；

WBOK—GANTRY WHEEL BRAKE CHECK OK 大车夹轮器检测正常；

GCRRPRM—GANTRY CABLE REEL RUN PEIMIT 大车电缆卷筒运行允许；

GES—GANTRY E-STOP 大车急停。

2. 大车电缆卷缆运行允许(图 5-6-28)

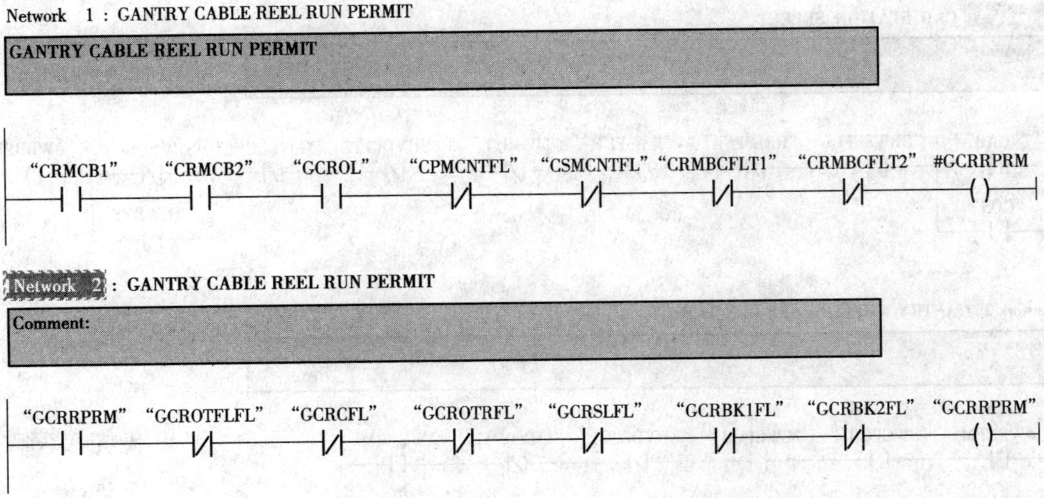

图 5-6-28　大车电缆卷缆运行允许程序

其中：

CRMCB1—GANTRY CABLE REEL MOTOR CB1 大车电缆卷筒马达开关1；

CRMCB2—GANTRY CABLE REEL MOTOR CB2 大车电缆卷筒马达开关2；

GCROL—GANTRY CABLE REEL OVERLOAD 大车电缆过载；

CPMCNTFL—GANTRY CABLEREEL PULL MOTOR COTACTOR FLT 大车电缆卷筒拉缆马达接触器故障；

CSMCNTFL—GANTRYCABLEREELSTOREMOTOR COTACTOR FLT 大车电缆卷筒储缆马达接触器故障；

CRMBCFLT1—GANTRY CABLE REEL MOTOR BRAKE 1 FAULT 大车电缆马达1#制动器故障；

CRMBCFLT2—GANTRY CABLE REEL MOTOR BRAKE 2 FAULT 大车电缆马达2#制动器故障；

GCROTLFL—GANTRY CABLE REEL LEFT OVERTENSION FLT 大车电缆卷筒左边张紧故障；

GCRCFL—GANTRY CABLE REEL CIRCLE FAULT 大车电缆防绕轴限位；

GCROTRFL—GANTRY CABLE REEL RIGHT OVERTENSION FLT 大车电缆卷筒右边张紧故障；

GCRSLFL—GANTRY CABLE REEL SLACK FAULT 大车电缆松缆故障；

GCRBK1FL—GANTRY CABLE REEL MOTOR BRAKE 1 CHECK FAULT 大车电缆卷筒马达制动器1#检测故障；

GCRBK2FL—GANTRY CABLE REEL MOTOR BRAKE 2 CHECK FAULT 大车电缆卷筒马达制动器2#检测故障；

GCRRPRM—GANTRY CABLE REEL RUN PERMIT 大车电缆卷筒运行允许。

3. 大车夹轮器运行允许(图5-6-29)

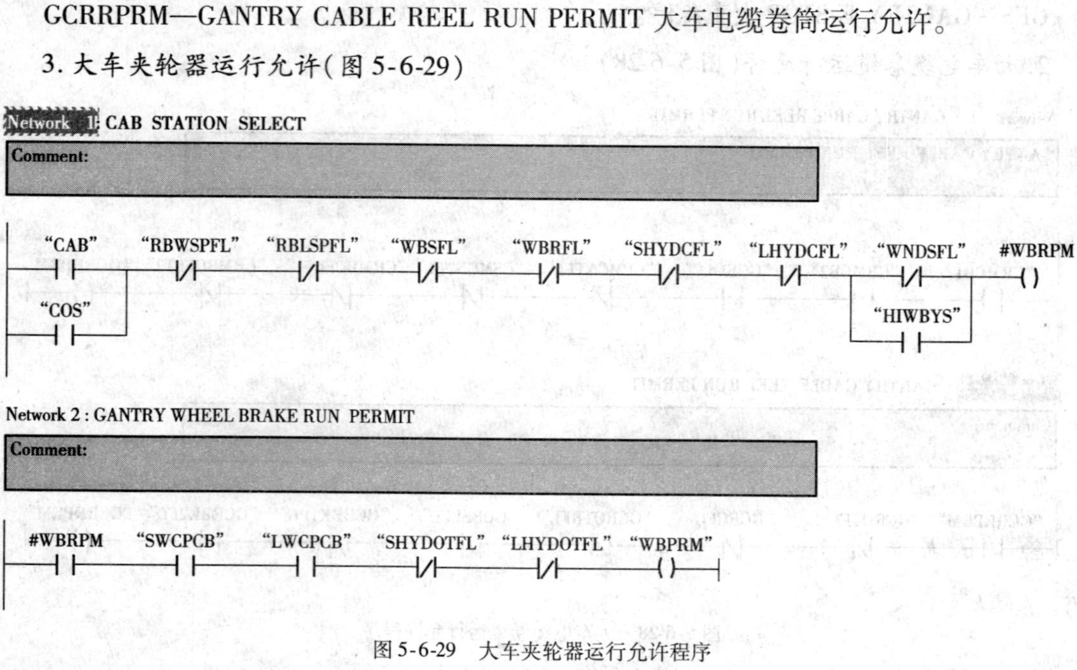

图5-6-29　大车夹轮器运行允许程序

其中：

CAB—CAB STATION SELECT 司机室选择；

BOS—BOOM STATION SELECT 俯仰室选择；

RBWSPFL—GANTRY WHEEL BRAKE WS. PRESURE FLT 大车夹轮器海侧压力故障；

RBLSPFL— GANTRY WHEEL BRAKE LS. PRESURE FLT 大车夹轮器陆侧压力故障；

WBSFL— GANTRY WHEEL BRAKE SET FLT 大车夹轮器设置故障；

WBRFL— GANTRY WHEEL BRAKE RELEASE FLT 大车夹轮器释放故障；

SHYDCFL—SEASIDE STATION HYD PUMP CONTACTOR FLT 海侧液压泵站接触器故障；

LHYDCFL—LANDSIDE STATION HYD PUMP CONTACTOR FLT 陆侧液压泵站接触器故障；

WNDSFL—HI WIND SHUT DOWN PIN FLT 大风报警；

HIWBYS—HIGH WIND BYPASS ACTIVE 大风旁路；

SWCPCB—SEASIDE WHEEL CLAMP PUMP CB 大车海侧夹轮器油泵开关；

LWCPCB—LANDSIDE WHEEL CLAMP PUMP CB 大车陆侧夹轮器油泵开关 ；

SHYDOTFL—GANTRY SEASIDE HYD STATION OVERTEMP FLT 大车海侧液压站过温故障；

LYDOTFL—GANTRY LAND HYD STATION OVERTEMP FLT 大车陆液压站过温故障；

WBPRM—GANTRY WHEEL BRAKE RUN PERMIT 大车夹轮器运行允许。

4. 大车夹轮器液压站控制(图 5-6-30)

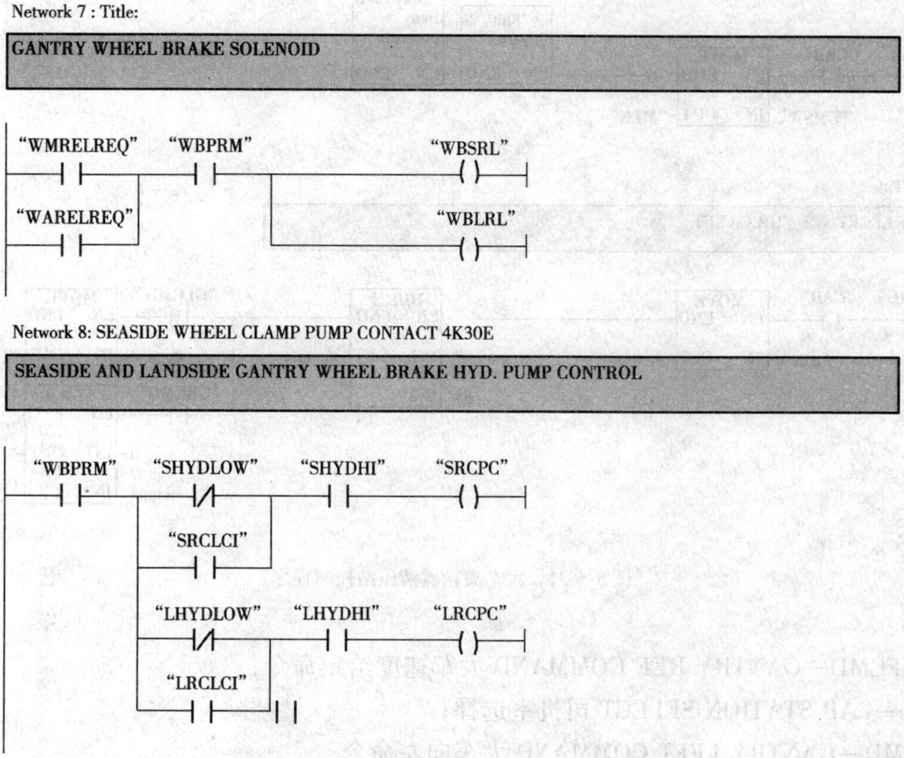

图 5-6-30　大车夹轮器液压站控制程序

其中：

WMRELREQ—WHEEL BRAKE MANUAL RELEASE 夹轮器手动释放；

WARELREQ—WHEEL BRAKE AUTO RELEASE 夹轮器自动释放；

WBPRM—GANTRY WHEEL BRAKE RUN PERMIT 大车夹轮器运行允许；

WBSRL—SEASIDE WHEEL CLAMP RELEASE SOLENOID 海侧夹轮器释放电磁阀；

WBLRL—LANDSIDE WHEEL CLAMP RELEASE SOLENOID 陆侧夹轮器释放电磁阀；

SHYDLPS—SEASIDE HYD STATION LOW PRESSURE SINGLE 海侧液压站低压信号；

LHYDLPS—LANDSIDE HYD STATION LOW PRESSURE SINGLE 陆侧液压站低压信号；

SRCLCI—SEASIDE WHEEL CLAMP CONTACT 大车海侧夹轮器接触器；

LRCLCI—LANDSIDE WHEEL CLAMP CONTACT 大车陆侧夹轮器接触器；

SHYDHI—SEASIDE HYD STATION HIGH PERSSURE 大车海侧液压站高压；

LHYDHI—LANDSIDE HYD STATION HIGH PERSSURE 大车陆侧液压站高压；

SRCPC—SEASIDE WHEEL CLAMP PUMP CONTACT 大车海侧夹轮器油泵接触器；

LRCPC—LANDSIDE WHEEL CLAMP PUMP CONTACT 大车陆侧夹轮器油泵接触器。

5. 大车指令速度给定(图 5-6-31)

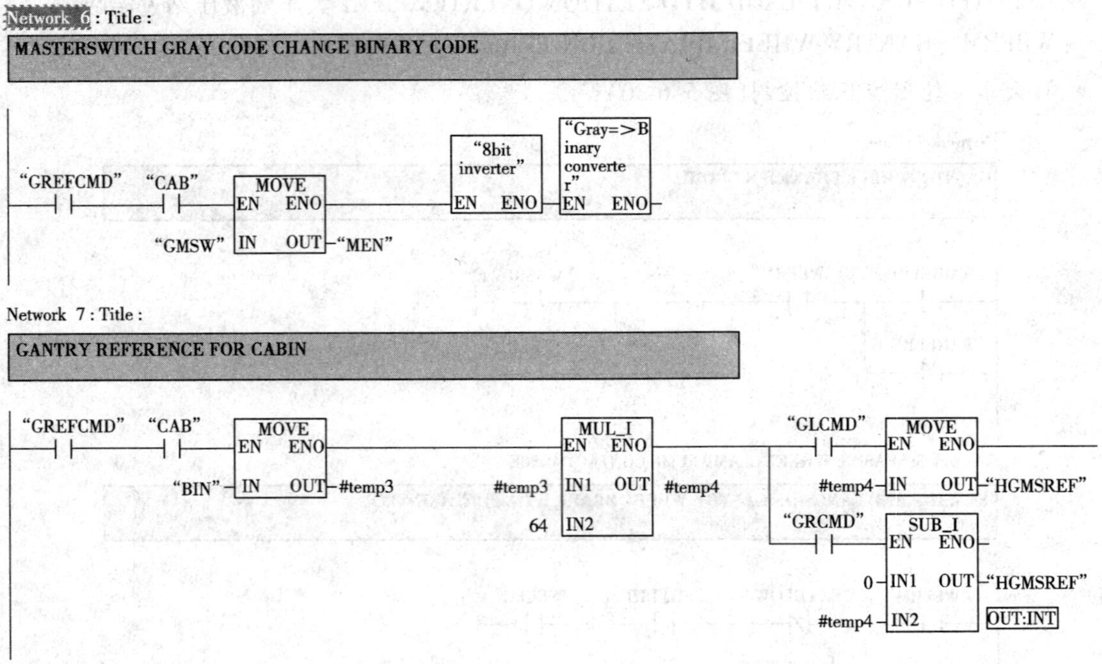

图 5-6-31　大车夹轮器液压站控制程序

其中：

GREFCMD—GANTRY REF COMMAND 大车速度给定命令；

CAB—CAB STATION SELECT 司机室选择；

GLCMD—GANTRY LEFT COMMAND 大车向左命令；

GRCMD—GANTRY RIGHT COMMAND 大车向右命令。

6. 大车运行命令(图 5-6-32)

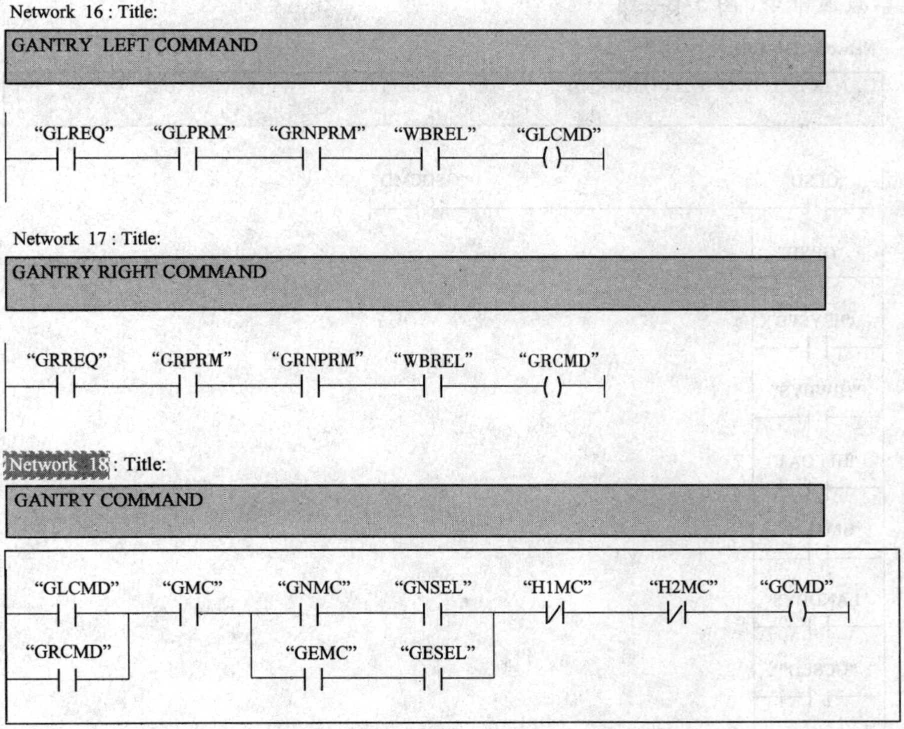

图 5-6-32 大车运行命令程序

其中:

GLREQ—GANTRY LEFT REQUEST 大车向左请求;

GLPRM—GANTRY LEFT PERMIT 大车向左允许;

GRNPRM—GANTRY RUN PERMIT 大车运行允许;

WBREL—GANTRY WHEEL BRAKE RELEASE 大车夹轮器释放;

GLCMD—GANTRY LEFT COMMAND 大车向左命令;

GRREQ—GANTRY RIGHT REQUEST 大车向右请求;

GRPRM—GANTRY RIGHT PERMIT 大车向右允许;

WBREL—GANTRY WHEEL BRAKE RELEASE 大车夹轮器释放;

GRCMD—GANTRY RIGHT COMMAND 大车向右命令;

GMC—GANTRY MAIN CONTACTOR 大车主接触器;

GNMC—GANTRY NORMAL CONTACTOR 大车正常接触器;

GEMC—GANTRY EMERGENCY CONTACTOR 大车应急接触器;

GNSEL—GANTRY NORMAL MODE SELECT 大车正常模式选择;

GESEL—GANTRY EMERGENCY MODE SELECT 大车应急模式选择;

H1MC—HOIST1 MAIN CONTACTOR 起升 1 主接触器;

H2MC—HOIST2 MAIN CONTACTOR 起升 2 主接触器;

GCMD—GANTRY OPERATE COMMAND 大车操作命令。

7. 大车减速命令(图 5-6-33)

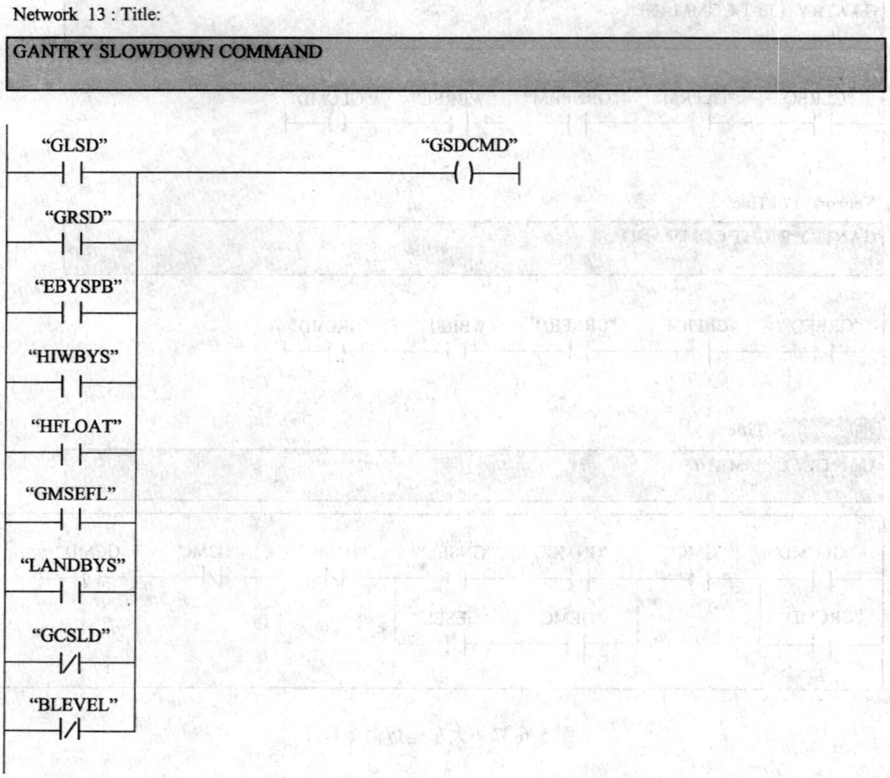

图 5-6-33 大车减速命令程序

其中：

GLSD—GANTRY LEFT SLOWDOWN 大车向左慢速；

GRSD—GANTRY RIGHT SLOWDOWN 大车向右慢速；

EBYSPB—LIMIT BACKOUT BYPASS(PLC-CASE)PLC 旁路；

HIWBYS—HIGH WIND BYPASS ACTIVE 大风旁路；

HFLOAT—HOIST FLOAT 起升/大车浮点减速信号；

GMSEFL—GANTRY MSTRSW ENCODER FLT 大车编码器故障；

LANDBYS—LAND BYPASS ACTIVE 着箱旁路；

GCSLD—GANTRY CABLE REEL SLOWDOWN LIMIT SWITCH 大车电缆卷筒慢速限位。

五、俯仰机构

俯仰机构可以分为两种控制方式：自动与手动。自动控制方式，可以自行完成减速、挂钩、脱钩与停止等功能；而手动控制方式是需要人为地进行挂钩、脱钩等动作，该流程图我们在5.3.4.4中介绍过，这里不再重复阐述。图 5-6-34 是俯仰机构的控制流程图，其他见图 5-6-35 ~ 图 5-6-46。

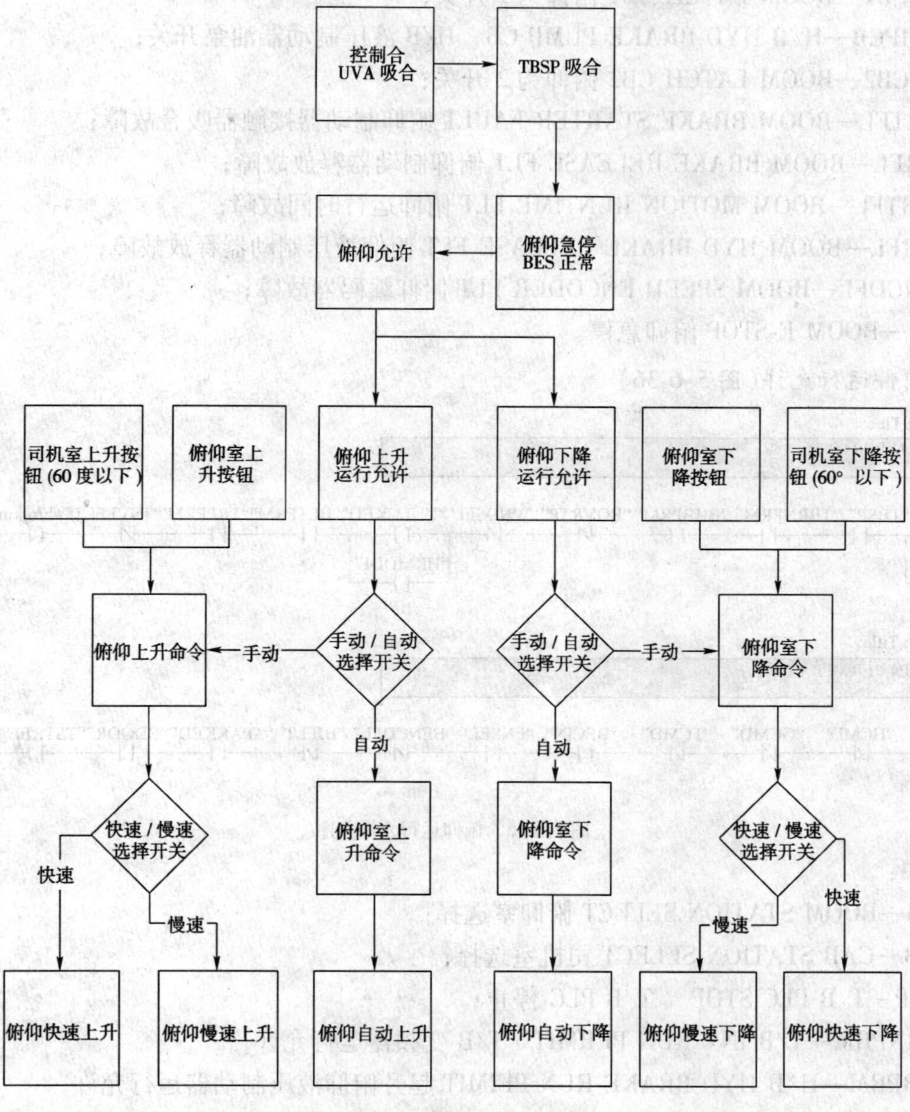

图 5-6-34　俯仰控制流程图

1. 俯仰急停(图 5-6-35)

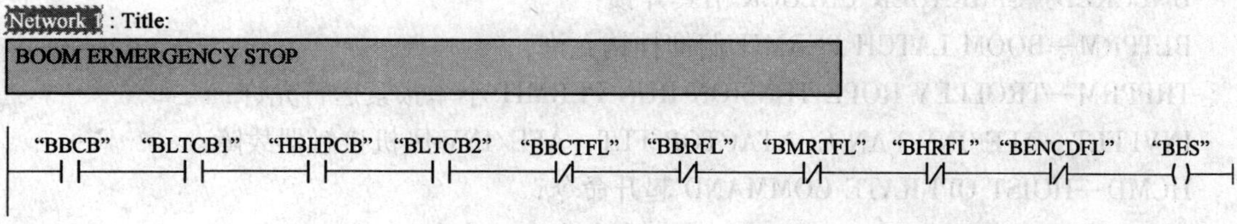

图 5-6-35　俯仰紧停程序

其中：

BBCB—BOOM BRAKE CB 俯仰制动器开关；

BLTCB1—BOOM LATCH CB1 俯仰钩 1 开关；

HBHPCB—H/B HYD BRAKE PUMP CB　H/B 液压制动器油泵开关；

BLTCB2—BOOM LATCH CB2 俯仰钩 2 开关；

BBCTFL—BOOM BRAKE STARTER FAULT 俯仰制动器接触器吸合故障；

BBRFL—BOOM BRAKE RELEASE FLT 俯仰制动器释放故障；

BMRTFL—BOOM MOTION RUNTIME FLT 俯仰运行时间故障；

BHRFL—BOOM HYD BRAKE RELEASE FLT 俯仰液压制动器释放故障；

BENCDFL—BOOM SPEED ENCODER FLT 俯仰编码器故障；

BES—BOOM E-STOP 俯仰急停。

2. 俯仰运行允许(图 5-6-36)

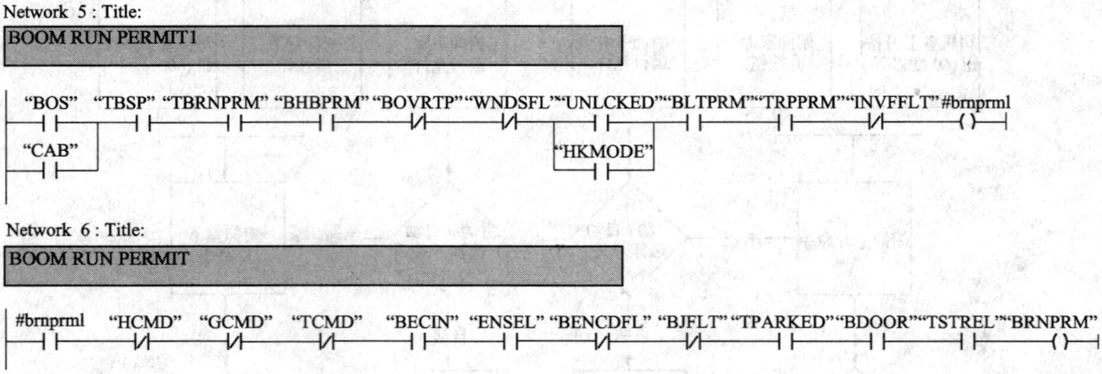

图 5-6-36　俯仰运行允许程序

其中：

BOS—BOOM STATION SELECT 俯仰室选择；

CAB—CAB STATION SELECT 司机室选择；

TBSP—T/B PLC STOP　T/B PLC 停止；

TBRNPRM—T/B INV RUN PERMIT　T/B 变频器运行允许；

BHBPRM—H/B HYD BRAKE RUN PEIMIT 起升俯仰液压制动器运行允许；

BOVRTP—BOOM MOTOR OVERTEMP FAULT 俯仰马达过温故障；

WNDSFL—HI WIND SHUT DOWN PIN FAULT 大风报警故障；

UNLCKED—SPREADER UNLOCK 吊具开锁；

BLTPRM—BOOM LATCH PERMIT 俯仰挂钩允许；

TRPPRM—TROLLEY ROPE TENSION RUN PERMIT 小车张紧运行允许；

INVFFLT—AFE/INV FAN CONTACTOR FLT　AFE/INV 风机接触器故障；

HCMD—HOIST OPERATE COMMAND 起升命令；

GCMD—GANTRY OPERATE COMMAND 大车命令；

TCMD—TROLLEY OPERATE COMMAND 小车命令；

BECIN—BOOM EMERGENCY MOTOR ENGAGED 俯仰应急链条检测限位；

ENSEL—NORMAL/EMERGENCY MOTOR SELECT 应急马达选择；

BENCDFL—BOOM SPEED ENCODER FLT 俯仰编码器故障；
BJFLT—BOOM JAM FLT 俯仰流程故障；
TPARKED—TROLLEY PARKED 小车停车位置；
BDOOR—BOOM GATWAY INTERLOCK 俯仰通道门；
TSTREL—TROLLEY STOW RELEASE 小车锚定释放；
BRNPRM—BOOM RUN PERMIT 俯仰运行允许。

3. 俯仰上升与下降允许(图 5-6-37)

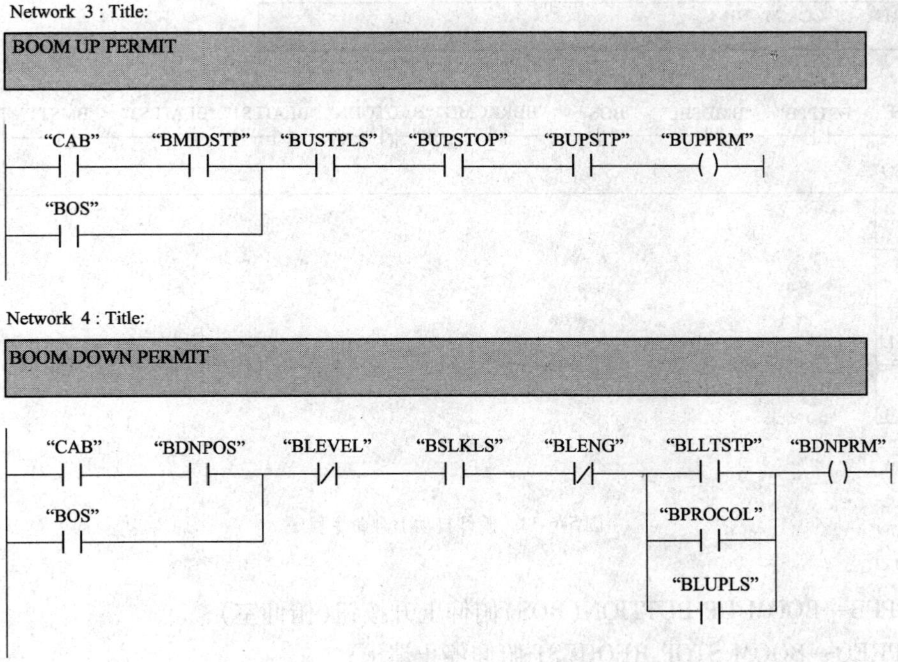

图 5-6-37　俯仰上升与下降允许程序

其中：
CAB—CAB STATION SELECT 司机室选择；
BOS—BOOM STATION SELECT 俯仰室选择；
BMIDSTP—BOOM AT MIDDLE STOP POSITION 俯仰中位停止位置；
BUSTPLS—BOOM CAM UP STOP LIMIT SWITCH 俯仰凸轮上升停止限位；
BUPSTOP—BOOM UP END STOP LIMIT SWITCH 俯仰上升极限停止限位；
BUPSTP—BOOM UP STOP　POSITION 俯仰上升停止位置(编码器)；
BUPPRM—BOOM UP PERMIT 俯仰上升运行允许；
BDNPOS—CAB BOOM DOWN PEIMIT POSITION 司机室俯仰下降位置；
BLEVEL—BOOM LEVEL 俯仰水平；
BSLKLS—BOOM ROPE SLACK LIMIT SWITCH 俯仰松绳限位；
BLENG—BOOM LATCHES ENGAGED 俯仰进钩；
BLLTSTP—BOOM LOWER LATCH STOP POSITION 俯仰出钩区停止位置；

BPROCOL—BOOM PROTECT LATCH COLLISION POSITION 俯仰钩区保护位置；

BLUPLS—BOOM LATCH RAISE UP LIMIT SWITCH 俯仰抬钩限位；

BDNPRM—BOOM DOWN PERMIT 俯仰下降运行允许。

4. 俯仰自动上升命令(图 5-6-38)

俯仰自动上升命令,采用 SR 触发器的控制原理,将上升命令进行置位,然后进行顺序控制。复位端并联故障信号,一旦发生故障,则 R 端置"1",俯仰自动上升停止。

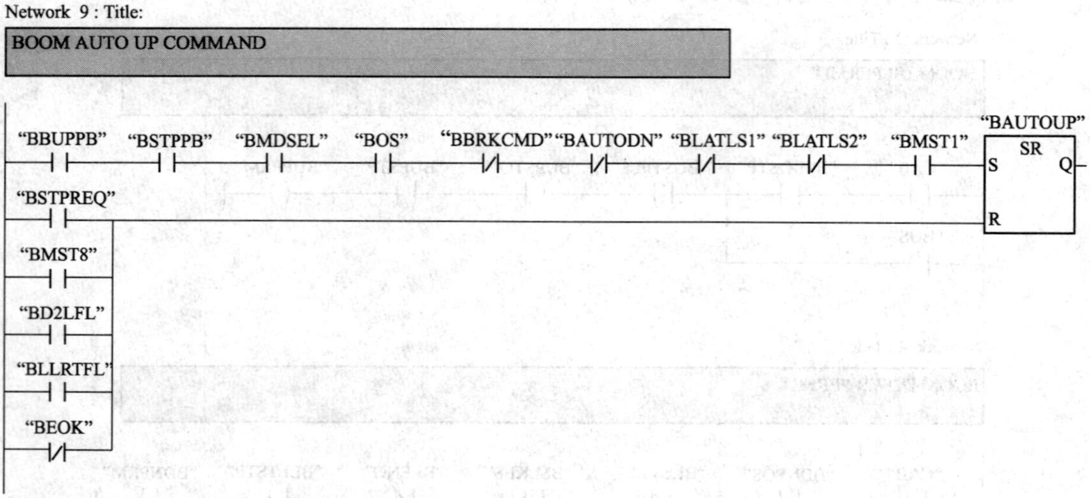

图 5-6-38　俯仰自动上升命令程序

其中：

BBUPPB—BOOM UP BUTTION(BOS)俯仰上升按钮(俯仰室)；

BSTPREQ—BOOM STOP REQUEST 俯仰停止请求；

BMST8—BOOM AUTO STEP8 RAISE CYCLE COMPLETED 俯仰自动第 8 步完成一个循环；

BD2LFL—BOOM DOWN TO LATCH FAULT 俯仰下降中挂钩故障；

BLLRTFL—BOOM LATCH LOW RUNTIME FLT 俯仰进钩运行时间故障；

BEOK—BOOM ABSOLUTE ENCODER FLT 俯仰绝对值编码器故障；

BMDSEL—BOOM AUTO MODE SELECT SWITCH(BOS)俯仰自动模式选择开关(俯仰室)；

BOS—BOOM OPERATE SELECT 俯仰操作站选择；

BBRKCMD—BOOM BRAKE RELEASE COMMAND 俯仰制动器释放命令；

BAUTODN—BOOM AUTO DOWN COMMAND 俯仰自动下降命令；

BLATLS1—BOOM LATCHED LIMIT SWITCH1 俯仰挂钩限位 1；

BLATLS2—BOOM LATCHED LIMIT SWITCH1 俯仰挂钩限位 2；

BMST1—BOOM AUTO STEP WAIT FOR CMD 俯仰自动第一步等待命令；

BAUTOUP—BOOM AUTO UP COMMAND 俯仰自动上升命令。

5. 俯仰自动下降命令(图 5-6-39)

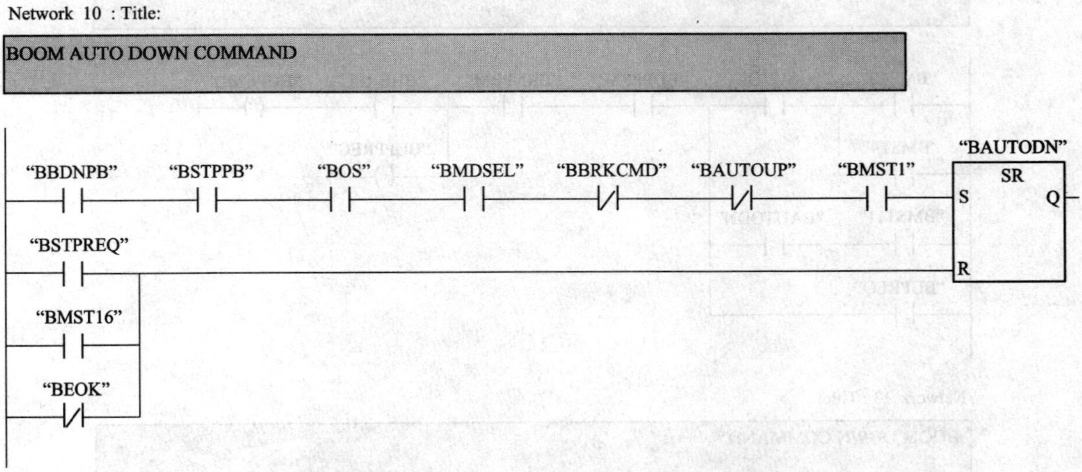

图 5-6-39　俯仰自动下降命令程序

其中:

BBDNPB—BOOM DOWN BUTTION(BOS)俯仰下降按钮(俯仰室);

BSTPREQ—BOOM STOP REQUEST 俯仰停止请求;

BMST16—BOOM AUTO STEP 16 LOWER CYCLE DONE 俯仰自动第 16 步自动周期结束;

BEOK—BOOM ABSOLUTE ENCODER FLT 俯仰绝对值编码器故障;

BSTPPB—BOOM STOP BUTTION(BOS)俯仰停止按钮(俯仰室);

BOS—BOOM OPERATE SELECT 俯仰操作站选择;

MDSEL—BOOM AUTO MODE SELECT SWITCH(BOS)俯仰自动模式选择开关(俯仰室);

BBRKCMD—BOOM BRAKE RELEASE COMMAND 俯仰制动器释放命令;

"BAUTOUP"— BOOM AUTO UP COMMAND 俯仰自动上升命令;

BMST1—BOOM AUTO STEP WAIT FOR CMD 俯仰自动第一步等待命令;

BAUTODN—BOOM AUTO DOWN COMMAND 俯仰自动下降命令。

6. 俯仰上升与下降命令(图 5-6-40)

其中:

BMST3—BOOM AUTO STEP 3 SLOWDOWN RAISE 俯仰自动第三步慢速上升;

BMST4—BOOM AUTO STEP 4 FULLSPD RAISE 俯仰自动第四步全速上升;

BMST11—BOOM AUTO STEP 11 SLOWDOWN UP TO STOP POSITION 俯仰自动第 11 步慢速上升到停止位;

BUPREQ—BOOM UP REQUEST 俯仰上升请求;

BAUTOUP—BOOM AUTO UP COMMAND 俯仰自动上升命令;

BAUTODN—BOOM AUTO DOWN COMMAND 俯仰自动下降命令;

BUPPRM—BOOM UP PERMIT 俯仰上升允许;

BRNPRM—BOOM RUN PERMIT 俯仰运行允许;

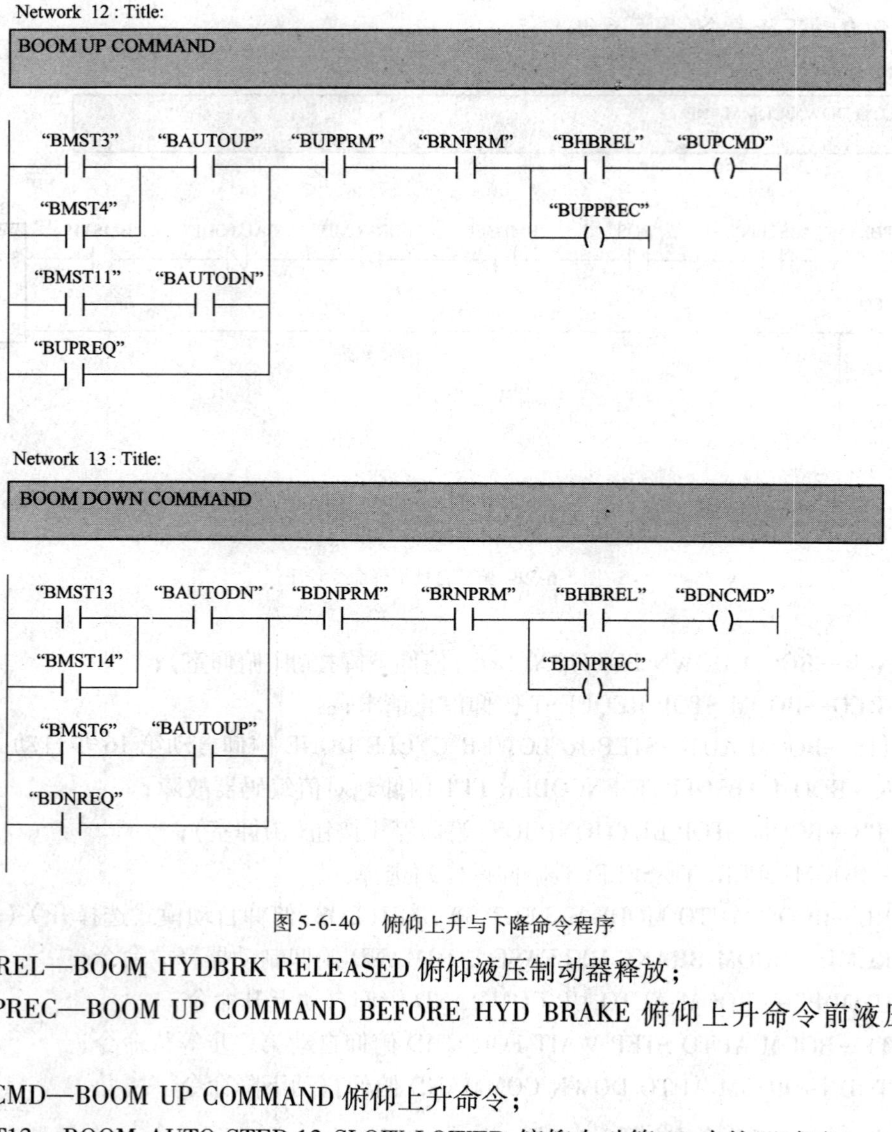

图 5-6-40 俯仰上升与下降命令程序

BHBREL—BOOM HYDBRK RELEASED 俯仰液压制动器释放；

BUPPREC—BOOM UP COMMAND BEFORE HYD BRAKE 俯仰上升命令前液压制动器命令；

BUPCMD—BOOM UP COMMAND 俯仰上升命令；

BMST13—BOOM AUTO STEP 13 SLOW LOWER 俯仰自动第 13 步钩区减速；

BMST14—BOOM AUTO STEP 14 FULL SPEED LOWER 俯仰自动第 14 步出钩区全速；

BMST6—BOOM AUTO STEP 6 LOWER LATCHES 俯仰自动第 6 步进钩区；

BDNREQ—BOOM DOWN REQUEST 俯仰下降请求；

BAUTODN—BOOM AUTO DOWN COMMAND 俯仰自动下降命令；

BAUTOUP—BOOM AUTO UP COMMAND 俯仰自动上升命令；

BDNPRM—BOOM DOWN PERMIT 俯仰下降运行允许；

BRNPRM—BOOM RUN PERMIT 俯仰运行允许；

BHBREL—BOOM HYDBRK RELEASED 俯仰液压制动器释放；

BDNPREC—BOOM DOWN COMMAND BEFORE HYD BRAKE 俯仰下降命令前液压制动器命令；

BDNCMD—BOOM DOWN COMMAND 俯仰下降命令。

7. 俯仰运行命令(图 5-6-41)

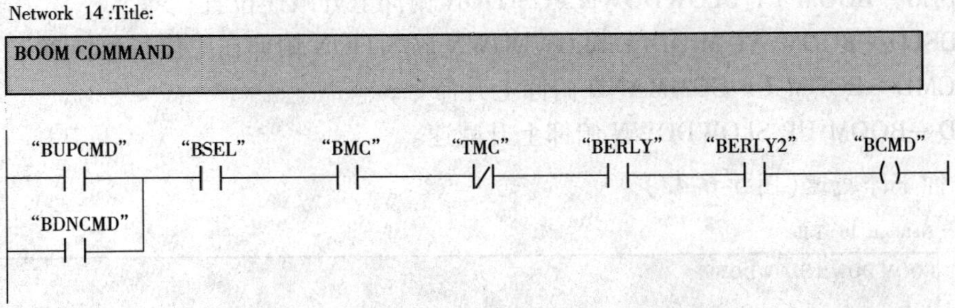

图 5-6-41 俯仰运行命令程序

其中：

BUPCMD—BOOM UP COMMAND 俯仰上升命令；

BDNCMD—BOOM DOWN COMMAND 俯仰下降命令；

BSEL—BOOM MODE SELECT 俯仰模式选择；

BMC—BOOM MAIN CONTACTOR 俯仰主接触器；

TMC—TROLLEY MAIN CONTACTOR 小车主接触器；

BERLY—BOOM ENCDOR RELAY 俯仰编码器正常；

BERLY2—BOOM ENCDOR RELAY 2 俯仰编码器 2 正常；

BCMD—BOOM COMMAND 俯仰命令。

8. 俯仰上升减速(图 5-6-42)

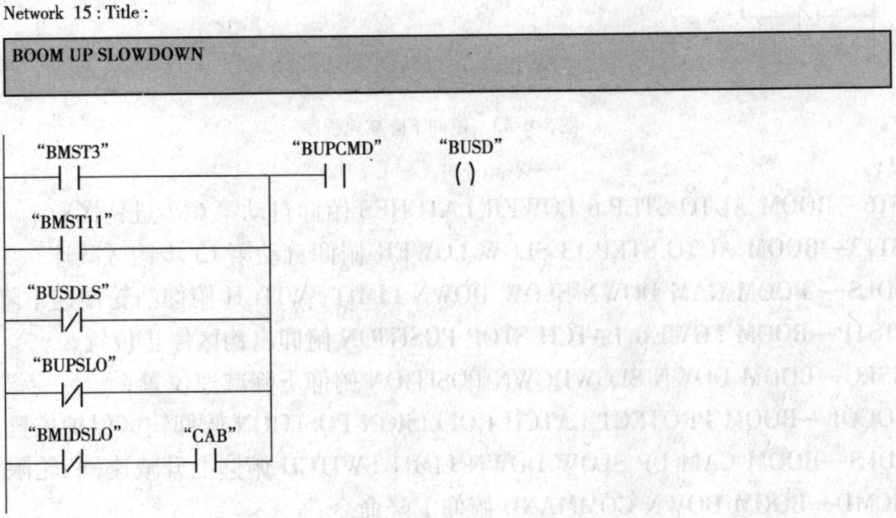

图 5-6-42 俯仰上升减速程序

其中：

BMST3—BOOM AUTO STEP 3 SLOWDOWN RAISE 俯仰自动第三步慢速上升；

BMST11—BOOM AUTO STEP 11 SLOWDOWN UP TO STOP POSITION 俯仰自动第 11 步慢

速上升到停止位；

BUSDLS—BOOM CAM UP SLOW DOWN LIMIT SWITCH 俯仰上升减速(凸轮限位)；

BUPSLO—BOOM UP SLOWDOWN POSITION 俯仰上升减速位置；

BMIDSLO—BOOM AT MIDDLE SLOWDOWN POSITION 俯仰在中位减速位置；

BUPCMD—BOOM UP COMMAND 俯仰上升命令；

BUSD—BOOM UP SLOWDOWN 俯仰上升减速。

9. 俯仰下降减速(图 5-6-43)

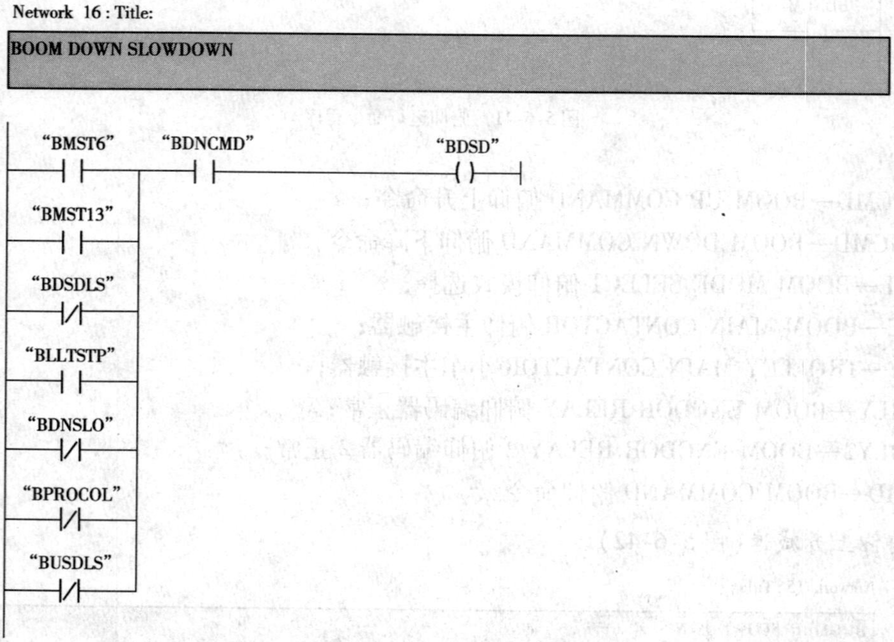

图 5-6-43　俯仰下降减速程序

其中：

BMST6—BOOM AUTO STEP 6 LOWER LATCHES 俯仰自动第 6 步进钩区；

BMST13—BOOM AUTO STEP 13 SLOW LOWER 俯仰自动第 13 步钩区减速；

BDSDLS— BOOM CAM DOWN SLOW DOWN LIMIT SWITCH 俯仰凸轮慢速下降限位；

BLLTSTP—BOOM LOWER LATCH STOP POSITION 俯仰出钩区停止位置；

BDNSLO—BOOM DOWN SLOWDOWN POSITION 俯仰下降减速位置；

BPROCOL—BOOM PROTECT LATCH COLLISION POSITION 俯仰钩区保护位置；

BUSDLS—BOOM CAM UP SLOW DOWN LIMIT SWITCH 俯仰上升减速(凸轮限位)；

BDNCMD—BOOM DOWN COMMAND 俯仰下降命令；

BDSD—BOOM DOWN SLOWDOWN 俯仰慢速下降。

10. 俯仰减速命令(图 5-6-44)

其中：

BUSD—BOOM UP SLOW DOWN 俯仰上升慢速；

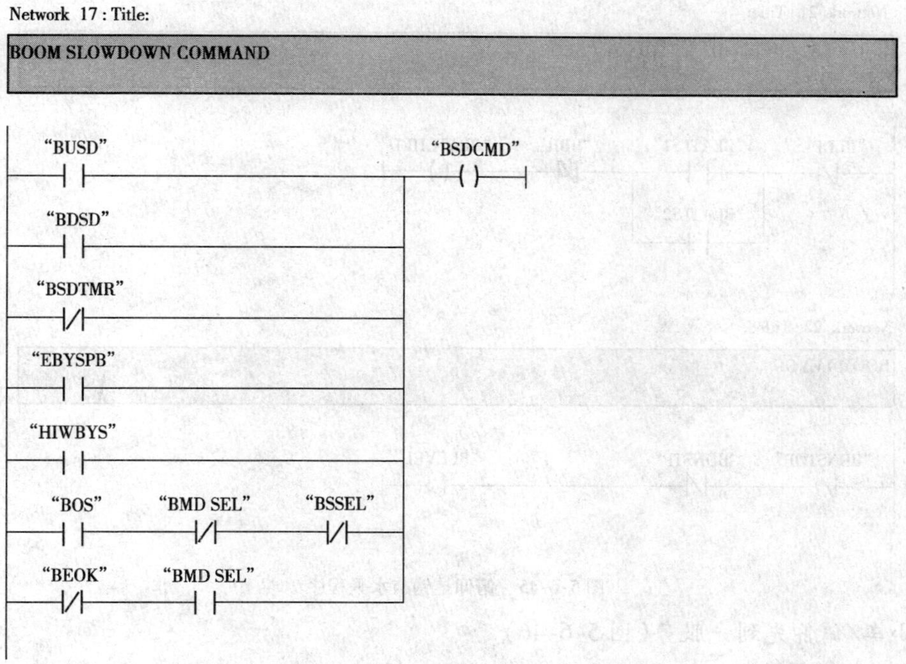

图 5-6-44　俯仰减速程序

BDSD—BOOM DOWN SLOW DOWN 俯仰下降慢速；
BSDTMR—BOOM SLOWDOWN TIME 俯仰慢速延时；
EBYSPB—LIMIT BACKOUT BYPASS(PLC-CASE) PLC 柜旁路；
HIWBYS—HIGH WIND BYPASS ACTIVE 大风旁路；
BOS—BOOM OPERATE SELECT 俯仰操作站选择；
BMDSEL—BOOM AUTO MODE SELECT SWITCH(BOS)俯仰自动模式选择(俯仰室)；
BSSEL—BOOM SPEED SELECT SWITCH(BOS)俯仰速度选择开关（俯仰室)；
BEOK—BOOM ABSOLUTE ENCODER FLT 俯仰绝对值编码器故障；
BSDCMD—BOOM SLOWDOWN COMMAND 俯仰慢速命令。

11. 俯仰挂钩与水平(图 5-6-45)

其中：

BLUPLS—BOOM LATCH RAISE LIMIT SWITCH 俯仰抬钩限位；
BLATLS1—BOOM LATCHED LIMIT SWITCH1 俯仰进钩限位 1；
BLATLS2—BOOM LATCHED LIMIT SWITCH1 俯仰进钩限位 2；
BBR—BOOM BRAKE RELEASE 俯仰制动器释放；
BLATCHED—BOOM LATCHED 俯仰挂钩；
BDNSTOP—BOOM CAM DOWN STOP LIMIT SWITCH 俯仰下降停止(凸轮限位)；
BDNSTP—BOOM DOWN STOP POSITION 俯仰下降停止位置；
BLEVE—BOOM LEVEL 俯仰水平。

Network 21 : Title:

BOOM LATCHED(THIS RUNG NOT USED)

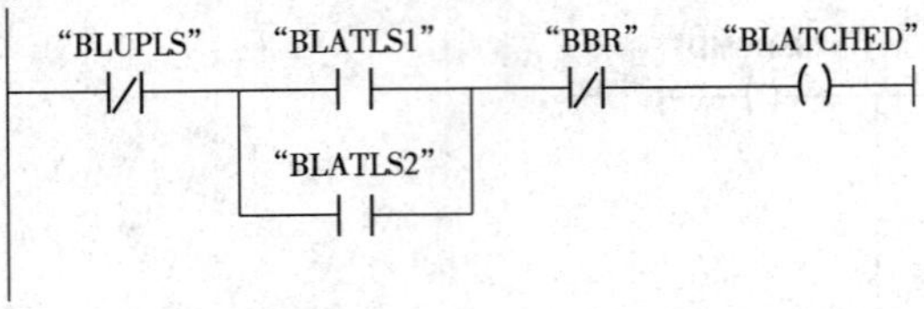

Network 22 : Title:

BOOM LEVEL

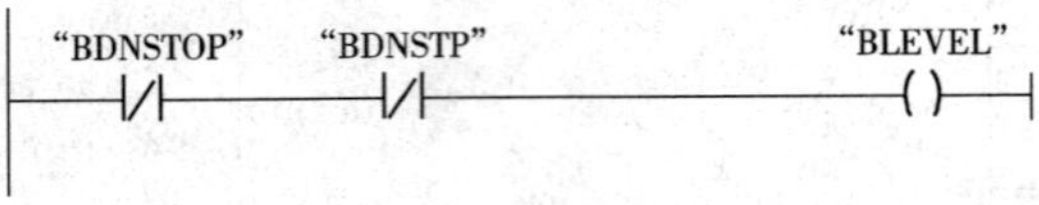

图 5-6-45　俯仰挂钩与水平程序

12. 小车/俯仰先到先服务(图 5-6-46)

Network 1 : BOOM SELECT

FIRST COM FIRST BOOM SERVE

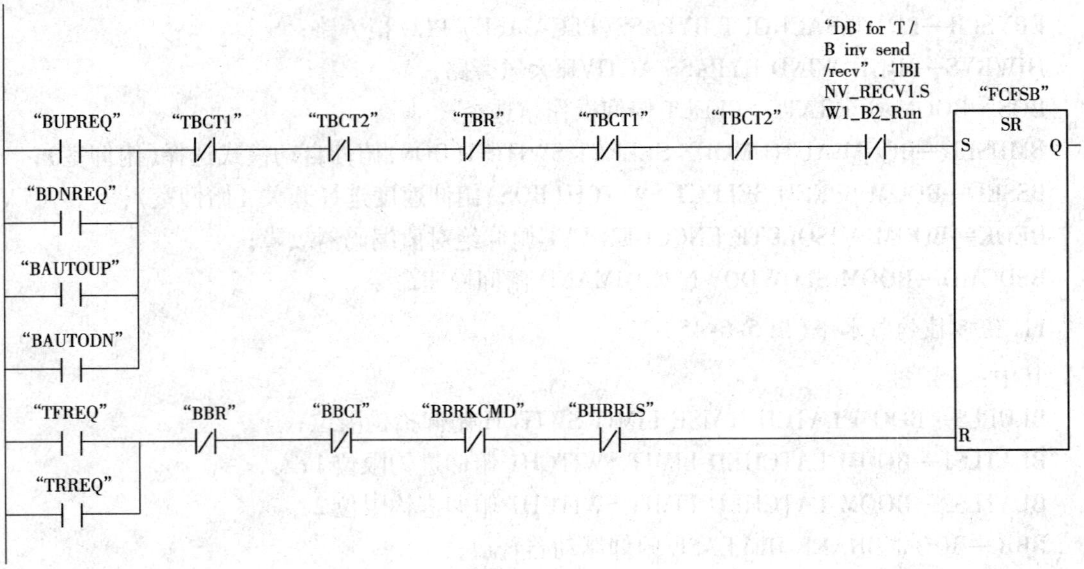

图 5-6-46　先到先服务程序

其中:

BUPREQ—BOOM UP REQUEST 俯仰上升请求;

BDNREQ—BOOM DOWN REQUEST 俯仰下降请求;

BAUTOUP—BOOM AUTO UP COMMAND 俯仰自动上升命令;

BAUTODN—BOOM AUTO DOWN COMMAND 俯仰自动下降命令 ；
TBCT1—TROLLEY BRAKE 1CONTACTOR 小车制动器 1 接触器；
TBCT2—TROLLEY BRAKE 2CONTACTOR 小车制动器 2 接触器；
TBR—TROLLEY BRAKE RELEASE 小车制动器释放；
TFREQ—TROLLEY FORWARD REQUEST 小车向前请求；
TRREQ—TROLLEY REVERSE REQUEST 小车向后请求；
BBR—BOOM BRAKE RELEASE 俯仰制动器释放；
BBCI—BOOM BRAKE CONTACT 俯仰制动器接触器；
BBRKCMD—BOOM BRAKE RELEASE COMMAND 俯仰制动器释放命令；
BHBRLS—BOOM DISK BREAKER RELEASE LIMIT SWITCH 俯仰液压制动器释放限位。

第六章　轮胎式集装箱龙门起重机电气设备

第一节　轮胎式集装箱龙门起重机电气系统的发展过程

一、磁放大器驱动 F—D 型

1. 逻辑控制方式

继电器＋接触器的逻辑电路控制。

2. 电机驱动方式

发电机—电动机驱动方式，利用磁放大器的磁场叠加和磁场抵消原理，首先在磁放大器中建立一个主磁场，然后将速度给定信号、速度反馈信号、电流反馈信号以及电压反馈信号，用这些信号对主磁场进行叠加和抵消，综合后的磁场经过放大就作为直流发电机的励磁。直流发电机的输出电枢电压随着励磁电流的变化成正比例的线性变化，以推动直流电动机工作。

3. 特点

结构很简单，不需要调试，系统故障率低。但是它的调速精度差，响应速度慢，直流电机的维护成本高。

二、纯模拟电路驱动 F—D 型

1. 逻辑控制方式

继电器＋接触器的逻辑电路控制。

2. 电机驱动方式

由模拟电子线路组成的给定积分电路、速度（电压）调节器、电流调节器，然后送到逻辑无环流的可逆晶闸管系统中，整流后作为直流发电机的励磁。直流发电机的输出电枢电压随着励磁电流的变化成正比例线性变化，以推动直流电动机工作。

3. 特点

调速特性好，速度响应快。但是系统容易受外界环境以及内部干扰、元器件自身特性变化，容易引起整个系统参数的改变；且调试牵连面广，存在一定的难度；直流电机的维护成本高。

三、数模混合电路驱动 F—D 型

1. 逻辑控制方式

可编程序控制器。

2. 电机驱动方式

用 PLC 作全数字的 PID 调节器,此信号经过 D/A 转换,然后送到逻辑无环流的可逆晶闸管系统中,整流后作为直流发电机的励磁。直流发电机的输出电枢电压随着励磁电流的变化成正比例的线性变化,以推动直流电动机工作。

3. 特点

调试性能好,速度响应快,系统故障较低。但是仍需作一些模拟电路的调试;直流电机的维护成本高。

四、PC—数字驱动 KZ—D 型

1. 逻辑控制方式

可编程序控制器

2. 电机驱动方式

通过人机对话,把 PLC 中的各类运行指令及数字直流驱动器中的各种反馈量和电机参数用总线结构连接通讯进行双向传输。最后由 PLC 运算,再经驱动器触发可控硅以控制直流电动机运行。

3. 特点

调速特性好,速度响应快,调试较简单,系统故障低。但可控硅整流电路的功率因数低,为了补偿电路中较大的无功电流,只能选用比实际应用功率大得多的同步发电机;可控硅对电网频率的要求较高,如果瞬间频率变化大于 1.5Hz,就有可能造成可控硅的损坏;虽然不见了直流发电机,却仍无法摆脱直流电动机维护成本高的阴影。

五、PC—数字驱动交流电动机 VVVF 型

1. 逻辑控制方式

可编程序控制器。

2. 电机驱动方式

通过人机对话,把 PLC 中的各类运行指令及数字变频驱动器中的各种反馈量和电机参数用总线结构连接通讯进行双向传输。最后由 PLC 运算,让变频器完全按照 PLC 的命令进行工作。

3. 特点

交流电动机的维护成本低,调试简单,故障率低。虽然在变频系统中把交流电动机的三相磁动势模拟成直流电动机的磁通和转矩两个分矢量加以分别控制,但是仍无法完全达到直流电机的调速特性;由于变频器普遍采用了 SPWM 系统,且为了尽可能模拟出正弦波波形,其载波频率选得较高(通常在高音频范围),因此干扰也超过了可控硅直流调试系统。

第二节　轮胎式集装箱龙门起重机电气系统

一、轮胎式集装箱龙门起重机单线图

一种电器设备或变电所在设计的最初阶段,设计者就应把电源分配,信号流向,元器件的使用数量、规格等用图简单的标明。这就是单线图。

轮胎吊单线图,把主发电机的三相交流电源通过某些部件来改变它的流向和性质,作为我们需要的各种能量。下面主要介绍轮胎吊的电源单线图流程。至于变频器的信号单线图是在变频器内部,由变频器结构说明;可编程序控制器同样也需要通过软、硬件来执行。而且,变频器与PLC间的信号单线图,就是串行通讯单线图。不像模拟控制系统时代,双闭环系统就是一个信号单线图。

1. 变频器电源单线图(图6-2-1)

三相460V,50Hz交流电源R. S. T通过主空气开关进入变频器1INV,里面有一套三相桥式整流电路以及一组高电压大容量电解电容器和大电感组成的"L"型滤波电路。其直流电母线P、N除了为其内的IGBT提供动力源,以驱动起升电动机外。还输出到G2INV、TINV中以作为驱动2#大车以及小车电动机之用。DBU1、DBU2是限制直流母线电压的制动单元。

R_0、T_0是变频器所用的控制电源,为各变频器公用。

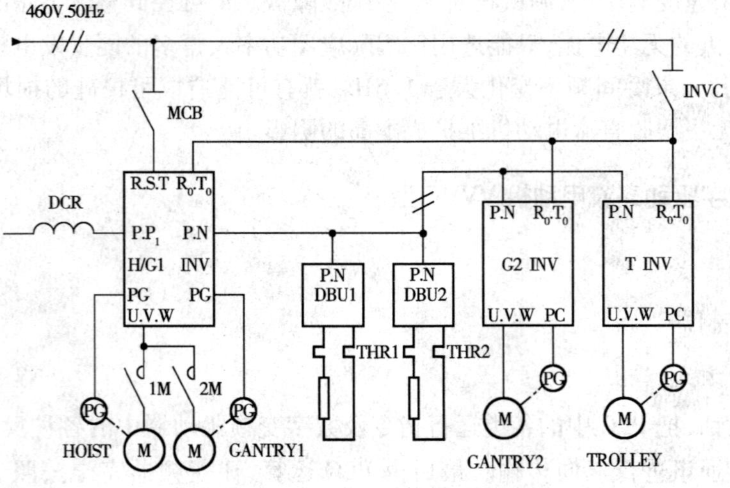

图6-2-1　变频器单线图

2. 通讯单线图(图6-2-2)

这是一个以1CPU为源的辐射式通讯形式。

1CPU为YASKAWA的CP-316H。CP-316H是一个32位的多用途处理器。在控制器之中有着自己的2个CP-216、1个CP-215通讯接口、1个MEMOBUS通讯协议的RS232口,以及还有一个可选通讯卡。

CP-216IF:这里主要用于CP-316H与变频器之间的通讯;通讯形态:ELECTRIC BUS。

CP-215IF:这里主要用于与 CP-316H 及 2000 SERIES I/O 模块等的通讯;通讯形态:E-LECTRIC BUS;通讯地址范围:输入寄存器:IW1100 ~ IW18FF,输出寄存器:OW1100 ~ OW18FF,共 2048 字节。

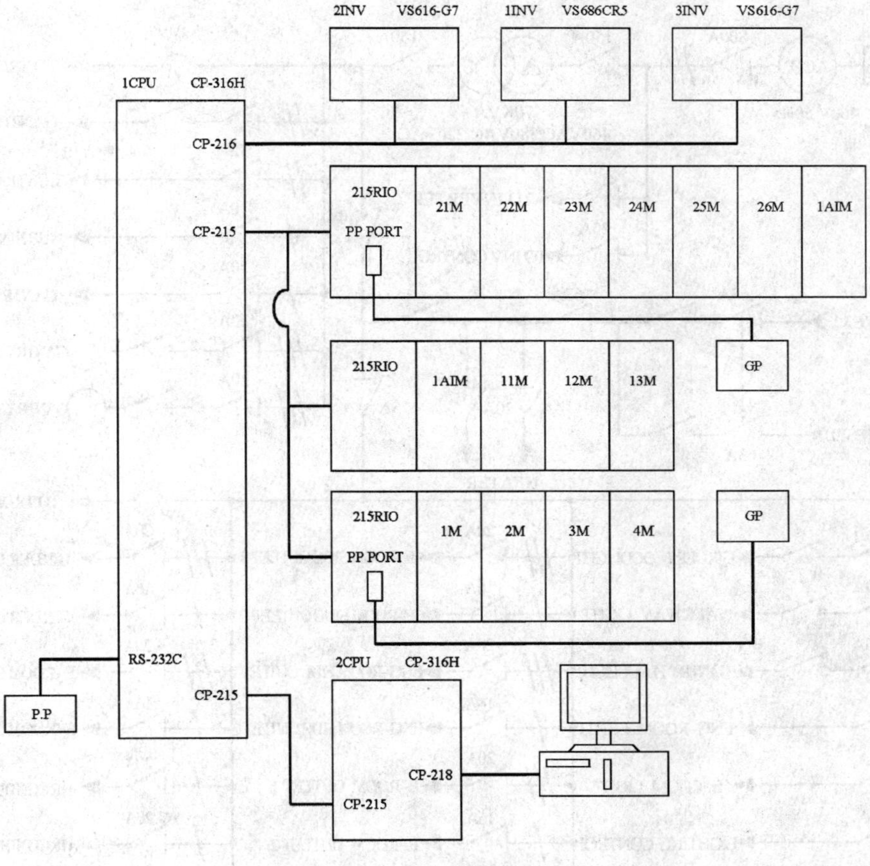

图 6-2-2　整机通讯单线图

扩展 CP-215IF 卡:这里主要是与 2CPU(CP－316H)之间的通讯。

RS232 串口:这是一个与移动电脑连接的编程口。

CP-218IF:以太网接口卡,通过它可以让工控机对整个系统进行监控和管理。

3. 电机及辅助电源切换单线图

三相交流同步发电机输出 460V,50Hz 电源主要供给变频驱动器与 65kVA 的三相电源变压器。见图 6-2-3。

电源变压器的次级输出分成二路,一路提供给主控制系统;另一路则为辅助电路供电,主要由照明、各类电源插座、通讯电路等组成。以上两路又各自分为固定部分和通过小车拖链电缆向小车架和司机室供电的移动部分。

当交流发电机停止发电时,辅助用电部分可由岸电或副发动机供电。主发电机与岸电、副发动机三者不允许同时使用。图 6-2-3 左侧两个 63A 空气开关是带有机械联锁装置的,分别限制着岸电和副发动机。右侧虚线表示两个带机械联锁的交流接触器,同样分别限制着主电和副电。

4. 小车架电源单线图(图 6-2-4)

小车架及司机室所用电源,也是由主副电源各自通过小车拖链电缆。主拖动电源由 40A 空气开关接入;100A 空气开关接入辅助电源。其作用同上。

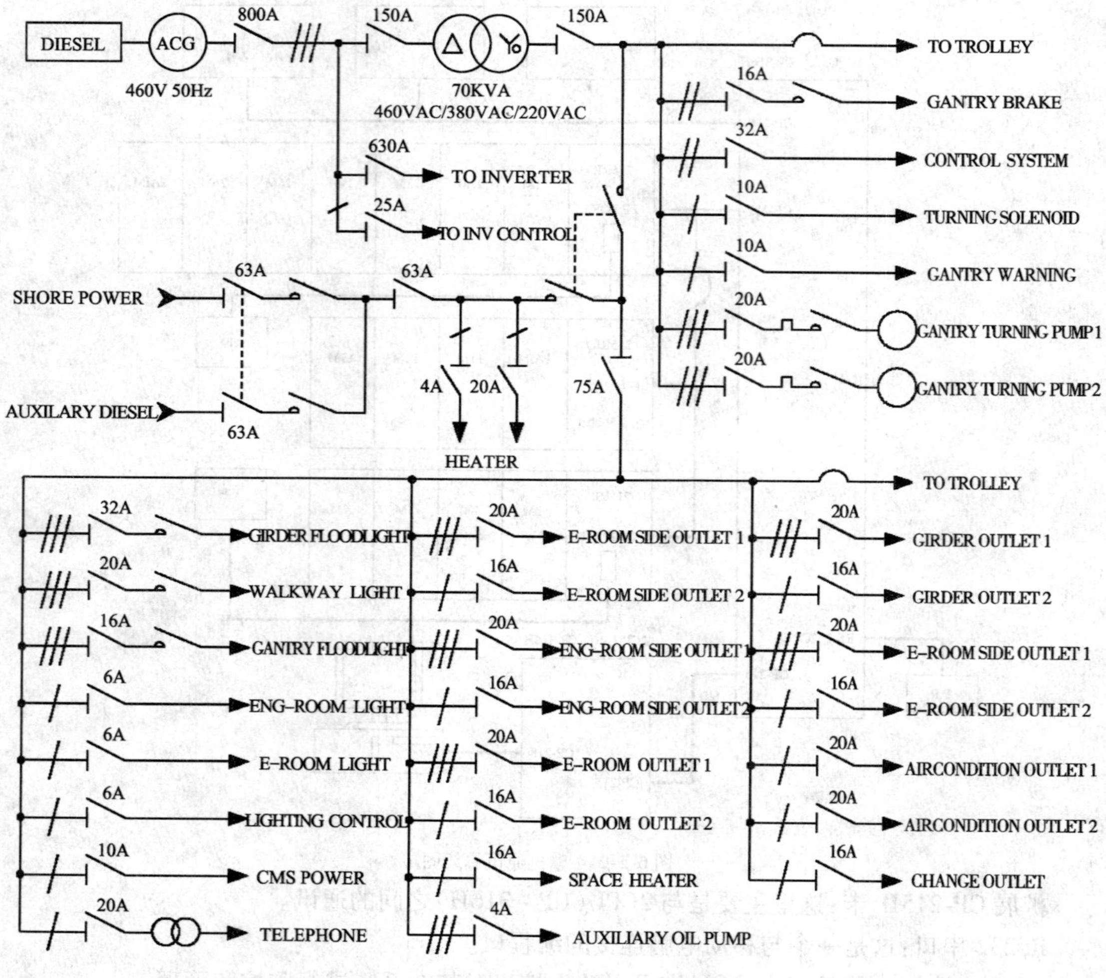

图 6-2-3 主副电切换和固定部分供电单线图

二、各大机构的运行和控制过程

1. 起升机构

一个起升驱动器为起升电动机提供连续变化的电压和频率。根据各种不同的负载,起升的最大速度在 20m/min 与 45m/min 之间连续变化。起升电动机额定功率为连续工作制,380V,250kW,6 极。

1)起升机构的运行过程(图 6-2-5)

2)起升机构的控制过程

(1)主控:

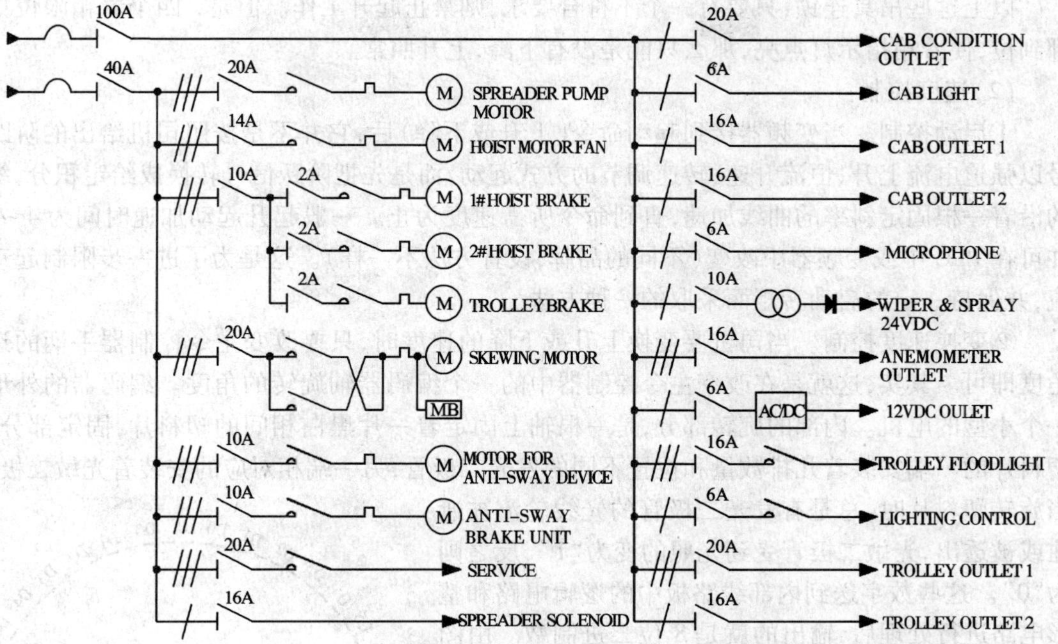

图 6-2-4　移动部分供电单线图

①主控电路。主控电路是起升工作的最基本条件,也是必不可少的条件。它包括所有各类交直流控制电源、动力电源、PLC 软硬件及通讯、变频器的各种运行条件与保护、能耗吸收控制装置、起升的行程位置、起升电动机保护、制动器状态、各个开关和接触器的反馈信号等等。这些条件组成了一条“与”逻辑链,缺一不可。

②运行联锁:

A. 负载。零负载(连吊具负载都不存在)属于松绳状态,这时只允许上升,不允许下降;100% ≤负载<110%,系统报警,但允许慢速起降;负载≥110%,系统超载报警,只能下降,不能上升。

B. 转向。由于在转向的过程中,是绝不允许起升上下运行的。因此,只有转向完全到位并且定位销也应确认进销。

C. 吊具。吊具的连锁条件比较多,并且基本上都是带有保护性质的。只要这些条件没有满足,就限制了上升或下降的动作。

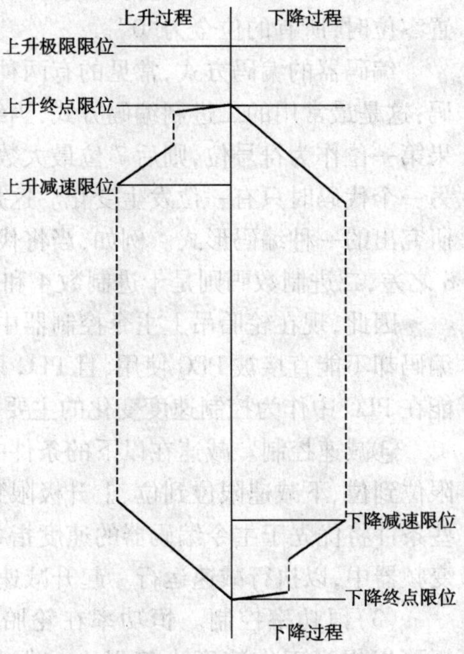

图 6-2-5　起升机构的运行过程

上下吊具连接限位;吊具电缆连接插头;开闭锁到位限位;开闭锁限位与开闭锁开关配合(开锁灯亮,开关必须置于开锁位置。闭锁同样如此)。

以上这些吊具连锁，只要有一个不符合要求，则禁止起升工作。但是，四个着箱限位如果都到位，使着箱指示灯点亮，那么只能是没有下降，上升照常。

(2)速度控制：

①启动控制。当变频器接到起动命令(上升或下降)后，它并不是按照司机给出的阶跃信号以强迫电流上升、恒流升速、转速调节的方式起动，而是先把阶跃信号转换成给定积分，缓慢的沿着一根固定斜率的曲线加速，直到命令所需速度为止。一般起升起动加速时间为 4 ~ 6s，并可在 PLC 中或变频器中改变(不同的品牌，设置方法不一样)。这是为了进一步限制起动电流，并保持一定的启动转矩而采取的一种方法。

②变换速度控制。当司机要变换上升或下降的速度时，只要改变主令控制器手柄的运动角度即可。其实，这就是在改变主令控制器中的一个编码器轴旋转的角度。编码器的外形像一个小型的电机。内部的旋转部分，是一根轴上固定着一片黑白相间的塑料片；固定部分，在塑料片的一端安装着几排数量和位置不同的发光二极管，另一端相对应的安装着光敏二极管。当旋转塑料片时，总是有发光二极管的光线轮流被遮住或被透出，光敏二极管受到光照的变为“1”，反之则为“0”。这些数字送到内部线路板中的逻辑电路和整形电路进行处理后，输出的就是 8 位二进制数。由图 6-2-6 所示，编码器是左右对称的两个 8 位二进制数，并且从 0 ~ D7 的排列是模糊的。只有当主令控制器置零位时，所有的位全为“0”。

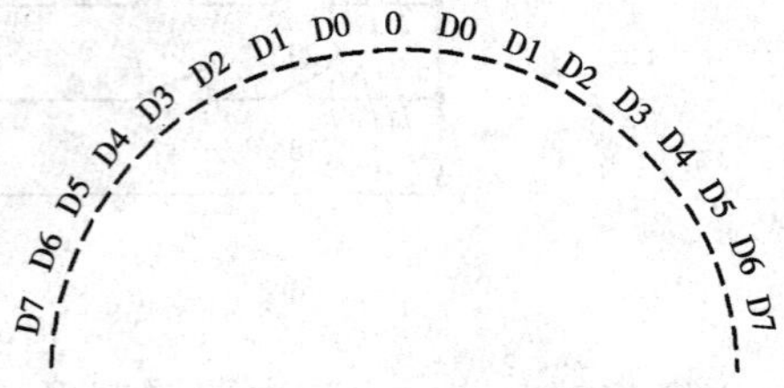

图 6-2-6　速度编码器位

编码器的编码方式，常见的有两种。8421 二进制码：这是最常用的二进制编码方式，当编码器旋转角度相对零位为最大时输出“11111111”，如果第一位作为符号位，则后 7 位最大数值为“127”。格雷码：其特点是从一个代码变为相邻的另一个代码时只有一位发生变化。这是考虑到信息在传输过程中可能出错，为了减少错误而研究出的一种编码形式。例如，当将代码 0100 误传为 1100 时，格雷码只不过是十进制数 7 和 8 之差，二进制数码则是十进制数 4 和 12 之差。

因此，现在轮胎吊上主令控制器中使用的编码器多采用“格雷码”编码方式。但是，这种编码却不能直接被 PLC 使用，且 PLC 只认识二进制码，所以只有把格雷码转换为二进制码，才能在 PLC 中作为控制速度变化的主要数据。

③减速控制。减速在以下的条件中只要满足一个，就可以在起升运行中实现减速：上减速限位到位、下减速限位到位、上升极限到位后需旁路下降、下放一个已经超载的集装箱等。这些条件将优先于主令编码器的速度指令，PLC 只要接到任何一个减速命令，就会立即把它送到变频器中，以执行减速运行。起升减速的速度一般设定为电机最高速度的 10%。

(3)恒功率控制。恒功率在轮胎吊中通常用于起升的空载和轻载运行。它相对恒转矩可以提高工作速度一倍以上。但是需特别强调的是恒功率只能在空载或者轻载状态下运行！

①直流电动机电压调速下的恒功率：

A. 他励直流电动机的负载特性曲线。直流电动机在稳态运行时，有以下关系式：

电枢电动势　　　　$E = C_e \varphi n$

电磁转矩　　$M = C_m\varphi I$

电压平衡　　$U = E + IR$

机械特性方程式　　$n = \dfrac{U}{C_e\varphi} - \dfrac{R}{C_e C_m\varphi^2}$

图 6-2-7 所示为用直流电动机拖动的轮胎吊起升运行特性曲线。其中 n_{ed}、M_{ed}分别是直流电动机的额定转速和额定转矩。

B. 恒转矩运行。恒转矩运行的特点，电机的主磁通为额定的最大磁通（即一般称为满磁，但决不允许达到饱和磁通）；在小于 n_{ed}和小于 M_{ed}间运行，速度与转矩完全独立，不受对方任何钳制；电机也只能运行于额定转速及以下，在正常的情况下不可能超过 n_{ed}；这时的转矩与电流成正比关系，速度与电压也呈现正比例关系；对于同一负载，无论转速如何变化，电动机的电流值基本保持不变，只是转速跟着电压在变化。图 6-2-7 虚线的下半部分，就是他励电动机运行时的机械特性曲线。这根垂直线，随着负载大小的变化，始终在大于 0 到小于等于 M_{ed}之间的水平运动。

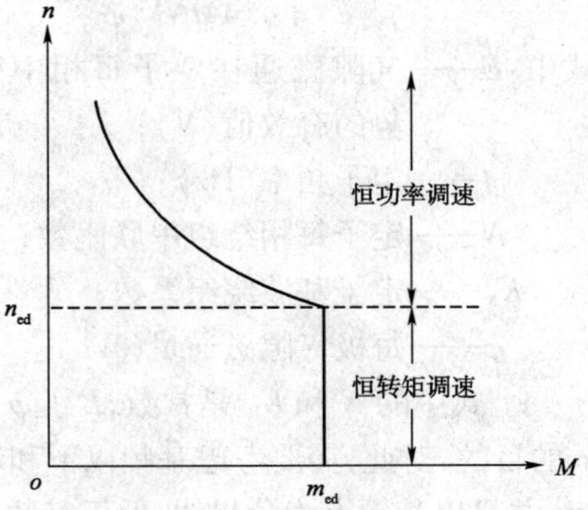

图 6-2-7　他励直流电动机特性曲线

恒转矩运行的最高速度一般为电机最高速度的 44% 左右。

C. 恒功率运行。所谓恒功率，就是它的运动速度 × 转矩 ≈ 电压 × 电流 = P（功率）= C（常数）。

恒功率的特点是转速 n 与转矩 M 呈反比；磁通 φ 与转矩 M 呈正比；电机转速在任何状态下都高于额定转速；电机的几个参数特性都处于非线性状态。

当直流电动机在恒转矩启动后，并达到额定速度。这时如允许进入恒功率。首先减小电动机的励磁电流，由于励磁绕组的电感很大，磁通 φ 不会突变。随着磁通 φ 的减弱，转速 n 开始缓慢上升。由于磁通 φ 的减小，使电机的反电动势也同时减小。为了保持电压的平衡，电机电枢电流 I 开始增加，同时电枢电压下降（这就是保持 $U \cdot I = P$ 不变的特性）。为防止电压下降而造成系统退出恒功率，自控系统把给定量自动调高，以维持一个高的转速。这就是轮胎吊作起升运行时，从恒转矩转入恒功率的简单过程。

D. 转入恒功率运行的条件。要在恒功率状态下运行，最基本的条件需空载或轻载。直流电动机恒转矩时的转矩 M 与电流 I 呈正比，所以电流就成了检测负载大小的主要依据。但是千万不要认为，在转矩 M 不变的情况下，磁通减小会使电枢电流 I 增大，而增大的电流能否通过电流比较器的检测，使电动机重新回到恒转矩状态。不会，因为只要负载不变，系统只能运行在恒功率状态，直到本次工作结束。

为使电动机的恒功率运行速度始终高于恒转矩时的最高速度，即其工作电压必须是在恒转矩时的最高电压。电压检测，也成了一个重要依据。为达到这个目的，主令控制器所用的速度给定编码器必须置于最高位。如达不到该数值，那只能在恒转矩下工作。因为恒转矩的优先权始终为上。

②交流电动机变频调速下的恒功率：

A. 交流电动机变频调速的机械特性曲线。图 6-2-8 所示，为交流异步电动机变频调速时的转矩 M、定子电流 I、定子电压对电源频率 f 的特性。

三相异步电动机定子每相电动势的有效值是：

$$E = 4.44fNK_N\varphi$$

式中：E——气隙磁通在定子每相中感应电动势的有效值(V)；

f——定子频率(Hz)；

N——定子每相绕组串联匝数；

K_N——定子基波绕组系数；

φ——每极气隙磁通量(Wb)。

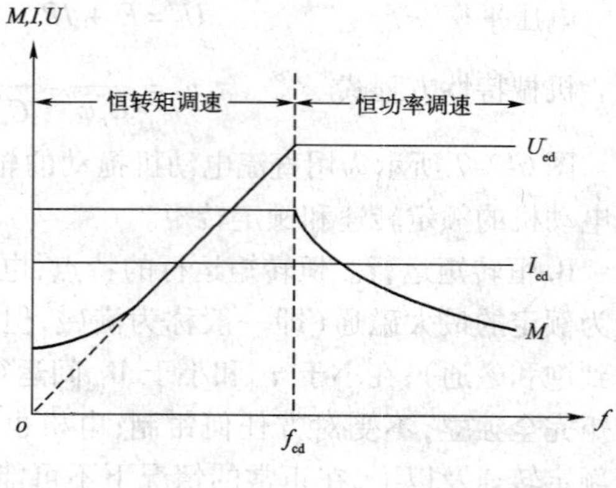

图 6-2-8　交流异步电动机变频调速特性

上式中的 N 和 K_N 是常数，E、f、φ 是变量。所以说，只要控制好 E 与 f，便可达到控制磁通 φ 的目的，对此，需要考虑基频以下和基频以上两种情况。图 6-2-8 中的 f_{ed} 为电源频率的基频点，并且以基频点为分界线，低于基频的属于恒转矩调速；高于基频的属于恒功率调速。

B. 恒转矩调速。在低于基频方式调速时，为了保持磁通 φ 不变，当频率 f 向 f_{ed} 以下调节时，必须同时降低 E，使 $E/f = C$(常数)。然而，绕组中的感应电动势是难以直接控制的，当电动势值较高时，可以忽略定子绕组的漏磁阻抗压降，而认定定子相电压 $U \approx E$，则得 $E/f = C$(常数)，这就是恒压频比的控制方式。但是 $U/f = C$(常数)特性虽然其硬度比较好，能满足一般调速要求。然而在低速时则无法保持 φ 的恒定。从图 6-2-8 中的低端电压曲线中可以看到，这段线是非线性的。现通过采用矢量控制的方法，已基本解决了低速时的调速特性。

基频以下的调速特性，如以使 φ 达到了恒定值，那一定是与转矩 M 线平行的一根曲线，并且在同一负载下的不同转速中运行时，它在 Mf 直角坐标系中的位置是不会改变的。

C. 恒功率调速。当轮胎吊的吊具下无集装箱，或者吊具下吊着一个轻载的集装箱时，即使电动机工作在基频时的额定转速，也会显得效率太低。要想使交流电动机的转速升高，只有提高定子电源频率，甚至可以超过额定频率。但是，φ 的恒定值已被打破。因为频率可以上升，而电压却受到定子绕组结构和绝缘材料的限制，是不可能超过额定电压值的。从 $U/f = \varphi$ 中，可知，当电压 U 不变时，频率 f 与磁通 φ 呈反比关系，f 的升高意味着 φ 的下降。交流异步电动机气隙磁通 φ 的降低，相当于直流电动机的弱磁升速。所以说，电机进入了恒功率调速状态。

恒功率的特点：转速 n 与转矩 M 呈反比，且转矩 M 与转速 n 的乘积是一个恒定的值；定子电压始终保持在额定电压状态。

③轮胎吊起升状态的无条件恒功率运行：

A. 唯一的条件。轮胎吊起升无条件恒功率运行，即工作时，只要起升主令控制器置于最高位(上升或下降)。当电动机启动完成，并且主电压已达额定电压时，系统无需检测负载转矩大小便让它立即转入了恒功率运行状态。与其说是无条件，其实有一个最主要条件因素——吊具锁钮必须处于开锁位置。开锁，说明吊具下不可能挂着集装箱，纯粹空载。系统就跳过了负载检测，而直接给驱动器（直流或交流）发出恒功率运行指令。

B. 设置转换开关。以上的无条件恒功率只有在使用吊具的情况下，才能真正实现无条件恒功率。但是，如果吊具下不是直接吊着集装箱，而是在吊具四个角各挂着钢丝绳，并用钢丝绳起吊一个重载特种集装箱。由于吊具没有直接连着集装箱，吊具锁钮无法闭锁，仍在开锁状态。开锁信号旁路了负载检测，当司机作起升动作时，系统以为是空载，在启动后即进入了恒功率。这时就造成了电机电流剧增，驱动器超载。严重的可能引起驱动器内的大功率器件损坏。

为避免上述事件发生，制造方专门设计了一个“吊具 - 吊钩”转换开关。当使用吊具时，转换开关置于“吊具”侧，则一切操作按正常的程序进行，恒转矩与恒功率自动检测和切换。如使用吊钩作业，必须将开关置于“吊钩”处，这时系统就取消了转矩检测，一切按照恒转矩方式工作。

（4）下降能耗。起升所带负载的工作性质是一种位能型负载。但是同样的位能型负载对于不同类型的起重机就有着不同机械特性。比如，门机的空吊钩上下运动，它的机械特性曲线有可能落在一、三象限。而轮胎吊空吊具的上下运动，其机械特性却落在了一、四象限。原因是一个吊具 + 吊架将有 11t 左右的重量，下降时，由于受到负载的牵引使电动机输出一个与上升方向相同的制动力矩。

集装箱轮胎式龙门起重机是一种独立机组供电系统，不受任何外界的影响。因此当电动机在下放位能时，电动机受到外力的影响已经使它处于发电机状态。由于所发出的电不但无法反馈电网，而且还会使机组的平衡遭到严重破坏。所以只能通过外接大功率、小阻值的电阻强制消耗。

这种电阻通常称之为能耗电阻。下面介绍几种能耗电阻接入方法和能耗原理。

①直流电动机电枢能耗。这是一种用于直流电动机中较普遍的能耗限速和制动的方法，过去的 F—D 轮胎吊也采用这种方法。就是在下降时，在直流电动机电枢两端通过接触器并接一个能耗电阻。该电阻阻值的大小将直接影响下降时的机械特性。它既要保证直流电动机在发电状态，又不能让直流电动机的输出电流倒灌直流发电机，使直流发电机进入电动状态。即，如电阻值取得太小不但会使下降太慢，而且会造成电枢过电流；反之，下降速度太快，同时直流发电机容易输出转矩。

②直流电动机交流回能。这是进口 F-D 轮胎吊所采用的下降能耗方法。该机型的直流发电机和直流电动机的两个电枢绕组直接并联。当下降时，电动机被负载拖着向下运动，变为直流发电机，而直流发电机的输出电压低于直流电动机的输出电压，使电流倒灌，成了直流电动机，并向交流发电机和柴油发动机输出转矩。由于交流发电机在正常使用时只需要输出 15% 的额定功率就足够了，所需转矩当然也很小。因此，直流发电机此时输出转矩的大部分传给了柴油发动机。发动机由活塞和外力同时作用于曲轴，使曲轴转速大增，造成了发动机超速和“飞车”，会损坏发动机。所以，制造商采取了加大交流发电机的输出功率，通过外接三相电阻，使交流发电机消耗由原来的 15% 猛增到 85% 的功率。完全吸收了直流发电机传递过来的转矩。

下降的速度变化仍靠改变直流发电机的励磁大小。当下降速度需要加大时，主令控制器手柄向前推，系统就会给直流发电机增加磁通量。

直流电动机电压平衡方程 $I=\dfrac{U-E_a}{R}$

电动势计算公式 $E_a=C_e\varphi n$

电磁转矩计算公式 $M=C_m\varphi I$

上面三个式子说明，增加的发电机磁通量会使发电机的电动势上升，使电枢电流减小，使电动机制动转矩变小，使电动机的下降速度增加，使电动机的输出电压上升，使电枢电流上升回到原来的值，使电动机的制动转矩保持原来的值，最后达到新的平衡，唯一变化的是电动机的下降速度增加了。

③直流驱动器交流回能。直流驱动器中有两组可控硅组成的三相正反桥：正桥作上升时的整流桥，反桥作下降时的逆变桥。当吊具及集装箱拉着起升电动机作下降动作时，直流电动机同样处于发电状态，输出的直流电压经驱动器的逆变电路。逆变后生成50Hz三相正弦波交流电，回馈机组电网。由于起升电动机下降时回馈的功率大于当时整个电网所消耗的功率，使发电机的功率角由超前旋转磁场变为滞后旋转磁场。此时的同步电机定子已从逆变后的电网吸收电功率，转子开始输出转矩，同步发电机变为同步电动机了。为避免同步发电机进入电动状态，必须强制消耗掉逆变后多余的电功率。在直流驱动器输入端并入由交流接触器控制的三相电阻器，消耗的最大功率可以超过起升电动机的额定功率，保证了同步发电机始终在发电状态。

④交流变频驱动器直流能耗。交流电动机在作下放位能时，同样处于发电状态，同样需要一个主磁通来产生电动机的制动转矩。这个主磁通是由接入电动机定子的三相电源在绕组中生成的旋转磁场，且这个旋转磁场的速度是确定下降速度的基本条件。

当交流异步电动机刚开始下降时，电动机转速 n 小于同步转速 n_0，从电网吸取电功率转换成机械功率，但这个时间很短。随着电动机轴上的外力增大，会使 $n=n_0$，此时电动机只从电网吸取用来建立旋转磁场的功率，不起能量转换的作用，这只是一个过渡过程。如转速仍在增加，这就使得 $n>n_0$，从而导致了电磁转矩 M 与转速方向完全相反，变为制动转矩，并开始回馈电能给电网。这时的异步电动机成了一个异步发电机。如果电网可以吸收所回馈的电能，那么电动机的转速这时就在刚超过同步转速处稳定。要想改变下降速度，只能靠变频器来改变其同步转速。但是，变频器是没有能力吸收电动机传来的回馈电能，它只能将回馈的交流电转换为直流电，并入直流母线。当直流母线中没有任何吸收装置时，电动机的转速就会继续增加，输出的电势越来越高，最后使变频器“0V”。

现在对于使用交流变频调速的轮胎吊上，普遍采用的方法是在变频器直流母线上通过“DBU”并接两个大功率的电阻器，用来消耗电动机的回馈电能。

DBU 是 Dynamic Braking Unit（动力制动装置）的缩写。它的结构线路如图 6-2-9 所示。由变频器直流母线输入的 PN 线，到控制板后主要起两个作用。第一，通过 DC/DC 变换，成为控制板的工作电源；第二，该电压经过降压处理变为一个较低的取样电压，然后在电压比较器中与一个基准值作比较。如果大于基准值，则输出高电平，把控制电路的通道门打开。取样电压这时正式成为控制电压，进入控制系统的脉冲调整电路。这个脉冲调整电路有两个部分组成，1 为频率调整电路，一个 V/f 变换电路，即当取样电压发生变化时，频率也跟着正比例的变化；2 为脉宽调整电路，一个 PWM 电路，即当取样电压发生变化时，脉冲占空比同样正比例变化。两个电路在叠加和前置放大后即可推动大功率晶体管。当电压升高并超过基本电压时，晶体管开始导通，并随着输入电压的变化，它随时在导通的速度和导通的时间上作快速调整。保证了直流母线的电压的基本稳定。

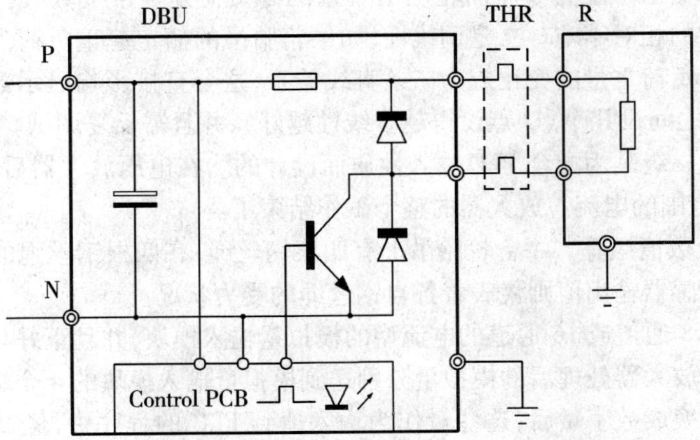

图 6-2-9　DBU 结构图

(5)其他电路：

①负荷重量显示。负荷重量显示电路是在原超载保护电路中增加的一个功能，它改变了原来对于重量只有保护而没有显示的模式，让司机明明白白工作。

重量显示电路主要有电阻应变片传感器、放大器、PLC、模/数转换、LED 数码管等。图 6-2-10中所示为负荷重量传感器显示电路的框图。

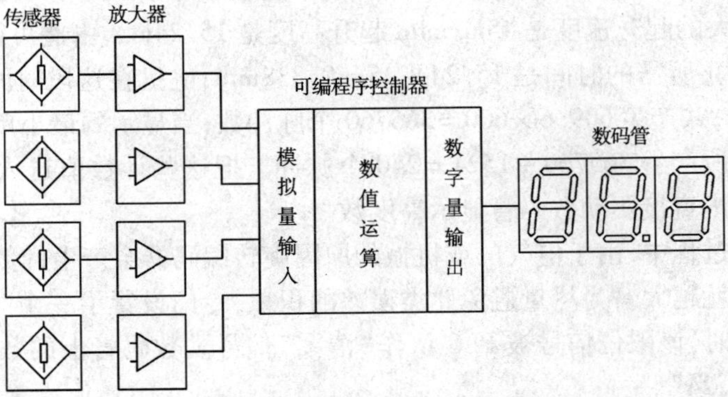

图 6-2-10　负荷重量显示电路框图

A. 电阻应变片式传感器。由弹性元件、电阻应变片及外壳等组装成的用来进行测量的装置，称为应变式传感器。应变式传感器的工作原理是把电阻应变片贴在传感器的弹性元件表面，当弹性元件受力产生应变时，电阻应变片便会感受到该变化而随之产生应变，并引起应变片电阻的变化。

一个应变压力传感器由 4 个应变片电阻组成桥式电路。当不受负荷作用时，电桥处于平衡状态，无电压输出；当受到负荷压力作用时，电桥失去平衡，电桥输出电压。电桥输出的电压与压力成正比例。

B. 放大器。负荷传感器放大器是一个高增益的放大器，特别是第一级的电压放大器。因为传感器输出的信号电压值与对应负荷的电压变化量值都在毫伏级的范围内。

放大器中，有两个很重要的参数在校正时是必调的。一是调零，负荷压力传感器只有在无任何外力的状态下输出才能为零。而轮胎吊真正的零负荷是一个负数，因为一个吊具约 9t。调零就是空吊具时的相对零吨。二是调线性，如果轮胎吊的额定起重负荷为 40t，那么放大器的输出是否能随着负荷重量的变化成为一条直线关系，这会直接影响显示数值的误差。调整线性，应在 0 ~ 40t 之间设几个点（点设得越多线性越好），并且需反复调试。

放大器的最后一级是为配合 PLC 输入性质而设计的。在电压放大器后，将输出的电压值转换成 4 ~ 20mA 范围的电流。放大器的整个工作结束了。

C. 模数转换及数值运算。一台轮胎吊上有四根钢丝绳，在四根钢丝绳的顶端各有一个负荷传感器。每个传感器输出值则代表着各自钢丝绳的受力状况。

PLC 中有一个 8 通道或 16 通道的电流型的模拟量输入模块，并且正好与放大器的输出电平相匹配。把 4 个放大器处理后的模拟量分别送到模拟量输入模块的 4 个端口。该模块把输入的四个模拟量转换成数字量后，这些量作为输入值到 PLC 的程序中，经过一系列的数值运算和逻辑处理，最后通过数字量输出模块，驱动三位数码管。

D. 三位数码管。数字量输出模块作为一个 7 段译码器，通过 PLC 程序，驱动三位 LED 数码管，可直接显示吊具下集装箱的重量。显示的前两位是整数，最后一位是小数位。

②起升高度指示。高度指示，就是当起升工作时的吊具锁钮的实际高度通过数字显示器告诉操作者。完成该项检测任务的器件是，安装在起升电动机轴上并与电机轴同步旋转的旋转编码器。

如果我们所使用的旋转编码器旋转一周可产生 600 个脉冲，电动机 100% 的转速是 1800r/min，吊具最大的起升速度是 45m/min，起升高度是 15.24m。由此可得到吊具从地上到起升上停止限位为止所需的时间是 $15.24 \div 45 \approx 0.338$min；电机在这段时间内共旋转了 $1800 \times 0.338 = 609.6$ 周；共产生 $609.6 \times 600 = 365760$ 个脉冲数；当显示的最小单位为厘米时，则每上升或下降 1 厘米所产生 $365760 \div 1524 = 240$ 个脉冲。把这些计数值送入 PLC，经过运算后由输出模块的位输出直接驱动数码管显示高度数。

在起升运行的过程中，由于电气的或机械的原因旋转编码器会产生计数误差，并且时间越长产生的积累误差就越大。为尽量避免此类误差的积累，专门设置了一个“清零点”。每当吊具上升到上停止位时，该限位信号被 PLC 认作“清零”信号。数码管上的数字，无论显示何种数字，全部改为“15.24”。

2. 大车机构

大车根据负载不同，速度 25m/min 与 120m/min。大车由两个为连续工作制，380V，45kW，4 极的电动机拖动。电气房侧和发动机房侧大车电动机分别由两个驱动器提供连续变化的电压和频率来驱动。

1）大车机构的运行过程（图 6-2-11）

2）大车机构的控制过程

（1）主控：

①主控电路。主控电路是起升工作的最基本条件，也是必不可少的条件。

它包括所有各类交直流控制电源、大车专用开关稳压电源、动力电源、PLC 软硬件及通讯、变频器的各种运行条件与保护、电动机保护、制动器状态、各个开关和接触器的反馈信号等等。这些条件组成了一条“与”逻辑链，缺一不可。

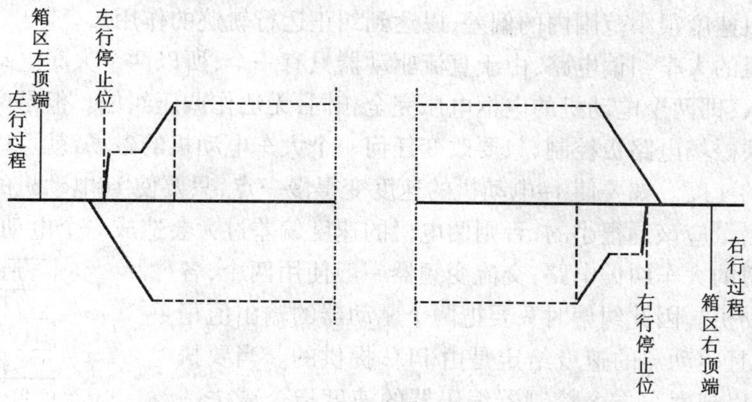

图 6-2-11　大车机构的运行过程

②运行联锁：

A. 负载。当负载达到 110% 的额定负载时，大车行走完全停止。

B. 转向。转向是靠轮胎转向，因此不能行走大车很容易理解。但是转向定位销的要求更严，因为，没有定位销时，轮胎就有一个沿着转向方位的自由度。万一在行大车的过程中轮胎有很小角度的偏转，大车会立即走偏，非常危险。

C. 碰箱杆。四面八方共 12 根碰箱杆触角，彻底限制了大车的运行轨迹。任何一根碰箱杆碰到东西都能使大车停车。

D. 超声波。距离测定，35m 减速；7m 停止。

(2)速度控制。大车电动机在自动控制系统中的起动过程与起升机构基本相同，也是用给定积分作为起动的第一级。但是，大车的起动加速时间更长。除了考虑起动电流的因素外，更重要的是由于轮胎吊的高度超过了其长度，并且在最高处又被具有很大重量的小车占据着，迫使整机的重心不得不上移。因此，只能依靠减小加速度来维持一个较小的运动惯性。一般大车起动的加速时间在 8s 左右。

由大车机构的运行过程图(图 6-2-11)中看到，大车没有专门的减速装置，它的速度一般直接由主令控制器器中的编码器控制。主令编码器的速度控制原理与起升完全相同。

(3)闭锁检测。大车机构有一个闭锁检测的功能。其作用是为了限制大车的行走速度。

当轮胎吊的大车行走在空载时，就默认为自由高速状态。只有吊具处在闭锁状态时，系统就会把快的行走速度降下来。

设置重载降速的目的，还是为了安全起见。前面已经说过，轮胎吊高度大于长度，且空载的重心又就比较高。如果还吊着重箱在行走大车，箱区内走大车吊具一般都提升得很高，这时整个轮胎吊的重心更高。当轮胎吊以每分钟 120m 的速度行驶时，万一这时出现紧急停车(故障，或者碰箱杆碰到了固定的集装箱等)，非常大的惯性会产生严重的后果。

(4)位置纠偏。轮胎吊的大车电动机有两个，分别驱动前后轮胎行走。两个电动机都是通过 PLC 发出同一个速度运行指令。但它毕竟不同于桥吊，轮子始终按照轨道的轨迹行走。

轮胎吊的大车车轮受到轮胎气压、轮胎的磨损程度、轮胎的平行度、机械传动部分的间隙、电气驱动器的差异等等都会增加两边轮胎的行走自由度,从而引起前后轮胎运行时的速度偏差。

为了防止轮胎吊的轮子走偏而造成撞箱事故,因此设计了大车纠偏电路,其目的就是故意造成两个电动机速度很小范围内的偏差,以达到纠正运行轨迹的作用。

直流电动机的大车纠偏电路:由于直流驱动器只有一个,所以两个大车电动机的电枢绕组呈并联方式接入,即两个电动机的电枢电压完全相同,无法作调压纠偏。但是两个电动机的磁场却分别由两块磁场电路板控制,只要改变任何一个大车电动机的磁场,就可以轻而易举地改变了该电动机的速度。如要使1#电动机的速度变得慢一点,只要使1#电动机的磁场电流稍微增大。磁场的增量应该是很小的,否则两电机的速度偏差过大会造成一个电动机过电流。

交流电动机的大车纠偏电路:交流变频器一般使用两个,各自驱动一个电动机。因此纠偏时只要把两个驱动器的输出值稍有差别即可,并且驱动器的速度给定是由 PLC 提供的。当要执行纠偏时,则可以把大车主令控制器编码器的速度指令减去一个纠偏速度指令。如需1#大车电机方向纠偏,就将速度指令减去一个纠偏值,1#大车的速度就会比2#大车慢约5% ~10%。如需2#大车电机变慢,则相反。不纠偏时,则将同一个速度指令直接传递给两个变频器。

(5)轮胎转向。轮胎吊在专用的集装箱堆场中的机动性是集装箱铲车与集装箱正面吊都无法比的,其主要原因就是轮胎吊有一个轮胎转向的功能。当轮胎吊需要转场时,只要将轮胎吊行走到主通道上,所有的轮胎都转到90°,然后再用90°状态作大车行走,到所需要的箱区通道。然后再转回0°,进入需作业的箱区。

轮胎转向的控制过程,其实是一个顺序控制过程。在图6-2-12是一个以自动转向(司机室操作),0°到90°的控制流程图。

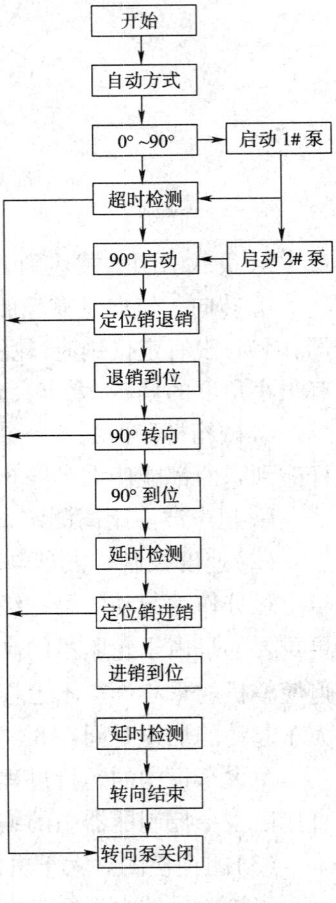

图6-2-12　转向流程图

当司机按照要求需要转场转向时,首先要选择司机室操作,因为这属于自动操作控制。如选择地面操作,则为手动操作,并且司机是无法在司机室操作的。接着选择90°转向后,启动转向泵电机。此电机的运行,首先需使起升、大车、小车完全处于停止状态,其次是吊具下不能挂着集装箱,即开锁状态。1#泵电机先起动,然后再起动2#泵电机。1#起动后即开始计时,整个过程一般设定时间为3分钟。因为转向的液压系统的油压选择的较高,且油箱容积不大,时间一长会造成液压油温上升过高。一旦时间到,而转向并未完成,照样切断转向泵电机。这些初始工作结束后,即开始转向。

第一步先抽出4个定位销,每个定位销都有一个限位来表示其位置,当4个退销限位全部指示到位后,即开始轮胎转向。当所有的轮胎都已使4个90°限位碰到位后,并不马上插入定位销,而是开始延时,必须过2s后才允许进销。这是考虑,由于90°限位的角度调整存在着偏差,有可能造成个别轮胎在碰到限位时,它并没有完全达到 90°的位置,这时进销会被卡住。2s 的后运行行程,就基本消除了卡销的可能,然后正式插入定位销。定位销到位后,转向过程并没有结束,还必须延时 2s,其原理与 90°到位原理相同,为防止不同步。时间到后才正式结束转向,自行关断转向泵电机。

90°到 0°转向,整个过程与 0°到 90°转向完全相同,只是轮胎运动方向相反而已。

(6)360°转向。所谓 360°转向,就是整个轮胎吊机身在原地回转。要完成此项工作,需执行以下两个过程。

①16°轮胎转向。前面提到了轮胎 0°与 90°之间的转向。而 0°到 16°及 16°到 0°的转向过程基本与前者一致,只是 16°有自己的定位销。当轮胎 16°转到位后,0°或 90°定位销始终处于退出位置,只有 16°转用销进入合适的位置,不让轮胎生偏移。

16°这个值,由轮胎吊前后轮胎间的跨度和左右最远的两个的距离决定。保证 8 个轮胎的行走轨迹是一个直径相同的圆。

②360°大车行走。只有 16°转向完成,才允许轮胎吊 360°回转行走。这种行走特点,就是两个大车电动机的旋转方向相反,即前后轮胎的运动方向呈一左一右,速度只是额定速度的 10%。运行 180°就能使司机室面对的方向与原来完全相反。

这个过程结束后,再转为 0°即可。

3. 小车机构

一个小车驱动器驱动一个小车电动机。小车电动机为连续工作制,380V,25kW,4 极。小车速度不受负载多少限制,速度最大到 70m/min。

1)小车机构的运行过程(图 6-2-13)

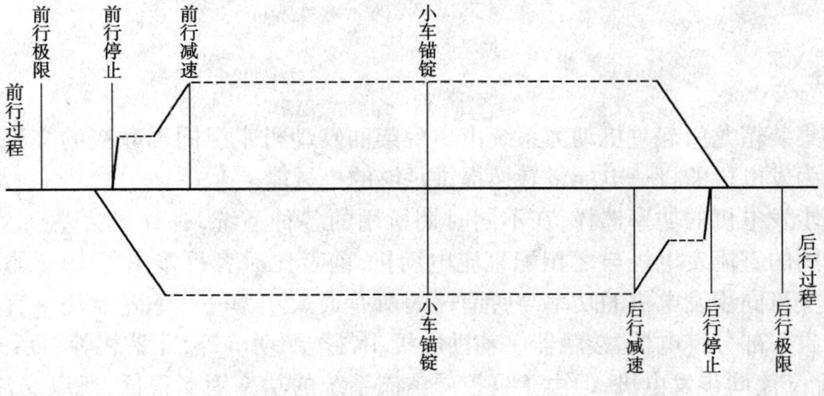

图 6-2-13　小车机构的运行过程

2)小车机构的控制过程

(1)主控:

①主控电路。主控电路包括所有各类交直流控制电源、动力电源、PLC 软硬件及通讯、变频器的各种运行条件与保护、小车的行程位置、小车锁定位置、电动机保护、制动器状态、各个开关和接触器的反馈信号等等。这些条件组成了一条“与”逻辑链,缺一不可。

②运行联锁:

A. 转向。由于在转向的过程中,是决不允许小车运行的。因此,只有转向完全到位并且定位销也应确认进销。

B. 吊具。吊具的连锁条件比较多,并且基本上都是带有保护性质的。只要这些条件没有满足,就限制了小车的前后动作。

上下吊具连接限位;吊具电缆连接插头;开闭锁到位限位;开闭锁限位与开闭锁开关配合(开锁灯亮,开关必须置于开锁位置。闭锁同样如此);着箱到位等。

C. 小车门。当小车门打开时,禁止小车作任何方向的运行,防止人或物体坠落。

(2)速度控制。从上面的小车机构运行过程图中可知,小车的速度变化主要由主令控制器编码器的控制和前后减速限位的限制。这基本与起升过程相似。

(3)其他功能。小车的位置显示:主要是告诉司机小车行驶或停在何处位置。检测传感器乃是安装在小车电动机轴上并与电动机轴同步旋转的旋转编码器。

如果小车的最高速度是70m/min、对应的电机转速是1750r/min、最大行程是19.2m、旋转编码器以每周产生600脉冲。由此可得到小车从前停止位到后停止限位为止所需的时间是19.2/70≈0.274min;电机在这段时间内共旋转了1750×0.274=480周;共产生480×600=288000个脉冲数;当显示的最小单位为厘米时,则每向前或向后1厘米所产生288000/1920=150个脉冲数。把这些计数值送入PLC,经过运算后由输出模块的位输出直接驱动数码管显示小车的位置。

小车位置以向后停止限位到位作为"0"起点。每当小车向后碰到停止限位后,立即清零,以消除积累误差。小车再次向前运行,则PLC又重新开始计数。

第三节　轮胎式集装箱龙门起重机的发电机组

一、概述

轮胎式集装箱龙门起重机动力系统由一台柴油发动机牵引同轴联接的交流同步发电机。柴油发动机为发电机的机—电能量转换提供足够的机械能。

交流同步发电机的功率选择,在不同时期所用的各种系统,有着很大差别。早期F-D系统轮胎吊所用的直流发电机与之相配直流电动机,前者比后者只多出了10%的宽裕量,作为线路损耗。交流同步发电机的功率与所消耗的所有最大功率——下降能耗+直流发电机、直流电动机励磁+部分继电器、接触器+辅助电机+各类照明等等,几乎相等。后来的KZ-D系统,只用一个交流同步发电机,但由于可控硅整流系统的功率因素很低,所以交流同步发电机的功率选择较实际使用功率高出60%。现在的交流变频调速系统,由于采用了SPWM方式,其高音频噪声和高次谐波的影响会让交流发电机电枢绕组严重发热。为尽可能消除不良后果,只能提高发电机的功率,并已经达到实际使用功率的2倍。

二、发动机电气控制系统

1. 继电器逻辑控制系统

(1)启动。主要器件:①蓄电池:蓄电池是一种通过充放电而由电能与化学能之间相互转换的电器。当轮胎吊上的柴油机启动时，蓄电池必须在短时间内可提供给起动机300～400A的电流，且电压降仍不能超过30%（视选用的柴油机而定）。短时间内经过内部的化学反应又可恢复到原电动势。当发动机停止运行时，又能为司机与地面保持正常的通讯联系提供电源。现在一般使用的蓄电池都是铅蓄电池，轮胎吊上选用容量为195AH。②起动机（习惯上称之为启动马达）：它由一个串激型直流电动机加上驱动装置构成。其特点是，短时工作、足够大的起动转矩以及较软的机械特性。因为起动器的启动电流远超过绕组导线的安全载流量，过长时间的运行，会导致电机绕组发热，直至烧毁。串激式直流电机的特点是：启动转矩大，在相同的励磁电流下，超过了并励直流电动机；不得空载或轻载启动和运行，否则易造成电机"飞车"事故；机械特性软，可以保证电动机在启动（重载）时不会超出允许的功率而烧毁，且堵转后电流也不会急剧上升。

开始启动时，先把电瓶总开关合上，将电源接入电路。然后启动钥匙开关，这时启动继电器先得电。启动继电器得电后，其常开触点闭合，将起动器上吸铁开关的线圈与电源接通。这样吸铁开关动作，一方面使起动机上的齿轮与柴油机上的飞轮齿啮合。另一方面又接通了起动机的电源，使起动机带动飞轮将柴油机启动。

①限时启动。前面已经叙述过，起动机是绝不允许启动时间过长，否则将烧毁电机。为此，特别设置了启动限时电路，当起动机启动时间超过6s后，启动线路立即被切断，并报警。如果需要再启动，应稍等片刻，待电机冷却并复位后重新启动。

②启动旁路。柴油发动机的某些保护只有在正常运行时才是有意义的。比如机油压力和燃油压力，它们在柴油机停机时是没有能起保护作用的压力。这样的保护一旦工作，那么柴油机就无法启动。因此在启动前，由逻辑电路先把它们封锁起来，直到发动机启动完成，再经过约9s的稳定运行后，才真正进入保护状态。

（2）速度转换。主要器件：①电磁式速度传感器（图6-3-1）；电磁式速度传感器是个单极的永磁发电极，由围绕一个永磁极片的线圈制成。当飞轮齿圈的轮齿通过传感器周围的磁力线时，会产生交流脉冲。且每扫过一个齿，即产生一个脉冲。脉冲的频率和发动机转速之间之比为正比。②速度继电器：它由光电耦合器、施密特触 发器、频率/电压转换器、电压比较器、驱动器、微型继电器组成。当速度传感器送来的速度脉冲，经过施密特触发器的整形后，把频率的量转换成电压的量。然后这个模拟电压分别送到各自基准值可调的电压比较器中，当某个电压大于任意一个比较器的基准值时，通过驱动器使该继电器闭合，作为外部逻辑电路的控制信号。且三个比较器独立工作，互不干扰。每当有一个比较器输出高电平时，对应的发光二极管就会被点亮。这三路输出分别表示：运行，额定速度，超速。

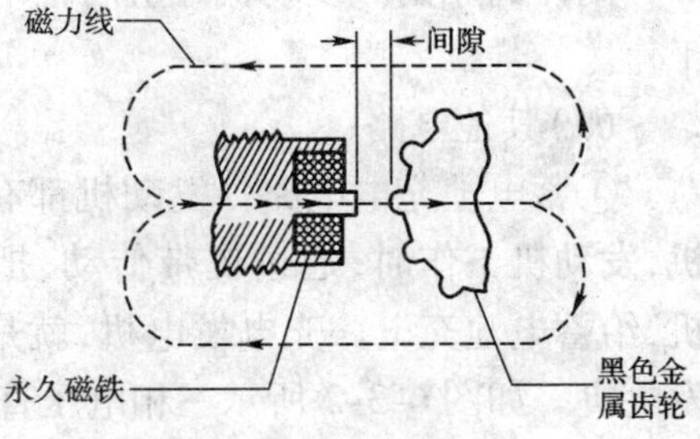

图6-3-1　速度传感器工作原理

柴油发动机正常启动后，由于发动机的各个部分都在冷态，水与机油还没有处于平稳的循环，所以不能立即进入高速带负载运转。这个速度称为怠速，一般调整到700～900r/min之间。

柴油发动机正常怠速后，速度继电器发出了一个运行信号。这个信号送入发动机的控制电路后，机油压力和燃油压力保护起动工作。

柴油发动机正常怠速后，起动机的齿轮与发动机的飞轮已脱离啮合状态，这时最忌讳的是重新按下发动机启动开关，因为飞轮与起动机齿轮的齿数比在12:1左右。一旦两齿啮合，即使发动机在怠速状态，也会把起动机转速带到每分钟上万转。结果会让起动机电枢绕组在瞬间被打坏。为避免此类事件发生，速度继电器的运行信号会使启动开关失效。

发动机怠速约一分钟后，允许其进入高速状态。这时，有两种切换方法。一是自动由低速转入高速，即在启动时直接将速度选择开关置于高速位，启动发动机后一分钟自动把发动机速度拉到额定速度1500r/min；二是手动转换，即始终将速度选择开关选择低速位，只有当需要时，才能把发动机速度拉到高速。这也有条件限制，只有发动机怠速运行一分钟后，选择开关才是有效的。

①高速运行。发动机符合额定速度运行条件时，它的转速由怠速缓慢地开始加速，约6s完全达到了1500r/min。这时，速度继电器的"额定速度"点变为"1"。允许同步发电机励磁，而发电。这时的柴油机才正式带负载工作。

②停机。柴油发动机的停机控制一般有两种方式，不同的发动机品牌有自己的特点。一是断电停机，即当需要关断发动机时，按下停机开关，就会切断其燃油供油电磁阀电源，达到停机的目的；另一种是通电停机，即当需要关断发动机时，按下停机开关，使电磁阀得电后其阀芯运动来切断供油回路。

无论何种方法停机，以保护发动机为基本原则，应该在彻底关断发动机前，让发动机在低速状态下运行1~2min，再正式停机。现在有些集装箱轮胎吊的发动机已采用强制延时停机工作模式。就是，在按下停机开关时，发动机不是马上停机，而是进入怠速运行，间隔一段时间后自动停机。

同样的原则。发动机停机后也不允许立即启动，必须经过1~2min的延时，才能重新启动工作。

(3)其他电路：

①蓄电池充电电路。发动机都有一个自带的充电发电机，发动机工作时，通过皮带传动，把动力传给了充电发电机，给蓄电池充电。充电发电机，就是一个小型的交流同步发电机。如图6-3-2所示三相电压直接通过桥式整流电路，整流输出直流电给蓄电池充电。充电电流的大小由电压调节器VR在检测蓄电池两端的电压后自动调节。

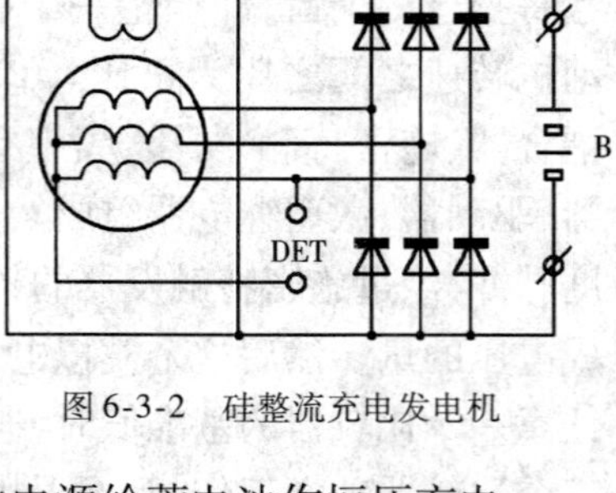

图6-3-2 硅整流充电发电机

如果不用充电发电机充电，也可以使用制造商专为轮胎吊配置的交流充电器充电，这种充电器由主发电机提供的单相电源，经过降压和整流后为蓄电池充电。有的甚至用24V开关电源给蓄电池作恒压充电。

②燃油油箱液位传感电路：

A.主油箱液位电路。液位传感器一般使用两个，但不同的轮胎吊用法截然不同。一种当燃油油量高于90%低于总油量的15%时只执行报警，提醒司机油箱满或油量低。另一种则在油量低于30%时报警，告诉司机引起注意，但是当油量低于10%时，发动机立即停机，而且在加油之前不得启动发动机。

B. 副油箱液位电路。副油箱的作用是，提高燃油油平面与柴油机吸油泵间的相对高度，以减小油泵的工作压力。副油箱内有高位、低位两个传感器，分别控制主油箱到副油箱之间柴油泵电机的停止与启动，同时还作指示灯的开关用。

2. 发动机自动调速控制系统

发动机自动调速控制系统主要由发动机速度传感器、调速器、制动器组成。

主要工作原理：

(1) 调速器通电后，24V DC 电源经过内部的稳压电源，供各部分作工作电源。

(2) 发动机在没有启动时，调速器始终处于待机状态，输出端电压为零。

(3) 发车时，只要启动马达开始旋转，带动飞轮上的齿轮切割速度传感器中的永磁体，并在永磁体的线圈中感应出电动势。以一个飞轮齿每扫过一次永磁体便感应出一个脉冲电动势。

(4) 速度脉冲进入调速器并转换成模拟量，此模拟量经过放大后，与一个固定量作比较，如大于该值，则就此打开了被封闭了的调速器主通道（当发动机转速低于某一设定值时，就不能启封主通道）。

(5) 通道打开后，调速器就有电压输出。但此电压受到一个可调的给定值的限制，这个值称为 START FUEL LIMIT。

(6) 发动机转速上升，直到其速度至已设定的怠速速度值后，调速系统进入了超调状态，退出超调后启动过程结束。

(7) 发动机速度趋稳。这时的速度传感器已不再是调速器的“开门钥匙”，成了名副其实的速度反馈信号源。

(8) 发动机怠速速度转换成额定速度。在外部，靠一个开关信号；在内部，是两个可调给定信号的切换。但是发动机的速度是不可能突升突降，这样对发动机是极其不利的。因此，发动机速度从怠速到额定速度是按积分规律加速，且积分的斜率是可调的。

(9) 如果发动机发生了速度偏差，第一感知的便是速度传感器，它把速度信号传给调速器，通过运算放大器和驱动电路，改变输出电压的高低来控制制动器，以达到速度调节的目的。

(10) 调速器的调节范围非常有限，它只能在发动机完全正常的情况下进行速度调节。当发动机存在故障时，就无能为力了。但是通过它可以判断调速器的跟踪是否正常。

3. 发动机保护系统

(1) 发动机超速。对于额定速度为 1500r/min 的发动机而言，当它的转速超过额定转速的 15%（即 1725r/min）时，就属于是发动机超速。超速会缩短发动机的使用寿命。一旦超速，速度继电器的“超速”点为“1”，使发动机紧急停机。

(2) 低机油压力保护。机油在柴油机中所起的作用是举足轻重的。发动机中的润滑、冷却、清洁等都离不开机油。启动时，发动机带着机油泵运行，把油底壳中的机油以一定的压力注入机体内各个部分。当机油压力降低时，某些部位就没有足够的油注入，而造成局部升温，最后导致发动机损坏。因此，柴油发动机的机油压力低于 0.12MPa，必须报警及停机，待查出原因并排除故障后方可使用。

(3) 高水温保护。发动机在正常运行时的冷却水水温为 80～90℃。当水泵故障或水箱堵塞等原因造成水温上升到约102℃(水箱中的水压已超过1个大气压)时,为避免发动机永久损坏,报警电路立刻起控,发动机停机。

(4)低水位保护。发动机的水箱上安装了一个机械式的液位传感器和微动开关。它时刻监视着水箱的水位不得低于警戒线。否则微动开关就会把低水位信号传到控制电路,使柴油机马上停机和报警。

(5)高油温保护。机油的温度超过了正常值后,机油的一些物理性质就会发生变化,对发动机所起的保护作用会因此大打折扣。所以,一旦在发动机油底壳上的油温传感器检测到机油温度超标时,同样会在短时内让发动机停机。

(6)低燃油压力保护。这个保护对使用同步发电机组的集装箱轮胎吊来说是很重要的。当燃油压力降低时,会使柴油发动机的供油不足,而影响输出轴的功率。如果轮胎吊作满负荷运行,很明显会造成发电机的电源频率下降,严重的甚至会跳闸。

(7)紧急停机按钮保护。当轮胎吊在正常工作或发动机刚启动时,司机如发觉有异常的声音、怪味、冒烟等情况,按正常程序停机,要经过延时怠速阶段。这时司机可在司机室或机房拍下发动机紧停按钮,使发动机瞬时停机,以避免出现更大的损失。

三、三相交流同步发电机电气控制系统

1.三相交流同步发电机工作原理

(1)三相交流同步发电机的一般原理:

同步:由原动机带动的直流励磁的磁极转子转速与定子感应电流下的旋转磁动势的转速保持一致。即定子旋转磁场恒与直流励磁的转子主极磁场保持相对静止,它们之间相互作用,在电磁感应下进行能量转换。

通入直流电流的转子在动力机械的驱动下产生了旋转磁场,该磁场被三相定子绕组所切割产生感应电动势,如果输出接上负载,就有电流生成。这是交流同步发电机的基本原理。

定子三相绕组中通入三相交流电源后,定子绕组就建立起一个在空间以同步转速旋转的旋转磁场(图6-3-3)。转子绕组仍接入直流电。定子极对数与转子极对数相同,且极性相反。转子就在旋转磁场的带动下,并沿着旋转磁场的方向与旋转磁场同步转动,以及在轴上输出转矩。这是交流同步电动机的基本工作原理。

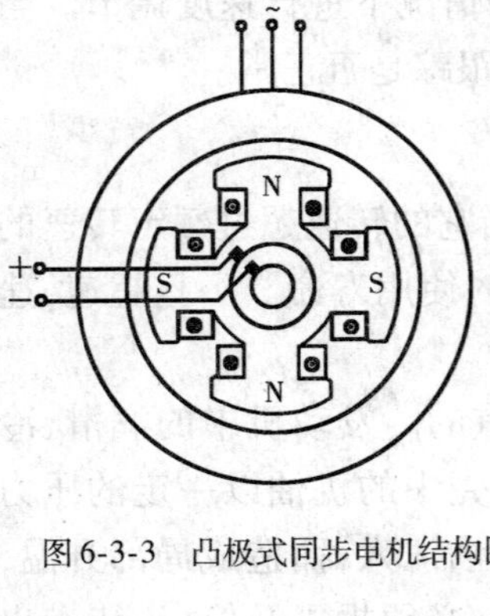

图6-3-3 凸极式同步电机结构图

由上述可知,同步电机是一个可逆运行的电机。集装箱轮胎式起重机中使用的是交流同步发电机,但也要防止发电机进入电动状态。比如,给予发电机轴上的转速突然为零;还有,在轮胎吊中,下降能耗消失,这种状态最为明显。这在后面部分会作较详细的说明。

同步电机运行于哪一种状态,主要取决于定子合成磁场与转子主极磁场之间的夹角δ,δ称为功率角。

若转子主极磁场超前定子合成磁场,此时转子上将受到一个与其旋转方向相反的制动性质的电磁转矩。为使转子能以同步转速持续旋转,转子必须从原动机输入驱动转矩。当转子

输入机械功率时,定子绕组则向负载输出电功率,电机作发电机运行。

若转子主极磁场滞后于定子合成磁场,则转子上将受到一个与其转向相同的驱动性质的电磁转矩,此时定子从电网吸收电功率,转子可拖动负载而输出机械功率,电机作为电动机运行。

(2)无刷三相交流同步发电机的结构和原理。

转子中使用碳刷接入直流励磁的不足之处:①碳刷的使用寿命较短,一般每隔1.5~2年就要换碳刷;②导电的碳粉会使发电机的绝缘下降,因此必须定期清理碳粉;滑环由于长期被碳刷磨,虽然它的硬度远大于碳刷,但也总有被磨薄更换的一天。

无刷同步发电机是一种纯感应型交流同步发电机,由于它的转子外界无任何电气上的连接。所以克服了有刷发电机用碳刷造成的种种弊端。不过它的结构却因此要复杂得多,如图6-3-4所示。

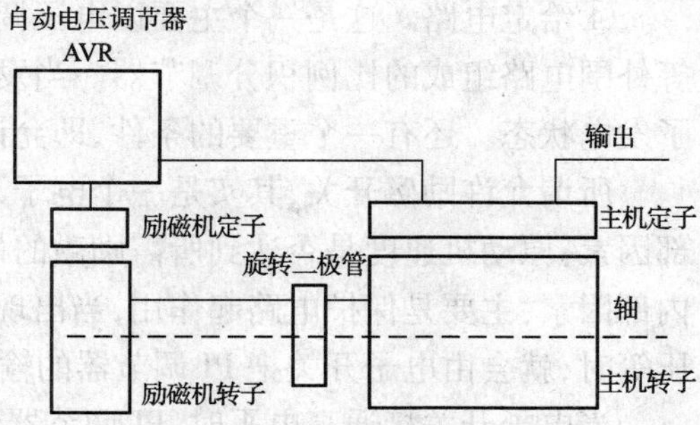

图6-3-4　无刷同步发电机运行图

当柴油发动机启动后带动交流同步发电机旋转,虽然已达额定的1500r/min,但是由于AVR没有启动,即输出给励磁机的励磁电流为零。这时仅靠励磁机定子上的剩磁,再由两级放大。传到主机定子的输出电压,其线电压不过20~30V,根本就无法完成正常的工作和自励。只有通过启动AVR,把DC24V蓄电池电源经AVR处理后给励磁机输出一个励磁电流。励磁机固定磁场的磁力线被旋转的励磁机三相转子绕组切割,产生了三相交流电压。由励磁机转子输出的交流电压送到了与其同步旋转的二极管中进行三相桥式整流。整流后的直流电又作为主机转子的励磁电源。同理,这时主机定子感应出了三相交流电。主机的交流电压随着励磁机电流的增加而缓慢的上升,当该电压达到或略微超过额定电压时,主机给AVR的反馈电压开始起作用。其一,切断并替换了24V DC他励电源,成为AVR的工作电源;其二,作为电压负反馈信号给AVR起稳定输出电压的作用。

现在,又有了一种无刷三相交流同步发电机,它在原来无刷三相交流同步发电机的基础上,增加了一个与主机同轴的永磁发电机。当柴油发动机启动后带动交流同步发电机旋转时,永磁机的三相定子绕组切割永磁机转子的永磁式旋转磁场而产生了三相感应电动势。此电动势进入AVR后经过处理,输出一个直流电压供给励磁机定子,作励磁机磁场。其后的运行原理与前者相同。两种发电机的区别在于:①前者发电机启动方法只有他励,待发电机启动进入发电状态后,再用自身的电进行自励。后者发电机既能他励又能自励,只要通过励磁板上的跳线完成选择;②前者发电机的控制与工作电源由初始的DC24V再转用与主发电机输出隔离与降压的三相交流电源。后者,则始终使用永磁发电机的输出电源作控制与工作电源。

(3)AVR系统。

AVR(Automatic Voltage Regulator),即自动电压调节器。它的主要功能是:为同步发电机的励磁机提供稳定的励磁;当输出电压发生小范围波动时,能有效地进行调节;当发生诸如超压、欠压、欠频率、过电流或负载短路等会立即启动保护。

AVR的基本原理如下:

①AVR 供电。发电机被发动机带动旋转后,内部永磁机输出的三相交流电源经过半波整流,既作 AVR 板的控制电源,通过 AVR 的处理后又作为励磁机的驱动电源。

②同步发电机转速的确定。由于我国使用的交流电频率为 50Hz。而且轮胎吊上所用的变频器和一切电感性负载也都是选用 50Hz。所以,同步发电机 AVR 板上的跳线必设置于 50Hz。如果同步发电机是 4 极电机,则根据 $n=60f/2p$,可得到 n 为 1500r/min。

③同步发电机的励磁方式。AVR 上有两种励磁方式,即手动与自动。手动时,可根据需要是否启动发电机。自动时,发电机轴上的转速达到一定值,励磁就开始建立,直到输出电压达到额定值。

④给定电路。这是一个主要以电压调节电位器、允许励磁的电子开关以及由运算放大器等外围电路组成的比例积分调节器。当发电机的外部工作条件全部满足,并不表示一定进入了发电状态。还有一个重要的条件,即允许励磁开关。

所谓允许励磁开关,其实是一个电子开关。它受到两个与逻辑关系因素的支配。其一,外部因素:原动机速度是否达到所需励磁的最低转速;由手动控制的初始他励是否启动。其二,内部因素:主要是保护电路起作用,当出现了一些重要的故障,如负载短路、电机过热、输出超压等时,就会由电子开关把 PI 调节器的输入端变为低电平。AVR 变为零励磁输出。

当电子开关接通高电平时,PI 调节器便输入了一个阶跃信号。调节器在固定的 RC 电路控制下,从零开始积分。一直达到 $V_i \times \mathrm{GAIN}$ 的值为止,所以输出交流电压的上升是缓慢的。电压调节电位器是改变给定 PI 调节器的输入阶跃信号的大小,以此可以改变输出交流电压的大小。

⑤电压负反馈电路。一个机组的供电系统由多个环节组成,原动机、AVR、励磁机、主发电机及负载。当出现了输出电压随着负载大小而变化,原动机的速度在发电机能承受的范围内波动,励磁机线圈磁通量的微变,AVR 中的放大器放大系数的漂移,以及由温升引起主绕组电阻的变化等等,都会使输出的交流电压产生偏差。

为了稳定输出电压,并根据自动控制原理,闭环反馈控制是按被调量偏差进行调节的系统,只要被调量出现偏差,它就会自动产生纠正这一偏差的作用。因此需建立一个由电压作为负反馈量的闭环系统。

这个带着偏差的量通过三相隔离变压器降压,经过整流和分压取样,与给定积分的输出值相减,其差值进入一个并非从零开始积分的 PI 调节器。此信号改变了驱动电路后,修正了输出差值。由于该调节器的增益可调,而且采用的是分压式增益可调电路,使整个放大器的放大系数大为提高。自控理论认为,增益越高的调节器,其静特性就越硬。但是事物总是有它的两面性,即高增益会使系统变得不稳定,甚至引起震荡,所以要适可而止,两者兼顾。

⑥电流限制电路。由于系统采用了电压负反馈来稳定输出电压,从而使它的静特性变得很硬。当遇到轮胎吊中某一部分发生过载,使电流远超过允许值。如果仅依靠空气开关或熔断器保护,只要过载便跳闸,也会给正常工作带来不便。

为了解决发电机在正常的运行过程中,突然遇到负载电流骤然变大的问题,系统中必须有自动限制电流的环节。根据反馈控制原理,要维持哪一个物理量基本不变,就应该引入那个物理量的负反馈。引入电流负反馈,应该能够保持电流基本不变,使它不超过允许值。但是,这种作用只能当出现过载时存在,在正常运行时又得取消,让电流自由地随着负载增减。这种只有当电流大到一定程度时才出现的电流负反馈，叫做电流截止负反馈。

电流取之励磁机励磁主回路的电流互感器，经过一级电压放大后，以一个始终为（+）的反馈量与一个（-）的基准值作代数加，其结果直接送入PWM芯片，以控制输出脉宽。这个叠加后的量越是偏负，则电流限制的值就越大。

⑦PWM电路。近年来功率晶体管（GTR）等全控式电力电子元件构成的脉宽调制（PWM）系统在功率驱动电路中的运用已得到了迅猛的发展。它的调制方法是把恒定的直流电源电压调制成频率一定、宽度可变的脉冲电压序列，从而可以改变平均输出电压的大小，达到控制直流电器的目的。主要优点在于：需要的功率元件少，线路简单；主电路元件工作在开关状态，损耗小；调压范围宽，可达1∶10000左右；频带宽，快速响应性能好；等等。

PWM电路采用了专门的集成电路，内部已集成了载波电路发生器、调制波信号发生器、脉宽形成电路、脉宽控制电路等。通过改变外围电路的电阻、电容就可以使载波频率与调制波频率，以达到最佳频率的特性。输入的控制电压与输出的脉宽可以形成很好的线性关系；反馈输入端的外围电路简单，无需调试。由于输出端采用集电极方式，因此须外接上拉电阻。

⑧后级驱动电路。所谓驱动，就是既要让功率晶体管的输出要有足够的电流流过励磁绕组；还要使输出的电流波形与其输入波形基本一致（频率、占空比、上升沿与下降沿斜率）。

除此之外，还要求闭环控制系统、PWM系统、故障报警系统等要与驱动级保持电气上的隔离；因为驱动用功率晶体管，它的电流放大系数很有限，必须由足够的推动功率使功率晶体管可靠的工作在饱和区与截止区，对于放大区只是在极短的时间内一扫而过，这才符合PWM的根本目的；励磁绕组是一个电感量较大的线圈，对它的续流是驱动电路中很重要的环节。

2. 三相交流同步发电机保护系统

同步发电机的保护分为内部保护与外部保护。内部保护，由发电机直接取出故障信号送至AVR，通过放大、比较或某些需经数字电路的逻辑处理后，直接切断励磁机的励磁，以达到保护目的。外部保护，取样信号既有内部的又有外部的，而保护只能在外部执行。

根据机组类型，同样的保护可能有完全不同的信号采集与处理。有的内部取样，内部执行；有的内部取样，外部执行；有的外部取样，外部执行；还有的双重取样，双重执行。

（1）过电压保护：发电机输出的三相电压经三相隔离变压器反馈至AVR。AVR中由运算放大器等组成一个电压比较器，当反馈电压超过正常的反馈值，AVR立即切断励磁源。

（2）电流限制保护：同步发电机每一相的输出母线上，都装有电流互感器，作为交流电流传感器之用，它可以限制输出电流，以保护绕组工作在大电流下而引起发电机过热，破坏绝缘。此电流值可以通过AVR上的微调电阻来改变。

（3）负载短路保护：当两相间或某一相线与中性线发生短路时，最初由永磁机供电的AVR将提供最大的励磁功率。为了保护发电机绕组，AVR和一个过励磁线路相连，该线路一旦检测到过高的励磁电流，在一个预定的较短时间后就会切断励磁。

（4）欠频率（欠电压）保护：根据电磁感应定律，知道导体在磁场中切割磁力线所产生的感应电动势，不但与导体在磁场中的运动方向有关，还与导体的运动速度 v 有关。

即感应电动势的大小

$$E = BLv \sin\alpha$$

又同步电机的转速方程式

$$n = 60 f_1 / 2p$$

因此,我们得到了交流电机每相定子绕组的感应电动势与频率之间的关系

$$E = 4.44 k f_1 n_1 \varphi$$

式中:E——定子相电势;

k——定子绕组系数;

f_1——定子电源频率;

n_1——定子绕组每相串联绕组的匝数;

φ——每极磁通。

在一个定型的电机中,k、n_1、φ 都是常数。所以,最后得到常数 C 的关系式为

$$C = E / f_1$$

这纯粹是一个外部取样外部处理的故障保护。因为它的故障采集信号不是出自电源频率,而是与发电机同轴运行的发动机速度。上面的一系列公式已经告诉我们,发动机的速度与发电机的电源频率呈线性的正比例关系。

以上的公式还提醒我们,当频率降低时,会使电压同时下降。这时千万别误以为是欠电压,而去盲目提高输出电压。这就有可能会造成发电机过热,或者造成一些感性负载烧毁或寿命变短。

(5)欠电压保护:当同步发电机的输出电压,稍有降低时,其内部的调节器可以进行补偿。如果电压下降过多,超出了补偿的范围,就属于欠电压。欠电压会使电源变压器发热;使辅助机械的交流电动机转矩下降,电流剧增。所以说,欠电压保护的目的,大部分是属于保护用电设备。它是外部保护,可以让主空气开关跳闸。

(6)发电机过热保护:在同步发电机内部的三相绕组中每一相绕组各埋设了一个或者是正温度系数的热敏电阻,或者是热元件驱动开关。当发电机内部的温度达到 120 ~ 135℃时,启动保护。因为这会引起发电机内绕组的绝缘损坏。一般来说,这是个内部取样外部执行的保护。故障发生时,可以使主空气开关跳闸,或者直接关闭发动机。要重新工作,必须查出原因。

第四节　轮胎式集装箱龙门起重机上的保护

一、整机保护

1. 电源保护

这里所说的电源保护,都是在主发电机的允许范围之内。即不会对同步发电机构成威胁,但是对电气设备却存在着一定的危害。这些保护装置基本都安装在电气房中,当其中有任何一个保护起控后,不会影响到发电机的发电,只是引起空气开关跳闸,或直接在 PLC 中截断主控电路。

(1)过电压保护。轮胎吊中的控制电器主要有控制变压器、接触器、继电器、指示灯以及辅助设备的空调器、各类照明灯、交流电动机等等,并且这些都是长时间工作制的电器,过电压会造成它们的温升增加而烧毁。

过电压检测装置主要是过电压继电器，设定值一般调节在高于交流额定电压的2.5%。

PLC 和变频器的控制电源由开关型稳压电源提供稳定电压，它们的交流电压输入范围很宽，无需保护。

(2)欠电压保护。与过电压保护相对应。交流接触器在低于额定电压下吸合，会引起吸合困难，增加吸合电流；交流接触器在低压下运行，会增加工作噪声，而使电流上升。交流电动机在低于额定电压中工作，使转矩相对电压呈平方的关系减小，引起转速降低，电流增加。

欠电压保护与过电压保护相似，但是中间有一段短时间延时，目的是为了躲过一个瞬时欠电压过程。

(3)漏电保护。漏电主要是副变压器次级或再后级的各类电源对轮胎吊金属钢结构漏电。漏电达到一定值，有可能对人身安全构成危险。其次，对 PLC 的输入端不利，因为 PLC 的输入信号电源与其他任何电源都需保持隔离，防止干扰信号窜入，而漏电的产生有可能对 PLC 的输入信号隔离打折扣。

在副变压器次级的零线与钢结构外壳间接一个大功率的珐琅电阻。当某一根线对外壳漏电，使外壳电位发生变化（轮胎吊钢结构与大地之间通过橡胶轮胎绝缘），这时，那个大电阻中就有电流流过，该电流即为漏电流，通过欧姆定律，把漏电电流转为电阻两端的电压。漏电检测器只要检测到这一电压达到某一值，就立即报警，并断电。漏电值一般设置在 100 ~ 300mA，时间在 0.1 ~ 0.3s。

2. 变频器保护

(1)电源保护：

①接地。由于输出的电缆破损、电动机烧毁或绝缘劣化等引起的变频器接地故障，如果接地电流超过一定值，会使输出晶体管损坏。

②主输入低电压。当输入的电源发生缺相或瞬时停电、输入电源的接线端子松动、输入电源的电压波动大等都会造成变频器低压保护。这时，直流母线的电压平均值变小，对逆变后的输出不利。

③控制输入低电压。外部输入电源端子松动，或者内部 DC/DC 变换器有局部短路现象。如果由主控板引起，那只能更换主控板。

④直流侧超压。当能耗吸收制动单元、制动电阻器发生故障或由于电动机的减速时间太短，电动机中产生的能量来不及吸收等会引起直流母线电压上升直至超压。如超压时间过长，会造成其中的大滤波电容器内部电解液温度升高而爆液。

(2)电动机保护：

①过电流。当电动机的制动器没有完全打开或其他因素使得电动机负载过大、速度反馈信号异常、变频器参数发生变化、电动机绝缘性能劣化等等都可能会造成电动机过电流。过电流会使电机的温度上升加快，绝缘提前老化。电机电流达到额定电流的200%，变频器报警并断电。

②缺相。当电动机的引线断线、变频器输出端子松动等都会引起电动机缺相。交流电动机缺相时的转矩是非常小的。如果电机在起动时缺相，则无法起动；如果电机在运行时缺相，则马上变为堵转状态。两者无论哪一种成立，都能使电机在短时间电流剧增，以致烧毁电机。因此，只要已发生缺相，变频器立即就会断电并报警。

③过热。当电动机长时间工作在大电流下、电动机的减速时间太短反馈能量太大、电动机

的起动过于频繁、电动机的冷却风机不工作等都会使电动机的绕组温升增加。久而久之,电动机的绝缘层被破坏,高温下的电机轴承油过早干枯。所以,只要电动机的温度达到120℃,变频器就会断电报警。

还有一种外置式电动机超温报警方法。在电动机内的绕组中埋入开关型温度传感器,并把此温度信号直接送到PLC中。当电机绕组温度到120℃时,温度传感器由闭合变为断开,PLC由此而发出停机指令。

④过载。当电动机的负载太大、电机加减速时间或周期太短、电机的运行特性发生了变化、过电流设置滞后等都会引起过载。过载同样会引起电机过热,也会引起变频器报警。

3. 辅助电动机保护

轮胎吊上的辅助机械用电动机,基本以定速的三相交流异步电动机为主。其中包括了吊具泵电动机、转向泵电动机、起升电机冷却风机、±5°电动机、防摇电动机、制动器液力推杆电动机等等。

(1)过电流保护。当电动机频繁起动、线电压过低、负载过大等都会引起电动机的电流变大。电动机短时间的过电流(电机完全正常的情况下)不一定需要立即断开电源,只要电动机的温升不超过允许值,一定程度的过载能充分发挥电机的过载能力。但长时间的过电流会使电机的温升超过允许值,这就会降低电动机的使用寿命。

轮胎吊上辅助机械所使用的电机一般不采用过电流继电器,而使用热继电器保护。热继电器允许瞬时过电流,因为它的热元件在通过大电流到发生形变再带动触点,有一定的过程时间。持续的过电流,只能将信号传给PLC来进行保护了。

(2)缺相保护。当三相交流异步电动机作二相运行时,就称为缺相运行。电动机在缺相状态中运行,当负载转矩小于60%的额定负载时,则电机进入疲转,但电流却很大,不能长时间运行;当负载转矩超过60%时,电机立即呈堵转状态,电流更大,会很快被烧毁。

热继电器作缺相保护,必须采用带有差动机构的热继电器。这种热继电器既可以作过电流及过载保护,又可作缺相保护。

(3)短路保护。当电路或电机内部短路而产生的故障,会造成比过电流更为严重的后果。短路保护的作用就是在短路电流刚出现时立即切断电动机电源,使线路和电气设备免受短路电流的损害。

轮胎吊上完全采用空气开关作为短路保护电气。它利用开关中的电流脱扣器,一旦发生短路事故,电流脱扣器立即动作,带动自由脱扣机构使空气开关的主触点断开,切断电源。

4. 线路保护

(1)紧停按钮保护。在轮胎吊上安装有多个紧急停止按钮,包括司机室右联动台、小车架、起升电动机边上、电气房、发动机房侧直梯边、电气房侧直梯边。这些分布在各个位置的紧停按钮,以防有不测事故发生时,任何人在不同的位置都有权利按下紧停按钮,以保护设备或人身安全。

此按钮按下后,主控电源立即被切断,所有工作瞬间即停。

(2)零位保护。为了避免司机合上控制按钮后由于起升、大车、小车主令控制器中有一个不处于零位而使轮胎吊产生危险的动作。所以主令控制器必须有零位联锁。即只有当起升、大车、小车主令控制器手柄都处于零位，才能合上控制电源。

一般采用的方法是，把起升、大车、小车主令控制器的零位触点在 PLC 的软件中串联并控制一个辅助中继，再由该中继的一个常开点作为零位的自锁，从而实现了零位联锁。

(3)零压保护。当电动机在正常运行时，电源电压突然消失，会使电动机立即停转。当电压恢复时，电动机有可能突然起动，这会造成设备或人身事故，所以必须采取防止电机自行起动的措施。

在用按钮作控制电路启动的线路中，专门有一个主控继电器。当发生失压时，自行断开。当再次来电时，如没有控制按钮的指令，它是不会工作的。所以各部分也完全处于停止状态。

(4)超风速保护。港口码头地处沿江沿海地区，风力较大，且大风会对正在作业的大型集装箱起重机来说是很危险的，所以安装测风速装置很有必要。

当风速达到 20m/s 时，风速仪报警，但仍不停止工作。当风速达到 25m/s 时，风速仪开始延时，3s 后风速不变，则信号传递给 PLC，所有机构全部停止运行。

二、起升机构的保护

1. 上升极限限位保护

在起升的有效高度 15.24m 以上约 0.4m 处再设置一个起升极限限位（通常称之为重锤限位）。当起升上停止限位失去功效继续向上运行时，如果没有该限位的保护，有可能会造成重大的机损事故。所以说，它作为防止起升冲顶的第二层保护，有着举足轻重的作用。

2. 超载保护

如果一台轮胎吊吊具下的额定负荷为 40t，当荷重≥40t 且小于 44t 时，系统进入了超载报警阶段，但仍可以作起升动作。只有在荷重≥44t，才真正使起升工作停止。

3. 超速保护

当起升的运行速度超过同步转速并仍在加速时，就称为实际意义上的超速。这种情况多数发生在下降时，能耗电流减小、速度反馈信号弱等都会造成超速。

超速，大多数情况能通过变频器得到保护。万一变频器保护变得迟钝，则依靠与起升电动机同轴连接的离心超速开关作最后的保护。

4. 松绳保护

当司机下放吊具到集装箱上时，无论吊具锁钮是否进集装箱锁孔，起升主令控制器手柄不可能马上回零位，还会继续下降一段距离。松弛过度的钢丝绳或者跳出滑轮槽，或者在卷扬筒上跑偏。由此会大大地缩短钢丝绳的使用寿命。

松绳保护的原理，就是在钢丝绳几乎不受任何拉力或拉力很小时即停止下降动作。

利用负荷传感器检测钢丝绳的拉力，即使吊具下无任何负荷，4 根钢丝也将承受上下吊具共约 11t 的重量。如果吊具完全放到了集装箱上，这时钢丝绳基本不受力。由于负荷的模拟量通过模数转换进入 PLC，所以在 PLC 中只要设置一个最小量。当传感器受力输出小于该数值时，就认为是到了松绳状态，立即停止下降。这远比用眼力和脑力的反应要快，且司机也无需紧张。

三、大车机构的保护

1. 碰箱限位保护

当大车在行走时,由于轮胎走偏使原来就离集装箱很近的机房极有可能碰到,或在轮胎吊轮胎行走线上有司机室、障碍物,且又处于司机视线的盲区,会碰到轮胎吊造成事故。

所以在轮胎吊最靠外侧的4个轮胎上方,各装有三个方向触角的碰箱杆行程开关。共12个杆只要有1个碰到物体,就会使大车立即停车。

2. 超声波近距离保护

从超声波传感器中发出超声波脉冲信号,碰到前方障碍物后反射回来。利用声音在空气中的传播速度对反射回波,通过计算机进行处理,来确定从传感器到障碍物之间的距离。这就是超声波测距的基本原理。

在轮胎吊左右大梁两侧,各向两边外侧安装两个发射频率不同的超声波传感器(这是防止与对面轮胎吊的超声波传感器发生同频率干扰)。以检测大车行走方向是否有物体挡道(主要是邻近的其他轮胎吊)。当两者的距离达到35m时,大车开始减速;而接近7m时,则大车停车。它相当于大车无固定位置的减速限位和停止限位。

四、小车机构的保护

1. 极限限位保护

在小车有效距离19.2m的前后停止限位之外15cm处,安装两个前后极限限位。作为两次保护的,可以使小车冲顶或吊具由于惯性而撞击立柱梁。

2. 小车门限位保护

为防止由于小车门未关好,并受到小车运动时的晃动,而使司机室门外的人高处坠落。特安置了小车门限位,当此门未关严实,即限位未动作,小车不允许运行。

3. 小车锚定保护

当整个集装箱堆场正在经受一场大于25m/s风速的考验时,或者某种原因需彻底固定小车,不使其有任何移动,这时靠小车制动器已无法达到目的,最好的办法就是用锚定。

小车在受到两边的锚定固定后,锚定限位已经切断了小车的主控继电器。小车是无法动弹的。

第五节　轮胎式集装箱龙门起重机电气原理图

一、主发电机供电原理图

1. 主电路

在图6-5-1中,由三相交流同步发电机输出线电压460V,50Hz的交流电,主要分为两路。一路通过1MCB空气开关给变频器供电作为主拖动电源;另一路通过3MCB空气开关到70kVA的三相电源变压器,其一次侧为三角形连接,二次侧作星形连接,输出380V线电压,作为机上所有辅助电路供电。

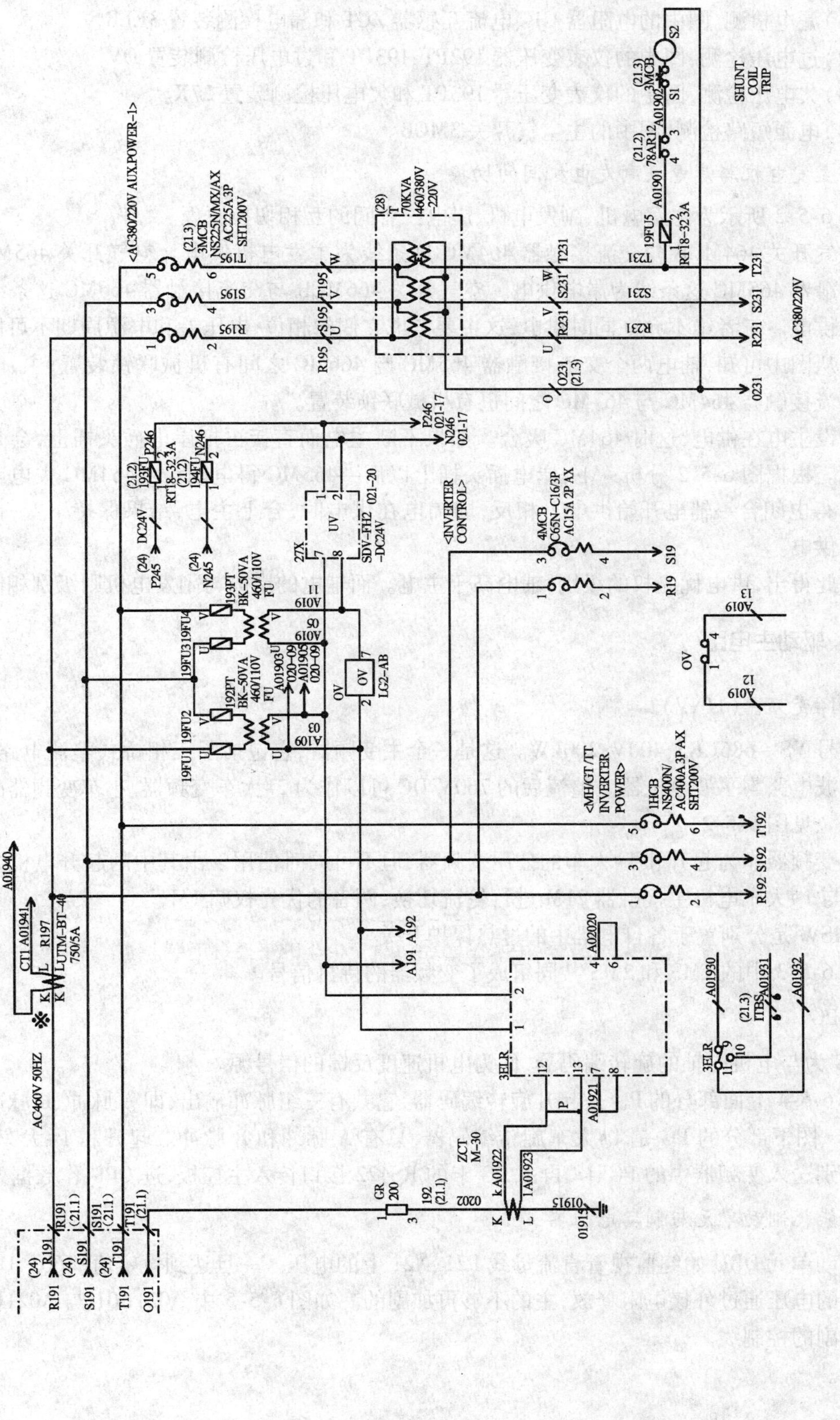

图 6-5-1　发电机供电主电路与电源保护检测

2. 电源保护检测

(1)漏电检测,图中的电阻器 GR、电流互感器 ZCT 和漏电检测装置 3ELR。

(2)过电压检测,图中的仪表变压器 192PT、193PT 和过电压检测装置 OV。

(3)欠电压检测,图中的仪表变压器 193PT 和欠电压检测装置 27X。

(4)电源短路检测,图中的主空气开关 3MCB。

3. 主发电机与岸电及副发电机间的切换

图 6-5-2 所示为主发电机、副发电机、岸电三者间的互相切换原理。

空气开关 464MCB 与交流接触器 464MC 这条线为主发电机供电。空气开关 465MCB 与交流接触器 465MC 这条线为岸电供电。空气开关 466MCB 与交流接触器 466MC 这条线为副发电机供电。三者绝不允许同时供电,这主要考虑它们的相位、电压差和电源周期不可能完全相同。从图中可知,辅电两个交流接触器 465MC 与 466MC 之间有机械联锁装置;主、电辅电两个交流接触器 464MC 与 467MC 之间也有机械联锁装置。

假设主电在供电,这时 464MC 吸合。如果不断主电而直接再把岸电插头插上,会是什么结果呢。根据图 6-5-2 分析一下:岸电插头插上以后→465MC 得电闭合→464MC 失电断开→467MC 得电闭合→辅电开始供电。相反,即辅电在供电时,合上主电,结果保持不变,仍然维持辅电供电。

由此得出,供电优先权的级别,辅电高于主电。而辅电的岸电与副发电机则级别相同。

二、驱动主电路

1. 1#变频器(1INV)

型号 VS-686CR5,400V/200kW。这是一个主变频器,它包括了三相桥式整流电路、电解电容滤波电路与平波电抗器。整流后的 760V DC 可以作为 2#大车变频器、小车变频器的主驱动电源。见图 6-5-2。

该变频器作为起升和 1#大车的公用变频器,但不可同时使用。由其中的起升电机主接触器 1M 与 1#大车电机主接触器 21M 进行轮流切换,两者的优先权归 1M。

THSW 是分别置于各自电机中的过热保护开关。

图 6-5-3 中的 1MS 和 2MS 共同组成了变频器的待机信号。

2. PG

PG 为与电机同轴的旋转编码器,作为电机速度反馈的信号源。

图 6-5-4 上面部分的 PG 是起升旋转编码器,它共有三组脉冲输出,即 A 脉冲、B 脉冲以及 Z 脉冲。图下部分的 PG 是 1#大车旋转编码器,只有 A 脉冲和 B 脉冲。起升和 1#大车的 PG 信号分别送入变频器中的 PG 卡,再由 PG 卡的 RS422 接口传入主控板,进 CPU 作数据处理。

3. 能耗制动单元与制动电阻器

制动单元 DBU 始终监视着直流母线 P21、N21 上的电压。一旦达到设定值(760V DC),就把多余的电压通过外接电阻释放,主的不够再加副的。如图 6-5-5 中 A021C01 与 A021C02 即为主对副的控制线。

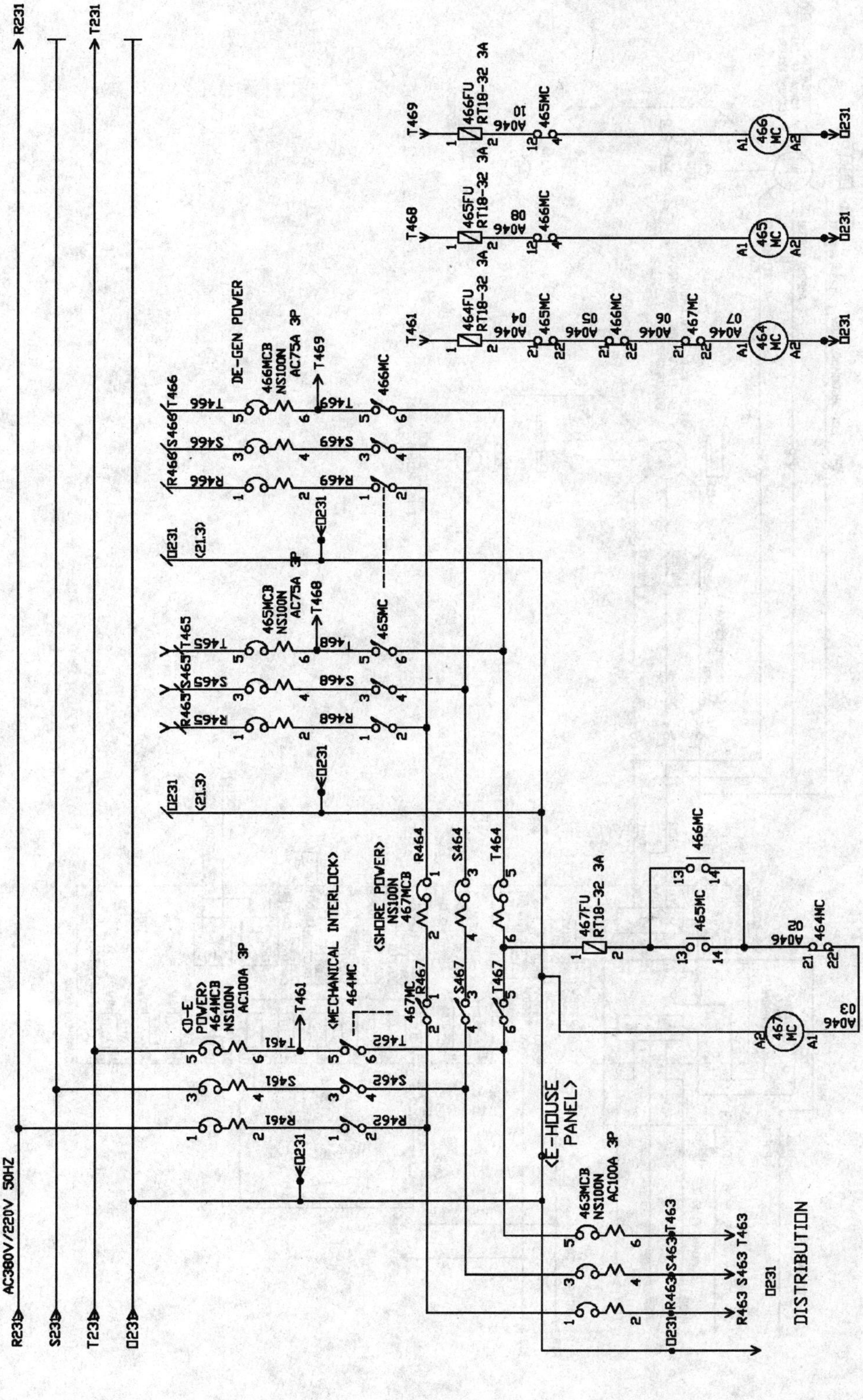

图 6-5-2　主电和岸电的切换

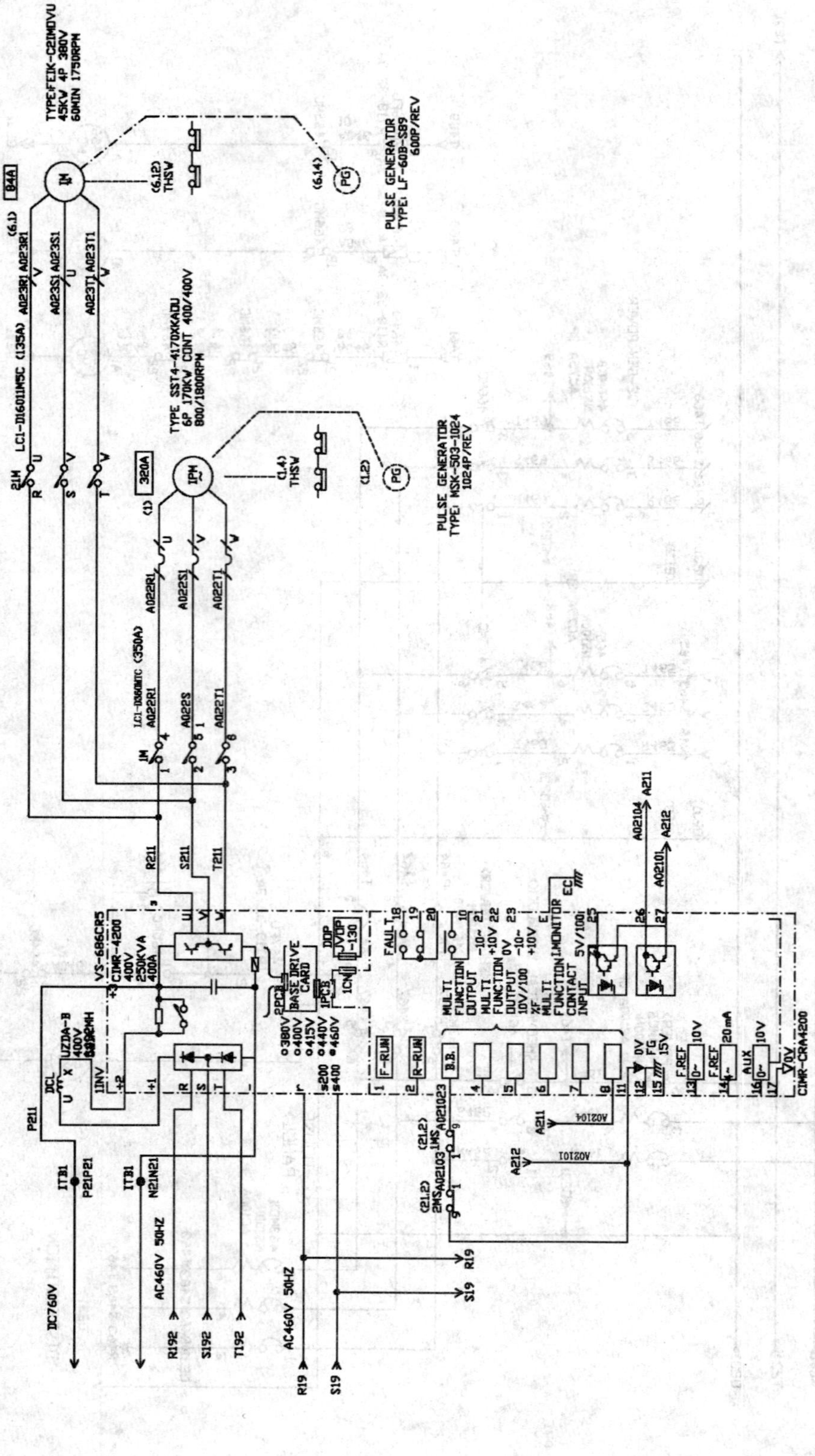

图 6-5-3　起升/1#大车变频器主电路图

R19 与 S19 作为 DBU 的工作电源，电压的大小，可通过 DBU 控制板上的跳线设置。

热继电器是为了防止 DBU 中的 IGBT 失控或其他原因造成能耗过电流而设置。

与 DBU 相配合的电阻器是由多片大功率、低阻值的电阻片串联组成，每组电阻器的电阻值为 3.2Ω，并且在短时间内能承受 100A 的电流。

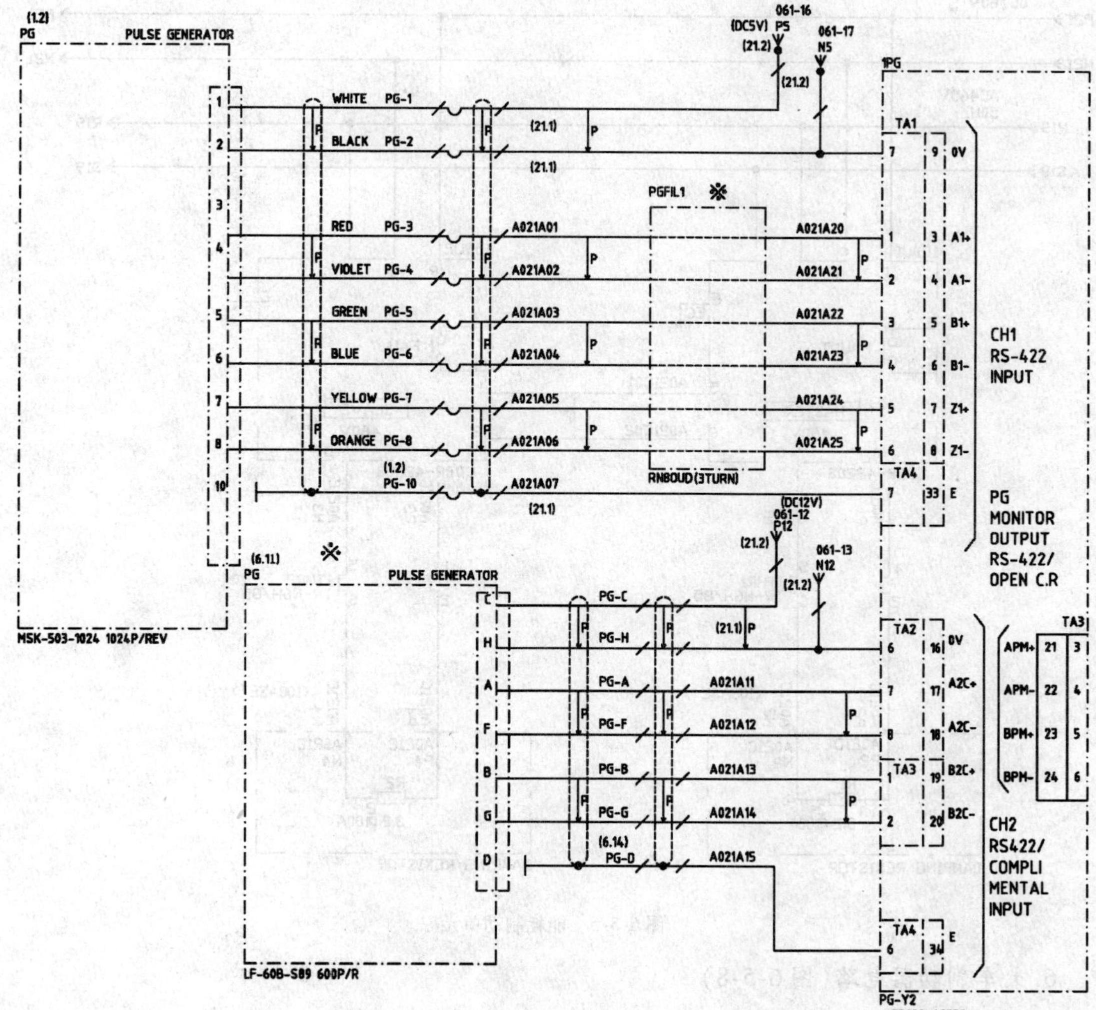

图 6-5-4　起升/1#大车旋转编码器与 PG 卡连接图

4. 起升制动器电路(图 6-5-6)

起升制动器有两个 330W 的三相交流电动机带动液力推杆分别安装在起升电动机的前后轴位置。

每个制动器各有一个限位开关来检测制动器的状态，它必须与工作指令保持一致，否则就会出现故障。

5. 2#变频器(2INV)

型号 VS－G7，400V/75kW。该变频器单独用于 2#大车。如图 6-5-7 所示是 2#大车变频器、电机、旋转编码器等的原理图。它由 1INV 提供主驱动直流电源,输出通过 22M 接触器到电机。并与 21M 同步工作。

旋转编码器与 1#大车所用,其类型、接线方式、脉冲数、设置值等基本相同。

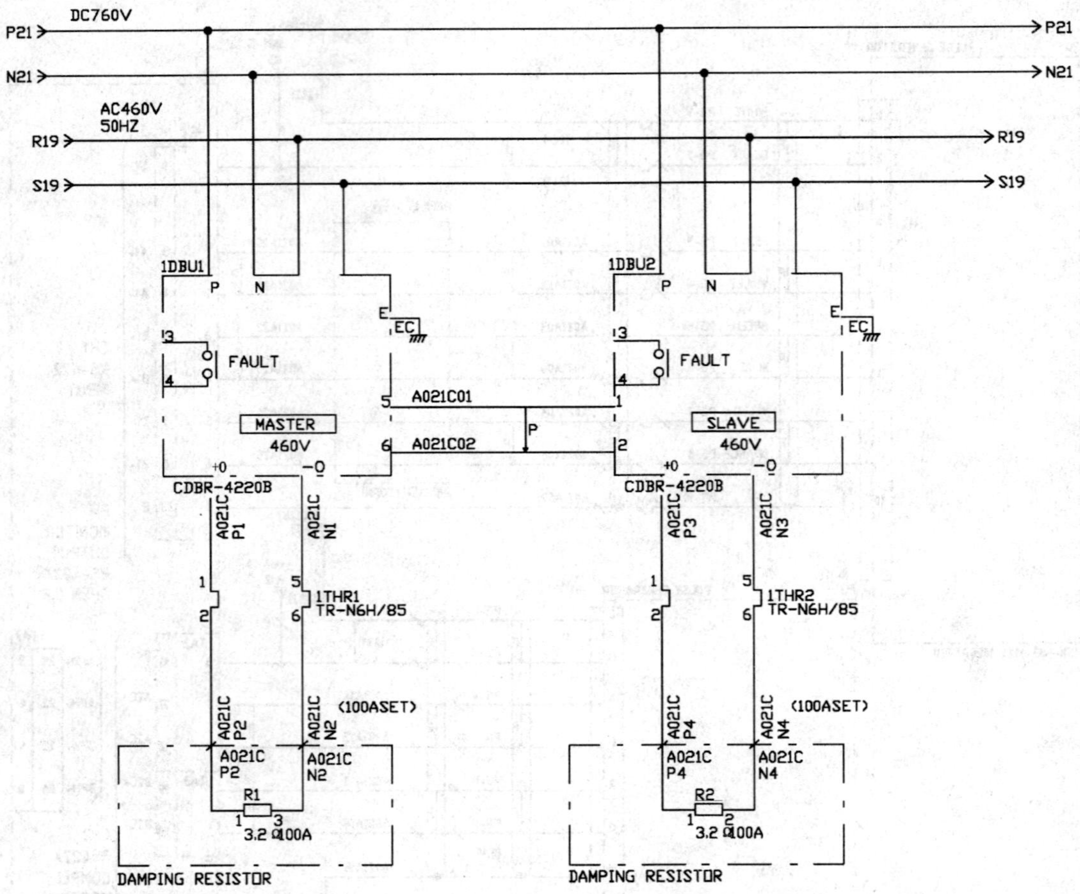

图 6-5-5　能耗制动单元

6. 大车制动器电路(图 6-5-8)

大车制动器共有两个,分别作用于两个大车电动机。大车制动器的线圈是直流电磁线圈,因此制动控制模块输入电源为 AC220V,输出 DC90V。

制动控制模块的 1、2 端子为电源输入端;4、5 端到电动机上的制动电磁线圈;6、7 端为外接控制指令端。HEAT、MONITOR 为模块状态反馈端,输出模拟量直接到 CP316H 的 TB 模块中。

每个制动器各有一个限位开关来检测制动器的状态,它必须与工作指令保持一致,否则就会出现故障。

7. 3#变频器(3INV)

型号 VS G7,400V/45kW。图 6-5-9 所示是小车变频器、电机、旋转编码器等的原理图。小车变频器,它与 2#大车变频器的接线形式完全相同。

8. 小车制动器电路

小车制动器使用一个 200W 的三相交流电动机带动液力推杆,安装在电机输出轴侧(图 6-5-10)。用一个限位开关来检测制动器的状态,它必须与工作指令保持一致,否则就会出现故障。

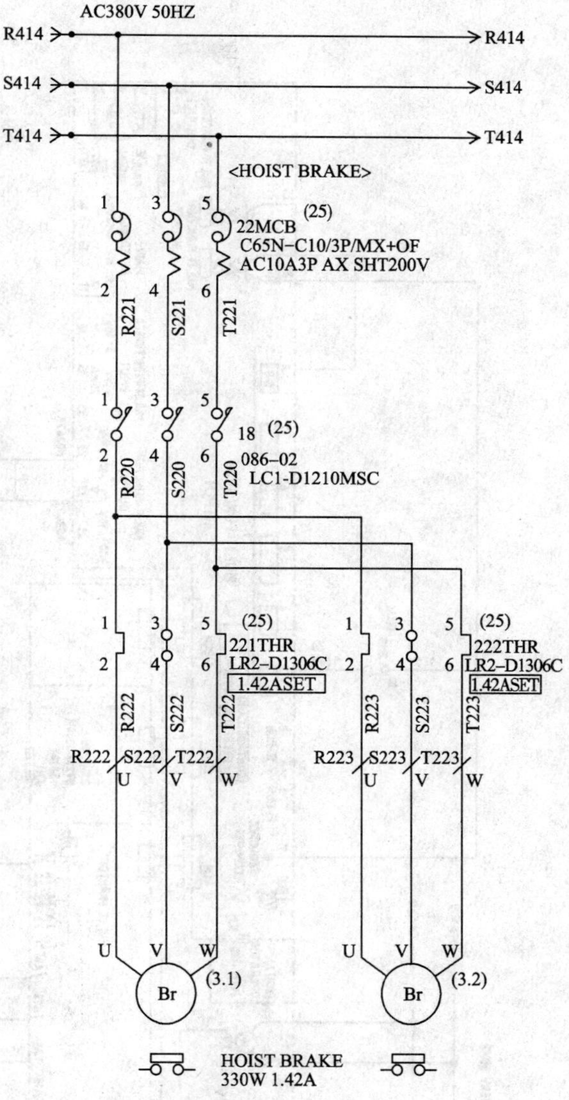

图 6-5-6 起升制动器原理图

三、控制电路

1. 主控制电路

以图 6-5-11 中 S 继电器为主的主控继电器,它即能为其他控制电路接通控制电源,又能启动 PLC 的主控电路(MB201)。但是它受到了很多重大故障现象的限制。比如,①所有紧停按钮或紧停中继;②PLC 硬件启动;③PLC 软件中的众多输入条件,包括电源、通讯、主接触器等等;④起升超速;⑤起升超高。

极限旁路继电器,由 BSX 合 BSY 组成的极限旁路中继。当起升达到超高位置时,如需退出就应按着控制按钮不放,再把起升主令置下降位。这时 BSX 和 BSY 吸合,与 PLC 的输出点(OB2D07)一起,短接了超高限位,下降运行就能退出极限位置。

RUN 继电器,它代表了 CPU 和 IO 的工作电源状况,以及 PLC 的软件是否已正常启动(SB0004)。

2. 起升、大车、小车主控电路

图 6-5-12 中由 1MS、2MS、3MS 等分别组成了起升主控、大车主控和小车主控电路。这几部分的控制继电器同样由各自的控制输出软件(OB2D01)、(OB2D02)、(OB2D03)驱动,而这些输出点既受到软件的联锁,又受到硬件的联锁;既限制于外围电路,又限制于变频器。

1M、21M、22M、3M 分别是起升、1#大车、2#大车与小车电机的主接触器。它们分别是各自主控电路的下一级,同样也受制于 PLC 输出点。

小车前后极限位置一旦冲顶,其退出的方法和起升超高的退出方法相同,可参照。

3. 主控故障(图 6-5-13)

主控故障由部分紧停中继、能耗制动单元故障及能耗电阻过电流、起升超速检测、起升超高检测、小车前后极限位置检测等故障组成。

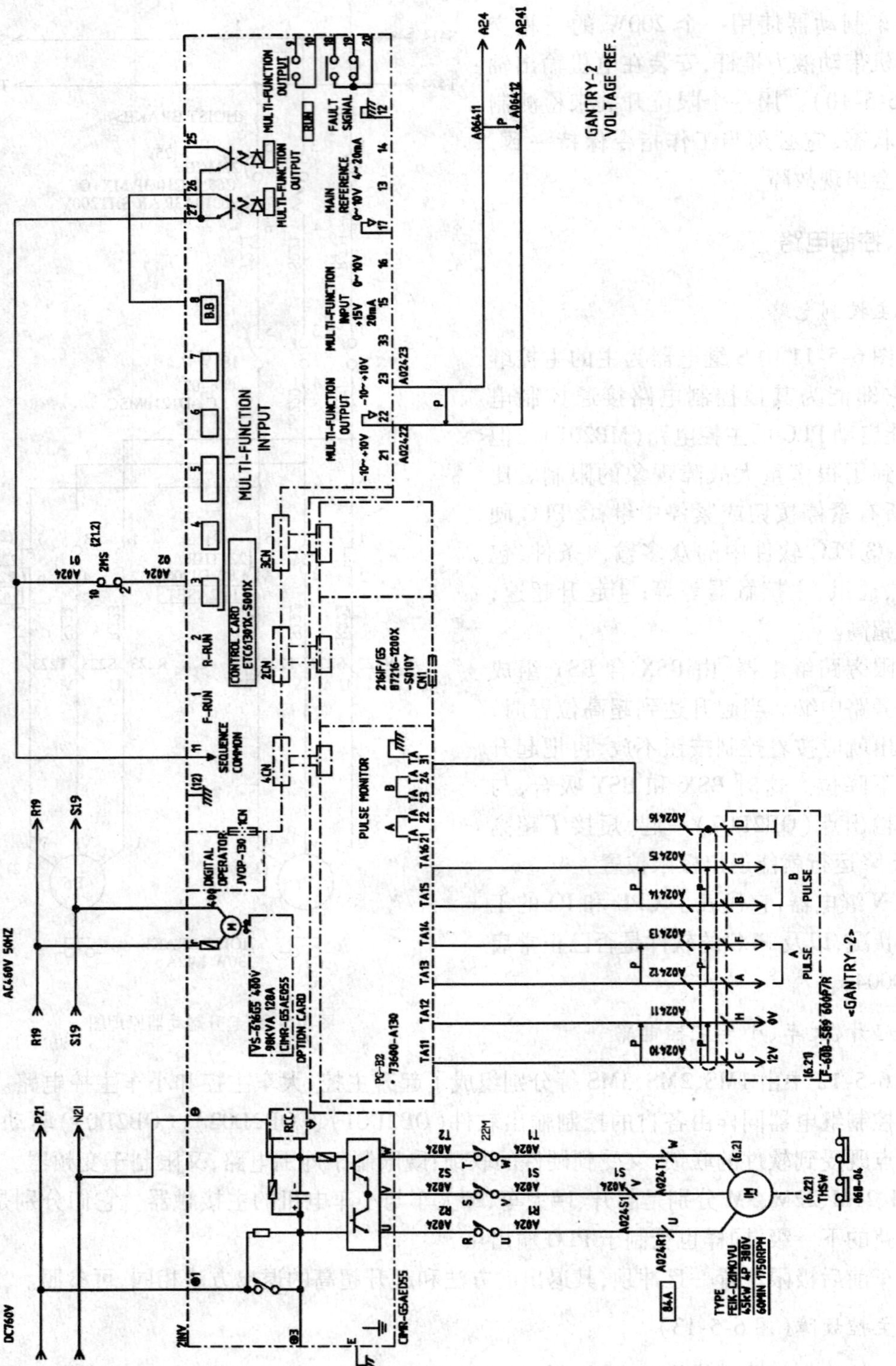

图 6-5-7　2#大车变频器主电路与 PG 连接图

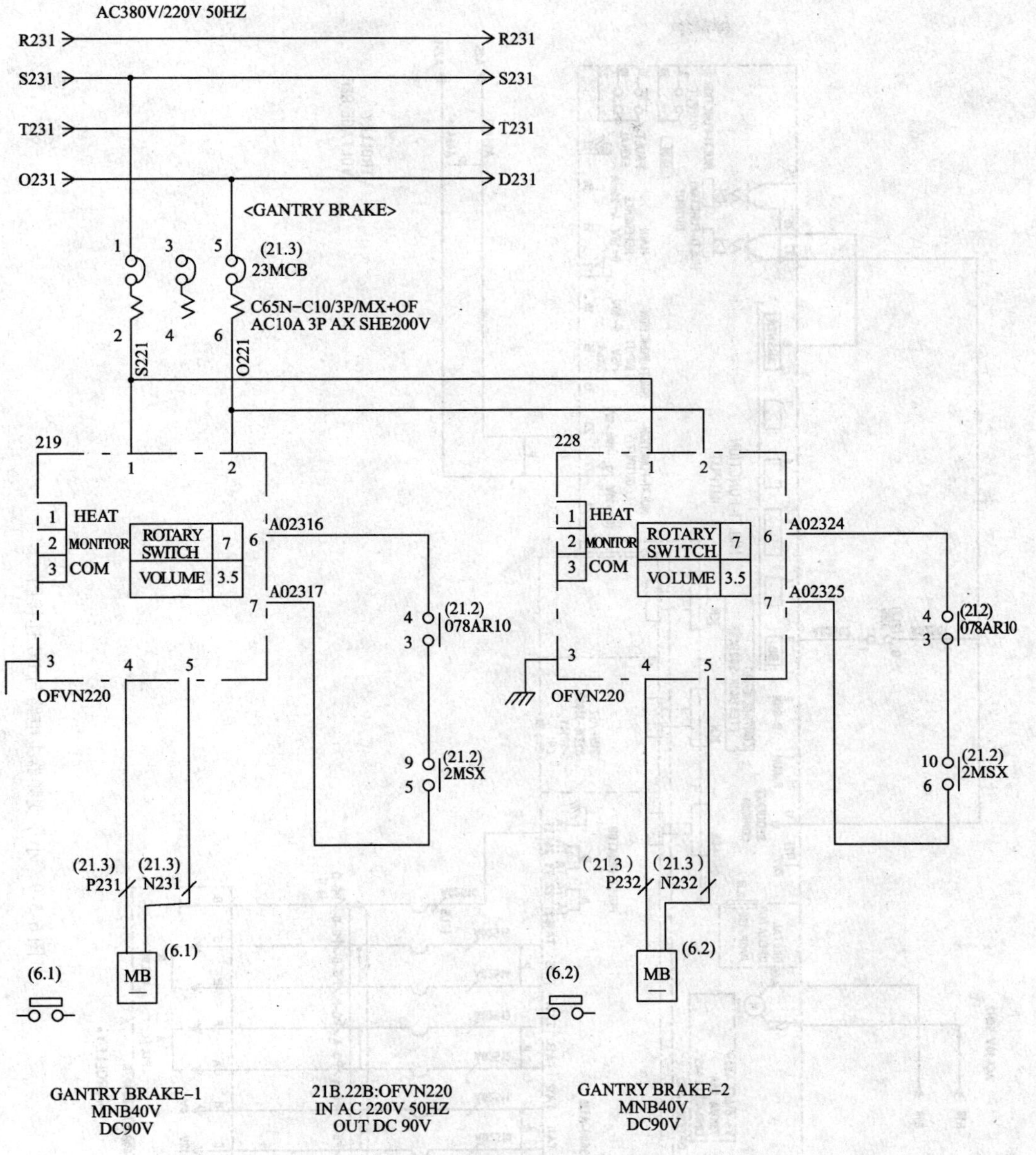

图 6-5-8　大车制动器电路图

这些故障只要存在任何一个，就会时主控断电。必须找出原因。

四、可编程序控制器

1. 主站

（1）系统电源。PLC 的 CPU、IO、通讯等各类模块的电源，都应与主电源隔离。因此在图 6-5-14 中分别使用了两个隔离变压器。1T 作为 I/O 模块的输入和输出电源；2T 变压成 AC100V 既用于 CPU 供电，又作为多个开关电源的输入。

3FIL 是一个由电感和电容组成的交流电源滤波器，它可以在小电流的 50Hz 交流电中滤除高频

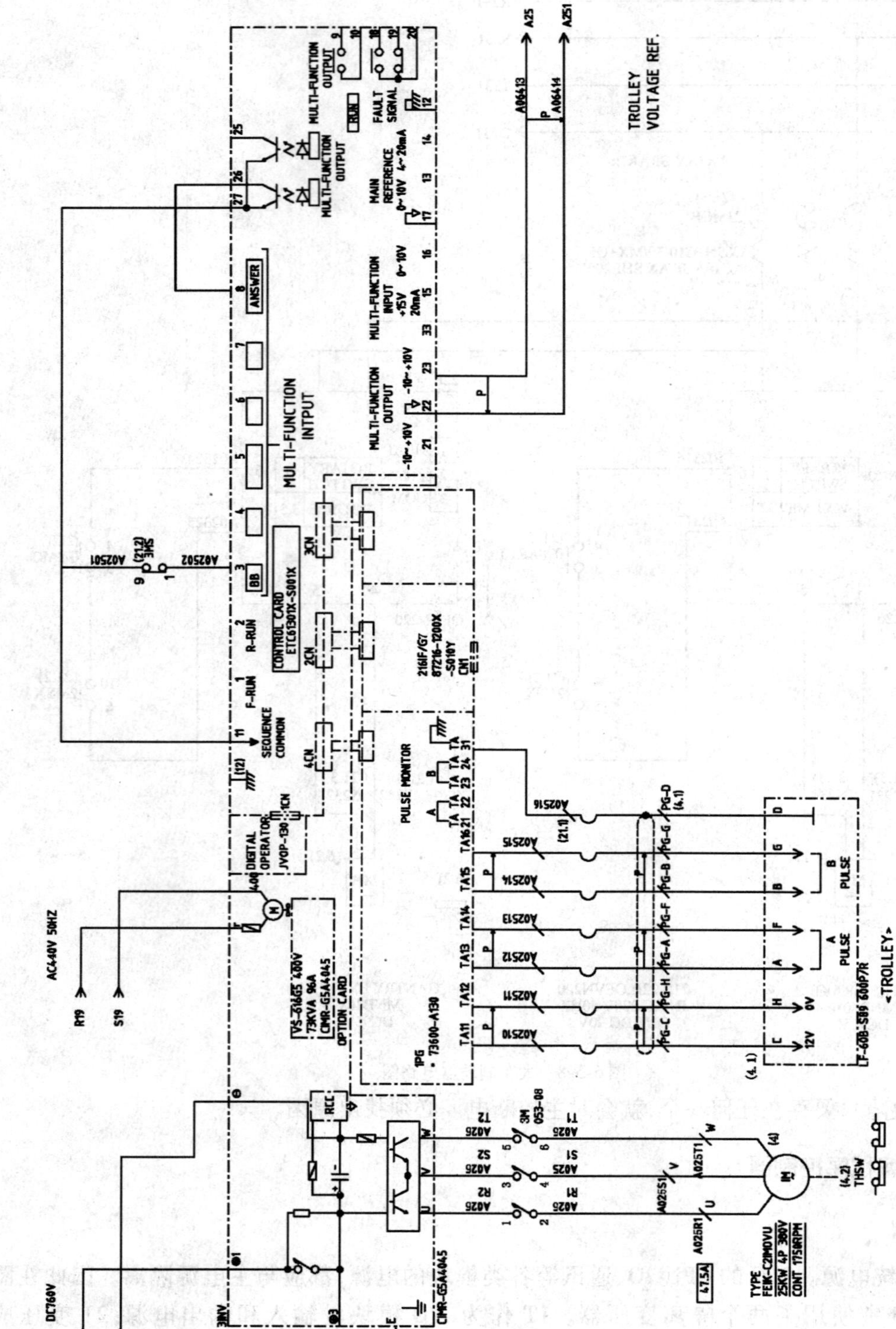

图 6-5-9 小车变频器主电路与 PC 连接图

分量,为 CPU 提供一个较纯的交流电源。

图 6-5-14 中的 AVR24 直流电源,为直流 24V 的 IO 模块提供输入信号电源和输出驱动电源。AVR12 直流电源,为大车旋转编码器的工作电源。AVR5 直流电源,为起升旋转编码器的工作电源。AVR15 输出 ±15V 直流电源,用于 AD 转换模块中模拟电路的工作电源。

(2)CPU:

①1CPU。1CPU 作为 PLC 电路的主 CPU。它使用安川电机的 CP316。外围除了 AC100V 工作电源和输出 DC24V 电源外,主要是通讯接口。如图 6-5-15 所示。

1CN 口,CP215 通讯口,用于与所有站点 IO 模块间的通讯。2CN 口,RS232 通讯口,与移动电脑相连,用于主程序的上传下载比较等。3CN 口,CP216(0#)通讯口,用于与各个变频器间的通讯。4CN 口,CP216(1#)通讯口,备用通讯口。215 通讯接口卡,用于与2CPU 间的通讯。

②1CPUTB。1CPUTB 是 1CPU 的外接端子板,即 1CPU 通过 CN5 接口与外界进行并行通讯的中转站。CP－316H 中的并行口可传递 8 个数字量输入、6 个数字量输出、2 个模拟量输入、2 个模拟量输出、2 个脉冲输入。

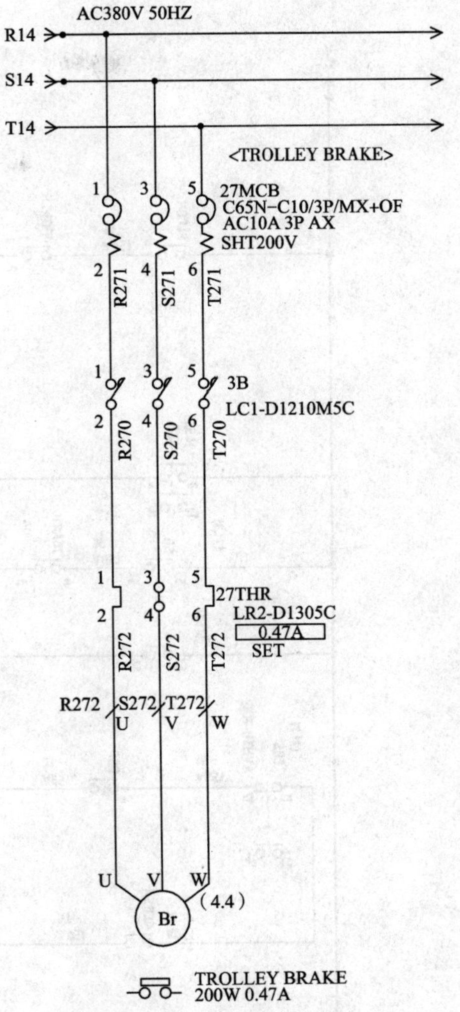

图6-5-10　小车制动器电路图

现在对图 6-5-15 中轮胎吊所用的这些端口作一介绍。“43”为数字量输入的 DC24V 电源端,直接由 1CPU 中提供;“44”、“45”分别为数字量输入第 0、1 通道,这两个现在用于 1#大车制动器工作模块的反馈输入端,反映了制动器工作模块的当前状态;“27”、“28”分别为数字量输入第 2、3 通道,它的作用是 2#大车制动器工作模块的反馈输入端;“40”、“7”、“37”、“5”分别为数字量输出的电源或输出继电器电源;“38”、“39”为内部继电器触点输出端,它表示了 PLC 的工作状况,如 PLC 正常则触点闭合。此信号经过 PLC ON 中继传递出去。

③2CPU。2CPU 也是一个 CP－316H。主要用于“起重机管理系统”(CMS),即通过 CP－218 接口的以太网卡,把轮胎吊上的一些运行、PLC、故障等信息传送到工控机上,使管理及维修人员及时掌控轮胎吊的各种状态。

2CPU 只用了两个接口,一个是与 1CPU 通讯的 CP－215,另一个扩展口 CP－218,并口 CN5 完全悬空不用。如图 6-5-16 所示。

(3)通讯。在图 6-5-17 的左侧,是 CP－316H 中的 216IF 与三个变频器的通讯。右侧则是 CP－316 中的 215IF 与 IO 的通讯,再通过终端 JC1 后,连接到司机室从站和联动台从站。

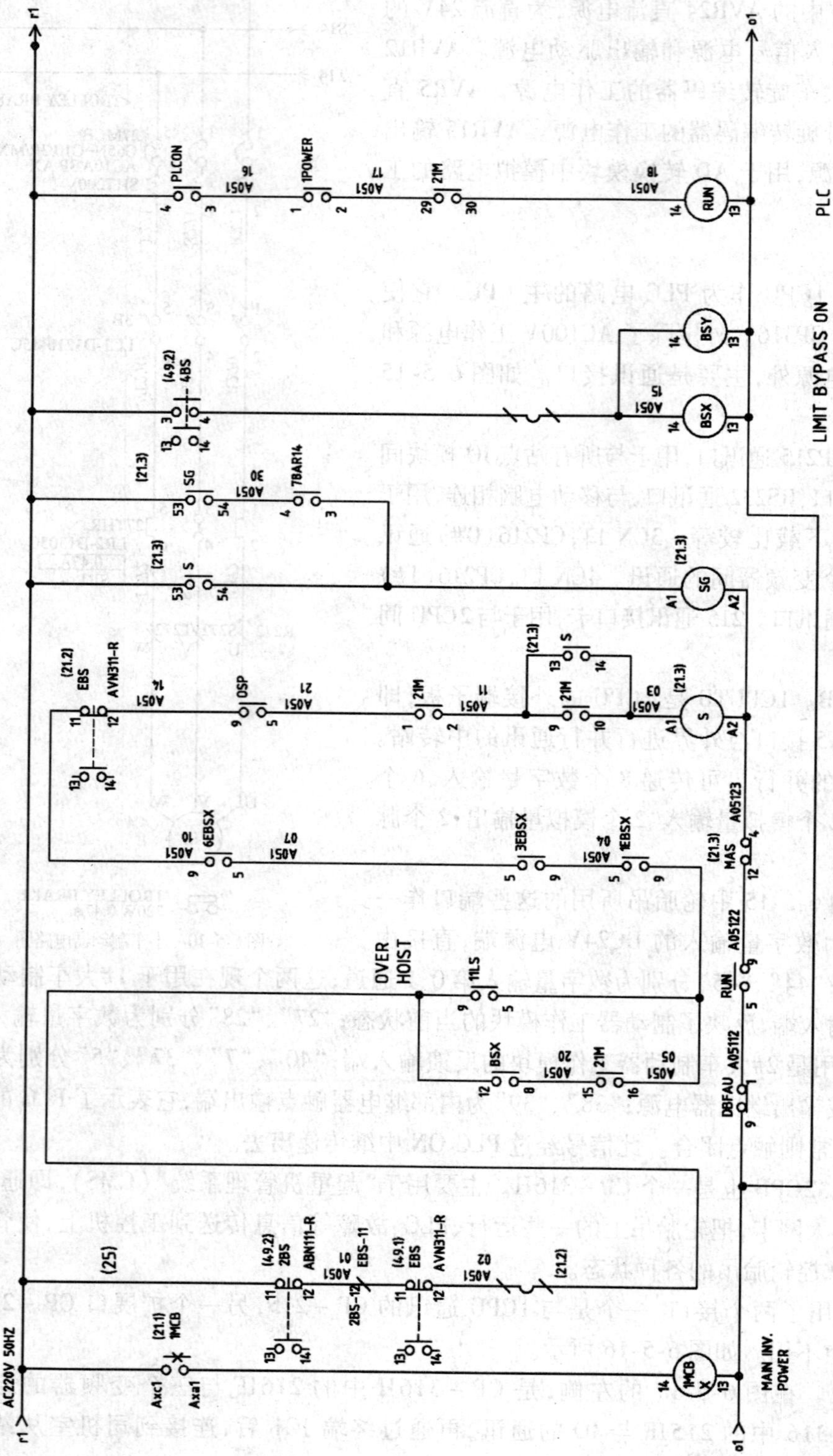

图 6-5-11　主控制电路原理图

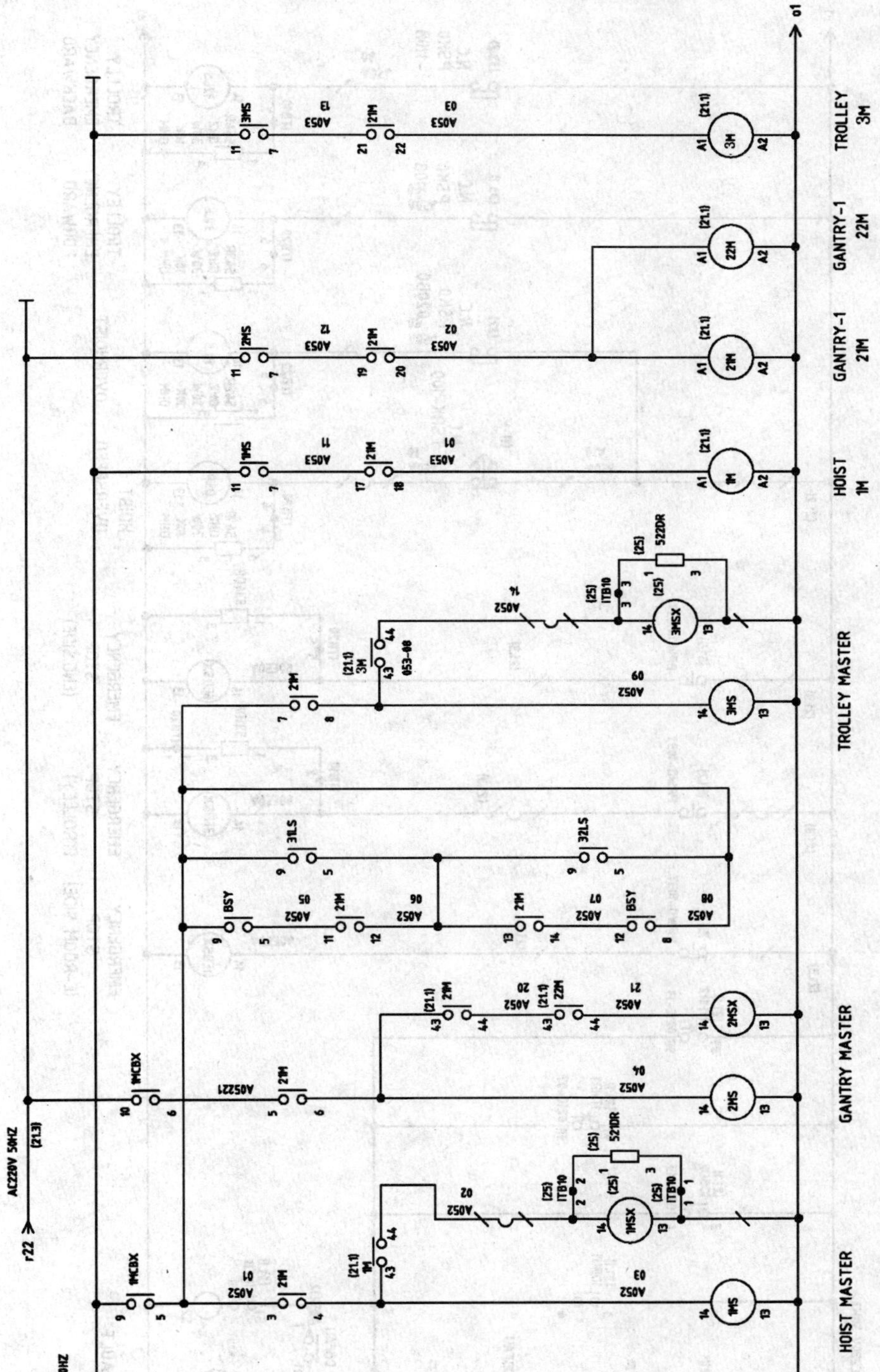

图 6-5-12　起升、大车、小车主控制电路原理图

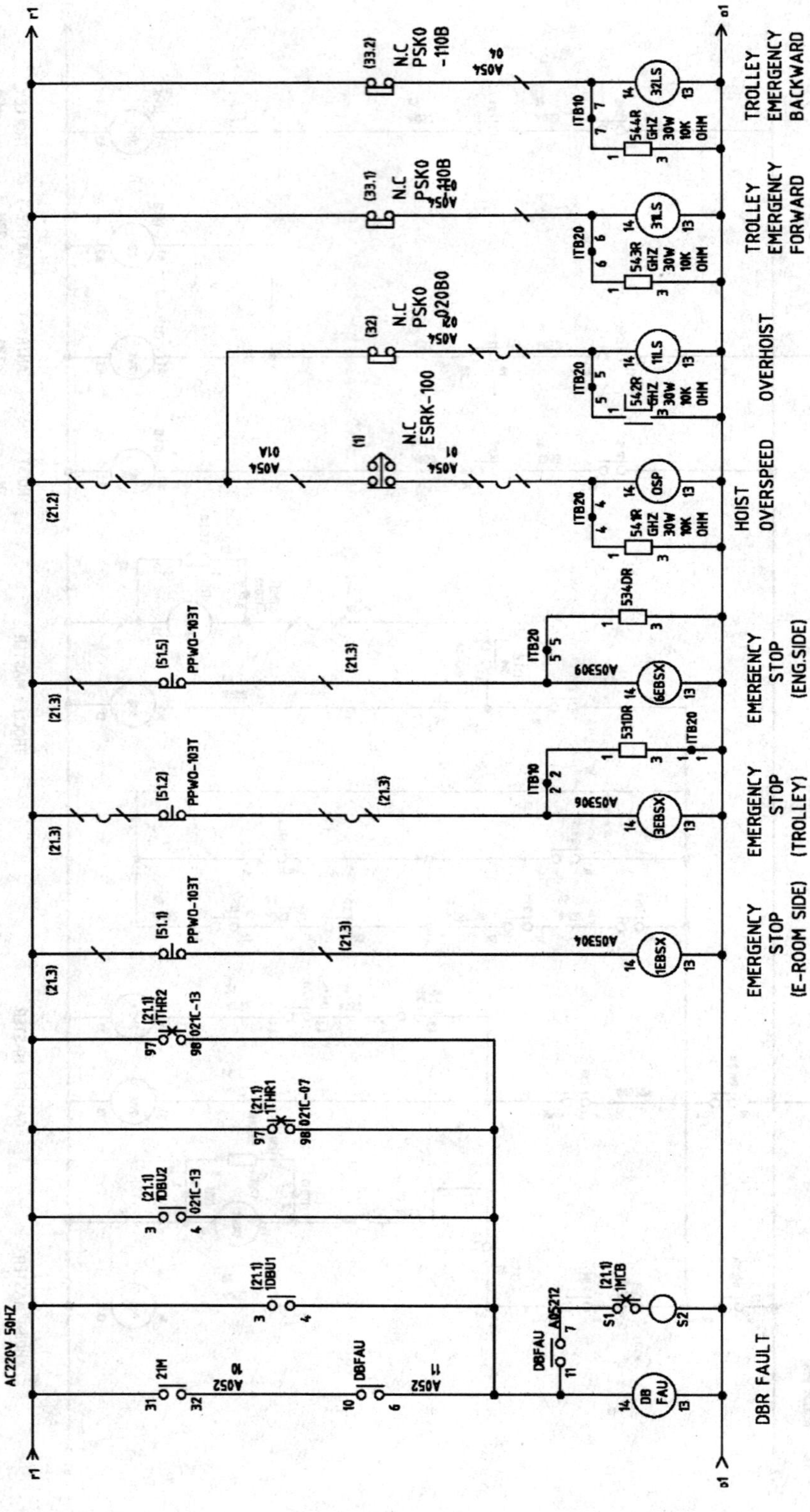

图 6-5-13　主控制保护电路原理图

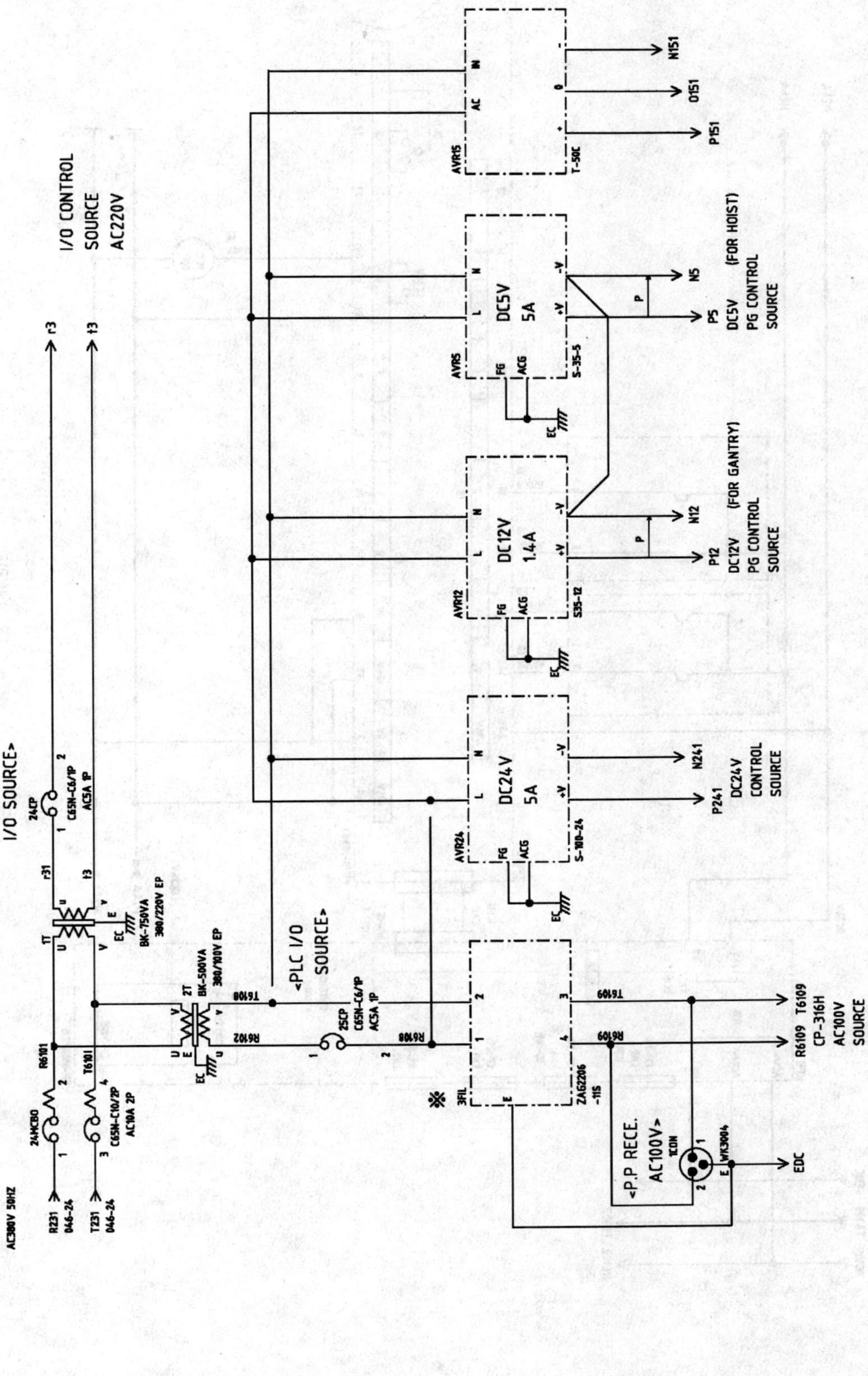

图 6-5-14　PLC 电源系统

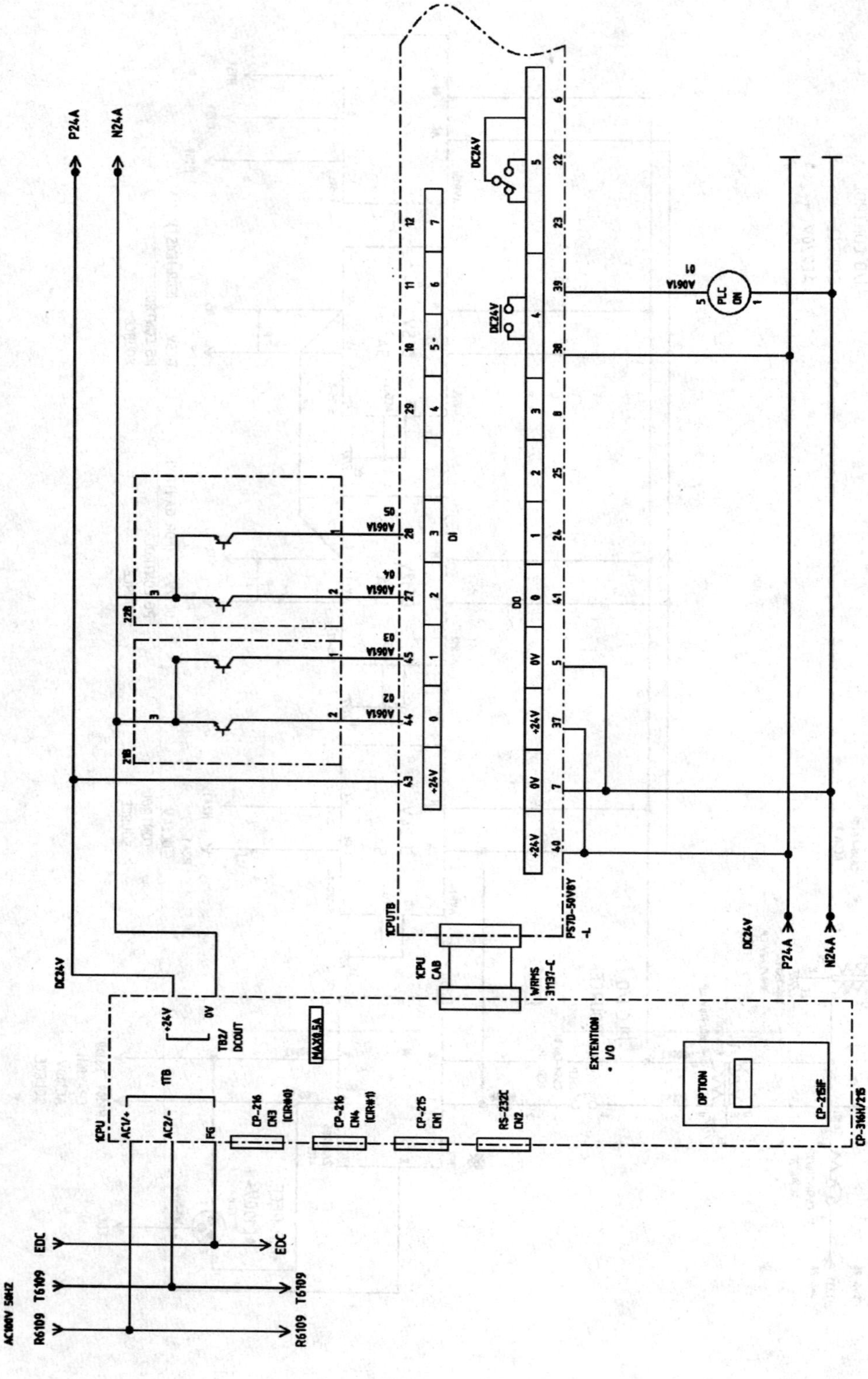
P24A
N24A
DC24V
DI
DO
PLC ON
1CPU
TB2/DCOUT
MAX0.5A
CP-216
CP-215
RS-232C
EXTENTION I/O
OPTION
CP-215IF
CP-316H/215
AC100V 50HZ
R6109
T6109
EDC

图 6-5-15　1#CPU

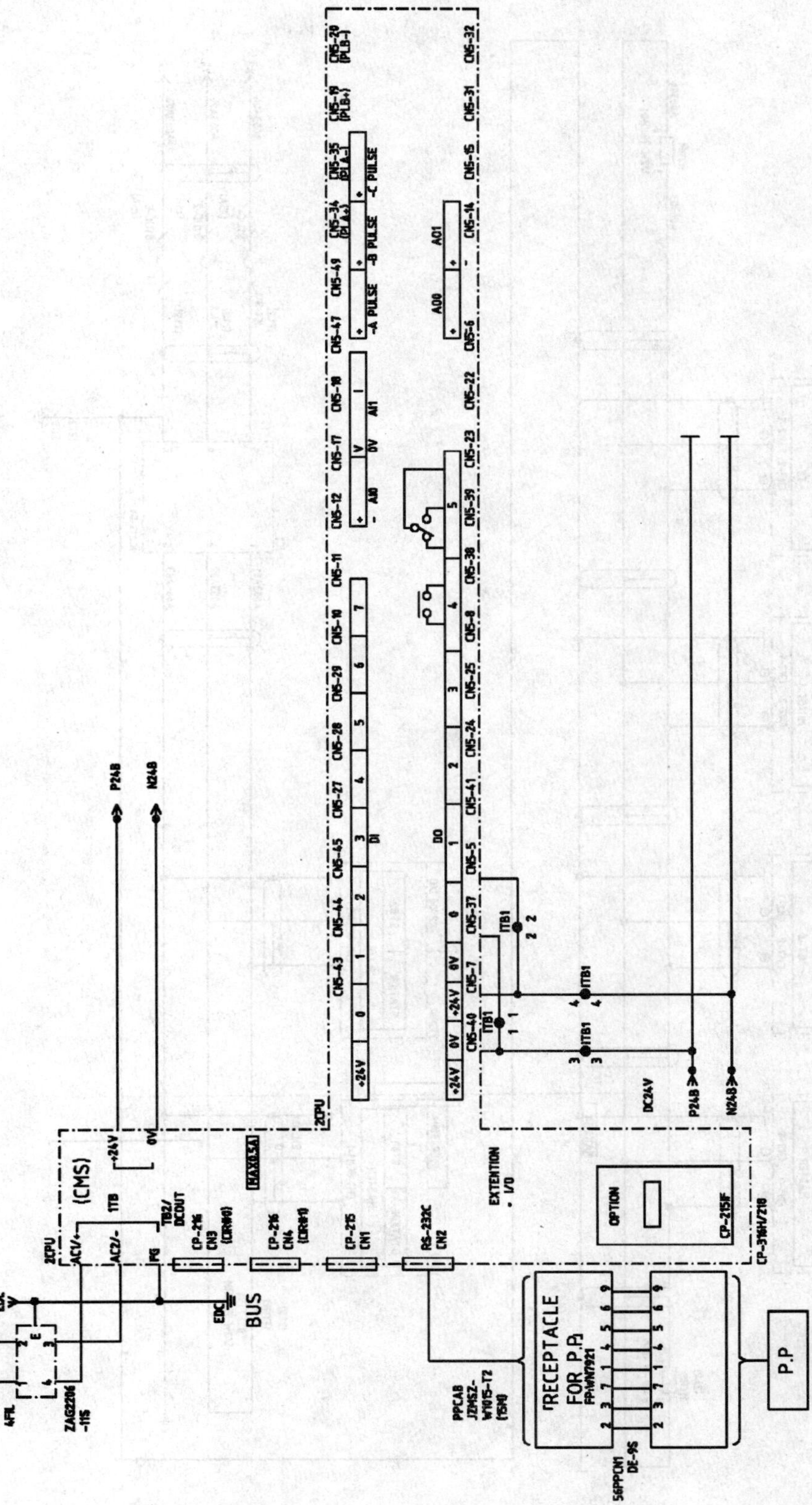
2CPU
(CMS)
BUS
EXTENTION I/O
OPTION
CP-215IF
RECEPTACLE FOR P.P
P.P
DC24V
P24B
N24B

图6-5-16　2CPU

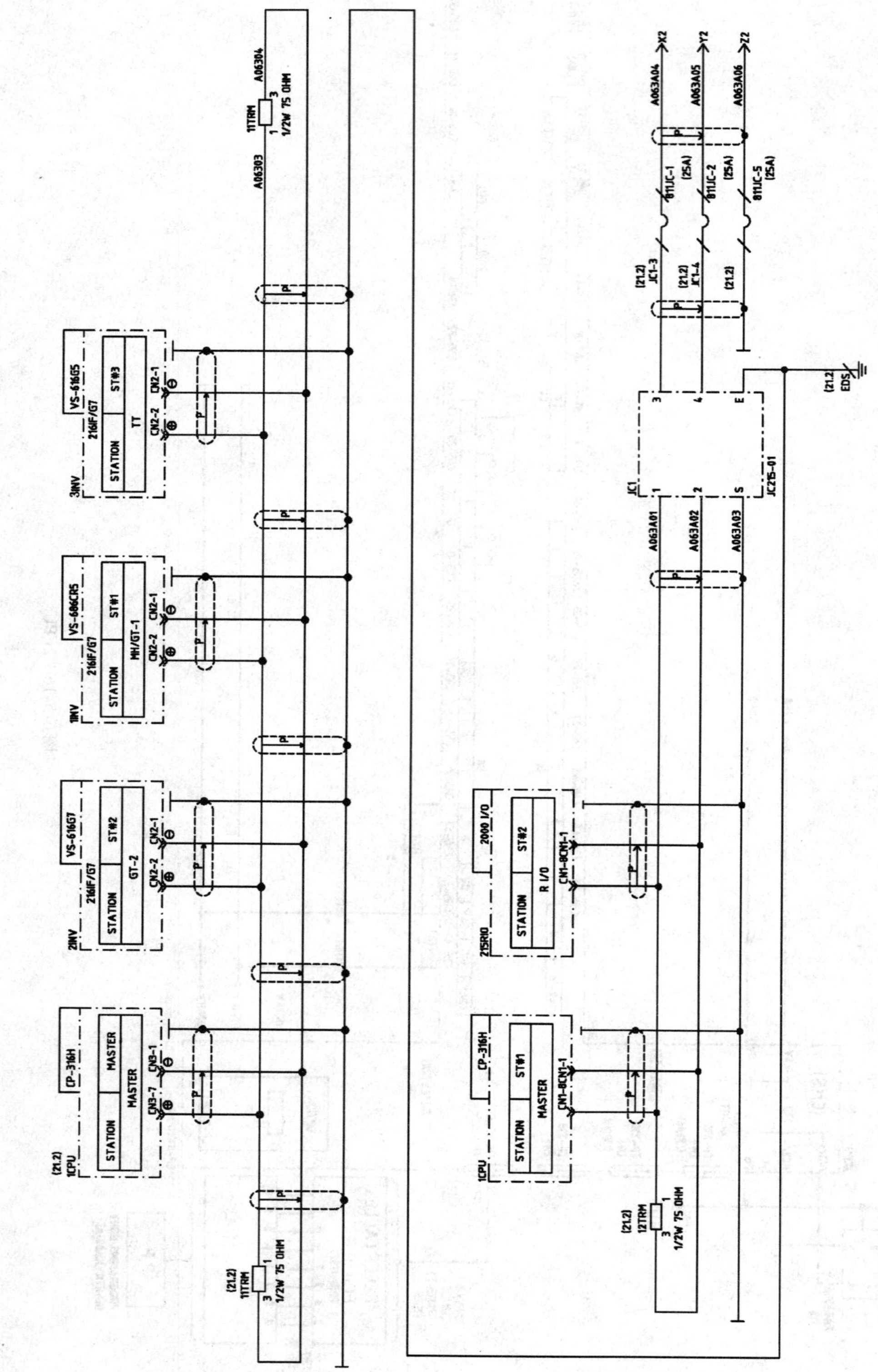
1CPU
CP-316H
STATION
MASTER
2INV
VS-616G7
216IF/G7
ST#2
GT-2
1INV
VS-686CR5
ST#1
MH/GT-1
3INV
VS-616G5
ST#3
TT
11TRM
1/2W 75 OHM
A06303
A06304
215RIO
2000 I/O
R I/O
12TRM
JC1
JC215-01
A063A01
A063A02
A063A03
A063A04
A063A05
A063A06
811JC-1
811JC-2
811JC-5
(25A)
EDS
X2
Y2
Z2

图 6-5-17　通讯 1

在整个 CP－215 的 IO 通讯总线中，1CPU 被设置为 1#站，电气房的 215RIO 被设置为 2#站。

图 6-5-18 的上半部分，是 2CPU（CP－316H）中的 218IF 与工控机间的通讯。下半部分是两个 CPU 间通过 215IF 的通讯。

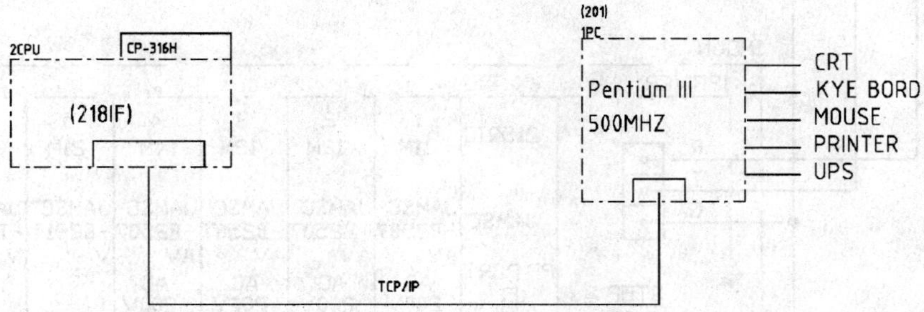

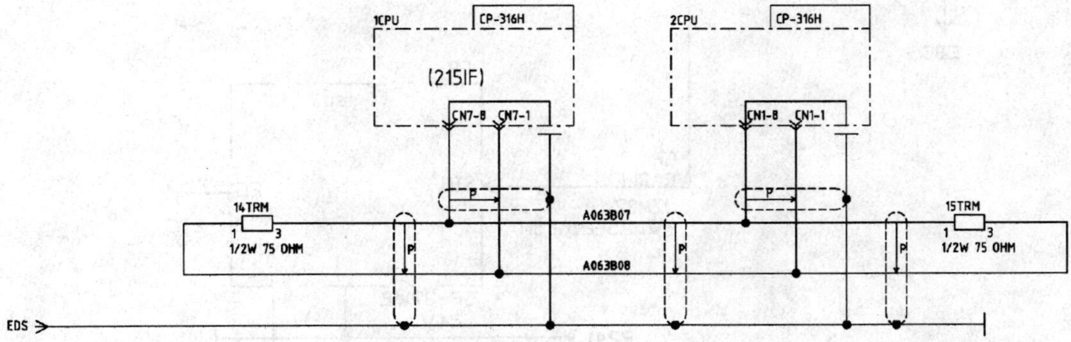

图 6-5-18　通讯 2

（4）IO 配置。图 6-5-19 是电气房中的 I/O 配置。1MOUN 为模块安装基座，最多可以安装 9 块 IO 模块。从左至右依次为：

1POWER 是电源模块，它输出两组 DC5V，分别供给输入模块和输出模块作为工作电源。模块中有一个常开的反馈触点，当闭合时，说明输出电压正常。

215RIO 是通讯模块，远距离通讯模块。作为一个总线中的站，负责本站 IO 与 CPU 间的通讯。模块中的 232 口既可以作为 PP 口，用于对 215RIO 中的通讯程序进行编程，又可连接 GP（触摸式工业图形）。

显示器：一个以数据、曲线、图形、动画等各种形式来反映 PLC 内部位状态，存储器数值，从而直观反应工业控制系统的流程、走向。

IO 的第 1～4 槽为同一型号的 32 点 AC200V 数字量输入模块。第 5 槽为 16 点继电器触点输出模块。第 6 槽为 16 点带熔丝保护的 AC200V 功率输出模块。第 7 槽为 32 点带熔丝保护的 DC24V 功率输出模块。第 8 槽为 8 通道模拟量电流型输入模块。

（5）PLC I/O：

①数字量输入：

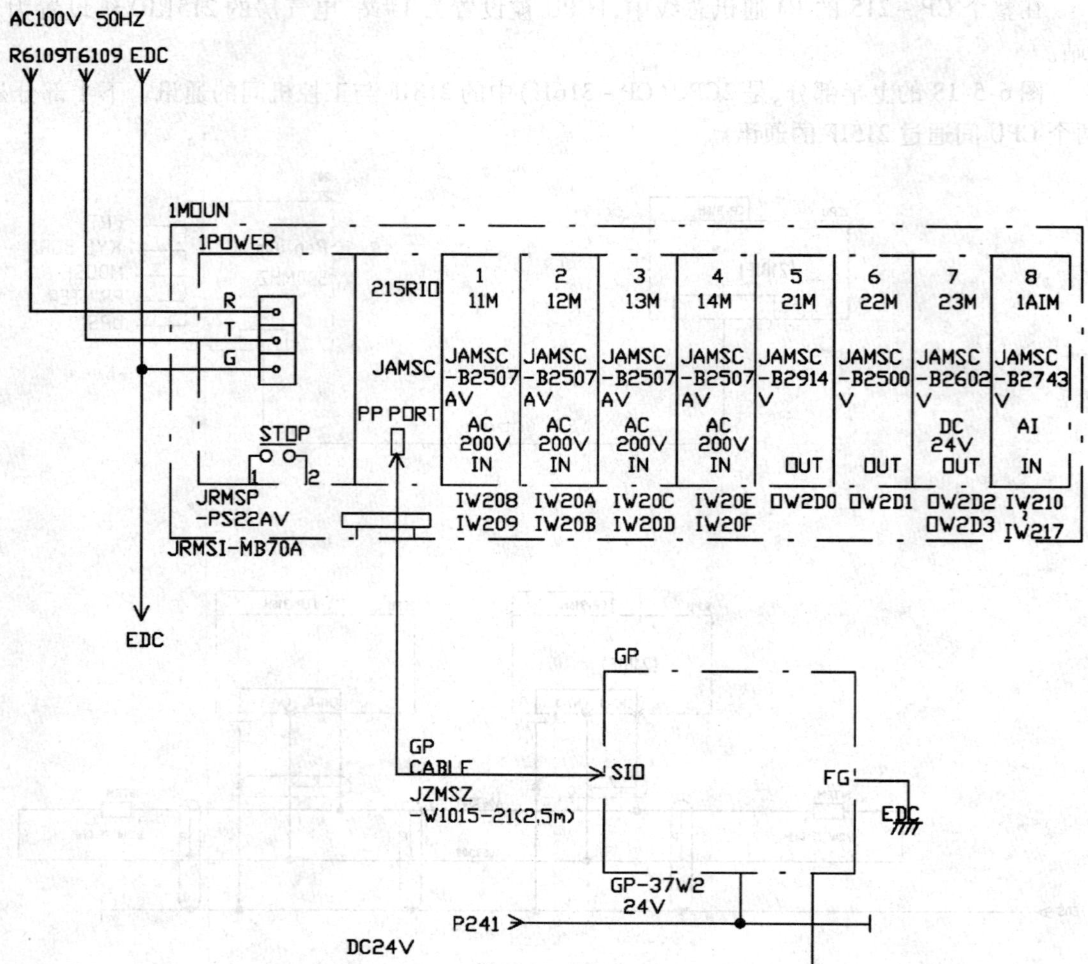

图 6-5-19 I/O 配置

11M:图 6-5-20 ~ 图 6-5-21

IB002080——主控制继电器反馈点(S)。

IB002081——起升主继电器反馈点(1MS)。

IB002082——大车主继电器反馈点(2MS)。

IB002083——小车主继电器反馈点(3MS)。

IB002084——起升/1#大车变频器故障(1INV)。

IB002085——2#大车变频器主电路接触器反馈点(22M)。

IB002086——能耗电阻器过载故障(DBFAU)。

IB002087——空间加热器断电故障(SPH)。

IB002088——起升变频器主电路接触器反馈点(1M)。

IB002089——不用。

IB00208A——1#大车变频器主电路接触器反馈点(21M)。

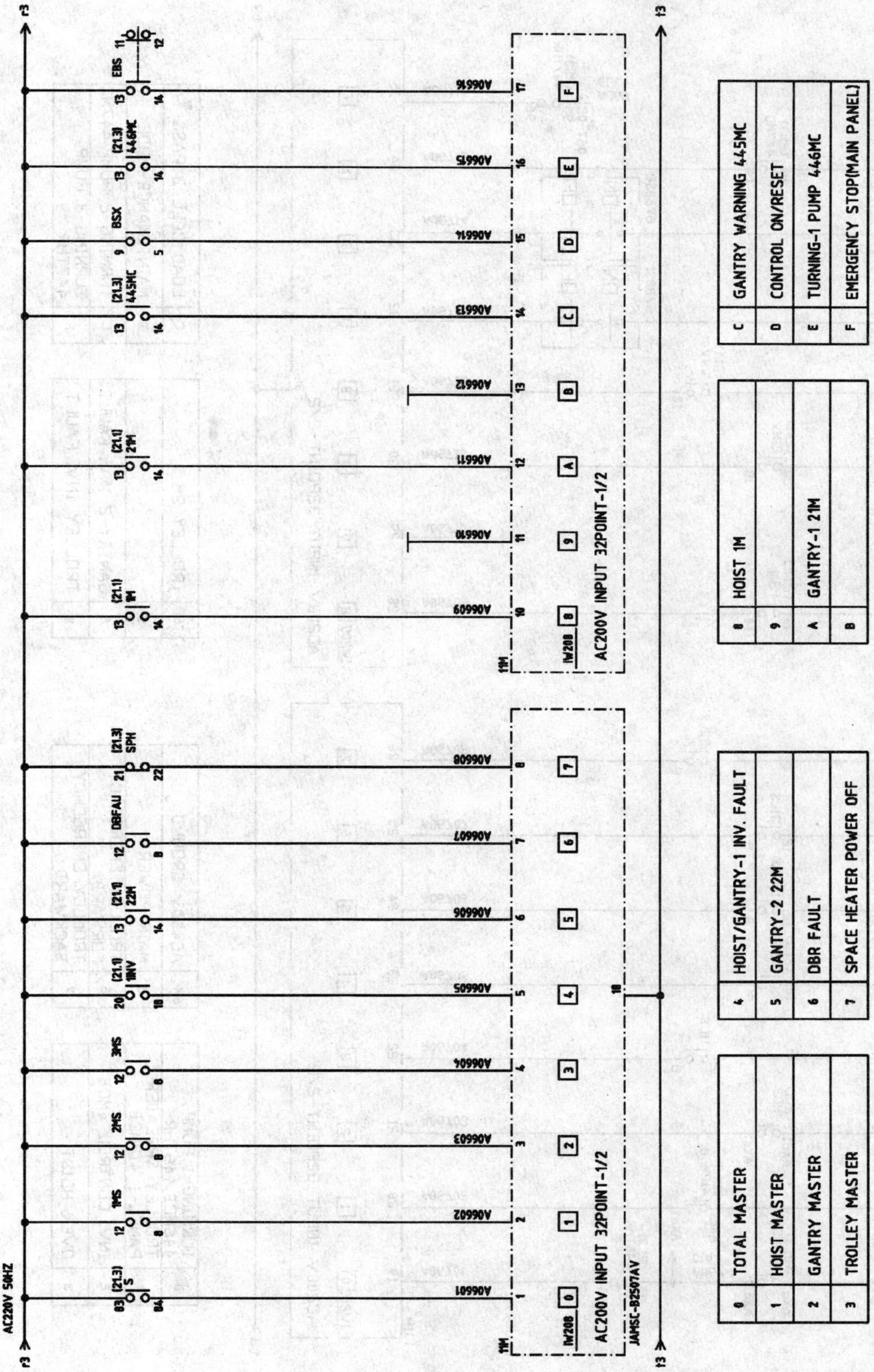

图 6-5-20　输入模块 11M(1)

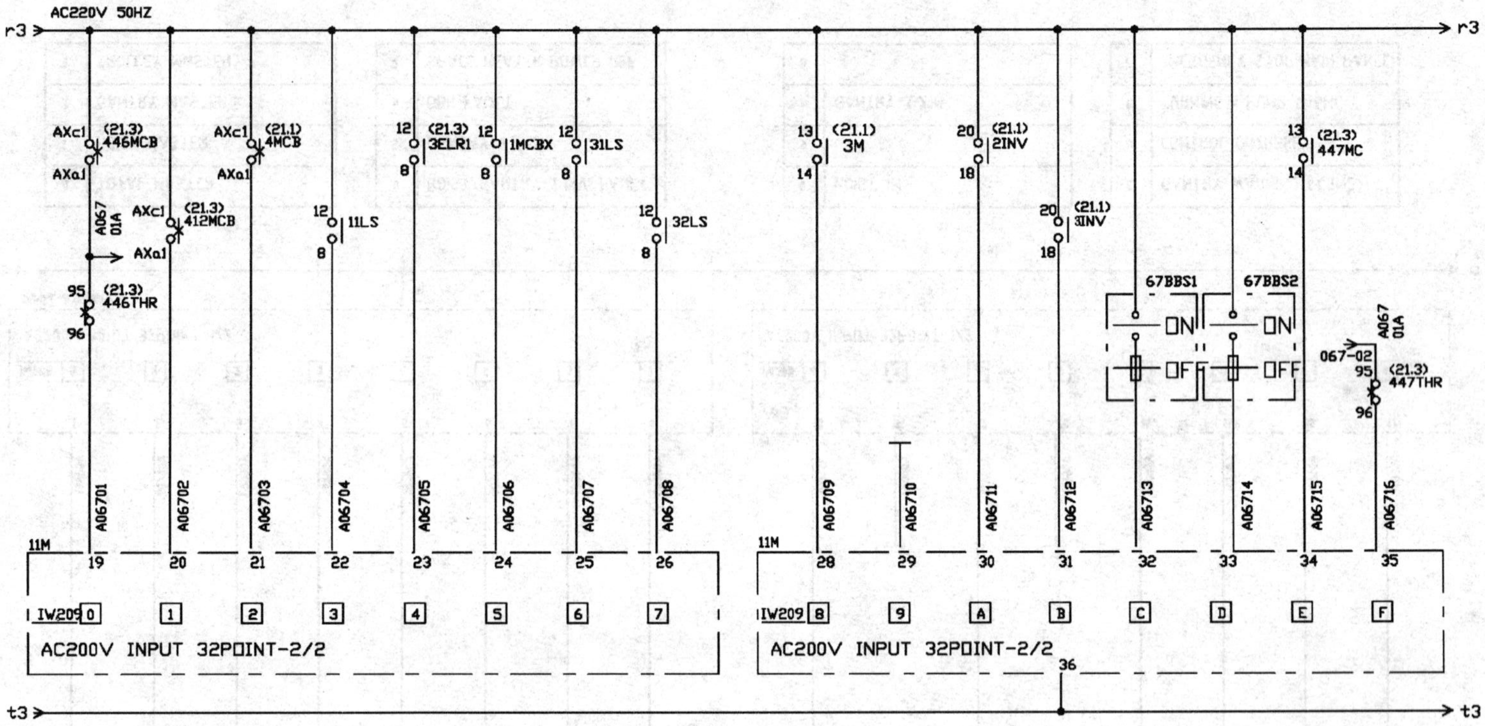

0	TURNING-1 PUMP 446MCB,446THR
1	TROLLEY SPREADER PANEL-1 412MCB
2	INV. CONTROL 4MCB
3	OVER HOIST

4	AC460V GROUND
5	MAIN POWER
6	TROLLEY EMERGENCY FORWARD
7	TROLLEY EMERGENCY BACKWARD

8	TROLLEY 3M
9	
A	GANTRY-2 INV. FAULT
B	TROLLEY INV. FAULT

C	LOAD CELL BYPASS
D	MAINTENANCE MODE
E	TURNING-2 PUMP 447MC
F	TURNING-2 PUMP 447THR

图 6-5-21　输入模块 11M(2)

IB00208B——不用。
IB00208C——大车行走声光报警器接触器反馈点(445MC)。
IB00208D——极限旁路兼电气房故障复位(BSX)。
IB00208E——1#轮胎转向泵电机接触器反馈点(446MC)。
IB00208F——电气房紧停按钮(EBS)。
IB002090——1#轮胎转向泵电机空气开关与热继电器(446MCB * 446THR)。
IB002091——小车/吊具屏电源空气开关反馈点(412MCB)。
IB002092——变频器控制电源空气开关反馈点(4MCB)。
IB002093——起升超高重锤限位输入点(11LS)。
IB002094——主电源 AC460V 对地漏电故障(3ELR)。
IB002095——变频器主电源空气开关反馈点(1MCBX)。
IB002096——小车向前紧急停止行程开关(31LS)。
IB002097——小车向后紧急停止行程开关(32LS)。
IB002098——小车变频器主电路接触器反馈点(3M)。
IB002099——不用。
IB00209A——2#大车变频器故障。
IB00209B——小车变频器故障。
IB00209C——负荷传感器旁路开关(67BBS1)。
IB00209D——维修模式开关(67BBS2)。
IB00209E——2#轮胎转向泵电机接触器反馈点(447MC)。
IB00209F——2#轮胎转向泵电机热继电器(447THR)。
12M:图 6-5-22 ~ 图 6-5-23
IB0020A0——1#大车电动机过热故障(电机中的温度开关)。
IB0020A1——2#大车电动机过热故障(电机中的温度开关)。
IB0020A2——电气房侧轮胎转向定位销退销限位。
IB0020A3——电气房侧轮胎转向定位销进销限位。
IB0020A4——电气房侧轮胎转向 90°到位限位。
IB0020A5——电气房侧轮胎转向 0°到位限位。
IB0020A6 ~ IB0020A9——不用。
IB0020AA——电气房侧紧停按钮(1EB)。
IB0020AB——备用。
IB0020AC——小车架紧停按钮(2EB)。
IB0020AD——备用。
IB0020AE——电气房过热(THC)。
IB0020AF——备用。
IB0020B0 ~ IB0020B7——不用。
IB0020B8——副变压器次级 380V 对地漏电故障(41ELR)。
IB0020B9——起升电机超速故障(OSP)。

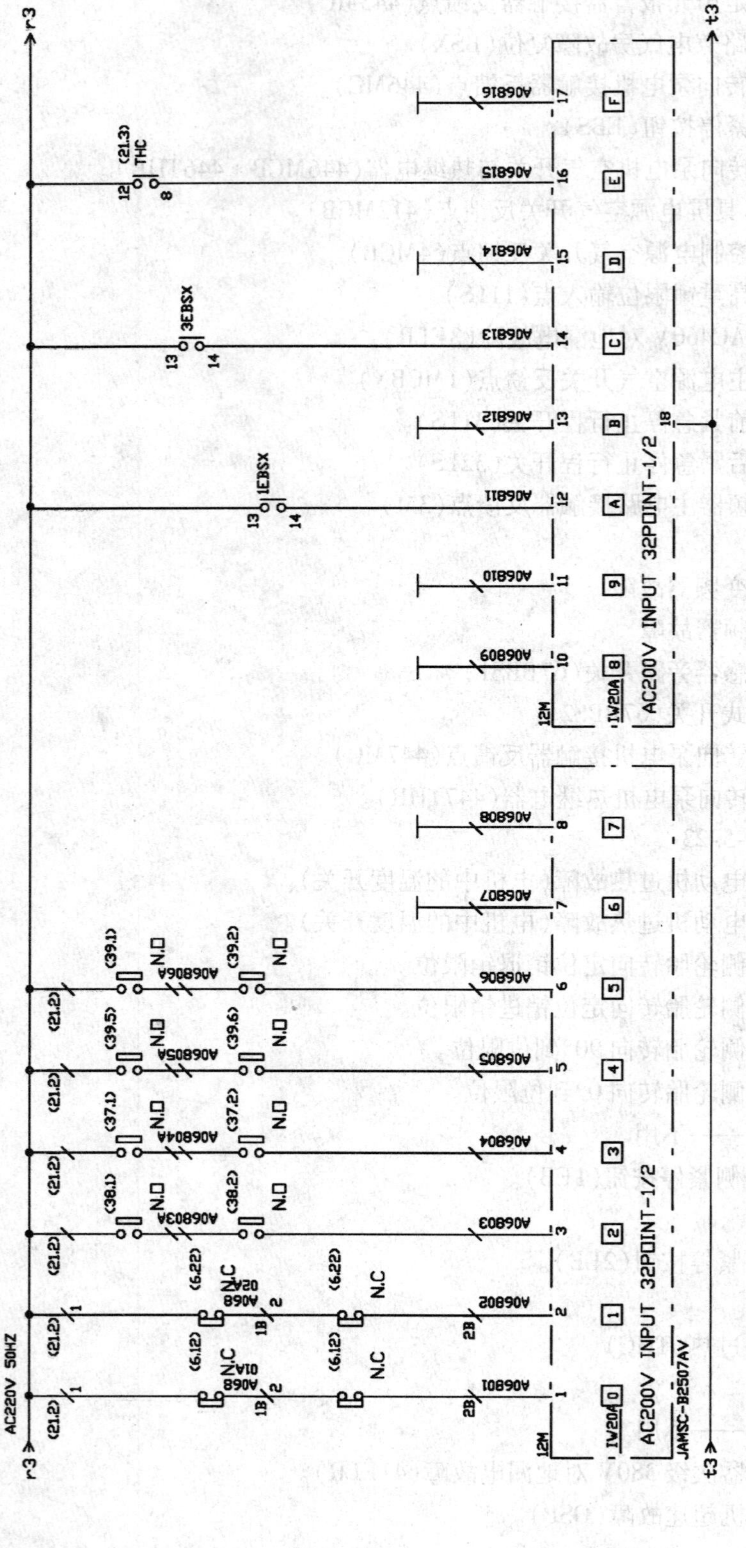

0	NO.1 GANTRY MOTOR OVERHEAT(ENG)
1	NO.2 GANTRY MOTOR OVERHEAT(E/R)
2	PIN CYLINDER UNLOCK LS (E/R)
3	PIN CYLINDER LOCK LS(E/R)
4	WHEEL (90°)(E/R)
5	WHEEL (0°)(E/R)
6	
7	
8	
9	
A	EMERGENCY STOP (E-ROOM SIDE)
B	SPARE
C	EMERGENCY STOP(TROLLEY)
D	SPARE
E	PANEL OVERHEAT
F	SPARE

图 6-5-22 输入模块 12M(1)

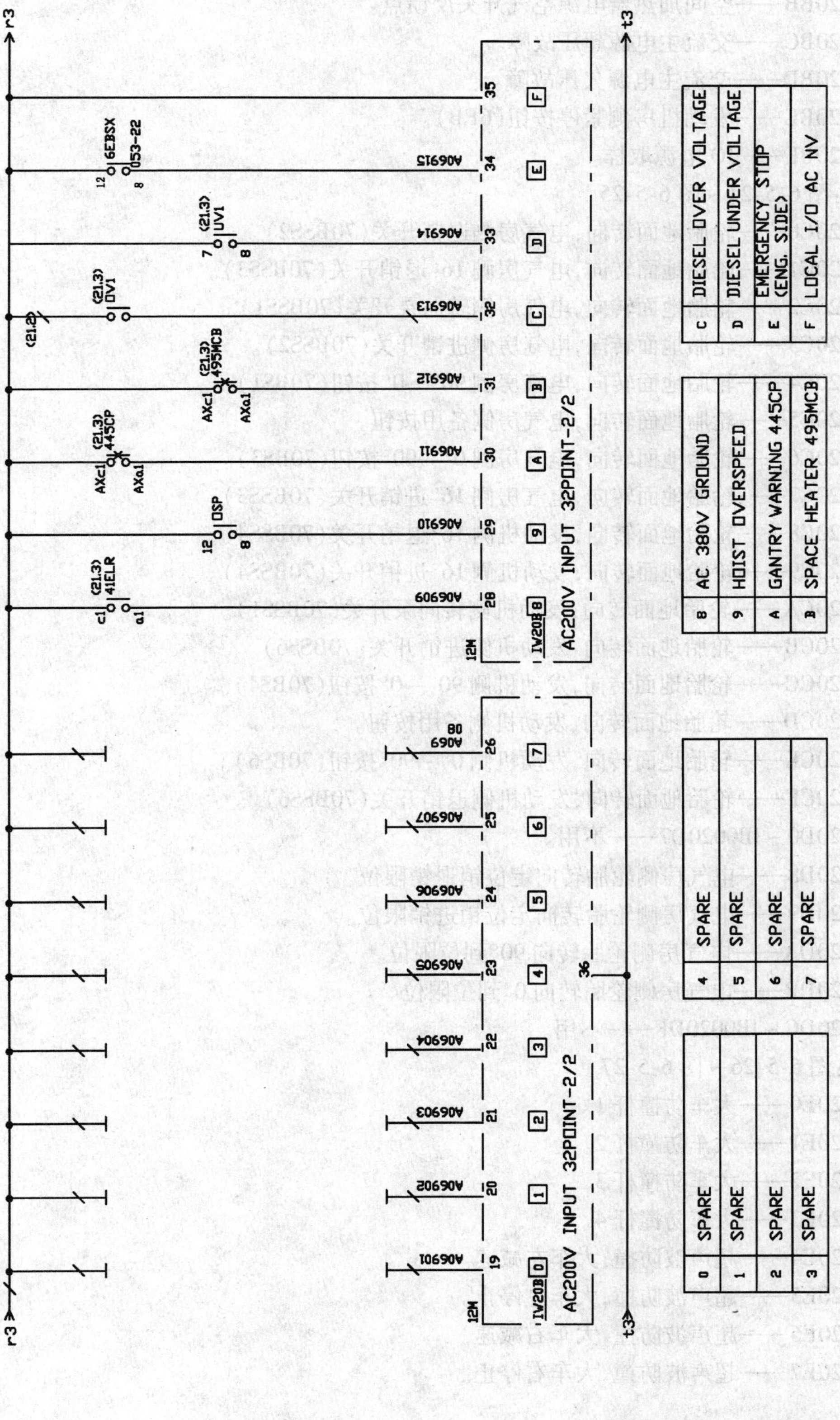

图 6-5-23　输入模块 12M(2)

IB0020BA——轮胎转向用电磁阀电源空气开关反馈点。
IB0020BB——空间加热器电源空气开关反馈点。
IB0020BC——交流主电源超压故障。
IB0020BD——交流主电源欠压故障。
IB0020BE——发动机房侧紧停按钮(6EB)。
IB0020BF——IO 电源取样。
13M:图 6-5-24 ~ 图 6-5-25
IB0020C0——轮胎地面转向,电气房侧退销开关(70BSS2)。
IB0020C1——轮胎地面转向,电气房侧 16°退销开关(70BSS3)。
IB0020C2——轮胎地面转向,电气房侧转向泵开关(70BSS1)。
IB0020C3——轮胎地面转向,电气房侧进销开关(70BSS2)。
IB0020C4——轮胎地面转向,电气房侧 90°→0°按钮(70BS1)。
IB0020C5——轮胎地面转向,电气房侧备用按钮。
IB0020C6——轮胎地面转向,电气房侧 0°→90°按钮(70BS3)。
IB0020C7——轮胎地面转向,电气房侧 16°进销开关(70BSS3)。
IB0020C8——轮胎地面转向,发动机侧 16°退销开关(70BSS4)。
IB0020C9——轮胎地面转向,发动机侧 16°进销开关(70BSS4)。
IB0020CA——轮胎地面转向,发动机侧转向泵开关(70BSS1)。
IB0020CB——轮胎地面转向,发动机侧进销开关(70BSS6)。
IB0020CC——轮胎地面转向,发动机侧 90°→0°按钮(70BS4)。
IB0020CD——轮胎地面转向,发动机侧备用按钮。
IB0020CE——轮胎地面转向,发动机侧 0°→90°按钮(70BS6)。
IB0020CF——轮胎地面转向,发动机侧退销开关(70BSS6)。
IB0020D0 ~ IB0020D7——不用。
IB0020D8——电气房侧轮胎转向定位销退销限位。
IB0020D9——电气房侧轮胎转向定位销进销限位。
IB0020DA——电气房侧轮胎转向 90°到位限位。
IB0020DB——电气房侧轮胎转向 0°到位限位。
IB0020DC ~ IB0020DF——不用。
14M:图 6-5-26 ~ 图 6-5-27
IB0020E0——大车防撞杆 1。
IB0020E1——大车防撞杆 2。
IB0020E2——大车防撞杆 3。
IB0020E3——大车防撞杆 4。
IB0020E4——超声波防撞,大车左减速。
IB0020E5——超声波防撞,大车左停止。
IB0020E6——超声波防撞,大车右减速。
IB0020E7——超声波防撞,大车右停止。

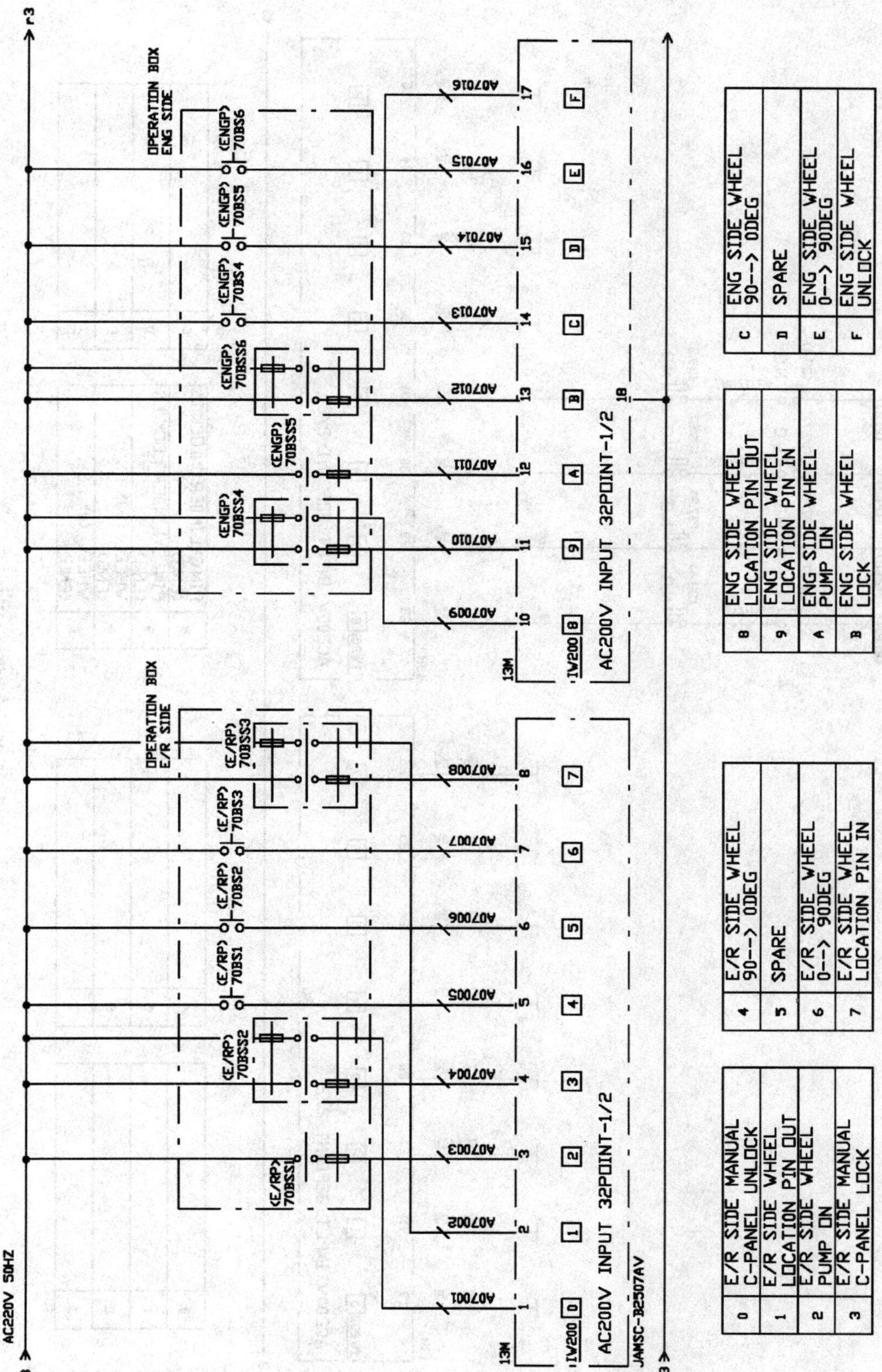

图 6-5-24　输入模块13M(1)

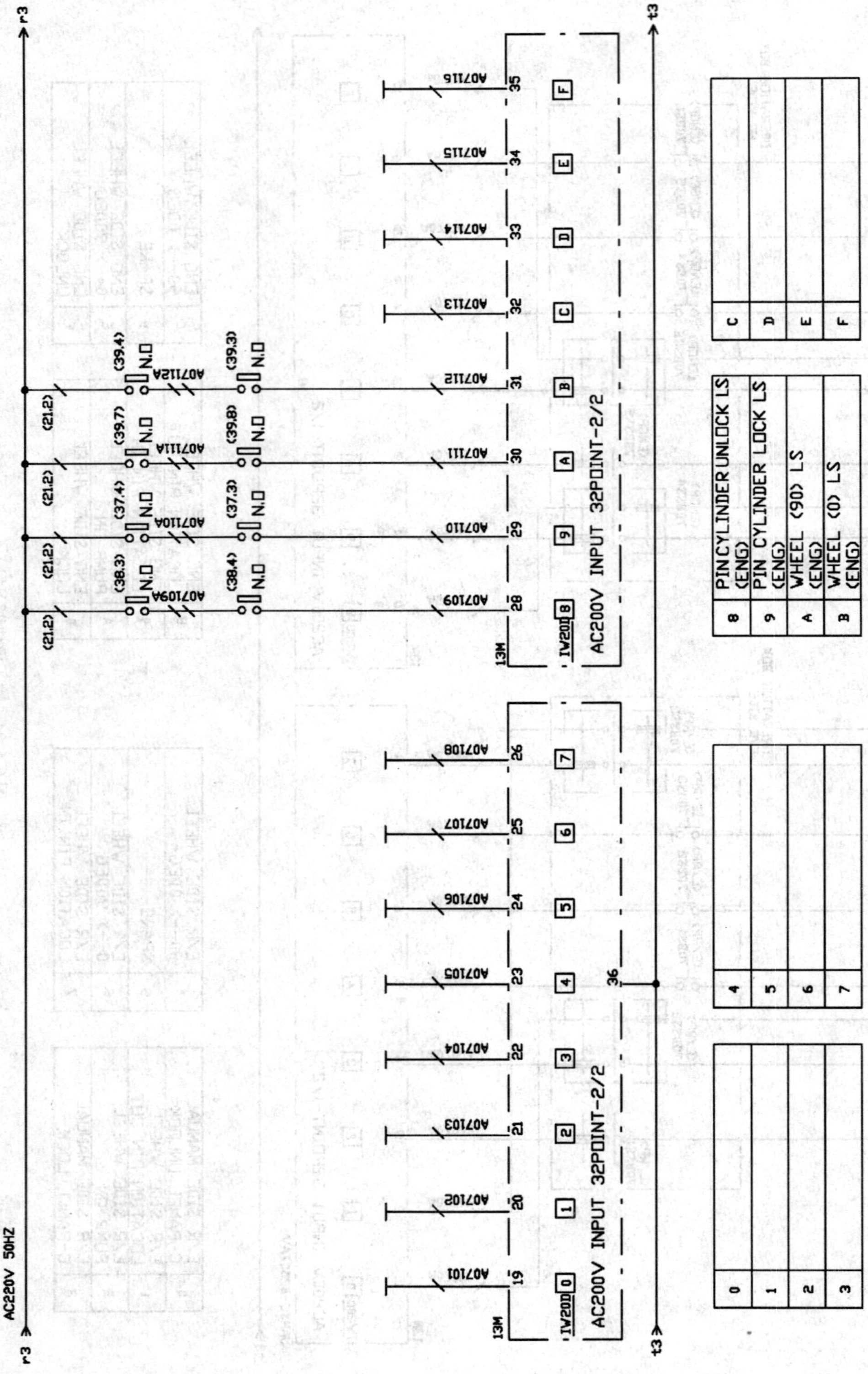

图 6-5-25 输入模块13M(2)

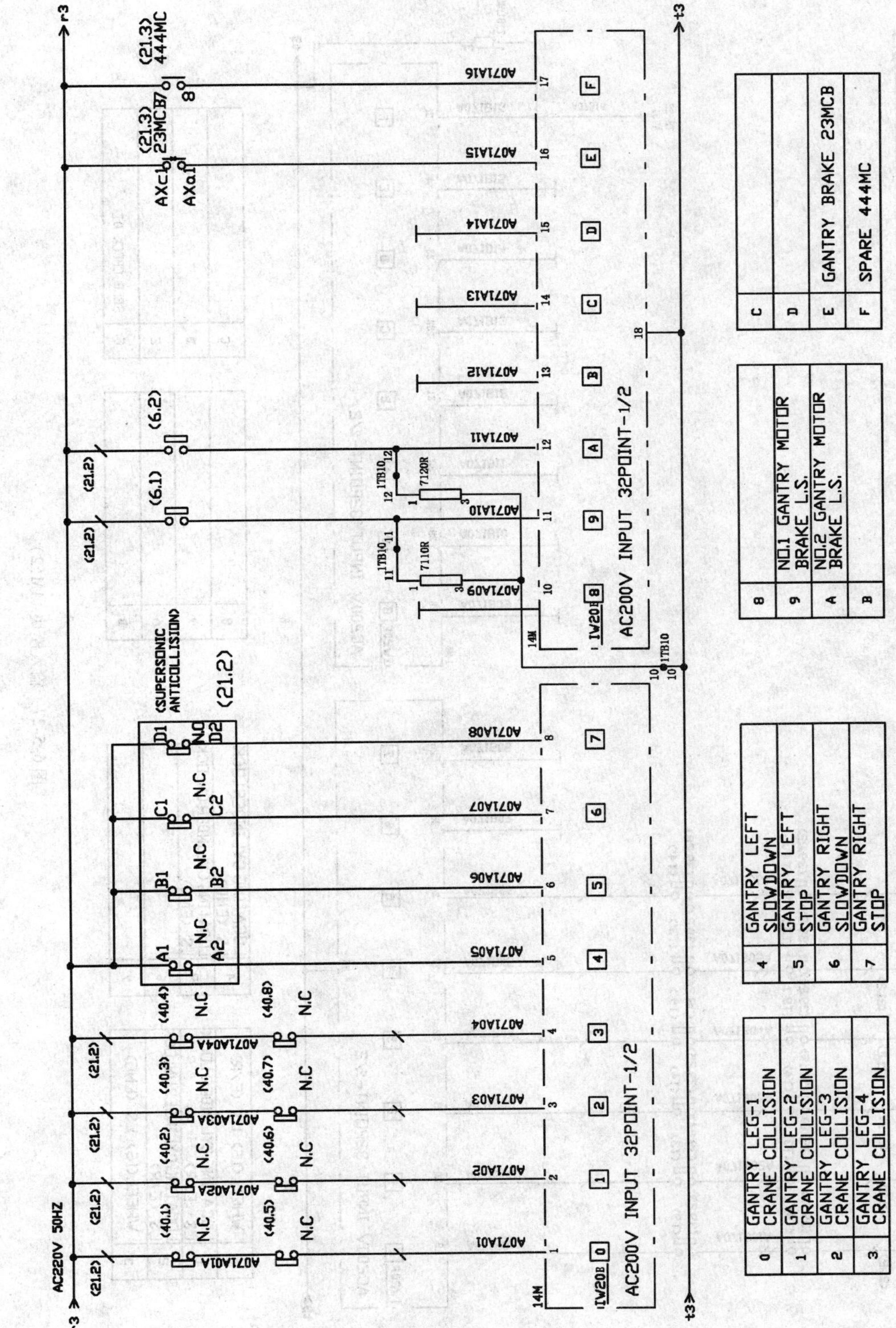

图 6-5-26　输入模块 14M(1)

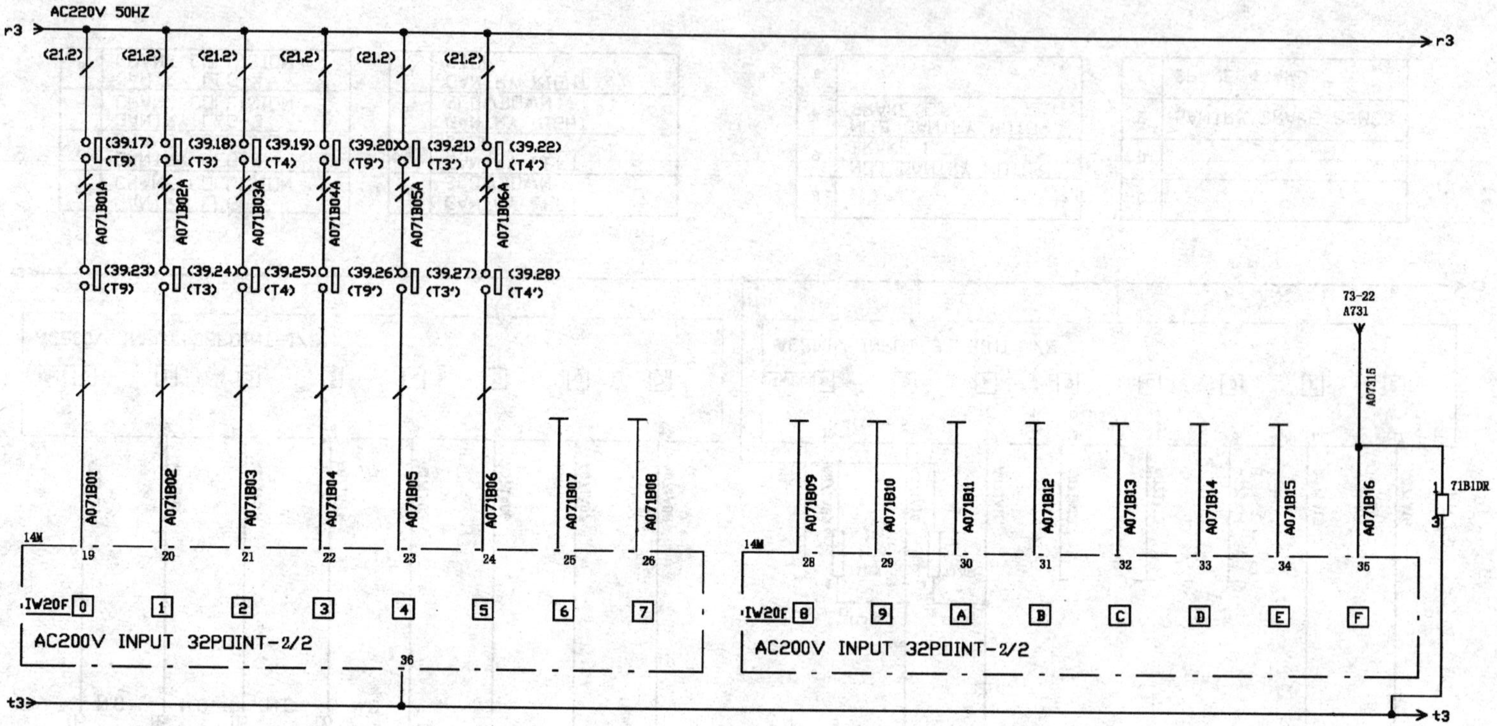

0	WHEEL(16) LS (E/R)
1	LOCATING CYLINDER LOCK LS (E/R)
2	LOCATING CYLINDER UNLOCK LS (E/R)
3	WHEEL(16) LS (ENG)

4	LOCATING CYLINDER LOCK LS (ENG)
5	LOCATING CYLINDER UNLOCK LS (ENG)
6	
7	

8	
9	
A	
B	

C	
D	
E	
F	SELF CHECK DI

图 6-5-27 输人模块 14M(2)

IB0020E8——不用。
IB0020E9——1#大车制动器限位。
IB0020EA——2#大车制动器限位。
IB0020EB ~ IB0020ED——不用。
IB0020EE——大车制动器电源空气开关(23MCB7)。
IB0020EF——备用接触器反馈点(444MC)。
IB0020F0——电气房侧轮胎转向 16°到位限位。
IB0020F1——电气房侧轮胎转向 16°进销限位。
IB0020F2——电气房侧轮胎转向 16°退销限位。
IB0020F3——发动机侧轮胎转向 16°到位限位。
IB0020F4——发动机侧轮胎转向 16°进销限位。
IB0020F5——发动机侧轮胎转向 16°退销限位。
IB0020F6 ~ IB0020FE——不用。
IB0020FF——自检(DI)。
②数字量输出:
21M:图 6-5-28
OB002D00——总控制。
OB002D01——起升主控。
OB002D02——大车主控。
OB002D03——小车主控。
OB002D04——控制电源合。
OB002D05——小车前极限到位,向后旁路。
OB002D06——小车后极限到位,向前旁路。
OB002D07——起升超高,向下旁路。
OB002D08——起升电机主接触器。
OB002D09——大车电机主接触器。
OB002D0A——小车电机主接触器。
OB002D0B——起升运行计时钟。
OB002D0C——小车运行计时钟。
OB002D0D——大车运行计时钟。
OB002D0E——PLC 启动。
OB002D0F——故障复位。
22M:图 6-5-29
OB002D10——1#轮胎转向泵电机接触器。
OB002D11——2#轮胎转向泵电机接触器。
OB002D12——备用接触器。
OB002D13 ~ OB002D18——不用。
OB002D19——大车制动器电源空气开关脱扣器。

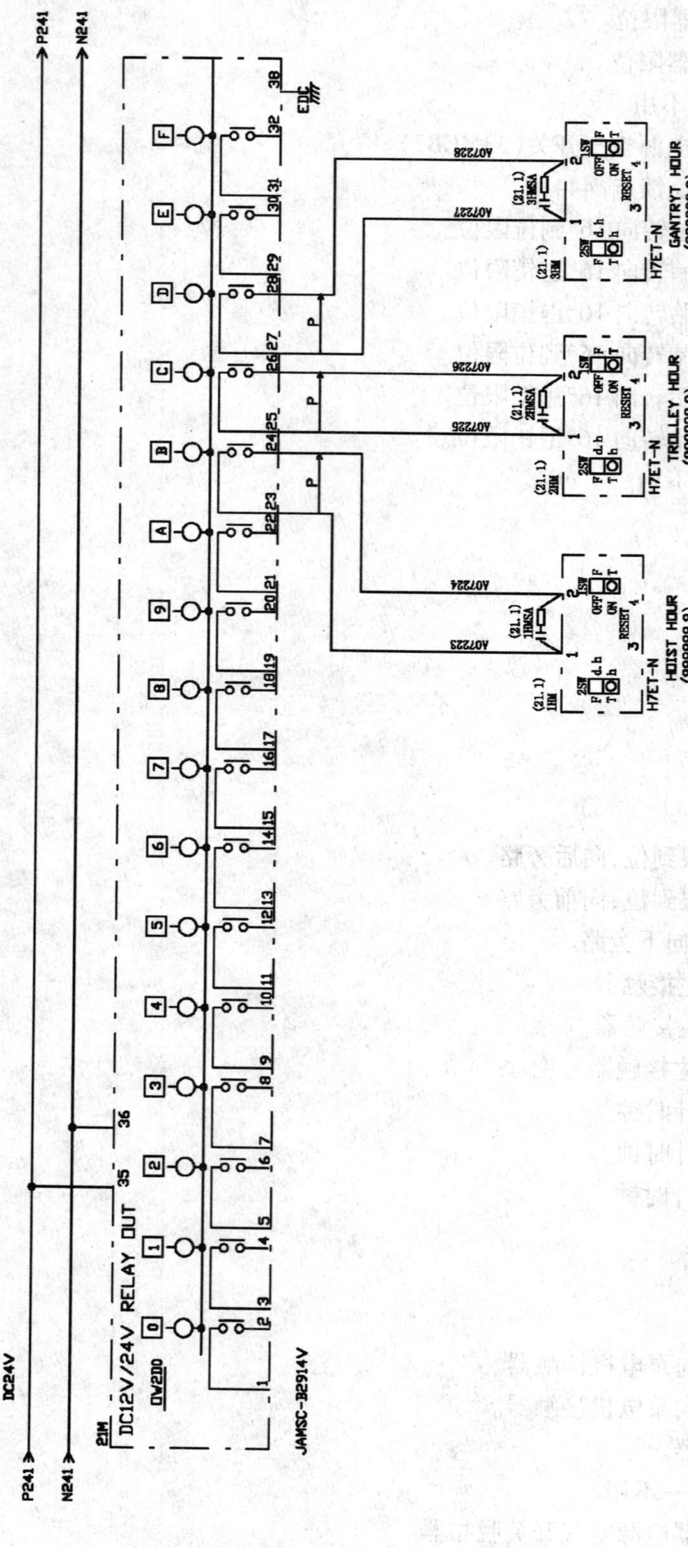

0	TOTAL MASTER
1	HOIST MASTER
2	GANTRY MASTER
3	TROLLEY MASTER

4	CONTROL ON
5	TT END LS BYPASS
6	TT END LS BYPASS
7	OVERHOIST LS BYPASS

8	HOIST CONTACTOR 1M
9	GANTRY CONTACTOR 21M,22M
A	TROLLEY CONTACTOR 3M
B	HOIST HOUR METER

C	TROLLEY HOUR METER
D	GANTRY HOUR METER
E	PLC START
F	FAULT RESET

图 6-5-28 继电器型输出模块 21M

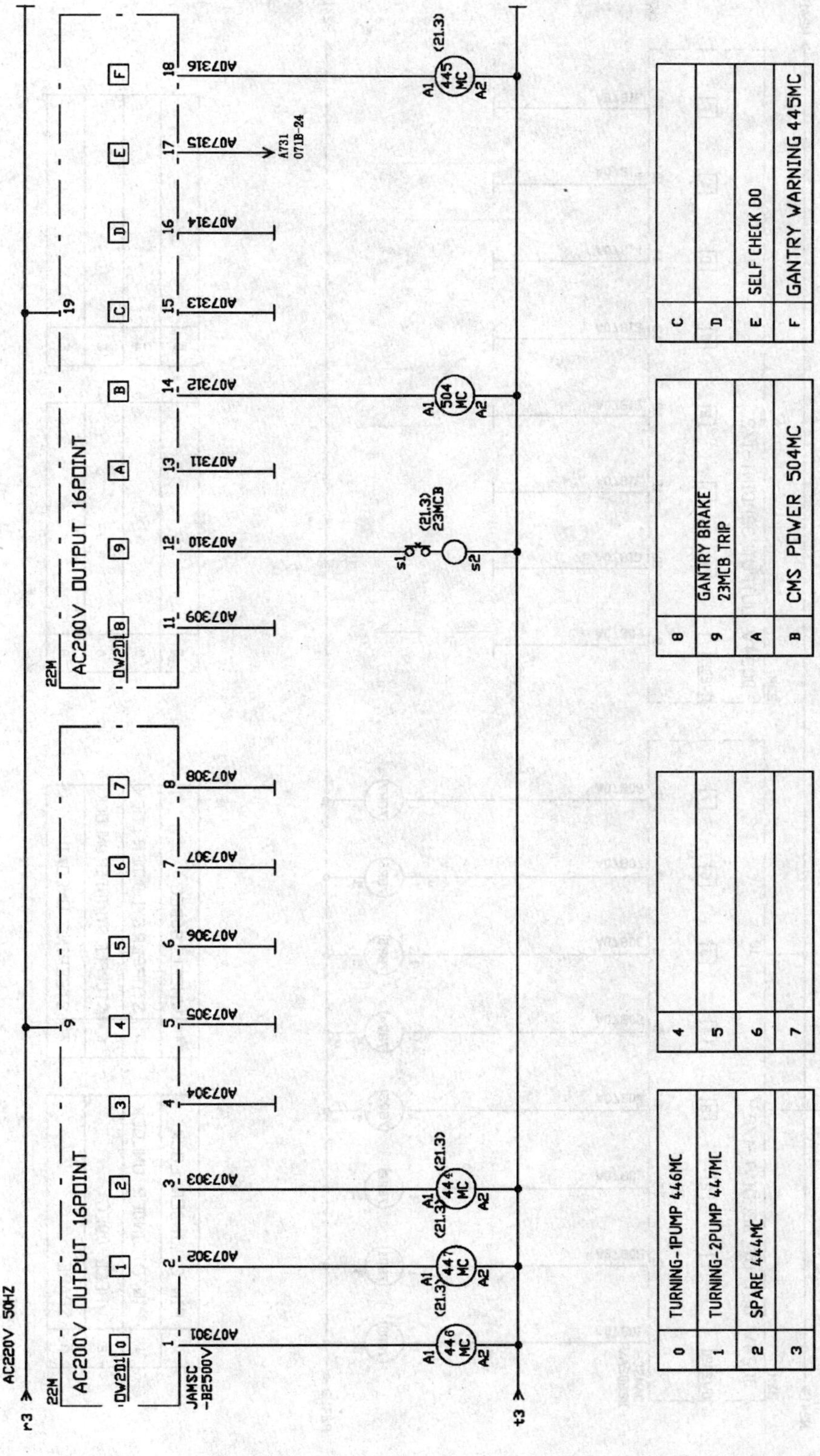

图 6-5-29　驱动型输出模块 22M

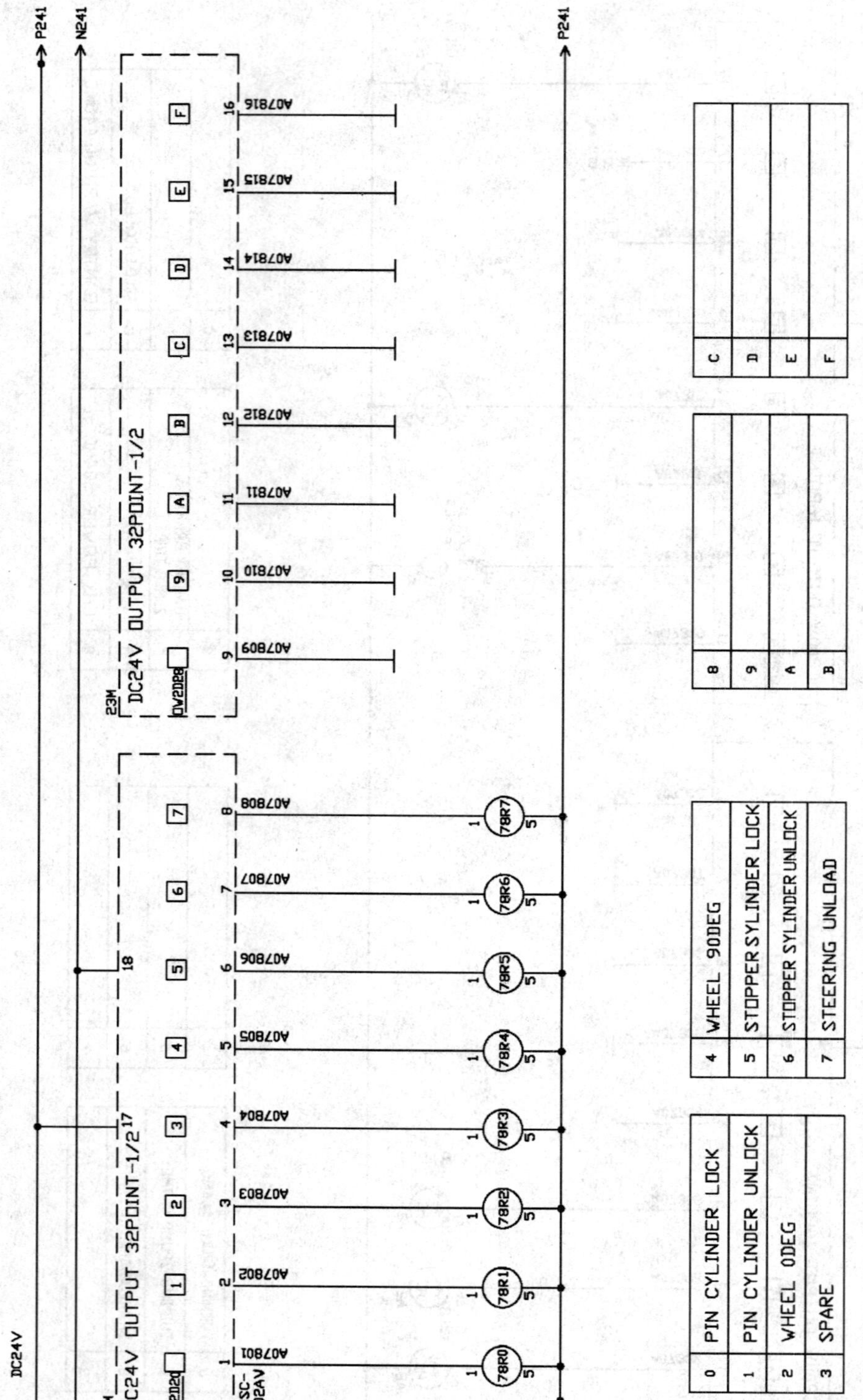

图 6-5-30 驱动型输出模块 23M(1)

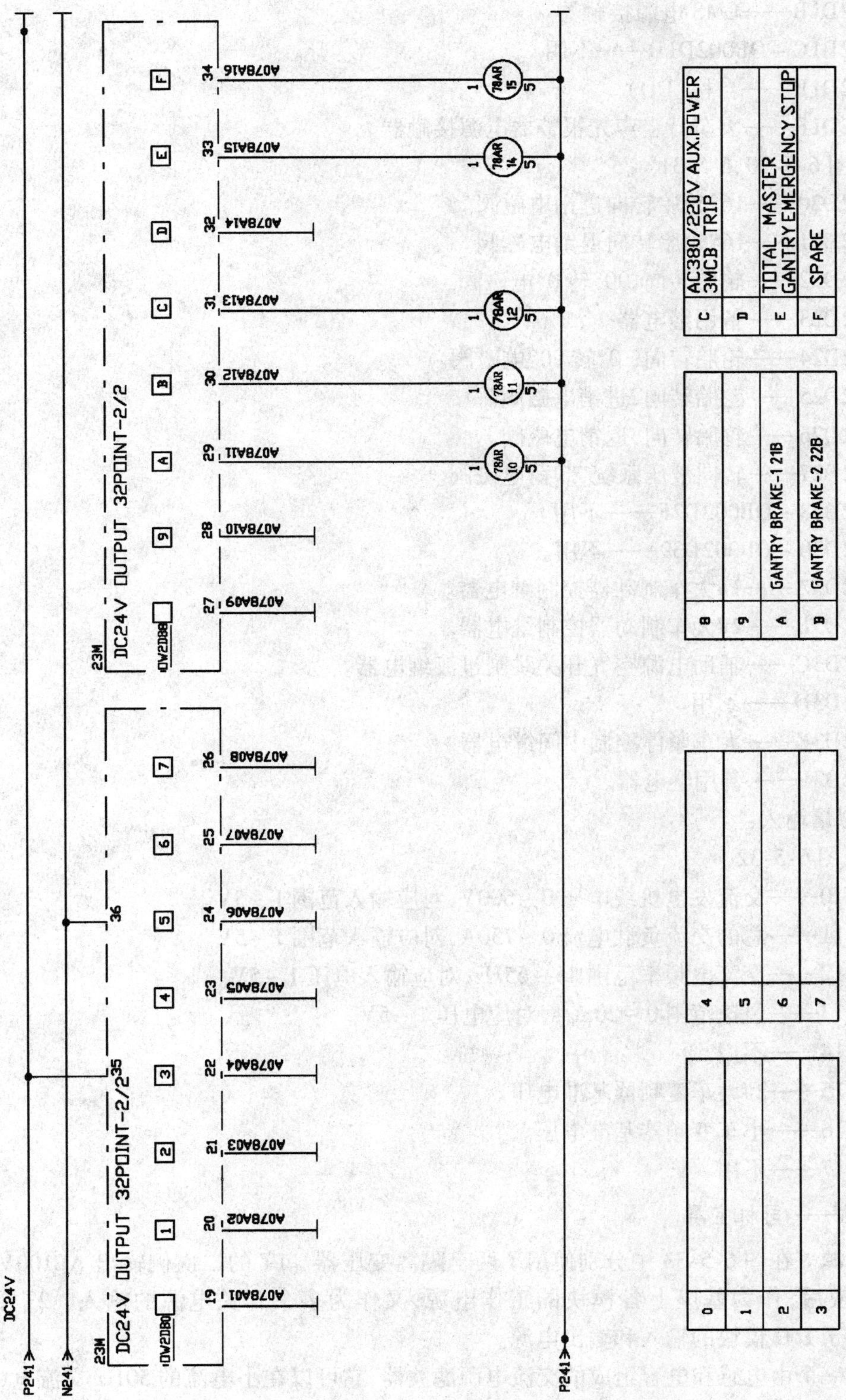

图 6-5-31 驱动型输出模块 23M(2)

OB002D1A——不用。

OB002D1B——CMS 电源接触器。

OB002D1C ~ OB002D1D——不用。

OB002D1E——自检(DO)。

OB002D1F——大车行走声光报警器电源接触器。

23M:图 6-5-30、6-5-31

OB002D20——16°轮胎转向进销电磁阀。

OB002D21——16°轮胎转向退销电磁阀。

OB002D22——轮胎转向,90°转 0°电磁阀。

OB002D23——备用继电器。

OB002D24——轮胎转向, 0°转 90°电磁阀。

OB002D25——轮胎转向,进销电磁阀。

OB002D26——轮胎转向,退销电磁阀。

OB002D27——转向液压系统,卸荷电磁阀。

OB002D28 ~ OB002D2F——不用。

OB002D30 ~ OB002D39——不用。

OB002D3A——1#大车制动器控制继电器。

OB002D3B——2#大车制动器控制继电器。

OB002D3C——辅助电源空气开关跳闸过渡继电器。

OB002D3D——不用。

OB002D3E——大车紧停控制中间继电器。

OB002D3F——备用继电器。

③模拟量输入:

1AIM:图 6-5-32

IW00210——交流发电机线电压 0 ~ 600V,对应输入范围 1 ~ 5V。

IW00211——总的交流负载电流 0 ~ 750A,对应输入范围 1 ~ 5V。

IW00212——交流电频率范围 45 ~ 65Hz,对应输入电压 1 ~ 5V。

IW00213——风速范围 0 ~ 20m/s,对应电压 1 ~ 5V。

IW00214——不用。

IW00215——2#大车变频器基准电压。

IW00216——小车变频器基准电压。

IW00217——不用。

2. 从站——司机室屏

(1)电源。在图 6-5-33 中分别使用了两个隔离变压器。1T 的二次侧输出 AC100V,经过 AC/DC 变换后,作为基座上各模块的工作电源,又作为多个开关电源的输入。2T 变压成 AC220V 用于 I/O 模块的输入和输出电源。

FIL 是一个由电感和电容组成的交流电源滤波器,它可以在小电流的 50Hz 交流电中滤除高频分量,为基座上的各模块提供一个较纯的电源。

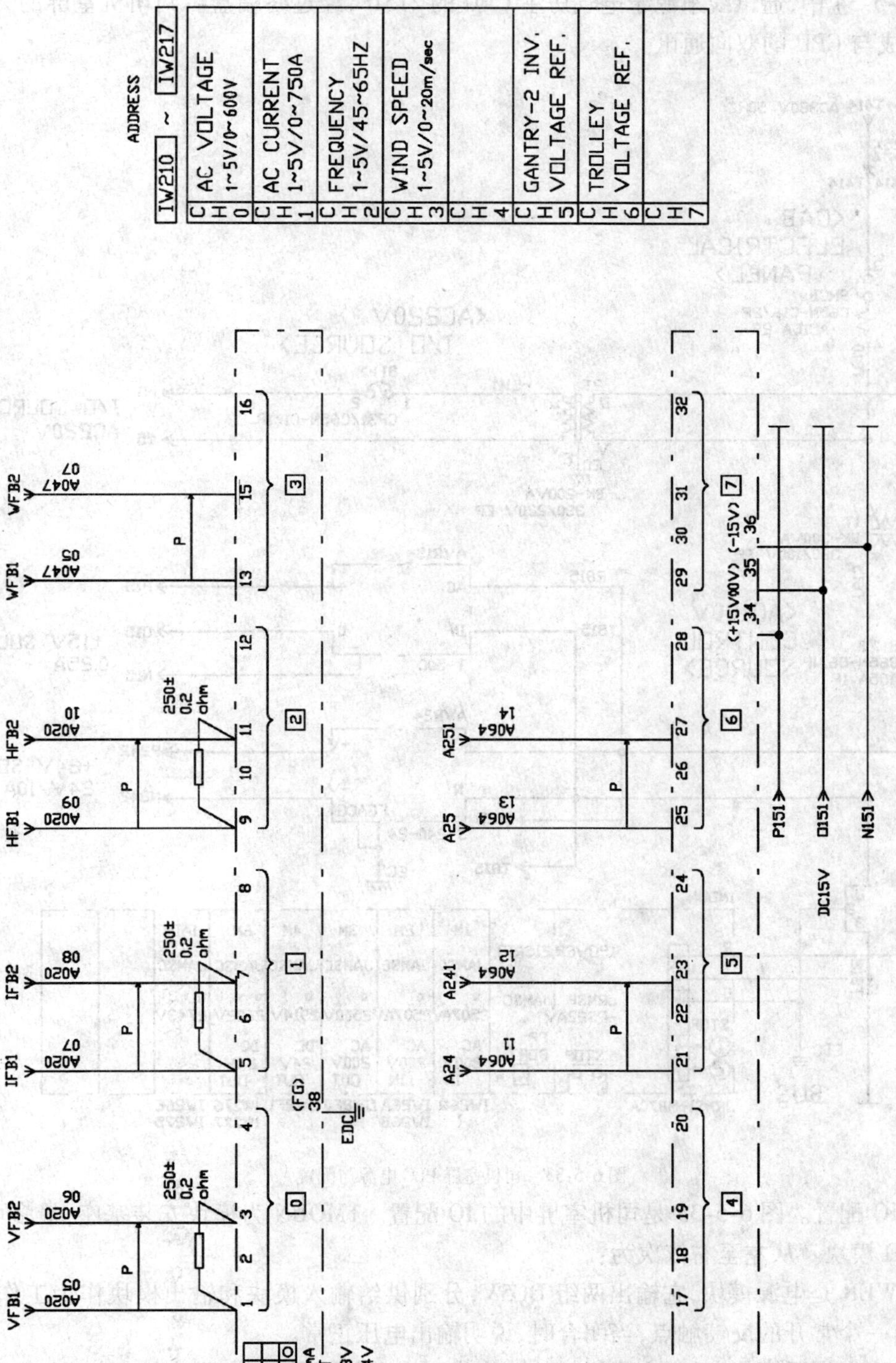

图 6-5-32　模拟量输入模块 1AIM

(2)通讯。司机室是整个通讯总线中的从站,它的215RIO因此被设置为3#站。

图6-5-34中,通讯线来源于电气房主CPU的215IF,经过终端盒后到司机室屏的215RIO模块,完成与CPU的双向通讯。

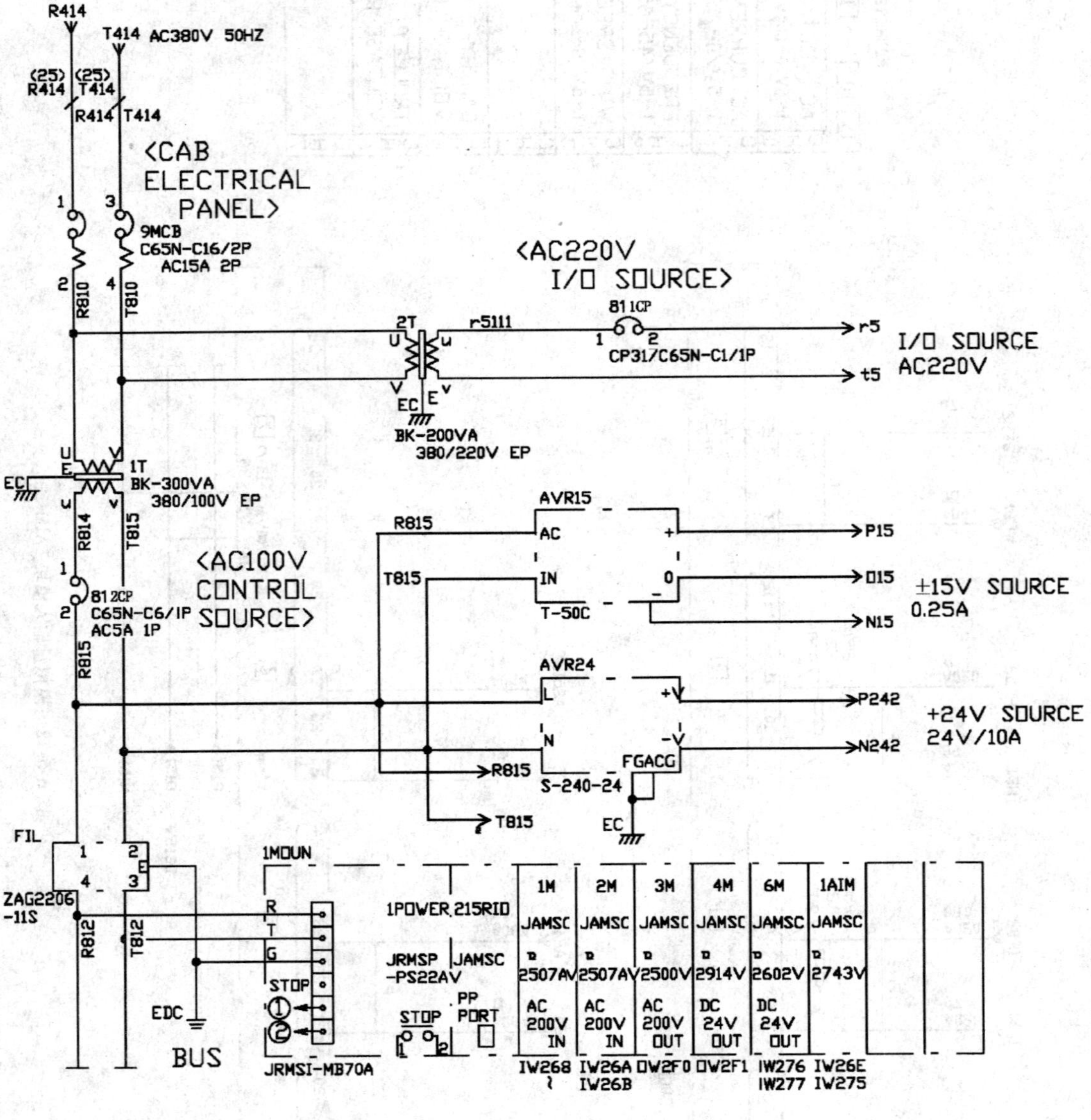

图6-5-33 司机室屏PLC电源与配置

(3)IO配置。图6-5-35是司机室屏中的IO配置。1MOUN为模块安装基座,最多可以安装9块IO模块。从左至右依次为:

1POWER是电源模块,它输出两组DC5V,分别供给输入模块和输出模块作为工作电源。模块中有一个常开的反馈触点,当闭合时,说明输出电压正常。

215RIO是通讯模块,远距离通讯模块。作为一个总线中的站,负责本站IO与主CPU间的通讯。

I/O的第1、2槽为同一型号的32点AC200V数字量输入模块。第3槽为16点带熔丝保护的 AC200V 功率输出模块。第 4 槽为 16 点继电器触点输出模块。第 5 槽为 32 点带熔丝保护的 DC24V 功率输出模块。第 6 槽为 8 通道模拟量电流型输入模块。

(4)PLC I/O:

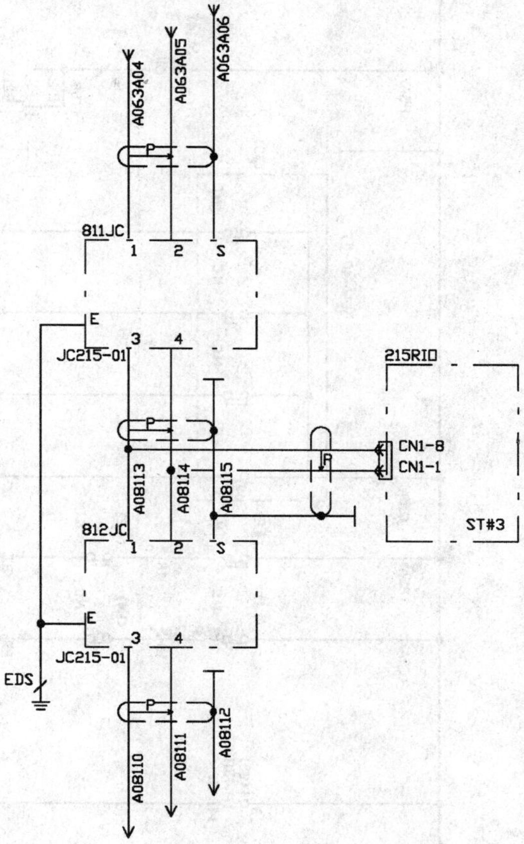

图 6-5-34 司机室屏通讯

①数字量输入:

1M:图 6-5-35 ~ 图 6-5-36

IB002680——小车架吊具屏电源空气开关反馈点(414MCB)。

IB002681——吊具纠偏右停止限位。

IB002682——吊具纠偏左停止限位。

IB002683——吊具纠偏右侧回零位置。

IB002684——吊具纠偏左侧回零位置。

IB002685——起升制动器电源跳闸故障(22MCB * 21THR * 22THR)

IB002686——起升制动器接触器反馈点(1B)。

IB002687——备用接触器反馈点(431MC)。

IB002688——起升电动机过热故障。

IB002689——小车电动机过热故障。

IB00268A——小车向前停止凸轮限位。

IB00268B——小车向后停止凸轮限位。

IB00268C——小车向前减速凸轮限位。

IB00268D——小车向后减速凸轮限位。

IB00268E——不用。

IB00268F——小车制动器限位。

IB002690——起升制动器限位 1。

IB002691——起升制动器限位 2。

IB002692——起升上升停止凸轮限位。

IB002693——起升上升减速凸轮限位。

IB002694——起升下降减速凸轮限位。

IB002695——起升下降停止凸轮限位。

IB002696——起升特定位置,允许小车高速凸轮限位。

IB002697——小车左侧锚锭限位。

IB002698——小车右侧锚锭限位。

IB002699——防摇制动器限位。

IB00269A——吊具向右纠偏接触器反馈点(431R)。

IB00269B——防摇制动器电源跳闸故障(439MCB * 439THR)。

IB00269C——自检(DI)。

IB00269D——吊具泵接触器反馈点(422MC)。

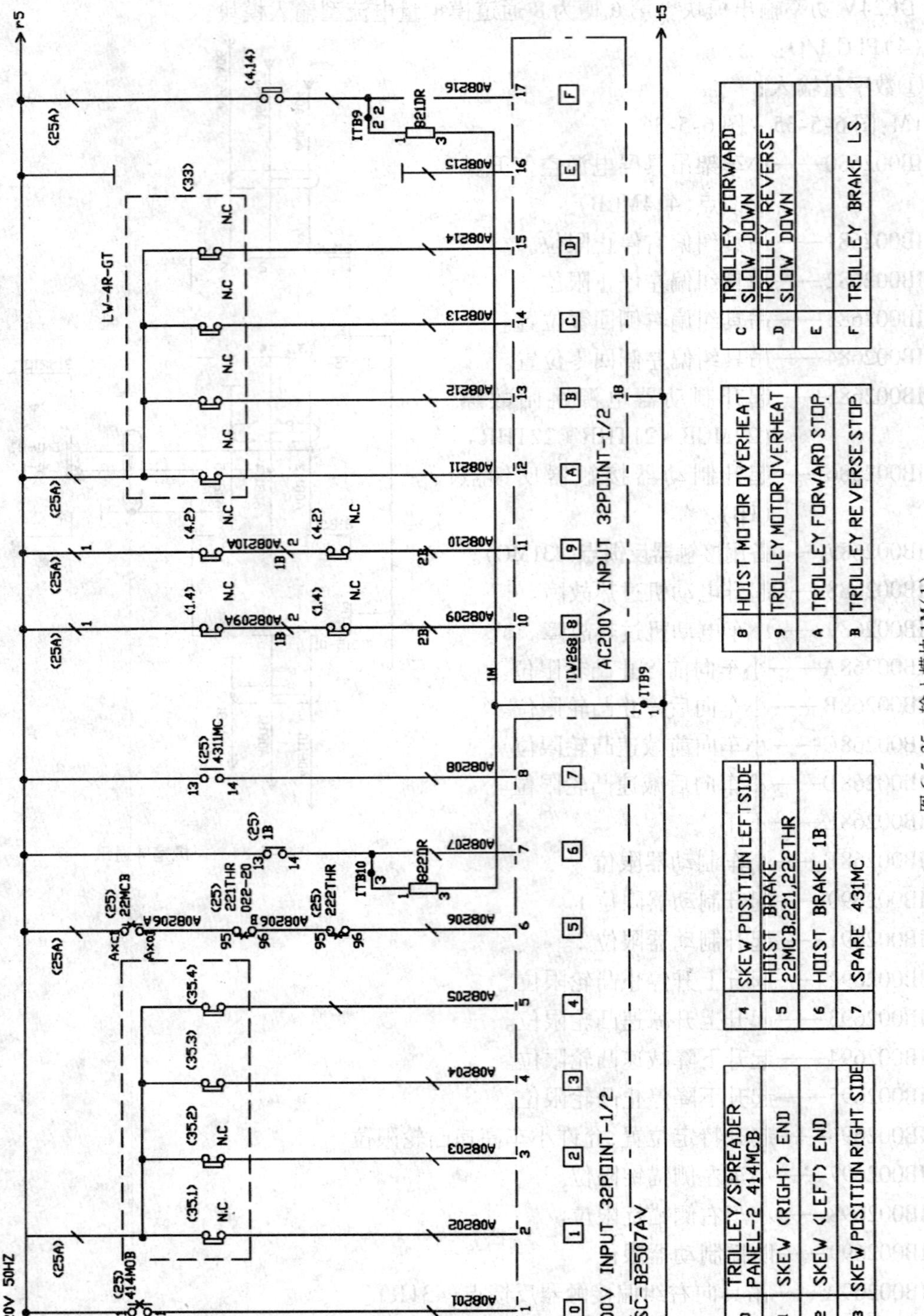

图 6-5-35 输入模块1M(Ⅰ)

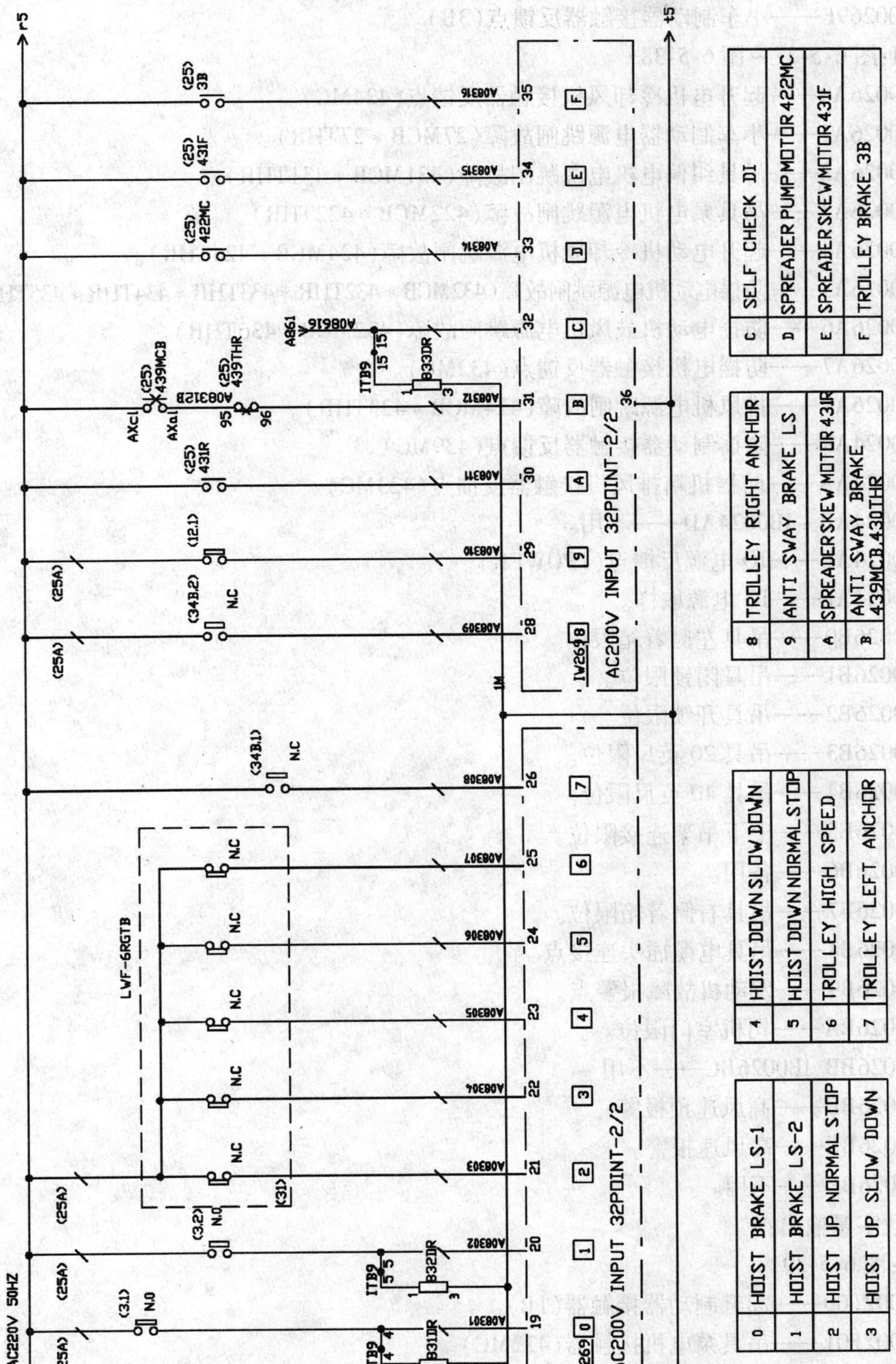

图 6-5-36　输入模块 1M(2)

IB00269E——吊具向左纠偏接触器反馈点(431F)。

IB00269F——小车制动器接触器反馈点(3B)。

2M:图 6-5-37 ~ 图 6-5-38

IB0026A0——起升电机冷却风机接触器反馈点(424MC)。

IB0026A1——小车制动器电源跳闸故障(27MCB * 27THR)。

IB0026A2——吊具纠偏电机电源跳闸故障(431MCB * 431THR)。

IB0026A3——吊具泵电机电源跳闸故障(422MCB * 422THR)。

IB0026A4——起升电动机冷却风机电源跳闸故障(424MCB * 424THR)。

IB0026A5——防摇电动机电源跳闸故障(432MCB * 432THR * 433THR * 434THR * 435THR)。

IB0026A6——防摇电动机鼓风机电源跳闸故障(432MCB * 436THR)。

IB0026A7——防摇电机接触器反馈点(432MC)。

IB0026A8——排风机电源跳闸故障(424MCB * 423THR)。

IB0024A9——防摇制动器接触器反馈点(439MC)。

IB0024AA——防摇机箱排风机接触器反馈点(423MC)。

IB0024AB ~ IB0024AD——不用。

IB0024AE——IO 电源反馈点(1POWER)。

IB0024AF——IO 电源取样。

IB0026B0——吊具左侧着箱限位。

IB0026B1——吊具闭锁限位。

IB0026B2——吊具开锁限位。

IB0026B3——吊具 20 英尺限位。

IB0026B4——吊具 40 英尺限位。

IB0026B5——上下吊架连接限位。

IB0026B6——备用。

IB0026B7——吊具右侧着箱限位。

IB0026B8——吊具电缆插头连接点。

IB0026B9——发动机故障报警点。

IB0026BA——司机室门限位。

IB0026BB、IB0026BC——不用

IB0026BD——高风速预报警。

IB0026BE——高风速报警。

IB0026BF——不用。

②数字量输出:

3M:图 6-5-39

OB002F00——起升制动器接触器(1B)。

OB002F01——吊具泵电机接触器(422MC)。

OB002F02——起升电机冷却风机接触器(424MC)。

OB002F03——吊具向左纠偏接触器(431F)。

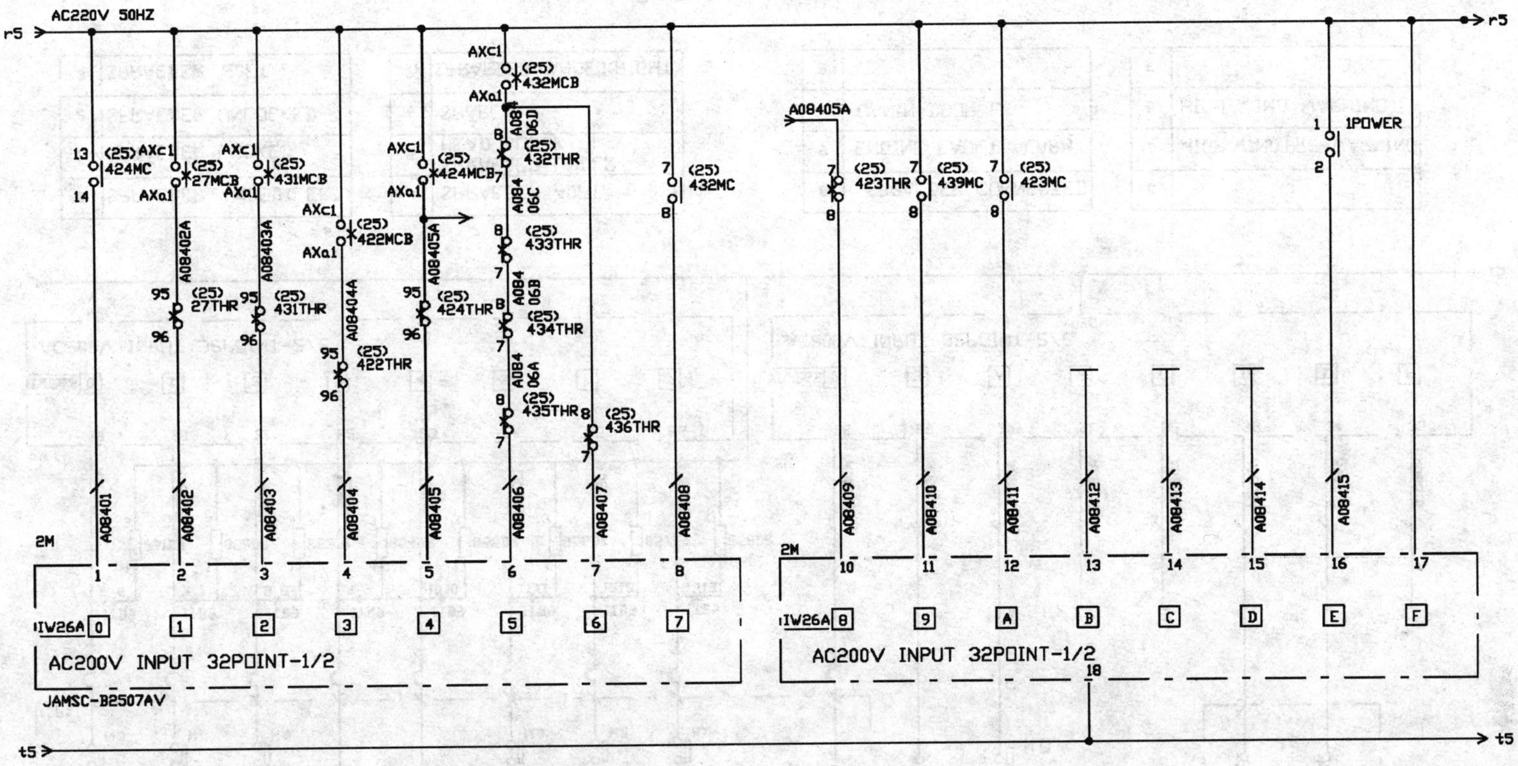

0	COOLING FAN FOR HOIST 424MC
1	TROLLEY BRAKE 27MCB OR 27THR
2	SKEW MOTOR 431MCB,431THR
3	SPREADER PUMP MOTOR 422MCB,422THR

4	COOLING FAN FOR HOIST MOTOR 424MCB,424THR
5	ANTI SWAY MOTOR 432MCB,432THR~435THR
6	ANTI SWAY BLOWER 436THR
7	ANTI SWRY MOTOR 432MC

8	VENTILATION FAN 423THR
9	ANTI SWAY BRAKE 439MC
A	VENTILATION FAN 423MC
B	

C	
D	
E	PLC START
F	REMOTE I/O AC NV(CAB)

图 6-5-37　输入模块 2M(1)

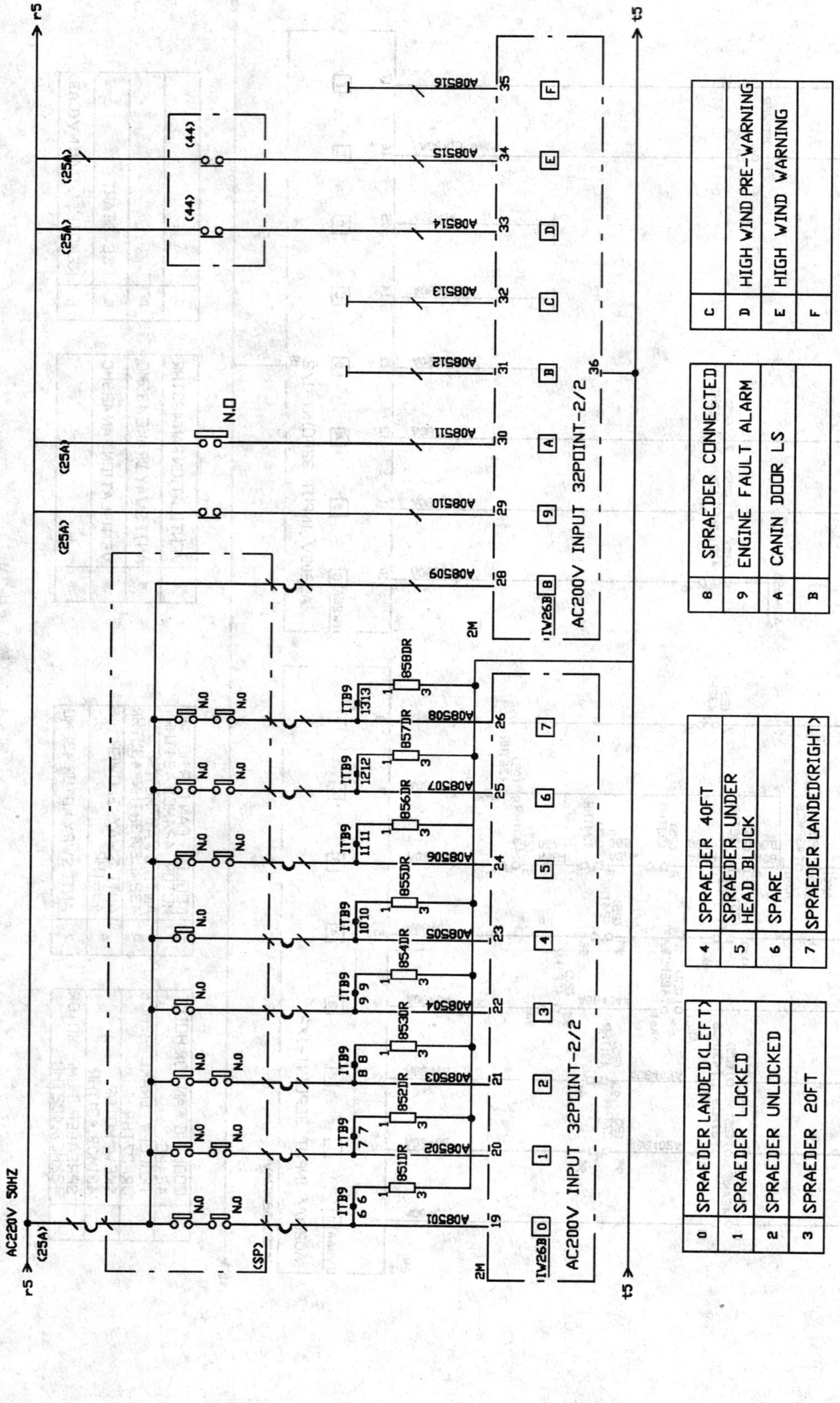

图 6-5-38　输入模块 2M(2)

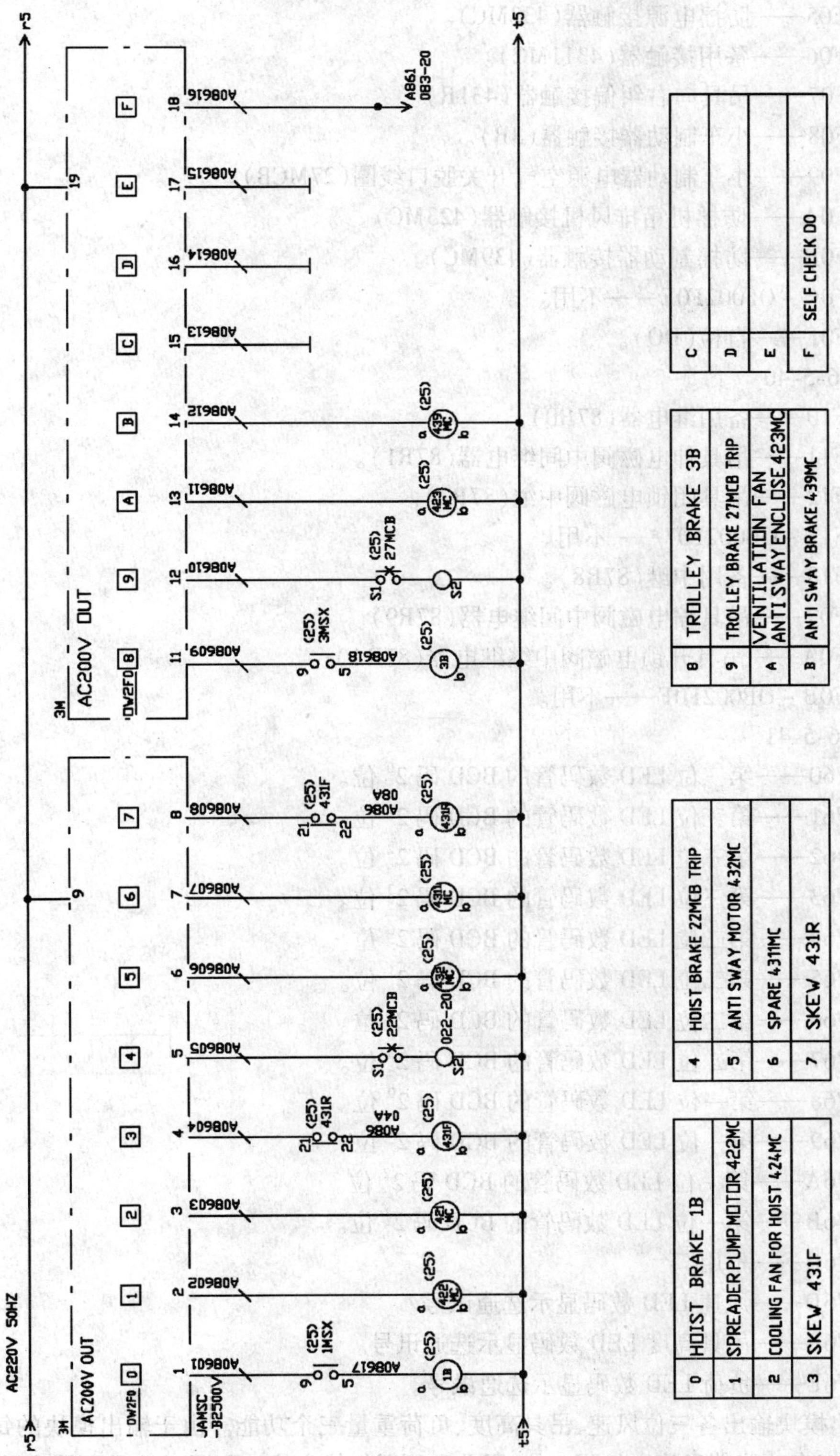

图 6-5-39 驱动型输出模块 3M

OB002F04——起升制动器电源空气开关脱口线圈(22MCB)。
OB002F05——防摇电源接触器(432MC)。
OB002F06——备用接触器(4311MC)。
OF002F07——吊具向右纠偏接触器(431R)。
OF002F08——小车制动器接触器(3B)。
OF002F09——小车制动器电源空气开关脱口线圈(27MCB)。
OF002F0A——防摇机箱排风机接触器(423MC)。
OF002F0B——防摇制动器接触器(439MC)。
OF002F0C ~ OF002F0E——不用。
OF002F0F——自检(DO)。
4M:图 6-5-40
OB002F10——备用继电器(87R0)。
OB002F11——吊具伸电磁阀中间继电器(87R1)。
OB002F12——吊具闭锁电磁阀中继(87R2)。
OB002F13 ~ OB002F07——不用。
OB002F18——备用中继(87R8)。
OB002F09——吊具缩电磁阀中间继电器(87R9)。
OB002F0A——吊具开锁电磁阀中继继电器(87RA)。
OB002F0B ~ OB002F0F——不用。
6M:图 6-5-41
OB002760——第三位 LED 数码管的 BCD 码 2^0 位。
OB002761——第三位 LED 数码管的 BCD 码 2^1 位。
OB002762——第三位 LED 数码管的 BCD 码 2^2 位。
OB002763——第三位 LED 数码管的 BCD 码 2^3 位。
OB002764——第二位 LED 数码管的 BCD 码 2^0 位。
OB002765——第二位 LED 数码管的 BCD 码 2^1 位。
OB002766——第二位 LED 数码管的 BCD 码 2^2 位。
OB002767——第二位 LED 数码管的 BCD 码 2^3 位。
OB002768——第一位 LED 数码管的 BCD 码 2^0 位。
OB002769——第一位 LED 数码管的 BCD 码 2^1 位。
OB00276A——第一位 LED 数码管的 BCD 码 2^2 位。
OB00276B——第一位 LED 数码管的 BCD 码 2^3 位。
OB00276C——不用。
OB00276D——风速 LED 数码显示选通讯号。
OB00276E——吊具高度 LED 数码显示选通讯号。
OB00276F——负荷 LED 数码显示选通讯号。

6M 输出模块输出各三位风速、吊具高度、负荷重量三个功能。由于输出模块的每 4 位都需同时驱动三个功能数码管中的同一位,因此采用了扫描方式。再通过选通讯号选择该功能,

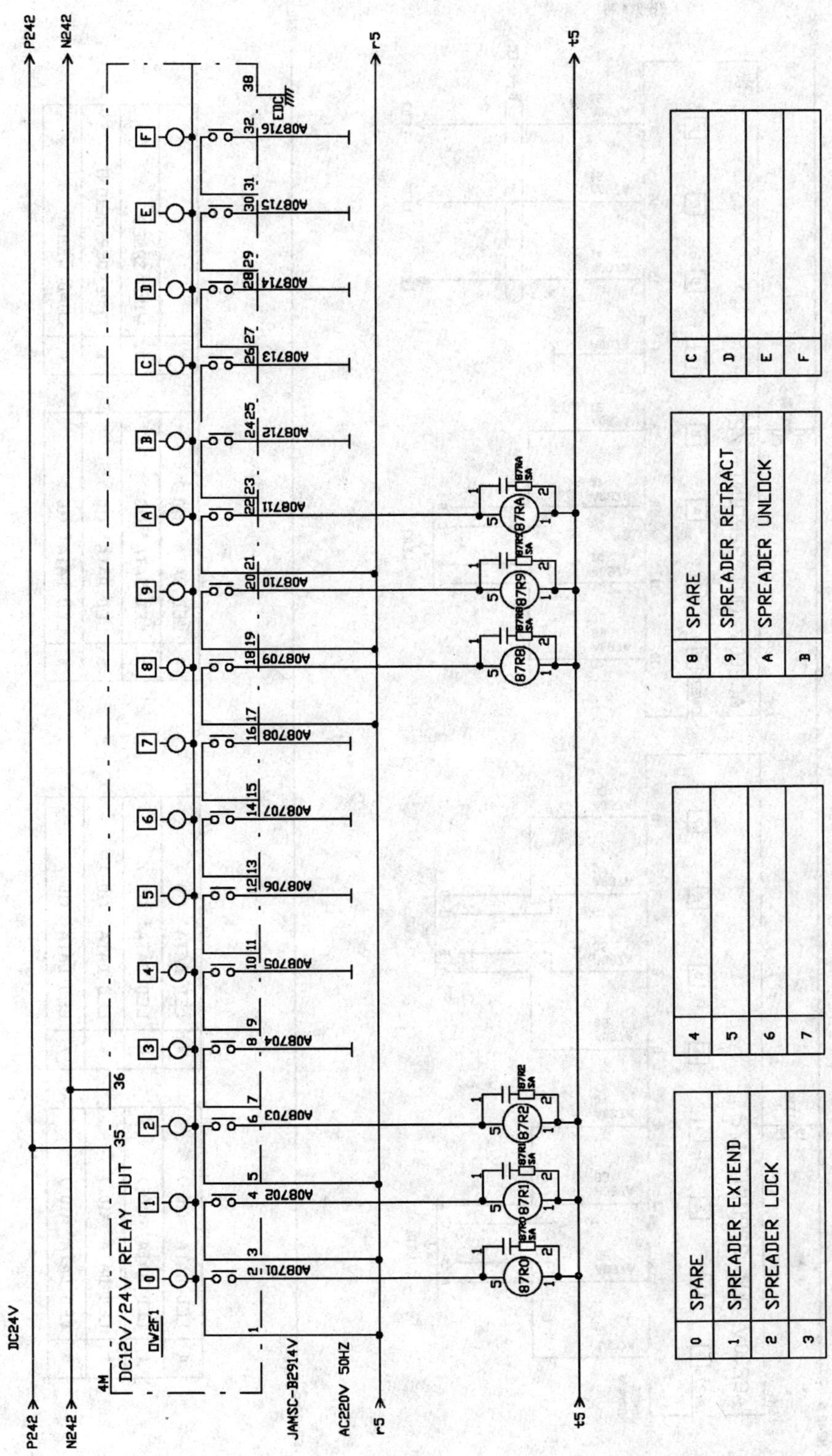

图 6-5-40　继电器型输出模块 4M

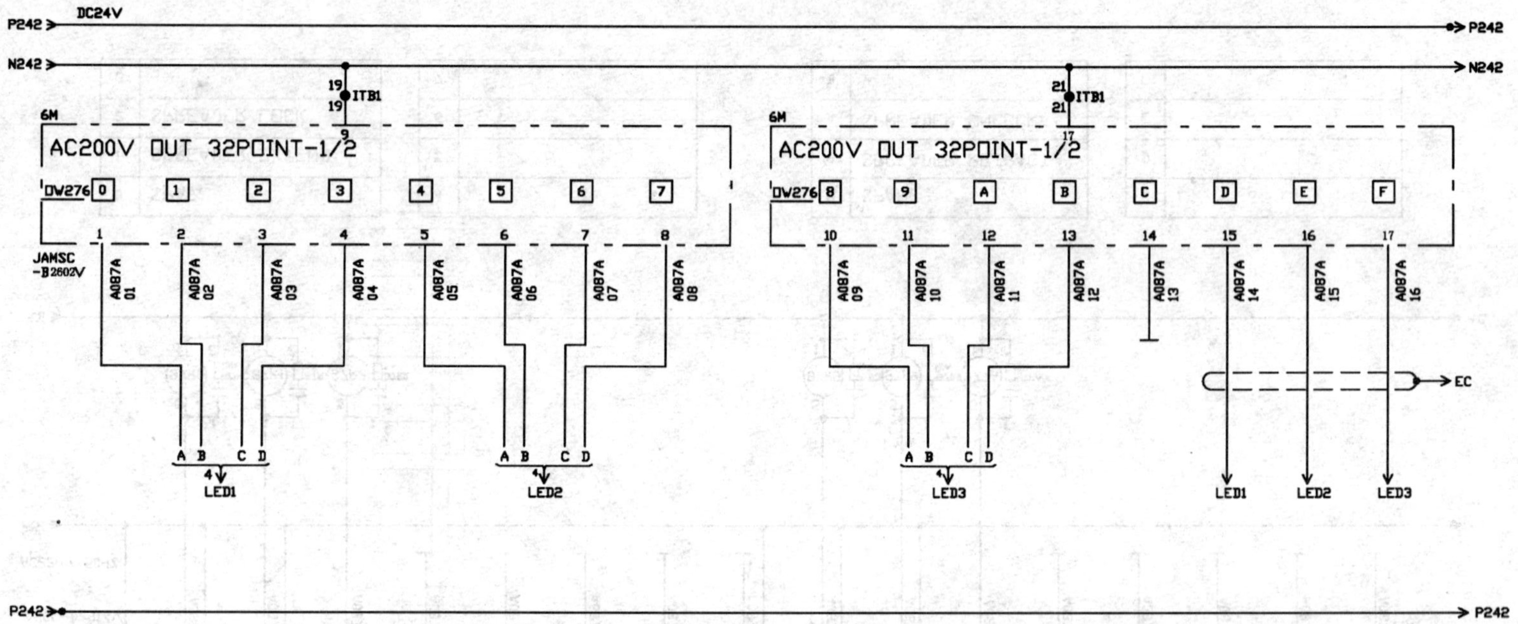

0	LED DATA^0 (10)
1	LED DATA^0 (10)
2	LED DATA^0 (10)
3	LED DATA^0 (10)

4	LED DATA^1 (10)
5	LED DATA^1 (10)
6	LED DATA^1 (10)
7	LED DATA^1 (10)

8	LED DATA^2 (10)
9	LED DATA^2 (10)
A	LED DATA^2 (10)
B	LED DATA^2 (10)

C	
D	WIND SPEED
E	SPREADER HEIGHT
F	LOAD WEIGHT

图 6-5-41　输出模块 6M

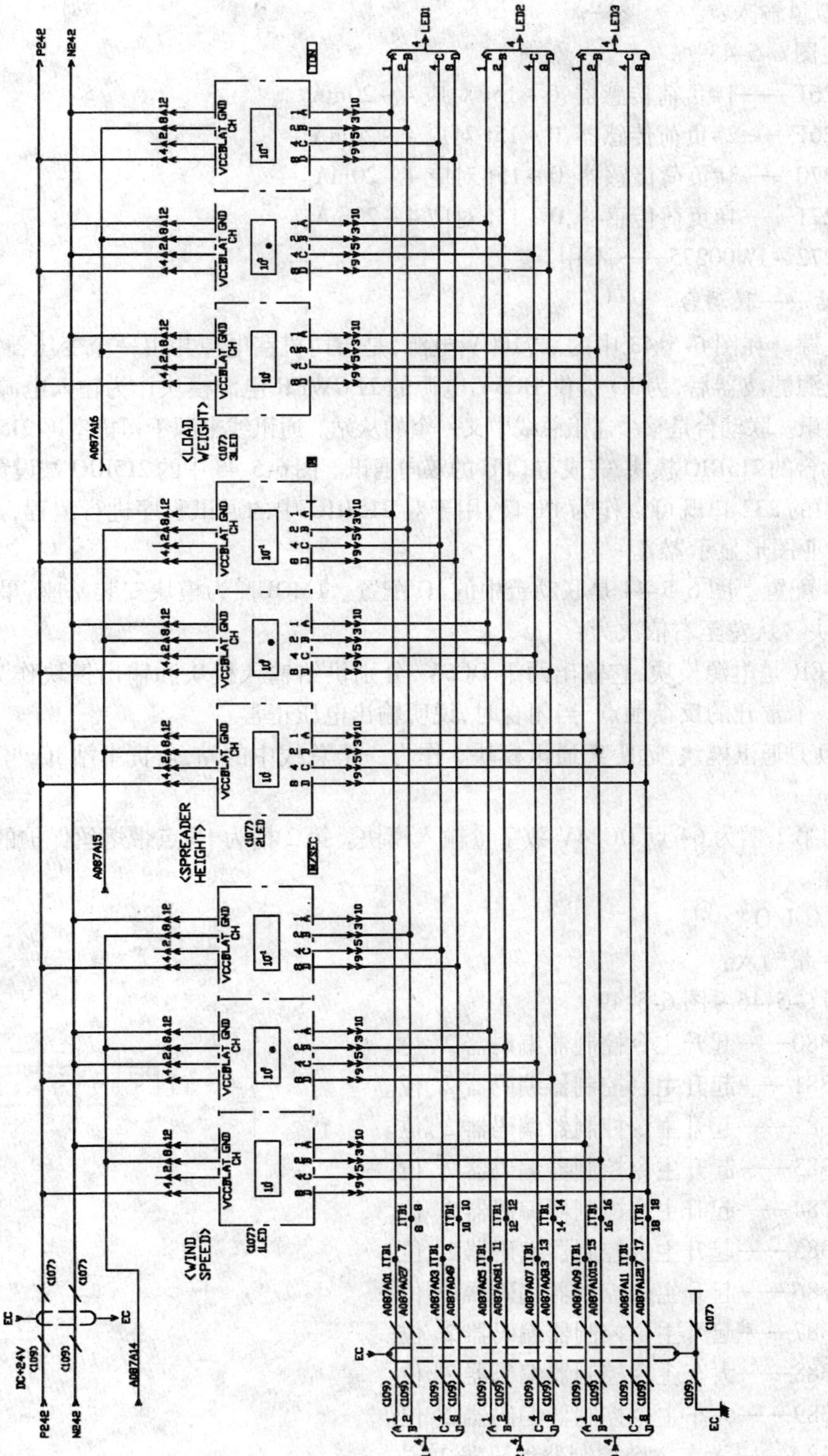

图 6-5-42　数码管显示器

如图 6-5-42 所示。

③模拟量输入:

1AIM:图 6-5-43

IW0026E——1#负荷传感器,0 ~ 15t 对应 4 ~ 20mA。

IW0026F——2#负荷传感器,0 ~ 15t 对应 4 ~ 20mA。

IW00270——3#负荷传感器,0 ~ 15t 对应 4 ~ 20mA。

IW00271——4#负荷传感器,0 ~ 15t 对应 4 ~ 20mA。

IW00272 ~ IW00275——不用。

3. 从站——联动台

(1)电源。在图 6-5-43 中的 AV100V 电源,是与司机室电源共用一个变压器 1T。在通过 FIL 交流电源滤波器后,为 IO 提供 DC5V 电源的 1POWER 电源模块作为输入电源。

(2)通讯。联动台是整个通讯总线中又一个的从站。通讯线来源于司机室屏 215IF,经过终端盒后到联动台的 215RIO 模块,完成与 CPU 的双向通讯。图 6-5-45 中的 215RIO 被设置为 4#站。

模块中的 232 口既可以作为 PP 口,用于对 215RIO 中的通讯程序进行编程,又可连接 GP(触摸式工业图形显示器)。

(3)IO 配置。图 6-5-44 是联动台中的 IO 配置。1MOUN 为模块安装基座,最多可以安装 8 块 IO 模块。从左至右依次为:

1POWER 是电源模块,它输出两组 DC5V,分别供给输入模块和输出模块作为工作电源。模块中有一个常开的反馈触点,当闭合时,说明输出电压正常。

215RIO 是通讯模块,远距离通讯模块。作为一个总线中的站,负责本站 IO 与主 CPU 间的通讯。

I/O 的第 1 槽为 64 点 DC24V 数字量输入模块。第 2 槽为 16 点带熔丝保护的 AC200V 功率输出模块。

(4)PLC I/O:

①数字量输入:

1M:图 6-5-46 ~ 图 6-5-49

IB002380——起升主令控制器编码器 2^0 位。

IB002381——起升主令控制器编码器 2^1 位。

IB002382——起升主令控制器编码器 2^2 位。

IB002383——起升主令控制器编码器 2^3 位。

IB002384——起升主令控制器编码器 2^4 位。

IB002385——起升主令控制器编码器 2^5 位。

IB002386——起升主令控制器编码器 2^6 位。

IB002387——起升主令控制器编码器 2^7 位。

IB002388——大车主令控制器编码器 2^0 位。

IB002389——大车主令控制器编码器 2^1 位。

IB00238A——大车主令控制器编码器 2^2 位。

IB00238B——大车主令控制器编码器 2^3 位。

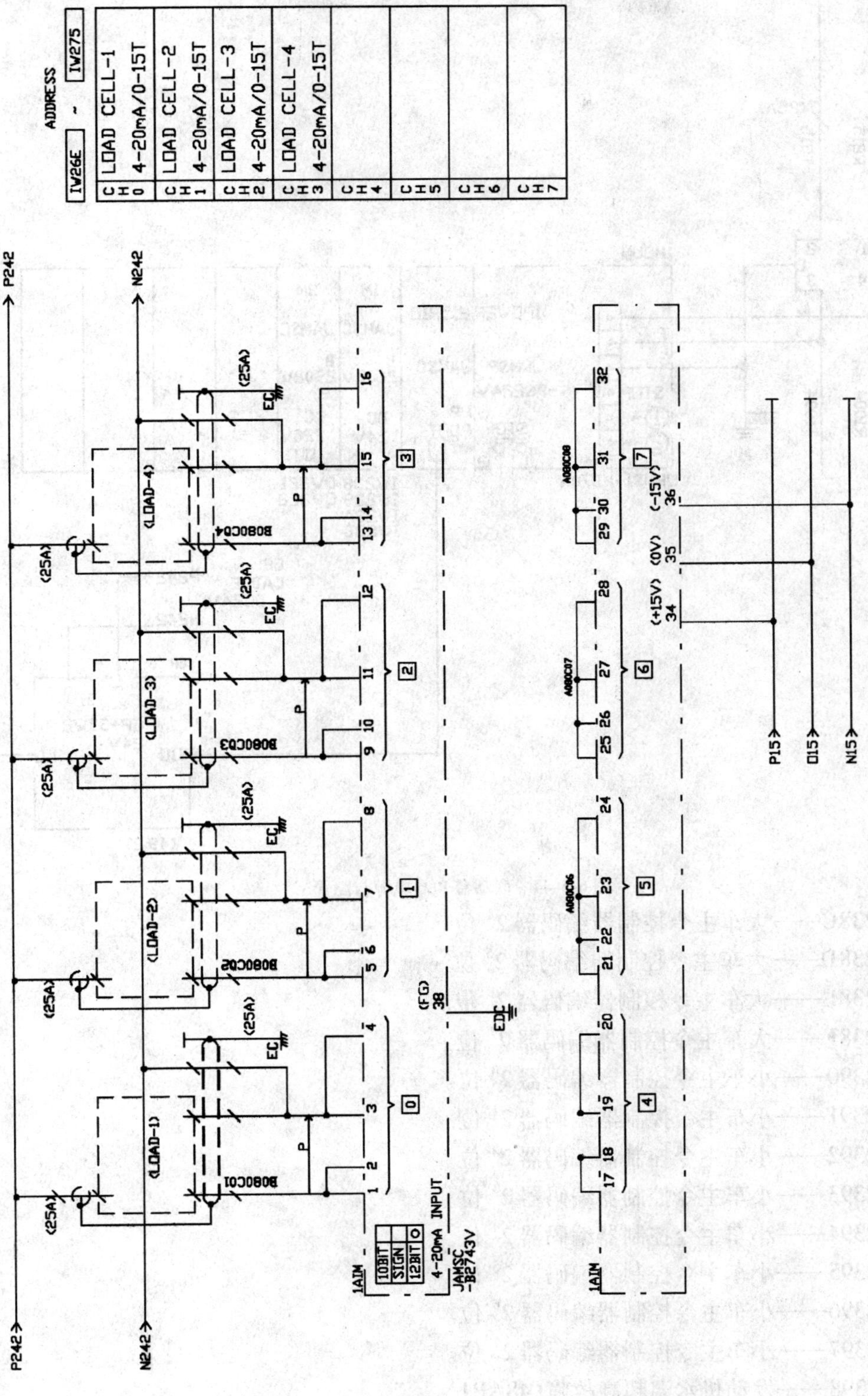

图 6-5-43　模拟量输入模块 1AIM

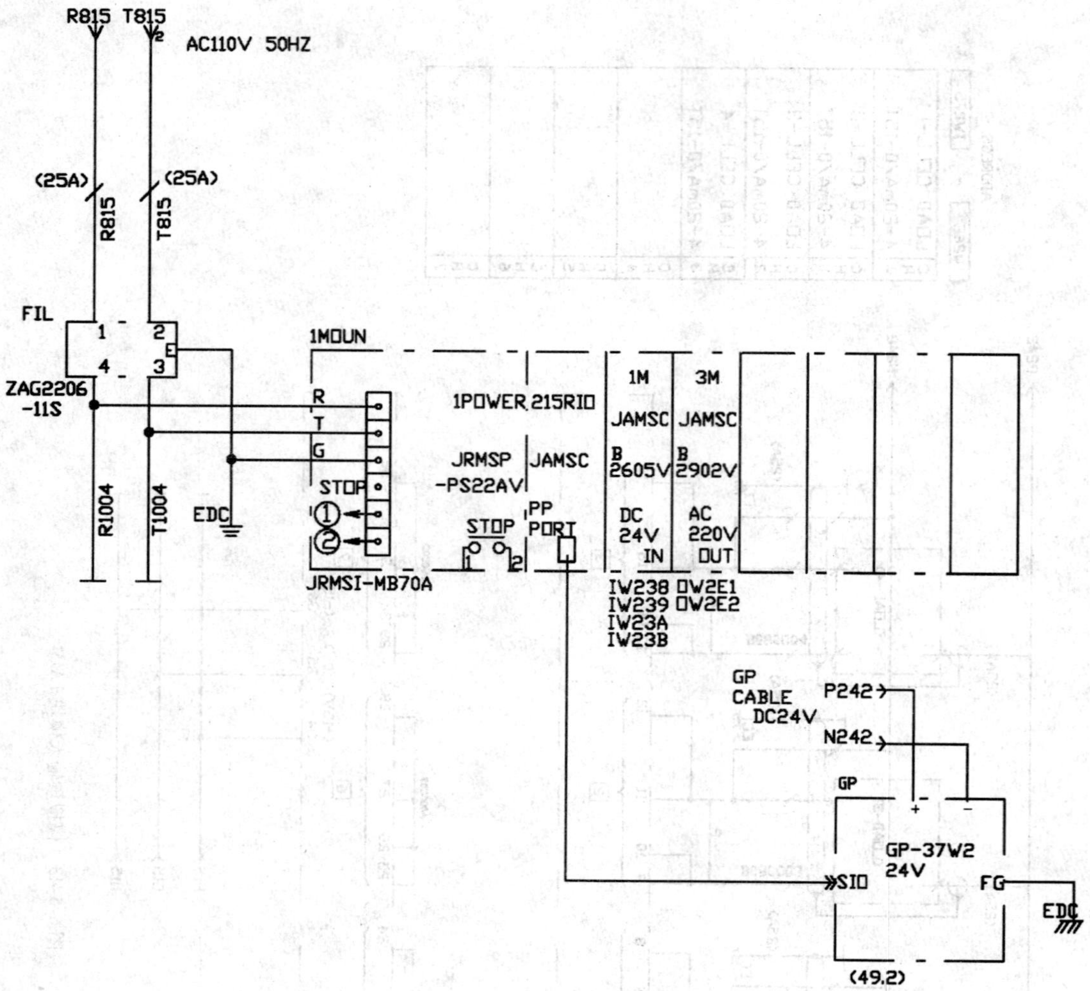

图 6-5-44　联动台 PLC 电源与配置

IB00238C——大车主令控制器编码器 2^4 位。

IB00238D——大车主令控制器编码器 2^5 位。

IB00238E——大车主令控制器编码器 2^6 位。

IB00238F——大车主令控制器编码器 2^7 位。

IB002390——小车主令控制器编码器 2^0 位。

IB002391——小车主令控制器编码器 2^1 位。

IB002392——小车主令控制器编码器 2^2 位。

IB002393——小车主令控制器编码器 2^3 位。

IB002394——小车主令控制器编码器 2^4 位。

IB002395——小车主令控制器编码器 2^5 位。

IB002396——小车主令控制器编码器 2^6 位。

IB002397——小车主令控制器编码器 2^7 位。

IB002398——发动机水温超高故障(48AR1)。

IB002399——发动机水位低故障(48AR2)。
IB00239A——发动机机油压力低故障(48AR3)。
IB00239B——发动机机油油位低故障(48AR4)。
IB00239C——吊具旁路选择开关(3BSS)。
IB00239D——发动机超速故障(48AR5)。
IB00239E——故障复位按钮(4BS)。
IB00239F——联动台IO自检(DI)。
IB0023A0——极限旁路按钮(4BS)。
IB0023A1——司机室紧停信号(EBS)。
IB0023A2——起升主令控制器,零位点。
IB0023A3——起升主令控制器,上升指令。
IB0023A4——起升主令控制器,下降指令。
IB0023A5——大车主令控制器,零位点。
IB0023A6——大车主令控制器,右行指令。
IB0023A7——大车主令控制器,左行指令。
IB0023A8——小车主令控制器,零位。
IB0023A9——小车主令控制器,向前指令。
IB0023AA——小车主令控制器,向后指令。
IB0023AB——吊具闭锁选择开关(2CS)。
IB0023AC——吊具开锁选择开关(2CS)。
IB0023AD——吊具纠偏归零按钮(2BSL)。
IB0023AE——吊具向左纠偏选择开关(1CS)。
IB0023AF——吊具向右纠偏选择开关(1CS)。
IB0023B0——试灯按钮(1BS)。
IB0023B1——吊具20ft性质开关(3BSS)。
IB0023B2——吊具40ft性质开关(3BSS)。
IB0023B3——控制电断开按钮(2BS)。
IB0023B4——轮胎转向90°选择开关(5BSS)。
IB0023B5——轮胎转向0°选择开关(5BSS)。
IB0023B6——控制电接通按钮(1BS)。
IB0023B7——轮胎16°转向开关(6BSS)。
IB0023B8——吊具油泵断电按钮(2BS)。
IB0023B9——吊具油泵通电按钮(1BSL)。
IB0023BA——轮胎转向油泵断电按钮(3BS)。
IB0023BB——轮胎转向油泵通电按钮(2BSL)。

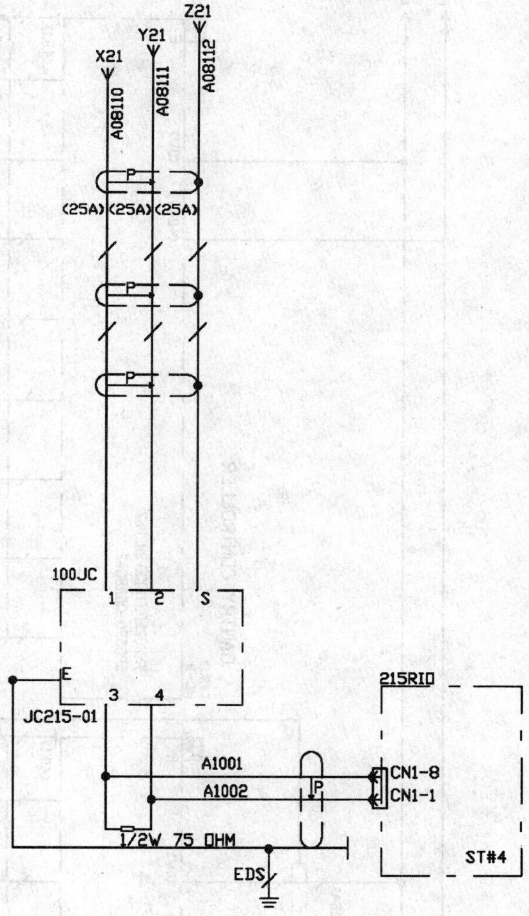

图6-5-45 联动台通讯

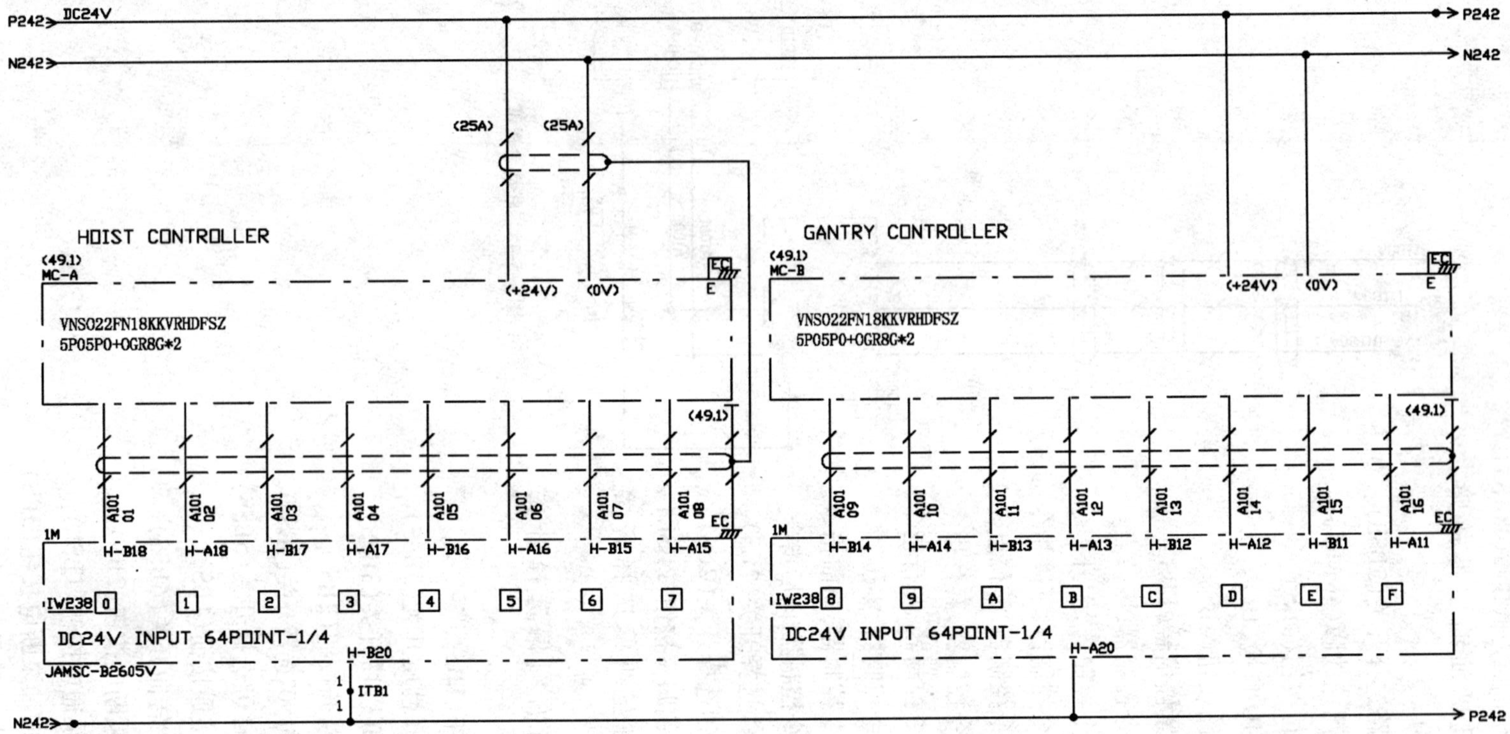

0	HOIST CONTROLLER DATA2
1	HOIST CONTROLLER DATA2
2	HOIST CONTROLLER DATA2
3	HOIST CONTROLLER DATA2
4	HOIST CONTROLLER DATA2
5	HOIST CONTROLLER DATA2
6	HOIST CONTROLLER DATA2
7	HOIST CONTROLLER DATA2
8	GANTRY CONTROLLER DATA2
9	GANTRY CONTROLLER DATA2
A	GANTRY CONTROLLER DATA2
B	GANTRY CONTROLLER DATA2
C	GANTRY CONTROLLER DATA2
D	GANTRY CONTROLLER DATA2
E	GANTRY CONTROLLER DATA2
F	GANTRY CONTROLLER DATA2YSAD

图6-5-46 输入模块1M(1)

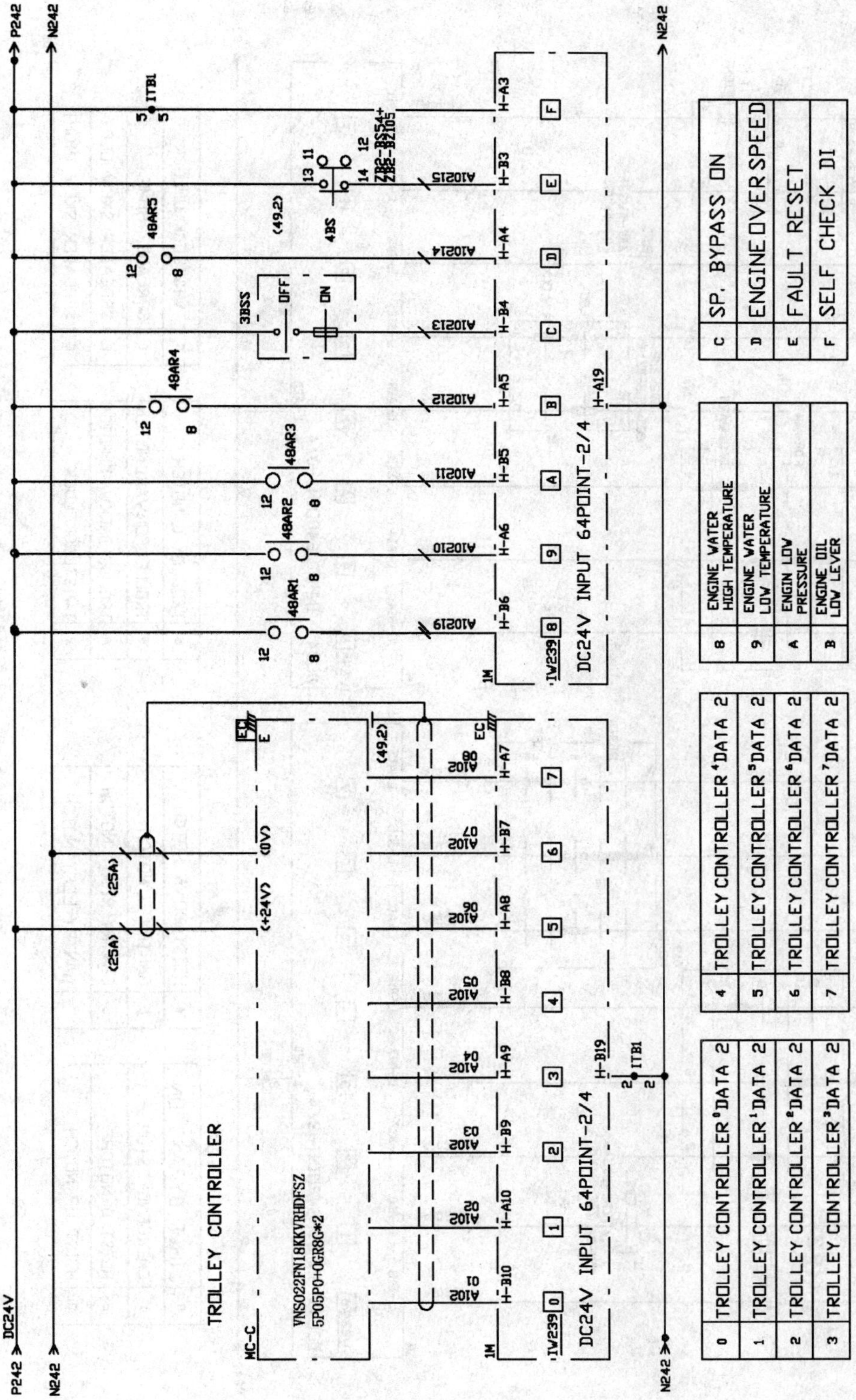

图6-5-47　输入模块1M(2)

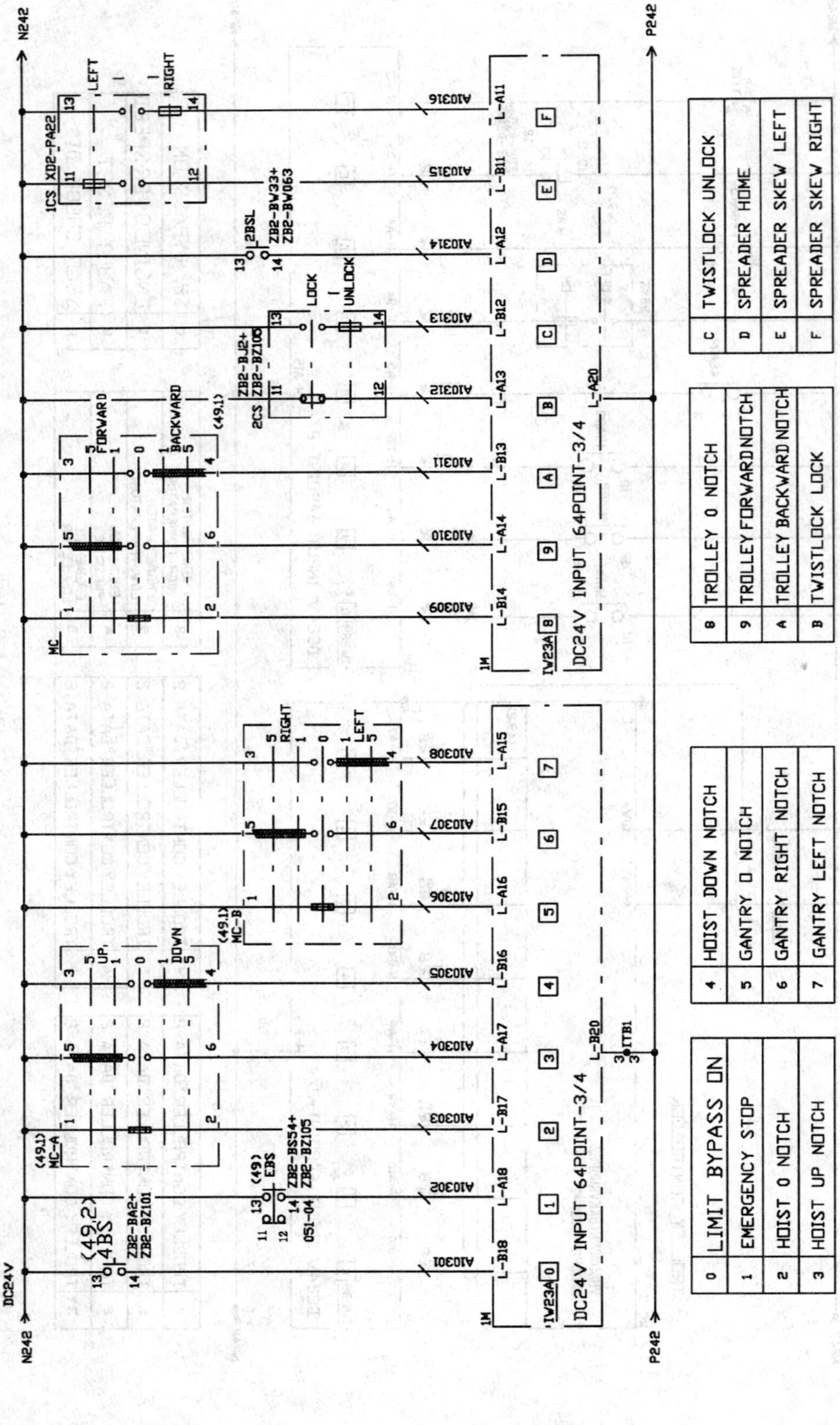

图 6-5-48　输入模块 1M(3)

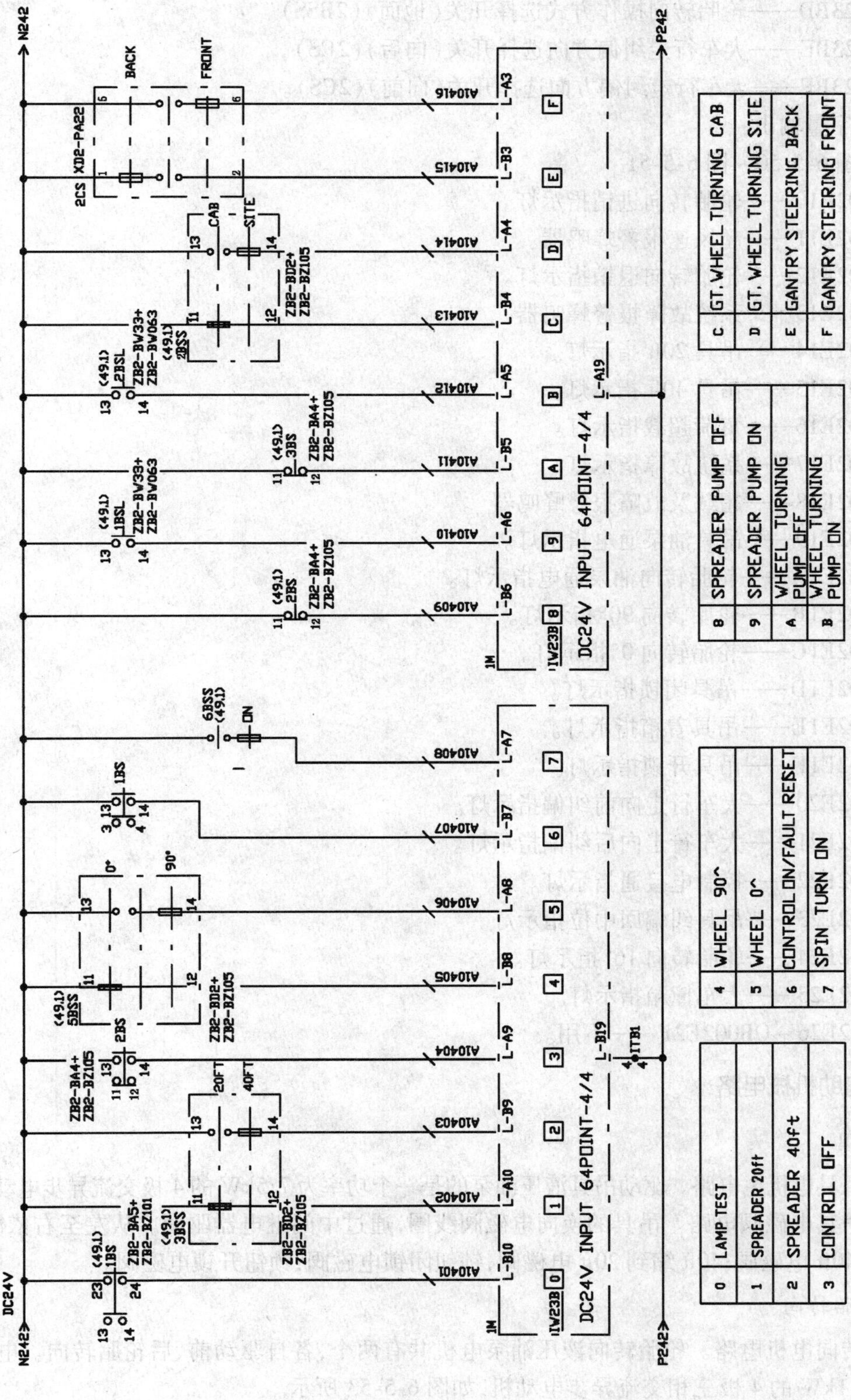

图 6-5-49　输入模块 1M(4)

IB0023BC——轮胎转向操作方式选择开关(司机室)(2BSS)。
IB0023BD——轮胎转向操作方式选择开关(地面)(2BSS)。
IB0023BE——大车行走纠偏方向选择开关(向后)(2CS)。
IB0023BF——大车行走纠偏方向选择开关(向前)(2CS)。

②数字量输出:

3M:图 6-5-50 ~ 图 6-5-51

OB002E10——轮胎转向进销指示灯。
OB002E11——超风速报警蜂鸣器。
OB002E12——轮胎转向退销指示灯。
OB002E13——系统故障报警蜂鸣器。
OB002E14——吊具 20ft 指示灯。
OB002E15——吊具 40ft 指示灯。
OB002E16——负荷超载指示灯。
OB002E17——系统故障指示灯。
OB002E18——超载及故障报警蜂鸣器
OB002E19——吊具油泵通电指示灯。
OB002E1A——轮胎转向油泵通电指示灯。
OB002E1B——轮胎转向 90°指示灯。
OB002E1C——轮胎转向 0°指示灯。
OB002E1D——吊具闭锁指示灯。
OB002E1E——吊具着箱指示灯。
OB002E1F——吊具开锁指示灯。
OB002E20——大车行走向前纠偏指示灯。
OB002E21——大车行走向后纠偏指示灯。
OB002E22——控制电接通指示灯。
OB002E23——吊具纠偏回中位指示灯。
OB002E24——轮胎转向 16°指示灯。
OB002E25——大车撞箱指示灯。
OB002E26 ~ OB002E2F——不用。

五、辅助机械电路

1. 吊具

(1)吊具电机主电路。驱动吊具液压油泵的是一个功率为 7.5kW 的 4 极交流异步电动机。

(2)吊具电磁阀电路。吊具的换向电磁阀线圈,通过中间继电器驱动。从左至右依次为:20ft 伸到 40ft 电磁阀;40ft 缩到 20ft 电磁阀;锁钮闭锁电磁阀;锁钮开锁电磁阀。

2. 轮胎转向

(1)转向电机电路。轮胎转向液压油泵电机共有两个,各自驱动前、后轮胎转向。电机使用 380V,11kW 的 4 极三相交流异步电动机,如图 6-5-53 所示。

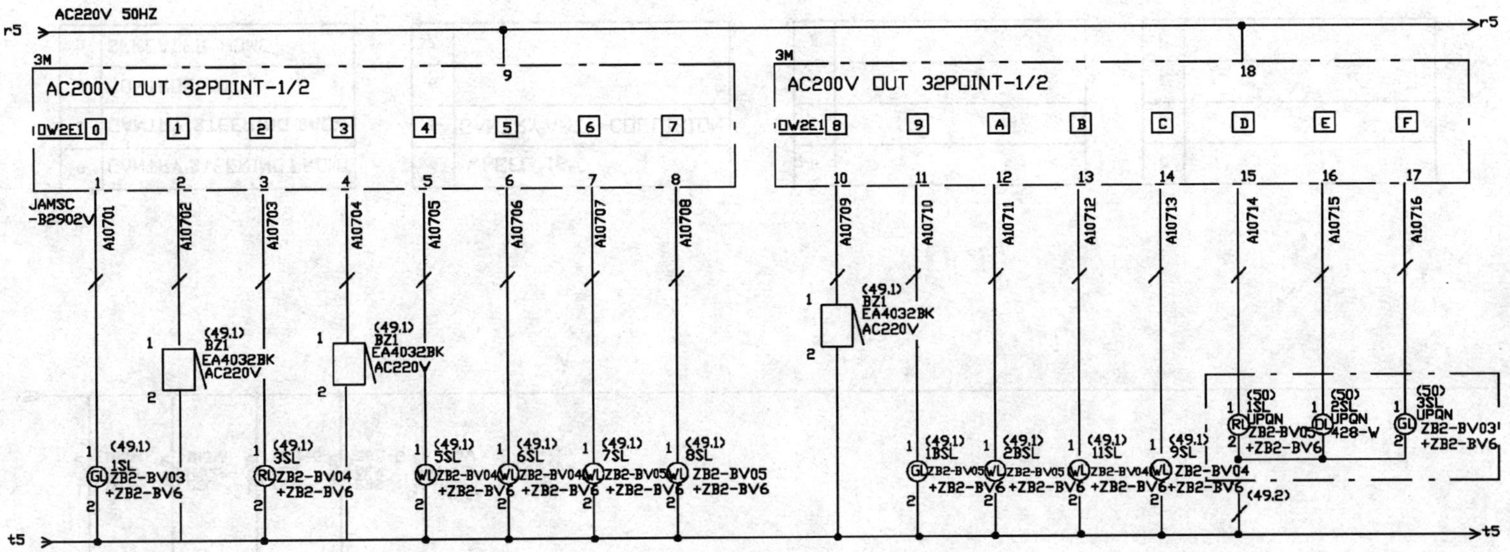

0	WHEEL TURNING LOCK
1	HIGH WIND ALARM
2	WHEEL TURNING UNLOCK
3	SYSTEM FAULT ALARM

4	SPREADER 20′
5	SPREADER 40′
6	OVERLOAD
7	SYSTEM FAULT

8	OVERLOAD/FAULT ALARM
9	SPREADER PUMP ON
A	WHEEL TURNING PUMP ON
B	WHEEL 90°

C	WHEEL 0
D	SPREADER LOCKED
E	SPREADER LANDED
F	SPREADER UNLOCKED

图 6-5-50　驱动型输出模块 3M(1)

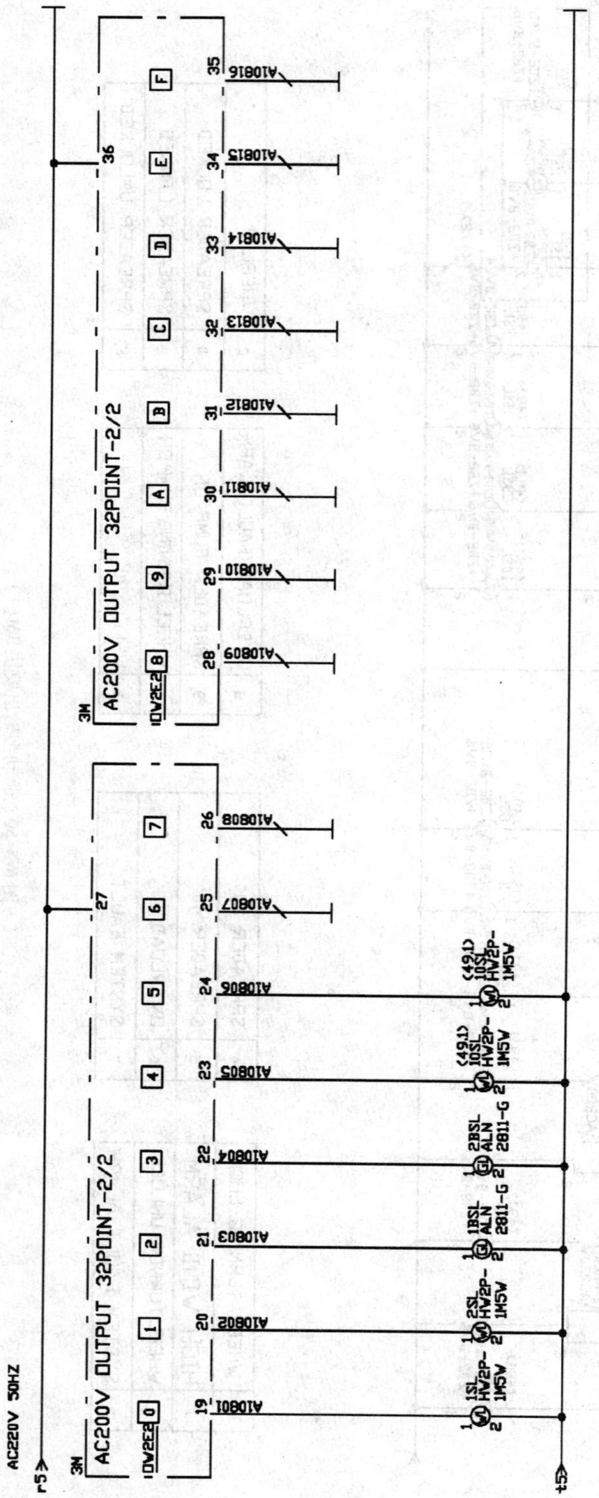

0	GANTRY STEERING FRONT
1	GANTRY STEERING BACK
2	CONTROL ON
3	SPREADER HOME
4	WHEEL 16°
5	GANTRY ANTI-COLLISION
6	
7	
8	
9	
A	
B	
C	
D	
E	
F	

图 6-5-51 驱动型输出模块 3M(2)

(2)转向电磁阀电路。轮胎转向换向电磁阀线圈,由中间继电器驱动。且前后功能相同的电磁阀线圈在电路上并联,见图6-5-54。下面以中继顺序排列控制的电磁阀依次为:

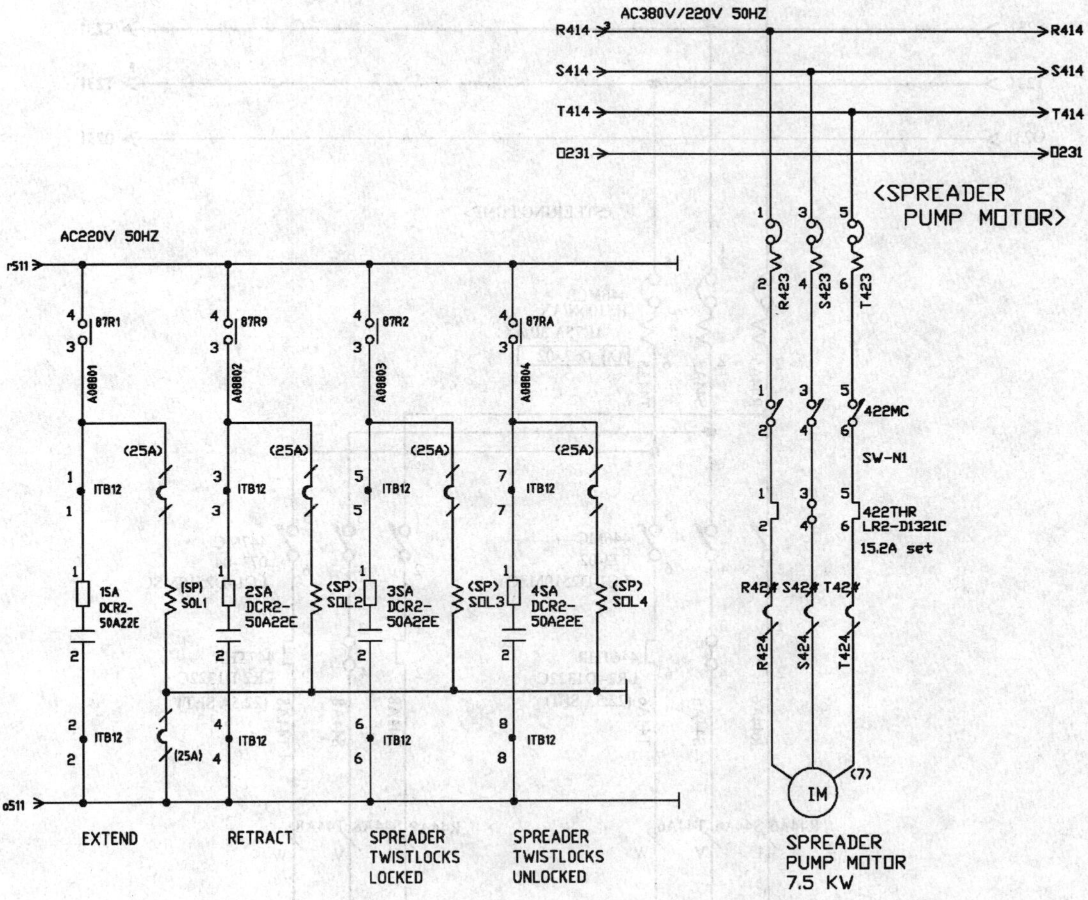

图6-5-52　吊具电路

78R0——16°轮胎转向进销电磁阀。

78R1——16°轮胎转向退销电磁阀。

78R2——轮胎转向,90°转0°电磁阀。

78R4——轮胎转向,0°转90°电磁阀。

78R5——轮胎转向,进销电磁阀。

78R6——轮胎转向,退销电磁阀。

78R7——转向液压系统,卸荷电磁阀。

3. 吊具纠偏电机电路

吊具纠偏电机使用380V,3.7kW的8极三相交流异步电动机。它正反两个方向旋转,可以使吊具作±5°偏转。

图6-5-55中的Br为三相制动器,与电动机同步工作,保证当电机停止运转时,必须立即抱闸,防止电机溜车。

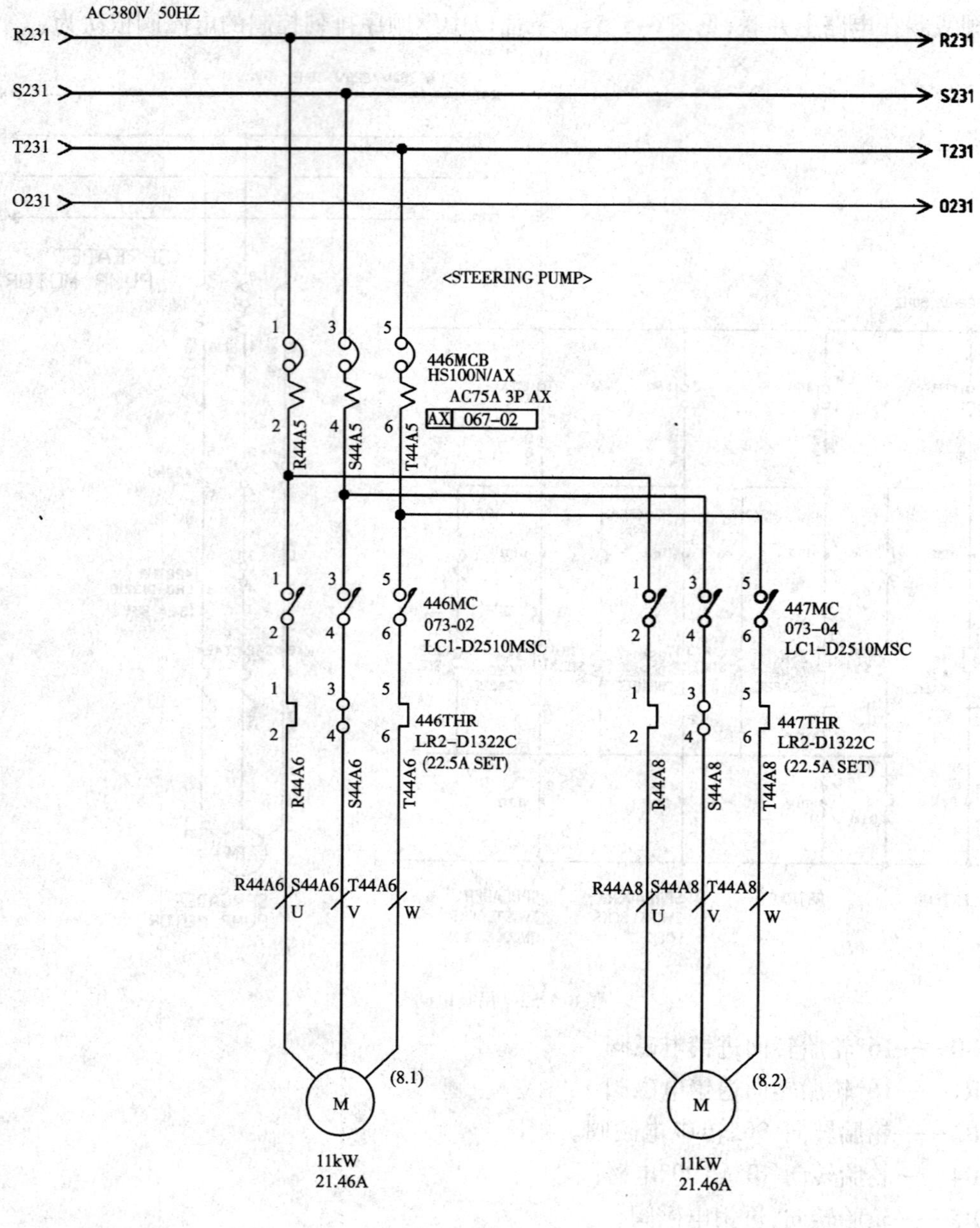

图 6-5-53　轮胎转向电机主电路

4. 吊具防摇电机电路(图 6-5-56)

防摇电动机一共有 4 个,各自交叉牵引吊具四个角上的钢丝绳。这 4 根防摇钢丝,不但保持和吊具的上升与下降同步,还必须始终维持一定的张力,以减小吊具在运动中的晃动次数和幅度。

防摇电动机采用了力矩为 14N · m 的力矩电动机。由于力矩使用的是三相交流电,它旋转磁场的方向和速度是不变的。但是,它实际运行的方向和速度却一直在变化。比如,当吊具上升时,为产生一定的张力,防摇钢丝的速度应大于起升钢丝的速度,而实际上保持了同步,这

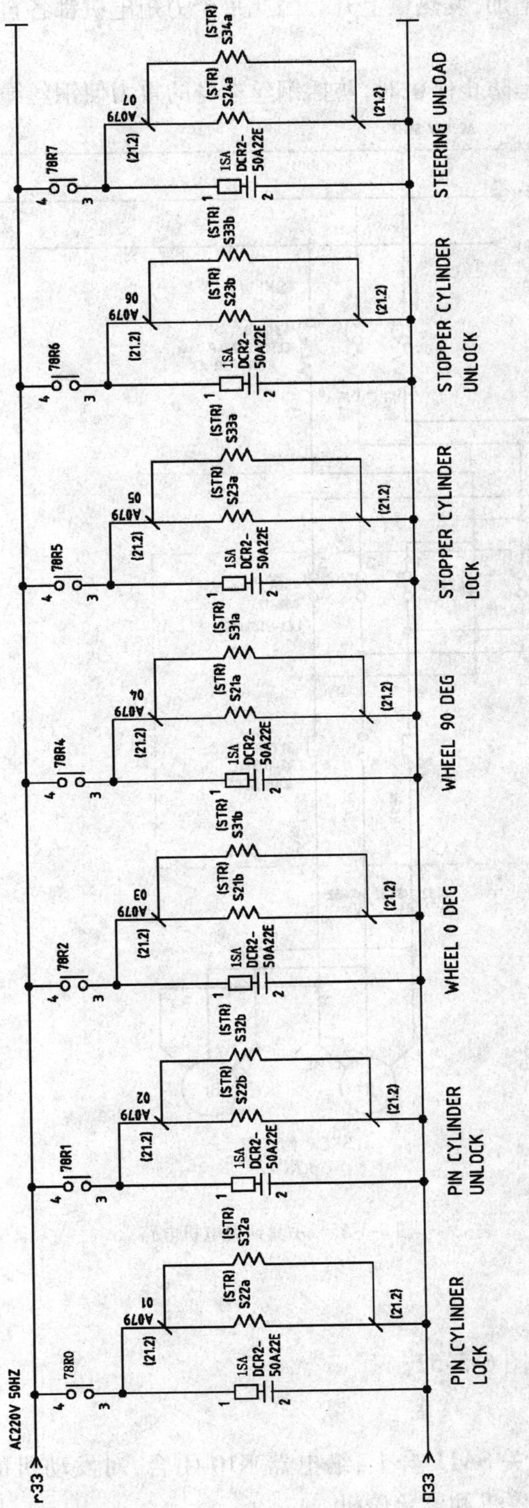

图 6-5-54　转向电磁阀电路

就造成了力矩电机转差率的增加。当吊具下降时,力矩电机就进入了倒拉反接状态。上述所有状况都会使电机电流增加,发热量上升。因此每个力矩电机都各自配备了一个鼓风机,以帮助力矩电机散热。

防摇制动器的作用是防止停机时,防摇钢丝本身的重力使钢丝绳滑出防摇卷扬筒。

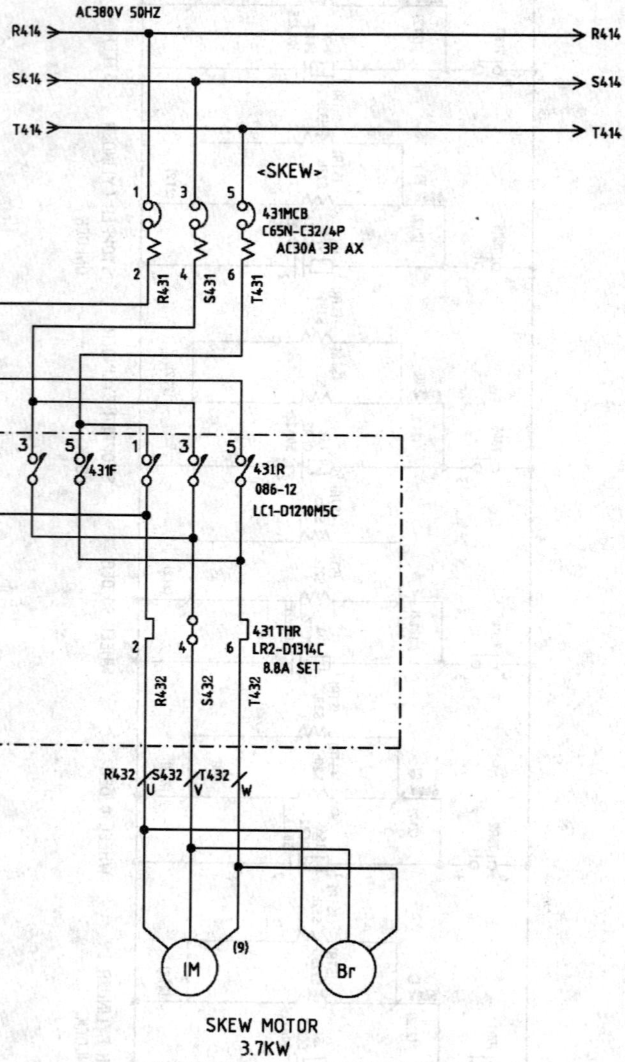

图 6-5-55　吊具纠偏电机电路

六、柴油发动机电路

柴油发动机主电路见图 6-5-57。

1. 控制地点选择

查看图 6-5-58。把开关 SA11 合上,继电器 K10 闭合,对发动机的操作可以在司机室执行。即做启动、速度控制、停机和紧急停机。

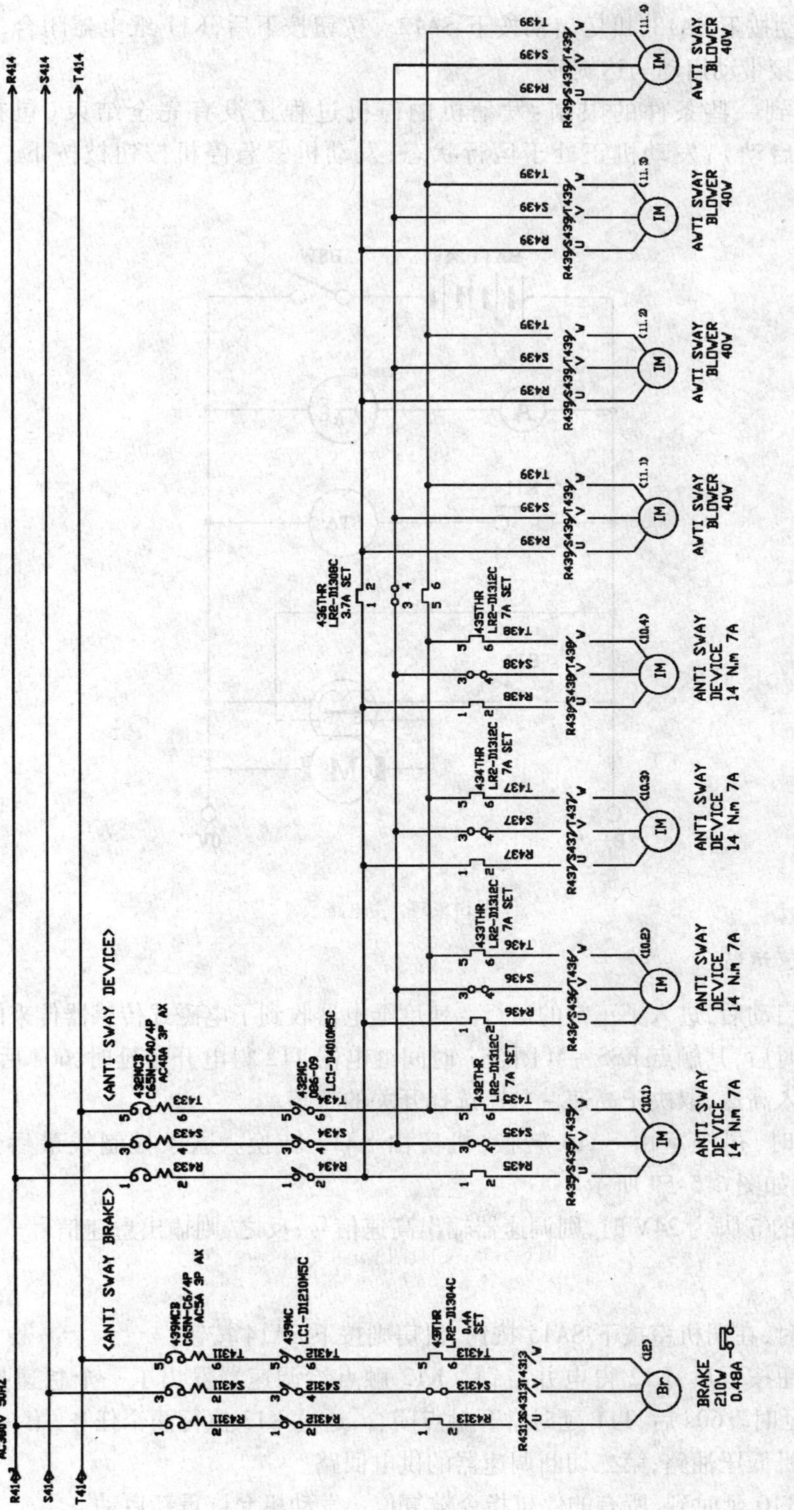

图 6-5-56 吊具防摇电机电路

2. 启动

司机室启动按下 SA13,机房启动按下 SA12。按钮按下后,K11 继电器闭合,并通过启动继电器 STA 直接带动启动马达旋转。

启动也受到一些条件的限制:发动机的停机过程还没有完全结束(包括停机后的60s 延时重新启动);发动机正处于运行状态;发动机紧急停机按钮被按下;发动机故障还没有复位。

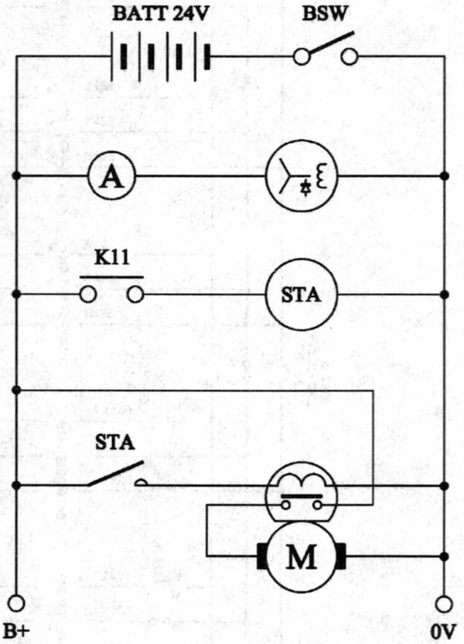

图 6-5-57　主电路

3. 转入高速运行

当发动机启动后,进入了正常的运行。速度继电器收到了电磁式传感器传来的速度信号,经过短暂的延时后,其触点 ESS - M 闭合。时间继电器 T12 得电开始延时,60s 后其常开触点闭合。是否进入高速,取决于高速 - 怠速选择开关的状态。

速度选择时,司机室由 SA13 转换,机房由 SA12 转换。这条控制线最后到达调速器 2301A 的⑤脚,如图 6-5-59 所示。

当 2301A 的⑤脚为 24V 时,则调速器输出高速信号;反之,则输出怠速信号。

4. 停机

需要停机时,在司机室按下 SA15 按钮,机房则按下 SA14 按钮。

当停机按钮按下后,K12 得电并自锁。K12 触点给调速器发出了一个怠速指令。同时,T10、T11 开始延时。60s 后,T11 延时常开触点闭合,通过 K13 执行两个任务,第一带动停机电磁阀切断发动机低压油路;第二切断调速器的供电回路。

再过 60s,T10 延时到,所有的停机指令被复位。发动机允许重新启动。

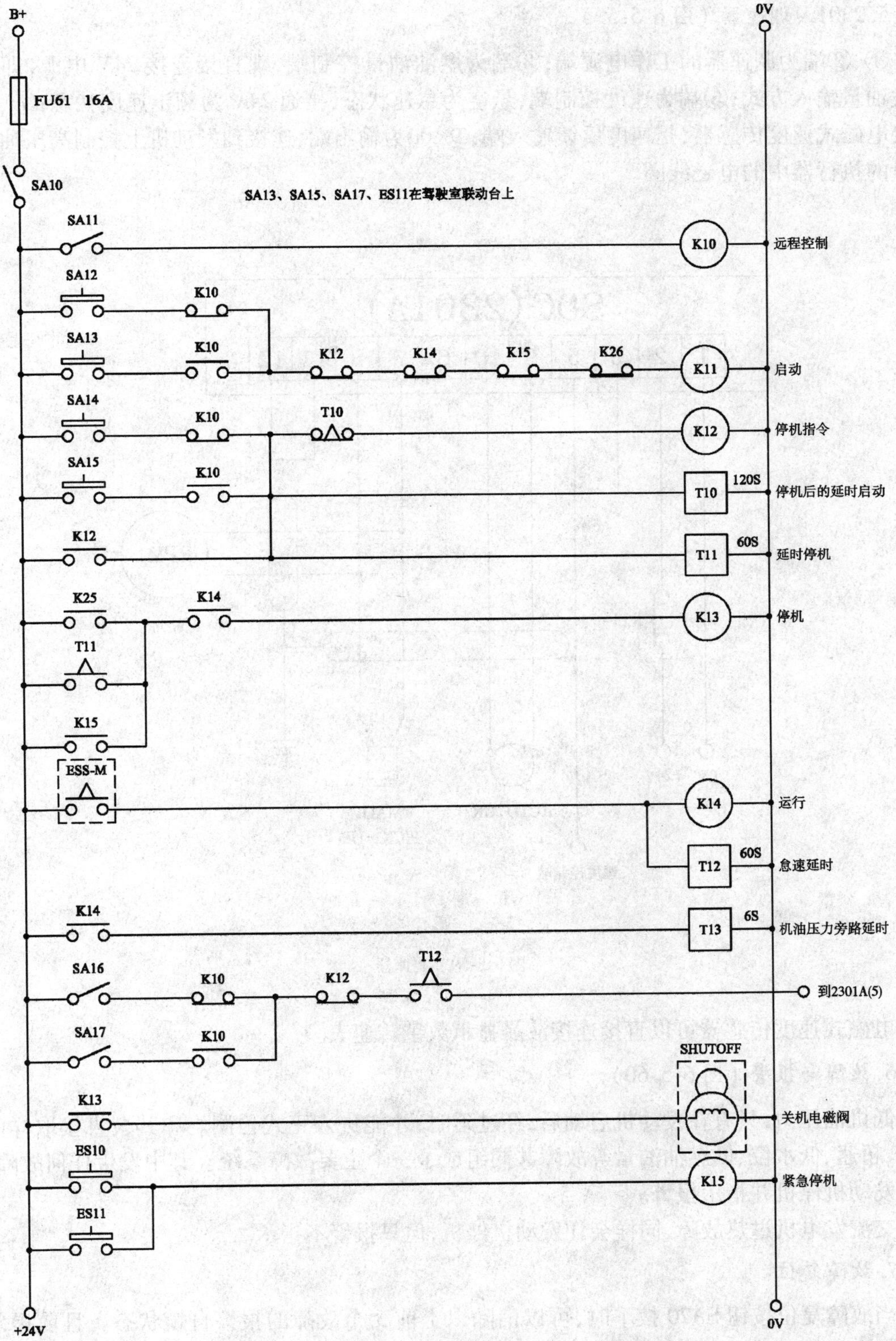
B+
FU61 16A
SA10
SA13、SA15、SA17、ES11在驾驶室联动台上
SA11
K10
远程控制
SA12
K10
SA13
K10
K12
K14
K15
K26
K11
启动
SA14
K10
T10
K12
停机指令
SA15
K10
T10
120S
停机后的延时启动
K12
T11
60S
延时停机
K25
K14
K13
停机
T11
K15
ESS-M
K14
运行
T12
60S
怠速延时
K14
T13
6S
机油压力旁路延时
SA16
K10
K12
T12
到2301A(5)
SA17
K10
SHUTOFF
K13
关机电磁阀
ES10
K15
紧急停机
ES11
+24V
0V
0V

图 6-5-58　控制电路

5. 2301A 调速器(图 6-5-59)

①、②端为调速器的工作电源端;③端为燃油油量控制端,现直接连接 24V 电源,即作为最大油量输入方式;⑤端为速度控制端,悬空为怠速状态,接通 24V 为额定速度状态;⑦、⑧端外接电磁式速度传感器,是速度反馈输入端;⑨、⑩为输出端,连接到发动机上控制高压油泵进油量的执行器中的电磁线圈。

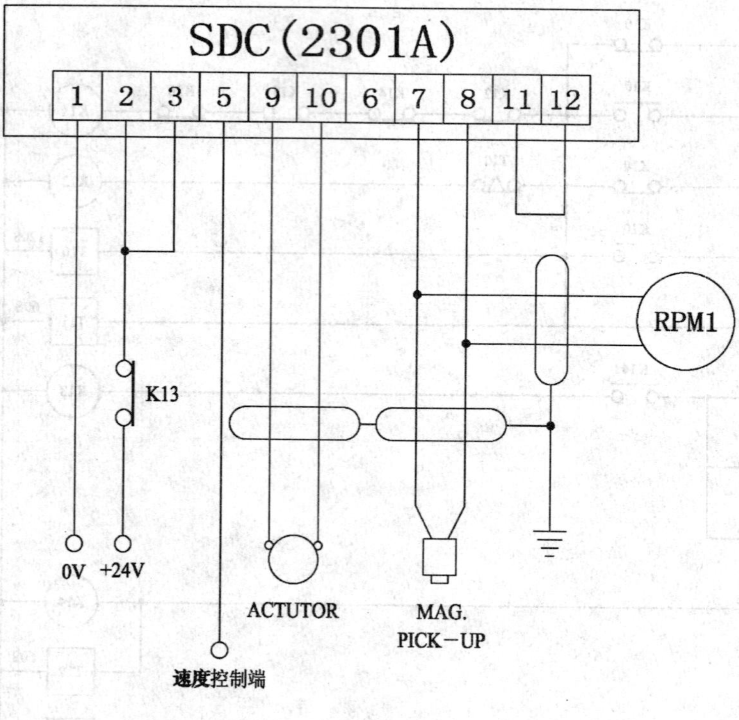

图 6-5-59　调速器

电磁式速度传感器可以直接连接液晶显示数字转速表。

6. 故障与报警(图 6-5-60)

低机油压力,只有在发动机启动后,经过延时,才能进入正式检测。和其余直接取样的高水温、超速、低水位、低燃油油量等故障共同组成了一个主要故障系统。其中发生任何故障,都会使发动机停机并指示报警。

交流发电机过热故障,同样会让发动机停机,但只报警不指示。

7. 故障复位

当故障复位按钮 SA20 按下时,可以消除以上前 5 个故障的报警自锁状态。且前提条件是,故障必须彻底排除,否则复位无效。但复位不能使蜂鸣器停止报警,要断绝报警声,只有按下消音按钮 AN11。

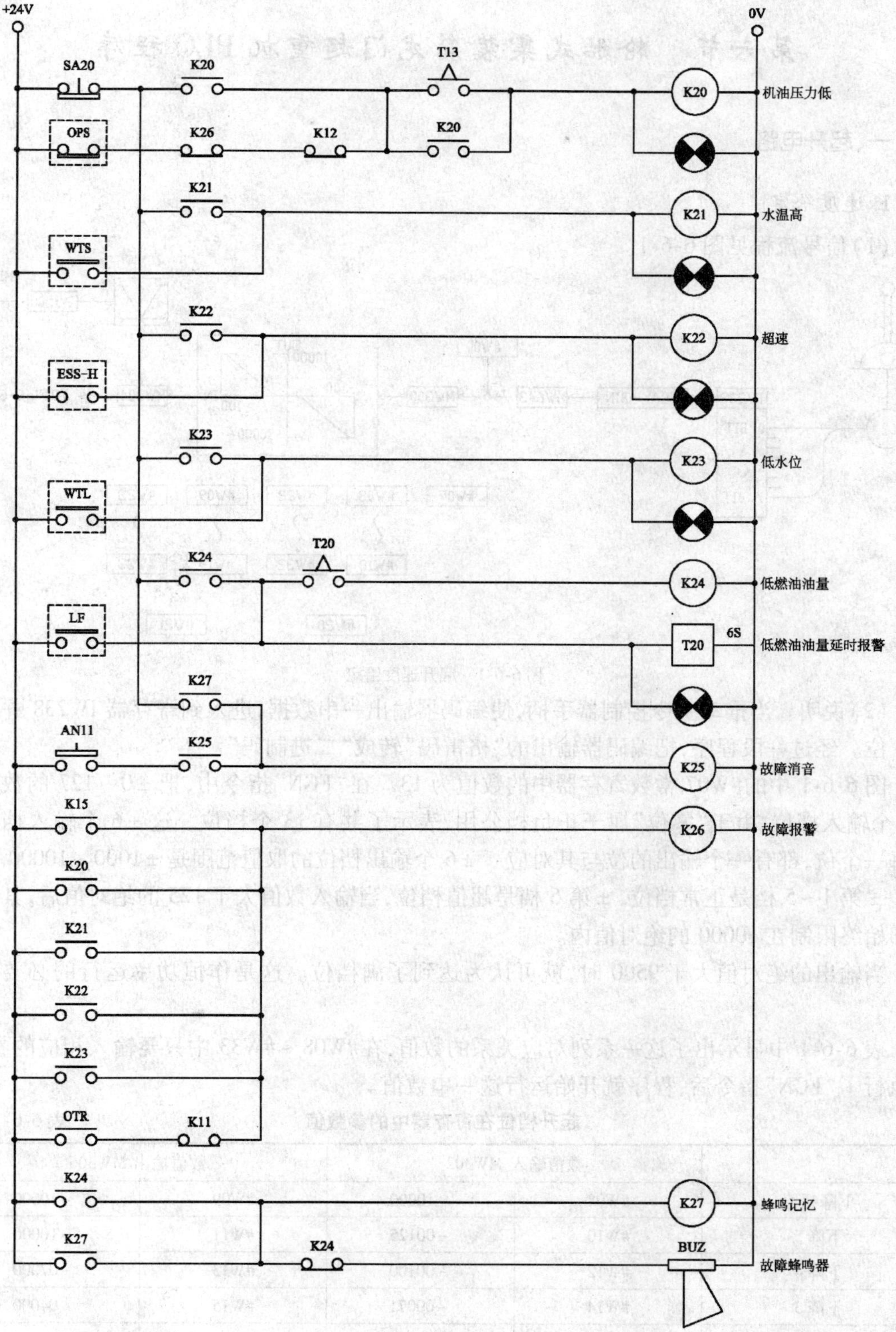
+24V
0V
SA20
K20
T13
K20
机油压力低
OPS
K26
K12
K20
K21
K21
水温高
WTS
K22
K22
超速
ESS-H
K23
K23
低水位
WTL
K24
T20
K24
低燃油油量
LF
T20
6S
低燃油油量延时报警
K27
AN11
K25
K25
故障消音
K15
K26
故障报警
K20
K21
K22
K23
OTR
K11
K24
K27
蜂鸣记忆
K27
K24
BUZ
故障蜂鸣器

图 6-5-60　故障报警

第六节　轮胎式集装箱龙门起重机 PLC 程序

一、起升电路

1. 速度给定

(1)信号流程见图 6-6-1。

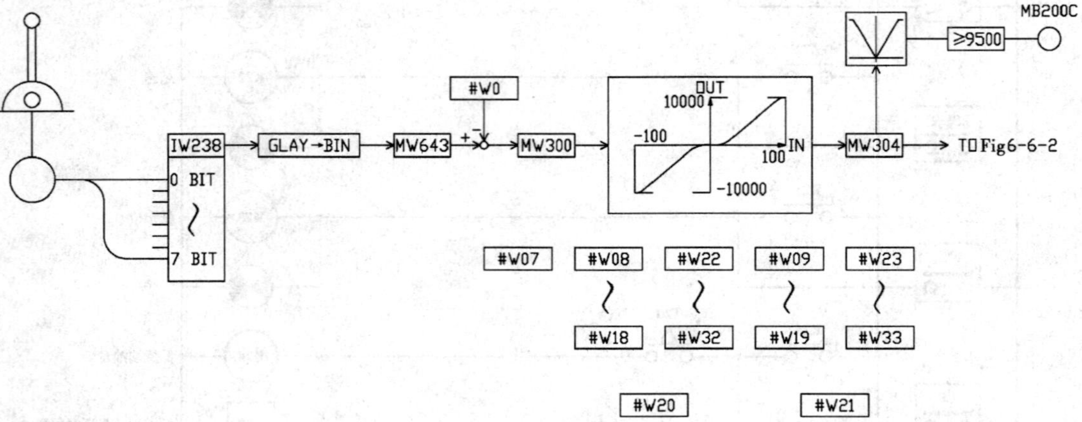

图 6-6-1　起升速度给定

(2)说明。当推动主令控制器手柄,使编码器输出一串数据,进入到寄存器 IW238 并占据低 8 位。经过一段程序,把编码器输出的“格雷码”转成“二进制码”。

图 6-6-1 中的#W07 常数寄存器中的数值为 13。在“FGN”指令中,把 ±0 ~ 127 的数分成 ±6 个输入档位,由于“零位”属于正负档公用,表示了共有 13 个档位。这 ±6 个输入档位中的每一个位,都有一个输出的位与其对应。 ±6 个输出档位的取值范围是 ±1000 ~ 10000。

±第 1 ~ 5 档是正常档位, ± 第 6 档是超值档位,当输入数值大于 125 的绝对值后,其输出值却始终限制在 10000 的绝对值内。

当输出的绝对值大于 9500 时,就可认为达到了满档位。这是作恒功率运行的必要条件之一。

表 6-6-1 中显示出了这一系列对应关系的数值,在#W08 ~ #W33 中只要输入相应的参数,在执行了“FGN”指令后,程序就开始运行这一串数值。

起升档位在寄存器中的参数值　　表 6-6-1

	数值输入 MW302		数值输出 MW306	
下降超值	#W08	-10000	#W09	-10000
下降 5	#W10	-00125	#W11	-10000
下降 4	#W12	-00100	#W13	-07000
下降 3	#W14	-00071	#W15	-04000
下降 2	#W16	-00040	#W17	-02000
下降 1	#W18	-00012	#W19	-01000

续上表

	数值输入 MW302		数值输出 MW306	
零位	#W20	00000	#W21	00000
上升 1	#W22	00012	#W23	01000
上升 2	#W24	00040	#W25	02000
上升 3	#W26	00071	#W27	04000
上升 4	#W28	00100	#W29	07000
上升 5	#W30	00125	#W31	10000
上升超值	#W32	10000	#W33	10000

2. 速度控制与转矩反馈

(1)信号流程见图 6-6-2。

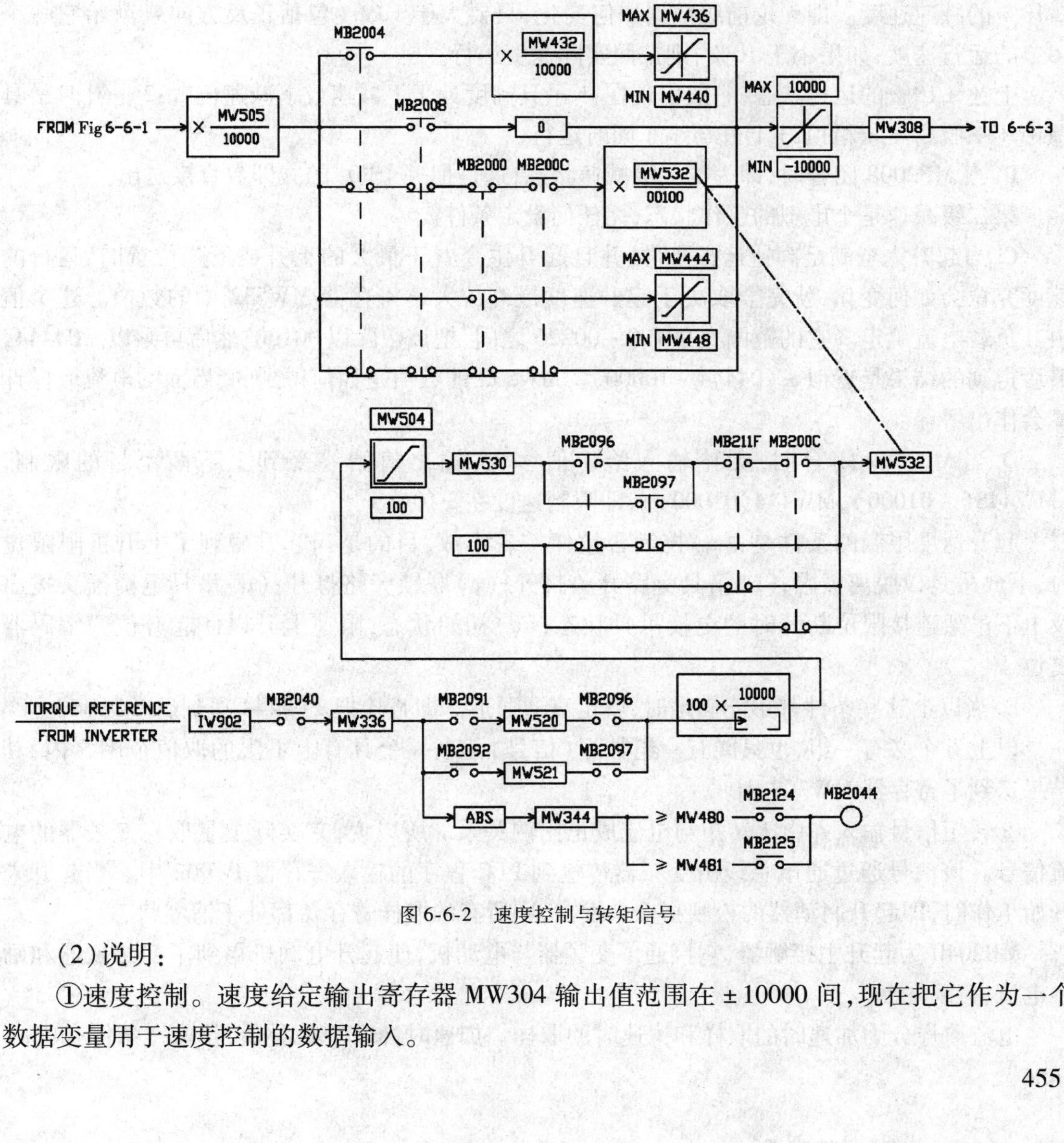

图 6-6-2 速度控制与转矩信号

(2)说明:

①速度控制。速度给定输出寄存器 MW304 输出值范围在 ±10000 间,现在把它作为一个数据变量用于速度控制的数据输入。

两个重要的寄存器:

MW504 表示起升电机的恒功率最高转速与恒转矩最高转速之比。即:

$$00100 \times \frac{\#W00105}{\#W00104} = 00100 \times \frac{01800}{00800} + 00001 = 00226$$

MW505 表示起升电机的恒转矩最高转速与恒功率最高转速之比。即:

$$10000 \times \frac{\#W00104}{\#W00105} = 10000 \times \frac{00800}{01800} + 00001 = 04444$$

首先,将前级输出寄存器 MW304 乘以 MW505 再除以 10000。最后得到 ±04444。随后,根据条件与下列 5 种速度控制方式的其中任何一种进行运算。

A. 当 MB2004 闭合时,即进入了第一级减速状态,以 ±04444 乘以可变增益的数据寄存器 MW432(赋值 10000)再除以 10000,得到的仍是 ±04444。但是这个数必须经过一个限制范围[MW440(-01000),MW436(01000)]。结果在速度控制输出寄存器 MW308 中只能得到 ±10% 的减速速度。即无论前级数据如何变化,只要大于 10%(包括正反方向),就给它一个 10% 的运行速度;如果小于 10%,则按照实际速度运行。

上述 ±10% 的运行状态,一般出现在:1 吊具高度处于上减速或下减速位置;2 上升时吊具顶销还未脱离集装箱顶;3 上升与小车同时运行。

B. 当 MB2008 闭合时,即为第二级减速状态,这是把一个“0”的立即数直接送出。

第二级减速是个虚拟的工作状态,无任何设定条件。

C. 当起升完全满足高速运行条件,并且起升主令置于最大的上升或下降位置时,运行的速度究竟会如何变化,就完全取决于起升速度最终放大率寄存器 MW532 中的数值。这个值由其负载电流确定。它的范围在 00100~00226 之间,把该数除以 00100,然后再乘以 ±04444,最后得到的结果是近似 ±(04444~10000)。MW532 的数值是如何得到的,后面的电流取样计算会作出解释。

D. 当 MB2000 闭合时,无论输入给定值多大,输出值始终受到上下两个量的限制。[MW448(-01000),MW444(01000)],即限制速度在 ±10%。

起升速度限制的条件是:(a)控制合按钮按着不放,目的是当起升碰到了上升极限限位时,下放吊具以脱离极限;(b)吊具旁路开关打开;(c)联锁旁路打开;(d)吊具电缆插头拔出及上下吊架连接限位断开时的更换吊具状态;(e)初始状态,限速上升以使起升位置编码器复位。

E. 当以上这些条件都不能满足时,就走直通通道。即直接把 ±04444 送到后一级。

以上五个必有一组,也只能有一组数据(信号)落在一个具有上下限的取值范围之内,其结果送到了寄存器 MW308 中。

②转矩信号输入。由于转矩与电流成正比例关系。所以说,它实际上是取自变频器的电流信号。该信号通过通讯总线由变频器传输到 PLC 程序的输入寄存器 IW902 中。当起升未开始工作时,即起升制动器的松闸指令未发出,则所有的取样寄存器都处于清零状态。

MB2040 为起升主接触器,它接通了变频器与电动机,使起升电动机得到了初始磁通和励磁电流。

电流取样分为加速时的取样和恒速时的取样。加速时,MB2092 导通,其取样条件有:(a)

不能处于着箱状态;(b)起升起动输出速度 MW320 的绝对值 MW319 必须大于 MW506(01400)和小于 MW505(04444);(c)起动输出数绝对值 MW318 与起动输入数绝对值 MW316 的差需大于 00500;(d)电流反馈的绝对值 MW336 应大于额定电流的 130%(MW509)或起动输入速度给定数 MW316 不等于起动输出速度给定数 MW320。恒速时,MB2091 导通,其取样条件有:(a)不能处于着箱状态;(b)起升起动输出速度 MW320 的绝对值 MW319 必须大于 MW507(01600);(c)起动输出数绝对值 MW318 与起动输入数绝对值 MW316 的差需大于 00500;(d)电流反馈的绝对值 MW336 应小于额定电流的 130%(MW509);(e)起动输入速度给定数 MW316 等于起动输出速度给定数 MW320。

当上述条件完全满足后,取样工作开始。每一个扫描周期取出一次电流值,并计数一次,共计 500 次。这 500 个电流值进行累加,然后再除以 500,以此得到了一个电流平均值,把这个平均值存入 MW520(MW521)。该过程完成后,就打开了取样输出门 MB2096(MB2097),同时关闭了取样输入门 MB2091(MB2092)。此电流平均值成了后面运算的变量数据。

把这个电流平均值转为绝对值,作为除数并被 10000 除,然后再乘以 00100。得到的结果取一个数值范围,即[00100,MW00504]。由于 MW504 是起升电机的恒功率最高转速与恒转矩最高转速之比,为 00226。所以这个取值范围就是[00100,00226],这个结果存入 MW530。从以上的计算可以知道,取样电流的平均值越大,则 MW530 中的数值就越小。反之,取样电流平均值越小,则 MW530 中的数值就越大。

MW530 后面的这些逻辑条件,决定了是否能将 MW530 中的数据传送到 MW532 中。这些条件包括,电流取样的平均值计算是否完成;所有的逻辑关系是否允许起升进入全高速状态;主令控制器的编码器是否输出最高位。如果条件全部满足,那么 MW530 中的数 00100 ~ 00226 送入 MW532,结果能否使起升工作于基频以上,即通常所说的恒功率运行,就取决于电流取样值的大小。当以上这些条件有一个没有达到,则只能将立即数 00100 直接送入 MW532 中,起升速度就在基频或以下,通常所说的恒转矩运行。

再回到以上的速度控制。当这 5 个通道的任务明确了,接下来就是输出。前面已经提到过,5 个通道根据条件只能有 1 个输出,而且无论哪一个输出,都必须经过限制范围这一关。这个限制值是[-10000,10000]。最后就把受到限制的数值输入到速度控制输出寄存器 MW308,以执行下一步的工作。

当起升未工作时,变频器将输出一个静态的转矩,并且它的方向是向上的。起升转矩变量寄存器 MW344 中储存的是变频器传送到 PLC 的起升转矩的绝对值。该转矩值与起升电流检测电平数据 MW480(00050)进行比较。只有不小于该值,才允许起升制动器松闸。否则,会使在起动瞬间吊具短时下坠。

3.起动与速度反馈

(1)信号流程见图 6-6-3。

(2)说明:

①补偿。上升工作状态时。DW4 得到大于或等于零的值,上升通道被打开。这时,由速度控制的输出寄存器 MW308 的数与上升校正补偿寄存器 DW11 中的补偿值相加。然后取其一个最小值为 MW416(00400)到最大值为 11000 间的数,存入寄存器补偿输出寄存器 MW312 中。

下降工作状态时。DW4 得到一个小于零的值,下降通道被打开。这时,由速度控制的输出寄存器 MW308 的数与下降校正补偿寄存器 DW10 中的补偿值相加。然后取其一个最小值为 -11000 ~ 最大值为 MW420(-00400)间的数,存入寄存器 MW312 中。

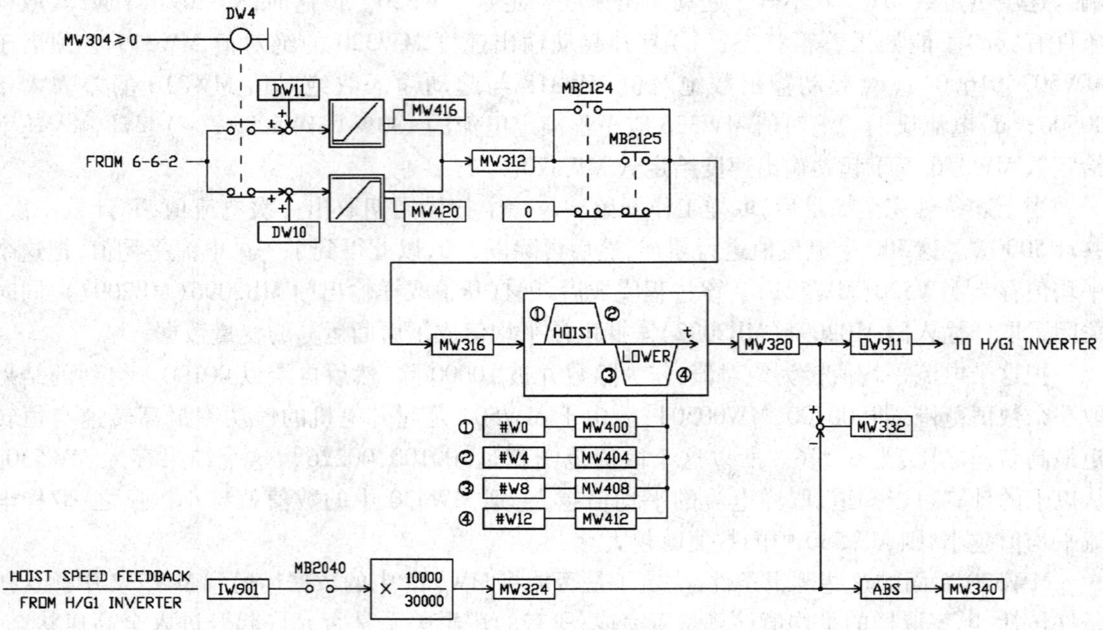

图 6-6-3　起动与速度反馈

设置补偿的目的,是以建立一个上升或下降的最小速度的概念,比此值再小的那就只有零速度了。

为了防止误动作,特别要求,只有当上升或下降的命令发出,才能把最小速度送至寄存器 MW316 中。否则只能将一个为"0"的立即数送到 MW316。

②启动。当起升运行指令发出后,执行 MW312 = MW316,并且把 MW316 中的数值作为起动的速度命令。

启动时,首先把 MW316 的整数值与加、减速的时间整数值都转变成实数。起动中的一切运算均在实数范围内进行。

如果系统扫描周期是 10ms,则每秒钟就是 100 个扫描周期。把 MW316 中最高整数值 10000 分为 4 ×100 个等分(4 是设定的加速或减速的时间,在这里上升加速 MW400、上升减速 MW404、下降加速 MW408、下降减速 MW412 都是 4s),因此每个扫描周期能加速(减速)25 个单位的速度指令,加速(减速)的斜率就是起升起动时的固定斜率。无论 0 ~ 10000、0 ~ 04444、2000 ~ 10000、07000 ~ 0 等等,都是按照该斜率,计算后得到不同的加速时间。

将上升加速、上升减速、下降加速、下降减速这四个量分成正向变化的上升加速与下降减速一个量和反向变化的上升减速与下降加速一个量。这就把斜率分为大于零和小于零两种。

起动结束后的结果,存入了起动输出寄存器 MW320 中。

③速度反馈。起升/1#大车变频器中的起升电机速度传到了 IW901 的低 8 位,并反馈给了 PLC,经过一系列逻辑处理和数值计算,送到了 MW324。

将 PLC 的速度指令输出值 MW320 与反馈量 MW324 相减,差值送入 MW332。如此差值的绝对值大于 1000(10%),则被 PLC 确定为产生了速度偏差故障。

将 MW324 中的数值取绝对值直接送入 MW340,当 MW340 中的数值大于 11500(115%最大速度)时,即认为起升电机产生了超速故障。

二、大车电路

1. 速度给定

(1)信号流程见图 6-6-4。

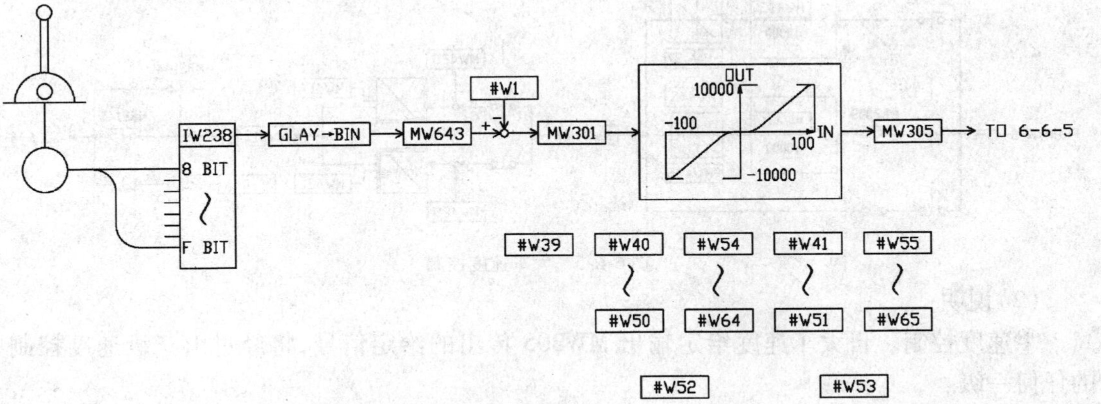

图 6-6-4　大车速度给定

(2)说明。当推动主令控制器手柄,使编码器输出一串二进制数,进入到寄存器 IW238 并占据高 8 位后。经过一程序,把编码器输出的"格雷码"转成"二进制码"(表 6-6-2)。

大车档位在寄存器中的参数值　　表 6-6-2

	数值输入 MW302		数值输出 MW306	
左行超值	#W40	-10000	#W41	-10000
左行 5	#W42	-00125	#W43	-10000
左行 4	#W44	-00100	#W45	-07000
左行 3	#W46	-00071	#W47	-04000
左行 2	#W48	-00040	#W49	-02000
左行 1	#W50	-00012	#W51	-01000
零位	#W52	00000	#W53	00000
右行 1	#W54	00012	#W55	01000
右行 2	#W56	00040	#W57	02000
右行 3	#W58	00071	#W59	04000
右行 4	#W60	00100	#W61	07000
右行 5	#W61	00125	#W63	10000
右行超值	#W64	10000	#W65	10000

图 6-6-4 中的#W39 常数寄存器中的数值为 13。在"FGN"指令中,把 ±0 ~ 127 的数分成

±6 个输入档位，由于“零位”属于正负档公用，因此共有 13 个档位。这 ±6 个输入档位中的每一个位，都有一个输出的位与其对应。±6 个输出档位的取值范围是 ±1000 ~ 10000。

±第 1 ~ 5 档是正常档位，±第 6 档是超值档位，当输入数值大于 125 的绝对值后，其输出值却始终限制在 10000 的绝对值内。

2. 速度控制

(1)信号流程见图 6-6-5。

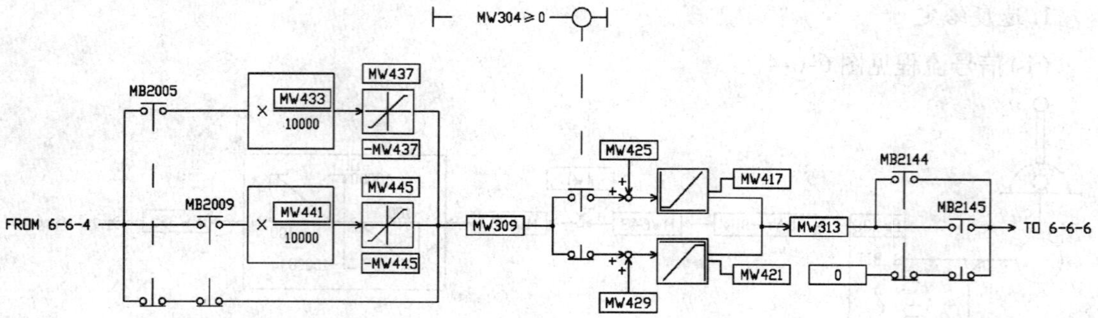

图 6-6-5　大车速度控制

(2)说明：

①速度控制。自大车速度给定输出 MW305 传出的给定信号，将经过由三级速度控制中的任何一级。

A. 第一级，减速控制。当 MB2005 导通后，即进入第一级减速状态。以 MW305 乘以可变增益的数据寄存器 MW433(10000)，再除以 10000，得到的仍是原 MW305 的数。随后将其限制在一个固定的范围内，[- MW437(- 01000)，MW437(01000)]。结果在速度控制输出寄存器 MW309 中只能得到 ±10% 的减速速度。

只有当大车在做 90°运行时，其速度维持在 ±10% 的一级减速状态。

B. 第二级，减速控制。当 MB2009 导通后，即进入第二级减速状态。以 MW305 乘以可变增益的数据寄存器寄存器 MW441(10000)，再除以 10000，得到的仍是原 MW305 的数。随后将其限制在一个固定的范围内，[- MW445(- 02000)，MW445(02000)]。结果在速度控制输出寄存器 MW309 中只能得到 ±20% 的减速速度。

要达到第二级减速速度的条件。其一是在吊具锁钮闭锁时行走大车，因为此时被认为是正吊着集装箱在行大车；其二是保护，因为在约 34m 之内有阻挡轮胎吊行走的障碍物，且超声波测距已探测到该物体。

C. 当以上这些条件都不能满足时，就走直通通道。即直接把 MW305 送到后一级 MW309 中。

②补偿：

右行时：DW13 得到大于或等于零的值，上通道被打开。这时，由速度控制的输出寄存器 MW309 的数与右行校正补偿寄存器 MW425 中的补偿值相加。然后取其一个最小值为 MW417(00500) 到最大值为 10000 间的数，存入寄存器 MW313 中。

左行时：DW13 得到一个小于零的值，下通道被打开。这时，由速度控制的输出寄存器 MW309 的数与左行校正补偿寄存器 MW429 中的补偿值相加。然后取其一个最小值为

-10000到最大值为 MW429(-00500)间的数,存入寄存器 MW313 中。

为了防止误动作,特别要求,只有当右行或左行的命令发出,才能把最小速度送至寄存器 MW313 中。否则只能将一个为“0”的立即数送到 MW313。

3. 起动与纠偏

(1)信号流程见图 6-6-6。

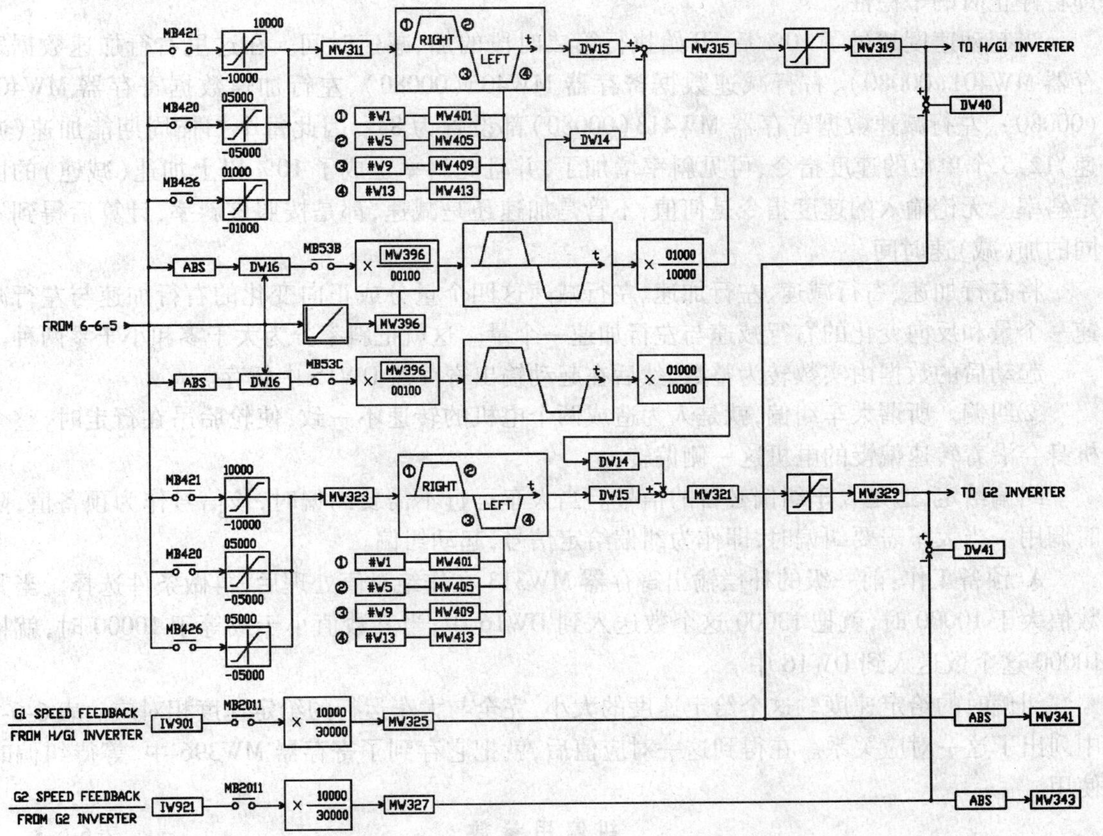

图 6-6-6　大车起动与大车纠偏

(2)说明:

①起动。大车起动分为 1#大车与 2#大车。两者的起动过程和原理完全一样。现已 1#大车为例,进行说明。

起动的逻辑条件:变频器已经为大车电机建立了初励磁通,且此初励必须有一个延时断开的保持电路;大车电机主接触器闭合;大车制动器已确认打开;主令控制器已到位。

大车起动前,系统先要检测轮胎转向的位置,因为不同的转向会使大车运行的速度限制在不同的值。当在 0°状态行走大车时 MB421 导通,其速度在 ±10000 之间(±100%);当在 90°状态行走大车时 MB420 导通,其速度在 ±5000 之间(±50%);当在 16°状态行走大车时 MB426 导通,其速度在 ±1000 之间(±10%)。

起动时,首先把 MW311 的整数值与加、减速的时间整数值都转成实数。起动中的一切运算均在实数范围内进行。

大车起动分两个时段进行，这两个时段的切换由大车的速度来确定。当大车的速度（两个方向相同）在10%或以下时，为第一时段。这时加速时间为固定的15s，减速时间为固定的20s。这是一个从零速度起动方式和减速停止状态。如果系统扫描周期是10ms，则每秒钟就是100个扫描周期，当全速起动时，$10000/(15\times100)\approx7$。也就是说，每个扫描周期只能执行7个单位的速度指令。减速就更少了，只有5个。应该认为，设计者考虑的是，大车刚起动或即将停止时的平稳性。

当起动速度超过了10%后，开始执行第二时段的加、减速时间。在这里右行加速数据寄存器MW401（00080）、右行减速数据寄存器MW405（00080）、左行加速数据寄存器MW409（00080）、左行减速数据寄存器MW413（00080）都设置为8s。因此每个扫描周期能加速（减速）12.5个单位的速度指令，可见斜率增加了，并且此斜率也成了10%以上加速（减速）的固定斜率。无论输入的速度指令是何值，不管是加速还是减速，都是按照该斜率，计算后得到不同的加（减）速时间。

将右行加速、右行减速、左行加速、左行减速这四个量分成正向变化的右行加速与左行减速一个量和反向变化的右行减速与左行加速一个量。这就把斜率分为大于零和小于零两种。

起动后的数据由实数转为整数，然后在起动输出寄存器DW15中暂存。

②纠偏。所谓大车纠偏，就是人为造成两个电机的转速不一致，使轮胎吊在行走时，整个机身会沿着转速偏慢的电机这一侧偏转。

纠偏给定，这是大车纠偏必备的信号。当大车运行不需要纠偏时，该信号作为预备值，随时调用。当大车需要纠偏时，即作为纠偏给定信号，起动纠偏。

A. 预备工作：前一级的补偿输出寄存器MW313在作绝对值处理后，再做条件选择。当其数值大于10000时，就把13000这个数送入到DW16中；当其数值小于或等于10000时，就把10000这个数送入到DW16中。

纠偏时的给定速度。这个给定速度的大小，完全与大车运行的给定速度相对应。表6-6-3中列出了这一对应关系。在得到这一对应值后，就把它存到了寄存器MW396中，等待纠偏时使用。

纠偏用参数

表6-6-3

输入	输出	输入	输出
MW313	MW396	00000	00040
01000	00040	02000	00070
03000	00090	04000	00090
06000	00090	08000	00100
10000	00100	15000	00100
20000	00100		

B. 纠偏起动：仍然以1#大车的纠偏为例来说明。当1#大车接到了纠偏指令后，MB53B闭合。这时，把DW16与MW396中的数相乘再除以100，此数值作为纠偏起动速度给定。

纠偏起动加减速时间是一个固定的值，正反向加速时间为2.1s，正反向减速时间为1.4s。

纠偏起动后的实数转为整数并除以10，结果存入DW14中。由于DW14得值一般小于1000，因此DW15与DW14的差值，不会超过9000这个数值，以及此值正式作为大车运行的速度给定信号,存入 MW315。把 MW315 限制在 ±10000 之间,再存入 MW319。整个起动过程结束。

C. 纠偏运行条件:当 MW315 的值 ≥01000 时,允许纠偏;当 00500 ≤ MW315 < 01000,且 MW313 <03000 时,允许纠偏;当 MW315 < -00500 时,MW315 的值必须取反,以防 MW313 与 MW315 反相。

D. 纠偏的结果:从以上各阶段的运算,可以知道,纠偏时两个电机的转速差一般控制在 5% ~10% 之间。数值太小,纠偏效果不明显。数值太大,会造成速度高的电机拖着速度低的电机运行,使前者产生过电流。

③速度反馈。起升/1#大车变频器中的1#大车电机速度传到了输入寄存器 IW901 的高 8 位,并反馈给了 PLC,经过一系列逻辑处理和数值计算,送到了 MW325。

将 PLC 的大车速度指令输出值 MW319 与反馈量 MW325 相减,差值送入 DW40 中。当此差值的绝对值大于 02000(20%)时,被 PLC 确定为产生了速度偏差故障。

将 MW325 中的数值取绝对值直接送入 MW341,同样将 2#大车的速度反馈 MW327 中的绝对值送入 MW343 中。当两者差值的绝对值大于 01000,或者纠偏时的两电机转速的差值大于 03000 时,被 PLC 确定为产生了速度偏差故障。

2#大车的反馈与速度检测方法相同。

三、小车电路

1. 小车速度给定

(1)信号流程见图 6-6-7。

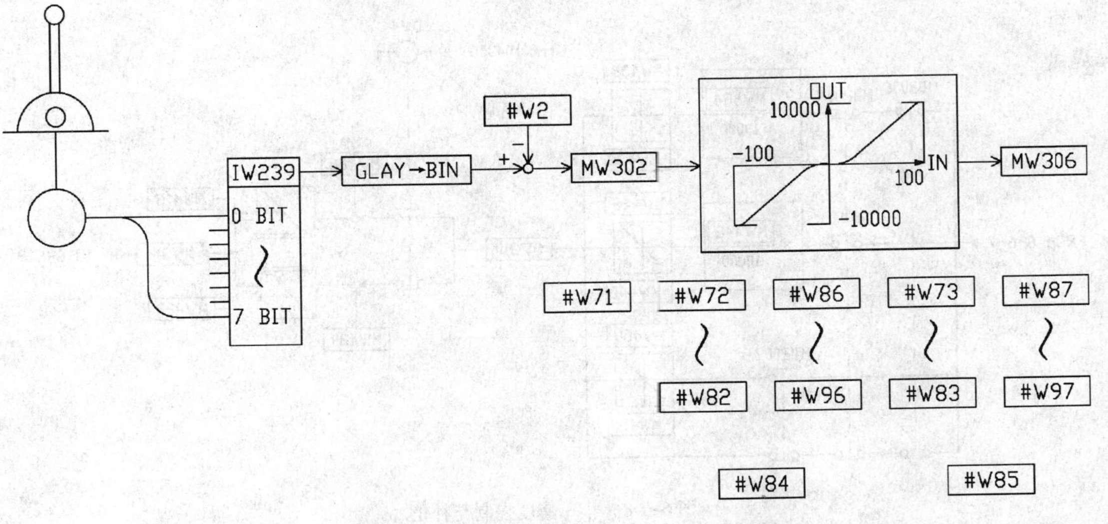

图 6-6-7　小车速度给定

当推动小车主令控制器手柄,使编码器输出一串二进制数,进入到输入寄存器 IW239 中,并占据低 8 位后。经过一程序,把编码器输出的"格雷码"转成"二进制码"。

(2)说明。图 6-6-7 中的#W71 常数寄存器中的数值为 13。在"FGN"指令中,把 ±0 ~127 的数分成 ±6 个输入档位,由于"零位"属于正负档公用,因此共有 13 个档位。这 ±6 个输入档位中的每一个位,都有一个输出的位与其对应。±6 个输出档位的取值范围是 ±1000 ~10000。

表6-6-4示出了这一系列对应关系的数值,在#W72～#W97中只要输入相应的参数,在执行了"FGN"指令后,程序就开始运行这一串数值。从表可知,±第1～5档是正常档位,±第6档是超值档位,当输入数值大于125的绝对值后,其输出值却始终限制在10000的绝对值内。

小车档位在寄存器中的参数值　　表6-6-4

	数值输入 MW302		数值输出 MW306	
向后超值	#W72	-10000	#W73	-10000
向后5	#W74	-00125	#W75	-10000
向后4	#W76	-00100	#W77	-07000
向后3	#W78	-00071	#W79	-04000
向后2	#W80	-00042	#W81	-02000
向后1	#W82	-00012	#W83	-01000
零位	#W84	00000	#W85	00000
向前1	#W86	00012	#W87	01000
向前2	#W88	00042	#W89	02000
向前3	#W90	00071	#W91	04000
向前4	#W92	00100	#W93	07000
向前5	#W94	00125	#W95	10000
向前超值	#W96	10000	#W97	10000

2. 速度控制

(1)信号流程见图6-6-8。

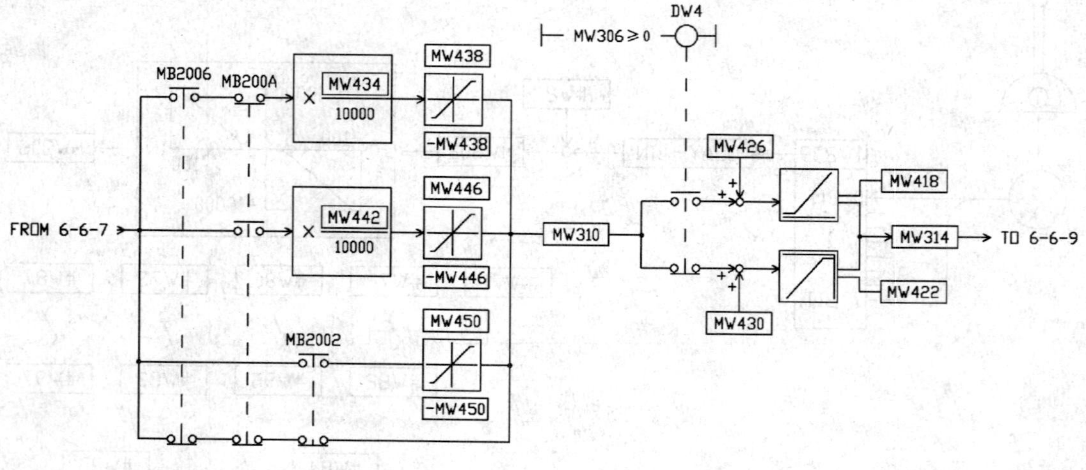

图6-6-8　小车速度控制与补偿

(2)说明:

①速度控制。自小车速度给定输出寄存器MW306传出的给定信号,将经过由四级速度控制中的任何一级。

A. 第一级减速控制。当执行第一级减速指令后,MB2005导通后。开始作以下运算:给定输出寄存器MW306中的给定值乘以寄存器MW433中的固定值10000,再除以10000,得到的仍是原MW306的数。但是,该数却被限制在了一个范围内,[-MW438(-01000),MW438

(01000)]。结果在 MW310 中只能得到 ±10% 的减速速度。

第一级减速的条件是:(a)小车在前后减速区位置;(b)正在起升上升期间,如同时起动小车,在前 4s 的时间内。

B. 第二级减速控制。当执行第二级减速指令后,MB200A 导通后。开始作以下运算:给定输出寄存器 MW306 中的给定值乘以寄存器 MW442 中的固定值 10000,再除以 10000,得到的仍是原 MW306 的数。但是,该数却被限制在了一个范围内,[-MW446(-01000),MW446(01000)]。结果在 MW310 中只能得到 ±10% 的减速速度。

第二减速是个虚拟的工作状态,无任何设定条件。

C. 第三级减速控制(速度限制)。当 MB2002 工作时,就开始了第三级减速控制。它直接把 MW306 的值作限制运行,[-MW450(-01000),MW450(01000)]。结果在 MW310 中同样只能得到 ±10% 的减速速度。

第三级减速(速度限制)的条件是:(a)控制合按钮按着不放,目的是当小车向前(向后)碰到了极限限位时,为脱离极限而用;(b)吊具旁路开关打开;(c)初始状态,限速运动以使小车位置编码器复位。

D. 无限制条件高速运行。当以上这些条件都不能满足时,就走直通通道。即直接把 MW306 的数值送到 MW310 中。

②补偿。向前运行时,DW4 得到大于或等于零的值,上通道被打开。这时,由速度控制的输出寄存器 MW310 的数与 MW426 中的前进校正补偿值相加。然后取其一个最小值为 MW418(00500) ~最大值为 11000 间的数,存入寄存器 MW314 中。

向后运行时,DW4 得到一个小于零的值,下通道被打开。这时,由速度控制的输出寄存器 MW310 的数与 MW430 中的下降校正补偿值相加。然后取其一个最小值为 -11000 ~最大值为 MW422(-00500)间的数,存入寄存器 MW314 中。

为了防止误动作,特别要求,只有当向前或向后的命令发出时,才能把最小速度值 00500 或 -00500 送至寄存器 MW314 中。否则只能将一个为“0”的立即数送到 MW314。

3. 起动与反馈

(1)信号流程见图 6-6-9。

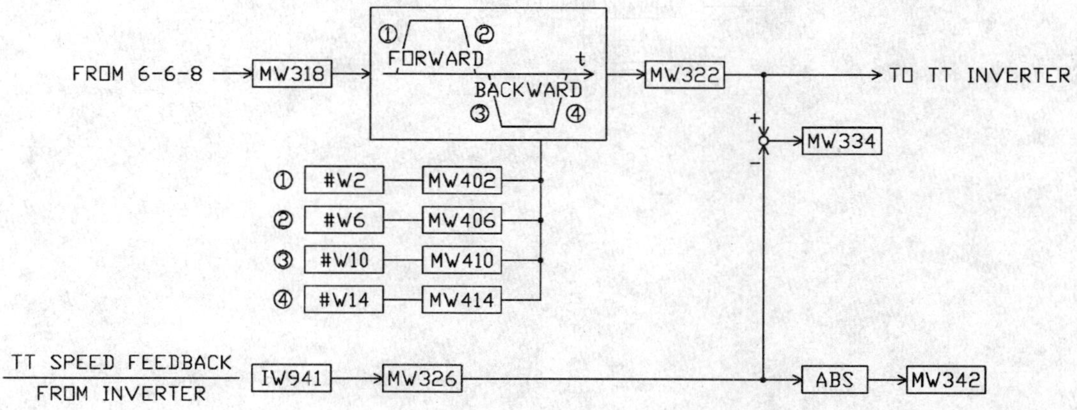

图 6-6-9　小车起动与速度反馈

(2)说明:

①起动。起动的逻辑条件:前进或后退的指令已经发出;小车制动器得电;小车制动器已经确认打开。

起动时,首先把 MW318 的整数值与加、减速的时间整数值都转变成实数。起动中的一切运算均在实数范围内进行。

如果系统扫描周期是 10ms,则每秒钟就是 100 个扫描周期。把 MW318 中最高整数值 10000 分为 5×100 个等分(5 是设定的加速时间),在这里前进加速时间 MW402(00050)、前进减速时间 MW406(00040)、后退加速时间 MW410(00050)、下降减速时间 MW414(00040)。因此在加速期间每个扫描周期能得到 20 个单位的速度指令,减速期间每个扫描周期能得到 25 个单位的速度指令。加速或减速的斜率就按照这两个固定斜率进行运算。无论 0~10000、0~04444、2000~10000、07000~0 等等,都是按照该斜率,计算后得到不同的加速时间。起动结束后的结果,存入了 MW322。

将前进加速、前进减速、后退加速、后退减速这四个量分成正向变化的前进加速与后退减速一个量和反向变化的前进减速与后退加速一个量。也就是把斜率分为大于零和小于零两种。如何区分,那只要看,当起动输入寄存器 MW318 大于输出寄存器 MW322 时,属于前进加速或后退减速;反之,这属于前进减速或后退加速。

②反馈。小车变频器中的小车电机速度传到了输入寄存器 IW941 中,然后再送到了 MW326。

将 PLC 小车起动后的速度输出值 MW322 与反馈量 MW326 相减,其差值的绝对值送入寄存器 MW334。当 MW334 大于 01500(15%)时,被 PLC 确定为产生了速度偏差故障。

将 MW324 中的数值取绝对值直接送入 MW342。当 MW342 中的数值大于 00005(0.05% 最高速度)时,即使主令控制器已经回零,电机在只是在作减速运行,只有当电机的速度低于 00005 时,系统才进入制动状态。

第七章　故障诊断

随着科学技术的进步，设备的机电一体化、自动化、集成化程度越来越高。现代工业生产的发展，使得大型复杂的机器不断涌现，生产流水线日趋自动化，控制系统随着工业计算机的产生而不断高技术化，相对而言，这些设备一般都是价格昂贵的关键设备，一旦停机，其经济损失难以估量。为了迅速准确地查找出故障所在，在最短的时间内恢复生产，减少故障损失，故障诊断技术正在逐步替代传统的故障诊断方法。故障诊断技术是利用科学方法迅速准确地找出故障点，然后排除故障。诊断技术是一门新兴的集技术学、方法学、分析学、统计学及概率论于一体的科学。

大型复杂的机器设备，一般由工业控制用计算机控制，其线路众多，控制复杂，设备电气故障呈现出故障诊断时间长，故障诊断难度大，而一旦找到故障点，又相对容易解决的特点。采用传统的故障诊断方法，不仅时间长，操作困难，甚至无从下手。因此，这些设备一般带有故障诊断系统，将大量的设备元件状态信息集中到计算机，由计算机统一处理后，发出动作允许信号。一旦发生错误，即停止设备运行，发出故障声光警报，并在故障诊断系统屏幕上显示故障信息，但是，故障诊断技术并不是万能的，它的主要功能是帮助修理人员查寻故障范围，是修理人员的得力助手。因此，维修的关键还在于人。

第一节　概　　述

一、故障诊断方法

故障诊断方法按诊断手段分可分为：询问法、观察法、经验法、测试法。

1. 询问法

通过对设备的操纵者询问，了解设备故障发生前后的情况，了解设备故障发生的经过，初步确定故障范围。

询问内容应包括以下情况：

(1)故障发生前有无异常现象(如:异声、异味、异动等)?

(2)故障发生前操作过哪些机构?

(3)故障发生时操作过哪些机构?

(4)故障发生后有什么现象，显示什么故障内容?

(5)故障发生后采取过那些措施?

(6)以前是否发生过同类故障，如何处理的?

(7)事发当天发生过哪些故障，如何处理的?

2. 观察法

通过对设备运行状态及状态指示的观察来诊断故障点所在。从设备工况来说,电气设备是按规定次序投入运行的,在不该投入时投入运行,在该运行时不投入运行,都是一种故障。同时机械设备均有一定的灯光指示,通过灯光指示可以断定设备的运行状态,例如:CPU 用不同的灯光信号指示 CPU 的运行状态和故障状态,智能模块用灯光信号指示模块点的输入输出状态等。

3. 经验法

通过对设备运行状态的分析,通过与以往有过的故障情况进行分析比较,找出其中的共同点,从而诊断出故障点所在。设备在运行过程和修理过程中,往往会形成多发性故障,如由于起升机构和小车机构运行比较频繁,相对来说,故障也就较多,对某一机构而言,其机构中的某一种元件容易损坏。对机械设备而言,通过一定的时间和经验积累,往往会总结出一些规律性和周期性的故障,这是一种宝贵的资源。因此,注意设备运行资料的积累是非常重要的。

4. 测试法

通过一定的测试仪器来诊断故障点所在。常用的测试仪器有电笔、万用表、接地摇表等。通过对设备元件是否有电,元器件是否接通,对地绝缘是否良好,导线是否完好无损等的测试,从而诊断出故障元器件。实际使用中测试法也称为电压测量法、电阻测量法以及线路断开法、短接法等。

在实际修理实践中,往往是通过一种或数种诊断方法的组合,来诊断设备故障的,不能机械的把故障诊断方法割裂开来。

故障诊断方法按诊断次序分可分为:顺序法、倒序法、插入法。

(1)顺序法:按故障设备线路顺序顺次检查来诊断故障元器件所在。

(2)倒叙法:按故障设备线路反序顺次检查来诊断故障元器件所在。

(3)插入法:按故障设备线路选一中间环节来诊断故障元器件在该中间环节的上端还是下端,从而缩小故障查寻范围,加快故障诊断速度。

二、故障抢修与故障修复

故障抢修是在不影响安全的前提下,以尽快恢复生产为目的的设备故障修理方式。在设备抢修中,往往需要舍弃局部利益和功能,以保全船期和生产之大局,在其处理过程中允许采用解除、短接、强制等方法作临时处理,如;在设备运行过程中,发生俯仰指示灯模块丢失,而船期又很紧,则允许采用改变模块数的方法,使设备能"正常"运行。故障抢修时应该注意以下几点:

(1)不得拆除和短接使用中的安全装置。

(2)不得影响关键设备的保护功能。

(3)不得拆除和短接联锁装置。

(4)对所采取的临时措施,包括时间、设备编号、故障过程、相应的措施及注意事项等,必须在抢修记录中详细注明。

故障修复是以恢复设备原有功能为目的的故障修理方法。要求彻底找出故障点所在,查明故障原因,并采取相应的措施,以防止同类事故的重复发生。对在抢修过程中采取的临时措施必须及时进行故障修复处理,以防止故障的延伸和扩大。

三、故障诊断系统

电气故障的显著特点是找寻故障难,解决故障易。因此,如何准确地查寻出故障点是排除电气故障的关键所在。

集装箱桥吊和轮胎吊与其他大型复杂的自动化设备一样,都有一个故障诊断系统,其主要功能是快速准确的显示出故障点所在,以缩小故障检查范围,减少故障诊断时间。

故障诊断系统一般由故障诊断模块、故障诊断软件、故障显示器三部分组成,故障诊断模块用于收集集装箱桥吊各种状态信息,以提供给 CPU 进行数据处理,故障诊断软件对各种状态进行综合处理,以排除正常状况,以免误报警,同时,准确的检测出故障点,以提供故障显示器故障代码;故障显示器用于显示故障诊断软件提供的信息,故障显示器根据故障诊断软件提供的故障代码,在自身的存储器中找出相应的故障信息,并在屏幕上显示出,以供检修人员参考。

一般来说,用于故障检测的传感器越多,能判断的故障越多,故障诊断就越准确,但是,事物总是相辅相成的,传感器越多,故障点也就越多,误报警的机会也就越多。因此,故障诊断传感器的设置要因地制宜,根据工况,设备重要程度及故障诊断难度而灵活设定。

故障诊断软件是故障诊断系统的关键所在,一个好的故障诊断软件能通过对各输入输出点及内部继电器的排列组合,查寻出不正常工况,形成各种故障指示,方便检修人员进行故障检修。

当然,故障诊断系统并不是万能的,也不一定能直接明确地指出故障点,它所指示的是一定的故障信息,一定的故障范围,检修人员应根据现场实际情况,除伪存真,去粗取精,找出真正的故障点之所在。

总之,故障诊断是一个人机结合的过程。只有在充分熟悉图纸,元器件性能及设备工况的基础上,在故障诊断系统的指导下,才能快速准确地排除故障。

第二节 常见故障分析

集装箱桥吊故障一般可分为以下几大类:

1. 电源故障

指由于电源开关或保护设备的故障引起的电源不到位现象。

2. 总控系统故障

指由于控制系统的故障引起控制不能复位,整机无法复位的现象。

3. 通讯故障

指由于设备 CPU 故障,通讯模块故障以及通讯线路故障引起的系统检测信号不到位或误信号传输的现象。

4. 驱动器故障

指交流或直流调速器本身的故障现象。一般来说,调速器本身都有较完善的故障诊断系统。

5. 起升机构故障

指起升机构无动作或误动作的现象。

6. 小车机构故障

指小车机构无动作或误动作的现象。

7. 俯仰机构故障

指俯仰机构无动作或误动作的现象。

8. 大车机构故障

指大车机构无动作或误动作的现象。

9. 辅助机构故障

指辅助机构无动作或误动作的现象。

10. 吊具及吊架故障

指吊具及吊架机构无动作或误动作的现象。吊具和吊架故障较多,约占整机故障的65%以上。

集装箱轮胎吊的故障基本上和集装箱桥吊相同,集装箱轮胎吊没有俯仰机构故障,但有发动机故障。发动机故障指发动机不能正常启动,或启动后供电不稳定等现象。

一、控制送不上

1. 故障现象

控制送不上或送上后瞬间跳闸。

2. 故障分析

控制送不上的原因很多,主要有以下几个方面:

(1)机构动作按钮动作或短路,如地面大车操作站大车行走按钮动作或线头脱落。

(2)紧停开关动作或开路,如俯仰室紧停按钮未复位或开路。

(3)超速开关动作或开路,起升和俯仰超速开关是串联在总控回路中的,任一超速开关动作均会导致控制送不上,只有对超速开关复位后,才能恢复正常。

(4)主令未回零,控制复位时要求所有主令回零,任一主令未回零控制均无法复位成功。

(5)系统通讯故障,模块丢失,在一定的扫描周期内。如发生通讯故障,模块断电,模块损坏或外部信号干扰,导致实际扫描到的模块数于原设定值不符。

(6)复位信号未进入系统,如复位按钮线路开路或模块输入点损坏。

(7)驱动器故障,任何驱动器故障均可导致控制无法复位,这时可检查驱动器显示屏有无故障指示。

(8)CPU停止。CPU是整个电气控制系统的心脏,一旦停止或损坏,将导致系统瘫痪,电气房温度过高，运行时输送控制程序或 CPU 断电均可引起 CPU 停止。

3. 故障诊断

(1)检查有无紧停开关动作或开路，检查方法可以察看 CPU 输入模块指示灯，也可察看故障诊断系统的指示屏幕，或通过梯形图检查。

(2)检查系统主令是否回零或主令有无卡住现象，大车、俯仰室是否有按钮动作或短路。

(3)检查系统模块数是否与设定值相一致，模块均有保护功能，由于各种原因可能导致模块保护性停止，此时可以断开所有电源，等 30s 左右再合上电源，如有保护性停止，将会恢复正常。

(4)检查复位信号是否已进入系统。

(5)检查 CPU 运行是否正常，如 CPU“ENABLE”指示灯不亮，说明 CPU 停止，可将 CPU“STOP”，稍等片刻，再返回到“RUN”状态，看是否恢复。

二、控制正常，但动作均无

1. 故障现象

控制复位正常，但动作均无。

2. 故障分析

一般来说，如控制复位正常，机构或多或少均能动作，如无动作，基本上有两种情况：

(1)驱动器开关未合上，如屏门手柄已合上，但由于联接杆原因，断路器实际未合上：或开关已在合上位置，但监控信号未送入 CPU，系统认为断路器未合上。

(2)未掌握系统控制权，系统复位正常，但系统控制权未交给复位按钮所在的操作人员，如在司机室复位，按理应由司机室掌握控制权，但由于各种原因，控制权未能正常移交。

(3)驱动器异常：驱动器风机丢失，驱动器温控动作是作为外部故障处理的，因此，系统可以正常复位，但动作不允许。

3. 故障诊断

(1)检查驱动器电源开关位置，确认已合上，并且返回信号正常。这种情况发生较多，因此，在一系统中，将这一故障表现为控制复位灯闪亮，以提醒操作人员注意。

(2)检查驱动器有无异常情况，如有无听到风机运行声，驱动器周围是否温度过高等。

(3)检查控制权移交情况，如确实未能正常移交控制权，可断开所有电源，让系统恢复到原始状态，然后重新合上电源，一般来说可以重新确立系统控制权。

三、吊具开闭锁动作无

1. 故障现象

吊具开闭锁动作无。

2. 故障分析

吊具开闭锁动作无，主要有以下几种原因：

(1)吊具未着箱或顶销限位信号未返回。

(2)吊具油泵未开。

(3)开闭锁电磁阀卡住。

(4)开闭锁信号线脱落或开路。

3. 故障诊断

(1)检查吊具油泵是否已经打开。

(2)吊具顶销信号是否到位。

(3)拔开电磁阀插头,检查信号是否到位,电信号有无闪动,电压是否正常,回路线是否畅通。

(4)手动复位电磁阀,检查电磁阀有无卡住现象,如有卡住,更换电磁阀。

四、起升动作无或起升慢速

1. 故障现象

起升动作无或起升慢速。

2. 故障分析

起升动作无或起升慢速一般有以下几种原因:

(1)起升电机过热。

(2)起升电机风机丢失。

(3)终点限位或减速限位动作。

(4)起升按梁保护动作,有时由于编码器故障引起位置偏差导致误保护。

(5)吊具着箱状态,在吊具着箱状态,只允许慢速上升和下降。

(6)起升钢丝绳过松,在松绳状态,起升和下降只能慢速运行。

(7)重量传感器故障,由于重量传感器故障或误信号输入导致起升动作慢速或误动作。

(8)起升超载或挂舱保护停止,在超载或挂舱情况下,不允许起升,只允许慢速下降。

3. 故障诊断

检查起升运行允许,起升允许,下降允许,起升减速,下降减速及减速命令线圈,看是什么触点动作引起起升动作无或起升机构慢速。

五、小车动作无或慢速

1. 故障现象

小车动作无或小车慢速。

2. 故障分析

小车动作无或小车慢速一般有以下几个原因:

(1)小车电机过热。

(2)小车电机风机丢失。

(3)终点限位或减速限位动作。

(4)小车按梁保护动作,有时由于编码器故障引起位置偏差导致误保护。

(5)吊具着箱状态,在吊具着箱状态,不允许小车向前向后动作。

(6)小车过道门限位动作或门未关好,不允许小车动作。

(7)小车牵引钢丝绳过长过短限位动作,有时误信号输入导致小车误动作。

(8)小车托缆钢丝位置限位动作,误信号输入导致小车误动作。

3. 故障诊断

检查小车运行允许,小车向前允许,小车向后允许,小车向前减速,小车向后减速及减速命令线圈,看是什么触点动作引起动作无或小车机构慢速。

六、俯仰动作无或慢速

1. 故障现象

俯仰动作无或慢速。

2. 故障分析

俯仰动作无或俯仰慢速主要有以下几个方面的原因:

(1)俯仰电机过热。

(2)俯仰电机风机丢失。

(3)终点限位或减速限位动作。

(4)仰选择方式错误,如开关选择应急电机,而用交流电机工作,俯仰动作不会有动作。

3. 故障诊断

检查俯仰运行允许,俯仰向上允许,俯仰向下允许,俯仰向上减速,俯仰向下减速及减速命令线圈,看是什么触点动作引起动作无或俯仰机构慢速。

七、大车动作无

1. 故障现象

大车动作无。

2. 故障分析

大车动作无,主要有以下几个方面的原因:

(1)顶轨器未释放。

(2)防风锚定未释放。

(3)大风停止。

(4)电缆卷筒电源未接通或力矩电机过热。

3. 故障诊断

检查大车运行允许,大车左行允许,大车右行允许,大车左行减速,小车右行减速及减速命令线圈,看是什么触点动作引起动作无或大车机构慢速。

集装箱桥吊大多数故障是通过随机电脑检查来确定的。因此掌握电脑软件的使用方法和使用技巧是快速准确诊断故障的基础。一般厂家都提供故障信息表。通常有驱动器故障查询表,系统故障查询表等。

第三节　故障维修实例

一、桥吊故障维修实例

1. 故障机构:ZPMC 吊具

(1)故障现象:开锁无动作。

(2)故障分析:在吊具处于闭锁正常状态(40ft、闭锁、单箱和着箱指示灯亮,开锁灯不亮)时,司机给出开锁指令后,吊具指示灯保持闭锁状态,开锁无动作。

吊具开闭锁的工况:当司机室着箱指示灯亮时,司机给出开锁指令→经过吊具电缆到吊具主接线箱#50 端子→开锁指令继电器(K10)线圈得电,K10 常开触点闭合,开锁指令送入 PLC 输入模块(图 7-3-1 和图 7-3-2)。

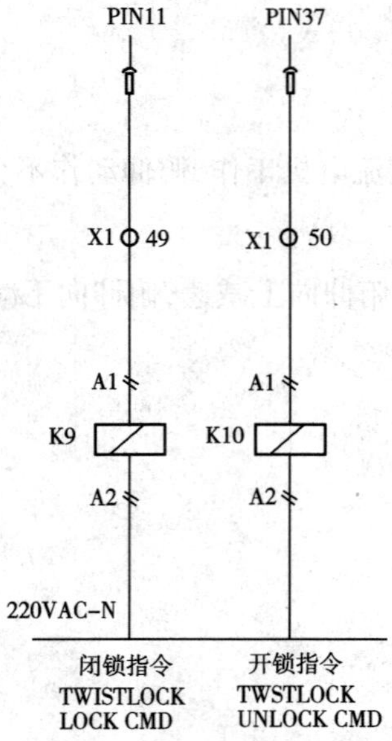

图 7-3-1　开闭锁指令继电器

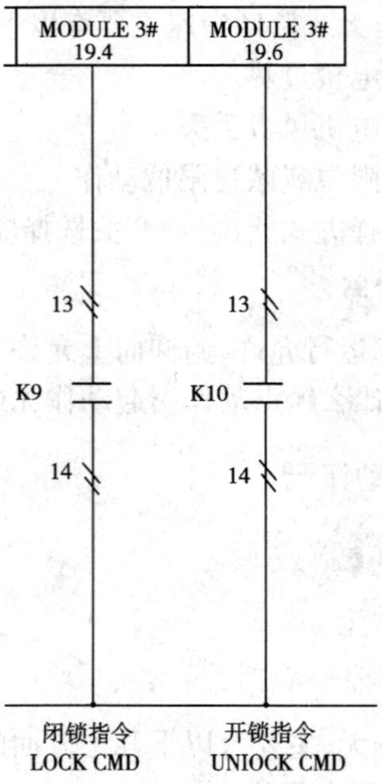

图 7-3-2　开闭锁 PLC 输入模块

当开锁指令送入 PLC,在单箱状态(M8.0 接通),无闭锁指令(M3.4 接通),端部无开锁(M0.2 接通),端部着箱(M0.3 接通)的情况下 PLC 输出端部开锁动作指令(M6.3 得电)→输出模块 Q14.7 输出信号给 K31 继电器→K31 继电器常开触点闭合 Y15 电磁阀得电(图 7-3-3 ~ 图 7-3-5)。

按照以上的工况检查,开锁输入命令(K10)到输出指令(K31)都正常,而在检查开闭锁电磁阀时发现闭锁电磁阀常得电,由于端部开闭锁电磁阀存在联锁(机械和电气联锁),查看程序(图 7-3-3)闭锁命令(Lock CMD M3.4)常闭触点断开导致开锁动作指令线圈(Unlock M 6.3)未得电,开锁无动作。按照以上工作情况检查闭锁线路上元件,K30 继电器常开触点常得电,更换该继电器后工作正常。

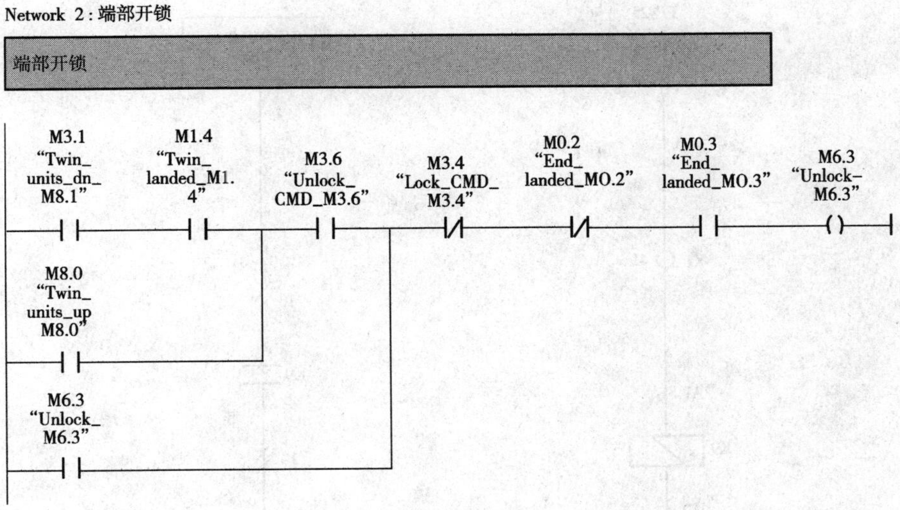

图 7-3-3 端部开锁程序

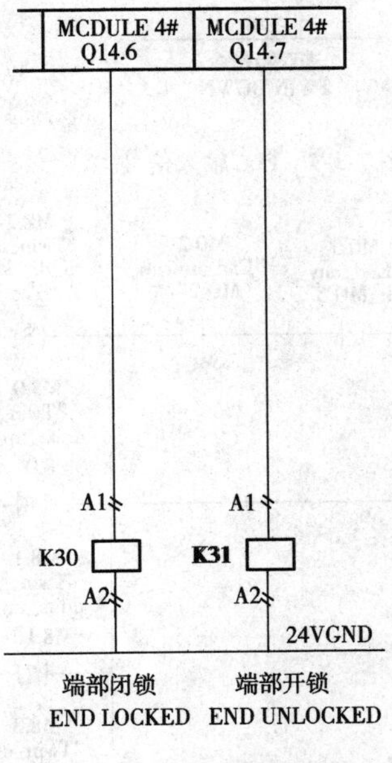

图 7-3-4 开闭锁模块输出

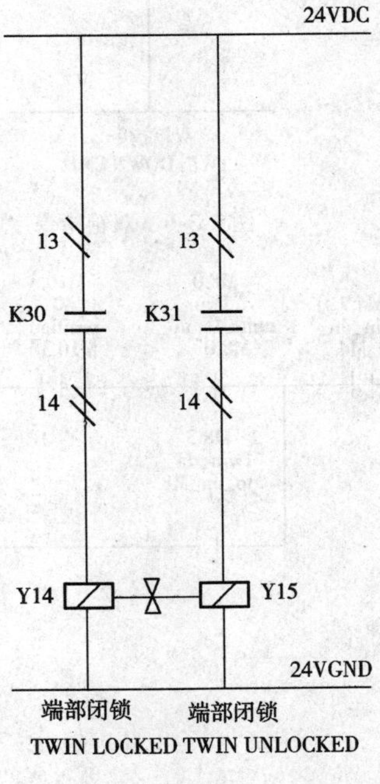

图 7-3-5 开闭锁电磁阀

2. 故障机构:ZPMC 吊具

(1)故障现象:单箱转双箱时,中锁有平移但中锁下油缸没动作。

(2)故障分析:吊具在 40ft 单箱状态时:40ft 灯、单箱灯、开锁灯都亮,着箱灯、闭锁灯都不亮。司机发出双箱指令,经吊具电缆 PIN26 给 K9 双箱指令继电器信号,K16 常开触点闭合给 PLC 输入模块进双箱指令信号(图 7-3-6 和图 7-3-7)。

当进双箱指令进入 PLC 后,满足双箱下指令(M4.7)常开触点闭合、单箱状态(M8.0)常开触点闭合、40ft 信号(M10.3)常开触点闭合、端部开锁信号(M0.2)常闭触点闭合后,进入单箱转双箱状态(图 7-3-8)。

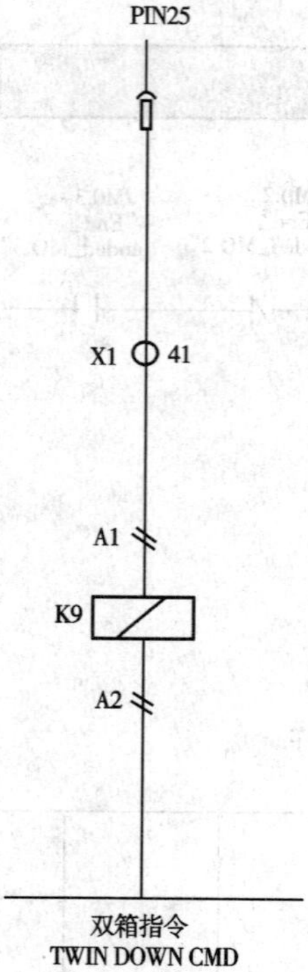

图 7-3-6　双箱指令

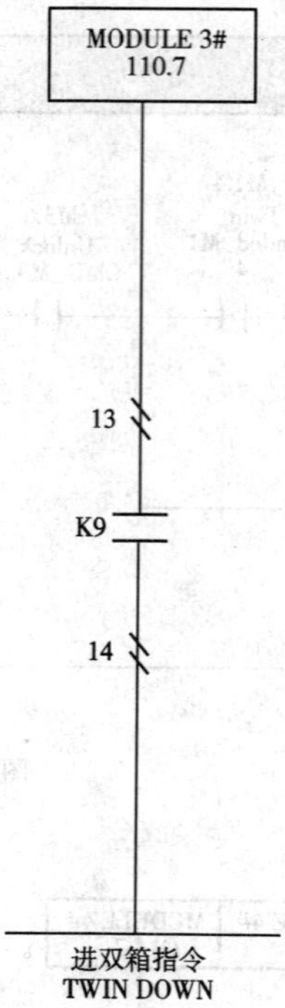

图 7-3-7　PLC 输入信号

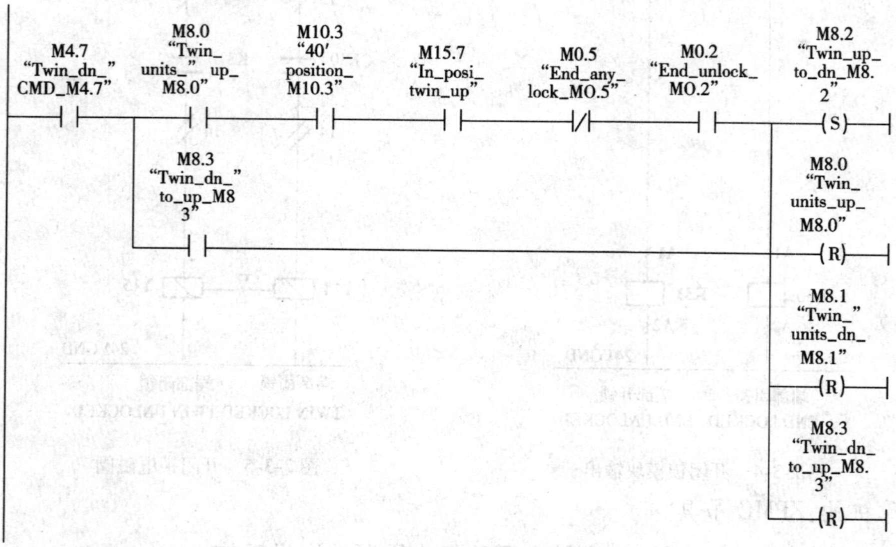

图　7-3-8

进入双箱状态后：中锁伸电磁阀得电，中锁开始平移到挂钩允许位，到位后中锁下电磁阀得电驱动中锁下油缸动作，到位后完成双箱状态。在现场检查发现中锁只有平移没有下降的动作。先查看 X1 箱子内 PLC 信号的输入情况，发现 2#输入模块 I5.5 左挂钩允许信号没进入 PLC(图 7-3-9 和图 7-3-10)，然后查看挂钩允许限位架子螺钉松导致限位偏移没有能感应到，调整好限位后，再做双箱指令就正常。

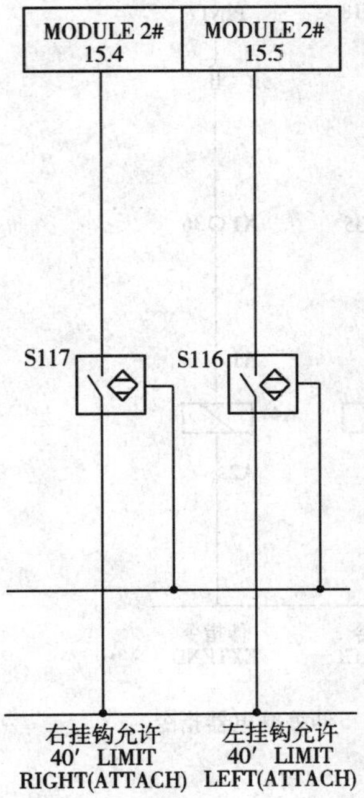

图 7-3-9 挂钩允许限位

图 7-3-10 PLC 输入模块点

3. 故障机构:ZPMC 吊具

(1)故障现象:单箱状态,20′伸 40′不到位。

(2)故障分析:查看吊具状态,单箱灯不亮,着箱灯不亮,开锁灯亮,20′、40′灯不亮,40′位置偏移。

吊具在单箱 20′伸 40′的工况为:当吊具在单箱 20′正常状态时(20′、单箱、开锁指示灯亮,着箱指示灯不亮)→司机给出 40′指令→经过吊具电缆到吊具主接线箱#36 端子→伸指令继电器(K4)线圈得电,K4 常开触点闭合,伸指令送入 PLC 输入模块(图 7-3-11 和图 7-3-12)。

当 PLC 输出伸指令→伸动作继电器(K36)线圈得电→K36 触点动作驱动伸电磁阀 Y17 动作。直到内外 40′限位信号全部得电,吊具关断单箱伸电磁阀,吊具单箱伸动作停止。同时吊具 PLC 输出 40′信号给桥吊主 PLC。

按照以上工况检查,单箱伸缩电磁阀得电,伸动作有,但 40′位置不准。手动检查 40′内外两个限位,限位都正常并查看两个 PLC 模块点(I3.1、I3.2),发现 40′外限位感应时模块点不亮,进模块信号线有电。故判断为模块点坏,40′内限位信号不进模块,导致伸到 40′内限位得电,通电延时继电器 T60 线圈得电 2s 后断开,伸动作停止(图 7-3-13 ~ 图 7-3-15)。更换 PLC 输入模块解决。

4. 故障机构:ZPMC 吊具

(1)故障现象:吊具着箱后,着箱指示灯不亮。

(2)故障分析:吊具状态在双箱闭锁位置,查看箱子并无箱角异损等情况。由于在双箱状态着箱信号分端部着箱信号和中部着箱信号,经电缆 PIN14(端部顶销信号)和 PIN47(中部顶销信号)号线至司机室(图 7-3-16)。分别检查上架接线箱内 PIN14 和 PIN47 号线判断故障来自端部顶销还是中部顶销,检查 PIN14 有 220 交流电输出,PIN47 无交流电输出,问题在于吊具中部顶销信号无信号。4 个中部顶销限位都感应限位得电后进 PLC 输入模块(图 7-3-17)。

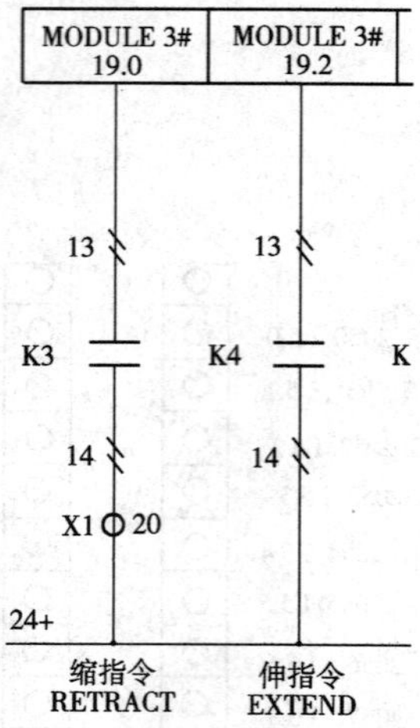

图 7-3-11　伸缩 PLC 信号

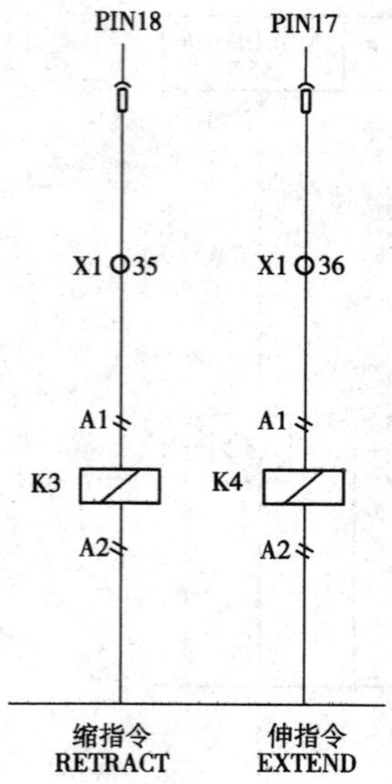

图 7-3-12　伸缩继电器指令

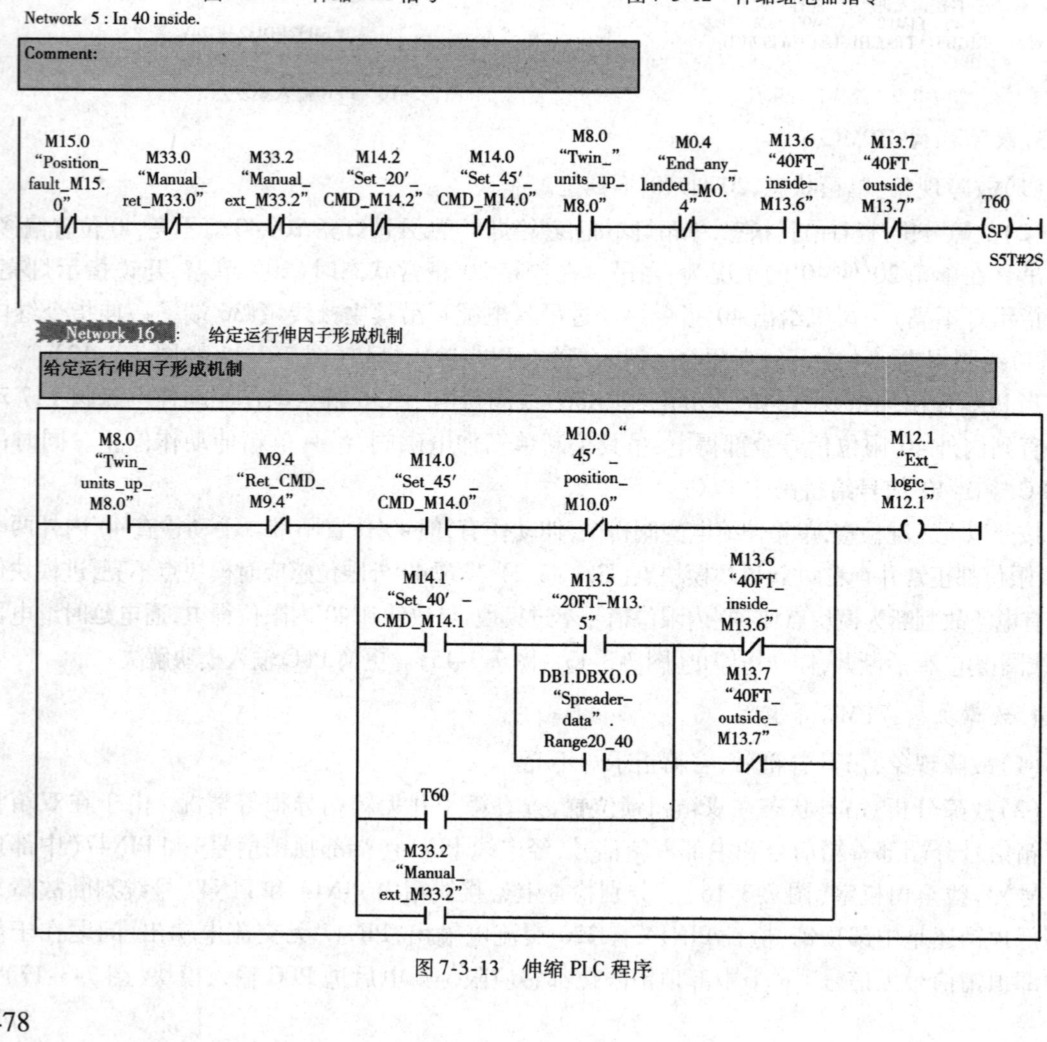

图 7-3-13　伸缩 PLC 程序

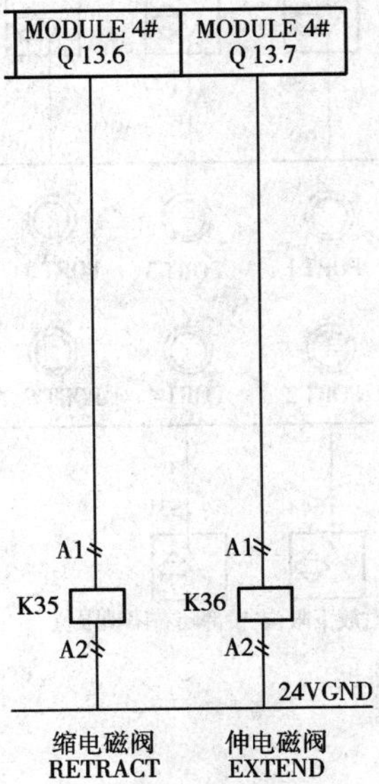

图 7-3-14　伸缩模块输出

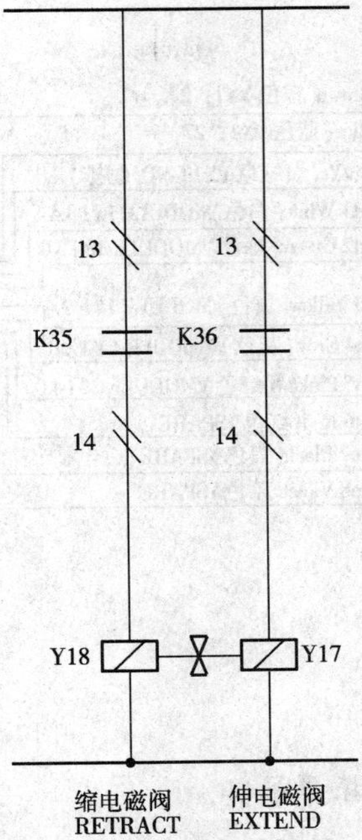

图 7-3-15　伸缩电磁阀

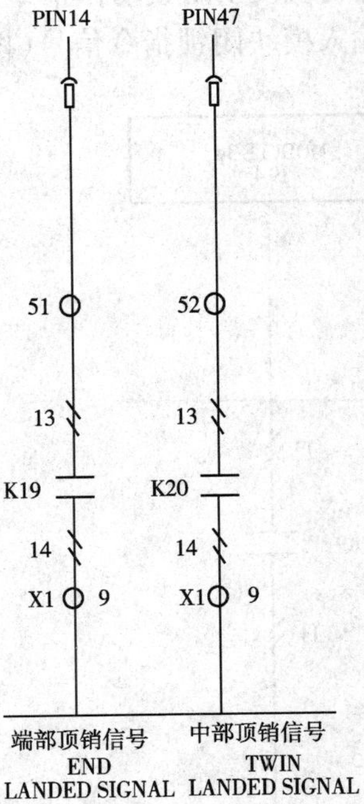

图 7-3-16　顶销信号

图 7-3-17　PLC 输入模块

经查 4 个中部顶销均感应到位，中部陆右六路板 PORT5 灯亮(图 7-3-18)，检查 X1 接线箱 PLC 输入模块 I 4.0(中部陆右顶销)灯不亮，查看 I4.0 模块接线已松，故引起着箱灯不亮，紧固后问题解决。

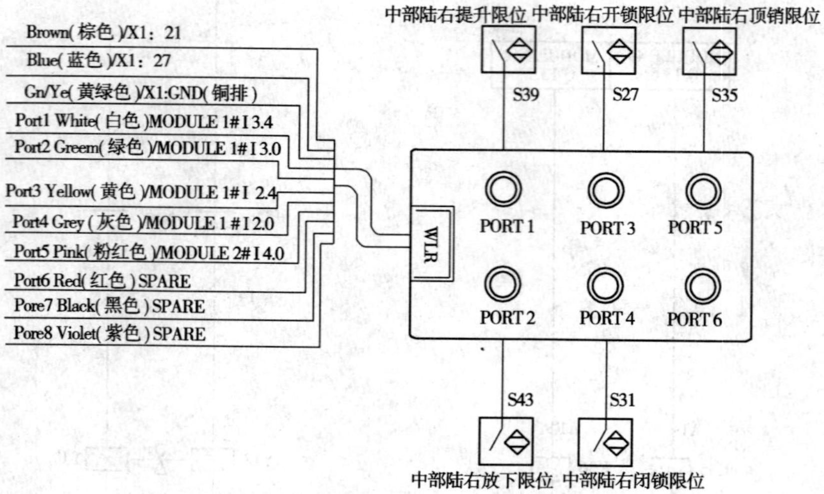

图 7-3-18　中部右六路板

5. 故障机构：振华吊具

(1)故障现象：吊具闭锁，闭锁无动作

(2)故障分析：吊具在单箱 20ft 状态，20ft 灯、单箱灯、着箱灯、开锁灯都亮。司机发出闭锁指令，闭锁灯不亮。

吊具开闭锁的工作情况为：当给司机室有着箱信号时，由司机发出闭锁动作指令，经过电缆 PIN11 线，K9 继电器线圈得电，K9 常开触点闭合给 PLC 输入模块闭锁指令信号(图 7-3-19 和图 7-3-20)。

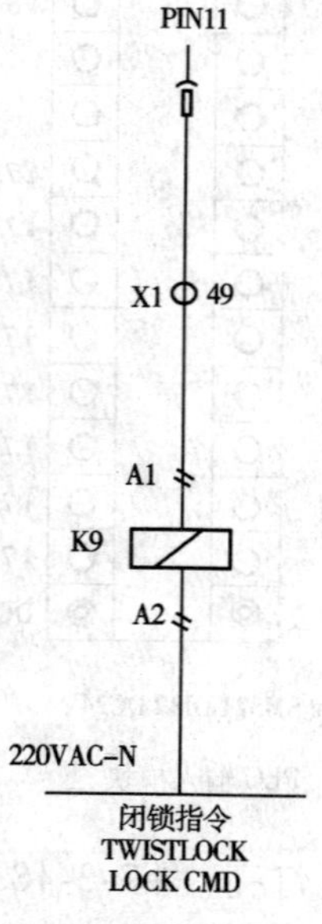

图 7-3-19　闭锁指令

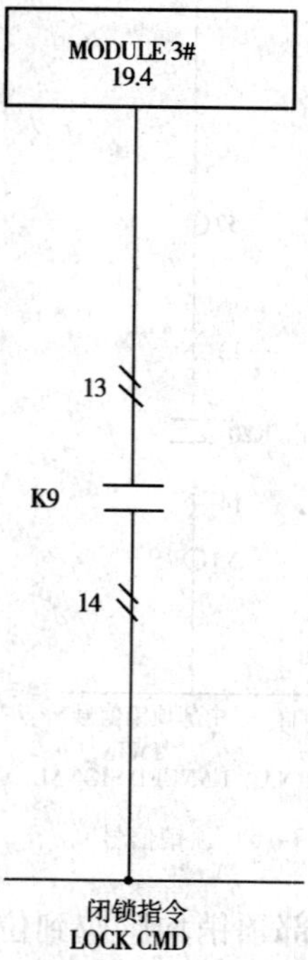

图 7-3-20　PLC 输入信号

吊具闭锁命令进入 PLC 后，满足闭锁命令常开触点（M3.4）闭合、单箱状态中锁上常开触点（M8.0）闭合、开锁指令常闭触点（M3.6）闭合、端部着箱信号常开触点（M0.3）闭合，端部闭锁命令（M6.2）线圈得电，PLC 输出模块 Q14.6 给 K41 闭锁继电器线圈信号，K41 常开触电闭合，Y8 闭锁电磁阀线圈得电（如图 7-3-21 和图 7-3-22）。

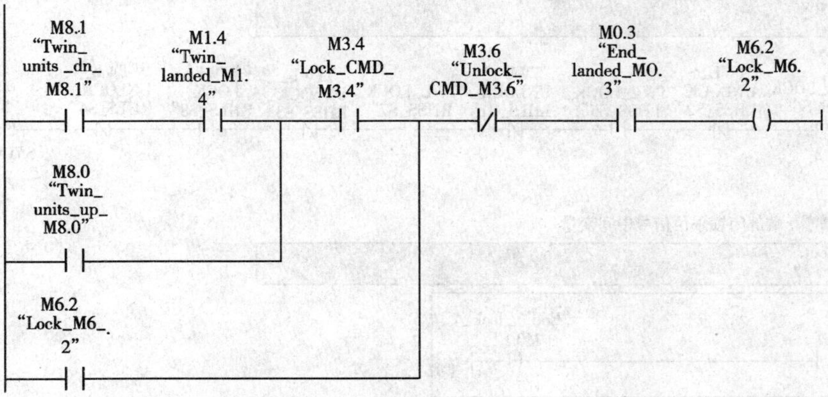

图 7-3-21 PLC 闭锁程序

按以上工况检查，查看到电磁阀线圈上灯没亮（图 7-3-23），然后用万用表测量电磁阀线圈不通，更换电磁阀线圈后闭锁动作正常。

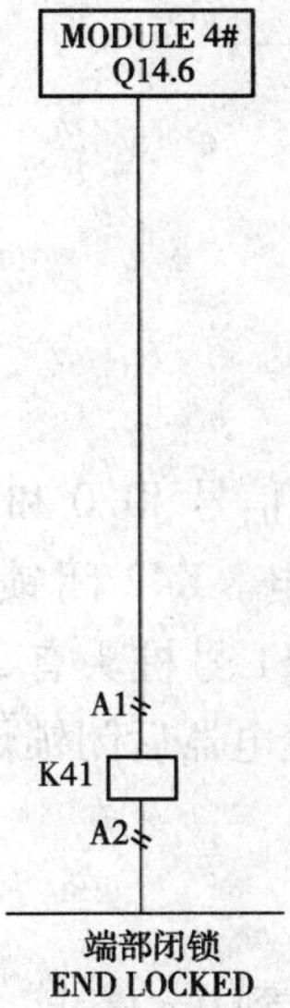

图 7-3-22 PLC 输出信号

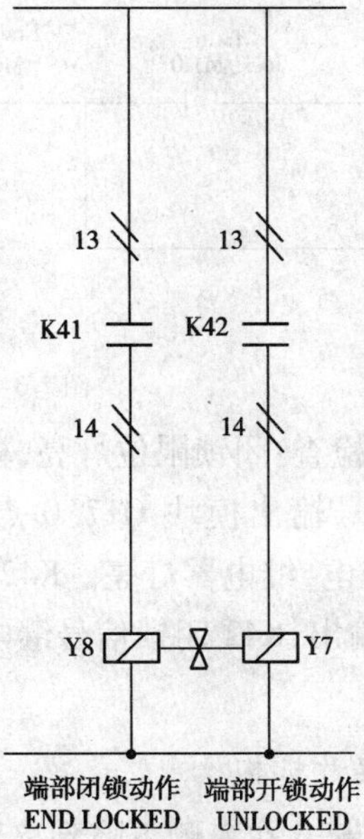

图 7-3-23 端部开闭锁电磁阀

6. 故障机构：ZPMC 吊具

（1）故障现象：吊具闭锁，闭锁灯不亮，

（2）故障分析：查看吊具状态，吊具在 20ft 单箱状态，20ft 灯亮，单箱灯亮，着箱灯亮，开锁灯不亮。

吊具开闭锁的工作情况为：当有着箱信号，20ft 信号，开锁信号给司机时，司机做出闭锁指令动作→经过吊具电缆到 K9 闭锁命令继电器线圈→K9 常开触点动作,闭锁指令送入 PLC 模块→经 PLC 运算输出给 K30 闭锁继电器→K30 触点动作,Y14 闭锁电磁阀线圈得电,油缸动作(图 7-3-24)。

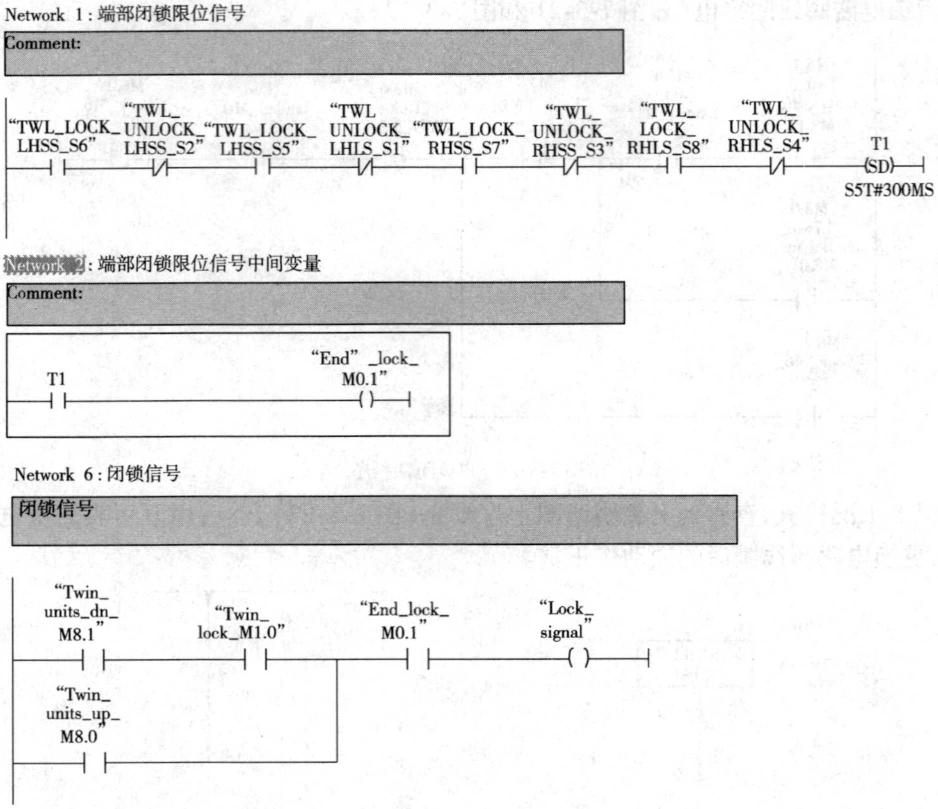

图 7-3-24　PLC 闭锁信号程序

按照以上工况检查:闭锁限位灯亮,检查 PLC 输入限位信号 I0.0 和 I0.1 点亮,有 24V 直流电。PLC 闭锁信号输出模块 Q17.0 点亮,有 24V 直流电。K42 闭锁信号继电器线圈 A1 1R04H 有 24V 直流电,继电器灯亮。K42 继电器常开触点 11 号桩头有 220V 交流电,14 号桩头无 220V 交流电输出,K42 闭锁信号继电器触点坏,更换继电器后闭锁灯亮故障排除(图 7-3-25 和图 7-3-26)。

7. 故障机构:起升机构

(1)故障现象:起升在海侧下降到离地 8m 时没有全速,到 0m 停止。

(2)故障分析:通过分析故障现象发现,起升在 8m 开始减速,0m 停止应该是起升在陆侧运行时的工况。发生这种现象的最大可能就是海陆鉴别信号丢失。查看程序 F31,第 5 段(起升下降允许)中 TOVRDCK(海陆侧鉴别限位信号)(图 7-3-27)。

通过在海陆侧之间来回运行小车,看到 TOVRDCK 信号时有时无。由于海陆鉴别限位采用的是磁铁感应限位,该限位信号不稳定的主要原因是由于限位故障、线路故障和限位不在磁铁的感应范围之内(图 7-3-28)。

(3)故障排除:确认限位与线路正常后,调整限位的感应距离,使限位与磁铁的距离在允许的感应范围之内,然后试车运行正常。

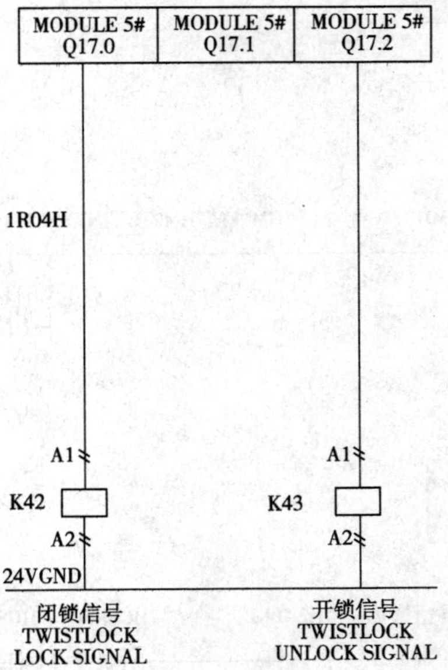

图 7-3-25　开闭锁信号

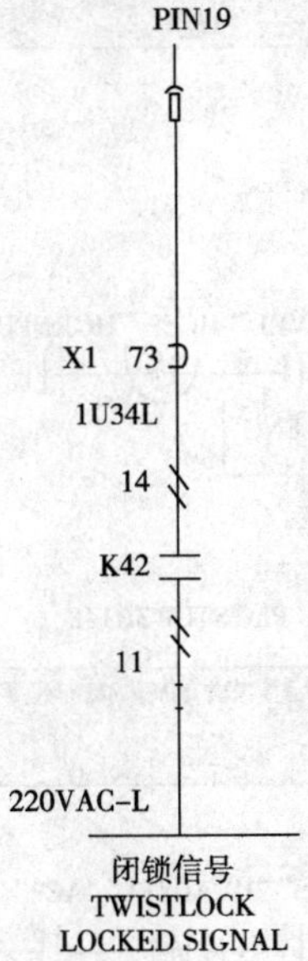

图 7-3-26　闭锁信号

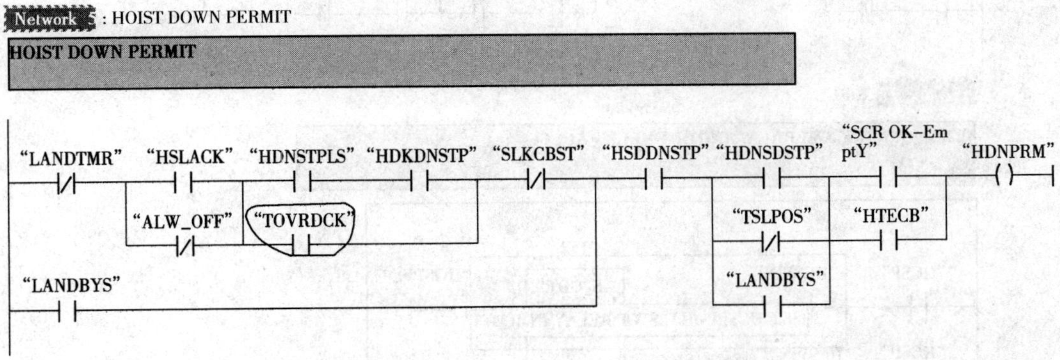

图 7-3-27　起升下降允许程序

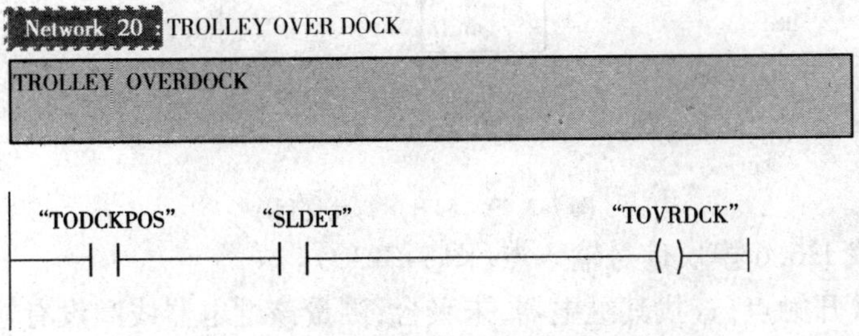

图 7-3-28　海陆侧鉴别限位信号程序

8. 故障机构:起升、大车机构

(1)故障现象:起升、大车无动作,且正常指示灯都不亮。

(2)故障分析:首先查 PLC 程序,FC31"起升运行允许", 程序中 HGSP 的常开触点未吸合

→HGSPFL 常闭触点未接通→PLC 输入点 I36.6(HGSPIN)无信号输入(图 7-3-29)。

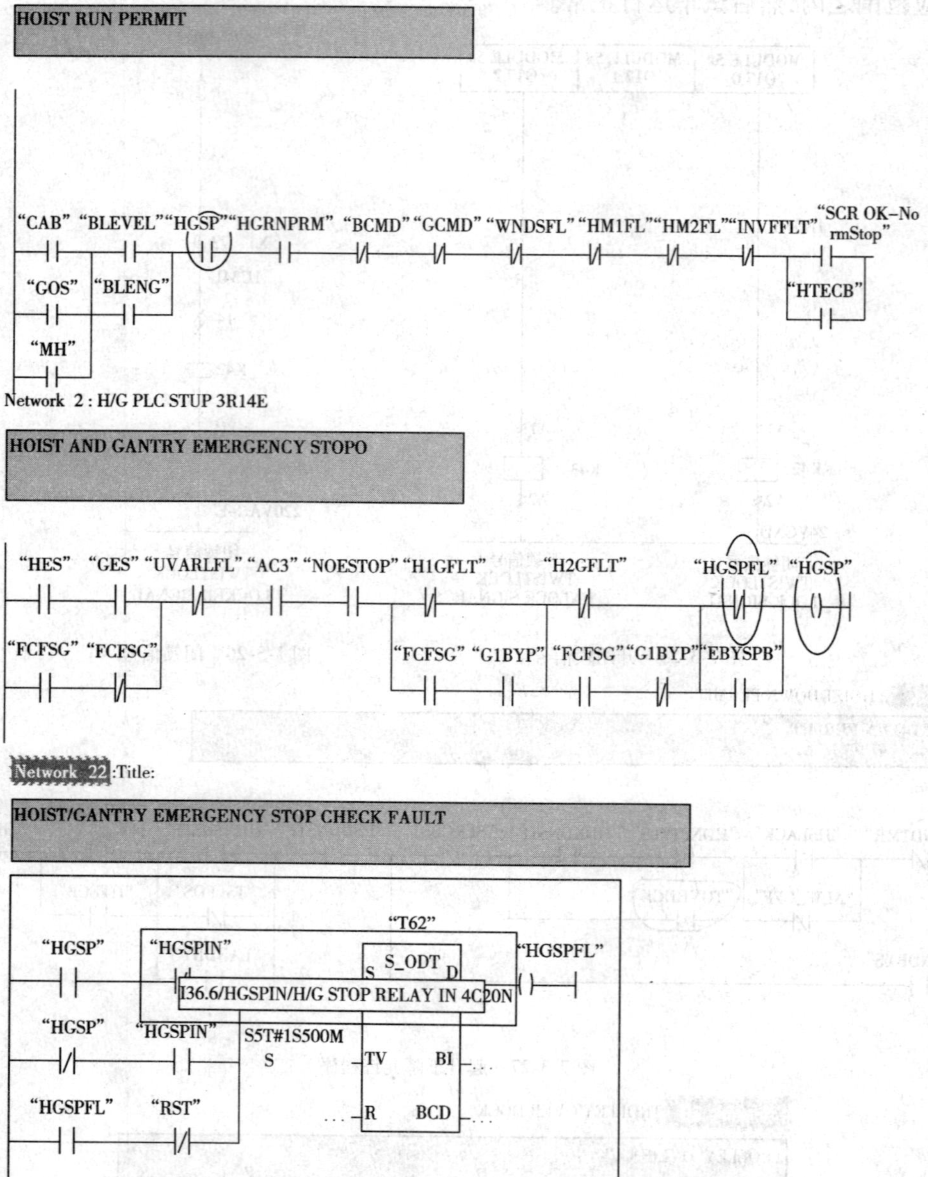

图 7-3-29　起升运行允许程序

原理图中查找 I36.6 模块信号输入点(图 7-3-30)。

根据 HGSP 常开触点,查找其继电器,未吸合;测量该继电器线圈没有输入电压,查线圈所在的图纸(图 7-3-31)。根据图纸所示,继电器 HGSP 线圈的控制回路中主要有:重垂限位、HESX、HEMX 与起升 1#、2#变频器故障信号。

(3)故障排除:依次测量控制回路中各元件触点或接点电压,判断是线路故障还是元器件故障,然后进行排除。

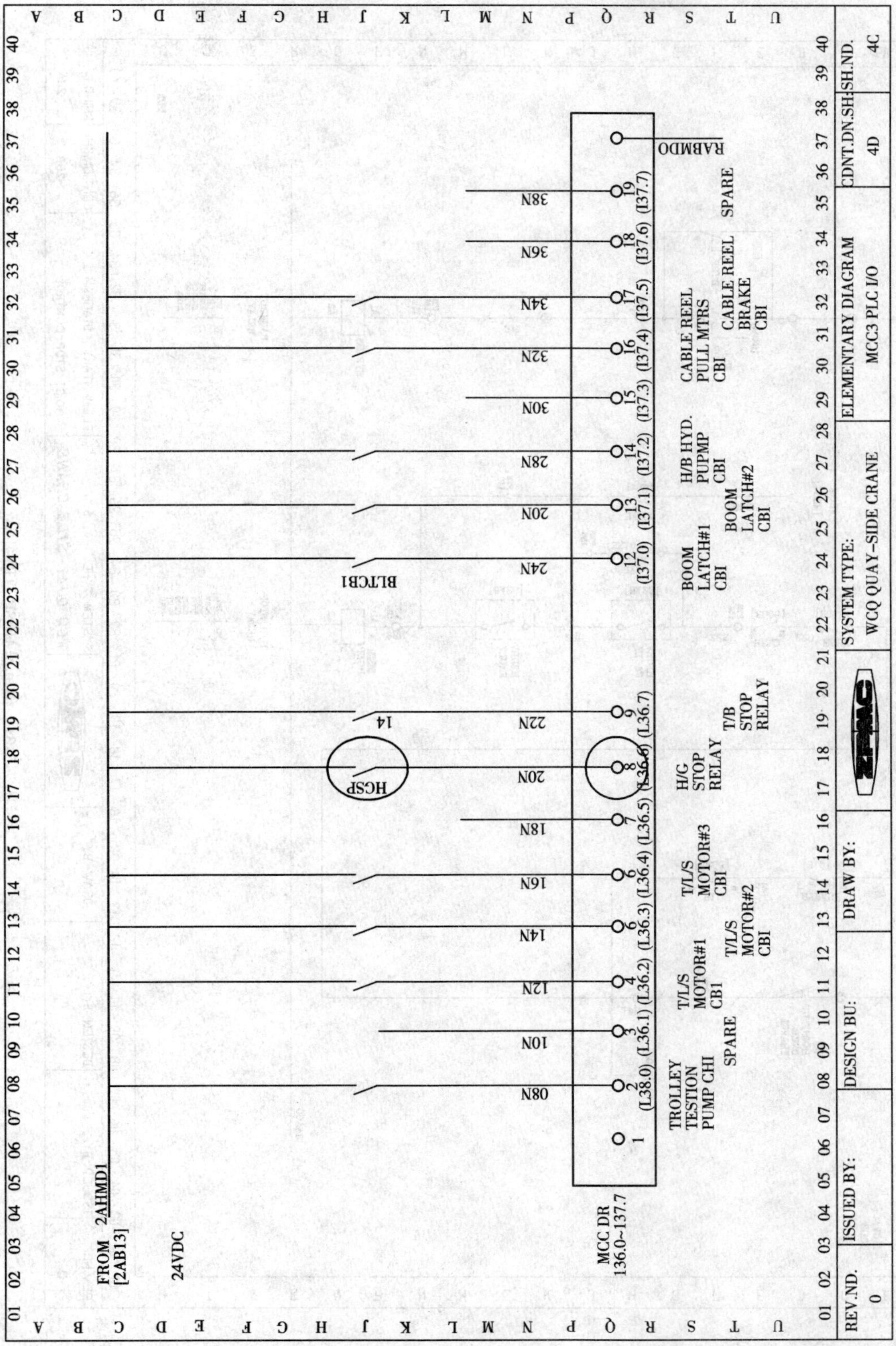

图 7-3-30 输入信号模块原理图

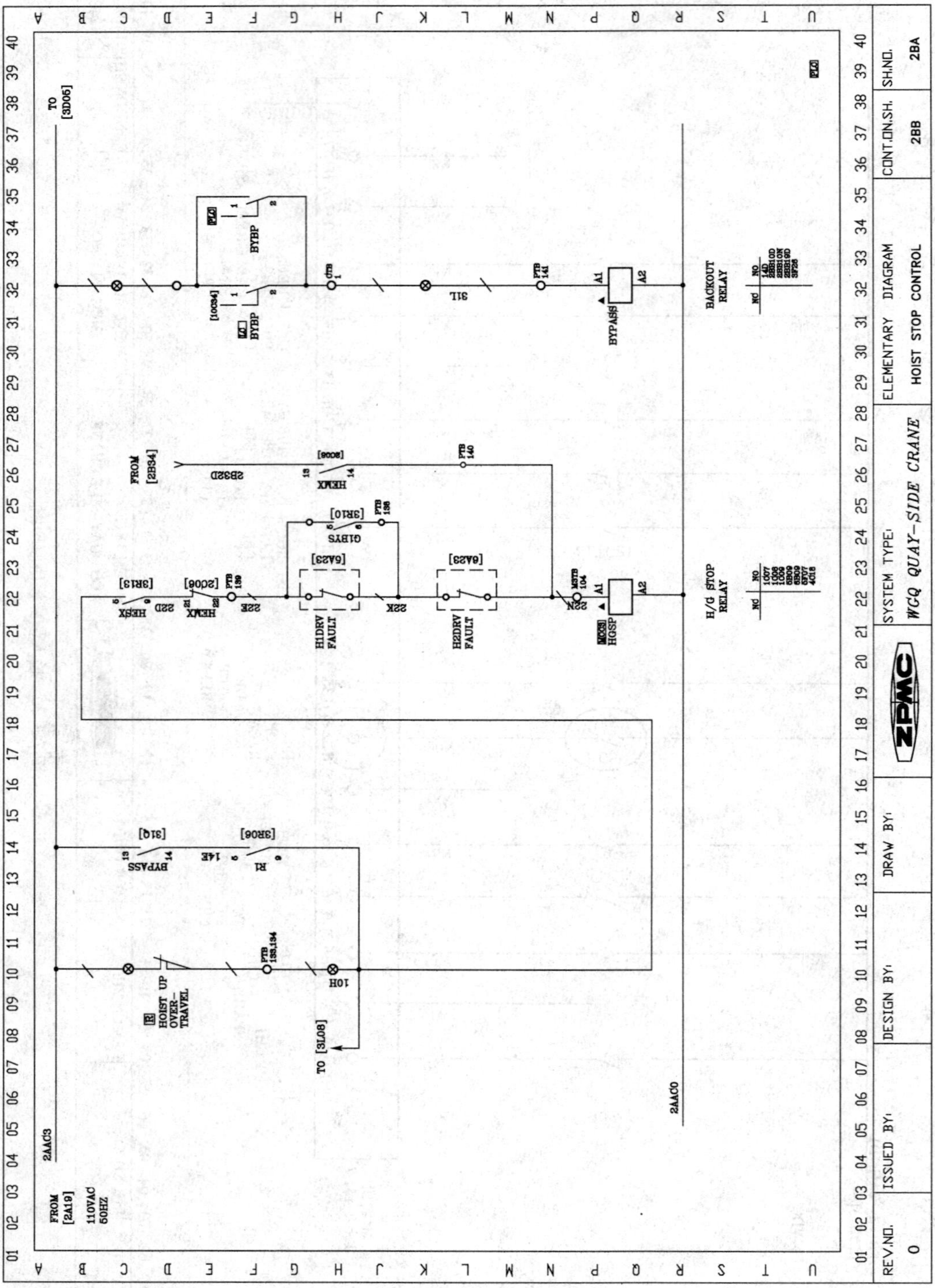

图 7-3-31　继电器 HGSP 原理图

9. 故障机构：俯仰机构

(1)故障现象：桥吊升大梁时，大梁未进入钩区，俯仰钩挂钩先动作，导致挂钩不到位。

(2)故障分析：结合原理图与程序，分析故障原因：在现场进行了手动操作并观察俯仰动作，发现还是未能俯仰进钩。查看程序"俯仰上升允许"FC61Network3(图 7-3-32)。

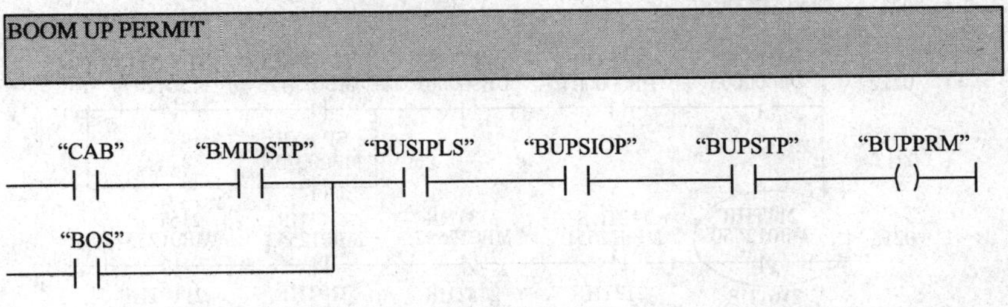

图 7-3-32 俯仰上升允许程度

看到编码器俯仰上升停止 BUPSTP 先于凸轮限位和俯仰上升停止限位动作(先断开)，此时大梁还未进入钩区。查找 BUPSTP 线圈进入 FB63 Network22(图 7-3-33)。

对比观察 BPOS 和"Crane Position & ID data" BUPSTPPOS 数据，编码器数值 BPOS 在俯仰未进入钩区时大于编码器 ID 数值。判断为编码器方面的问题。桥吊使用的是绝对值编码器，检查俯仰编码器联轴器连接正常，编码器接线回路也正常。在通过旋转编码器观察程序内 BPOS 数值时，其数值随编码器运速旋转单调平稳变化，因此判断编码器元件并未损坏，而编码器数值与实际俯仰位置可能不一致。由于编码器与卷筒的输出联轴器并没有松动的现象，可能是由于俯仰钢丝绳过长导致俯仰位置比原来位置低，编码器位置产生偏差。

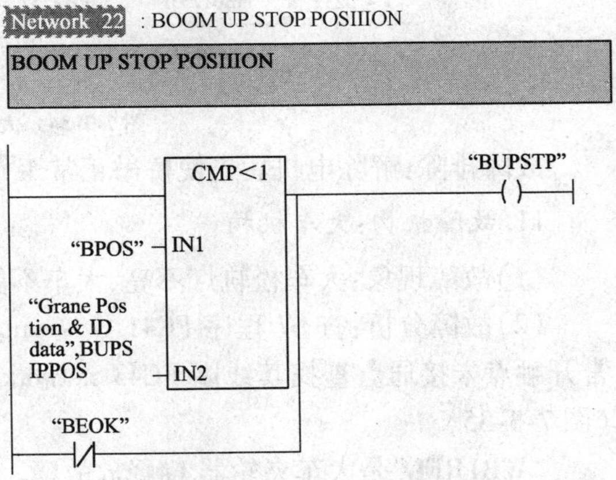

图 7-3-33 俯仰上升停止位置比较程序

故障排除：将编码器脱离联轴器，并在程序 FC61Network3 内强制 BUPSTP(编码器上升停止位置)。手动操作将大梁上升进入钩区，此时俯仰会由于凸轮限位和俯仰上升停止限位中的某一个限位导致俯仰上升停止。然后确定俯仰挂钩是否顺利。若还不能顺利进钩则需要调节刚才先动作的限制。若俯仰能顺利进钩则手动旋转编码器观察 FB63 Network22 内 BPOS 数值，将该数值调节到与编码器 ID 数值相同(可以通过调节编码器联轴螺钉提高调节精度，使编码器联轴与卷筒齿轮有效联结)。完成安装后，起降大梁看俯仰顺利进钩和俯仰水平时水平灯是否亮。如果不亮继续调节编码器，直至正常。

10. 故障机构：大车机构

(1)故障现象：大车不能运行，大车正常指示灯不亮。

(2)故障分析：查程序大车 INTERLOCK(图 7-3-34)。

大车 1#电机热继电器动作(可能造成热继电器动作的情况有继电器误动作，短路，电机缺相，电机过载等情况)。211THR 继电器手动复位后正常，大车试车，211THR 继电器便立刻报故障,在此种情况下选择先检查电机是否有异常情况,发现电机温度偏高,检查制动器间隙,电机联轴器处均正常,排除过载可能性后,测量电机是否有短路等现象,经测量发现电机 U 相对地短路,解除电机电源进线后仍为电机 U 相对地短路,检查电机接线盒内线路,电机外部接线无异常情况,判定为电机内部接线或电机绕组有损坏。

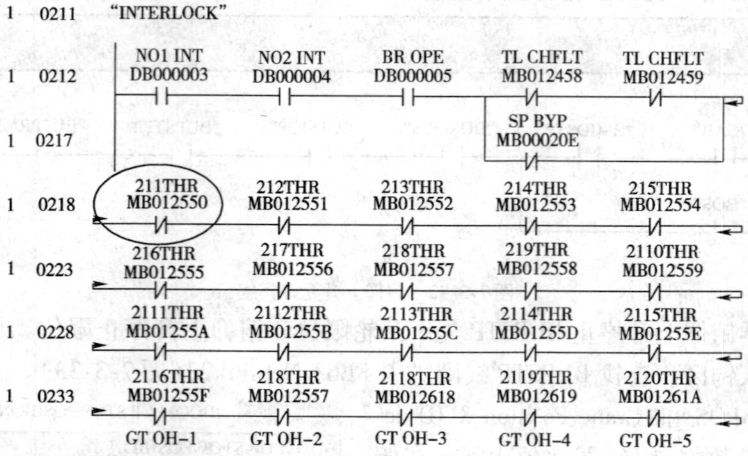

图 7-3-34 大车 INTERLOCK 程序

故障排除:解除电机后先使桥吊正常工作,安排更换电机。

11. 故障机构:大车机构

(1)故障现象:大车松轨灯不亮,大车不能运行。

(2)故障分析:查 S7 程序 FC41 G – control network3,看到 WBOK(大车夹轮器检测正常)常开触点未接通。查找其线圈 FC43 network18, SWBOK(大车海侧夹轮器正常)触点未接通(图 7-3-35)。

"WB1RFL"是大车夹轮器 1#释放故障。该段程序是利用 T93 通电延时来检测在 WBSRL(大车海侧夹轮器电磁阀释放)接通的 1min 内,WCRLS1(大车海侧夹轮器 1#限位释放)是否断开,如不断开则报大车夹轮器 1#释放故障。

引起 WB1RFL 的原因有:大车夹轮器限位坏,大车夹轮器限位动作不到位,两者会造成 WCRLS1 不断开。大车夹轮器油缸不动作或者动作不到位造成 WBSRL 不接通。检查 1 号大车夹轮器油缸工作正常;手动感应限位检查限位是否正常,在程序中看其感应时常开触点导通则说明该限位完好。在松轨时查看程序,看到在夹轮器油缸(WBSRL)触点动作,1min 内大车夹轮器 1#限位(WCRLS1)未释放。需要调整限位,使得在油缸动作 1min 内释放。

解决方法:调整大车夹轮器限位,使其在夹轮器油缸的工作行程内。

12. 故障机构:大车机构

(1)故障现象:大车不能运行,大车正常指示灯不亮。

(2)故障分析:查 S7"大车夹轮器运行允许"程序,FC43,"LHYDOTEL"大车液压泵站过温(图 7-3-36),引起改故障的主要原因:液压泵站冷却风机故障、测温元件故障、大车泵站接触器损坏(咬死)、大车泵站液压系统异常、大车泵站高低压继电器压力设定偏差等。首先,测量泵站油温，确定温度确实过高，排除测温元件误感应故障；经检查大车泵站冷却风机、接触器工作正常；再查看程序，发现泵站压力达到设定的标准高压时（正常的压力范围是 8～12MPa），压力继电器高压触点未动作，导致泵站持续工作，最终造成泵站过温。

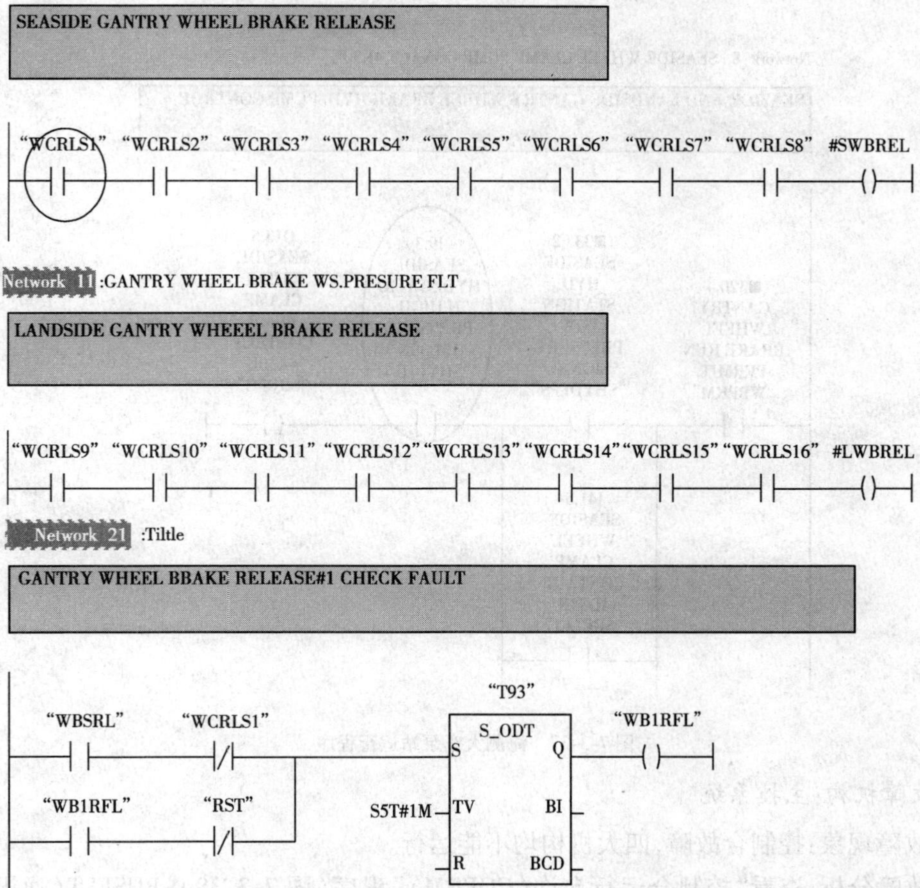

图 7-3-35　大车海陆侧夹轮器检测程序

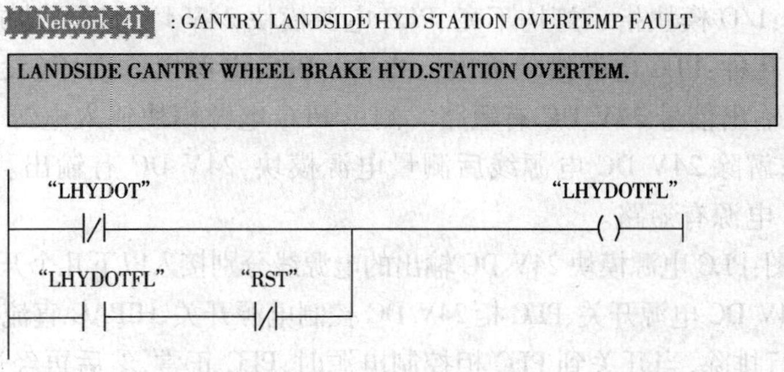

图 7-3-36　大车液压泵站过温程序

图 7-3-37 圈中 SHYDHI 为“海侧液压站高压信号”，通过大车泵站高压压力继电器触点。低压状态下，此触点通，Q13.5 线圈接通，从而大车泵站运行；压力到达高压标准时，此触点断，

Q13.5 线圈断开,泵站停止运行。

解决方法:调整压力继电器,继电器下方有 2 个调节旋钮(外侧为高压,内侧为低压),结合压力表显示,应当调低高压触点动作时的压力,调到正常值后,大车泵站正常工作,故障解决。

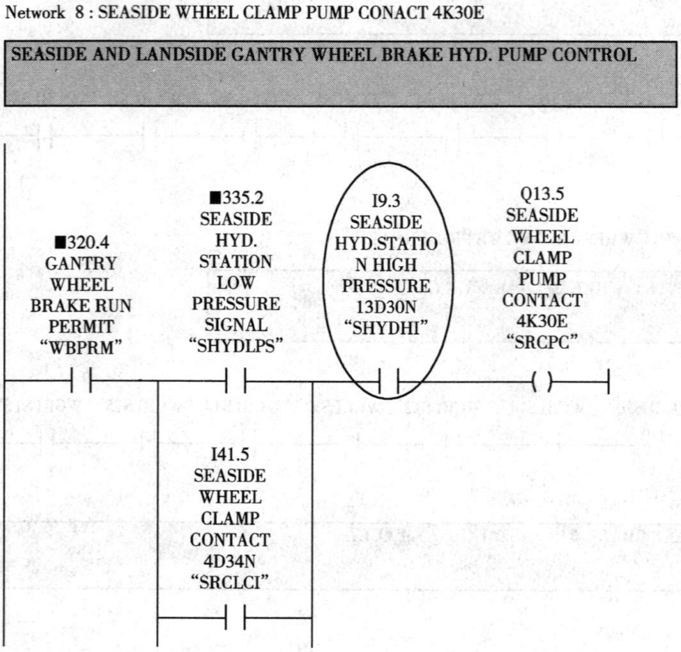

图 7-3-37　海测大车泵站运行程序

13. 故障机构:主控系统

(1)故障现象:控制合故障,四大机构均不能运行。

(2)故障分析:查看"控制合运行允许(COPRM)"程序(图 7-3-38):BUSFLT(通讯故障)→PRO20K(PROFIBUS2 通讯正常→无信号→COMMFL7(电气房通讯模块组)无信号。因此判断故障发生在 E－ROOM1 模块组。

检查该模块组:I/O 模块指示灯均不亮、PLC 电源模块 24V 灯闪烁。造成 I/O 模块指示灯不亮的原因有以下几种:PLC 电源模块无输入电源、PLC 电源模块损坏(没有 24V DC 输出)或 I/O 模块的输入输出信号 24V DC 有短路。测量 PLC 电源模块输入电源 110V AC 有,而输出电源 24V DC 无;解除 24V DC 电源线后测量电源模块,24V DC 有输出。因此电源模块正常,而输出 24V DC 电源有短路。

查看电气原理图:PLC 电源模块 24V DC 输出的电源线分别接入以下几个开关:变频器 24V DC 电源开关、编码器 24V DC 电源开关、PLC 柜 24V DC 控制电源开关、HIPAC 直流电源开关。依次开关以上电源开关进行排除,当开关到 PLC 柜控制电源时,PLC 正常,然后再经过万用表测量断定 PLC 柜控制电源这一路电源线有短路。查图纸(图 7-3-39),此开关 24V DC 电源线下接到 PTB81－90 接线排,采用排除法的检修方式依次解除 PTB81－90 接线排上的接线进行测量,当测量到 PTB90 接线排时,发现该电源线短路。查放线表,PTB90 接线排接的是小车跳水平台门限位。

故障排除：检查线与限位后，判断是限位内部损坏，更换限位后正常。

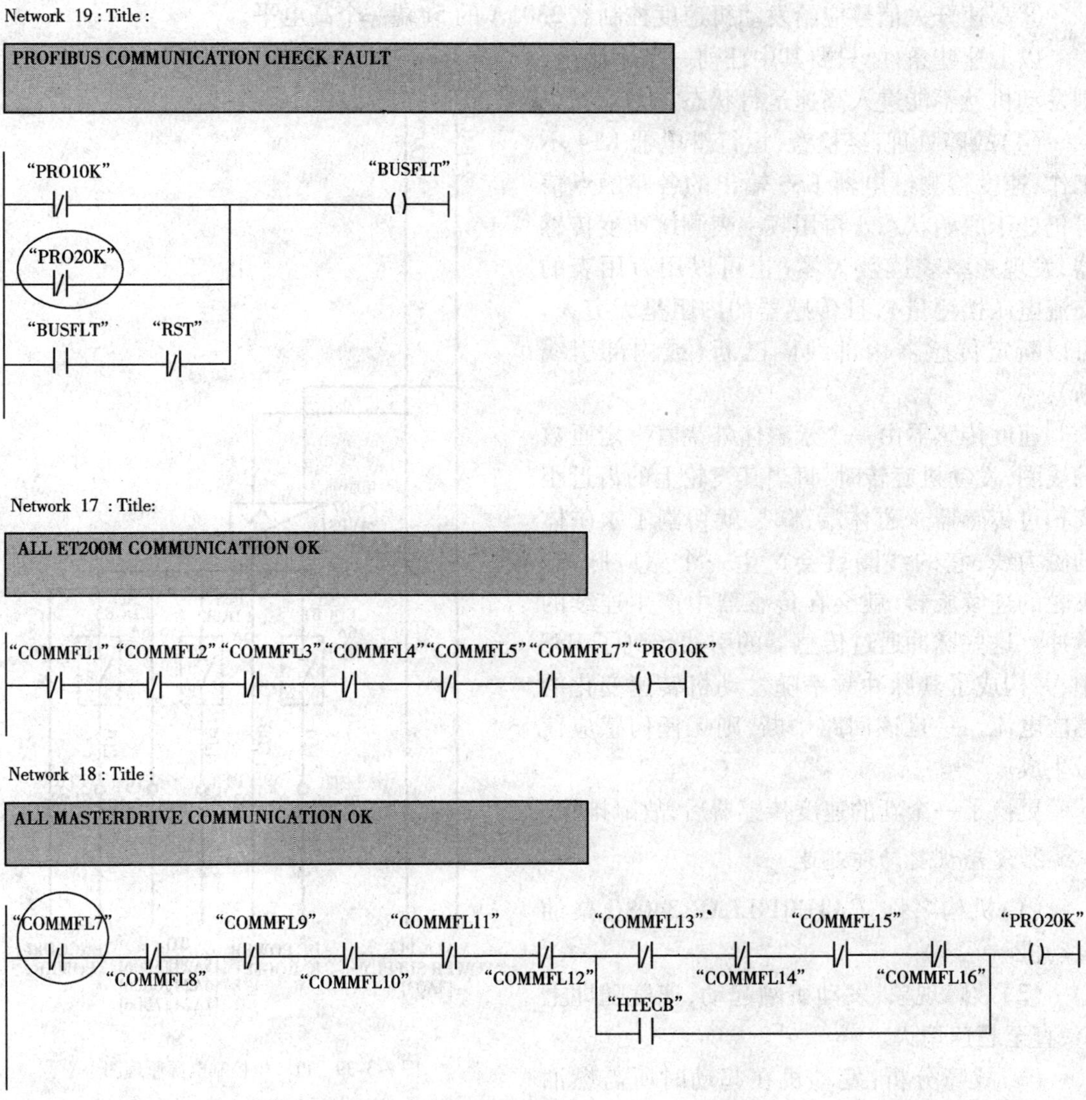

图 7-3-38　控制合运行允许（COPRM）程序

二、轮胎吊故障维修实例

1. 发动机无加速

（1）机构名称：CATERPILLAR 3408C 柴油发动机。

（2）故障现象：发动机起动后，无论是自动还是手动从怠速速度（800r/min）切换到额定速度（1500r/min），均无反应。

（3）故障分析：发动机起动后，要达到高速运行需满足以下几个条件：

①延时切换，发动机从起动怠速到开始加速之间应有大于 1min 的延迟时间；

②发动机速度传感器输出信号传输过程：速度脉冲（频率）PICK→速度检测继电器 ESS→

运行继电器 K14→各种状态的逻辑控制；

③高速开关信号应给发动机速度控制器 2301A 的 5#端一个高电平。

以上这些条件，只要其中任何一条不满足，则发动机就不能进入高速运行状态。

(4)故障处理：经检查，运行继电器 K14 不工作，速度检测继电器 ESS 输出的各路触点信号仍处于原始状态。再用频率表测试速度传感器，发现频率表读数为零(也可以用万用表的交流电压档测量)，且传感器的内阻呈无穷大。可以断定传感器内部线圈已断(或内部引线断)。

速度传感器由一个永磁体外绕着一定匝数的线圈，发动机旋转时，每当其飞轮上的齿近距离扫过传感器永磁体端部时，就切割了永磁体的磁力线，它的线圈就会产生一个感应脉冲。飞轮的连续旋转，就会在传感器中产生连续的脉冲。这些脉冲通过传感器的引线传到了 ESS 中，并构成了其脉冲频率随发动机转速变化的感应电流。一旦该回路中断，则无任何感应信号生成。

更换了一个新的速度传感器后，故障排除。

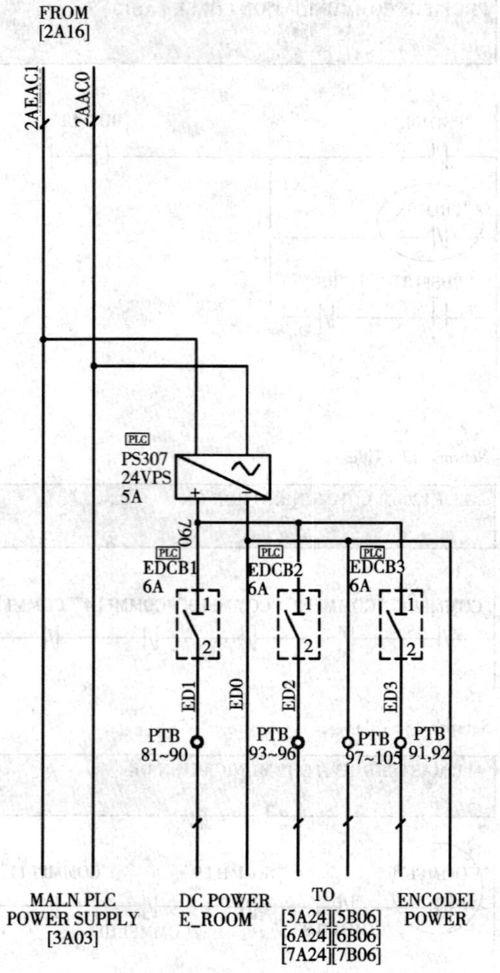

图 7-3-39 PLC 柜控制电源原理图

2. *发动机起动即超速*

(1)机构名称：CATERPILLAR 3408C 柴油发动机。

(2)故障现象：发动机刚起动，速度随即上窜，直至超速熄火。

(3)故障分析：发动机在起动时所需燃油的油量应数倍于空载额定转速运行时的油量。犹如交流异步电动机和直流电动机的起动电流与起动后电流的关系。因此在速度控制器 2301A 中有一个初始给定值可调的比例放大器，它优先于其他电路进入工作状态。起动时，该放大器不但决定了发动机的起动油量，而且由于放大器的惯性，还决定了起动后超调量的大小。

由此可见，起动超速的原因主要是由起动给定过大引起的。

(4)故障处理：在速度控制器 2301A 上，可以适当调小起动油量。但是必须注意，不能大幅度地调小，否则有可能造成发动机起动困难或根本无法起动，只有起动马达的空转声。

3. *发动机输出功率不足*

(1)故障机构：CATERPILLAR 3408C 柴油发动机。

(2)故障现象：发动机转速不稳定，时常自动熄火。

(3)故障分析:一般发动机跌转速的现象在轮胎吊中较为普遍,在发动机工作时处于恒转矩与恒功率之间时,此现象更为明显。到现场发现此发动机有时空吊具工作时仍有跌转速现象。由此可见发动机存在明显的供油不足问题。检查整套油路,空气滤芯柴油滤芯都是刚更换过的,且现场观察发动机,跌转速时油水器也未见有起分离气泡的现象,所以油路上应该不存在故障。因此第一反应应当考虑到2301的输出(2301即2301A SPEED CONTROL,CAT发动机普遍采用此速度调节控制板来调节和控制,以达到稳定转速的目的)。通知司机继续试车,并在期间用万用表测量2301的输出电压,此电压直接输出到执行器控制油门。如果发动机在做功时电压没有变化而造成跌转速,那么很有可能就是2301内有损坏,或者2301未调节好。可是反复试车后2301输出电压值均正常,且试车时即使出现了跌转速和熄火现象,2301输出电压仍然处于正常值。这就不免让人怀疑到执行器的问题,是不是执行器坏了?拔下执行器对其阻值进行测量,一般执行器的阻值在30~40Ω之间,经过测量发现执行器也未受损。既然2301输出给执行器的电压正常,而执行器也完好,那一定是输出端到执行器之间那一段线路出现了故障。

(4)故障排除:熄火后解除执行器那端,测量线的好坏,仍未发现异常,发车后一人手动控制住执行器防止其熄火,继续测量,发现由于发动机的震动,导致2301输出端到执行器之间的线接触不良,时好时坏,因而产生了有时跌转速有时正常的现象。更换中间的线路,故障即修复。

4. 发动机在正常运行时,突然熄火

(1)机构名称:CATERPILLAR 3408C 柴油发动机。

(2)故障现象:轮胎吊在正常工作时,突然发动机自动熄火,并报出“机油压力低下”故障。

(3)故障分析:按照常规,先检查机油油位、机油泵、机油压力保护传感器、报警电路等,均没有发现任何问题。

电气上满足熄火的条件一般是两个。其一,使熄火电磁阀得电,切断供油回路;其二,由速度控制器2301A输出给执行器电磁线圈的电压接近于零,以切断高压供油回路。

图7-3-40是机油压力报警部分的电气原理图。报警原理如下:

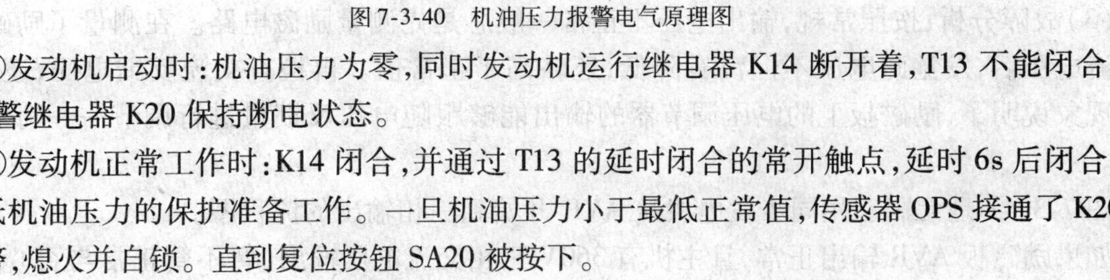

图7-3-40 机油压力报警电气原理图

①发动机启动时:机油压力为零,同时发动机运行继电器K14断开着,T13不能闭合。因此,报警继电器K20保持断电状态。

②发动机正常工作时:K14闭合,并通过T13的延时闭合的常开触点,延时6s后闭合。完成了低机油压力的保护准备工作。一旦机油压力小于最低正常值,传感器OPS接通了K20,然后报警,熄火并自锁。直到复位按钮SA20被按下。

③发动机停机时:K12 继电器接到熄火指令后,得电闭合,同时控制电路让其自锁保持 120s。传感器回路被切断,K20 就不会得电。

以上这些结果都处于正常工作状态下。但是,有一种由于电气的或机械的原因造成非正常熄火。根据原理图,当发动机的速度在降低,但仍高于运行继电器所需的最低速度,然而该速度确使机油压力跌到了报警值,所以就出现了本故障的故障现象。

(4)故障处理:根据电气熄火条件检查,发现速度控制器 2301A 的 9#、10#间无输出电压。结果却是 2301A 中的驱动永大功率晶体管损坏。在更换了 2301A 后故障排除。

5. 同步交流发电机的负载特性较软

(1)机构名称:STAMFORD 三相同步交流发电机 MX321 励磁板。

(2)故障现象:起升电动机刚起动,交流发电机的欠压保护继电器就保护动作。

(3)故障分析:轮胎吊所用的交流发电机,其励磁电路是一个具有电压负反馈的控制系统。只要负载电流或者发电机轴转速的变化不超出允许的范围,它的输出电压始终保持在给定值上。

根据自动控制的原理,当负载等的扰动,最终会引起反馈量的改变。这个反馈量在一个运算放大器的输入端与电压给定值叠加,并得到一个差值,再通过放大器后得到了一个反相的放大值。此值可以纠正扰动产生的偏差量,然后重新反馈到输入端,直到输出值回到所需的数值为止。如果回不到给定量,则可以增加放大器的放大倍数。

(4)故障处理:微调励磁控制板上的"DROOP"变阻器。注意,只能微调,如果调整的太多,即特性太硬,就有可能引起整个系统的不稳定。

6. 同步交流发电机不发电

(1)机构名称:STAMFORD 三相交流同步发电机。

(2)故障现象:发动机的转速已达 1500r/min,但是发电机没有电压输出。

(3)故障分析:测量它的输出电压,只有 20V 左右。然后测量励磁板输出电压,结果为零。可以肯定这是发电机剩磁产生的电压。在励磁板上检查永磁机的输出,三相全部为零。因此,是永磁机的绕组坏了。

该发电机由于外接电源,因此永磁机不但提供励磁板的工作电源,还要通过电流变换,作为励磁机的励磁电源。

(4)故障处理:更换一个永磁机的绕组即可。

7. 同步交流发电机输出电压低

(1)机构名称:STAMFORD 三相交流同步发电机。

(2)故障现象:三相交流线电压始终保持在 360V 左右。

(3)故障分析:按照常规,输出电压不正常一般总是先测量励磁电路。在测量了励磁板输出直流电压后,发觉此电压不但没有降低,还略高于正常值。再检查交流反馈电压,还是低。这种现象说明了,励磁板上的电压调节器的输出能够跟随电压反馈量进行调节——励磁板无故障。

图 7-3-41 是无刷三相同步发电机从 AVR 开始到三相输出的流程图。

如果励磁板 AVR 输出正常,且主机有 360V 三相交流电压输出(暂不管正常与否)。则可以认为励磁机与主机的各绕组同样处于正常状态。那么整流管损坏的可能性最大。它由六个整流管组成三相桥式整流电路，主要担负着励磁机转子输出的三相交流电经整流后作为主发电机的磁场。当这六个整流管中，只要由其中任何一个损坏，三相桥式整流就会变成单相桥式整流，可想而知主机输出的电压自然而然地会降低。并且，此电压地反馈量在 AVR 中通过调节器的完全补偿，也无法得到正常的电压输出。

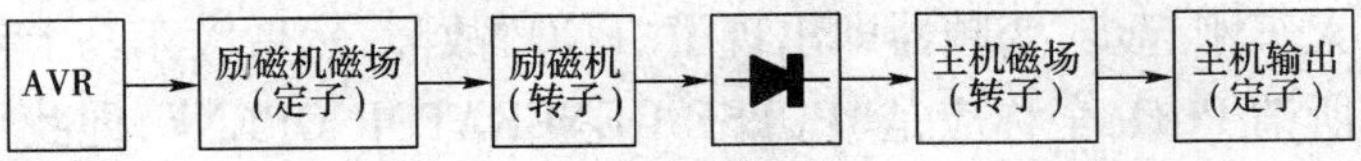

图 7-3-41　无刷三相同步发电机工作流程图

(4)故障处理：经过检查，确认其中有一个整流管的正向电阻已为无穷大。用一个 12A，600V 的整流管代替，工作正常。

8. 起升变频器无输出

(1)机构名称：安川 VS－686CR5 4200 变频器。

(2)故障现象：起升运行过程中，突然无任何动作。经查变频器中的滤波电解电容器组全部爆裂。

(3)故障分析：一个线电压为 440V 输入的变频器，它通过三相桥式整流及滤波后的电压约在 740V 左右(空载值)。由于变频器的直流母线能始终给驱动块 IGBT 提供了一个高压和大电流电源，因此该滤波用电容器必须具有大于直流母线电压的耐压和大容量。对于这种状况，现在的变频器基本上都采用多个电解电容器进行串并联，以获得所需的数据。图 7-3-42 是起升/1#大车 400V，200kW 变频器中滤波电容器串并联图。

从图 7-3-42 可知，12 个各参数相同的电解电容器分成两大组先并后串。已知每个电容器的数据是 6200μF/400V，由此得到总的容量为 18600μF，耐压 800V。电阻 R 为均压电阻，之所以要设置该电阻，是因为这 12 个电容器的容量不可能做到一致，并允许有 ±5% 的误差。根据电容器在直流电路中的分压原理，两个或多个电容器串联，容量较小的电容器，它承受的电压也较高。为了使 PO 间电压和 OB 间电压尽可能相等，均压电阻可执行相对小范围的强制平衡。

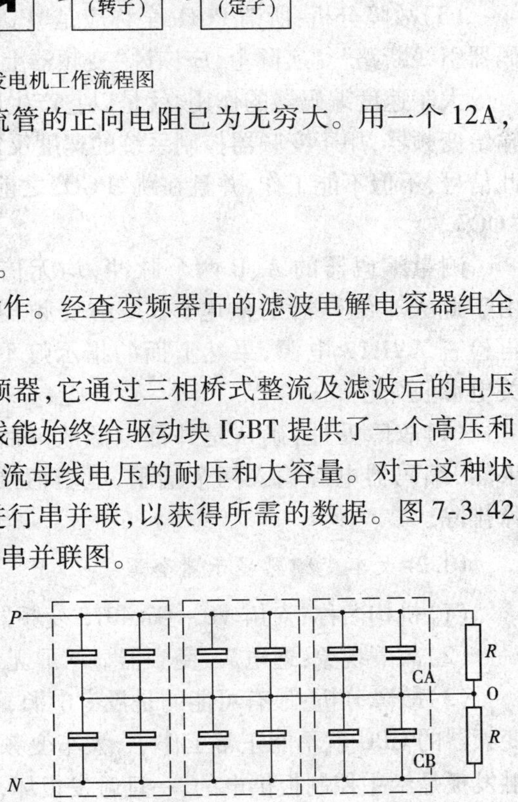

图 7-3-42　滤波电容器串并联图

以图 7-3-42 为例，在此滤波电容器组中，有一个电解电容器 CB 出现了故障，即电容量突然变小或完全消失(一般来说，电容量是不会变大的，只会增加漏电流或击穿短路)。这时，N 极上 6 个电解电容器的总容量变小，使得 O 点电位上升，一旦超越了均压电阻所能达到的维持电流，O 点电位就得不到恢复。电容器上原本正常空载时的 370V，被轻而易举地越过了极限值 400V，造成了永久性地损坏(不要相信这些进口元器件会有超出较多的极限参数的余量)，即这六个电解电容器炸裂。接着，炸裂后的电容器造成了 O 点对 N 点的短路。P 极上的 6 个电解电容器上的所加的电压迅速升至直流母线电压，同样难逃厄运。

(4)故障处理：变频器中更换电解电容器组，应该是轻而易举地事。但是通过此次事件，要引起重视的是。变频器中有较多的发热元件,如IGBT、整流桥堆组合、大功率限流电阻、大功率均压电阻等等。这些元件散发的热量容易造成电解电容器中电解液过早地干枯。因此,变频器除了保持有较好的通风散热外,还必须定期测量串联电容的中点电压。

9.1#大车变频器显示“PGO”故障

(1)机构名称:安川VS-686CR5 4200变频器。

(2)故障现象:大车刚起步,变频器即出现了“PGO”故障,然后大车马上停止了行走。

(3)故障分析:所谓PGO,全称应是“PULSE GENERATOR OPEN”,即我们所说的“速度编码器引线断路”。实际上,应该说“变频器上的PG卡没有收到PG发出的信息”。

大车速度编码器的作用,就是以它产生两组脉冲的相位差的正负,以及脉冲数多少共同传输给变频器,用于变频器控制系统的速度反馈。当变频器处于有PG的矢量控制系统时,如无此信号,不但不能工作,并且在跳“PGO”之前会使系统电流增大,有可能使变频器先跳过电流“OC”。

测量编码器的A、B两个脉冲,均无信号。再检查它的DC12V工作电源,还是为零。由于此大车编码器的供电,不是由变频器内部的开关电源提供的,而使用的外接电源。再检查AVR12电源,果然上面的指示灯不亮,而与它并联使用的输入100V AC的其他开关电源正常。

(4)故障处理:确认是外部电源故障后,也不能马上更换电源,应检查其负载编码器。果然,编码器电源输入两个端子,电阻值接近于零。因此把电源与编码器同时更换后,故障排除。

10.2#大车变频器显示器全黑

(1)机构名称:安川VS-G7 4075变频器。

(2)故障现象:通电后,变频器显示屏无任何显示,且PLC显示2#大车通讯出错。

(3)故障分析:最有可能的是没有电源,还有可能是主控制板坏了,如果是主控制板坏了,变频器的CPU就不能正常工作了,大车变频器肯定不能工作了。也可能是触发板坏了,因为触发板是给主控制板供电的,一旦触发板坏,控制板肯定会受影响。

(4)故障处理:发车,测量直流母线上是否有电压,测量值为648V,也就是变频器的电源是有的。该电源还要通过一个2.2Ω的限流电阻将电源送到滤波电容两端,然后给IGBT的,所以测量电容两端是否有电压,用万用表的直流档700V,测量其电压为0V。那就是可能是那个2.2Ω的限流电阻坏了。将变频器拆开,把那个限流电阻拆下来,果然是那个电阻击穿掉了,其电阻为无穷大。更换这个电阻,试车正常。

11.同3号故障

(1)机构名称:安川VS-G7 4075变频器。

(2)故障现象:通电后,变频器显示屏无任何显示,且PLC显示2#大车通讯出错。

(3)故障分析:这类故障,一般是主控制板中无电不工作,或者主控制版坏不工作。先检查电源,从直流母线电压→滤波电容两端电压→触发板中开关电源输入端CN71电压,均正常。再检查开关电源输出,触发板接插件CN36~CN39各个电压,正常。难道主控制版真的坏了吗,要知道一块G7变频器的主控制版价格需12000多元人民币。为慎重起见,再接着检查。从主控制版的插件 CN7 中 56、60 脚是电源输入端开始,结果查到了一块元件号为 U1 的三端稳压集成电路,其输入电压为 9V,而输出是零,再查负载没有短路。可以肯定是这块集成电路坏了。

(4)故障处理:这块三端稳压集成电路输出 5V 电压,主要给主控板中的 CPU 及存储器等芯片供电。一旦失去电压,则 CPU 就会停止工作,显示自然没有了。这是一块型号为 29M05 的贴片集成元件。更换后显示正常,变频器就能运行了。

12. 大车行走故障

(1)故障机构:安川 PLC 系统 CP316H。

(2)故障现象:大车行走停止时整车抖动得很厉害,甚至有扭动的现象。起步和正常行走大车则正常。

(3)故障分析:观察发现大车停车时没有一段比较明显的减速时间,而是一下子就抱闸了,因为本身的惯性,整车就抖动得比较明显,有冲击现象。打开 CP－717 程序的低速图纸“L40”观察大车的加减速时间。从梯形图中(图 7-3-43)知道,当大车正常停止时主令控制器回零,这时 MB2143 触点断开,#寄存器#W00005(#W00013)中的数送入寄存器 MW405(MW413)中,以实现减速停车。只有当紧急停车时,MB2143 触点仍旧闭合,这时立即数 00010(1s)才会直送寄存器 MW405(MW423)中,以实现紧急停车。

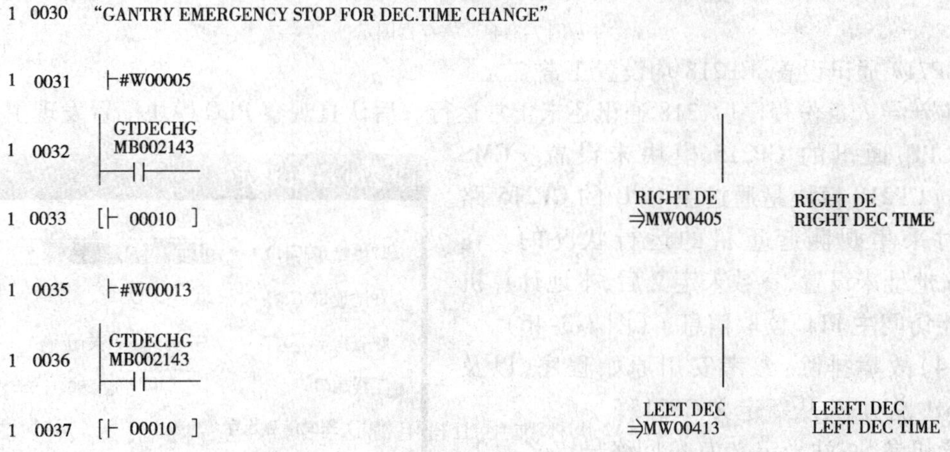

图 7-3-43 大车低速加减速程度

打开图标,进入 DWG 组成定义(图 7-3-44),发现#W00005 与#W00013 中的数值都为 10,可能因为减速时间太短(好像在执行紧急停车命令),所以造成了车的抖动。

(4)故障排除:将#W00005 和#W00013 的数值一点一点地改大,设为 20,后试车,发现区别不大,一点一点将数值变大,调至 80 后,发现抖动的现象已经消除了。电机从额定转速到停止总得有一个过程,一个时间,如果太短,势必会不稳定,让这个过程适当的加长,就会稳定些。

13. 工控机不能联机通讯

(1)故障机构:PLC 通讯机构 CP218。

(2)故障现象:本地电脑不能连接 PLC,CP218 无通讯,给设备维修、测试带来诸多不便。

(3)故障分析:检查本地计算机网络设置, PING PLC IP 192.168.0.244 均正常(图 7-3-45)。

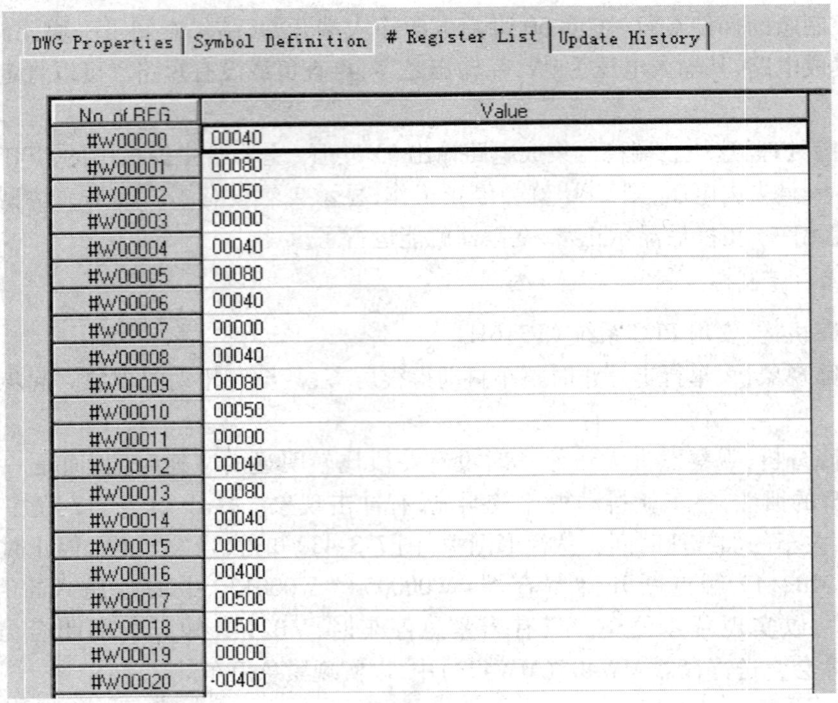

DWG Properties | Symbol Definition | # Register List | Update History

No. of REG	Value
#W00000	00040
#W00001	00080
#W00002	00050
#W00003	00000
#W00004	00040
#W00005	00080
#W00006	00040
#W00007	00000
#W00008	00040
#W00009	00080
#W00010	00050
#W00011	00000
#W00012	00040
#W00013	00080
#W00014	00040
#W00015	00000
#W00016	00400
#W00017	00500
#W00018	00500
#W00019	00000
#W00020	-00400

图 7-3-44　寄存器图示

CP717 通讯设置,CP218 均设置正常。

重新导入备份程序后,218 通讯还未正常运行。后认真观察 PLC 模块配置发现主 CPU 与 CMS CPU 通讯的 CP215 模块未设置。CMS CPU 的 CP218 模块是通过主 CPU 的 CP215 路游实时采集观测起重机的运行状况的。在 CP215 地址未设置,参数未定义后,本地计算机就不能访问主 PLC 读取信息了(图 7-3-46)。

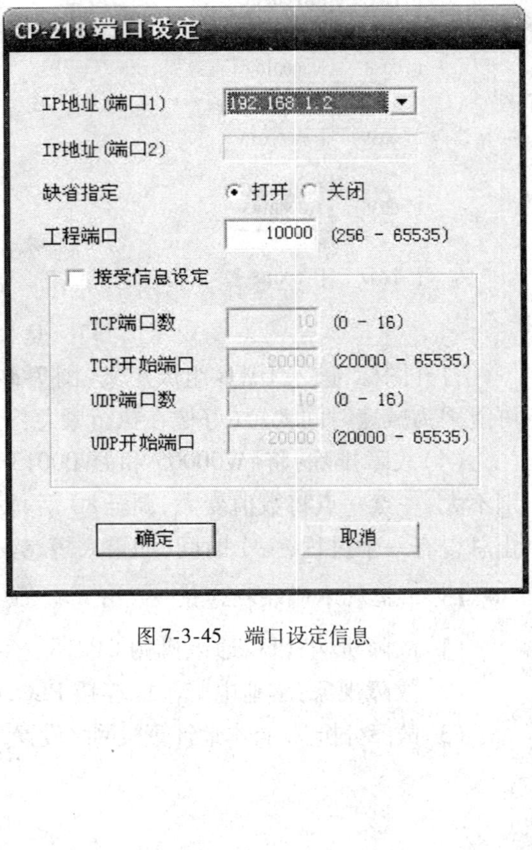

图 7-3-45　端口设定信息

(4)故障排除:参考安川原始程序,以及 CP616H 说明书,从新定义 CP215。

通讯参数:站号定义为 1,网络号定义为 2,传输速度定义为 4Mbps。连接设置:1 号站,CPU 类型:cp316h,寄存器地址:OW110A,大小:502。扫描类型:高速。6 号站:CPU 类型:cp316h,寄存器地址:IW1100,大小:10 扫描类型:高速(图 7-3-47)。

重新定义 CP215,并保存退出。重新启动 CP717,连接 PLC,读取主 CPU 的程序及各寄存器状况后正常。

14. 吊具指示灯故障

(1)故障机构:安川 PLC 系统 CP316H。

(2)故障现象:着床灯不亮。

(3)故障分析:上车检查时司机反映着床灯不亮,但开闭锁可以正常动作(无须使用旁路开关),可见着床限位都完好,吊具上不存在故障。通知司机按下试灯按钮,司机反馈信息:按下去开闭锁灯都能亮,但着床灯仍然不亮。由于司机室前的开闭锁和着床灯是利用率最高的三个指示灯,所以首先考虑到的是指示灯坏了,立即更换。在确保更换上去的指示灯为好的后,发现着床灯仍然不能亮起。查看程序 L27 LAMP INDICATION(图 7-3-48)。

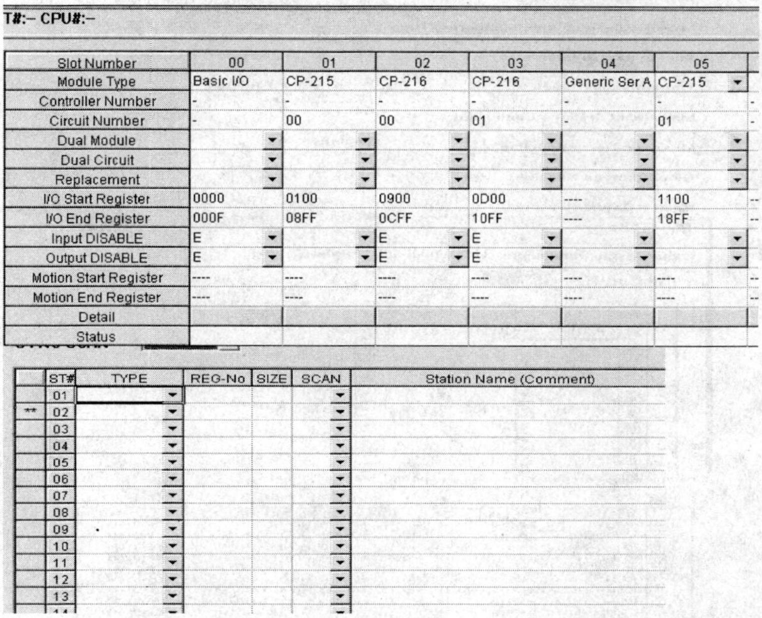

Slot Number	00	01	02	03	04	05
Module Type	Basic I/O	CP-215	CP-216	CP-216	Generic Ser A	CP-215
Controller Number	-	-	-	-	-	-
Circuit Number	-	00	00	01	-	01
Dual Module						
Dual Circuit						
Replacement						
I/O Start Register	0000	0100	0900	0D00	----	1100
I/O End Register	000F	08FF	0CFF	10FF	----	18FF
Input DISABLE	E		E	E		
Output DISABLE	E		E	E		
Motion Start Register	----	----	----	----	----	----
Motion End Register	----	----	----	----	----	----
Detail						
Status						

	ST#	TYPE	REG-No	SIZE	SCAN	Station Name (Comment)
	01					
**	02					
	03					
	04					
	05					
	06					
	07					
	08					
	09					
	10					
	11					
	12					
	13					

图 7-3-46 PLC 机架配置信息

由程序上我们不难看出,只要着床限位全部导通,或者按下试灯按钮,输出点 OB02E0E 即能导通,可是按下试灯按钮后在 IB023B0 通了的情况下,OB02E0E 仍没反应。因此不难判断出着床灯所连接的输出模块点已损坏,不能正常给予着床灯信号。当机立断更换此块输出模块,可更换完模块后故障仍未消除。仔细观察模块,发现着床的那根信号线未接在 OB02E0E 对应的模块点上,而是接在备用的输出点上。此时想起此车今日重新充过 PLC 程序,而程序充完后未试过车即报出勤。这是一起典型的人为故障,OB02E0E 此点其实早已损坏,当时由于作业忙未能及时更换模块,采取改用备用输出点并且修改程序的方式来确保轮吊的继续作业。但是此次充入的程序为修改前的老程序,充完后又没及时更改,因而出现了此次人为故障。

(4)故障排除:可以选用两种方法的任意一种即能修复:(1)换上完好的输出模块,将接在备用输出点上的信号线重新接回 OB02E0E 所对应的输出点。(2)修改程序,将着床灯信号在程序上改用备用点,保存后即可正常使用,同时也勿忘将为轮吊充程序的那台笔记本电脑上的程序也修改保存,以避免此故障再次发生。

15. 起升故障

(1)故障机构:起升机构。

(2)故障现象:起升上升无高速,下降有高速。

(3)故障分析:结合原理图与程序,分析故障原因,到现场检查程序发现起升在上升和下降时MB00211F线圈得电,证明起升的减速连锁程序并未动作。起升逻辑允许高速(图7-3-49)。

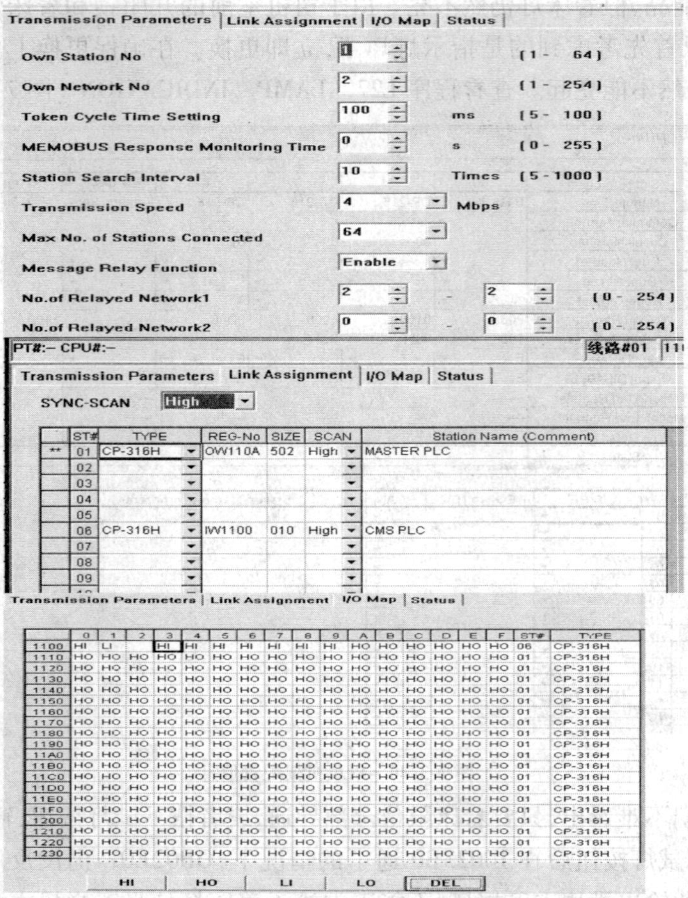

图7-3-47 CP215模块配置信息

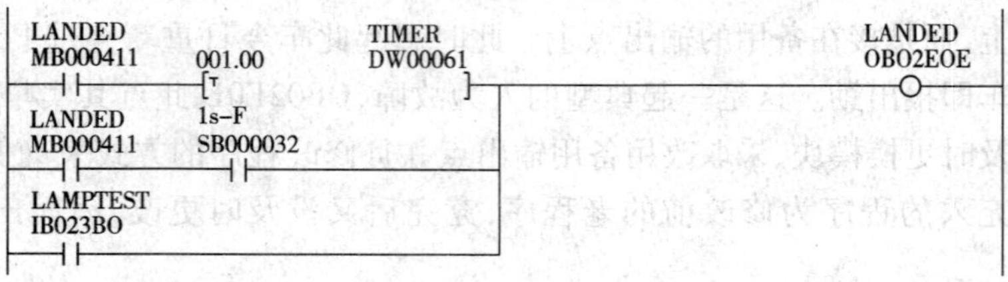

图7-3-48 着床指示灯程序

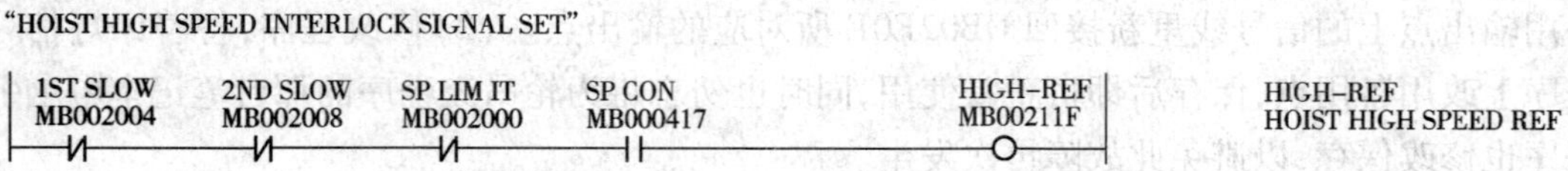

图7-3-49 起升逻辑允许高速程序

那可能是起升的输入信号或编码器的反馈出现了问题。联系司机做全速上升和下降动作，检查程序发现起升在全速下降时手柄编码器输入的信号 MW324 数值为 -10000，起升速度编码器的反馈信号也是 -10000。但在全速上升时 MW324 的数值只有 8000，起升速度编码器的反馈信号为 8000。这就是说问题出在输入信号这边，速度编码器的反馈是没有问题的（图 7-3-50）。

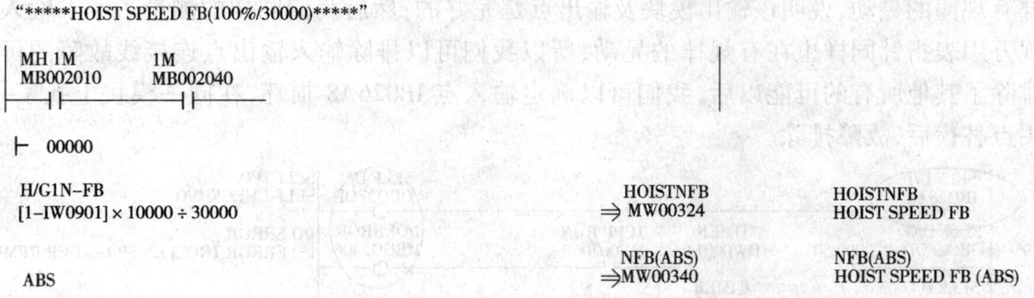

图 7-3-50 起升速度功能块程序

起升主令编码器是通过司机推动手柄，手柄通过位移来转动手柄编码器的角度来输出信号到 PLC 模块去的。可能是因为手柄卡住，在做上升动作时手柄无法推到底致使手柄编码器不能输出最大值到 PLC 引起上升无高速的问题；也可能是手柄编码器的角度未调整好，使得一边角度过大很早就进入了最大值角度，另一边却角度不够无法输出最大值。虽然主令编码器有一个零位指示灯，当到达零位时指示灯就会亮起。但是由于手柄编码器的零位是有一定的范围的，又因为手柄的上下行程是固定的。当手柄编码器的零位调整的有所偏差时，就会引起一个方向提前达到最大输出值，另一方向却无法达到最大输出值的现象。这两种情况都会引起前面所说的那种故障现象。

（4）故障排除：经过对程序的分析和检查确定了故障是由于输入设备引起的，立刻进入司机室对输入设备进行检查。在仔细检查了手柄的机械结构后并没有发现问题，在检查手柄编码器时发现，虽然手柄编码器是在零位但是却向下降的方向偏了不少。这就是故障的原因！拆下主令编码器的固定螺钉，对编码器进行调整然后试车。直到起升上升和下降时都有全速，故障排除。

16. 通讯故障

（1）故障机构：PLC 硬件。

（2）故障现象：小车架 PLC I/O 模块出错。

（3）故障分析：结合原理图与程序，分析故障原因：到现场后检查小车架 PLC 通讯模块 CP215，以及与通讯有关的各个通讯端口、通讯终端，以及通讯线均未见异常。于是打开程序，在高速扫描的 H 图纸中（图 7-3-51）找到故障源。

结合图纸，我们发现输入点 IB026A8 与输出点 OB02F0D 是两个相互连在一起的输入输出点。PLC 通过输出点使输入点得电，然后在程序内部利用得电的输入点关断输出点，再由于输出点的关断使输入点失电，继而由于输入点的失电又使输出点重新接通；如此便形成了一个循环，输出点在按照一定的频率开关，而这个频率就基本等于一个高速扫描周期。由于一个高速扫描周期要远远小于 0.5s，所以 PLC 通过这样一套简单的程序来达到对输入输出点自检的目的。搞清了原理后我们发现，输出点 OB02F0D 始终保持接通状态，故初步判断故障可能是由于输入或者输出模块损坏而引起的。

(4)故障排除：首先我们并不能排除由于程序卡死而造成该故障的可能性，所以我们先重新冲了一遍程序。PLC 重启后发现故障还在，于是我们对小车架的输入输出模块进行了检查。首先我们用指针式万用表对输出点 OB02F0D 进行了输出电压测量，发现万用表指针如预期的那样有规律的晃动，说明该输出模块及输出点是完好的；然后我们同样的测量了一下输入端，发现万用表指针同样也在有规律的晃动，所以我们可以排除输入输出点连接线故障的可能。在排除了其他所有的可能以后，我们可以确定输入点 IB026A8 损坏，在同一模块上找了一个备用点替代后，故障排除。

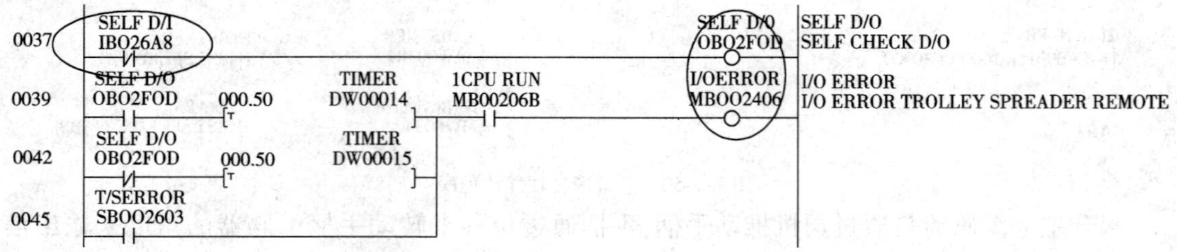

图 7-3-51　高速扫描自检程序

17. 主控电路故障

(1)故障机构：轮胎吊主控制。

(2)故障现象：起升无动作，其实是控制电送不上。

(3)故障分析：按了控制合按钮，发现主控继电器没有吸合，打开 CP－717 程序低速图纸 L16 后发现所有的都满足主控吸合的条件，线圈也都得电的，按着主控按钮然后观察 E720 输出模块，其 1、2、3、4 号灯都亮的，说明 TOTAL MASTER、HOIST MASTER、GANTER MASTER、TROLLEY MASTER 都好，既然软件以及硬件都满足条件，那么可能是没有串进 PLC 程序的，但是串在主控回路里的某处出现问题。

(4)故障排除：查阅轮胎吊图纸第 510 页，发现 B3 位置的地方应该是没有进入 PLC 的，根据图纸，得出是过压和欠压继电器的常闭触点串在主控回路里，但是没有进 PLC，用万用表测量是过压继电器的一个触点坏，更换元件后故障修复。

18. 大车纠偏故障

(1)故障机构：轮胎吊大车机构。

(2)故障现象：大车跑偏，跳故障后无动作。

(3)故障分析：由于是大车跑偏，所以故障很可能是某个碰箱杆动作引起的。打开电脑后发现以上 4 个大车碰箱杆限位中，有一个不通，造成大车向左向右都没有动作(图 7-3-52)。

(4)故障排除：由于是大车跑偏造成的碰箱杆动作，所以应该着重检查大车纠偏命令，避免因大车没有纠偏而造成大车的再一次跑偏。打开大车程序，在控制电断开的情况下叫司机做纠偏动作，检查以上两开关是否正常(图 7-3-53)。

确定正常以后临时拆除大车防撞限位摇臂，将大车移出。为进一步确定大车纠偏的有效性，应找一空箱区，实际试车加以检验。在试车过程中，应注意观察 1 号及 2 号大车变频器的输出数值，确定纠偏时两个驱动器之间存在大约 10% 的输出差距。确定各动作均正常时便可交付使用。

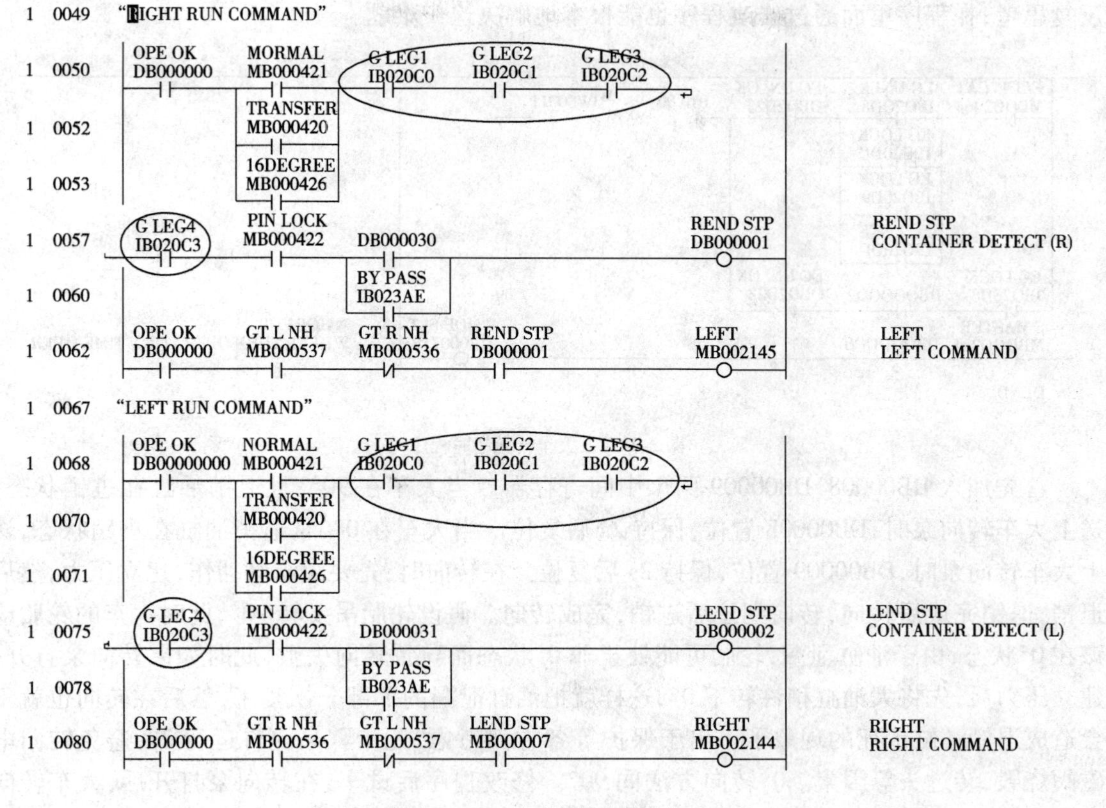

图 7-3-52 大车纠偏命令程序

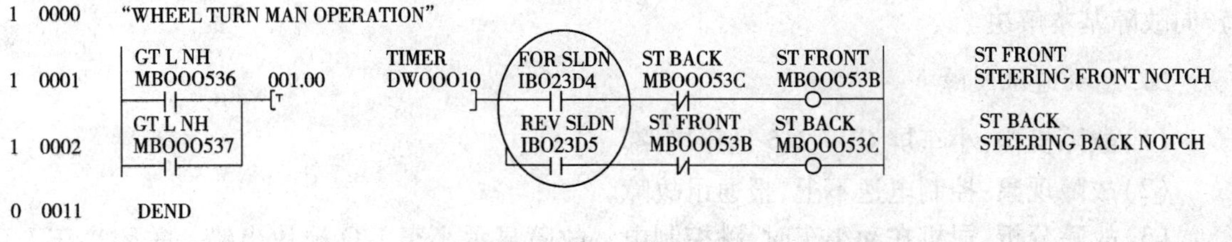

图 7-3-53 大车程序

19. 轮胎转向超时故障

(1)故障机构:大车转向。

(2)故障现象:大车转向无动作,控制电源断。

(3)故障分析:由于退销油缸的退销限位临界或不到位造成转向超时(图 7-3-54)。

平时每次保养对大车转向限位进行认真拆检,试车均正常。所以初步推断不是限位或限位调整不当造成的原因。后在一次转向故障的修理中证实了自己的推断。原来是轮胎吊转向油缸内部泄漏,造成转向轮胎脱离原本的水平位置或垂直位置,造成退销油缸被卡死,转向动作后,退销无动作或退不到位。继而造成转向故障。但又由于转向油缸泄漏不严重,几个小时或更长时间未转向后才会出现故障,所以在保养时反复试车均未出现。

(4)故障排除:完全解决此故障,最根本直接的方法就是更换大车转向油缸。但这样工作量大，而且车又多，短时间内不能根本有效地解决问题，而且成本也是一个极大的问题。后来反复思考，在程序里面通过修改程序也能根本地解决这一难题。

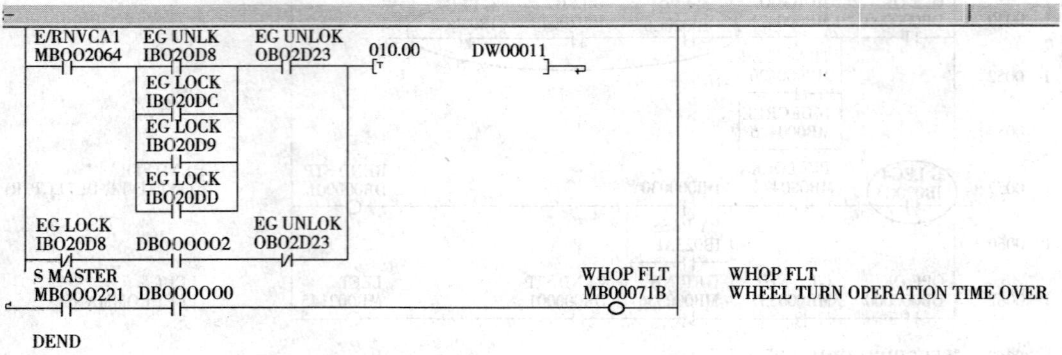

图 7-3-54　大车转向超时程序

首先加入 DB00008，DB00009 两个中间寄存器。当大车在 90°，且退销油缸在进销状态，送上大车转向泵时，DB00008 置位，保持 2s 后复位。当大车在 0°，且退销油缸在进销状态，送上大车转向泵时，DB00009 置位，保持 2s 后复位。在转向时，先要溢流阀动作，建立压力，然后退销，退销完成后转向，转向到位后进销，完成转向。假设轮胎吊要转 90°，此时大车的轮胎应该在 0°状态，由于油缸泄漏，轮胎可能处于非 0°状态而导致转向失败，此时如果转向泵打开，建立压力后，先将大油缸稍许转下 0°，这样就把油缸泄漏的那部分恢复了，然后在转向也就不会造成退销油缸卡死的现象了。出于保护等各方面考虑，此步骤只允许运行 2s，避免转向电磁阀烧毁，转过头等因素。0°转向方法同 90°。修改程序后试车，在转向泵打开后，大车转向油缸会向大车油缸先前所在状态先动作 2s，克服泄漏后，再做随后转向。由油缸泄漏造成的转向故障基本解决。

20. 整机通讯故障

(1)故障机构：小车屏 CP－215 通讯电路。

(2)故障现象：控制电送不上，报通讯故障。

(3)故障分析：司机在动小车时，跳控制电。故障显示小车 I/O 模块出错。关闭小车 I/O 模块电源复位后，正常。但几天后故障又重复出现。检查主板、电源后，未发现问题。检查 I/O 模块插头、插座、引脚，以及通讯线也未发现任何异常。于是临时更换 I/O2000 通讯模块，重新上传程序。但是效果并不明显。还是会不时出现此故障(图 7-3-55)。

程序重新上传，模块也更换过。主板、电源、通讯线也检查过了。还会有什么问题呢？由于通讯协议等各方面因素，我们在碰到通讯故障后便不知所措。往往忽略了一些最基本的东西。正如图 7-3-56 所示主 CPU 和各站点间的通讯是通过 cp215 和 I/O2000 模块通讯的。每段的头和尾各有一个总线终端电阻，确保操作运行不发生误差。两个总线终端电阻必须永远有电源。后来经过检查，正是由于连接终端电阻的导线线头脱落，导致接触不良造成通讯时好时不好。继而发生了故障。

(4)故障处理：查出了故障原因后，处理就很简单了。只要打开终端电阻盒，把脱落的线重新做接线端子连接后，通电，故障排除了。

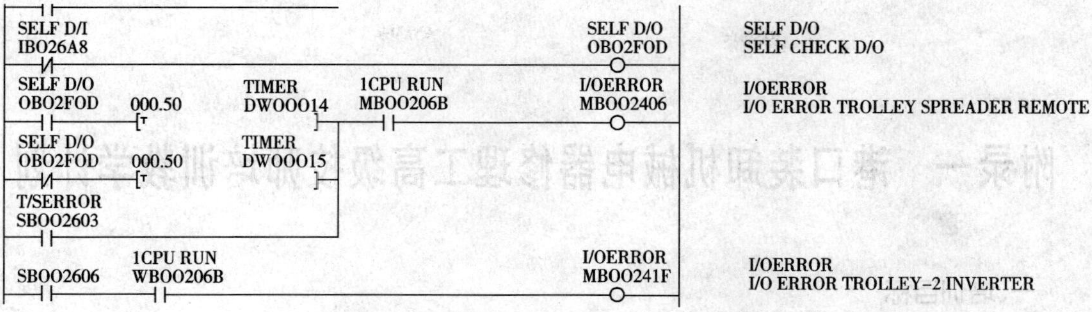

图 7-3-55　小车上电控制程序

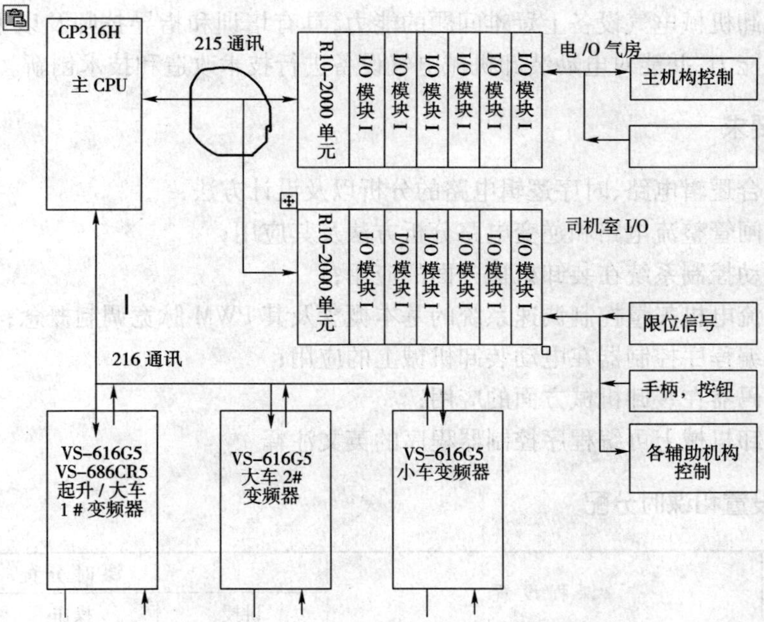

图 7-3-56　电控系统图

附录一　港口装卸机械电器修理工高级技师培训教学计划

一、培训目标

通过培训，使学员熟练掌握电动装卸机械电气设备的工作原理和性能，具有综合分析和解决现场电动装卸机械电气设备上疑难问题的能力，具有培训和指导技师及以下装卸机械电气修理工工作的能力，并能对电动装卸机械电气设备进行技术改造和技术创新。

二、培训要求

1. 掌握组合逻辑电路、时序逻辑电路的分析以及设计方法；
2. 掌握晶闸管整流电路和逆变电路分析方法及其应用；
3. 掌握自动控制系统在装卸机械方面的应用；
4. 掌握交流电机矢量控制调速系统的基本概念及其 PWM 脉宽调制概念；
5. 掌握可编程序控制器在电动装卸机械上的应用；
6. 掌握编码器在装卸机械方面的应用；
7. 掌握装卸机械上可编程序控制器程序的英文注释。

三、课程设置和课时分配

序号	课 程 设 置	课 时 分 配		
		讲授	操作	合计
1	港口装卸机械电气设备基础	120	40	160
2	港口装卸机械电气控制技术	180	60	240
3	港口机械专业英语	50		50
4	计算机基础	50		50
合　计		400	100	500

四、操作项目

序号	主要操作项目	相 关 课 程
1	复杂的数字电子电路；	装卸机械电气设备基础
2	晶闸管整流电路及触发电路	
3	排除变频器故障；	装卸机械电气控制技术
4	排除电动装卸机械通信故障；	
5	对电动装卸机械局部电路进行优化改造；	
6	结合工作实际撰写有一定水平的技术论文。	

五、说明

1. 参考中华人民共和国交通行业标准《交通行业职业技能标准汇编(一)》和交通部《中华人民共和国职业技能鉴定规范》。

2. 培训教材采用中国交通教育研究会(港口)职工分会教材编审委员会统一编写的《港口装卸机械电气设备基础》、《港口装卸机械电气控制技术》、《港口机械专业英语》、《计算机基础》教材。

3.《计算机基础》和《港口机械专业英语》教学大纲为港口主体工种技师、高级技师培训通用大纲。

附录二　港口装卸机械电器修理工技师培训教学计划

一、培训目标

通过培训，使学员掌握电动装卸机械电气设备的工作原理和性能，具有综合分析和解决现场电动装卸机械电气设备问题的能力，具有培训和指导高级工及以下装卸机械电器修理工工作的能力。

二、培训要求

1. 掌握运算放大器的应用；
2. 掌握组合逻辑电路和时序逻辑电路的分析和设计方法；
3. 熟悉晶闸管整流电路和逆变电路的基本应用；
4. 掌握自动控制系统的基本原理；
5. 掌握可编程序控制器在机械上的应用；
6. 掌握编码器的工作原理；
7. 掌握装卸机械上常用故障诊断器显示的英文内容。

三、课程设置和课时分配

序号	课程设置	课时分配		
		讲授	操作	合计
1	港口装卸机械电气设备基础	120	40	160
2	港口装卸机械电气控制技术	180	60	240
3	港口机械专业英语	50		50
4	计算机基础	50		50
合计		400	100	500

四、操作项目

序号	主要操作项目	相关课程
1	晶闸管整流电路及触发电路；	装卸机械电气设备基础
2	排除交、直流电机调速系统故障；	
3	排除双箱平移吊具的故障；	装卸机械电气控制技术
4	排除驱动器测速反馈的故障；	
5	结合工作实际撰写技术总结或论文。	

五、说明

1. 参考中华人民共和国交通行业标准《交通行业职业技能标准汇编(一)》和交通部《中华人民共和国职业技能鉴定规范》。

2. 培训教材采用中国交通教育研究会(港口)职工分会教材编审委员会统一编写的《港口装卸机械电气设备基础》、《港口装卸机械电气控制技术》、《港口机械专业英语》、《计算机应用》教材。

3.《计算机基础》和《港口机械专业英语》教学大纲为港口主体工种技师、高级技师培训通用大纲。

附录三 《港口装卸机械电气控制技术》教学大纲

一、教学目的

通过培训,使学员熟悉电动装卸机械上的的自动控制原理、吊具的电气线路、起重机管理系统;并能解决各类吊具电气故障,排除电动装卸机械电气故障。

二、教学要求

1. 掌握电动装卸机械上的电气驱动和电气保护;
2. 掌握单双箱吊具液压和电气线路分析;
3. 掌握电动装卸机械上的自动控制装置;
4. 掌握故障诊断知识;
5. 学会电动装卸机械电气原理图分析;
6. 学会电动装卸机械上可编程序控制器程序分析;
7. 学会电动装卸机械上通讯网络系统。

三、教学内容

第一部分　理论培训

第1章　大型电动装卸机械主要结构

第1节　岸边集装箱起重机的主要结构

第2节　轮胎式集装箱龙门起重机的主要结构

第3节　斗轮堆取料机的主要结构

第4节　装船机的主要结构

第2章　大型电动装卸机械的电气驱动

第1节　大型电动装卸机械电气驱动的基本特点

第2节　大型电动装卸机械电气调速系统

第3节　大型电动装卸机械用电动机

第4节　变频器的制动

第5节　大型电动装卸机械上的通讯

第3章　大型电动装卸机械上的吊具

第1节　吊具概述

第2节　吊具的液压系统

第3节　吊具的电气控制系统

第4节　吊具与起重机的信息交换

第4章 大型电动装卸机械上的自动控制装置

第1节 大型电动装卸机械上的可编程序控制器

第2节 大型电动装卸机械上的变频器

第3节 大型电动装卸机械上的通讯系统

第5章 岸边集装箱起重机电气设备

第1节 岸边集装箱起重机电控调速系统发展历程

第2节 岸边集装箱起重机供电系统

第3节 岸边集装箱起重机电气系统

第4节 岸边集装箱起重机保护系统

第5节 岸边集装箱起重机电气原理图

第6节 岸边集装箱起重机 PLC 程序分析

第6章 轮胎式集装箱龙门起重机电气设备

第1节 轮胎式集装箱龙门起重机电气系统的发展过程

第2节 轮胎式集装箱龙门起重机电气系统

第3节 轮胎式集装箱龙门起重机的发电机组

第4节 轮胎式集装箱龙门起重机上的保护

第5节 轮胎式集装箱龙门起重机电气原理图

第6节 轮胎式集装箱龙门起重机 PLC 程序

第7章 故障诊断

第1节 概述

第2节 常见故障分析

第3节 故障维修实例

第二部分 技能训练

课题一 伸缩式吊具故障

教学要求:熟练掌握伸缩式吊具的故障排除

教学内容:指出伸缩式吊具的故障现象,并排除伸缩式吊具的故障

课题二 双箱吊具故障

教学要求:熟练掌握双箱吊具的故障排除

教学内容:指出双箱吊具的故障现象,并排除双箱吊具的故障

课题三 驱动器测速反馈故障

教学要求:掌握直流驱动器测速反馈故障的排除方法

教学内容:根据线路图指出直流驱动器的故障现象,并排除驱动器测速反馈的故障

课题四 变频器故障

教学要求:掌握变频器故障的排除方法

教学内容:根据所给的资料指出变频器的故障现象,并排除变频器故障

课题五 大型电动装卸机械上通讯故障

教学要求:掌握大型电动装卸机械上通讯故障的排除方法

教学内容:指出大型电动装卸机械上通讯故障现象,并排除通讯故障

课题六　大型电动装卸机械上发动机故障

教学要求:掌握大型电动装卸机械上发动机故障的排除方法

教学内容:指出大型电动装卸机械上发动机故障现象,并排除发动机故障

四、课时分配

序号	教学内容	课时分配		
		讲授	操作	合计
1	大型电动装卸机械主要结构	10		10
2	大型电动装卸机械上的电气驱动	20		20
3	大型电动装卸机械上的吊具	80	30	110
4	大型电动装卸机械上的自动控制装置	70	20	90
5	岸边集装箱起重机电气设备	70	30	100
6	轮胎式集装箱龙门起重机电气设备	70	20	90
7	故障诊断	40	20	60
合　计		360	120	480

五、教材

1. 参考中华人民共和国交通行业标准《交通行业职业技能标准汇编(一)》和交通部《中华人民共和国职业技能鉴定规范》。

2.《港口装卸机械电气控制技术》教材,由中国交通教育研究会(港口)职工分会教材编审委员会统一组织编写和出版发行。

附录四 《港口装卸机械电气设备基础》教学大纲

一、教学目的

通过培训,使学员熟练掌握电动装卸机械上所用到的电气设备的基础知识,提高综合分析能力,提高排除电动装卸机械电气设备故障能力。

二、教学要求

1. 掌握运算放大器的应用;
2. 掌握组合逻辑电路的分析和设计方法;
3. 掌握时序逻辑电路的分析和设计方法;
4. 掌握交直流调速的基本知识;
5. 掌握脉宽调制原理;
6. 掌握逆变器原理及全控型电力电子器件在电动装卸机械上的应用;
7. 了解电动装卸机械上所用传感器原理;
8. 了解工业现场网络通信的基本知识。

三、教学内容

第一部分　理论培训

第一章　电子技术

1. 运算放大器;
2. 组合逻辑电路的分析和设计;
3. 时序逻辑电路的分析和设计;
4. 模拟量和数字量的转换。

第二章　电力电子技术

1. 三相可控整流电路;
2. 全控型电力电子器件;
3. 电力电子器件的驱动电路;
4. 逆变电路。

第三章　自动检测技术

1. 自动检测技术的基本概念;
2. 常用传感器;
3. 检测技术的综合应用。

第四章　自动控制系统

1. 自动控制系统的基本概念；
2. 闭环控制直流调速系统；
3. 变频调速系统。

第五章　工业网络通讯基础

1. 计算机通信方式；
2. 计算机通信网络；
3. 现场总线；
4. 工业以太网。

第二部分　技能训练

课题一　较为复杂的数字电子电路

教学要求：学会较为复杂数字电子电路连接、调试

教学内容：设计较为复杂的数字电子电路，并进行连接、调试

课题二　晶闸管三相整流电路及触发电路

教学要求：掌握晶闸管三相整流电路及触发电路的分析和调试

教学内容：晶闸管三相整流电路及触发电路连接，并进行波形分析和调试

课题三　直流调速系统

教学要求：掌握直流调速系统的参数设置和调试

教学内容：对直流调速装置进行参数设置和调试

课题四　交流调速系统

教学要求：掌握交流调速装置的参数设置和调试

教学内容：对交流调速装置进行参数设置和调试

课题五　电动装卸机械上的检测元件

教学要求：熟悉电动装卸机械上检测元件的工作原理

教学内容：通过对检测元件的测试，进一步理解电动装卸机械上检测元件的工作原理

课题六　现场总线和工业以太网

教学要求：了解现场总线和工业以太网的作用

教学内容：通过对现场总线和工业以太网认识实验，了解现场总线和工业以太网在电动装卸机械上的应用

四、课时分配

序号	教学内容	课时分配		
		讲授	操作	合计
1	电子技术	60	20	80
2	电力电子技术	60	20	80
3	自动检测技术	30	10	40
4	自动控制系统	60	20	80
5	工业网络通讯基础	30	10	40
合　计		240	80	320